中華古籍保護計劃

ZHONG HUA GU JI BAO HU JI HUA CHENG GUO

·成果·

民國時期文獻
保護計劃

成果

民國時期傳統裝幀書籍普查登記目録

衢州市博物館等四家收藏單位、舟山市圖書館等二家收藏單位、麗水市圖書館等八家收藏單位

浙江省民國時期傳統裝幀書籍普查登記目録·衢州　舟山　麗水

國家圖書館出版社
National Library of China Publishing House

圖書在版編目(CIP)數據

衢州市博物館等四家收藏單位、舟山市圖書館等二家收藏單位、麗水市圖書館等八家收藏單位民國時期傳統裝幀書籍普查登記目録/《衢州市博物館等四家收藏單位民國時期傳統裝幀書籍普查登記目録》編委會,《舟山市圖書館等二家收藏單位民國時期傳統裝幀書籍普查登記目録》編委會,《麗水市圖書館等八家收藏單位民國時期傳統裝幀書籍普查登記目録》編委會編. --北京:國家圖書館出版社,2018. 12

(浙江省民國時期傳統裝幀書籍普查登記目録)

ISBN 978 -7 -5013 -6482 -4

Ⅰ. ①衢… Ⅱ. ①衢… ②舟… ③麗… Ⅲ. ①公共圖書館—圖書館目録—衢州—民國 ②公共圖書館—圖書館目録—舟山—民國 ③公共圖書館—圖書館目録—麗水—民國 Ⅳ. ①Z822. 1

中國版本圖書館 CIP 數據核字(2018)第 153967 號

書　　名　衢州市博物館等四家收藏單位、舟山市圖書館等二家收藏單位、麗水市圖書館等八家收藏單位民國時期傳統裝幀書籍普查登記目録
著　　者　《衢州市博物館等四家收藏單位民國時期傳統裝幀書籍普查登記目録》編委會
《舟山市圖書館等二家收藏單位民國時期傳統裝幀書籍普查登記目録》編委會
《麗水市圖書館等八家收藏單位民國時期傳統裝幀書籍普查登記目録》編委會　編
責任編輯　張珂卿

出　　版　國家圖書館出版社(100034　北京市西城區文津街 7 號)
(原書目文獻出版社　北京圖書館出版社)
發　　行　010 -66114536　66126153　66151313　66175620
66121706(傳真)　66126156(門市部)
E-mail　nlcpress@ nlc. cn(郵購)
Website　www. nlcpress. com→投稿中心
經　　銷　新華書店
印　　裝　河北三河弘翰印務有限公司
版　　次　2018 年 12 月第 1 版　2018 年 12 月第 1 次印刷

開　　本　787 × 1092(毫米)　1/16
印　　張　33. 25
字　　數　690 千字

書　　號　ISBN 978 -7 -5013 -6482 -4
定　　價　300. 00 圓

《浙江省民國時期傳統裝幀書籍普查登記目録》

指導委員會

主　任：褚子育

副主任：葉　菁

委　員（按姓氏筆畫排序）：

呂振興　李儉英　金琴龍　倪　巍　徐兼明

徐　潔　陸深海　陳泉標　陳　浩　孫雍容

張純芳　張愛琴　褚樹青　樓　婷　鍾世杰

應　雄

《浙江省民國時期傳統裝幀書籍普查登記目録》

工作委員會

主　任：褚樹青

委　員（按姓氏筆畫排序）：

王以儉　毛　旭　占　劍　沈紅梅　季彤曦
胡海榮　莊立臻　徐益波　孫旭霞　孫國茂
劉　偉　應　暉

《浙江省民國時期傳統裝幀書籍普查登記目録》

編纂委員會

主　編： 徐曉軍

副主編： 曹海花　童聖江

統校和編纂工作小組組長： 曹海花（浙江圖書館）

統校和編纂工作小組成員（按姓氏筆畫排序）：

干亦鈴（寧波市圖書館）

吕　芳（浙江圖書館）

沈秋燕（嘉興市圖書館）

秦華英（浙江圖書館）

唐　微（紹興圖書館）

陳瑾淵（温州市圖書館）

《浙江省民國時期傳統裝幀書籍普查登記目録》

序 言

近代中國社會由封建王朝向民主政體蛹變的轉型時期，傳統思維與新思潮强烈衝突，書籍也隨之進入了重大變革時期，以綫裝書爲代表的傳統裝幀書籍日漸式微，傳統裝幀與現代裝幀進入了一個并存期。社會革命的發生并不意味着文化馬上就發生根本性的變化，文化的發展是有連續性的，它不會因朝代的突然更替而發生斷層式的變化。1912 年辛亥革命勝利後，中國傳統文化的發展依然繁榮，産生了一大批高質量的傳統裝幀書籍，這部分書籍也是中國傳統文化的重要組成部分。百年來，公共圖書館等公藏單位將這部分書籍跟古籍采取一樣的存放、管理、保護方式。浙江是文化大省，文化底蕴深厚，書籍刻印歷史悠久，前賢留下的著述浩如烟海，藏書雅閣及私人藏書爲數衆多，民國期間也刻印了大量典籍，民國時期傳統裝幀書籍在各藏書單位（尤其是基層單位）所藏歷史文獻中占據了相當大的比重。這些文獻形成了浙江文獻典藏的重要特色，是浙江傳統文化的重要組成部分。爲更加全面地掌握全省歷史文獻文化遺産現狀，揭示全省各地區文化脉絡，浙江省自古籍普查伊始就將民國時期傳統裝幀書籍納入古籍普查範圍。

按照《全國古籍普查登記手册》要求，登記每部古籍的基本項目，必登項目有索書號、題名卷數、著者、版本、册數、存（缺）卷數，選登項目有分類、批校題跋、版式、裝幀形式、叢書子目、書影、破損狀況等内容。“秉持浙江精神，幹在實處、走在前列、勇立潮頭”，浙江省的古籍普查工作一直高標準、嚴要求，自始至終堅持全國古籍普查登記平臺（以下簡稱古籍普查平臺）項目全著録，堅持文字信息和書影信息雙著録，登記每部書的索書號、分類、題名卷數、著者、卷數統計、版本、版式、裝幀、裝具、序跋、刻工、批校題跋、鈐印、叢書子目、定級及書影、定損及書影等 16 大項 74 小項的信息。普查統計顯示，截至 2017 年 4 月 30 日，全省 95 家單位共藏有中國傳統裝幀書籍 337405 部 2506633 册，其中民國時期傳統裝幀書籍 117543 部 751690 册，占全部傳統裝幀書籍的三分之一。

普查登記著録工作結束後，省古籍保護中心組織普查業務骨幹統校、編纂全省的普查登記目録。全省的普查登記目録是將古籍和民國數據分開的，由省古籍保護中心統一規劃，分别出版《浙江省古籍普查登記目録》和《浙江省民國時期傳統裝幀書籍普查登記目録》。古籍數據統校完成後，於 2017 年 3 月成立由浙江圖書館、寧波市圖書館、温州市圖書館、嘉興市圖書館、紹興圖書館 5 家單位的 7 名普查業務骨幹組成的《浙江省民國時期傳統裝幀書籍普查登記目録》統校和編纂工作小組，開展民國時期傳統裝幀書籍普查數據的統校和登記目録的編纂工作。

民國時期傳統裝幀書籍普查數據統校要求和登記目録編纂工作程序與古籍相同，省古籍保護中心制定的《浙江省古籍普查登記目録編纂工作方案》《浙江省古籍普查數據統校細則》，也適用於指導全省民國時期傳統裝幀書籍普查數據的統校和登記目録的編纂。統校和編纂工作程序如下：導出古籍普查平臺上的數據，切分出民國數據，按照設定的普查編號、索書號、分類、題名卷數、著者、版本、批校題跋、册數、存（缺）卷這幾項登記目録的出版款目對表格進行整理，整理後按照題名進行排列分給各統校員進行統校，統校結束後的數據按行政區域進行彙總，交由分區負責人進行覆核，覆核結束後由省古籍保護中心一一寄給各館進行修改確認，經各館確認後由分區負責人進行最後審定。

全省參與普查的共95家單位，其中94家有民國時期傳統裝幀書籍，進入本登記目録的有93家單位，總數達11萬餘部。根據分區域出版和達到一定條數可以單獨成書的原則，全省的民國時期傳統裝幀書籍普查登記目録大致分爲以下15種：浙江圖書館，浙江省博物館，中國美術學院圖書館等四家收藏單位，杭州圖書館等十一家收藏單位，寧波市天一閣博物館，寧波市圖書館等八家收藏單位，温州市圖書館，瑞安市博物館（玉海樓）等九家收藏單位、湖州市圖書館等七家收藏單位，嘉興市圖書館，嘉善縣圖書館等八家收藏單位，紹興圖書館，紹興市上虞區圖書館等九家收藏單位，金華市博物館等九家收藏單位，衢州市博物館等四家收藏單位、舟山市圖書館等二家收藏單位、麗水市圖書館等八家收藏單位，臨海市圖書館等八家收藏單位。爲保障普查編號的唯一性、終身有效性，各館數據以原普查編號從低到高的順序進行排列。由於浙江省古籍普查範圍包括古籍、民國傳統裝幀書籍、域外漢文古籍，著録時幾種文獻交替進行，而出版時是分開的，加之古籍普查平臺系統出現的跳號情况，所以會出現普查編號不連貫的現象，特此説明。

浙江省古籍普查工作得到了各方的關心和支持。感謝各兄弟省份古籍同行的熱情幫助，感謝李致忠、張志清、吴格、陳先行、陳紅彦、陳荔京、羅琳、王清原、唱春蓮、李德生、石洪運、賈秀麗、范邦瑾等專家學者的悉心指導。

條數多，分布廣，又出於衆手，儘管工作中我們一直争取做到最好，但無論是已經著録的古籍普查平臺數據還是即將付梓的登記目録，都難免存在紕漏，希望業界同仁不吝賜教，俾臻完善。

浙江省古籍保護中心
2018年3月

《浙江省民國時期傳統裝幀書籍普查登記目録》

編纂凡例

一、收録範圍爲浙江省圖書館、博物館等公共收藏機構所藏，産生於 1912 年到 1949 年 9 月，有關傳統學術并以綫裝爲主的具有傳統裝幀形式的漢文書籍。

二、以各收藏機構爲分册依據，篇幅較小者，適當合并出版。

三、一部書籍一條款目，複本亦單獨著録。

四、著録款目包括普查登記編號、索書號、分類、題名卷數、著者、版本、批校題跋、册數、存（缺）卷等。普查登記編號的組成方式是：省級行政區劃代碼—單位代碼—古籍普查登記順序號。

五、以普查登記編號順序排序。

六、編製各館藏目録書名筆畫索引附於書後，以便檢索。

目録

《衢州市博物館民國時期傳統裝幀書籍普查登記目録》編委會 …… 3
《衢州市博物館民國時期傳統裝幀書籍普查登記目録》前言 …… 5
330000－1798－0000034 至 0004665（普查登記編號。中有空號，係原缺號及古籍文獻，本書不載） …… 7
《江山市圖書館民國時期傳統裝幀書籍普查登記目録》
330000－4721－0000001（普查登記編號） …… 97
《常山縣圖書館民國時期傳統裝幀書籍普查登記目録》編委會 …… 101
《常山縣圖書館民國時期傳統裝幀書籍普查登記目録》前言 …… 103
330000－4719－0000010 至 0000429（普查登記編號。中有空號，係原缺號及古籍文獻，本書不載） …… 105
《開化縣圖書館民國時期傳統裝幀書籍普查登記目録》編委會 …… 113
《開化縣圖書館民國時期傳統裝幀書籍普查登記目録》前言 …… 115
330000－4720－0000001 至 0000530（普查登記編號。中有空號，係原缺號及古籍文獻，本書不載） …… 117
《舟山市圖書館民國時期傳統裝幀書籍普查登記目録》編委會 …… 135
《舟山市圖書館民國時期傳統裝幀書籍普查登記目録》前言 …… 137
330000－4722－0000002 至 0000046（普查登記編號。中有空號，係原缺號及古籍文獻，本書不載） …… 139
《舟山博物館民國時期傳統裝幀書籍普查登記目録》編委會 …… 143
《舟山博物館民國時期傳統裝幀書籍普查登記目録》前言 …… 145
330000－4784－0000001 至 0000102（普查登記編號。中有空號，係原缺號及古籍文獻，本書不載） …… 147

《麗水市圖書館民國時期傳統裝幀書籍普查登記目録》前言 …………………………… 153
330000－1726－0000004 至 0000650（普查登記編號。中有空號，係原缺號及古籍文獻，本書不載） …………………………………………………………… 155
《龍泉市圖書館民國時期傳統裝幀書籍普查登記目録》編委會 ………………………… 167
《龍泉市圖書館民國時期傳統裝幀書籍普查登記目録》前言 …………………………… 169
330000－4736－0000003 至 0000777（普查登記編號。中有空號，係原缺號及古籍文獻，本書不載） …………………………………………………………… 171
《青田縣圖書館民國時期傳統裝幀書籍普查登記目録》前言 …………………………… 205
330000－4728－0000001 至 0000002（普查登記編號） ………………………… 207
《縉雲縣圖書館民國時期傳統裝幀書籍普查登記目録》編委會 ………………………… 211
《縉雲縣圖書館民國時期傳統裝幀書籍普查登記目録》前言 …………………………… 213
330000－4729－0000025 至 0001966（普查登記編號。中有空號，係原缺號及古籍文獻，本書不載） …………………………………………………………… 215
《遂昌縣圖書館民國時期傳統裝幀書籍普查登記目録》前言 …………………………… 273
330000－4730－0000005 至 0000863（普查登記編號。中有空號，係原缺號及古籍文獻，本書不載） …………………………………………………………… 275
《松陽縣圖書館民國時期傳統裝幀書籍普查登記目録》
330000－4731－0000001 至 0000002（普查登記編號） ………………………… 303
《雲和縣圖書館民國時期傳統裝幀書籍普查登記目録》編委會 ………………………… 307
《雲和縣圖書館民國時期傳統裝幀書籍普查登記目録》前言 …………………………… 309
330000－4732－0000011 至 0001795（普查登記編號。中有空號，係原缺號及古籍文獻，本書不載） …………………………………………………………… 311
《慶元縣圖書館民國時期傳統裝幀書籍普查登記目録》編委會 ………………………… 365
《慶元縣圖書館民國時期傳統裝幀書籍普查登記目録》前言 …………………………… 367
330000－4733－0000001 至 0000354（普查登記編號。中有空號，係原缺號及古籍文獻，本書不載） …………………………………………………………… 369

《衢州市博物館民國時期傳統裝幀書籍普查登記目録》書名筆畫字頭索引 ……………… 379
《衢州市博物館民國時期傳統裝幀書籍普查登記目録》書名筆畫索引 …………………… 387
《江山市圖書館民國時期傳統裝幀書籍普查登記目録》書名筆畫字頭索引 ……………… 409
《江山市圖書館民國時期傳統裝幀書籍普查登記目録》書名筆畫索引 …………………… 411

《常山縣圖書館民國時期傳統裝幀書籍普查登記目録》書名筆畫字頭索引…………… 413
《常山縣圖書館民國時期傳統裝幀書籍普查登記目録》書名筆畫索引…………………… 415
《開化縣圖書館民國時期傳統裝幀書籍普查登記目録》書名筆畫字頭索引…………… 419
《開化縣圖書館民國時期傳統裝幀書籍普查登記目録》書名筆畫索引…………………… 423
《舟山市圖書館民國時期傳統裝幀書籍普查登記目録》書名筆畫字頭索引…………… 429
《舟山市圖書館民國時期傳統裝幀書籍普查登記目録》書名筆畫索引…………………… 431
《舟山博物館民國時期傳統裝幀書籍普查登記目録》書名筆畫字頭索引………………… 433
《舟山博物館民國時期傳統裝幀書籍普查登記目録》書名筆畫索引……………………… 435
《麗水市圖書館民國時期傳統裝幀書籍普查登記目録》書名筆畫字頭索引…………… 437
《麗水市圖書館民國時期傳統裝幀書籍普查登記目録》書名筆畫索引…………………… 439
《龍泉市圖書館民國時期傳統裝幀書籍普查登記目録》書名筆畫字頭索引…………… 443
《龍泉市圖書館民國時期傳統裝幀書籍普查登記目録》書名筆畫索引…………………… 447
《青田縣圖書館民國時期傳統裝幀書籍普查登記目録》書名筆畫字頭索引…………… 455
《青田縣圖書館民國時期傳統裝幀書籍普查登記目録》書名筆畫索引…………………… 457
《縉雲縣圖書館民國時期傳統裝幀書籍普查登記目録》書名筆畫字頭索引…………… 459
《縉雲縣圖書館民國時期傳統裝幀書籍普查登記目録》書名筆畫索引…………………… 465
《遂昌縣圖書館民國時期傳統裝幀書籍普查登記目録》書名筆畫字頭索引…………… 479
《遂昌縣圖書館民國時期傳統裝幀書籍普查登記目録》書名筆畫索引…………………… 483
《松陽縣圖書館民國時期傳統裝幀書籍普查登記目録》書名筆畫字頭索引…………… 491
《松陽縣圖書館民國時期傳統裝幀書籍普查登記目録》書名筆畫索引…………………… 493
《雲和縣圖書館民國時期傳統裝幀書籍普查登記目録》書名筆畫字頭索引…………… 495
《雲和縣圖書館民國時期傳統裝幀書籍普查登記目録》書名筆畫索引…………………… 501
《慶元縣圖書館民國時期傳統裝幀書籍普查登記目録》書名筆畫字頭索引…………… 515
《慶元縣圖書館民國時期傳統裝幀書籍普查登記目録》書名筆畫索引…………………… 517

《衢州市博物館民國時期傳統裝幀書籍普查登記目録》

編委會

主　編：柴福有　程　勤

副主編：毛　慧　趙文慧

編纂人員：程　勤　毛　慧　趙文慧　徐雲良

《衢州市博物館民國時期傳統裝幀書籍普查登記目録》

前　言

衢州市博物館成立於1985年9月，是市區最大的集收藏、陳列、研究於一體的綜合性博物館，擁有館藏歷史文物5000餘件、書畫1200餘幅、古籍近3萬册。其中古籍有專庫保管，專庫實用面積208平方米。80%的古籍爲新中國成立以後各個不同時期各類人員捐獻的，其餘20%爲徵集。古籍的保管和研究一直是衢州市博物館的重點工作，有完整的總賬，作爲文物登記在册。所有古籍全部入櫃保存，擁有恒温恒濕的良好保存環境。

2012年6月衢州市博物館古籍普查項目立項，成立了工作小組，制訂了工作計劃，配備了拍攝臺、相機、電腦、工作服等硬件設施。同年10月，以館藏3萬册古籍爲普查目標的衢州市博物館古籍普查工作正式開始，當年完成總任務的10%，之後的三年各完成30%，至2015年12月10日全部普查工作結束，遞交結題報告。我館納入普查範圍的古籍共4656條數據，本目録收録的是民國時期的傳統裝幀書籍，計1375條數據，皆爲漢文古籍，且80%以上爲鉛印本、影印本和石印本，稿本、抄本約9%左右，刻本約8%左右。

三年的普查工作很辛苦，期間的困難不用多説，從剛開始的操作不熟練，到二審退回修改一次又一次，灰心了相互鼓勁，懊惱了相互開解。但最終摸清了藏書的實際情況，對於古籍信息著録、鑒定方面的知識也增加很多，可以説是我們職業生涯最有意義的工作之一。2014年普查組組長程勤被文化部授予“全國古籍保護工作先進個人榮譽”、單位被省政府公布爲“第一批浙江省古籍重點保護單位”和“第二批浙江省古籍修復站”。但我們不能躺在普查的成績上，還有很多工作需要跟進，比如規範古籍分類問題、破損古籍修復、資源共享等等，都需要厘清，也説明古籍保護工作還是任重道遠的。

回想當時申報項目，僅僅是把它作爲一項普通課題，并没有意識到古籍普查是全國性重點工作，會是這麽有意義的一件大事。三年的歷練，普查人員也從初涉古籍的懵懂，成長爲古籍從業隊伍中的骨幹，三年來的默默耕耘和無悔付出終於有了收穫，這離不開單位領導、同事的支持和理解。最讓我們感動的是，衢州市博物館雖然是圖書系統之外的單位，但得益於浙江省“十二五”重點工程——古籍保護工作體系的春風，得到省古籍保護中心領導和專家的悉心指導，現場培訓、電話聯繫、有問必答，使我們普查工作得以順利開展，讓我們有家人的感覺。現如今三年來的工作終於出成果了，借此向關心、支持我們工作的浙江省古籍保護中心的領導和專家表示衷心的感謝！

雖然我們是盡了十二分的努力，但限於學識水準，難免會有一些紕漏差錯之處，敬請專家、學者及同行批評指正。

本書編委會

2018 年 9 月 30 日

330000－1798－0000034　普 02508　史部/傳記類/總傳之屬/家乘

［浙江富陽］富春孔氏宗譜四卷　孔憲雲修　張錫增等纂　民國三十八年(1949)詩禮堂木活字印本　四册

330000－1798－0000072　普 00626　子部/醫家類/傷寒金匱之屬/傷寒論

真類傷寒要論四卷　王芝田撰　民國抄本　一册

330000－1798－0000095　普 02742　史部/地理類/方志之屬/郡縣志

［民國］衢縣志三十卷首一卷　鄭永禧纂　民國二十六年(1937)鉛印本　二十册

330000－1798－0000098　普 01753　子部/雜著類/雜考之屬

寺橋寄廬雜著五卷　汪張黻撰　民國三十八年(1949)稿本　二册

330000－1798－0000099　普 02604　史部/傳記類/總傳之屬/家乘

［浙江衢州］三衢朱氏宗譜二卷　朱奎榮等續修　民國十四年(1925)木活字印本　二册

330000－1798－0000103　普 00388　史部/地理類/方志之屬/郡縣志

［民國］衢縣志三十卷首一卷　鄭永禧纂　民國二十六年(1937)鉛印本　二十册

330000－1798－0000108　普 02740　史部/地理類/方志之屬/郡縣志

［民國］衢縣志三十卷首一卷　鄭永禧纂　民國二十六年(1937)鉛印本　二十册

330000－1798－0000111　普 02743　史部/地理類/方志之屬/郡縣志

［民國］衢縣志三十卷首一卷　鄭永禧纂　民國二十六年(1937)鉛印本　十七册　存二十六卷(首,一至六、九至十六、十九至二十三、二十五至三十)

330000－1798－0000113　普 02739　史部/地理類/方志之屬/郡縣志

［民國］衢縣志三十卷首一卷　鄭永禧纂　民國二十六年(1937)鉛印本　二十册

330000－1798－0000114　普 02700　史部/地理類/方志之屬/郡縣志

［民國］衢縣志三十卷首一卷　鄭永禧纂　民國二十六年(1937)鉛印本　九册　存十二卷(首,一、五至六、十五至十六、十九至二十三、二十五)

330000－1798－0000120　普 02020　經部/易類/傳說之屬

周易講義十卷　碧雲子講述　民國二十四年(1935)金華經訓山房鉛印本　四册

330000－1798－0000174　普 01080　類叢部/叢書類/郡邑之屬

開化叢書　葉渭清輯　民國七年(1918)木活字印本　一册　存一種

330000－1798－0000191　普 01176　史部/金石類/金之屬/通考

古兵符考畧殘槀一卷　(清)翁大年撰　民國五年(1916)石印本　一册

330000－1798－0000194　普 01178　史部/金石類/璽印之屬/通考

璽印姓氏徵二卷　羅振玉輯　民國十四年(1925)東方學會鉛印本　一册

330000－1798－0000196　普 01181　史部/金石類/總志之屬/目録

內府藏器箸錄表二卷附錄一卷　羅福頤撰　民國二十二年(1933)墨緣堂石印本　一册

330000－1798－0000201　普 02035　類叢部/叢書類/彙編之屬

復性書院叢刊二十七種　馬浮編　民國二十九年至三十七年(1940－1948)復性書院刻本暨鉛印本　一册　存二種

330000－1798－0000207　普 02027　經部/易類/傳說之屬

周易古義七卷　楊樹達撰集　民國十八年(1929)上海中華書局鉛印本　二册

330000－1798－0000213　普 02034　類叢部/

叢書類/彙編之屬

復性書院叢刊二十七種 馬浮編 民國二十九年至三十七年(1940－1948)復性書院刻本暨鉛印本 一冊 存一種

330000－1798－0000219 普01388、普01014、普01013、普02135、普01012 類叢部/叢書類/彙編之屬

四部叢刊 張元濟等編 民國十八年(1929)上海商務印書館影印本 七十六冊 存五種

330000－1798－0000227 普02043、普02146、普02276、普00885、普04049、普03885、普03972、普03854 類叢部/叢書類/彙編之屬

四部備要 中華書局編 民國二十五年(1936)上海中華書局鉛印本 十六冊 存一種

330000－1798－0000228 普02042 類叢部/叢書類/彙編之屬

涵芬樓祕笈五十一種 孫毓修等輯 民國五年至十五年(1916－1926)上海商務印書館影印本暨鉛印本 一冊 存一種

330000－1798－0000231 普00022 史部/傳記類/別傳之屬/年譜

程北山先生[俱]年譜四卷附錄二卷 葉渭清撰 稿本 二冊

330000－1798－0000234 普00023 史部/傳記類/別傳之屬/年譜

楊誠齋先生[萬里]年譜二卷 葉渭清編 稿本 一冊

330000－1798－0000235 普01629、普01640、普01632、普01644、普01651、普01635、普01634、普01633、普01638、普01646、普01670 類叢部/叢書類/彙編之屬

四庫全書珍本初集二百三十種 中央圖書館籌備處輯 民國二十三年至二十四年(1934－1935)上海商務印書館據文淵閣本影印本 六十七冊 存十一種

330000－1798－0000236 普01669、普01662、普01668、普01680、普01676、普01673、普01675、普01679、普01693、普01671、普01672、普01677、普01674 類叢部/叢書類/彙編之屬

四庫全書珍本初集二百三十種 中央圖書館籌備處輯 民國二十三年至二十四年(1934－1935)上海商務印書館據文淵閣本影印本 八十八冊 存十三種

330000－1798－0000237 普01642、普01641、普01656、普01655、普01667、普01663、普01658、普01661、普01660、普01659 類叢部/叢書類/彙編之屬

四部叢刊三編七十一種 張元濟等編 民國二十四年至二十五年(1935－1936)上海商務印書館影印本 二十五冊 存十種

330000－1798－0000238 普00024 史部/傳記類/別傳之屬/年譜

范香溪先生[浚]年譜不分卷 葉渭清編 稿本 一冊

330000－1798－0000239 普01643、普01654、普01694 類叢部/叢書類/彙編之屬

選印宛委別藏四十種 故宫博物院編 民國二十四年(1935)上海商務印書館影印本 三冊 存三種

330000－1798－0000240 普01639、普01627、普01628、普01631、普01647、普01645、普01637、普01652、普01626、普01636 類叢部/叢書類/彙編之屬

四庫全書珍本初集二百三十種 中央圖書館籌備處輯 民國二十三年至二十四年(1934－1935)上海商務印書館據文淵閣本影印本 四十四冊 存十種

330000－1798－0000241 普01648、普01630、普01625、普01649、普01624、普01653、普01650、普01666、普01664、普01665 類叢部/叢書類/彙編之屬

四部叢刊續編七十七種 張元濟等編 民國二十三年(1934)上海商務印書館影印本 四十三冊 存十二種

330000－1798－0000242 普01310、普01311、普01314、普01313、普01320、普01321、普01324、普

01295、普 01300、普 01298　類叢部/叢書類/彙編之屬

四庫全書珍本初集二百三十種　中央圖書館籌備處輯　民國二十三年至二十四年(1934－1935)上海商務印書館據文淵閣本影印本　六十九册　存十種

330000－1798－0000246　普 01331、普 01318、普 01340、普 01355、普 01363、普 01366、普 01385、普 01382、普 01381、普 01387、普 01420、普 01433、普 01438、普 01485　類叢部/叢書類/彙編之屬

選印宛委别藏四十種　故宫博物院編　民國二十四年(1935)上海商務印書館影印本　七十册　存十四種

330000－1798－0000248　普 01319、普 01316、普 01338、普 01333、普 01339、普 01349、普 01361、普 01352、普 01370、普 01364、普 01365、普 01373、普 01376、普 01375　類叢部/叢書類/彙編之屬

四部叢刊續編七十七種　張元濟等編　民國二十三年(1934)上海商務印書館影印本　六十九册　存十四種

330000－1798－0000250　普 01317、普 01332、普 01323、普 01337、普 01341、普 01371、普 01368、普 01372、普 01369、普 01414、普 01421、普 01430、普 01436、普 01439　類叢部/叢書類/彙編之屬

四部叢刊三編七十一種　張元濟等編　民國二十四年至二十五年(1935－1936)上海商務印書館影印本　六十一册　存十四種

330000－1798－0000254　普 01329、普 01335、普 01327、普 01328、普 01312、普 01315、普 01322、普 01325、普 01326、普 01334　類叢部/叢書類/彙編之屬

四庫全書珍本初集二百三十種　中央圖書館籌備處輯　民國二十三年至二十四年(1934－1935)上海商務印書館據文淵閣本影印本　八十九册　存十種

330000－1798－0000263　普 01336、普 01342、普 01348、普 01347、普 01345、普 01344、普 01346、普 01343、普 01350　類叢部/叢書類/彙編之屬

四庫全書珍本初集二百三十種　中央圖書館籌備處輯　民國二十三年至二十四年(1934－1935)上海商務印書館據文淵閣本影印本　一百十七册　存十種

330000－1798－0000264　普 00083－2　集部/戲劇類/總集之屬/雜劇

盛明雜劇二集卅種三十卷　(明)沈泰輯　民國十四年(1925)武進董氏誦芬室刻本　十册

330000－1798－0000265　普 00083－1　集部/戲劇類/總集之屬/雜劇

盛明雜劇卅種三十卷　(明)沈泰輯　民國七年(1918)董氏誦芬室刻本　十册

330000－1798－0000269　普 01758　集部/别集類

寒柯堂避寇詩草三卷　余紹宋撰　民國三十三年(1944)鉛印本　一册　存二卷(一、三)

330000－1798－0000271　普 01760－1　集部/别集類

寒柯堂詩四卷　余紹宋撰　民國三十六年(1947)鉛印本　一册

330000－1798－0000272　普 01351、普 01353、普 01354、普 01360、普 01294、普 01356、普 01358、普 01357、普 01362、普 01359、普 01367、普 01377、普 01378、普 01380　類叢部/叢書類/彙編之屬

四庫全書珍本初集二百三十種　中央圖書館籌備處輯　民國二十三年至二十四年(1934－1935)上海商務印書館據文淵閣本影印本　一百二十六册　存十四種

330000－1798－0000273　普 01760－2　集部/别集類

寒柯堂詩四卷　余紹宋撰　民國三十六年(1947)鉛印本　一册

330000－1798－0000274　普 00204　經部/小學類/文字之屬/字書/字典

康熙字典十二集三十六卷總目一卷檢字一卷辨似一卷等韻一卷補遺一卷備考一卷　(清)張玉書等纂修　民國刻本　四十册

330000－1798－0000275　普 00203　經部/小學類/文字之屬/字書/字典

康熙字典十二集三十六卷總目一卷檢字一卷辨似一卷等韻一卷補遺一卷備考一卷 （清）張玉書等纂修　民國刻本　十三冊

330000－1798－0000277　普00469　集部/曲類/散曲之屬

重刊增益詞林摘艷十卷 （明）張祿輯　民國二十二年（1933）影印本　四冊

330000－1798－0000281　普02272　經部/小學類/文字之屬/字書/字體

六書通十卷首一卷 （清）閔齊伋撰　（清）畢弘述篆訂　民國七年（1918）上海鴻文書局石印本　伯衡題記　五冊

330000－1798－0000287　普01762　史部/傳記類/總傳之屬/家乘

孔氏南宗考略二卷 徐鏡泉纂輯　民國三十七年（1948）鉛印本　一冊

330000－1798－0000288　普01763　史部/傳記類/總傳之屬/家乘

孔氏南宗考略二卷 徐鏡泉纂輯　民國三十七年（1948）鉛印本　一冊

330000－1798－0000289　普01775　史部/傳記類/總傳之屬/家乘

孔氏南宗考略二卷 徐鏡泉纂輯　民國三十七年（1948）鉛印本　一冊

330000－1798－0000296　普00389　史部/地理類/方志之屬/通志

［民國］浙江新志三卷 姜卿雲編　民國二十五年（1936）杭州正中書局鉛印本　二冊

330000－1798－0000302　普00395　史部/地理類/方志之屬/郡縣志

［民國］龍游縣志初稿不分卷 余紹宋纂　民國十二年（1923）鉛印本　葉渭清校　余紹宋題記　三冊

330000－1798－0000304　普01374、普01384、普01386、普01383、普01418、普01427、普01434、普01431、普01449、普01450、普01456、普01459、普01466、普01477　類叢部/叢書類/彙編之屬

四部叢刊續編七十七種 張元濟等編　民國二十三年（1934）上海商務印書館影印本　二百三十七冊　存十三種

330000－1798－0000316　普01379、普01415、普01416、普01417、普01419、普01429、普01428、普01435、普01432、普01446、普01448、普01443、普01453、普01455　類叢部/叢書類/彙編之屬

四庫全書珍本初集二百三十種 中央圖書館籌備處輯　民國二十三年至二十四年（1934－1935）上海商務印書館據文淵閣本影印本　二百十七冊　存十四種

330000－1798－0000317　普00405　史部/政書類/通制之屬

宋會要不分卷 （宋）陳騤纂修　（清）徐松輯　民國二十五年（1936）國立北平圖書館影印本　一百五十六冊

330000－1798－0000318　普01092　集部/曲類/散曲之屬

散曲叢刊十五種 任訥輯　民國二十年（1931）上海中華書局鉛印本　二十八冊

330000－1798－0000319　普01389－普01406、普01409－普01413　史部/紀傳類/正史之屬

百衲本二十四史 張元濟輯　民國上海商務印書館影印本　七百八十八冊　存二十三種

330000－1798－0000322　普00426　子部/藝術類/音樂之屬/樂譜

樂譜隨錄□□卷 王文淵學　民國抄本　一冊　存一卷（聲字譜）

330000－1798－0000324　普01407、普01408　類叢部/叢書類/彙編之屬

四部叢刊續編七十七種 張元濟等編　民國二十三年（1934）上海商務印書館影印本　七冊　存二種

330000－1798－0000326　普00417　類叢部/叢書類/自著之屬

馮氏樂書 馮水撰　民國十四年（1925）石印本　一冊　存一種

330000－1798－0000327　普00420　子部/藝術類/音樂之屬/樂譜

琴瑟新譜四卷首一卷　楊宗稷撰　民國十八年(1929)舞胎仙館刻本　一冊

330000－1798－0000328　普 01424、普 01425、普 01426、普 01423、普 01422　史部/政書類/邦交之屬

清季外交史料六種　(清)王彥威輯　王亮編　民國二十一年至二十四年(1932－1935)北平外交史料編纂處鉛印本　一百六十四冊　存五種

330000－1798－0000331　普 00419　子部/藝術類/音樂之屬/樂譜

琴鏡九卷首一卷續四卷補三卷　楊宗稷輯註　民國七年(1918)舞胎仙館刻十一年(1922)印本　五冊

330000－1798－0000333　普 00418　子部/藝術類/音樂之屬/琴學

琴學二卷　(清)曹庭棟撰　民國七年(1918)保定印書館鉛印本　二冊

330000－1798－0000334　普 00408　史部/政書類/律令之屬/刑制

重詳定刑統三十卷　(宋)竇儀等撰　民國七年(1918)國務院法制局刻本　六冊

330000－1798－0000336　普 00397　類叢部/叢書類/彙編之屬

四部備要　中華書局編　民國二十五年(1936)上海中華書局鉛印本　十六冊　存一種

330000－1798－0000338　普 01692、普 01687、普 01685、普 01683、普 01689、普 01682、普 01688、普 01686、普 01695、普 01684　類叢部/叢書類/彙編之屬

四庫全書珍本初集二百三十種　中央圖書館籌備處輯　民國二十三年至二十四年(1934－1935)上海商務印書館據文淵閣本影印本　三十八冊　存十種

330000－1798－0000339　普 01681、普 01703、普 01704、普 01699、普 01698、普 01708、普 01697、普 01702、普 01705、普 01709　類叢部/叢書類/彙編之屬

四庫全書珍本初集二百三十種　中央圖書館籌備處輯　民國二十三年至二十四年(1934－1935)上海商務印書館據文淵閣本影印本　四十九冊　存十種

330000－1798－0000340　普 01690、普 01712、普 01711　類叢部/叢書類/彙編之屬

四庫全書珍本初集二百三十種　中央圖書館籌備處輯　民國二十三年至二十四年(1934－1935)上海商務印書館據文淵閣本影印本　五冊　存三種

330000－1798－0000341　普 01741、普 01742　類叢部/叢書類/彙編之屬

四庫全書珍本初集二百三十種　中央圖書館籌備處輯　民國二十三年至二十四年(1934－1935)上海商務印書館據文淵閣本影印本　九冊　存二種

330000－1798－0000342　普 01721、普 01727、普 01723、普 01728、普 01724、普 01725、普 01735、普 01732、普 01737、普 01736　類叢部/叢書類/彙編之屬

四庫全書珍本初集二百三十種　中央圖書館籌備處輯　民國二十三年至二十四年(1934－1935)上海商務印書館據文淵閣本影印本　一百二十六冊　存十種

330000－1798－0000343　普 01715、普 01719、普 01691、普 01714、普 01745、普 01734　類叢部/叢書類/彙編之屬

四部叢刊續編七十七種　張元濟等編　民國二十三年(1934)上海商務印書館影印本　六十六冊　存六種

330000－1798－0000344　普 01706、普 01707、普 01716、普 01678、普 01710、普 01713、普 01700、普 01701、普 01743、普 01744　類叢部/叢書類/彙編之屬

四部叢刊三編七十一種　張元濟等編　民國二十四年至二十五年(1935－1936)上海商務印書館影印本　五十五冊　存十種

330000－1798－0000345　普 01441、普 01445、普

01447、普 01444、普 01440、普 01458、普 01457、普 01464、普 01462、普 01463、普 01467、普 01480、普 01470、普 01475　類叢部/叢書類/彙編之屬

四部叢刊三編七十一種　張元濟等編　民國二十四年至二十五年(1935－1936)上海商務印書館影印本　一百六十二册　存十四種

330000－1798－0000346　普 00457、普 00447、普 00455、普 00454、普 00453、普 00458、普 00456、普 00452　集部/戲劇類/總集之屬

彙刻傳劇三十種附錄十四種附刻六種別行一種　劉世珩輯　民國八年(1919)貴池劉氏暖紅室刻本　二十二册　存七種

330000－1798－0000348　普 01718、普 01717、普 01696、普 01739、普 01729、普 01733、普 01722、普 01731、普 01730、普 01740、普 01726　類叢部/叢書類/彙編之屬

選印宛委別藏四十種　故宫博物院編　民國二十四年(1935)上海商務印書館影印本　三十八册　存十一種

330000－1798－0000349　普 01437　子部/藝術類

清代燕都梨園史料　張江裁輯　民國二十三年(1934)北平邃雅齋鉛印本　十一册　存三十七種

330000－1798－0000350　普 01738、普 01720　類叢部/叢書類/彙編之屬

四部叢刊　張元濟等編　民國上海商務印書館影印本　二册　存二種

330000－1798－0000351　普 01293　子部/雜著類/雜纂之屬

諸子文粹六十二卷續編十卷　李寶洤纂　民國二十三年(1934)上海商務印書館鉛印本　十九册　缺三卷(諸子文粹一至三)

330000－1798－0000352　普 00467　集部/戲劇類/雜劇之屬

霜厓三劇　吳梅撰　民國二十二年(1933)刻本　一册

330000－1798－0000353　普 00462　集部/戲劇類/傳奇之屬

琵琶記四卷附錄一卷　(元)高明撰　民國蟫隱廬影印本　四册

330000－1798－0000363　普 01454、普 01460－01461、普 01465、普 01468－01469、普 01471－01473、普 01476、普 01479、普 01481－01483、普 01486－01488、普 01490－01491　類叢部/叢書類/彙編之屬

四庫全書珍本初集二百三十種　中央圖書館籌備處輯　民國二十三年至二十四年(1934－1935)上海商務印書館據文淵閣本影印本　一百三十六册　存二十八種

330000－1798－0000365　普 00567　子部/醫家類/婦科之屬

調經論不分卷　民國抄本　一册

330000－1798－0000370　普 01452　史部/地理類/專志之屬/寺觀

金陵梵剎志五十三卷　(明)葛寅亮輯　民國二十五年(1936)金山江天寺影印本　六册

330000－1798－0000378　普 00436　子部/藝術類/音樂之屬/琴學

會琴實紀六卷首一卷　葉希明編　民國九年(1920)木活字印本　一册

330000－1798－0000381　普 00444　集部/戲劇類/傳奇之屬

梅花夢傳奇二卷　(清)陳森撰　民國十年(1921)據清道光稿本影印本　一册

330000－1798－0000383　普 00451　集部/詞類/别集之屬

東海漁歌四卷補遺一卷　(清)顧春撰　民國三年(1914)西泠印社木活字印本　二册　缺一卷(二)

330000－1798－0000384　普 00445　集部/曲類

昇平署月令承應戲不分卷　國立北平故宫博物院文獻館編　民國二十五年(1936)國立北平故宫博物院文獻館鉛印本　一册

330000－1798－0000387　普 01478、普 01474、普

01507、普 01506、普 01519、普 01517、普 01521、普 01511、普 01527、普 01520、普 01524、普 01522、普 01545、普 01543　類叢部/叢書類/彙編之屬

四部叢刊續編七十七種　張元濟等編　民國二十三年(1934)上海商務印書館影印本　四十四册　存十四種

330000－1798－0000388　普 00582　子部/醫家類/醫經之屬/難經

圖註八十一難經辨真四卷　(戰國)秦越人撰　(明)張世賢註　**圖註脉訣辨真四卷**　(晉)王叔和撰　(明)張世賢註　**脉訣附方一卷**　(明)張世賢編　民國十七年(1928)上海千頃堂刻本　四册

330000－1798－0000389　普 00470、普 00471　集部/戲劇類/總集之屬

奢摩他室曲叢　吴梅輯　民國十七年(1928)上海商務印書館影印本暨鉛印本　二十三册　存十三種

330000－1798－0000391　普 01484、普 01489、普 01497、普 01494、普 01523、普 01539、普 01537、普 01538、普 01544、普 01548、普 01550、普 01595　類叢部/叢書類/彙編之屬

選印宛委别藏四十種　故宫博物院編　民國二十四年(1935)上海商務印書館影印本　三十九册　存十二種

330000－1798－0000393　普 00532　子部/法家類

韓非子二十卷　(秦)韓非撰　**識誤三卷**　(清)顧廣圻撰　民國育文書局石印本　二册

330000－1798－0000397　普 00482　集部/曲類/曲韻曲譜曲律之屬

新定九宫大成南北詞宫譜八十一卷閏一卷總目三卷　(清)周祥鈺　(清)鄒金生等撰　民國十二年(1923)古書流通處影印本　五十册

330000－1798－0000401　普 00480　集部/曲類

元明樂府套數舉略三卷　周明泰選輯　民國二十一年(1932)石印本　二册

330000－1798－0000402　普 01131　集部/總集類

詩抄不分卷　民國抄本　一册

330000－1798－0000403　普 01496、普 01508、普 01518、普 01514、普 01515、普 01516、普 01533、普 01553、普 01542、普 01549、普 01552、普 01551、普 01623、普 01559－1　類叢部/叢書類/彙編之屬

四部叢刊三編七十一種　張元濟等編　民國二十四年至二十五年(1935－1936)上海商務印書館影印本　一百六十八册　存十五種

330000－1798－0000410　普 01498、普 01505、普 01509、普 01512、普 01510、普 01525、普 01526、普 01513、普 01536、普 01534、普 01541、普 01583、普 01561　類叢部/叢書類/彙編之屬

四庫全書珍本初集二百三十種　中央圖書館籌備處輯　民國二十三年至二十四年(1934－1935)上海商務印書館據文淵閣本影印本　二百七十六册　存十四種

330000－1798－0000414　普 00495　集部/曲類/散曲之屬

散曲叢刊十五種　任訥輯　民國二十年(1931)上海中華書局鉛印本　一册　存一種

330000－1798－0000416　普 00595　子部/醫家類/方書之屬/成方藥目

觀聚方要補十卷　(日本)丹波元簡輯　民國二十年(1931)江陰寶文堂刻本　九册　存九卷(一至九)

330000－1798－0000421　普 00487　經部/樂類/律吕之屬

變徵定位考二卷　馮水撰　民國十三年(1924)桐鄉馮氏京師刻本　一册

330000－1798－0000423　普 00489　集部/總集類/選集之屬

彈青集二卷外集一卷　鈕敦仁撰　民國三十二年(1943)鉛印本　一册

330000－1798－0000425　普 00488　集部/戲劇類/傳奇之屬

重校埋劍記二卷三十六齣　(明)沈璟撰　民

國十九年(1930)國立北平圖書館據明萬曆金陵陳氏繼志齋刻本影印本　二冊

330000－1798－0000429　普 01224　集部/戲劇類/傳奇之屬

玉茗堂南柯記二卷四十四齣　(明)湯顯祖撰　民國十二年(1923)掃葉山房石印本　二冊

330000－1798－0000431　普 00601　子部/醫家類/類編之屬

影印古本醫學叢書十種　錢季寅輯　民國十九年至二十年(1930－1931)上海中醫書局影印本　一冊　存一種

330000－1798－0000433　普 00493　集部/曲類/曲選之屬

北曲拾遺一卷　(明)□□撰　民國二十四年(1935)商務印書館鉛印本　一冊

330000－1798－0000434　普 00494　集部/曲類/散曲之屬

紅豆曲二卷　(清)王維新撰　民國二十三年(1934)北流十萬卷樓刻朱印本　一冊

330000－1798－0000436　普 00634　子部/醫家類/方書之屬/成方藥目

雜症不分卷　民國抄本　一冊

330000－1798－0000438　普 01528　類叢部/叢書類/自著之屬

海寧王靜安先生遺書四十三種一百四卷　王國維撰　民國二十九年(1940)商務印書館長沙石印本　四十八冊

330000－1798－0000440　普 01530　類叢部/叢書類/彙編之屬

景印元明善本叢書十種　商務印書館編　民國二十六年至二十九年(1937－1940)上海商務印書館影印本　十冊　存一種

330000－1798－0000441　普 00630　子部/醫家類/診法之屬/脈經脈訣

新刻太医院正王叔和脈訣辨真四卷　(晉)王叔和撰　民國抄本　一冊

330000－1798－0000442　普 00620　子部/醫家類/外科之屬/外科方

外科鈔本不分卷　民國抄本　一冊

330000－1798－0000443　普 00625　子部/醫家類/方書之屬/成方藥目

雜症不分卷　民國抄本　一冊

330000－1798－0000444　普 00628　子部/醫家類/診法之屬/脈經脈訣

新著四言脈訣不分卷　民國抄本　國棟題簽並記　一冊

330000－1798－0000445　普 01529　類叢部/叢書類/自著之屬

劉申叔先生遺書七十四種　劉師培撰　民國二十五年(1936)寧武南氏鉛印本　七十四冊

330000－1798－0000448　普 00500、普 00499、普 00501　集部/戲劇類/傳奇之屬

傳眞社三種曲　傳眞社輯　民國二十一年(1932)傳真社據明刻本影印本　六冊

330000－1798－0000449　普 00631　子部/醫家類/外科之屬/外科方

外科抄本不分卷　民國汪修氏抄本　一冊

330000－1798－0000451　普 00509　子部/藝術類/音樂之屬/樂譜

曲譜不分卷　民國程禮門抄本　十冊

330000－1798－0000454　普 01531　類叢部/類書類/通類之屬

古今圖書集成考證二十四卷　(清)蔣廷錫(清)陳夢雷等輯　民國二十三年(1934)中華書局影印本　八冊

330000－1798－0000457　普 01532　類叢部/類書類/通類之屬

欽定古今圖書集成一萬卷目錄四十卷　(清)蔣廷錫　(清)陳夢雷等輯　民國二十三年(1934)中華書局影印本　八百冊

330000－1798－0000467　普 00521、普 00512、普 00520、普 00519　集部/曲類/曲韻曲譜曲律之屬

集成曲譜金集八卷聲集八卷玉集八卷振集八卷　王季烈　劉富樑輯　民國十四年(1925)上海商務印書館石印本　三十一冊　缺二卷(振集三至四)

330000－1798－0000468　普00800、普00799　類叢部/叢書類/彙編之屬

四部叢刊　張元濟等編　民國上海商務印書館影印本　二冊　存二種

330000－1798－0000469　普00526、普00523、普00524　集部/戲劇類/總集之屬/雜劇

清人雜劇二集二十一種　鄭振鐸輯　民國二十三年(1934)長樂鄭氏影印本　十二冊

330000－1798－0000475　普00619　子部/醫家類/診法之屬/脈經脈訣

胗脈秘訣不分卷　民國抄本　一冊

330000－1798－0000476　普00522　集部/戲劇類/傳奇之屬

譚友夏批點想當然傳奇二卷三十八齣　(明)王光魯撰　(明)譚元春評　民國十九年(1930)影印本　二冊

330000－1798－0000477　普00525　集部/曲類/曲韻曲譜曲律之屬

彙纂元譜南曲九宮正始不分卷　(明)徐慶卿撰　(清)鈕少雅訂　民國二十五年(1936)戲曲文獻流通會據清初鈔本影印本　十冊

330000－1798－0000478　普00517　集部/戲劇類/雜劇之屬

小三吾亭外集　冒廣生撰　民國二十三年(1934)鉛印本　一冊　存二種

330000－1798－0000482　普00657　子部/醫家類/方書之屬/單方驗方

醫方摘抄不分卷　民國二十三年(1934)抄本　張敬愛題記　一冊

330000－1798－0000483　普00658　子部/醫家類/方書之屬/單方驗方

丹方神效不分卷　民國抄本　一冊

330000－1798－0000484　普00659　子部/醫家類/醫話醫論之屬

時症論治不分卷　民國抄本　一冊

330000－1798－0000485　普01546、普01547、普01555、普01556、普01557、普01563、普01566、普01554、普01572、普01573、普01570、普01593、普01603、普01621　類叢部/叢書類/彙編之屬

四部叢刊續編七十七種　張元濟等編　民國二十三年(1934)上海商務印書館影印本　四十二冊　存十四種

330000－1798－0000487　普00656　子部/醫家類/喉科口齒之屬

喉科鈔本不分卷　民國二十五年(1936)抄本　張敬愛題記　一冊

330000－1798－0000488　普00653　子部/醫家類

摘抄药本不分卷　民國抄本　一冊

330000－1798－0000489　普00652　子部/醫家類/兒科之屬/通論

幼科雜病心法要訣二卷　民國抄本　一冊

330000－1798－0000490　普00651　子部/醫家類/兒科之屬/通論

幼科便覽不分卷　民國抄本　一冊

330000－1798－0000493　普00515　集部/戲劇類/總集之屬

永樂大典戲文三種　民國二十年(1931)古今小品書籍印行會鉛印本　一冊

330000－1798－0000494　普00859　類叢部/叢書類/彙編之屬

景印元明善本叢書十種　商務印書館編　民國二十六年至二十九年(1937－1940)上海商務印書館影印本　十四冊　存一種

330000－1798－0000496　普00513　集部/曲類/曲選之屬

新鐫古今大雅南宮詞紀六卷　(明)陳所聞輯　民國抄本　一冊　存三卷(四至六)

330000－1798－0000498　普00801　類叢部/叢書類/彙編之屬

百爵齋叢刊十四種 羅振玉輯 民國二十三年(1934)上虞羅氏石印本 八册

330000－1798－0000499 普00802 子部/墨家類

墨子十五卷 五鳳樓主人輯 民國上海涵芬樓據明正統道藏本影印本 三册

330000－1798－0000501 普00861 類叢部/叢書類/彙編之屬

夷門廣牘一百七種 (明)周履靖編 民國二十九年(1940)上海商務印書館據明萬曆刻本影印本 四十八册

330000－1798－0000503 普01540 子部/小說家類/異聞之屬

太平廣記五百卷目録十卷 (宋)李昉等撰 民國二十三年(1934)北平文友堂書坊據明談刻本影印本 六十册

330000－1798－0000504 普01562、普01564、普01567、普01568、普01565、普01590、普01579、普01569、普01585、普01584、普01571、普01587、普01589、普01574 類叢部/叢書類/彙編之屬

四庫全書珍本初集二百三十種 中央圖書館籌備處輯 民國二十三年至二十四年(1934－1935)上海商務印書館據文淵閣本影印本 一百十册 存十四種

330000－1798－0000508 普01558、普01560、普01578、普01575、普01576、普01577、普01330、普01614 類叢部/叢書類/彙編之屬

四部叢刊三編七十一種 張元濟等編 民國二十四年至二十五年(1935－1936)上海商務印書館影印本 二十八册 存八種

330000－1798－0000517 普00862 子部/小說家類/異聞之屬

重刊湖海新聞夷堅續志前集二卷後集二卷補遺一卷 (金)元好問撰 民國三年(1914)澄江河東思善堂石印本 四册

330000－1798－0000518 普00687 子部/藝術類/書畫之屬/畫譜

白社畫册第一集不分卷 諸聞韻等繪 民國二十一年(1932)上海金城工藝出版社影印本 一册

330000－1798－0000523 普00673 子部/藝術類/遊藝之屬/雜藝

鶼幻彙編十二卷 (清)唐再豐撰 民國八年(1919)上海文華山房石印本 四册

330000－1798－0000524 普00690 子部/藝術類/書畫之屬/法帖

麻姑仙壇記三種不分卷 (唐)顔真卿撰並書 民國影印本 清弟題簽 一册

330000－1798－0000536 普00926 子部/藝術類/書畫之屬/法帖

宋拓顔平原東方畫贊二卷 (唐)顔真卿書 民國上海有正書局石印本 二册

330000－1798－0000538 普00983 集部/別集類

畏廬續集一卷 林紓撰 民國十二年(1923)上海商務印書館鉛印本 一册

330000－1798－0000539 普00982 集部/別集類/清別集

存素堂古今體詩四卷 (清)葉如圭撰 民國十七年(1928)鉛印本 一册

330000－1798－0000540 普00715 子部/藝術類/書畫之屬

歷代書畫真跡不分卷 (唐)吳道子等書或繪 民國影印本 一册

330000－1798－0000541 普00927 子部/藝術類/書畫之屬/法帖

唐釋懷素千字文一卷 (唐)釋懷素書 民國影印本 一册

330000－1798－0000543 普00928 子部/藝術類/書畫之屬/法帖

半隱廬草書千字文一卷 陳爾錫書草 陳哲榮書隸 民國二十五年(1936)中華書局影印本 一册

330000－1798－0000545 普00712 子部/藝術類/書畫之屬/畫譜

中國版畫史圖錄四卷　鄭振鐸輯　民國影印本　四冊

330000－1798－0000546　普00980　集部/別集類

幽燕集一卷　徐瑞徵撰　民國二十二年(1933)衢縣有深味齋鉛印本　一冊

330000－1798－0000547　普00714　子部/藝術類/書畫之屬/畫譜

百梅集一卷　陳叔通輯　民國二十四年至二十七年(1935－1938)商務印書館影印本　一冊

330000－1798－0000549　普00713　子部/藝術類/書畫之屬/畫譜

吳伯滔山水冊不分卷　(清)吳滔繪　民國十六年(1927)上海文明書局影印本　一冊

330000－1798－0000550　普00890　子部/小說家類/異聞之屬

稽神錄六卷拾遺一卷補遺一卷　(宋)徐鉉撰　民國九年(1920)涵芬樓鉛印本　一冊

330000－1798－0000552　普00710　子部/藝術類/書畫之屬/畫譜

廉州倣雲林山水冊一卷　(清)王鑑繪　民國上海有正書局影印本　一冊

330000－1798－0000553　普00711　子部/藝術類/書畫之屬/畫譜

王煙客山水冊一卷　(清)王時敏繪　民國上海有正書局影印本　一冊

330000－1798－0000554　普00709　子部/藝術類/書畫之屬/畫譜

石谷洞庭秋色圖長卷一卷　(清)王翬繪　民國上海有正書局影印本　一冊

330000－1798－0000555　普00708　子部/藝術類/書畫之屬/畫譜

惲王山水合冊一卷　(清)惲格　(清)王翬繪　民國上海有正書局影印本　一冊

330000－1798－0000556　普00707　子部/藝術類/書畫之屬/畫譜

清宮秘藏南田墨戲冊一卷　(清)惲壽平繪　民國上海有正書局影印本　一冊

330000－1798－0000557　普00705　子部/藝術類/書畫之屬/畫譜

名人書畫第十二集不分卷　商務印書館輯　民國十四年(1925)上海商務印書館影印本　一冊

330000－1798－0000558　普00706　子部/藝術類/書畫之屬/畫譜

顧橫波夫人蘭竹卷一卷　(明)顧橫波繪　民國上海有正書局影印本　一冊

330000－1798－0000559　普00704　子部/藝術類/書畫之屬/畫譜

黃海臥遊集一卷　(清)汪采白繪　民國二十六年(1937)華東照相平版印刷公司彩印本　一冊

330000－1798－0000560　普00951　類叢部/叢書類/彙編之屬

說郛一百卷　(元)陶宗儀編　張宗祥重校　民國十九年(1930)上海商務印書館鉛印本　四十冊

330000－1798－0000562　普01588、普01580、普01591、普01586、普01582、普01581、普01597、普01607、普01600、普01602、普01608、普01605、普01592、普01601　類叢部/叢書類/彙編之屬

四庫全書珍本初集二百三十種　中央圖書館籌備處輯　民國二十三年至二十四年(1934－1935)上海商務印書館據文淵閣本影印本　一百八冊　存十四種

330000－1798－0000567　普00771　子部/農家農學類/園藝之屬/花卉

蘭蕙小史三卷附一卷　吳恩元編輯　唐駝校訂　民國十二年(1923)吳恩元、唐駝鉛印本　二冊　缺一卷(蘭蕙小史下)

330000－1798－0000569　普00877　子部/小說家類

消夏閑記摘抄三卷　(清)顧公燮撰　民國六年(1917)鉛印本　三冊

330000－1798－0000570　普 00735　子部/藝術類/書畫之屬/法帖

趙文敏書度人經真跡一卷　(元)趙孟頫書　民國二十九年(1940)文明書局影印本　一冊

330000－1798－0000571　普 00738　子部/藝術類/總論之屬

華南新業特刊第一集五卷　黄賓虹輯　民國十四年(1925)華南印書社鉛印本暨珂羅版印本　一冊

330000－1798－0000575　普 00736　子部/藝術類/書畫之屬/法帖

孝女曹娥碑二種　民國上海藝苑真賞社影印本　一冊

330000－1798－0000577　普 00746　子部/藝術類/書畫之屬/法帖

定武蘭亭王沇本不分卷　(晉)王羲之書　民國商務印書館影印本　一冊

330000－1798－0000580　普 00748　子部/藝術類/書畫之屬/畫譜

潘星齋山水冊一卷　(清)潘曾瑩繪　民國十八年(1929)商務印書館影印本　一冊

330000－1798－0000582　普 00754　子部/藝術類/書畫之屬/法帖

漢石經唐人寫經暨諸名人跋遺蹟不分卷　民國影印本　一冊

330000－1798－0000584　普 00743　子部/藝術類/書畫之屬/法帖

蘇東坡詩書一卷　(宋)蘇軾書　民國影印本　一冊

330000－1798－0000588　普 00749　子部/藝術類/書畫之屬/法帖

北宋拓蘇書豐樂亭記一卷　(宋)蘇軾書　民國二十五年(1936)上海商務印書館影印本　一冊

330000－1798－0000591　普 00705　子部/藝術類/書畫之屬/畫譜

閻立本畫列帝圖一卷　(唐)閻立本繪　民國影印本　一冊

330000－1798－0000592　普 00727　子部/藝術類/書畫之屬/法帖

宋拓王帖三種不分卷　(晉)王羲之　(晉)王獻之書　民國二十五年(1936)上海商務印書館影印本　一冊

330000－1798－0000594　普 01296、普 01307、普 01303、普 01301、普 01309、普 01304、普 01306、普 01308、普 01330、普 01305、普 01302、普 01297、普 01299、普 01617　類叢部/叢書類/彙編之屬

四庫全書珍本初集二百三十種　中央圖書館籌備處輯　民國二十三年至二十四年(1934－1935)上海商務印書館據文淵閣本影印本　一百二冊　存十四種

330000－1798－0000595　普 00909、普 00913、普 00914、普 00908　子部/宗教類/佛教之屬

佛學叢書□□種　丁福保輯　民國上海醫學書局鉛印本暨影印本　七冊　存四種

330000－1798－0000596　普 00720　子部/藝術類/書畫之屬/畫譜

清初六家畫冊一卷　(清)王石谷等繪　民國影印本　一冊

330000－1798－0000598　普 00716　子部/藝術類/書畫之屬/法帖

廟堂碑唐本不分卷　(唐)虞世南撰並書　民國影印本　一冊

330000－1798－0000599　普 00918　子部/宗教類/佛教之屬/經

能斷金剛般若波羅蜜多經一卷　(唐)釋玄奘譯　民國十七年(1928)刻本　一冊

330000－1798－0000603　普 00730　子部/藝術類/書畫之屬/法帖

晉王獻之中秋帖墨迹一卷　(晉)王獻之書　民國影印本　一冊

330000－1798－0000604　普 00729　子部/藝術類/書畫之屬/法帖

晉王珣伯遠帖墨迹一卷　(晉)王珣書　民國影印本　一冊

330000－1798－0000605　普 00728　子部/藝

術類/書畫之屬

晉王羲之快雪時晴帖墨迹一卷　(晉)王羲之書　民國影印本　一册

330000－1798－0000606　普00755　子部/藝術類/書畫之屬/畫譜

趙撝叔梅石畫法册一卷　(清)趙之謙繪　民國十一年(1922)上海中華書局影印本　一册

330000－1798－0000607　普00915　子部/宗教類/佛教之屬

肇論中吴集解三卷　(宋)釋淨源撰　民國上海佛學書局影印本　一册

330000－1798－0000608　普00916　子部/宗教類/佛教之屬

金剛般若波羅蜜經一卷　(後秦)釋鳩摩羅什譯　民國二十六年(1937)商務印書館鉛印本　一册

330000－1798－0000609　普01604、普01599、普01609、普01598、普01596、普01594、普01606、普01613、普01612、普01611、普01610、普01618、普01620、普01622　類叢部/叢書類/彙編之屬

四庫全書珍本初集二百三十種　中央圖書館籌備處輯　民國二十三年至二十四年(1934－1935)上海商務印書館據文淵閣本影印本　八十七册　存十四種

330000－1798－0000610　普00756　子部/藝術類/書畫之屬

漢鐫古帝王像一卷　(清)翁方綱等題跋　民國影印本　一册

330000－1798－0000611　普00911　子部/宗教類/佛教之屬/經

妙法蓮華經觀世音菩薩普門品一卷　(後秦)釋鳩摩羅什譯　民國刻本　一册

330000－1798－0000612　普00757　子部/藝術類/書畫之屬/畫譜

石谷老年擬古册一卷　(清)王翬繪　民國上海有正書局影印本　一册

330000－1798－0000614　普00758　子部/藝術類/書畫之屬/畫譜

董香光山水册一卷　(明)董其昌繪　民國有正書局影印本　一册

330000－1798－0000615　普00759　子部/藝術類/書畫之屬/法帖

初拓董美人墓誌一卷　(元)陳敬伯藏　民國二十三年至二十四年(1934－1935)上海商務印書館影印本　一册

330000－1798－0000616　普00761　子部/藝術類/書畫之屬/畫譜

李晴江墨蘭畫册一卷　(清)李方膺繪　民國十一年(1922)上海文明書局影印本　一册

330000－1798－0000618　普00765　子部/藝術類/書畫之屬/畫譜

查士標畫册一卷　(清)查士標繪　民國影印本　一册

330000－1798－0000619　普00767　子部/藝術類/書畫之屬/畫譜

吴歷山水畫册一卷　(清)吴歷繪　民國影印本　一册

330000－1798－0000621　普00766　子部/藝術類/書畫之屬/法帖

岳忠武奏草真蹟一卷　(宋)岳飛書　民國二十七年(1938)商務印書館影印本　樹人題記　一册

330000－1798－0000622　普00744　子部/藝術類/書畫之屬/法帖

當代名人書林一卷　樊增祥等書　王春渠輯　民國二十六年(1937)上海中華書局影印本　一册

330000－1798－0000623　普00747　子部/藝術類/書畫之屬/法帖

南唐澄心堂拓右軍父子四人法帖一卷　(晉)王羲之等書　民國二十四年(1935)上海商務印書館影印本　一册

330000－1798－0000624　普00745　子部/藝術類/書畫之屬/法帖

黄山谷行書詩帖真蹟一卷　(宋)黄庭堅書　民國上海藝苑真賞社影印本　一册

330000－1798－0000625　普 00739　子部/藝術類/書畫之屬/法帖

舊拓張猛龍碑一卷　民國二十一年至二十四年(1932－1935)上海商務印書館影印本　潘克成題記　一册

330000－1798－0000626　普 00773　子部/藝術類/書畫之屬/法帖

舊拓漢楊伯起碑一卷　民國十一年(1922)上海商務印書館影印本　一册

330000－1798－0000634　普 00772　史部/金石類/金之屬

西清續鑑乙編二十卷　民國二十年(1931)北平古物陳列所影印本　二十册

330000－1798－0000635　普 01616、普 01615、普 02018、普 05870　類叢部/叢書類/彙編之屬

四庫全書珍本初集二百三十種　中央圖書館籌備處輯　民國二十三年至二十四年(1934－1935)上海商務印書館據文淵閣本影印本　十三册　存四種

330000－1798－0000641　普 00936　子部/道家類

沖虛至德真經八卷　(晉)張湛注　民國上海涵芬樓據北宋本影印本　一册

330000－1798－0000650　普 00949　子部/宗教類/道教之屬

讀陰符經一卷附後論一卷　(清)汪紱釋　**讀參同契三卷**　(清)汪紱釋　民國抄本　一册

330000－1798－0000659　普 02019　經部/易類/傳說之屬

周易講義十卷　碧雲子講述　民國二十四年(1935)金華經訓山房鉛印本　二册　缺三卷(八至十)

330000－1798－0000660　普 00781　類叢部/叢書類/彙編之屬

景印元明善本叢書十種　商務印書館編　民國二十六年至二十九年(1937－1940)上海商務印書館影印本　四十册　存一種

330000－1798－0000661　普 00776　史部/傳記類/日記之屬

越縵堂日記補不分卷(清咸豐四年三月十四日至同治二年三月三十日)　(清)李慈銘撰　民國二十五年(1936)上海商務印書館影印本　十三册

330000－1798－0000669　普 00796　史部/地理類/雜志之屬

上海掌故叢書第一集　上海通社輯　民國二十五年(1936)上海中華書局鉛印本　十册

330000－1798－0000670　普 02033　類叢部/叢書類/彙編之屬

復性書院叢刊二十七種　馬浮編　民國二十九年至三十七年(1940－1948)復性書院刻本暨鉛印本　一册　存一種

330000－1798－0000671　普 02032　類叢部/叢書類/彙編之屬

復性書院叢刊二十七種　馬浮編　民國二十九年至三十七年(1940－1948)復性書院刻本暨鉛印本　一册　存一種

330000－1798－0000674　普 00981　集部/別集類

東游集不分卷　徐瑞徵撰　民國二十二年(1933)衢縣有深味齋鉛印本　一册

330000－1798－0000678　普 00787　子部/雜家類

公孫龍子注一卷校勘記一卷篇目攷一卷附錄一卷　(清)陳澧撰　民國十四年(1925)番禺汪氏微尚齋刻本　志莀題記　一册

330000－1798－0000687　普 00803　類叢部/叢書類/彙編之屬

四部叢刊三編七十一種　張元濟等編　民國二十四年至二十五年(1935－1936)上海商務印書館影印本　一百三十六册　存一種

330000－1798－0000690　普 00804　子部/墨家類

墨子閒詁十五卷目錄一卷附錄一卷後語二卷　(清)孫詒讓撰　民國上海商務印書館影印本　八册

330000－1798－0000699　普 00851、普 00310　類叢部/叢書類/自著之屬

張季子九録附一種　張謇撰　張怡祖編　民國二十四年(1935)上海中華書局鉛印本　三十册

330000－1798－0000703　普 00853　子部/墨家類

墨子閒詁十五卷目錄一卷附錄一卷後語二卷　(清)孫詒讓撰　民國上海商務印書館影印本　八册

330000－1798－0000708　普 02082　經部/禮記類/傳說之屬

寄傲山房熟課纂輯禮記全文備旨十一卷　(清)鄒聖脈纂輯　民國石印本　一册　存三卷(一至三)

330000－1798－0000709　普 02084　經部/禮記類/傳說之屬

禮記註疏校勘記□□卷　(清)阮元撰　民國石印本　一册　存六卷(一至六)

330000－1798－0000710　普 01020　集部/别集類/宋别集

黄山谷全集三十九卷　(宋)黄庭堅撰　(宋)任淵　(宋)史容　(宋)史季溫注　民國八年(1919)上海著易堂書局據清光緒二十一年至二十五年(1895－1899)刻宣統二年(1910)印本影印本　二十册

330000－1798－0000712　普 01018、普 01017、普 01019、普 01023、普 01024、普 01021、普 01031、普 01034、普 01022、普 01033、普 01032、普 01025　類叢部/叢書類/彙編之屬

四部叢刊　張元濟等編　民國上海商務印書館影印本　一百七十四册　存十二種

330000－1798－0000728　普 00179、普 00262、普 00272、普 01035、普 01155　類叢部/叢書類/彙編之屬

四部叢刊　張元濟等編　民國上海商務印書館影印本　九十八册　存五種

330000－1798－0000732　普 00833　子部/術數類/相宅相墓之屬

地理穴星圖不分卷　民國抄本　一册

330000－1798－0000735　普 02069　經部/詩類/傳說之屬

學壽堂詩説十一卷　徐紹楨撰　民國有光書局石印本　一册　存五卷(一至五)

330000－1798－0000736　普 01026　類叢部/叢書類/彙編之屬

四部叢刊續編七十七種　張元濟等編　民國二十三年(1934)上海商務印書館影印本　十册　存一種

330000－1798－0000737　普 00836　子部/術數類/相宅相墓之屬

地理雪心賦一卷　(唐)卜則巍撰　在川錄
地理披肝露胆一卷　(明)劉伯溫撰　**天玉經外傳一卷**　(宋)吳克誠集　(宋)吳景鸞發明　民國抄本　一册

330000－1798－0000742　普 02072　經部/詩類/傳說之屬

毛詩二十卷音義三卷　(漢)鄭氏箋　(唐)陸德明撰　民國十八年(1929)上海掃葉山房石印本　八册

330000－1798－0000745　普 00821　類叢部/叢書類/自著之屬

勵耘書屋叢刻八種　陳垣撰　民國刻本　一册　存一種

330000－1798－0000749　普 00852　類叢部/叢書類/彙編之屬

涵芬樓祕笈五十一種　孫毓修等輯　民國五年至十五年(1916－1926)上海商務印書館影印本暨鉛印本　二册　存一種

330000－1798－0000752　普 00848　類叢部/叢書類/自著之屬

張季子九録附一種　張謇撰　張怡祖編　民國上海中華書局鉛印本　一册　存一種

330000－1798－0000759　普 01221　史部/目録類/總録之屬/彙刻

復性書院擬先刻諸書簡目一卷附諸子會歸總

目並序一卷　民國油印本　一冊

330000－1798－0000760　普01219　史部/目録類/總録之屬/官修

浙江圖書館觀覽類書目補編三卷　浙江圖書館編　民國四年(1915)浙江圖書館鉛印本　二冊

330000－1798－0000766　普01212　史部/目録類/版本之屬/書影

百衲本二十四史預約樣本一卷　上海商務印書館編　民國十九年(1930)上海商務印書館鉛印本暨影印本　一冊

330000－1798－0000789　普01204　史部/金石類/總志之屬/目録

金石書錄目十卷附方志中金石志目一卷金石叢書目一卷　容媛輯　民國十九年(1930)北平國立中央研究院歷史語言研究所鉛印本　一冊

330000－1798－0000790　普01203　史部/目録類/總録之屬/私撰

通學齋書目第二期一卷　孫殿起編　民國二十五年(1936)北平通學齋鉛印本　一冊

330000－1798－0000793　普01074　集部/別集類/清別集

精刊諸名家評點龔定盦全集□□卷　(清)龔自珍撰　民國十二年(1923)中國圖書公司和記鉛印本　一冊　存八卷(定盦文拾遺、文集補一至三、補詞選、補詞錄、補附孝珙手抄詞、年譜)

330000－1798－0000800　普01083　集部/別集類/宋別集

梅花詩一卷　(宋)張道洽撰　民國二十九年(1940)據宋百家詩存香雪林集本影印本　一冊

330000－1798－0000801　普02108　經部/春秋左傳類/傳說之屬

左傳擷華二卷　林紓評選　民國二十四年(1935)上海商務印書館鉛印本　一冊　存一卷(上)

330000－1798－0000802　普02114　經部/春秋左傳類/傳說之屬

評點春秋綱目左傳句解彙雋六卷　(清)韓菼重訂　民國上海錦章書局石印本　一冊　存一卷(三)

330000－1798－0000803　普01217　史部/目録類/總録之屬/彙刻

古今書刻二卷　(明)周弘祖集　民國王芝田抄本　一冊　存一卷(上)

330000－1798－0000805　普01149、普01150、普01125、普01056、普01162、普00123、普00137－00138、普00153－00154、普00258、普00260　類叢部/叢書類/彙編之屬

四部備要　中華書局編　民國二十五年(1936)上海中華書局鉛印本　二百三十八冊　存十二種

330000－1798－0000808　普01211　史部/目録類/書志之屬/提要

四部叢刊續編輯印緣起發行簡章目錄附定單一卷　商務印書館編　民國二十三年(1934)上海商務印書館鉛印本　一冊

330000－1798－0000814　普01274　集部/別集類/清別集

左文襄公家書二卷　(清)左宗棠撰　民國九年(1920)上海聚珍倣宋印書局鉛印本　二冊

330000－1798－0000826　普01255　子部/醫家類/養生之屬

養生保命錄一卷　民國二十三年(1934)上海三友實業社石印本　一冊

330000－1798－0000830　普01256　集部/別集類/清別集

璇璣碎錦春吟回文合刻　(清)李暘撰　民國三年(1914)掃葉山房石印本　一冊　存一種

330000－1798－0000836　普01247　經部/小學類

滿語譯音一卷附清文虛字一卷　民國抄本　二冊

330000－1798－0000837　普02122、普02165－

1、普02165－2　類叢部/叢書類/彙編之屬
復性書院叢刊二十七種　馬浮編　民國二十九年至三十七年(1940－1948)復性書院刻本暨鉛印本　十冊　存三種

330000－1798－0000839　普02125　子部/雜家類
讀呂氏春秋記一卷　馬敘倫撰　民國二十年(1931)上海商務印書館鉛印本　一冊

330000－1798－0000843　普01246－2　子部/儒家類/儒學之屬/性理
秀才約語二卷　(清)吳毓珍手訂　民國鉛印本　一冊

330000－1798－0000847　普01193　史部/金石類/郡邑之屬
陝西金石志三十卷補遺二卷　武樹善編　**陝西藝文志七卷**　郭毓璋編　民國二十三年(1934)鉛印本　二十冊

330000－1798－0000851　普01199　類叢部/叢書類/自著之屬
永慕園叢書六種　羅振玉撰　民國三年(1914)上虞羅氏影印本　二冊　存一種

330000－1798－0000852　普02131　經部/春秋左傳類/傳說之屬
春秋左傳五十卷　(晉)杜預　(宋)林堯叟註釋　(唐)陸德明音義　民國上海商務印書館鉛印本　十二冊

330000－1798－0000858　譜01200　史部/金石類/郡邑之屬
兩浙佚金佚石集存一卷　羅振玉輯　民國六年(1917)上虞羅氏影印本　一冊

330000－1798－0000860　普01195　史部/金石類/金之屬
愙齋集古錄二十六卷　(清)吳大澂撰　民國六年(1917)上海涵芬樓影印本　一冊　存一卷(九)

330000－1798－0000861　普01194　史部/金石類/總志之屬
鄭冢古器圖考十二卷　關葆謙著兼繪圖　鄧甫田書　關敏恂繪圖　民國二十九年(1940)中華書局影印本　四冊

330000－1798－0000865　普01094　集部/總集類/選集之屬/通代
漢魏六朝女子文選二卷　張維學　民國十三年(1924)上海掃葉山房石印本　一冊

330000－1798－0000867　普01095　集部/總集類/選集之屬/通代
六朝文絜四卷　(清)許槤輯並評　民國十四年(1925)上海會文堂書局據清道光五年(1825)海昌許氏享金寶石齋刻本影印本　一冊

330000－1798－0000877　普01093　集部/總集類/選集之屬/通代
玉臺新詠十卷　(南朝陳)徐陵編　(清)吳兆宜注　(清)程琰刪補　民國七年(1918)上海掃葉山房石印本　二冊

330000－1798－0000879　普01186　史部/金石類/總志之屬/文字
金石萃編未刻稿三卷　羅振玉輯　民國十年(1921)影印本　三冊

330000－1798－0000881　普01183　史部/金石類/錢幣之屬/文字
古泉叢話三卷　(清)戴熙撰　民國八年(1919)蘇州振新書社石印本　一冊

330000－1798－0000883　普01187　史部/目錄類/總錄之屬/私撰
蟫隱廬舊本書目第十九期一卷　蟫隱廬書莊編　民國十八年(1929)上海蟫隱廬書莊石印本　一冊

330000－1798－0000884　普01189　史部/目錄類/總錄之屬/私撰
古書流通處書目一卷　古書流通處編　民國石印本　一冊

330000－1798－0000885　普01188　史部/目錄類/總錄之屬/私撰
古書流通處書目一卷　古書流通處編　民國石印本　一冊

330000－1798－0000886　普 01190　史部/目録類/總録之屬/彙刻

博古齋書目一卷　上海博古齋編　民國上海博古齋書店石印本　一册

330000－1798－0000895　普 01278　類叢部/叢書類/彙編之屬

天禄琳琅叢書第一集十五種　故宫博物院輯　民國二十一年(1932)故宫博物院影印本　二十八册

330000－1798－0000900　普 01283　類叢部/叢書類/家集之屬

待時軒叢刊六種　羅福頤輯　民國二十二年至二十六年(1933－1937)上虞羅氏石印本　八册

330000－1798－0000902　普 01090　類叢部/叢書類/自著之屬

船山遺書六十六種附一種　(清)王夫之撰　民國二十二年(1933)上海太平洋書店鉛印本　(永曆實錄卷十六原缺)　八十册

330000－1798－0000904　普 01281　子部/醫家類/類編之屬

醫藥叢書第一集六種　裘慶元輯　民國五年(1916)紹興醫藥學報社刻本　四册　存四種

330000－1798－0000905　普 01103　集部/總集類/選集之屬/通代

文選六十卷　(南朝梁)蕭統輯　(唐)李善注　**文選考異十卷**　(清)胡克家撰　民國文化書局據宋淳熙鄱陽胡氏刻本影印本　十六册

330000－1798－0000908　普 02144、普 03992、普 03895　類叢部/叢書類/彙編之屬

四部叢刊　張元濟等編　民國上海商務印書館影印本　五册　存三種

330000－1798－0000912　普 01285、普 01280、普 01279、普 01282　類叢部/叢書類/彙編之屬

景印元明善本叢書十種　商務印書館編　民國二十六年至二十九年(1937－1940)上海商務印書館影印本　一百四十一册　存四種

330000－1798－0000913　普 01134　集部/總集類/題詠之屬

松聲琴韻集不分卷　方濟川輯　民國三十八年(1949)鉛印本　一册

330000－1798－0000914　普 01118　集部/總集類/選集之屬/通代

評註昭明文選十五卷首一卷葉星衛附註一卷　(清)于光華輯　民國八年(1919)上海掃葉山房石印本　十六册

330000－1798－0000915　普 01117　集部/總集類/選集之屬/通代

古文辭類纂七十四卷　(清)姚鼐纂輯　民國十三年(1924)上海鴻章書局石印本　十六册

330000－1798－0000927　普 01128　集部/别集類

安樂鄉人詩四卷詩續一卷七十後詩一卷藥夢詞二卷詞續一卷七十後詞一卷　金兆蕃撰　民國二十八年(1939)刻本　陳伯衡題記　一册

330000－1798－0000930　普 01288　史部/金石類

百一廬金石叢書十種　陳乃乾輯　民國十年(1921)海寧陳氏影印本　十册

330000－1798－0000933　普 01287　類叢部/叢書類/自著之屬

章氏叢書十三種　章炳麟撰　民國六年至八年(1917－1919)浙江圖書館刻本　二十四册

330000－1798－0000934　普 01286　類叢部/叢書類/彙編之屬

漢魏叢書三十八種　(明)程榮輯　民國十四年(1925)上海商務印書館據明萬曆程氏刻本影印本　四十册

330000－1798－0000935　普 01146　子部/藝術類/書畫之屬/法帖

明清名人尺牘墨寶第一集六卷第二集六卷第三集六卷　文明書局輯　民國十一年(1922)影印本　十八册

330000－1798－0000937　普 01147　集部/總

集類/郡邑之屬

諸暨詩英十一卷續編七卷　徐道政編　民國二十五年(1936)鉛印本　四册

330000－1798－0000945　普 02163　經部/叢編

重刊宋本十三經注疏　附校勘記　(清)阮元撰　(清)盧宣旬摘錄　民國十六年(1927)上海掃葉山房石印本　四十册

330000－1798－0000949　普 01058　經部/詩類/傳說之屬

詩緝三十六卷　(宋)嚴粲撰　**詩緝校記一卷**　葉渭清撰　民國三十七年(1948)復性書院刻本　七册　缺六卷(二十九至三十四)

330000－1798－0000950　普 01059　類叢部/叢書類/自著之屬

舜水遺書四種附錄一卷　(明)朱之瑜撰　民國二年(1913)山陰湯壽潛鉛印本　十二册

330000－1798－0000956　普 01770　集部/別集類/明別集

高子節要十四卷　(清)高世泰編　民國葉左文抄本　四册

330000－1798－0000961　普 01771　經部/詩類/傳說之屬

絜齋毛詩經筵講義四卷　(宋)袁燮撰　民國抄本　一册

330000－1798－0000962　普 02187　經部/四書類/總義之屬/傳說

新式標點四書白話註解十九卷　琴石山人注解　民國上海會文堂書局石印本　八册　存八卷(大學,中庸,論語一、三,孟子三至五、七)

330000－1798－0000972　普 01082　集部/別集類

舜若多齋吟草不分卷　張應銘撰　民國二十五年(1936)衢州立達印刷社鉛印本　八册

330000－1798－0000982　普 01748　子部/宗教類/佛教之屬

正續一切經音義提要十卷　丁福保撰　民國十三年(1924)鉛印本　一册

330000－1798－0000983　普 02178、普 04111、普 04104、普 04116、普 03670　類叢部/叢書類/彙編之屬

四部備要　中華書局編　民國二十五年(1936)上海中華書局鉛印本　十四册　存五種

330000－1798－0000985　普 01747　史部/傳記類/總傳之屬/釋道

高僧傳初集節要二卷二集節要二卷三集節要二卷　梅光羲編　民國二十三年(1934)上海商務印書館鉛印本　三册

330000－1798－0000986　普 01774　史部/金石類/石之屬/文字

北宋墓誌錄文不分卷　民國抄本　一册

330000－1798－0000993　普 02546－1　史部/傳記類/總傳之屬/家乘

[浙江金華]龍山張氏宗譜□□卷　(清)張兆寬等編　民國十八年(1929)木活字印本　三册　存三卷(百字部五、十、十二)

330000－1798－0000994　普 01753　子部/雜著類/雜考之屬

寺橋寄廬雜著五卷　汪張瓛撰　民國三十八年(1949)衢縣汪張瓛稿本　徐寄達、朱獻文題簽　二册

330000－1798－0000995　普 01152　集部/詩文評類/詩評之屬

對牀夜語五卷　(宋)范晞文撰　民國六年(1917)上海朝記書莊石印本　一册

330000－1798－0000998　普 01151　集部/詩文評類

中國文學指南二卷　邵伯棠撰　民國六年(1917)上海文會堂書局石印本　二册

330000－1798－0000999　譜 01759　集部/別集類/清別集

墨餘瑣記三卷　(清)范侶梅等撰　民國抄本　三册

330000－1798－0001002　普04681　集部/別集類/宋別集

趙清獻公集十卷目錄二卷　（宋）趙抃撰　民國八年(1919)刻本　四冊

330000－1798－0001004　普01159　經部/小學類/音韻之屬/韻書

韻法直圖一卷　（明）梅膺祚撰　**詩法折衷一卷**　（清）李開泰撰　民國抄本　杜雲章題簽　一冊

330000－1798－0001013　普02217　經部/四書類/孟子之屬/文字音義

孟子字義疏證三卷　（清）戴震撰　民國鉛印本　二冊

330000－1798－0001018　普01161　集部/詩文評類/文法之屬/函牘格式

新撰詳註分類尺牘大全不分卷　袁智根編　民國石印本　四冊

330000－1798－0001020　普00074　集部/戲劇類/傳奇之屬

虎口餘生傳奇四卷四十四齣　（清）遺民外史撰　民國三十三年(1944)抄本　一冊

330000－1798－0001021　普00079　集部/戲劇類/傳奇之屬

長生殿二卷　（清）洪昇填詞　（清）馮起鳳製譜　民國程禮門抄本　二冊

330000－1798－0001022　普00080　集部/戲劇類/傳奇之屬

牡丹亭二卷　（明）湯顯祖填詞　（清）馮起鳳製譜　民國程禮門抄本　二冊

330000－1798－0001023　普00075　集部/戲劇類/傳奇之屬

牡丹亭二卷五十五齣　（明）湯顯祖撰　民國程禮門抄本　二冊

330000－1798－0001024　普00077　集部/曲類/曲韻曲譜曲律之屬

邯鄲記二卷三十齣　（明）湯顯祖撰　民國程禮門抄本　二冊

330000－1798－0001025　普00076　集部/曲類/曲韻曲譜曲律之屬

紫釵記二卷五十三齣　（明）湯顯祖撰　民國程禮門抄本　二冊

330000－1798－0001027　普02016　子部/小說家類

筆記小說大觀二百二十二種　進步書局輯　民國上海進步書局石印本　六十六冊　存三十五種

330000－1798－0001031　普00081　集部/曲類/曲韻曲譜曲律之屬

鈞天樂二卷三十二齣　（清）尤侗填詞　民國程禮門抄本　四冊

330000－1798－0001032　普00078　集部/戲劇類/傳奇之屬

念八翻傳奇二卷二十八齣　（清）萬樹編次　（清）呂洪烈題評　民國程禮門抄本　二冊

330000－1798－0001035　普00068　集部/別集類/明別集

了虛先生文集不分卷　（明）吾謹撰　民國抄本　二冊

330000－1798－0001041　普00062　集部/別集類/元別集

竹素山房詩集三卷補遺一卷　（元）吾丘衍撰　**竹素山房詩集附錄一卷**　葉渭清輯　民國十二年(1923)葉渭清抄本　一冊

330000－1798－0001050　普01784　子部/藝術類/音樂之屬/樂譜

琴譜一卷　民國三十年(1941)鄭連書抄本　余飛虎跋　一冊

330000－1798－0001059　普02208　類叢部/叢書類/彙編之屬

復性書院叢刊二十七種　馬浮編　民國二十九年至三十七年(1940－1948)復性書院刻本暨鉛印本　三冊　存一種

330000－1798－0001061　普02209　類叢部/叢書類/彙編之屬

復性書院叢刊二十七種　馬浮編　民國二十

九年至三十七年(1940－1948)復性書院刻本暨鉛印本　三冊　存一種

330000－1798－0001067　普02713　史部/地理類/方志之屬/郡縣志

光緒浦江縣志十五卷首一卷　(清)善廣修　(清)張景青等纂　民國五年(1916)鉛印本　一冊　存一卷(四)

330000－1798－0001069　普02711　史部/地理類/方志之屬/郡縣志

光緒金華縣志十六卷首一卷附咸同間金華殉難人姓名錄一卷　(清)鄧鍾玉等纂　民國鉛印本　四冊　存六卷(三、六至八、十二至十三)

330000－1798－0001071　普02710　史部/地理類/方志之屬/郡縣志

光緒金華縣志十六卷首一卷附咸同間金華殉難人姓名錄一卷　(清)鄧鍾玉等纂　民國二十三年(1934)金震東石印局鉛印本　三冊　存四卷(九至十一、十六)

330000－1798－0001073　普02207、普02206　類叢部/叢書類/彙編之屬

復性書院叢刊二十七種　馬浮編　民國二十九年至三十七年(1940－1948)復性書院刻本暨鉛印本　二冊　存二種

330000－1798－0001080　普00110　經部/易類/傳說之屬

周易參同契集韻三卷　(清)紀大奎輯訂　民國抄本　一冊

330000－1798－0001088　普02706　史部/地理類/方志之屬/郡縣志

[民國]昌化縣志十八卷首一卷　陳培珽等修　許昌言等纂　民國十三年(1924)浙江印刷股份有限公司鉛印本　五冊　缺八卷(六至十三)

330000－1798－0001093　普02240　經部/小學類/音韻之屬/韻書

韻學驪珠二卷　沈乘麐輯　民國十三年(1924)上海朝記書莊石印本　一冊

330000－1798－0001107　普02724　史部/地理類/專志之屬/書院

五峰書院志八卷首一卷　(清)程尚斐纂　民國二十五年(1936)木活字印本　一冊　存四卷(五至八)

330000－1798－0001115　普02707　史部/地理類/遊記之屬/紀行

金華洞天行紀一卷　(宋)方鳳撰　(明)張燧輯　**金華游錄注一卷**　(清)徐沁撰　**金華洞人物古蹟記一卷**　(宋)謝翱撰　民國二十三年(1934)金華何炳松鉛印本　一冊

330000－1798－0001121　普02275　經部/小學類/訓詁之屬/方言

新方言十一卷嶺外三州語一卷　章炳麟撰　民國元年(1912)文學會社石印本　二冊

330000－1798－0001154　普02746　史部/地理類/方志之屬/通志

[民國]重修浙江通志初稿不分卷　浙江省通志館修　余紹宋　孫延釗等纂　民國三十七年(1948)鉛印本　三冊　存田賦

330000－1798－0001169　普00172　子部/叢編

子書四十八種　五鳳樓主人輯　民國九年(1920)上海五鳳樓石印本　一冊　存一種

330000－1798－0001174　普02796　史部/政書類/律令之屬/刑制

中華民國現行新刑律二卷　司法部刪定　民國二年(1913)北京法學書社石印本　三冊

330000－1798－0001191　普02792　史部/政書類/邦計之屬

重印總稅務司赫德籌餉節略一卷　(英國)赫德撰　梁士詒輯　民國三年(1914)京師京華印書局鉛印本　一冊

330000－1798－0001202　普02273　經部/小學類/訓詁之屬/方言

方言十三卷　(漢)揚雄撰　(晉)郭璞解　民國上海掃葉山房石印本　一冊

330000－1798－0001203　普02805　新學/政

治法律/制度

現行中華法規大全不分卷　共和編譯局編輯　民國三年(1914)上海共和編譯局石印本　六册　存四類(第四類官規三,第六類外交一、六、十二,第九類軍政一,第十類教育□□)

330000－1798－0001215　普00202　經部/群經總義類/傳説之屬

十三經證異七十九卷首一卷　(清)萬希槐輯　民國十二年(1923)蕭耀南鉛印本　三十二册

330000－1798－0001219　普00220　集部/詞類/詞韻之屬

晚翠軒詞韻一卷　(清)舒夢蘭輯　民國二年(1913)石印本　一册

330000－1798－0001220　普00214　經部/小學類/文字之屬/説文

説文解字十五卷標目一卷　(漢)許慎撰　(宋)徐鉉等校定　民國上海商務印書館據藤花榭刻本影印本　四册

330000－1798－0001226　普00213　經部/小學類/文字之屬/説文

説文通檢十四卷首一卷末一卷　(清)黎永椿編　民國商務印書館據番禺陳氏刻本影印本　二册

330000－1798－0001235　普02281　經部/小學類/文字之屬/説文/專著

説文匡鄦不分卷　石廣權撰　民國二十年(1931)上海商務印書館石印本　一册

330000－1798－0001246　普02810　史部/政書類/律令之屬/律例

法規大全不分卷　民國商務印書館鉛印本　一册

330000－1798－0001252　普02833　史部/金石類/金之屬/文字

積古齋鐘鼎彝器款識十卷　(清)阮元撰　民國上海中華圖書館影印本　六册

330000－1798－0001255　普00215　經部/小學類/文字之屬/字書

今字解剖不分卷附補遺一篇　王有宗撰　民國二十四年(1935)上海商務印書館石印本　二册

330000－1798－0001257　普02848　史部/史評類/史論之屬

讀通鑑論十六卷附宋論十五卷　(清)王夫之撰　民國上海商務印書館鉛印本　八册　缺四卷(讀通鑑論九至十二)

330000－1798－0001259　普02824　史部/目録類/總録之屬/私撰

書目答問五卷別錄一卷國朝箸述諸家姓名略一卷　(清)張之洞撰　民國九年(1920)上海掃葉山房石印本　一册

330000－1798－0001263　普02851　集部/詩文評類/詩評之屬

元詩紀事四十五卷　陳衍輯　民國十年(1921)上海商務印書館鉛印本　七册　存二十三卷(一至二十三)

330000－1798－0001265　普02269　經部/小學類/文字之屬/字書/通論

六書解例不分卷　馬敘倫撰　民國二十年(1931)上海商務印書館石印本　一册

330000－1798－0001268　普02268　經部/小學類

小學金石論叢五卷補遺一卷　楊樹達撰　民國二十六年(1937)上海商務印書館鉛印本　一册　缺二卷(一至二)

330000－1798－0001273　普02825　史部/地理類/專志之屬/書院

復性書院簡章一卷　馬浮撰　民國二十八年(1939)鉛印本　一册

330000－1798－0001274　普02264　經部/小學類/音韻之屬/韻書

佩文詩韻釋要五卷　(清)周兆基輯　民國二十四年(1935)上海商務印書館影印本　二册

330000－1798－0001275　普02829　史部/目録類/專録之屬

摘唐詩題目一卷　夢泉手錄　民國抄本　一冊

330000－1798－0001276　普02832　史部/目録類/總録之屬/彙刻

復性書院擬先刻諸書簡目五卷　馬浮編　民國三十四年(1945)復性書院刻本　一冊

330000－1798－0001281　普02820－1　史部/政書類/邦計之屬

浙江省民國五年度省地方歲出入預算書二卷　浙江省議會編　民國六年(1917)鉛印本　一冊

330000－1798－0001282　普02820－2　史部/政書類/邦計之屬

浙江省民國六年度省地方歲出入預算書二卷　浙江省議會編　民國六年(1917)鉛印本　一冊

330000－1798－0001284　普02820－3　史部/政書類/邦計之屬

浙江省民國六年度省地方歲出入預算書二卷　浙江省議會編　民國六年(1917)鉛印本　一冊

330000－1798－0001285　普02820－4　史部/政書類/邦計之屬

浙江省民國六年度省地方歲出入預算書二卷　浙江省議會編　民國六年(1917)鉛印本　一冊

330000－1798－0001287　普02819　史部/政書類/公牘檔冊之屬

浙江省參議會文牘三卷　浙江省參議會編　民國鉛印本　一冊

330000－1798－0001288　普02817、普02814　史部/政書類/公牘檔冊之屬

浙江省議會第一屆常年會議事錄不分卷　浙江省議會編　民國二年(1913)鉛印本　二冊

330000－1798－0001289　普02818　史部/政書類/公牘檔冊之屬

浙江省議會第一屆第二年第二次臨時會質問書不分卷　浙江省議會編　民國鉛印本　一冊

330000－1798－0001290　普02816　史部/政書類/公牘檔冊之屬

浙江省議會第二屆第一次臨時會文牘四卷附編一卷　浙江省議會編　民國六年(1917)鉛印本　一冊

330000－1798－0001291　普02815－1　史部/政書類/公牘檔冊之屬

浙江省議會第二屆常年會文牘四卷附編一卷　浙江省議會編　民國五年(1916)鉛印本　一冊

330000－1798－0001292　普02292　經部/小學類/文字之屬/字書

虛字折中四卷　吳熙纂　民國十四年(1925)上海古今圖書店鉛印本　一冊

330000－1798－0001293　普02815－2　史部/政書類/公牘檔冊之屬

浙江省議會第二屆常年會決議案四卷　浙江省議會編　民國五年(1916)鉛印本　一冊

330000－1798－0001294　普02815－3　史部/政書類/公牘檔冊之屬

浙江省議會第二屆常年會質問書不分卷　浙江省議會編　民國五年(1916)鉛印本　一冊

330000－1798－0001295　普02298　類叢部/類書類/專類之屬

詩韻合璧五卷　(清)湯祥瑟輯　**虛字韻藪一卷**　(清)潘維城輯　民國有光書局石印本　一冊　存一卷(四)

330000－1798－0001296　普02300　經部/小學類/文字之屬/字書/字體

歷代名人草字彙一卷　(清)石梁輯　民國石印本　一冊

330000－1798－0001297　普02834　史部/目録類/專録之屬

湖北洋務局編譯科圖書價目一卷　湖北洋務局編譯科編　民國湖北洋務局編譯科圖書發行所鉛印本　一冊

330000－1798－0001299　普 02301　經部/小學類/音韻之屬/韻書

增補五方元音四卷　(清)年希堯增補　民國十五年(1926)上海昌文書局石印本　一冊

330000－1798－0001301　普 02297　子部/藝術類/書畫之屬/法帖

草字彙十二卷附補　(清)石梁輯　民國六年(1917)涵芬樓影印本　三冊　存六卷(子、丑、寅、卯、戌、亥)

330000－1798－0001302　普 02287　經部/小學類/音韻之屬/等韻

切韻指掌圖一卷　(宋)司馬光撰　民國八年(1919)自強書局石印本　一冊

330000－1798－0001307　普 02289　經部/小學類/文字之屬/說文

說文解字十五卷標目一卷　(漢)許慎撰　(宋)徐鉉等校定　民國上海商務印書館據藤花榭刻本影印本　四冊

330000－1798－0001309　普 02286　經部/小學類/音韻之屬/韻書

廣韻五卷　(宋)陳彭年等修　**宋本廣韻校札一卷**　(清)黎庶昌撰　民國上海涵芬樓影印本　五冊

330000－1798－0001310　普 02293　經部/小學類/文字之屬/說文/傳說

說文解字注十五卷附六書音均表五卷　(清)段玉裁撰　**說文部目分韵一卷**　(清)陳煥編　**說文通檢十四卷首一卷末一卷**　(清)黎永椿編　**說文解字注匡謬八卷**　(清)徐承慶撰　民國三年(1914)上海文盛書局石印本　八冊

330000－1798－0001336　普 02905　子部/雜著類/雜考之屬

日知錄集釋三十二卷栞誤二卷續栞誤二卷　(清)黃汝成撰　民國四年(1915)中華圖書館石印本　八冊

330000－1798－0001339　普 02313　史部/紀傳類/正史之屬

北齊書五十卷　(隋)李百藥撰　民國上海第一圖書局石印本　二冊　存十六卷(一至十六)

330000－1798－0001341　普 02309　史部/紀傳類/正史之屬

周書五十卷　(唐)令狐德棻等撰　民國上海第一圖書局石印本　四冊

330000－1798－0001342　普 02315　史部/紀傳類/正史之屬

二十四史附考證　民國上海第一圖書局鉛印本　四冊　存一種

330000－1798－0001343　普 02314　史部/紀傳類/正史之屬

陳書三十六卷　(唐)姚思廉撰　民國上海第一圖書局石印本　一冊　存七卷(一至七)

330000－1798－0001346　普 02310　史部/紀傳類/正史之屬

百大家評註史記十卷　(明)朱子蕃輯　民國八年(1919)上海圖書館石印本　一冊　存二卷(一至二)

330000－1798－0001349　普 02312　史部/紀傳類/正史之屬

三國志六十五卷　(晉)陳壽撰　(南朝宋)裴松之注　民國點石齋石印本　一冊　存十四卷(魏書十三至二十六)

330000－1798－0001351　普 02311　史部/紀傳類/正史之屬

百大家評註史記十卷　(明)朱子蕃輯　民國六年(1917)上海同文圖書館石印本　九冊　缺一卷(九)

330000－1798－0001353　普 02316　史部/紀傳類/正史之屬

漢書評注一百卷　(明)凌稚隆輯　民國上海掃葉山房石印本　八冊　存三十四卷(三十四至三十七、四十二至四十七、四十八至五十一、五十六至七十五)

330000－1798－0001357　普 02915　子部/儒家類/儒學之屬/蒙學

讀經範本精義□□卷　楊觀東撰　民國雲南國學專修館刻本　一册　存一卷(利集四)

330000－1798－0001370　普02878　子部/儒家類/儒家之屬

荀子集解二十卷首一卷　(唐)楊倞注　王先謙集解　民國上海商務印書館據清光緒十七年(1891)長沙王氏刻本影印本　六册

330000－1798－0001377　普01260　集部/總集類/題詠之屬

松聲琴韻集不分卷　方濟川輯　民國三十八年(1949)鉛印本　一册

330000－1798－0001382　普02879　子部/叢編

評註諸子菁華録十八種十八卷　張之純編纂　民國二十八年(1939)上海商務印書館鉛印本　一册　存一卷(三)

330000－1798－0001384　普02880　子部/儒家類/儒家之屬

荀子二十卷　(唐)楊倞注　**荀子校勘補遺一卷**　(清)謝墉撰　民國育文書局石印本　一册

330000－1798－0001388　普02886　類叢部/叢書類/彙編之屬

顏李叢書三十二種　徐世昌等輯　民國十二年(1923)四存學會鉛印本　一册　存一種

330000－1798－0001394　普02325、普02327、普02319　史部/紀傳類/正史之屬

二十四史附考證　民國上海涵芬樓據清乾隆武英殿刻本影印本　四十一册　存三種

330000－1798－0001398　普02328、普02335　史部/紀傳類/正史之屬

二十四史附考證　民國上海涵芬樓據清乾隆武英殿刻本影印本　二十四册　存二種

330000－1798－0001401　普02321　史部/紀傳類/正史之屬

史記一百三十卷　(漢)司馬遷撰　(南朝宋)裴駰集解　(唐)司馬貞索隱　(唐)張守節正義　民國十九年(1930)上海錦章圖書局據清武英殿二十一史本影印本　二十册

330000－1798－0001403　普02864、普02898、普02866、普02863、普02897、普02891、普02896、普02865、普02893、普02861、普02895　類叢部/叢書類/彙編之屬

復性書院叢刊二十七種　馬浮編　民國二十九年至三十七年(1940－1948)復性書院刻本暨鉛印本　十九册　存一種

330000－1798－0001404　普02892、普02894、普02862　類叢部/叢書類/彙編之屬

復性書院叢刊二十七種　馬浮編　民國二十九年至三十七年(1940－1948)復性書院刻本暨鉛印本　四册　存一種

330000－1798－0001405　普02899　子部/儒家類/儒家之屬

荀子性善證三卷　姜忠奎撰　民國十五年(1926)鉛印本　一册

330000－1798－0001406　普02922　類叢部/叢書類/彙編之屬

袖珍古書讀本三十種　中華書局編　民國十九年(1930)上海中華書局鉛印本　六册　存一種

330000－1798－0001409　普02860　子部/儒家類/儒學之屬

朱子讀書法四卷　(宋)張洪　(宋)齊□輯　民國復性書院刻藍印本　一册

330000－1798－0001410　普02332　史部/紀傳類/正史之屬

二十四史附考證　民國上海第一圖書局鉛印本　十二册　存一種

330000－1798－0001411　普02331　史部/紀傳類/正史之屬

宋書一百卷　(南朝梁)沈約撰　民國上海第一圖書局鉛印本　十二册

330000－1798－0001433　普02339　史部/紀傳類/正史之屬

二十四史附考證　民國鉛印本　三十六册　存一種

330000－1798－0001434　普00884　史部/史抄類

三國志捃華二卷　莊適輯　民國七年(1918)上海商務印書館鉛印本　二冊

330000－1798－0001443　普02948　子部/醫家類/眼科之屬

銀海精微一卷　(唐)孫思邈輯　陳滋評　民國十九年(1930)上海千頃堂書局石印本　一冊

330000－1798－0001450　普00253、普05428、普05432－34　史部/紀傳類/正史之屬

百衲本二十四史　張元濟輯　民國上海商務印書館影印本　一百三十八冊　存五種

330000－1798－0001453　普00904　集部/小說類/長篇之屬

增像全圖東周列國志二十七卷首一卷　(清)蔡奡評點　民國上海會文堂書局鉛印本　十五冊

330000－1798－0001459　普02367　史部/編年類/通代之屬

尺木堂綱鑑易知錄九十二卷明鑑易知錄十五卷　(清)吳乘權　(清)周之炯　(清)周之燦輯　民國十年(1921)上海掃葉山房石印本　十九冊　存八十七卷(綱鑑易知錄一至十八、二十四至九十二)

330000－1798－0001460　普02368　史部/編年類/通代之屬

尺木堂綱鑑易知錄九十二卷明鑑易知錄十五卷　(清)吳乘權　(清)周之炯　(清)周之燦輯　民國十六年(1927)上海掃葉山房石印本　六冊　存五十四卷(綱鑑易知錄一至五十四)

330000－1798－0001462　普01011　類叢部/叢書類/彙編之屬

四部叢刊續編七十七種　張元濟等編　民國二十三年(1934)上海商務印書館影印本　五冊　存一種

330000－1798－0001464　普02949　子部/醫家類/方書之屬/成方藥目

觀聚方要補十卷　(日本)丹波元簡輯　民國二十年(1931)江陰寶文堂刻本　一冊　存一卷(十)

330000－1798－0001466　普02942　子部/醫家類/傷科之屬

中國接骨圖說一卷　民國三十三年(1944)項成明抄本　項成明題記　一冊

330000－1798－0001467　普02923　史部/傳記類/別傳之屬/事狀

晏子[嬰]春秋七卷　晏子春秋音義二卷　(清)孫星衍撰　**晏子春秋校勘二卷**　(清)黄以周撰　民國上海育文書局石印本　一冊

330000－1798－0001472　普01009－2　集部/別集類/宋別集

白石道人詩集二卷詩說一卷集外詩一卷附錄一卷附錄補遺一卷　(宋)姜夔撰　**白石道人詩詞評論一卷補遺一卷**　(清)許增輯　**白石道人逸事一卷逸事補遺一卷**　(清)□□輯　民國九年(1920)補刻本　一冊

330000－1798－0001481　普00422　子部/藝術類/音樂之屬/樂譜

大還閣琴譜六卷　民國二十二年(1933)抄本　一冊

330000－1798－0001484　普02355　類叢部/叢書類/彙編之屬

四部備要　中華書局編　民國二十五年(1936)上海中華書局鉛印本　一冊　存一種

330000－1798－0001487　普02876、普02877、普06170　子部/叢編

百子全書　(清)崇文書局編　民國八年(1919)上海掃葉山房石印本　三冊　存三種

330000－1798－0001488　普02875　子部/雜著類/雜考之屬

讀書雜志八十二卷餘編二卷　(清)王念孫撰　民國十三年(1924)掃葉山房石印本　二冊　存十卷(史記四至六、管子六至十二)

330000－1798－0001496　普02874　子部/儒

家類/儒家之屬

荀子二十卷 (唐)楊倞注 **荀子校勘補遺一卷** (清)謝墉撰 民國掃葉山房石印本 一册

330000－1798－0001497 普02868 子部/雜著類/雜纂之屬

諸子文粹六十二卷續編十卷 李寶洤纂 民國六年(1917)上海商務印書館鉛印本 一册 存三卷(續編一至三)

330000－1798－0001498 普02869 經部/三禮總義類/通禮雜禮之屬

文公家禮儀節八卷 (明)丘濬輯 (明)楊廷筠訂 民國十三年(1924)江左書林石印本 二册 存四卷(一至四)

330000－1798－0001501 普02873 子部/叢編

評註諸子菁華錄十八種十八卷 張之純編纂 民國五年至七年(1916－1918)上海商務印書館鉛印本 一册 存一卷(五)

330000－1798－0001502 普02872 類叢部/叢書類/彙編之屬

四部備要 中華書局編 民國二十五年(1936)上海中華書局鉛印本 一册 存一種

330000－1798－0001503 普01091 集部/詞類/詞譜之屬

白香詞譜箋四卷 (清)舒夢蘭輯 (清)謝朝徵箋 民國六年(1917)上海掃葉山房石印本 四册

330000－1798－0001516 普00449 集部/戲劇類/總集之屬/傳奇

暖紅室彙刻傳奇 劉世珩輯 民國八年(1919)貴池劉氏暖紅室刻本 二册 存一種

330000－1798－0001520 普02978 子部/醫家類/本草之屬/本草藥性

雷公炮製藥性賦解十卷 民國上海商務印書館鉛印本 一册 存六卷(藥性解一至六)

330000－1798－0001524 普02986 子部/醫家類/綜合之屬/合刻、合抄

景岳全書六十四卷 (明)張介賓撰 民國石印本 一册 存十五卷(一至十五)

330000－1798－0001525 普02985－1 子部/醫家類/本草之屬/本草藥性

增補本草備要八卷 (清)汪昂著輯 民國石印本 一册

330000－1798－0001528 普02985－2 子部/醫家類/本草之屬/本草藥性

增補本草備要八卷 (清)汪昂著輯 民國石印本 一册

330000－1798－0001529 普02985－3 子部/醫家類/本草之屬/本草藥性

增補童氏本草備要八卷 (清)汪昂著輯 民國石印本 一册 缺一卷(一)

330000－1798－0001530 普02980－1 子部/醫家類/綜合之屬/通論

御纂醫宗金鑑九十卷首一卷 (清)吳謙等撰 民國石印本 八册 存五十一卷(四至十五、三十至三十八、四十五至七十四)

330000－1798－0001537 普02984 子部/醫家類

醫經溯洄集一卷 (元)王履撰 **醫壘元戎不分卷海藏癍論萃英不分卷** (元)王好古撰 民國石印本 一册

330000－1798－0001538 普02983 子部/醫家類/兒科之屬/痘疹

種痘新書十二卷 (清)張琰編輯 民國石印本 二册 存七卷(六至十二)

330000－1798－0001540 普02982 子部/醫家類/兒科之屬/痘疹

中西痘科合璧十二卷 (清)張琰編輯 民國石印本 一册 存一卷(十二)

330000－1798－0001541 普02537 史部/傳記類/總傳之屬/家乘

[浙江永康]永康李氏總祠主錄八卷 (清)李夢庚等纂修 民國十七年(1928)木活字印本 二册 存二卷(四至五)

330000－1798－0001545　普02977　子部/醫家類/婦科之屬/通論

新編女科指掌五卷　(清)葉其蓁編輯　民國上海海左書局石印本　一册　存三卷(一至三)

330000－1798－0001548　普02975　子部/醫家類/本草之屬/雜著

本經逢原四卷　(清)張璐纂　民國石印本　一册　存二卷(三至四)

330000－1798－0001550　普02974　子部/醫家類/傷寒金匱之屬/傷寒論

注解傷寒論十卷　(漢)張機述　(漢)王叔和撰次　(金)成無己注解　民國石印本　二册　存六卷(五至十)

330000－1798－0001551　普02973　子部/醫家類/外科之屬/通論

外科正宗十二卷　(明)陳實功撰　(清)徐大椿評　民國石印本　項成明題簽　一册

330000－1798－0001563　普02520　史部/傳記類/總傳之屬/家乘

[浙江衢州]桐洲俞氏宗譜四卷　俞忠德　俞信榮修　(清)俞福和　俞壽標　俞壽錄纂　民國三十二年(1943)永裕堂木活字印本　三册

330000－1798－0001567　普02961　子部/醫家類/兒科之屬/痘疹

增補秘傳痘疹玉髓金鏡錄真本四卷首一卷　(明)翁仲仁輯著　民國石印本　一册　缺二卷(三至四)

330000－1798－0001572　普02958　子部/醫家類/綜合之屬/通論

醫宗說約六卷　(清)蔣示吉撰　民國四年(1915)上海萃英書局石印本　一册

330000－1798－0001582　普02957　子部/醫家類/本草之屬/本草藥性

雷公炮製藥性解六卷　(清)李中梓輯　民國上海育文書局石印本　一册

330000－1798－0001588　普02932　類叢部/叢書類/彙編之屬

知不足齋叢書一百九十五種　(清)鮑廷博輯　(清)鮑士恭續輯　民國十年(1921)上海古書流通處據清鮑氏刻本影印本　一册　存三種

330000－1798－0001590　普02576　史部/傳記類/總傳之屬/家乘

店背李氏族譜不分卷　民國十六年(1927)木活字印本　三册

330000－1798－0001591　普02920　子部/兵家類/兵法之屬

孫子兵法章句訓義十三卷　錢基博撰　民國二十八年(1939)鉛印本　錢基博跋　章乃羹、葉渭清題記　一册

330000－1798－0001592　普02935　子部/農家農學類/園藝之屬/總志

佩文齋廣羣芳譜一百卷目錄二卷　(清)汪灝等撰　民國上海錦章圖書局石印本　二册　存十卷(五十四至五十八、七十三至七十七)

330000－1798－0001601　普03421　類叢部/叢書類/自著之屬

船山遺書六十六種附一種　(清)王夫之撰　民國二十二年(1933)上海太平洋書店鉛印本(永曆實錄卷十六原缺)　二十六册　存四十種

330000－1798－0001604　普03423　子部/儒家類/儒學之屬/經濟

說苑二十卷　(漢)劉向撰　民國上海涵芬樓鉛印本　一册　存三卷(八至十)

330000－1798－0001607　普03428　子部/雜著類/雜說之屬

老學庵筆記十卷　(宋)陸游撰　民國二十二年(1933)上海商務印書館鉛印本　二册

330000－1798－0001608　普03429　子部/雜著類/雜說之屬

仇池筆記二卷　(宋)蘇軾撰　民國二十四年(1935)上海商務印書館鉛印本　一册

330000－1798－0001613　普02504　史部/傳

記類/總傳之屬/家乘

[浙江衢州]清河張氏宗譜三卷 張子華纂 民國十八年(1929)豫章清河張子華木活字印本 一冊

330000－1798－0001614 普02502 史部/傳記類/總傳之屬/家乘

[浙江衢州]劉氏宗譜不分卷 劉啓義纂 民國二十年(1931)木活字印本 一冊

330000－1798－0001615 普02515 史部/傳記類/總傳之屬/家乘

[浙江江山]東坑倉黄氏宗譜三卷 黄金聲纂修 民國三十二年(1943)木活字印本 一冊

330000－1798－0001616 普02511 史部/傳記類/總傳之屬/家乘

[安徽績溪]大谷程氏集義堂支譜二卷 程興諒等纂修 民國二十二年(1933)集義堂木活字印本 一冊 存一卷(二)

330000－1798－0001617 普02512 史部/傳記類/總傳之屬/家乘

[安徽績溪]大谷程氏集義堂支譜二卷 程興諒等纂修 民國二十二年(1933)集義堂木活字印本 一冊 存一卷(一)

330000－1798－0001618 普02501 史部/傳記類/總傳之屬/家乘

[浙江衢州]吴氏宗譜二卷首一卷 吴禮榮主修 民國六年(1917)至德堂木活字印本 一冊

330000－1798－0001619 普02513 史部/傳記類/總傳之屬/家乘

[安徽績溪]大谷程氏集義堂支譜二卷 程興諒等纂修 民國二十二年(1933)集義堂木活字印本 一冊 存一卷(一)

330000－1798－0001620 普02564 史部/傳記類/總傳之屬/家乘

[□□]東坑倉林氏宗譜三卷 林珍器 林昌茂等修 民國三十二年(1943)九牧堂木活字印本 一冊

330000－1798－0001623 普02530 史部/傳記類/總傳之屬/家乘

吕五宗祠誌不分卷 民國三十年(1941)石印本 二冊

330000－1798－0001626 普02462 史部/傳記類/總傳之屬/忠孝

浙江孝節錄初集二卷 張大庚 王昌杰編 民國二十四年(1935)上海明善書局鉛印本 二冊 缺卷一之上、二之上

330000－1798－0001628 普02510 史部/傳記類/總傳之屬/家乘

[山東濟陽]濟陽江氏仙塘族戊辰春吉續修家乘八卷 民國八年(1919)木活字印本 六冊 存六卷(一、三、五至八)

330000－1798－0001631 普02503 史部/傳記類/總傳之屬/家乘

[浙江衢州]劉氏宗譜不分卷 劉啓義纂 民國二十年(1931)木活字印本 一冊

330000－1798－0001633 普02517 史部/傳記類/總傳之屬/家乘

[□□]延陵吴氏宗譜四卷 吴長安 吴元駿等修 民國三十七年(1948)懋德堂木活字印本 四冊

330000－1798－0001636 普02516 史部/傳記類/總傳之屬/家乘

[浙江衢州]東坑倉黄氏宗譜三卷 黄金聲 黄文華修 黄文楷 黄文理纂 民國三十二年(1943)順德堂木活字印本 一冊

330000－1798－0001637 普02487 類叢部/叢書類/彙編之屬

復性書院叢刊二十七種 馬浮編 民國二十九年至三十七年(1940－1948)復性書院刻本暨鉛印本 一冊 存一種

330000－1798－0001643 普02479 史部/傳記類/總傳之屬/通代

尚友錄二十二卷補遺一卷 (明)廖用賢撰 (清)張伯琮補輯 民國鉛印本 三冊 存十一卷(八至十五、二十至二十二)

330000－1798－0001647 普02486 史部/傳

記類/總傳之屬/通代

校正尚友錄統編二十四卷 (清)錢湖釣徒編 (清)張元聲輯 民國七年(1918)上海國學圖書局石印本 十二冊

330000－1798－0001651 普02468 集部/別集類/清別集

方望溪先生集外文補遺二卷 (清)方苞撰

方望溪先生[苞]年譜一卷附録一卷 (清)蘇惇元輯 民國影印本 一冊

330000－1798－0001652 普02543 史部/傳記類/總傳之屬/家乘

應氏總祠主譜□□卷 民國二十一年(1932)木活字印本 二冊 存二卷(五至六)

330000－1798－0001653 普02469 史部/傳記類/總傳之屬/斷代

清史列傳八十卷 中華書局編 民國十七年(1928)上海中華書局鉛印本 一冊 存一卷(三十五)

330000－1798－0001654 普02483 類叢部/叢書類/彙編之屬

涵芬樓祕笈五十一種 孫毓修等輯 民國五年至十五年(1916－1926)上海商務印書館影印本暨鉛印本 一冊 存一種

330000－1798－0001655 普02558 史部/傳記類/總傳之屬/家乘

河南方氏宗譜四卷 方明禮等纂修 民國三十七年(1948)木活字印本 一冊

330000－1798－0001656 普02557 史部/傳記類/總傳之屬/家乘

[浙江衢州]萬川陳氏宗譜不分卷 陳連業等重修 民國十五年(1926)報本堂木活字印本 三冊

330000－1798－0001659 普02518 史部/傳記類/總傳之屬/家乘

[□□]東坑倉林氏宗譜三卷 林珍器 林昌茂等修 民國三十二年(1943)九牧堂木活字印本 一冊

330000－1798－0001661 普02548 史部/傳記類/總傳之屬/家乘

[浙江武義]周氏宗譜 民國三十五年(1946)木活字印本 二冊

330000－1798－0001666 普02555 史部/傳記類/總傳之屬/家乘

[浙江衢州]生塘徐氏宗譜四卷 徐茂招等纂修 民國十五年(1926)木活字印本 四冊

330000－1798－0001668 普02554 史部/傳記類/總傳之屬/家乘

[□□]范陽鄒氏宗譜□□卷 □□纂修 民國二十年(1931)木活字印本 一冊 存一卷(五)

330000－1798－0001670 普02550－2 史部/傳記類/總傳之屬/家乘

[浙江金華]赤松方氏宗譜□□卷 民國十七年(1928)木活字印本 二冊 存二卷(十、十九)

330000－1798－0001671 普02591 史部/傳記類/總傳之屬/家乘

[□□]古麗坊林氏宗譜□□卷 民國二十一年(1932)木活字印本 二冊 存二卷(六至七)

330000－1798－0001672 普02560 史部/傳記類/總傳之屬/家乘

[浙江衢州]銅峯杜族世譜不分卷 民國三十五年(1946)木活字印本 二十二冊

330000－1798－0001673 普02559 史部/傳記類/總傳之屬/家乘

[浙江衢州]銅峯杜氏宗譜不分卷 杜時渭 杜學枝修 杜宏麒等纂 民國三十五年(1946)衢縣柯城涂錦清木活字印本 二十二冊

330000－1798－0001674 普02571 史部/傳記類/總傳之屬/家乘

[浙江龍游]清塘江氏宗譜□□卷 民國餘慶堂木活字印本 一冊 存一卷(三)

330000－1798－0001675 普02539 史部/傳記類/總傳之屬/家乘

[浙江衢州]銅峯杜族世譜不分卷　民國三十五年(1946)木活字印本　二十二册

330000－1798－0001678　普02579　史部/地理類/專志之屬/祠墓

重建吳清山汪氏墓祠徵信錄四卷　汪慰編輯　民國十四年(1925)刻本　四册

330000－1798－0001681　普02542　史部/傳記類/總傳之屬/家乘

[浙江金華]蓮塘張氏枝譜提綱□□卷　民國十五年(1926)永思堂木活字印本　一册　存二卷(三至四)

330000－1798－0001682　普02582　史部/傳記類/總傳之屬/家乘

[浙江金華]履湖莊氏宗譜□□卷　民國二十六年(1937)木活字印本　四册　存四卷(四、七至八、二十)

330000－1798－0001683　普02581　史部/傳記類/總傳之屬/家乘

[浙江衢縣]大谷程氏世榮堂紀事新編四卷　民國二十五年(1936)木活字印本　四册

330000－1798－0001684　普02578　史部/地理類/專志之屬/祠墓

越國汪公祠墓志續刊二卷　汪芸主修　民國十七年(1928)刻本　一册

330000－1798－0001685　普02568　史部/傳記類/總傳之屬/家乘

[浙江蘭溪]蘭溪鄭氏族譜二十卷首一卷　鄭品瑚纂　民國十九年(1930)木活字印本　鄭甫卿題記　十册

330000－1798－0001689　普02556　史部/傳記類/總傳之屬/家乘

[浙江衢州]南州徐氏宗譜十二卷附四卷　徐聖書修　徐憲仁彙輯　民國三十六年(1947)木活字印本　十二册

330000－1798－0001690　普02613　史部/傳記類/總傳之屬/家乘

[安徽休寧]汪氏世守譜十卷首一卷　(清)汪守勤等纂修　民國三年(1914)木活字印本　五册　存九卷(首、一至八)

330000－1798－0001691　普02565　史部/傳記類/總傳之屬/家乘

[浙江建德]河南方氏宗譜四卷　方明禮修　方智協纂　民國三十七年(1948)鄭蔭槐木活字印本　一册

330000－1798－0001692　普02612　史部/傳記類/總傳之屬/家乘

[浙江衢州]衢西邱氏宗譜不分卷　邱義金等纂修　民國二十年(1931)木活字印本　一册

330000－1798－0001693　普02567　史部/傳記類/總傳之屬/家乘

[浙江衢州]清河張氏宗譜三卷　張子華纂　民國十八年(1929)豫章清河張子華木活字印本　一册

330000－1798－0001694　普02563　史部/傳記類/總傳之屬/家乘

[浙江衢州]東坑倉楊氏宗譜三卷　民國三十二年(1943)四知堂木活字印本　一册

330000－1798－0001695　普02561　史部/傳記類/總傳之屬/家乘

[浙江衢州]宏農楊氏宗譜三卷　民國三十二年(1943)楊氏四知堂木活字印本　一册

330000－1798－0001696　普02562　史部/傳記類/總傳之屬/家乘

[浙江衢州]宏農楊氏宗譜三卷　民國三十二年(1943)楊氏四知堂木活字印本　一册

330000－1798－0001697　普02547　史部/傳記類/總傳之屬/家乘

[浙江武義]武川西徐宗譜□□卷　民國三十六年(1947)木活字印本　五册　存五卷(二、六、九、十一、十三)

330000－1798－0001700　普02600－3　史部/傳記類/總傳之屬/家乘

[浙江金華]薌溪曹氏宗譜四卷　(清)曹廷晃修　(清)曹文彪等纂　民國二十九年(1940)木活字印本　一册　存一卷(二)

330000－1798－0001701　普 02600－4　史部/傳記類/總傳之屬/家乘

[浙江金華]薌溪曹氏宗譜四卷　(清)曹廷晃修　(清)曹文彪等纂　民國二十九年(1940)木活字印本　一冊　存一卷(二)

330000－1798－0001702　普 02611　史部/傳記類/總傳之屬/家乘

[浙江衢州]吳氏宗譜二卷首一卷　吳禮榮主修　民國六年(1917)至德堂木活字印本　一冊

330000－1798－0001703　普 02605　史部/傳記類/總傳之屬/家乘

[浙江衢州]盈川朱氏宗譜四卷　朱裕椿等纂修　民國十七年(1928)吳西張子華木活字印本　二冊

330000－1798－0001704　普 02610　史部/傳記類/總傳之屬/家乘

[浙江衢州]盈川朱氏宗譜四卷　朱裕椿等纂修　民國十七年(1928)吳西張子華木活字印本　二冊

330000－1798－0001705　普 02601　史部/傳記類/總傳之屬/家乘

[浙江衢州]文林朱氏宗譜四卷　朱克孟等續修　民國三十五年(1946)涂錦清木活字印本　三冊

330000－1798－0001706　普 02603　史部/傳記類/總傳之屬/家乘

[浙江衢州]文林朱氏宗譜四卷　朱克孟等續修　民國三十五年(1946)涂錦清木活字印本　三冊

330000－1798－0001708　普 02608　史部/傳記類/總傳之屬/家乘

[浙江永康]王氏宗譜十二卷　呂鳳鳴等纂　民國六年(1917)木活字印本　二冊　存二卷(一、七)

330000－1798－0001709　普 02607　史部/傳記類/總傳之屬/家乘

[浙江江山]嘉湖姜氏宗譜□□卷　民國木活字印本　一冊　存一卷(三十六)

330000－1798－0001711　普 02598　史部/傳記類/總傳之屬/家乘

[浙江金華]金華鮑氏宗譜□□卷　民國二十九年(1940)木活字印本　一冊　存一卷(二)

330000－1798－0001713　普 02590　史部/傳記類/總傳之屬/家乘

[浙江金華]金華東塘黃氏宗譜十二卷　(清)黃學榮等纂修　民國三十五年(1946)木活字印本　一冊　存一卷(一)

330000－1798－0001714　普 02589　史部/傳記類/總傳之屬/家乘

[浙江永康]雙泉何氏特祠宗譜□□卷　吳從周纂　民國十一年(1922)徐正心堂木活字印本　二冊　存二卷(二、五)

330000－1798－0001720　普 02623　子部/小說家類

筆記小說大觀二百二十二種　進步書局輯　民國上海進步書局石印本　二冊　存一種

330000－1798－0001727　普 02618－1　史部/史抄類

史記菁華錄六卷　(清)姚祖恩輯評　民國二十二年(1933)上海商務印書館鉛印本　二冊　存四卷(一至二、五至六)

330000－1798－0001747　普 02616　史部/史抄類

史記精華八卷　中華書局編　民國三年(1914)上海中華書局鉛印本　六冊　缺二卷(一、三)

330000－1798－0001764　普 02665－1　史部/載記類

廣仁善堂紀寔編一卷　徐思謙編　民國鉛印本　一冊

330000－1798－0001766　普 02665－2　史部/載記類

廣仁善堂紀寔編一卷　徐思謙編　民國鉛印本　一冊

330000－1798－0001783　普00440　子部/藝術類/音樂之屬/樂譜

紅隱盦琴譜不分卷　民國程禮門抄本　一冊

330000－1798－0001784　普00439　子部/藝術類/音樂之屬/樂譜

紅隱盦琴譜不分卷　民國程禮門抄本　一冊

330000－1798－0001785　普00438　子部/藝術類/音樂之屬/樂譜

紅隱盦琴鈔不分卷　民國程禮門抄本　徐芝青題簽　一冊

330000－1798－0001788　普00600　子部/醫家類/醫經之屬

醫經理解九卷首一卷　(清)程知述　民國十四年(1925)上海元昌印書館石印本　一冊

330000－1798－0001800　普00460　集部/曲類/曲韻曲譜曲律之屬

西廂記曲譜不分卷　民國程光典抄本　五冊

330000－1798－0001802　普02391　史部/編年類/斷代之屬

清史綱要十四卷　吳曾祺等編　民國二年(1913)上海商務印書館鉛印本　四冊　存九卷(一至四、八至十二)

330000－1798－0001803　普00461　集部/戲劇類/雜劇之屬

紅樓夢散套不分卷　民國程光典抄本　四冊

330000－1798－0001807　普00425　子部/藝術類/音樂之屬/樂譜

琴譜不分卷　民國抄本　三冊

330000－1798－0001816　普02414　史部/史抄類

廿四史約編八卷首一卷　(清)鄭元慶述　民國上海鴻章書局石印本　八冊

330000－1798－0001822　普00274　類叢部/叢書類

國立暨南大學叢書　民國二十八年(1939)鉛印本　十冊　存一種

330000－1798－0001828　普00284　子部/宗教類/佛教之屬

歷史感應統記四卷　許止淨編纂　民國十九年(1930)佛教慈幼院刻本　九冊

330000－1798－0001833　普00415　子部/藝術類/音樂之屬/琴學

晨風廬學會記錄二卷　周慶雲編　民國十一年(1922)刻藍印本　一冊

330000－1798－0001834　普00282　新學/理學/文學

史諱舉例八卷　陳垣撰　民國二十二年(1933)勵耘書屋刻本　一冊

330000－1798－0001835　普00267　史部/政書類/儀制之屬/專志/紀元

紀元編三卷　(清)李兆洛編　羅振玉校正　民國十四年(1925)東方學會鉛印本　三冊

330000－1798－0001836　普00421　子部/藝術類/音樂之屬/樂譜

琴瑟合譜三卷　楊宗稷撰　民國十二年(1923)刻本　一冊

330000－1798－0001838　普00271　史部/史表類

二十史朔閏表一卷　陳垣撰　民國十四年(1925)勵耘書屋石印本　一冊

330000－1798－0001840　普00270　史部/史表類/斷代之屬

北史朔閏表一卷　黃文相撰　民國三十年(1941)亳縣黃氏石印本　一冊

330000－1798－0001845　普00583　類叢部/叢書類/彙編之屬

景印元明善本叢書十種　商務印書館編　民國二十六年至二十九年(1937－1940)上海商務印書館影印本　十冊　存一種

330000－1798－0001854　普02446　史部/政書類/公牘檔冊之屬

孫大總統書牘二卷　吳硯雲輯　民國元年(1912)新中國圖書局鉛印本　黃英華題記　一冊　存一卷(上)

330000－1798－0001868　普 00288　史部/雜史類/斷代之屬

痛史二十一種附九種　樂天居士輯　民國六年(1917)上海商務印書館鉛印本　六册　存十三種

330000－1798－0001869　普 00459　集部/戲劇類/總集之屬/傳奇

暖紅室彙刻傳奇　劉世珩編　民國八年(1919)貴池劉氏暖紅室刻本　二册　存一種

330000－1798－0001870　普 00293　史部/政書類/律令之屬

慶元條法事類八十卷附開禧重修尚書吏部侍郎右選格二卷　(宋)謝深甫等纂修　民國三十七年(1948)燕京大學圖書館刻本(卷一至二、十八至二十七、三十三至三十五、三十八至四十六、五十三至七十二原缺)　十二册

330000－1798－0001871　普 00463、普 00466　類叢部/叢書類/彙編之屬

喜咏軒叢書三十四種　陶湘編　民國十五年至二十年(1926－1931)武進陶氏涉園石印本　二册　存二種

330000－1798－0001873　普 00468　集部/戲劇類/雜劇之屬

霜厓三劇　吴梅撰　民國二十二年(1933)刻本　一册

330000－1798－0001876　普 02450　集部/總集類/選集之屬/斷代

皇朝文鑑一百五十卷　(宋)吕祖謙輯　民國影印本　一册　存四卷(四十九至五十二)

330000－1798－0001880　普 02428　史部/紀傳類/正史之屬

元史譯文證補三十卷　(清)洪鈞撰　民國鉛印本　一册　存十一卷(二至十二)

330000－1798－0001885　普 00300　史部/傳記類/總傳之屬/儒林

清儒學案二百八卷　徐世昌撰　民國二十七年(1938)天津徐氏刻本　九十八册　缺二卷(五十二至五十三)

330000－1798－0001892　普 03476　類叢部/叢書類/自著之屬

章氏叢書十三種　章炳麟撰　民國十三年(1924)上海古書流通處據浙江圖書館刻本影印本　十七册　存十二種

330000－1798－0001893　普 00309　史部/傳記類/總傳之屬/儒林

學案小識十四卷首一卷末一卷　(清)唐鑑撰　民國上海文瑞樓石印本　六册

330000－1798－0001895　普 00301　史部/傳記類/總傳之屬/斷代

清史列傳八十卷　中華書局編　民國十七年(1928)上海中華書局鉛印本　八十册

330000－1798－0001903　普 00313　史部/雜史類/斷代之屬

清代文字獄檔九輯　北平故宫博物院文獻館編　民國二十年至二十三年(1931－1934)北平故宫博物院、國立北平研究院鉛印本　八册

330000－1798－0001906　普 03479　子部/墨家類

墨子校注十五卷附録四卷　吴毓江校注　民國三十三年(1944)重慶獨立出版社鉛印本　十册

330000－1798－0001908　普 03480　經部/小學類

小學金石論叢五卷補遺一卷　楊樹達撰　民國二十六年(1937)上海商務印書館鉛印本　二册

330000－1798－0001911　普 03486　子部/雜著類/雜説之屬

齊東野語二十卷　(宋)周密撰　民國二十二年(1933)上海商務印書館鉛印本　四册

330000－1798－0001914　普 03484　子部/雜著類/雜説之屬

老學庵筆記十卷　(宋)陸游撰　民國二十二年(1933)上海商務印書館鉛印本　二册

330000－1798－0001919　普 03485　子部/儒

家類/儒學之屬/性理
泰和宜山會語合刻二卷附錄一卷 馬一浮撰 民國二十八年(1939)四川嘉州刻本 一册

330000－1798－0001930 普00311 史部/詔令奏議類/詔令之屬
太平天國詔諭不分卷 蕭一山編 民國二十四年(1935)國立北平研究院總辦事處出版課影印本暨鉛印本 一册

330000－1798－0001931 普04325 新學/議論
時論不分卷 梁啓超撰 民國刻本 一册

330000－1798－0001939 普03481 子部/雜著類/雜説之屬
仇池筆記二卷 (宋)蘇軾撰 民國二十三年(1934)上海商務印書館鉛印本 一册

330000－1798－0001942 普04168 子部/雜家類
中庸密旨外傳一卷 孔再思筆錄 民國二十五年(1936)鉛印本 一册

330000－1798－0001944 普03482 經部/易類
易藏叢書六種 杭辛齋撰 民國十一年(1922)上海研幾學社鉛印本 一册 存一種

330000－1798－0001965 普03475 子部/儒家類/儒學之屬/性理
泰和會語一卷附錄一卷 馬一浮撰 民國二十七年(1938)鉛印本 一册

330000－1798－0001967 普03469 新學/格致總
各國政治藝學簡要錄二卷 杭州圖書公司主人輯 民國杭州編譯局鉛印本 一册 存一卷(下)

330000－1798－0001968 普03468 類叢部/叢書類/彙編之屬
四部備要 中華書局編 民國二十五年(1936)上海中華書局鉛印本 一册 存一種

330000－1798－0001971 普00622 子部/醫家類/方書之屬/單方驗方
方藥選要二卷 耕石山農選 民國十一年(1922)抄本 一册

330000－1798－0001978 普04177 史部/政書類/軍政之屬
大元帥訓軍士詞不分卷 孫文撰 民國鉛印本 一册

330000－1798－0001980 普03460 子部/儒家類/儒家之屬
荀子集解二十卷首一卷 (唐)楊倞注 王先謙集解 民國上海掃葉山房石印本 一册 存二卷(十九至二十)

330000－1798－0001982 普03457 子部/墨家類
墨子十五卷目一卷篇目考一卷 (清)畢沅校注並撰 民國上海會文堂書局石印本 四册

330000－1798－0001984 普05000 子部/醫家類/溫病之屬/瘟疫
加批時病論八卷 (清)雷豐撰 陳秉鈞批 民國十八年(1929)上海廣益書局石印本 二册

330000－1798－0001986 普03094 子部/醫家類/綜合之屬/雜著
醫家四要四卷 (清)程曦 (清)江誠 (清)雷大震纂 民國上海千頃堂書局石印本 一册

330000－1798－0001987 普03455 子部/雜著類/雜考之屬
讀書雜志八十二卷餘編二卷 (清)王念孫撰 民國上海文瑞樓石印本 二十四册

330000－1798－0001988 普03123 子部/醫家類/綜合之屬/雜著
醫家四要四卷 (清)程曦 (清)江誠 (清)雷大震纂 民國上海千頃堂書局石印本 一册 存一卷(二)

330000－1798－0001989 普04181 子部/雜著類
醒世金鍾一卷 民國十一年(1922)石印本

一册

330000－1798－0001990　普 04180　子部/宗教類/道教之屬

三聖律解一卷　民國十七年(1928)蘭谿楊培蘭印刷所石印本　一册

330000－1798－0001994　普 04164　子部/宗教類/道教之屬

收圓醒迷録二卷　空谷子編　民國二十九年(1940)鉛印本　二册

330000－1798－0001998　普 03456　子部/雜著類/雜説之屬

梁氏筆記三種二十七卷　(清)梁章鉅撰　民國七年(1918)上海掃葉山房石印本　八册

330000－1798－0002000　普 04160　子部/宗教類/道教之屬/戒律

陰隲文詩箋一卷　(清)王岱東撰　民國鉛印本　一册

330000－1798－0002001　普 04159　子部/宗教類/道教之屬/戒律

陰隲文詩箋一卷　(清)王岱東撰　民國鉛印本　一册

330000－1798－0002002　普 00355　史部/地理類/方志之屬/通志

[民國]安徽通志稿一百五十七卷　(清)安徽通志館纂修　民國二十三年(1934)鉛印本　八十九册

330000－1798－0002003　普 04158　子部/宗教類/道教之屬/戒律

陰隲文詩箋一卷　(清)王岱東撰　民國鉛印本　一册

330000－1798－0002005　普 03454　集部/别集類/清别集

有正味齋駢體文(有正味齋駢體文箋註)二十四卷首一卷　(清)吴錫麒撰　(清)王廣業箋　(清)葉聯芬注　民國上海文瑞樓石印本　八册

330000－1798－0002009　普 03453　子部/叢編

娱萱室小品六十種　雷瑨輯　民國六年(1917)上海掃葉山房石印本　八册　存五十六種

330000－1798－0002014　普 04240　子部/宗教類/道教之屬

精印道書十二種　(清)劉一明撰　民國二年(1913)上海江東書局石印本　一册　存一種

330000－1798－0002018　普 04235　史部/傳記類/總傳之屬/斷代

清代名人軼事十六卷　葛虚存撰　民國上海會文堂書局石印本　一册　存二卷(二至三)

330000－1798－0002020　普 04184　子部/儒家類/儒學之屬/禮教/家訓

朱柏廬先生治家格言(朱子家訓)一卷　(清)朱用純撰　民國二十三年(1934)石印本　二册

330000－1798－0002027　普 03447　集部/總集類/選集之屬/通代

詳註經史百家雜鈔二十六卷　(清)曾國藩纂　民國二十二年(1933)上海掃葉山房石印本　六册　存十三卷(一至十三)

330000－1798－0002035　普 04209　子部/雜著類

玉歷至寶鈔勸世一卷　民國十七年(1928)上海宏大善書局石印本　一册

330000－1798－0002038　普 04208　子部/雜著類

玉歷至寶鈔勸世一卷　民國十七年(1928)上海宏大善書局石印本　一册

330000－1798－0002040　普 04207　子部/宗教類/佛教之屬

三聖經靈驗圖註不分卷　民國上海宏大善書局石印本　二册

330000－1798－0002042　普 04206　子部/雜著類

響月文通古佛功過格一卷　民國上海宏大善書局石印本　一册

330000－1798－0002044　普 04204　子部/雜家類

精神錄不分卷　陳江山撰　民國二十三年(1934)上海中國良心崇善會石印本　一冊

330000－1798－0002046　普 03452　子部/叢編

子書三十二種　育文書局編　民國五年(1916)石竹山房石印本　三十六冊　缺六卷(墨子十至十五)

330000－1798－0002047　普 04202　子部/雜著類

天網恢恢白話錄一卷　(清)洗心老人譯　民國上海宏大善書局石印本　一冊

330000－1798－0002048　普 04201　子部/宗教類/道教之屬

救世靈丹四卷　(清)大中子纂修　(清)覺善編輯　民國十四年(1925)鉛印本　一冊

330000－1798－0002050　普 04200　史部/政書類/律令之屬/律例

新刻法筆驚天雷八卷　民國四年(1915)上海鑄記書局石印本　二冊

330000－1798－0002057　普 04193　子部/宗教類/佛教之屬

啟蒙正路一卷　民國衢縣聚秀堂石印本　一冊

330000－1798－0002061　普 04195　子部/宗教類/佛教之屬

渡世歸真續集一卷　民國十七年(1928)上海宏大善書局石印本　一冊

330000－1798－0002063　普 03434　類叢部/叢書類/家集之屬

顧氏家集十種　顧燮光編　民國十八年(1929)會稽顧氏金佳石好樓鉛印本暨石印本　五冊　存九種

330000－1798－0002064　普 04194　子部/宗教類/佛教之屬

啟蒙正路一卷　民國衢縣聚秀堂石印本　一冊

330000－1798－0002067　普 04187　子部/宗教類/佛教之屬

看破世界一卷　(清)周祖道輯　民國十一年(1922)鉛印本　一冊

330000－1798－0002068　普 04254　集部/總集類/尺牘之屬

歷代名人小簡續編二卷　吳曾祺輯　民國上海商務印書館鉛印本　一冊

330000－1798－0002070　普 04253　集部/別集類/漢魏六朝別集

箋釋昭明尺牘雕龍一卷　(南朝梁)昭明太子撰　(清)王鼎箋注　民國十年(1921)求古齋書帖局鉛印本　二冊

330000－1798－0002072　普 04252　集部/別集類/清別集

新體廣註雪鴻軒尺牘二卷　(清)龔萼撰　朱詩隱　徐慎幾註　民國十二年(1923)上海廣文書局石印本　一冊

330000－1798－0002079　普 00372　史部/地理類/遊記之屬/紀勝

天目山游記一卷詩一卷和詩一卷金華北山游記一卷　錢文選撰　民國二十四年(1935)浙江正楷印書局鉛印本　一冊

330000－1798－0002080　普 04248　集部/別集類

章太炎尺牘一卷　章炳麟撰　民國十六年(1927)上海文明書局石印本　一冊

330000－1798－0002081　普 00368　史部/地理類/專志之屬/古跡

蘭亭志四卷附錄近人題詠一卷　張若霞編　民國二十五年(1936)鉛印本　一冊

330000－1798－0002082　普 03440　類叢部/類書類/專類之屬

潛龍讀書表十二卷　陳電飛編　民國十七年(1928)中華書局石印本　三冊　缺二卷(四至五)

330000－1798－0002083　普 00367　史部/地理類/方志之屬/通志

續修浙江通志採訪稿一卷 浙江通志局輯 民國五年(1916)鉛印本 一册

330000－1798－0002084 普 04247 集部/別集類

王壬秋尺牘一卷 王闓運撰 民國十六年(1927)上海文明書局石印本 一册

330000－1798－0002085 普 04246 集部/別集類

樊樊山尺牘一卷 樊增祥撰 民國十六年(1927)上海文明書局石印本 一册

330000－1798－0002087 普 04244－1 集部/詩文評類/文法之屬/函牘格式

寫信必讀十卷 (清)唐芸洲撰 民國上海萃英書局石印本 一册

330000－1798－0002089 普 00366 史部/地理類/方志之屬/郡縣志

[乾隆]烏青鎮志十二卷 (清)董世寧纂 民國七年(1918)鉛印本 二册

330000－1798－0002090 普 00365 史部/地理類/方志之屬/郡縣志

[乾隆]烏青鎮志十二卷 (清)董世寧纂 民國七年(1918)鉛印本 二册

330000－1798－0002091 普 04244－2 集部/總集類/尺牘之屬

廣註寫信必讀不分卷 (清)唐芸洲撰 民國上海萃英書局石印本 一册

330000－1798－0002094 普 04245 集部/總集類/尺牘之屬

增廣尺牘句解初集二卷 民國石印本 一册

330000－1798－0002095 普 04243 集部/總集類/尺牘之屬

注音寶用新尺牘四卷 (清)陸守險編注 民國十年(1921)海左書局石印本 一册

330000－1798－0002097 普 04242 集部/詩文評類/文法之屬/函牘格式

白話信範本不分卷 式如撰 民國石印本 一册

330000－1798－0002109 普 04222 集部/詩文評類/文法之屬/函牘格式

交際大全八章 廣文書局編輯所編 民國上海世界書局石印本 一册

330000－1798－0002110 普 04221－1 集部/詩文評類/文法之屬/雜著

酬世文辭不分卷 劉再蘇編輯 民國石印本 一册

330000－1798－0002111 普 04221－2 集部/詩文評類/文法之屬/雜著

酬世文庫□□卷 民國石印本 一册 存三卷(七至九)

330000－1798－0002112 普 04220 類叢部/類書類/專類之屬

當代名人之結晶品應酬文辭類纂十二卷 董堅志編輯 民國上海中西書局石印本 一册 存二卷(六至七)

330000－1798－0002113 普 00384 史部/地理類/方志之屬/郡縣志

[民國]龍游縣志四十卷首一卷末一卷 余紹宋纂 民國十四年(1925)京城印書局鉛印本 十六册

330000－1798－0002117 普 00385 史部/地理類/方志之屬/郡縣志

[民國]龍游縣志初稿不分卷 余紹宋纂 民國十二年(1923)鉛印本 一册

330000－1798－0002118 普 04217 集部/詩文評類/文法之屬

分類應酬文匯□□卷 民國上海大東書局石印本 二册 存四卷(二至三、八至九)

330000－1798－0002121 普 04214 集部/總集類/課藝之屬

論説範本四卷 杜瀚生撰 民國七年(1918)上海會文堂書局石印本 一册 存一卷(一)

330000－1798－0002124 普 04213－1 子部/儒家類/儒學之屬/禮教/鑑戒

八德須知二集八卷 蔡振紳編輯 民國二十年(1931)上海宏大善書局石印本 一册 存

二卷(一至二)

330000－1798－0002126　普 04213－2　子部/儒家類/儒學之屬/禮教/鑑戒

八德須知四集□□卷　蔡振紳編輯　民國上海明善書局石印本　一册　存一卷(五)

330000－1798－0002137　普 03395　史部/金石類/石之屬/文字

北魏鄭文公碑一卷　民國十三年(1924)上海有正書局石印本　一册

330000－1798－0002143　普 03403　集部/曲類/曲韻曲譜曲律之屬

曲譜十二卷首一卷末一卷　民國石印本　一册　存一卷(八)

330000－1798－0002152　普 03415　集部/別集類/元別集

道園學古錄五十卷　(元)虞集撰　民國影印本　一册　存五卷(十五至十九)

330000－1798－0002163　普 03388　史部/金石類/錢幣之屬

芝田錢譜不分卷　王芝田拓　民國拓本　一册

330000－1798－0002166　普 03400　子部/藝術類/書畫之屬/法帖

李北海葉有道碑一卷　(唐)李邕撰並書　民國二十三年(1934)上海商務印書館影印本　一册

330000－1798－0002167　普 04289－4　集部/別集類/清別集

精校大字足本曾文正公家書十卷　(清)曾國藩撰　**大事記四卷**　(清)李鴻章　(清)曾國荃審定　(清)王定安編　**家訓二卷**　(清)曾國藩撰　**榮哀錄一卷**　民國十年(1921)石印本　三册　存七卷(家書九至十、大事記一至四、榮哀錄)

330000－1798－0002169　普 03416　子部/農家農學類/園藝之屬/花卉

秘本蘭蕙譜四卷　蘭蕙研究會編輯　民國十三年(1924)上海世界書局石印本　一册

330000－1798－0002170　普 03409　子部/農家農學類/鳥獸蟲之屬

蟋蟀實驗畧說一卷　稿本　一册

330000－1798－0002174　普 03410　子部/農家農學類/鳥獸蟲之屬

秘本蟋蟀譜一卷　蟋蟀研究會編輯　民國十一年(1922)上海世界書局影印本　一册

330000－1798－0002175　普 04359－1　集部/別集類/清別集

曾文正公家書十卷　(清)曾國藩撰　民國石印本　二册　存四卷(三至六)

330000－1798－0002176　普 04359－2　集部/別集類/清別集

曾文正公家書十卷　(清)曾國藩撰　民國石印本　一册　存二卷(五至六)

330000－1798－0002178　普 03412　子部/雜著類/雜纂之屬

隨園食單一卷　(清)袁枚撰　民國石印本一册

330000－1798－0002179　普 03583　子部/雜著類/雜纂之屬

對夫妙術婦女智囊十卷　徐桂芳撰　民國上海世界書局石印本　一册

330000－1798－0002181　普 04288－1　集部/別集類/清別集

音註小倉山房尺牘八卷　(清)袁枚撰　(清)胡光斗箋釋　民國石印本　一册　存四卷(五至八)

330000－1798－0002182　普 04288－2　集部/別集類/清別集

音註小倉山房尺牘八卷　(清)袁枚撰　(清)胡光斗箋釋　民國元年(1912)上海詠記書莊石印本　一册　存二卷(五至六)

330000－1798－0002183　普 04288－3　集部/別集類/清別集

新體廣註小倉山房尺牘八卷　(清)袁枚撰　(清)胡光斗箋釋　(清)徐楨增註　民國十年(1921)上海廣文書局石印本　一册　存二卷

（七至八）

330000－1798－0002184　普04288－4　集部/別集類/清別集

新體廣註小倉山房尺牘八卷　（清）袁枚撰　（清）胡光斗箋釋　（清）徐楨增註　民國十四年（1925）上海廣文書局石印本　一册　存四卷（五至八）

330000－1798－0002185　普03382　子部/藝術類/書畫之屬/畫譜

沙山春人物扇集畫譜一卷　（清）沙馥繪　民國十四年（1925）育材書局影印本　二册

330000－1798－0002188　普03374　子部/藝術類/書畫之屬/畫譜

飛影閣叢畫不分卷　周慕橋繪　民國十二年（1923）集成書局石印本　八册

330000－1798－0002189　普03381　子部/藝術類/書畫之屬/畫譜

吳友如畫寶十三集　（清）吳友如繪　民國十四年（1925）上海文瑞樓書局石印本　十二册　缺六集（一至六）

330000－1798－0002190　普04329　子部/藝術類/遊藝之屬/謎語

對句謎語不分卷　民國抄本　一册

330000－1798－0002194　普03376－1　子部/藝術類/書畫之屬/畫譜

醉墨軒畫稿四卷　胡郯卿繪　民國上海天寶書局石印本　一册　存一卷（一）

330000－1798－0002195　普03376－2　子部/藝術類/書畫之屬/畫譜

醉墨軒畫稿四卷　胡郯卿繪　民國上海天寶書局石印本　一册　存一卷（一）

330000－1798－0002199　普04332　集部/總集類/尺牘之屬

增廣尺牘句解初集二卷末一卷　民國鉛印本　一册　缺一卷（上）

330000－1798－0002204　普03380　子部/藝術類/書畫之屬/畫譜

畫譜不分卷　（清）張熊等繪　民國上海同文書局石印本　二册

330000－1798－0002205　普04347　集部/詩文評類/文法之屬/函牘格式

新撰詳註分類尺牘大全不分卷最新應酬實用文件不分卷　袁智根編　民國會文堂新記書局石印本　一册

330000－1798－0002208　普03366　子部/藝術類/書畫之屬/法帖

宋拓顏平原東方畫贊不分卷　（唐）顏真卿書　民國上海有正書局石印本　一册

330000－1798－0002209　普04345－1　集部/總集類/尺牘之屬

國民適用普通新尺牘六卷　吳癡僧撰　民國五年（1916）上海掃葉山房石印本　一册　存一卷（一）

330000－1798－0002210　普04345－2　集部/詩文評類/文法之屬/函牘格式

言文對照普通新尺牘十八卷附錄一卷　世界書局編輯所編輯　民國上海世界書局石印本　一册　存六卷（一至六）

330000－1798－0002212　普04344　集部/總集類/尺牘之屬

分類四六尺牘三十卷　（清）王虎榜輯　民國十五年（1926）上海掃葉山房石印本　一册　存一卷（十）

330000－1798－0002214　普04343　集部/詩文評類/尺牘之屬

初學指南尺牘□□卷　民國石印本　一册　存三卷（三至五）

330000－1798－0002216　普04342　集部/總集類/尺牘之屬

分類註釋通俗簡易尺牘不分卷　大東書局編輯　民國上海大東書局石印本　一册　存一卷（師友）

330000－1798－0002222　普03280　子部/天文曆算類/曆法之屬

羅傳烈通書不分卷　民國集福展書局刻本

紹箕題簽　一册

330000－1798－0002224　普04338　集部/總集類/尺牘之屬

賀柬一卷　民國范氏抄本　一册

330000－1798－0002227　普04364－1　集部/詩文評類/文法之屬/函牘格式

寫信必讀十卷　(清)唐芸洲撰　民國石印本　一册　存二卷(五至六)

330000－1798－0002228　普03279　子部/天文曆算類/曆法之屬

改良新編曆書不分卷　民國十六年(1927)集福展書局刻本　一册

330000－1798－0002229　普04364－2　集部/總集類/尺牘之屬

增廣商務尺牘最新□□卷　民國石印本　一册　存一卷(七)

330000－1798－0002230　普03278　子部/天文曆算類/曆法之屬

諏吉通書不分卷　(清)羅錫疇撰　民國刻本　一册

330000－1798－0002233　普03282　子部/天文曆算類/曆法之屬

中華民國四年乙卯陰曆陽曆合纂二十四節氣時刻表一卷　民國四年(1915)上海中西大藥房鉛印本　一册

330000－1798－0002235　普03353　子部/藝術類/書畫之屬/法帖

宋拓魯峻碑及碑陰二卷　(清)端方藏　民國八年(1919)上海有正書局影印本　一册

330000－1798－0002236　普03352　子部/藝術類/書畫之屬/法帖

開皇蘭亭序一卷　(晋)王羲之撰並書　民國二十九年(1940)上海文明書局影印本　一册

330000－1798－0002237　普03351　子部/藝術類/書畫之屬/法帖

最初精拓爨龍顔碑不分卷　民國六年(1917)上海有正書局石印本　一册

330000－1798－0002238　普03349　子部/藝術類/書畫之屬/法帖

漢碑額不分卷　金鋻石華樓收藏　丁鶴廬鑒定　民國二十六年(1937)上海中華書局影印本　一册

330000－1798－0002239　普03348　子部/藝術類/書畫之屬/法帖

最初拓禮器碑及碑陰不分卷　民國七年(1918)有正書局石印本　一册

330000－1798－0002240　普03359　子部/藝術類/書畫之屬/畫譜

天許畫稿不分卷　徐天許繪　民國三十六年(1947)衢州大和印刷局影印本　一册

330000－1798－0002241　普03358　子部/藝術類/書畫之屬/法帖

古鑑閣藏夏岣嶁碑集聯搨本一卷　秦文錦編集　民國十一年(1922)上海藝苑真賞社影印本　一册

330000－1798－0002243　普03355　子部/藝術類/書畫之屬/法帖

宋拓顔書清遠道士詩一卷　(唐)顔真卿書　黄鄰谷藏　民國三十六年(1947)上海商務印書館影印本　一册

330000－1798－0002244　普04363－1　集部/詩文評類/文法之屬/函牘格式

尺牘句解初集□□卷　民國石印本　潘瑞麟題記　一册　存一卷(中)

330000－1798－0002245　普04363－2　集部/詩文評類/文法之屬/函牘格式

增廣尺牘句解□□卷　民國石印本　一册　存一卷(末)

330000－1798－0002247　普04368－1　集部/詩文評類/文法之屬/函牘格式

分類尺牘大觀不分卷　民國上海文明書局石印本　一册

330000－1798－0002249　普04368－2　集部/詩文評類/文法之屬/函牘格式

分類尺牘觀海十二卷　廣益書局編輯部編

民國廣益書局石印本　一冊　存一卷(□)

330000－1798－0002253　普 04391　集部/總集類/尺牘之屬

家信抄本一卷　民國黄培森抄本　一冊

330000－1798－0002255　普 03321　子部/術數類/相宅相墓之屬

地理五訣八卷　(清)趙廷棟撰　民國上海錦章圖書局石印本　一冊　存四卷(一至四)

330000－1798－0002258　普 03320　子部/術數類/相宅相墓之屬

地理六法大全二集六卷　(唐)楊佐仙等撰　民國上海校經山房石印本　一冊　存三卷(一至三)

330000－1798－0002259　普 04348　集部/詩文評類/文法之屬/函牘格式

分類音註實用新尺牘八卷　民國石印本　三冊　存三卷(二、四、八)

330000－1798－0002260　普 04356　集部/詩文評類/文法之屬/函牘格式

商業日用尺牘四卷　倆陽散人撰　民國八年(1919)會文堂書局石印本　一冊　存一卷(一)

330000－1798－0002261　普 03319　子部/術數類/相宅相墓之屬

新鐫碎玉剖秘地理不求人五卷　(清)吳以炌等撰　民國四年(1915)上海會文堂石印本　一冊　存一卷(一)

330000－1798－0002262　普 04355　集部/總集類/尺牘之屬

新輯尺牘合璧□□卷　(清)許思湄　(清)龔萼撰　(清)婁世瑞注　(清)寄虹軒主人輯　民國上海文益書局石印本　二冊　存二卷(二、下)

330000－1798－0002263　普 03318、普 03316　子部/術數類/相宅相墓之屬

重刊人子須知資孝地理心學統宗三十九卷　(明)徐善繼　(明)徐善述撰　民國十一年(1922)上海錦章圖書局石印本　二冊　存二卷(一、五)

330000－1798－0002264　普 04354　集部/詩文評類/文法之屬/函牘格式

分類廣註交際尺牘大觀不分卷　劉再蘇編輯　民國上海世界書局石印本　二冊　存二冊

330000－1798－0002265　普 04353　集部/詩文評類/文法之屬/函牘格式

分類尺牘淵海不分卷　民國石印本　一冊　存一冊(二)

330000－1798－0002266　普 03317　子部/術數類/相宅相墓之屬

地理大成山法全書十九卷首二卷　(清)葉泰輯　民國石印本　一冊　存十卷(十至十九)

330000－1798－0002267　普 04352　集部/詩文評類/文法之屬/函牘格式

最新詳註分類尺牘全書不分卷　袁韜壺編　民國石印本　一冊　存第七冊

330000－1798－0002268　普 04351　集部/詩文評類/文法之屬/函牘格式

詳註分類尺牘集成六卷　山陰道上人編著　民國上海會文堂新記書局石印本　二冊　存二卷(二、四)

330000－1798－0002270　普 03315　子部/術數類/相宅相墓之屬

新編楊曾地理家傳心法捷訣一貫堪輿八卷　(明)唐世友編集　民國石印本　一冊　存四卷(五至八)

330000－1798－0002271　普 04349　集部/詩文評類/文法之屬/函牘格式

商業進步尺牘六卷首一卷　孫寄滄編　民國上海文益書局石印本　四冊　存四卷(二、四至六)

330000－1798－0002274　普 04388　集部/詩文評類/文法之屬/函牘格式

中華民國學生明白如話尺牘□□卷　民國上海姚文海書局石印本　一冊　存一卷(下)

330000－1798－0002275　普 04387　集部/別

集類/清別集

言文對照分類詳註秋水軒尺牘四卷 (清)許思湄撰 許家恩譯 民國十九年(1930)上海羣學社書局石印本 一册 存一卷(四)

330000－1798－0002276 普03313 子部/術數類/陰陽五行之屬

新鐫曆法合節總覽鰲頭通書大全十卷 (清)熊宗立纂輯 民國上海錦章圖書局石印本 一册 存一卷(十)

330000－1798－0002277 普04386 集部/別集類/清別集

增註秋水軒尺牘四卷 (清)許思湄撰 (清)婁世瑞注 (清)寄虹軒主人輯 民國石印本 一册 存二卷(三至四)

330000－1798－0002278 普03312 子部/術數類/陰陽五行之屬

欽定協紀辨方書三十六卷 (清)允祿 (清)張照等纂修 民國石印本 一册 存七卷(二十至二十六)

330000－1798－0002279 普04385 集部/別集類/清別集

新輯秋水軒尺牘二卷 (清)許思湄撰 (清)婁世瑞注 (清)寄虹軒主人輯 民國元年(1912)上海會文堂石印本 二册

330000－1798－0002280 普04384 集部/別集類/清別集

新體言文對照白話註解秋水軒尺牘二卷 (清)許思湄撰 陸翔注 民國石印本 二册

330000－1798－0002281 普03311 子部/術數類/占卜之屬

大六壬大全十三卷 (清)郭御青撰 民國石印本 一册 存二卷(十一至十二)

330000－1798－0002282 普04383 集部/別集類/宋別集

司馬溫公尺牘二卷 (宋)司馬光撰 民國上海文明書局石印本 一册 存一卷(上)

330000－1798－0002283 普04382 集部/別集類/明別集

張江陵書牘六卷 (明)張居正撰 民國六年(1917)羣學書社石印本 一册 存一卷(一)

330000－1798－0002284 普03310 子部/術數類/占卜之屬

卜筮正宗十四卷 (清)王維德撰 民國上海大成書局石印本 一册 存三卷(一至三)

330000－1798－0002286 普04380 集部/總集類/尺牘之屬

增選尺牘初桄二卷 民國石印本 一册

330000－1798－0002287 普03308 子部/術數類/相宅相墓之屬

羅經解定四卷附羅經問答一卷 (清)胡國楨撰 民國上海會文堂書局石印本 二册 存二卷(一、三)

330000－1798－0002288 普04379 集部/詩文評類/文法之屬/函牘格式

中國最新仕商尺牘教科書二卷 周天鵬撰 民國二年(1913)上海會文學社石印本 三册

330000－1798－0002289 普03309 子部/術數類/相宅相墓之屬

地學二卷 (清)沈鎬撰 民國上海錦章圖書局影印本 一册 存一卷(二)

330000－1798－0002292 普04374 集部/總集類/尺牘之屬

歷代名人書札續編二卷 吳曾祺輯 民國上海商務印書館鉛印本 一册 存一卷(一)

330000－1798－0002293 普04373 集部/別集類/清別集

雪鴻軒尺牘二卷 (清)龔萼撰 民國上海鴻寶齋書局石印本 一册 存一卷(下)

330000－1798－0002295 普04372 集部/詩文評類/文法之屬/函牘格式

最新分類尺牘大觀不分卷 文明書局編 民國上海文明書局石印本 一册 存第十一册

330000－1798－0002297 普03302 子部/術數類/陰陽五行之屬

新鐫曆法便覽象吉備要通書大全二十九卷

(清)魏鑑撰　民國上海校經山房石印本　十五冊　缺三卷(二十四至二十六)

330000－1798－0002298　普03338　史部/傳記類/總傳之屬/技藝

歷代畫史彙傳七十二卷首一卷附錄二卷　(清)彭蘊璨編　民國上海錦章圖書局石印本　十冊　缺六卷(四至九)

330000－1798－0002299　普04371　集部/別集類

湘綺樓書牘八卷　王闓運撰　民國上海廣益書局鉛印本　一冊　存一卷(一)

330000－1798－0002310　普03360　子部/藝術類/書畫之屬/法帖

御刻三希堂石渠寶笈法帖不分卷　(清)梁詩正等輯　民國上海實文公司石印本　三十六冊

330000－1798－0002314　普03287　子部/術數類/陰陽五行之屬

推背圖不分卷　題(唐)袁天罡撰　(唐)李淳風注　民國抄本　一冊

330000－1798－0002321　普04287　集部/總集類

清源二卷　民國十三年(1924)刻本　一冊　存一卷(上)

330000－1798－0002322　普03300　子部/天文曆算類/曆法之屬

中元丁亥通書一卷中元戊子農曆一卷　民國鉛印本　二冊

330000－1798－0002323　普04278　集部/別集類

借澆集一卷　吳懷清撰　民國三年(1914)上海國光書局鉛印本　一冊

330000－1798－0002328　普04276　子部/宗教類

免劫指南一卷　民國刻本　一冊

330000－1798－0002329　普04275　子部/術數類/占卜之屬

三刊鸞書□□卷　民國五年(1916)龍游勤輔壇石印本　一冊　存一卷(三)

330000－1798－0002331　普03288　子部/術數類/相宅相墓之屬

沈氏玄空學六卷　(清)沈紹勳撰　江志伊編　王則先補編　**玄空淺說一卷**　江迂生撰　民國鉛印本　一冊　存二卷(四、玄空淺說)

330000－1798－0002332　普03285　子部/術數類/占卜之屬

金儒秘法一卷　民國抄本　一冊

330000－1798－0002335　普04274　子部/宗教類/道教之屬

文昌帝君陰隲文廣義節錄二卷　民國石印本　一冊　存一卷(下)

330000－1798－0002337　普00483　集部/曲類/曲韻曲譜曲律之屬

廣緝詞隱先生增定南九宮詞譜二十六卷　(明)沈璟輯　(明)沈自晉重定　民國國立北京大學出版組據清順治十二年(1655)沈氏不殊堂刻本影印本　四冊

330000－1798－0002338　普00491　集部/曲類/曲韻曲譜曲律之屬

一笠菴北詞廣正譜十八卷　(明)徐廣卿撰　(清)鈕少雅樂句　(清)李玉更定　民國影印本(卷十二至十三、十五原缺)　二冊

330000－1798－0002343　普04271　類叢部/叢書類/彙編之屬

宋人小說二十八種　涵芬樓編　民國上海商務印書館鉛印本　一冊　存一種

330000－1798－0002347　普04267　子部/雜著類/雜纂之屬

覺牖鸞書初編□□卷　民國石印本　一冊　存一卷(五)

330000－1798－0002353　普00510　集部/戲劇類/總集之屬/雜劇

元明雜劇二十七種　(明)□□輯　民國十八年(1929)南京國學圖書館影印本　一冊　存七種

330000－1798－0002354　普04081　集部/詩文評類/詩評之屬

隨園詩話十六卷補遺十卷　(清)袁枚撰　民國上海錦章圖書局石印本　一册　存四卷(六至九)

330000－1798－0002355　普04080　集部/詩文評類/文評之屬

文學研究法四卷　姚永樸撰　民國十五年(1926)上海商務印書局鉛印本　一册　存一卷(四)

330000－1798－0002356　普00508　集部/曲類/曲韻曲譜曲律之屬

南柯記二卷五十五齣　(明)湯顯祖撰　民國程禮門抄本　一册　存一卷(一)

330000－1798－0002358　普00507　集部/曲類/曲韻曲譜曲律之屬

紞如鼓一卷　民國程禮門抄本　程禮門題記　一册

330000－1798－0002359　普00506　集部/曲類/曲韻曲譜曲律之屬

碎金牌一卷　民國程禮門抄本　一册

330000－1798－0002360　普04079　集部/詩文評類/文法之屬/文法

作文百法三卷　許德鄰撰　民國八年(1919)上海崇文書局鉛印本　一册　存二卷(二至三)

330000－1798－0002361　普04084　集部/詩文評類/文評之屬

文心雕龍十卷　(南朝梁)劉勰撰　(清)黃叔琳注　(清)紀昀評　民國上海文瑞樓石印本　四册

330000－1798－0002363　普04083　集部/詩文評類/文評之屬

文心雕龍十卷　(南朝梁)劉勰撰　(清)黃叔琳注　(清)紀昀評　民國十三年(1924)上海啓新書局石印本　四册

330000－1798－0002365　普03269　新學/算學/數學

統計學二卷　呂策撰　民國蘭谿自治會影印本　一册

330000－1798－0002369　普03336　新學/報章

民立畫報不分卷　民國元年(1912)影印本　一册

330000－1798－0002372　普03295　子部/天文曆算類/曆法之屬

乙卯年通書一卷　民國四年(1915)時雅書局刻朱墨套印本　一册

330000－1798－0002383　普03333　子部/藝術類/書畫之屬/總論

江村銷夏錄三卷　(清)高士奇撰　民國上海有正書局影印本　二册　缺一卷(二)

330000－1798－0002384　普03330　子部/藝術類/音樂之屬/總論

中西音樂源流一卷　宗孔編撰　民國二十六年(1937)南京元音琴齋鉛印本　一册

330000－1798－0002386　普03328　子部/藝術類/遊藝之屬/棋弈

銅旗輯譜一卷　吳葆諴編　民國十六年(1927)鉛印本　一册

330000－1798－0002390　普04119　集部/曲類/曲選之屬

繪圖綴白裘十二集四十八卷　(清)玩花主人輯　(清)錢德蒼增輯　民國十二年(1923)上海啟新書局石印本　十二册

330000－1798－0002391　普04078　經部/群經總義類

經學通論五卷　(清)皮錫瑞撰　民國上海商務印書館影印本　二册　存二卷(詩經、書經)

330000－1798－0002394　普04077　集部/詩文評類/詩評之屬

然脂餘韻六卷　王蘊章輯　民國七年(1918)上海商務印書館鉛印本　三册

330000－1798－0002399　普04075　集部/詩

文評類/文評之屬

韓文研究法一卷柳文研究法一卷 林紓撰 民國十三年(1924)上海商務印書館鉛印本 一冊

330000－1798－0002401 普04074 集部/詩文評類/文評之屬

韓文研究法一卷柳文研究法一卷 林紓撰 民國十三年(1924)上海商務印書館鉛印本 一冊

330000－1798－0002402 普04050 集部/總集類/選集之屬/斷代

唐詩合選詳解八卷 (清)劉文蔚註釋 民國十一年(1922)上海掃葉山房石印本 四冊

330000－1798－0002406 普06181 集部/別集類

窗稿不分卷 繆周冕撰 稿本 八冊

330000－1798－0002409 普04048 集部/別集類

傍秋亭雜記二卷敬業堂集補遺一卷 (清)顧清撰 民國石印本 一冊

330000－1798－0002410 普04047 集部/總集類/選集之屬/通代

宛鄰書屋古詩錄十二卷 (清)張琦輯 民國五年(1916)掃葉山房石印本 一冊

330000－1798－0002411 普04147 集部/總集類/選集之屬/通代

註釋宋元明詩三百首六卷 (清)朱梓 (清)冷昌言編 民國中華書局鉛印本 一冊

330000－1798－0002415 普06187 史部/政書類/律令之屬/治獄

新刻校正音釋詞家便覽蕭曹遺筆四卷 (清)閒閒子訂註 民國四年(1915)石印本 一冊

330000－1798－0002420 普06189、普05997 經部/小學類/文字之屬/字書/字典

正草隸篆四體大字典十二集二十四卷部首檢查表一卷難字檢查表一卷 陳龢祥等編 **文字源流攷一卷** 王大錯纂述 **正草隸篆名人楹聯大觀四卷** 民國上海掃葉山房石印本 四冊 存四卷(酉集上、戌集上、亥集上、卯集上)

330000－1798－0002429 普05085 子部/藝術類/書畫之屬/總論

寒松閣談藝瑣錄六卷 (清)張鳴珂撰 民國十二年(1923)上海文明書局鉛印本 一冊

330000－1798－0002433 普04066 集部/詩文評類/詩評之屬

遼詩紀事十二卷 陳衍輯 民國二十五年(1936)上海商務印書館鉛印本 一冊

330000－1798－0002434 普04067 集部/詩文評類/詩評之屬

元詩紀事四十五卷 陳衍輯 民國十四年(1925)上海商務印書館鉛印本 十二冊

330000－1798－0002439 普05084 史部/金石類/錢幣之屬/文字

古泉叢話三卷 (清)戴熙撰 民國八年(1919)蘇州振新書社石印本 一冊

330000－1798－0002441 普04099 集部/詞類/詞韻之屬

晚翠軒詞韻一卷 (清)舒夢蘭輯 民國元年(1912)振始堂石印本 二冊

330000－1798－0002442 普04098 集部/詞類/詞譜之屬

白香詞譜一卷 (清)舒夢蘭輯 民國元年(1912)振始堂石印本 二冊

330000－1798－0002443 普05086 子部/藝術類/書畫之屬/畫譜

芥子園畫傳初集六卷二集九卷三集六卷 (清)王槩 (清)王蓍 (清)王臬輯 民國三十五年(1946)上海錦章書局石印本 七冊

330000－1798－0002444 普05082 史部/傳記類/總傳之屬/技藝

歷代畫史彙傳七十二卷首一卷附錄二卷 (清)彭蘊璨編 民國上海錦章圖書局石印本 十二冊

330000－1798－0002445 普04106 集部/別

集類/唐五代別集

唐女郎魚玄機詩一卷 （唐）魚玄機撰　民國中華書局鉛印本　一冊

330000－1798－0002447　普 06507　史部/傳記類/總傳之屬/家乘

［浙江衢州］谷口鄭氏宗譜二十四卷首一卷 鄭雲爛等重修　民國二十八年(1939)木活字印本　十八冊

330000－1798－0002448　普 04103　集部/曲類/曲韻曲譜曲律之屬

荊釵記曲譜四卷 （清）殷溎深撰　民國十三年(1924)上海朝記書莊石印本　二冊

330000－1798－0002449　普 04102　集部/戲劇類/雜劇之屬

桃花吟一卷四色石一卷 （清）曹錫黼撰　民國二十年(1931)頤情閣石印本　一冊

330000－1798－0002450　普 04101　集部/曲類/曲韻曲譜曲律之屬

崑曲粹存初集不分卷 崑山國學保存會輯　民國八年(1919)上海朝記書莊石印本　一冊　存一種

330000－1798－0002452　普 04118　集部/詞類/詞譜之屬

白香詞譜一卷 （清）舒夢蘭輯　民國二年(1913)鴻雪軒石印本　一冊

330000－1798－0002453　普 04701　史部/史評類/史論之屬

讀通鑑論十六卷附宋論十五卷 （清）王夫之撰　民國上海商務印書館鉛印本　二冊　存四卷(讀通鑑論五至六、十三至十四)

330000－1798－0002454　普 04117　集部/曲類/散曲之屬

盪氣迴腸曲三卷外集一卷 王悠然輯　民國二十年(1931)上海大江書鋪鉛印本　一冊

330000－1798－0002455　普 04696　集部/小說類/長篇之屬

青樓夢六十四回 （清）俞達撰　民國鉛印本　三冊　存二十二回(七至二十八)

330000－1798－0002456　普 02855　史部/紀傳類/正史之屬

百大家評註史記十卷 （明）朱子蕃輯　民國六年(1917)上海同文圖書館石印本　四冊　存四卷(一至四)

330000－1798－0002457　普 04694　子部/法家類

管子二十四卷 （唐）房玄齡注　民國五年(1916)上海掃葉山房石印本　六冊　存十九卷(一至十二、十八至二十四)

330000－1798－0002458　普 04115　集部/曲類/散曲之屬

陶情樂府四卷拾遺一卷 （明）楊慎撰　**楊夫人曲三卷** （明）黃峨撰　民國十八年(1929)上海商務印書館鉛印本　一冊

330000－1798－0002460　普 04693　類叢部/類書類/通類之屬

時類不分卷 民國抄本　培芝題簽　二冊

330000－1798－0002461　普 04692　子部/藝術類/書畫之屬/法帖

赤壁賦一卷 （宋）蘇軾撰並書　民國影印本　一冊

330000－1798－0002464　普 04141－1　集部/曲類/曲韻曲譜曲律之屬

六也曲譜 （清）殷溎深撰　張芬校錄　民國十一年(1922)上海朝記書莊石印本　三冊　存六種

330000－1798－0002465　普 01185　子部/藝術類/篆刻之屬/印譜

匋齋藏印初集不分卷二集不分卷 （清）端方藏　民國有正書局影印本　八冊

330000－1798－0002466　普 06505、普 06335　類叢部/叢書類/彙編之屬

四部叢刊續編七十七種 張元濟等編　民國二十三年(1934)上海商務印書館影印本　十一冊　存二種

330000－1798－0002467　普 04141－2　集部/曲類/曲韻曲譜曲律之屬

精校六也曲譜不分卷　民國石印本　一冊

330000－1798－0002469　普06492　類叢部/叢書類/彙編之屬

四庫全書珍本初集二百三十種　中央圖書館籌備處輯　民國二十三年至二十四年(1934－1935)上海商務印書館據文淵閣本影印本　六冊　存一種

330000－1798－0002471　普04135　集部/曲類/曲韻曲譜曲律之屬

度曲須知二卷　(清)沈寵綏撰　民國十四年(1925)上海商務印書館影印本　二冊

330000－1798－0002473　普02419　史部/政書類/通制之屬

三通序三卷　(清)吴桐邨輯　民國十七年(1928)上海鴻章書局石印本　二冊

330000－1798－0002476　普03211　子部/醫家類/綜合之屬/通論

御纂醫宗金鑑九十卷首一卷　(清)吴謙等撰　民國鴻寶齋書局石印本　三冊　存十六卷(編輯外科心法要訣一至十六)

330000－1798－0002477　普04136、普04137、普04138、普04139、普04660　集部/曲類/曲韻曲譜曲律之屬

集成曲譜金集八卷聲集八卷玉集八卷振集八卷　王季烈　劉富樑輯　民國上海商務印書館石印本　十一冊

330000－1798－0002479　普04100　集部/詞類/詞譜之屬

白香詞譜一卷晚翠軒詞韻一卷　(清)舒夢蘭輯　民國元年(1912)振始堂石印本　四冊

330000－1798－0002481　普04690　子部/醫家類/方書之屬/單方驗方

湯頭歌訣及雜症不分卷　民國抄本　一冊

330000－1798－0002483　普04110　史部/史評類/詠史之屬

十六國宫詞二卷　(清)周昇撰並註　民國上海掃葉山房石印本　四冊

330000－1798－0002484　普04688　集部/小說類/長篇之屬

增評加批金玉緣圖說一百二十卷首一卷　(清)曹霑　(清)高鶚撰　(清)蝶薌仙史評訂　民國石印本　一冊　存八卷(三十四至四十一)

330000－1798－0002485　普04107　集部/詞類/詞譜之屬

白香詞譜箋四卷　(清)舒夢蘭輯　(清)謝朝徵箋　民國四年(1915)上海掃葉山房石印本　二冊

330000－1798－0002487　普04134　集部/曲類/曲韻曲譜曲律之屬

度曲須知二卷　(清)沈寵綏撰　民國十一年(1922)上海商務印書館影印本　三冊

330000－1798－0002488　普04120　集部/戲劇類/總集之屬

奢摩他室曲叢　吴梅輯　民國十七年(1928)上海商務印書館影印本暨鉛印本　九冊　存三種

330000－1798－0002490　普04131、普04132、普04133　集部/曲類/曲韻曲譜曲律之屬

集成曲譜金集八卷聲集八卷玉集八卷振集八卷　王季烈　劉富樑輯　民國十四年(1925)上海商務印書館石印本　二十一冊　存二十一卷(金集一至五、八,玉集一至三、五至八,振集一至八)

330000－1798－0002492　普04006　集部/總集類/課藝之屬

吹萬集一卷　復性書院選　民國三十年(1941)復性書院鉛印本　一冊

330000－1798－0002493　普04686　集部/詞類/詞韻之屬

待正軒賦不分卷　民國抄本　二冊

330000－1798－0002495　普04004　集部/詩文評類/詩評之屬

遼詩紀事十二卷　陳衍輯　民國二十五年(1936)上海商務印書館鉛印本　一冊

330000－1798－0002496　普04003　集部/詩文評類/詩評之屬

遼詩紀事十二卷　陳衍輯　民國二十五年(1936)上海商務印書館鉛印本　一册

330000－1798－0002497　普02290　子部/藝術類/書畫之屬/法帖

隸字彙十卷　(清)項懷述編錄　民國二年(1913)掃葉山房石印本　四册

330000－1798－0002499　普04076　集部/詩文評類/類編之屬

箋註隨園詩話十六卷補遺十卷　(清)袁枚撰　雷瑨註釋　民國二十一年(1932)上海掃葉山房石印本　七册　存十六卷(一至十四、補遺一至二)

330000－1798－0002501　普03152　子部/醫家類/本草之屬/本草藥性

雷公炮製藥性解六卷　(清)李中梓輯　民國石印本　一册

330000－1798－0002502　普02745　史部/地理類/方志之屬/郡縣志

[民國]海寧州志稿四十一卷首一卷末一卷附志餘一卷藝文志補遺一卷　(清)李圭修　(清)許傳霈等纂　劉蔚仁續修　朱錫恩續纂　盧兆周繪圖　民國十一年(1922)鉛印本　十八册　存二十四卷(首,一至十九、二十六、二十八至三十)

330000－1798－0002514　普03016　子部/醫家類/溫病之屬/瘟疫

加評溫病條辨六卷首一卷　(清)吳瑭撰　陸士諤評　民國上海世界書局石印本　四册

330000－1798－0002516　普03020　子部/醫家類/醫理之屬/陰陽五行、五運六氣

醫學記誦編一卷　張壽頤纂輯　民國蘭谿公立中醫學校油印本　一册

330000－1798－0002522　譜03019　子部/醫家類/醫案之屬

瘍科醫案平議二卷　張壽頤編　民國蘭谿醫校油印本　一册　存一卷(二)

330000－1798－0002526　普03010　子部/醫家類/兒科之屬/痘疹

增補痘疹玉髓金鏡錄二卷　(明)翁仲仁輯著　(清)陸南暘等補遺　民國上海萃英書局石印本　朱遇利題簽　一册

330000－1798－0002527　普03021　子部/醫家類/喉科口齒之屬/白喉

洞主仙師白喉治法忌表抉微一卷　(清)耐修子錄並注　民國十五年(1926)衢縣三衢印刷社鉛印本　一册

330000－1798－0002531　普04129　集部/曲類/曲韻曲譜曲律之屬

度曲須知二卷　(清)沈寵綏撰　民國十一年(1922)上海商務印書館影印本　四册

330000－1798－0002532　普03011　子部/醫家類/方書之屬/單方驗方

重校舊本湯頭歌訣一卷經絡歌訣一卷　(清)汪昂撰　民國三年(1914)上海共和書局石印本　一册

330000－1798－0002533　普04130　集部/詞類/別集之屬

曉珠詞四卷附惠如長短句一卷　呂碧城撰　民國鉛印本　一册

330000－1798－0002535　普04123　集部/曲類/曲評曲話曲目之屬

顧曲麈談二卷　吳梅編纂　民國五年(1916)上海商務印書館鉛印本　一册

330000－1798－0002536　普04122　集部/詞類/詞話之屬

詞謔四卷　(明)□□撰　盧前校　民國二十五年(1936)中華書局鉛印本　一册

330000－1798－0002538　普06499　集部/小說類/長篇之屬

繪圖東周列國志八卷一百二十回　(明)馮夢龍撰　(清)蔡奡評點　民國石印本　一册　存一卷(一)

330000－1798－0002541　普03797　集部/總集類/選集之屬/通代

評註昭明文選十五卷首一卷葉星衛附註一卷　(清)于光華輯　民國八年(1919)上海掃葉山房石印本　六冊　存七卷(十至十五、附註)

330000－1798－0002542　普 03008、普 03006、普 03009　子部/醫家類/類編之屬

東垣十書附二種　民國十八年(1929)上海受古書店石印本　三冊　存五種

330000－1798－0002544　普 04121　集部/曲類/曲藝之屬

歌曲百法一卷　(元)趙孟頫撰　民國十年(1921)上海錦文堂書局石印本　二冊

330000－1798－0002545　普 04125　集部/曲類/曲韻曲譜曲律之屬

曲譜一卷　民國抄本　一冊

330000－1798－0002546　普 04124　集部/曲類/曲韻曲譜曲律之屬

曲譜一卷　民國抄本　一冊

330000－1798－0002547　普 04126　集部/曲類/曲韻曲譜曲律之屬

集成曲譜金集八卷聲集八卷玉集八卷振集八卷　王季烈　劉富樑輯　民國上海商務印書館石印本　八冊

330000－1798－0002548　普 03014、普 03015、普 03013　子部/醫家類/類編之屬

藥盦醫學叢書　惲鐵樵撰　民國十九年(1930)上海惲鐵樵醫寓鉛印本　三冊　存三種

330000－1798－0002552　普 03012　子部/醫家類/綜合之屬

衛生談話一卷附錄一卷　王之覺編　民國十八年(1929)浙江第八中學鉛印本　一冊

330000－1798－0002558　普 06498　史部/地理類/方志之屬/郡縣志

[民國]衢縣志三十卷首一卷　鄭永禧纂　民國二十六年(1937)鉛印本　一冊　存一卷(十九)

330000－1798－0002559　普 03984　集部/總集類/選集之屬

鈔詩一卷　民國應俊抄本　二冊

330000－1798－0002560　普 03983　集部/總集類/彙編之屬

甲乙山房詩鈔一卷　民國抄本　一冊

330000－1798－0002562　普 06488　集部/總集類/選集之屬/通代

古今文綜不分卷　張相輯　民國五年(1916)上海中華書局鉛印本　一冊　存一卷(四十)

330000－1798－0002564　普 03988－1　集部/總集類/選集之屬/通代

唐宋八家文讀本三十卷　(清)沈德潛評點　民國鉛印本　一冊　存六卷(十至十五)

330000－1798－0002566　普 03988－2　集部/總集類/選集之屬/通代

評註唐宋八家古文三十卷　(唐)韓愈等撰　(清)沈德潛評點　雷瑨註釋　民國掃葉山房石印本　一冊　存三卷(十二至十四)

330000－1798－0002576　普 04030　集部/總集類/選集之屬/斷代

全唐詩話續編二卷　(清)孫濤輯　民國無錫丁氏鉛印本　一冊

330000－1798－0002580　普 04025　集部/總集類/選集之屬/斷代

唐詩三百首註疏六卷　(清)孫洙編　(清)章燮註　民國十三年(1924)掃葉山房石印本　一冊

330000－1798－0002582　普 04045　集部/總集類/選集之屬/通代

歷代詩文評註讀本　王文濡編　民國上海文明書局鉛印本　四冊　存一種

330000－1798－0002584　普 04044　集部/總集類/選集之屬/通代

續古文辭類纂三十四卷　王先謙輯　民國七年(1918)上海會文堂書局石印本　八冊

330000－1798－0002591　普 04039　集部/總

集類/選集之屬/斷代
嘉道六家絕句六卷　民國八年(1919)上海掃葉山房石印本　六冊

330000－1798－0002592　普04032　集部/別集類/宋別集
東坡和陶合箋四卷　(宋)蘇軾撰　(清)溫汝能輯　民國十一年(1922)上海掃葉山房石印本　二冊

330000－1798－0002593　普04033　集部/總集類/選集之屬/通代
陶詩彙評四卷東坡和陶合箋四卷　(清)溫汝能撰　民國十一年(1922)上海掃葉山房石印本　二冊　存四卷(陶詩彙評一至四)

330000－1798－0002594　普02996　子部/醫家類/醫案之屬
怪病奇治一卷　楊志一　朱振聲編　民國二十五年(1936)上海大眾書局鉛印本　一冊

330000－1798－0002595　普04035　類叢部/叢書類/彙編之屬
四部備要　中華書局編　民國二十五年(1936)上海中華書局鉛印本　二冊　存一種

330000－1798－0002596　普02997　子部/醫家類/外科之屬/癰疽、疔瘡
瘡瘍經驗全書六卷　(宋)竇傑撰　民國五年(1916)上海會文堂石印本　四冊

330000－1798－0002598　普04038　集部/總集類/選集之屬/通代
古詩源十四卷　(清)沈德潛輯　民國五年(1916)富華圖書館石印本　四冊

330000－1798－0002602　普03002　子部/醫家類/綜合之屬/通論
醫宗說約六卷　(清)蔣示吉撰　民國上海廣益書局石印本　一冊

330000－1798－0002603　普03003　子部/醫家類/本草之屬/本草藥性
雷公炮製藥性解六卷　(清)李中梓輯　民國上海會文堂新記書局鉛印本　五冊

330000－1798－0002607　普02993　子部/醫家類/外科之屬/癰疽、疔瘡
洞天奧旨十六卷　(清)陳士鐸著撰　(清)陶式玉評　民國上海廣益書局石印本　四冊

330000－1798－0002634　普03047　子部/醫家類/類編之屬
藥盦醫學叢書　惲鐵樵撰　民國鉛印本　三冊　存一種

330000－1798－0002642　普04037　集部/總集類/選集之屬/通代
玉臺新詠十卷　(南朝陳)徐陵編　(清)吳兆宜注　(清)程琰刪補　民國四年(1915)上海掃葉山房石印本　六冊

330000－1798－0002645　普03987　集部/總集類/選集之屬/通代
古文筆法百篇八卷　(清)林西仲評　民國石印本　一冊

330000－1798－0002652　普06281、普06247、普06248、普06249、普06264、普05493　類叢部/叢書類/彙編之屬
四部備要　中華書局編　民國二十五年(1936)上海中華書局鉛印本　十七冊　存五種

330000－1798－0002653　普03989　集部/總集類/選集之屬/通代
歷代詩文評註讀本　王文濡編　民國上海文明書局鉛印本　一冊　存一種

330000－1798－0002655　普03990　集部/總集類/選集之屬/通代
古文選一卷　民國范氏抄本　一冊

330000－1798－0002659　普06255　集部/別集類/唐五代別集
白香山詩長慶集二十卷後集十七卷別集一卷補遺二卷　(唐)白居易撰　(清)汪立名編訂　**白香山年譜舊本一卷**　(宋)陳振孫撰　**白香山年譜一卷**　(清)汪立名撰　民國上海會文堂石印本　四冊　缺二十九卷(八至十二、十七至二十,後集一至十七,別集,補遺一至

二）

330000－1798－0002663　普06246　經部/小學類/音韻之屬/韻書

廣韻五卷　（宋）陳彭年等修　**宋本廣韻校札一卷**　（清）黎庶昌撰　民國上海涵芬樓影印本　二冊　存二卷（三至四）

330000－1798－0002665　普03030　子部/醫家類/醫案之屬

王氏醫案續編八卷　（清）王士雄撰　（清）張鴻輯　民國石印本　一冊　存七卷（二至八）

330000－1798－0002679　普06253　史部/目録類/總録之屬/官修

欽定四庫全書簡明目錄二十卷　（清）紀昀等撰　民國埽葉山房石印本　一冊　存三卷（十八至二十）

330000－1798－0002681　普06251　經部/小學類/文字之屬/字書/訓蒙

文字蒙求四卷　（清）王筠撰　民國上海文瑞樓石印本　一冊　存三卷（一至三）

330000－1798－0002683　普06250　經部/四書類/論語之屬/傳說

論語正義二十四卷　（清）劉寶楠撰　（清）恭冕述　民國埽葉山房影印本　四冊　存十四卷（七至十三、十八至二十四）

330000－1798－0002686　普06262　集部/別集類/清別集

曾文正公詩集一卷文集三卷　（清）曾國藩撰　民國十五年（1926）上海掃葉山房石印本　四冊

330000－1798－0002688　普06263　經部/小學類/音韻之屬/韻書

廣韻五卷　（宋）陳彭年等修　**宋本廣韻校札一卷**　（清）黎庶昌撰　民國上海涵芬樓影印本　二冊　存二卷（一至二）

330000－1798－0002705　普06282　史部/傳記類/總傳之屬/家乘

［浙江衢州］銅峯杜族世譜不分卷　民國三十五年（1946）木活字印本　二十二冊

330000－1798－0002712　普03949　史部/史評類

論海四種　蔡和鏘輯　民國石印本　一冊　存一種

330000－1798－0002717　普04024　集部/總集類/選集之屬/通代

評校音注古文辭類纂七十四卷　（清）姚鼐輯　王文濡校注　民國十八年（1929）上海文明書局鉛印本　十六冊

330000－1798－0002719　普04022　集部/總集類/選集之屬/通代

美人千態詩一卷詞一卷　雷瑨輯　民國三年（1914）掃葉山房石印本　一冊　存一卷（詩）

330000－1798－0002728　普06267、普06199　史部/地理類/方志之屬/郡縣志

［民國］衢縣志三十卷首一卷　鄭永禧纂　民國二十六年（1937）鉛印本　十冊　存十四卷（二、五、十一至十二、二十至二十三、二十五至三十）

330000－1798－0002729　普06266、普06197　史部/地理類/方志之屬/郡縣志

［民國］龍游縣志四十卷首一卷末一卷　余紹宋纂　民國十四年（1925）京城印書局鉛印本　十一冊　存二十三卷（首，三至四、八至十、十五至十八、二十九至四十，末）

330000－1798－0002734　普06216、普06232　子部/儒家類/儒家之屬

孔氏家語十卷　（三國魏）王肅注　民國石印本　二冊　存四卷（五至六、九至十）

330000－1798－0002741　普06208、普05946　集部/小說類/長篇之屬

第一才子書六十卷一百二十回首一卷　（明）羅本撰　（清）毛宗崗　（清）金人瑞評　民國鉛印本　五冊　存十九卷（六至十六、二十五至三十二）

330000－1798－0002742　普06234　集部/總集類/選集之屬/通代

十八家詩鈔二十八卷首一卷　（清）曾國藩輯

民國九年(1920)上海商務印書館鉛印本　十一册　缺七卷(三至四、二十四至二十八)

330000－1798－0002746　普03881　集部/別集類/清別集
小倉山房詩集三十七卷補遺二卷文集三十五卷外集八卷　(清)袁枚撰　民國上海中華圖書館鉛印本　二册　存八卷(詩集二十八至三十五)

330000－1798－0002750　普03882　集部/別集類
愛蓮居士詩鈔四卷　舒望周撰　民國鉛印本　一册　存一卷(三)

330000－1798－0002753　普03884　集部/別集類/唐五代別集
韓昌黎先生文集三十卷外集文編十卷遺文一卷　(唐)韓愈撰　(唐)李漢編　民國石印本　五册　缺五卷(文集五至八)

330000－1798－0002756　普06207　子部/醫家類/診法之屬/脈經脈訣
校正瀕湖脈學一卷　(明)李時珍撰　民國石印本　一册

330000－1798－0002757　普06206　子部/醫家類/本草之屬/本草藥性
增補本草備要八卷　(清)汪昂著輯　民國石印本　二册　存六卷(二至七)

330000－1798－0002760　普03887　集部/別集類/清別集
笠翁一家言全集十六卷　(清)李漁撰　民國十七年(1928)上海普益書局石印本　十册

330000－1798－0002761　普06196　集部/總集類/選集之屬/通代
評註昭明文選十五卷首一卷葉星衛附註一卷　(清)于光華輯　民國上海掃葉山房石印本　八册　存八卷(首、一至七)

330000－1798－0002762　普06200　集部/別集類/宋別集
箋注劍南詩鈔六卷　(宋)陸游撰　(清)楊大鶴選　(清)許貞幹校　雷瑨註釋　民國上海掃葉山房石印本　六册　存三卷(四至六)

330000－1798－0002764　普06204　經部/小學類/文字之屬/說文
說文解字十五卷標目一卷　(漢)許慎撰　(宋)徐鉉等校定　民國上海商務印書館據藤花榭刻本影印本　一册　存五卷(一至四、標目)

330000－1798－0002767　普03892　集部/別集類/清別集
蓮西詩集四卷　(清)王維珍撰　民國石印本　一册　存一卷(四)

330000－1798－0002772　普06227　集部/總集類/選集之屬/斷代
宋詩鈔初集　(清)呂留良　(清)吳之振　(清)吳爾堯輯　民國三年(1914)上海商務印書館據清康熙吳氏刻本影印本　一册　存二種

330000－1798－0002776　普03889　集部/別集類/清別集
紅榴書屋詩草一卷　宓喜定撰　稿本　一册

330000－1798－0002781　普03898　集部/別集類/唐五代別集
昌黎先生集四十卷外集十卷遺文一卷　(唐)韓愈撰　(唐)李漢編　民國上海涵芬樓鉛印本　一册　存四卷(昌黎先生集九至十二)

330000－1798－0002784　普03088　子部/醫家類/醫案之屬
醫案類錄一卷　(清)羅定昌撰　民國六年(1917)上海千頃堂書局石印本　一册

330000－1798－0002787　普03086　子部/醫家類/醫理之屬/綜合
醫學指歸二卷首一卷附奇經八脈歌一卷　(清)趙術堂輯　民國十七年(1928)上海中一書局受古書店石印本　二册

330000－1798－0002789　普03085　子部/醫家類/本草之屬/神農本草經
醫貫砭二卷蘭臺規範八卷慎疾芻言一卷　(清)徐大椿撰　民國石印本　三册

330000－1798－0002791　普 03902　集部/總集類/選集之屬/斷代

靈峰小識不分卷　富陽靈峯精舍編輯　民國浙江富陽靈峯精舍鉛印本　五册　存五册(八至十二)

330000－1798－0002792　普 03084　子部/醫家類/綜合之屬/雜著

醫家四要四卷　(清)程曦　(清)江誠　(清)雷大震纂　民國五年(1916)上海千頃堂書局石印本　一册

330000－1798－0002793　普 03077、普 03092　子部/醫家類/類編之屬

東垣十書附二種　民國十八年(1929)上海受古書店石印本　二册　存四種

330000－1798－0002795　普 03080　子部/醫家類/綜合之屬/通論

古吳童氏重校醫宗必讀十卷　(清)李中梓撰　民國三年(1914)上海錦章圖書局石印本　一册

330000－1798－0002799　普 03079、普 03078　子部/醫家類/方書之屬/單方驗方

增評醫方集解二十三卷增補本草備要八卷重校舊本湯頭歌訣一卷　(清)汪昂著輯　民國三年(1914)上海共和書局石印本　二册　缺八卷(增補本草備要一至八)

330000－1798－0002803　普 03971　集部/總集類/選集之屬/斷代

增註隨園女弟子詩選六卷　(清)席佩蘭等撰　謝瑺增註　民國十三年(1924)上海會文堂書局石印本　二册

330000－1798－0002804　普 04059　集部/別集類/清別集

西軒後集一卷　(清)程夔初撰　民國抄本　一册

330000－1798－0002805　普 04149　集部/別集類/宋別集

朱淑真斷腸詩集十卷補遺一卷後集七卷斷腸詞一卷　(宋)朱淑真撰　(宋)鄭元佐注　民國鉛印本　一册

330000－1798－0002806　普 03076　子部/醫家類/眼科之屬

眼科精華錄一卷　(清)黃硹撰　民國抄本　一册

330000－1798－0002814　普 03062、普 03063　子部/醫家類/類編之屬

南雅堂醫書全集(陳修園醫書)七十種　(清)陳念祖等撰　民國石印本　二册　存六種

330000－1798－0002818　普 03112　子部/醫家類/傷寒金匱之屬/傷寒論

傷寒雜病論義疏十六卷　劉世禎述義　劉瑞瀜疏釋　民國二十三年(1934)長沙商務印書館鉛印本　十四册

330000－1798－0002822　普 03915　集部/別集類

不匱室詩鈔八卷詩餘一卷　胡漢民撰　民國二十五年(1936)石印本　一册　缺四卷(一至四)

330000－1798－0002823　普 03914　集部/別集類

詩集□□卷附錄一卷　吳恭亨撰　民國鉛印本　一册　存五卷(十二至十五、附錄)

330000－1798－0002828　普 06265　史部/地理類/方志之屬/郡縣志

[嘉慶]西安縣志四十八卷首一卷　(清)姚寶煃修　(清)范崇楷纂　民國六年(1917)衢縣公署刻本　三册　存七卷(首,一至四、四十七至四十八)

330000－1798－0002840　普 03781　集部/別集類/唐五代別集

唐女郎魚玄機詩不分卷　(唐)魚玄機撰　民國王芝田抄本　一册

330000－1798－0002847　普 06352　史部/傳記類/總傳之屬/家乘

[浙江衢州]銅峯杜族世譜不分卷　民國三十五年(1946)木活字印本　二十一册

330000－1798－0002849　普03788　集部/別集類/清別集

容甫先生遺詩五卷補遺一卷附錄一卷　(清)汪中撰　民國三年(1914)上海有正書局石印本　一册

330000－1798－0002857　普03771　集部/別集類/清別集

館課詩存一卷　(清)譚瑞東撰　民國范氏抄本　一册

330000－1798－0002858　普03045　子部/醫家類/醫經之屬/難經

難經彙注箋正三卷首一卷　張壽頤撰　民國十二年(1923)蘭谿中醫專門學校石印本　二册　存二卷(二至三)

330000－1798－0002860　普03768　集部/楚辭類

楚辭十七卷　(漢)劉向集　(漢)王逸章句　(宋)洪興祖補注　民國元年(1912)上海文瑞樓石印本　四册

330000－1798－0002861　普03769　集部/楚辭類

楚辭集註八卷後語六卷辯證二卷　(宋)朱熹撰　民國七年(1918)上海掃葉山房石印本　四册

330000－1798－0002864　普03787　集部/詩文評類/詩評之屬

隨園詩話十六卷補遺十卷　(清)袁枚撰　民國十年(1921)上海掃葉山房石印本　六册

330000－1798－0002866　普03777　集部/別集類/唐五代別集

李太白文集三十卷　(唐)李白撰　民國十三年(1924)上海掃葉山房石印本　八册

330000－1798－0002868　普03774　集部/別集類/唐五代別集

唐女郎魚玄機詩一卷　(唐)魚玄機撰　**魚集考異一卷**　(清)黄丕烈撰　民國四年(1915)上海掃葉山房石印本　一册

330000－1798－0002872　普3197　子部/醫家類/傷寒金匱之屬/傷寒論

通俗傷寒論十二卷　(清)俞根初撰　何廉臣增補　**歷代傷寒書目考一卷**　曹炳章撰　民國二十三年(1934)上海千頃堂書局鉛印本　十册

330000－1798－0002875　普06332　集部/總集類/選集之屬/通代

十八家詩鈔二十八卷首一卷　(清)曾國藩輯　民國九年(1920)上海商務印書館鉛印本　二册　存四卷(七至八、二十七至二十八)

330000－1798－0002878　普03772　集部/別集類/唐五代別集

薛濤詩一卷　(唐)薛濤撰　民國十一年(1922)上海掃葉山房石印本　一册

330000－1798－0002882　普03115　子部/醫家類/綜合之屬/合刻、合抄

六經方証通解　(清)唐宗海撰　民國六年(1917)上海千頃堂書局石印本　三册　存三種

330000－1798－0002883　普03776　集部/別集類/唐五代別集

玉谿生詩詳註六卷首一卷　(唐)李商隱撰　(清)馮浩注　民國三年(1914)中華圖書館石印本　八册

330000－1798－0002886　普03775　集部/別集類/宋別集

劍南詩鈔六卷　(宋)陸游撰　(清)楊大鶴選　民國上海掃葉山房石印本　三册　存三卷(二至四)

330000－1798－0002888　普03205　子部/醫家類/婦科之屬/通論

新編女科指掌五卷　(清)葉其蓁編輯　民國石印本　二册

330000－1798－0002889　普3206　子部/醫家類/綜合之屬/通論

訂補明醫指掌十卷　(明)皇甫中撰註　**附診家樞要一卷**　(明)滑壽編纂　民國四年(1915)上海鍊石齋書局石印本　一册

330000－1798－0002890　普 03204、普 03158　子部/醫家類/類編之屬
潛齋醫學叢書十四種　曹炳章編　民國十四年(1925)上海大東書局石印本　二冊　存三種

330000－1798－0002891　普 03796　集部/總集類/選集之屬/通代
評註昭明文選十五卷首一卷葉星衛附註一卷　(清)于光華輯　民國八年(1919)上海掃葉山房石印本　十六冊

330000－1798－0002892　普 03795　集部/別集類/宋別集
蘇文忠公詩集五十卷目錄二卷　(宋)蘇軾撰　(清)紀昀評點　民國十四年(1925)上海掃葉山房石印本　十一冊

330000－1798－0002893　普 03794　集部/別集類/清別集
道古堂詩集二十六卷　(清)杭世駿撰　民國上海掃葉山房石印本　六冊

330000－1798－0002894　普 03235　子部/醫家類/類編之屬
潛齋醫書五種　(清)王士雄撰　民國十五年(1926)上海萃英書局石印本　一冊　存二種

330000－1798－0002895　普 03793　集部/別集類/清別集
道古堂詩集四十六卷　(清)杭世駿撰　民國上海掃葉山房石印本　六冊

330000－1798－0002896　普 03203　子部/醫家類/醫話醫論之屬
醫學南針不分卷　陸士諤編輯　民國十七年(1928)上海世界書局石印本　一冊

330000－1798－0002898　普 03800　集部/別集類
非非室集外詩二卷　張鳳撰　民國三十六年(1947)訓字堂鉛印本　一冊

330000－1798－0002899　普 06345、普 06301　集部/總集類/選集之屬/通代
詳註經史百家雜鈔二十六卷　(清)曾國藩纂　民國二十二年(1933)上海掃葉山房石印本　四冊　存十三卷(十四至二十六)

330000－1798－0002900　普 06322　史部/紀傳類/正史之屬
漢書評注一百卷　(明)凌稚隆輯　民國十一年(1922)上海掃葉山房石印本　四冊　存四卷(一至四)

330000－1798－0002901　普 06324　集部/別集類/清別集
註釋小倉山房文集三十五卷　(清)袁枚撰　雷瑨註釋　民國上海掃葉山房石印本　十一冊　缺一卷(一)

330000－1798－0002903　普 06321　集部/總集類/選集之屬/通代
文選六十卷　(南朝梁)蕭統輯　(唐)李善注　**文選考異十卷**　(清)胡克家撰　民國石印本　三冊　存十四卷(五十一至六十、考異一至四)

330000－1798－0002904　普 03791　集部/別集類/明別集
疑雨集四卷　(明)王彥泓撰　民國十年(1921)上海掃葉山房石印本　一冊

330000－1798－0002905　普 06318　史部/紀事本末類/通代之屬
通鑑紀事本末二百三十九卷　(宋)袁樞編　民國十年(1921)上海校經山房成記書局石印本　十五冊　存一百五十三卷(一至一百五十三)

330000－1798－0002906　普 03790　集部/別集類/唐五代別集
李長吉集四卷外卷一卷　(唐)李賀撰　(清)黄淳耀評　(清)黎簡批點　民國六年(1917)上海會文堂書局石印本　一冊

330000－1798－0002907　普 03202　子部/醫家類/醫話醫論之屬
醫學南針二集不分卷　陸士諤編輯　民國十七年(1928)上海世界書局石印本　一冊

330000－1798－0002912　普 03784　集部/別

集類/唐五代別集

白香山詩後集十七卷別集一卷補遺二卷 (唐)白居易撰 (清)汪立名編訂 民國石印本 六冊

330000－1798－0002916 普06319 子部/小說家類

消夏閑記摘抄三卷 (清)顧公燮撰 民國六年(1917)鉛印本 二冊 缺一卷(一)

330000－1798－0002917 普03783 集部/別集類/唐五代別集

白香山詩長慶集二十卷後集十七卷別集一卷補遺二卷 (唐)白居易撰 (清)汪立名編訂 **白香山年譜舊本一卷** (宋)陳振孫撰 **白香山年譜一卷** (清)汪立名撰 民國十三年(1924)上海光霽書局石印本 六冊 存二十卷(一至二十)

330000－1798－0002918 普03218 子部/醫家類/方書之屬/單方驗方

便易經驗集一卷 (清)毛世洪輯 (清)汪瑜增訂 民國十年(1921)上海宏大善書局石印本 一冊

330000－1798－0002919 普06320 集部/總集類/選集之屬/通代

文選六十卷 (南朝梁)蕭統輯 (唐)李善注 **文選考異十卷** (清)胡克家撰 民國上海鴻文書局石印本 五冊

330000－1798－0002920 普06323 史部/史評類/史論之屬

讀通鑑論十六卷附宋論十五卷 (清)王夫之撰 民國上海商務印書館鉛印本 九冊 缺二卷(讀通鑑論十一至十二)

330000－1798－0002921 普03785 類叢部/叢書類/自著之屬

惜抱軒全集七種 (清)姚鼐撰 民國三年(1914)上海會文堂書局石印本 八冊 存四種

330000－1798－0002930 普06297 集部/別集類/清別集

船山詩草二十卷 (清)張問陶撰 民國十年(1921)上海掃葉山房石印本 五冊 缺二卷(十五至十六)

330000－1798－0002933 普03806 集部/別集類/唐五代別集

習之先生文集二卷 (唐)李翱撰 民國四年(1915)上海會文堂書局石印本 二冊

330000－1798－0002934 普03805 集部/別集類/唐五代別集

李翰林集十卷 (唐)李白撰 民國六年(1917)上海掃葉山房石印本 一冊

330000－1798－0002937 普03804 集部/別集類/清別集

笠翁一家言全集十六卷 (清)李漁撰 民國上海會文堂書局石印本 一冊 存一卷(五)

330000－1798－0002939 普03803 集部/別集類/清別集

笠翁一家言全集十六卷 (清)李漁撰 民國上海會文堂書局石印本 十一冊 缺一卷(五)

330000－1798－0002941 普03799 類叢部/叢書類/彙編之屬

四部備要 中華書局編 民國二十五年(1936)上海中華書局鉛印本 三冊 存一種

330000－1798－0002943 普03818 類叢部/叢書類/彙編之屬

四部叢刊 張元濟等編 民國上海商務印書館影印本 四冊 存一種

330000－1798－0002945 普03817 集部/別集類/清別集

樊榭山房續集□□卷 (清)厲鶚撰 民國影印本 一冊 存五卷(一至五)

330000－1798－0002948 普03816 集部/別集類/宋別集

止齋先生文集□□卷 (宋)陳傅良撰 民國影印本 一冊 存八卷(四至十一)

330000－1798－0002949 普03815 集部/別

集類/唐五代别集
廣成集十七卷 （五代）杜光庭撰 民國上海涵芬樓影印本 三册

330000－1798－0002952 普06314 類叢部/叢書類/自著之屬
章氏叢書十三種 章炳麟撰 民國六年至八年（1917－1919）浙江圖書館刻本 二册 存一種

330000－1798－0002953 普03814 類叢部/叢書類/彙編之屬
四部叢刊 張元濟等編 民國上海商務印書館影印本 三册 存一種

330000－1798－0002957 普03812 集部/别集類/宋别集
后山詩十二卷 （宋）陳師道撰 （宋）任淵注 民國七年（1918）上海文明書局石印本 六册

330000－1798－0002963 普03215 子部/醫家類/類編之屬
潛齋醫書五種 （清）王士雄纂 （清）楊照藜 （清）汪曰楨評 民國上海千頃堂書局石印本 一册 存一種

330000－1798－0002964 普03214、普03213 子部/醫家類/内科之屬/其他内科病證
傅青主男科二卷女科二卷產後編二卷 （清）傅山撰 民國十四年（1925）上海鴻文書局石印本 三册

330000－1798－0002965 普03212 子部/醫家類/本草之屬/本草藥性
雷公炮製藥性賦解十卷 民國二十年（1931）上海商務印書館鉛印本 一册 存六卷（藥性解一至六）

330000－1798－0002966 普03825 集部/别集類
志頤堂詩文集文篇三卷詩十二卷題跋文二卷 沙元炳撰 民國二十二年（1933）如皋沙志頤堂鉛印本 六册

330000－1798－0002967 普03824 集部/别集類
樊山集七言艷詩鈔十卷 樊增祥撰 民國六年（1917）上海廣益書局鉛印本 四册

330000－1798－0002968 普03822 集部/别集類/清别集
鄭板橋全集六卷 （清）鄭燮撰 民國十七年（1928）上海掃葉山房石印本 四册

330000－1798－0002973 普03829 集部/别集類/清别集
淞雲詩草一卷 （清）韓昌裔撰 民國十三年（1924）石印本 一册

330000－1798－0002974 普03828 集部/總集類/氏族之屬
郭氏弈葉吟一卷 郭寶琮編輯 民國十四年（1925）石印本 一册

330000－1798－0002980 普03119 子部/醫家類/本草之屬/本草藥性
增補本草備要八卷 （清）汪昂著輯 民國三年（1914）上海共和書局石印本 一册

330000－1798－0002981 普03834 集部/别集類/宋别集
文信國公全集十八卷 （宋）文天祥撰 民國二十六年（1937）鉛印本 一册 存一卷（一）

330000－1798－0002982 普03196 子部/醫家類/傷寒金匱之屬/金匱要略
金匱要略淺註十卷 （漢）張仲景撰 （清）陳念祖集註 民國石印本 一册

330000－1798－0002983 普03850 集部/别集類
靈璞閣詩二卷附孫言草一卷 張惠衣撰 民國三十三年（1944）鉛印本 一册

330000－1798－0002984 普03856 集部/别集類/唐五代别集
李長吉集四卷外卷一卷 （唐）李賀撰 （清）黄淳耀評 （清）黎簡批點 民國六年（1917）上海會文堂書局石印本 二册

330000－1798－0002987 普03194、普03195

子部/醫家類/類編之屬

潛齋醫書五種　(清)王士雄撰　民國十五年(1926)上海萃英書局石印本　志成題簽　二冊　存二種

330000－1798－0002989　普03851、普03852　集部/别集類/清别集

鄭板橋全集六卷　(清)鄭燮撰　民國六年(1917)上海掃葉山房石印本　二冊　缺一卷(板橋家書)

330000－1798－0002990　普03193　子部/醫家類/傷寒金匱之屬/傷寒論

張仲景傷寒論原文淺註六卷　(漢)張機撰　(清)陳念祖集註　民國五年(1916)石印本　一冊

330000－1798－0002991　普03192　子部/醫家類/類編之屬

何氏醫學叢書三種　何炳元編　民國二十年(1931)上海六也堂書藥局鉛印本　六冊　存一種

330000－1798－0002992　普03849　集部/别集類

聽香讀畫軒文鈔一卷詩鈔一卷詞鈔一卷聯語彙錄一卷　馬逸臣撰　孫葆英輯　民國二十八年(1939)鉛印本　一冊

330000－1798－0002993　普03188　子部/醫家類/方書之屬/歷代方書

孫真人備急千金要方三十卷　(唐)孫思邈撰　(清)張璐衍義　民國上海中原書局石印本　二冊　存十八卷(十三至三十)

330000－1798－0002995　普03848　集部/别集類/宋别集

石林居士建康集八卷補遺一卷　(宋)葉夢得撰　**石林先生兩鎮建康紀年略一卷**　(清)葉廷琯編　民國九年(1920)石竹山房書局石印本　一冊

330000－1798－0002998　普03846　集部/别集類/清别集

樊榭山房集外詩三卷　(清)厲鶚撰　民國石印本　一冊

330000－1798－0003004　普03841　集部/别集類

清道人遺集二卷佚稿一卷攟遺一卷附錄一卷　李瑞清撰　民國二十八年(1939)臨川李健鉛印本　三冊

330000－1798－0003008　普03843　集部/别集類/唐五代别集

李長吉詩集四卷外集一卷　(唐)李賀撰　(清)吳汝綸評注　民國十一年(1922)賀氏都門石印本　一冊

330000－1798－0003018　普03143　子部/醫家類/類編之屬

增輯陳修園醫書七十種　(清)陳念祖著輯　民國五年(1916)上海廣益書局石印本　一冊　存一種

330000－1798－0003019　普03864　集部/别集類/唐五代别集

杜詩詳註二十五卷首一卷附編二卷　(清)仇兆鰲輯註　民國四年(1915)上海掃葉山房石印本　二十冊　缺八卷(二、十四至二十)

330000－1798－0003020　普03146　子部/醫家類/方書之屬/單方驗方

梅氏驗方新編七卷　(清)梅啓照編　天虛我生重編　民國二十三年(1934)家庭工業社鉛印本　一冊　存一卷(四)

330000－1798－0003025　普03836　經部/春秋左傳類/傳說之屬

東萊博議四卷　(宋)呂祖謙撰　民國七年(1918)尚友堂刻本　四冊

330000－1798－0003029　普03877　集部/别集類

畏廬文集一卷　林紓撰　民國十六年(1927)上海商務印書館鉛印本　一冊

330000－1798－0003033　普03876　集部/别集類

畏廬三集一卷　林紓撰　民國二十三年(1934)上海商務印書館鉛印本　一冊

330000－1798－0003034　普03872　集部/別集類
蠲戲齋詩編年集八卷避寇集一卷芳杜詞賸一卷　馬浮撰　**蠲戲齋詩前集二卷**　馬浮撰　張立民　楊蔭林輯錄　民國二十九年(1940)、三十六年(1947)刻本　七册　缺二卷(避寇集、芳杜詞賸)

330000－1798－0003035　普03875　類叢部/叢書類/彙編之屬
兼葭樓叢書　民國上海商務印書館鉛印本　一册　存一種

330000－1798－0003036　普03874　類叢部/叢書類/彙編之屬
復性書院叢刊二十七種　馬浮編　民國二十九年至三十七年(1940－1948)復性書院刻本暨鉛印本　一册　存一種

330000－1798－0003037　普03873　集部/別集類
避寇集一卷附芳杜詞賸一卷　馬浮撰　民國二十九年(1940)刻本　一册

330000－1798－0003041　普03866　類叢部/叢書類/自著之屬
舜水遺書四種附錄一卷　(明)朱之瑜撰　民國二年(1913)山陰湯壽潛鉛印本　九册　存一種

330000－1798－0003050　普03184　子部/醫家類/醫話醫論之屬
醫學南針二集不分卷　陸士諤編輯　民國十八年(1929)上海世界書局石印本　一册

330000－1798－0003064　普03671　子部/道家類
莊子十卷　(晉)郭象注　民國十三年(1924)上海會文堂書局石印本　四册

330000－1798－0003067　普03820　史部/傳記類/別傳之屬
樫園雨露記四卷　任乃樫述　謝常霈輯　民國十年(1921)鉛印本　一册

330000－1798－0003070　普03753　新學/學校
高等小學幾何畫教科書一卷　民國三年(1914)范雲術抄本　一册

330000－1798－0003072　普03697　子部/宗教類/道教之屬
陰大赦科儀□□卷　民國元年(1912)刻本　一册　存一卷(三十七)

330000－1798－0003077　普03694　子部/宗教類/道教之屬
太上慈悲九幽拔罪法懺二卷　民國抄本　一册

330000－1798－0003078　普03163　子部/醫家類/綜合之屬/雜著
筆花醫鏡四卷　(清)江涵暾撰　民國三年(1914)上海文益書局石印本　一册

330000－1798－0003079　普03693　子部/宗教類/道教之屬
陰分輝科儀□□卷　(清)陳清霄參訂　民國元年(1912)刻本　一册　存一卷(十五)

330000－1798－0003080　普03162　子部/醫家類/方書之屬/單方驗方
增補醫方一盤珠十卷　(清)洪金鼎纂　民國石印本　二册　存五卷(三至七)

330000－1798－0003081　普03692　子部/道家類
鍊度副本科儀一卷　民國元年(1912)刻本　一册

330000－1798－0003082　普03161　子部/醫家類/醫案之屬
續名醫類案三十六卷　(清)魏之琇編集　民國五年(1916)上海鴻文書局石印本　五册　存十二卷(一至二、五至七、二十四至二十七、三十四至三十六)

330000－1798－0003083　普03691　子部/道家類
禁壇科儀□□卷　民國元年(1912)刻本　一册　存二卷(十八至十九)

330000－1798－0003084　普03160　子部/醫家類/醫案之屬

名醫類案十二卷　(明)江瓘集　民國石印本　二冊　存四卷(五至六、九至十)

330000－1798－0003094　普03716　子部/宗教類/道教之屬

冥陽斛一卷　民國三年(1914)施鳳梧抄本　一冊

330000－1798－0003095　普03719　子部/小說家類/異聞之屬

洞冥記十卷三十八回　(清)呂惟一輯　民國十八年(1929)鉛印本　一冊　存二卷(九至十)

330000－1798－0003098　普03154　子部/醫家類/婦科之屬/通論

濟陰綱目十四卷　(明)武之望　(明)金德生撰　(清)汪淇箋釋　**保生碎事一卷**　(清)汪淇輯　民國二年(1913)掃葉山房石印本　四冊　缺五卷(二至四、八至九)

330000－1798－0003108　普03149　子部/醫家類/方書之屬/歷代方書

千金翼方三十卷　(唐)孫思邈撰　民國十一年(1922)善成堂刻本　十八冊　存二十六卷(一至三、六至十三、十六至三十)

330000－1798－0003110　普03710　子部/宗教類

上下三教一卷　民國聚和堂抄本　一冊

330000－1798－0003114　普03126　子部/醫家類/綜合之屬/通論

醫學心悟六卷　(清)程國彭撰　民國石印本　一冊　存一卷(三)

330000－1798－0003115　普03125　子部/醫家類/方書之屬/單方驗方

經驗良方二卷　次留編輯　民國六年(1917)上海鍊石齋書局石印本　一冊

330000－1798－0003118　普03124　子部/醫家類/診法之屬/脈經脈訣

校正瀕湖脈學一卷　(明)李時珍撰　民國石印本　一冊

330000－1798－0003120　普03129　子部/醫家類/傷寒金匱之屬/金匱要略

金匱翼八卷　(清)尤怡撰　民國上海鴻章書局石印本　一冊　存二卷(一至二)

330000－1798－0003125　普00819　類叢部/叢書類/自著之屬

章氏叢書十三種　章炳麟撰　民國六年至八年(1917－1919)浙江圖書館刻本　三冊　存一種

330000－1798－0003127　普00817　集部/別集類/宋別集

讀朱稽時錄二十二卷　(宋)朱熹撰　胡宗楙纂　民國鉛印本　二冊　存四卷(十二至十三、二十一至二十二)

330000－1798－0003138　普03702　子部/宗教類/道教之屬

無上玉皇心印妙經一卷　民國十一年(1922)上海宏大善書局石印本　一冊

330000－1798－0003139　普03701　子部/宗教類/道教之屬

太上玄靈北斗本命延生真經一卷　民國十三年(1924)戴湧淇抄本　一冊

330000－1798－0003142　普03699　子部/宗教類/道教之屬

太上靈寶斛食餤口真科一卷　民國十四年(1925)戴湧淇抄本　一冊

330000－1798－0003146　普00834　子部/術數類/相宅相墓之屬

嚴陵張九儀地理穿山透地真傳一卷　(清)張鳳藻撰　**新刻石函平沙玉尺經全書真機六卷**　(元)劉秉忠述　(明)劉基解　(明)賴從謙發揮　**新刊地理五經書解義郭璞葬經一卷**　(元)吳澂刪定　(明)鄭謐註釋　民國四年(1915)上海江東書局石印本　一冊

330000－1798－0003148　普00828　子部/術數類/相宅相墓之屬

羅經不分卷　民國抄本　一冊

330000－1798－0003151　普 03720　子部/宗教類/道教之屬

道字易學一卷　富翟氏撰　民國鉛印本　一冊

330000－1798－0003152　普 03740　子部/宗教類/其他宗教之屬/基督教

聖教鑒略三卷　民國鉛印本　一冊

330000－1798－0003155　普 03738　子部/宗教類/其他宗教之屬/基督教

勉勵會簡義一卷　民國上海商務印書館鉛印本　一冊

330000－1798－0003157　普 03735　子部/宗教類/其他宗教之屬/基督教

耶穌將再來一卷　(美國)宋韋義撰　民國六年(1917)上海美華書館鉛印本　一冊

330000－1798－0003159　普 03733　子部/宗教類/其他宗教之屬/基督教

由淺入深二卷　(美國)畢來思撰　民國六年(1917)上海中國聖教書會石印本　二冊

330000－1798－0003162　普 03763　新學/工藝/工學

工學精義一卷　(英國)雷德鄧尼撰　民國武昌翻譯學堂鉛印本　一冊

330000－1798－0003181　普 03659　子部/儒家類/儒學之屬/禮教/家訓

了凡四訓一卷　(明)袁黄撰　民國十二年(1923)鉛印本　一冊

330000－1798－0003188　普 03640　子部/宗教類/佛教之屬

蘇書金剛經一卷　(後秦)釋鳩摩羅什譯　民國十四年(1925)無錫萬氏影印本暨鉛印本　一冊

330000－1798－0003192　普 03677　子部/叢編

子書三十二種　育文書局編　民國育文書局石印本　一冊　存一種

330000－1798－0003193　普 03676　子部/道家類

百家評註老子道德經二卷　(春秋)李耳撰　(漢)河上公章句　(宋)蘇轍增註　(明)歸有光批閱　(明)文震孟訂正　(清)朱啟昒編校　王闓運輯評　觀文社集註　民國十三年(1924)德記書局石印本　二冊

330000－1798－0003194　普 03675　子部/道家類

南華真經評註十卷　(明)歸有光輯　(明)文震孟訂　民國六年(1917)中華圖書館石印本　五冊

330000－1798－0003195　普 03674　史部/目録類/專録之屬

道藏舉要目錄一卷　上海商務印書館編　民國上海商務印書館鉛印本　一冊

330000－1798－0003196　普 03673　子部/道家類

老子道德經二卷　(三國魏)王弼注　**音義一卷**　(唐)陸德明撰　**陰符經一卷**　(漢)張良注　**海樵子一卷**　(明)王崇慶撰　民國埽葉山房石印本　一冊

330000－1798－0003198　普 03669　子部/道家類

莊子集解八卷　王先謙撰　民國十四年(1925)上海掃葉山房石印本　一冊

330000－1798－0003199　普 03668　子部/叢編

子書三十二種　育文書局編　民國育文書局石印本　一冊　存三種

330000－1798－0003200　普 03667　子部/叢編

子書三十二種　育文書局編　民國育文書局石印本　一冊　存三種

330000－1798－0003205　普 03682　子部/宗教類/道教之屬

太上感應篇圖說八卷首一卷　(清)黄正元輯　(清)毛金蘭補　民國十年(1921)同善堂刻本　一冊　存一卷(八)

330000－1798－0003214　普 04419　子部/儒家類/儒學之屬

論語集解不分卷　民國抄本　一冊

330000－1798－0003222　普 03655　子部/宗教類/佛教之屬

護法論一卷　（宋）張商英撰　民國鉛印本　一冊

330000－1798－0003225　普 03661　子部/宗教類/佛教之屬/經

佛說無常經一卷　（唐）釋義淨譯　民國上海醫學書局鉛印本　一冊

330000－1798－0003231　普 03648　子部/雜著類/雜說之屬

新唯識論一卷　熊十力撰　民國二十一年(1932)上海神州國光社鉛印本　一冊

330000－1798－0003232　普 03647　子部/宗教類/佛教之屬

佛教研究法四篇　吕澂撰　民國二十二年(1933)上海商務印書館鉛印本　一冊

330000－1798－0003235　普 03646　子部/宗教類/佛教之屬

佛學大辭典不分卷通檢一卷疇隱居士自訂年譜一卷　丁福保撰　民國上海醫學書局鉛印本　一冊

330000－1798－0003240　普 03644　子部/宗教類/佛教之屬

枉伸寶懺一卷　民國八年(1919)刻本　一冊

330000－1798－0003244　普 03642　子部/宗教類/佛教之屬/經

地藏菩薩本願經三卷靈感錄一卷靈感近聞錄一卷　（唐）釋實叉難陀譯　民國二十四年(1935)石印本　一冊

330000－1798－0003252　普 03637　子部/宗教類/佛教之屬

佛教問答一卷　海屍道人編纂　民國佛學研究會鉛印本　一冊

330000－1798－0003262　普 03730　子部/宗教類/其他宗教之屬/基督教

人生要務不分卷　民國三年(1914)鉛印本　一冊

330000－1798－0003263　普 03729　子部/宗教類/其他宗教之屬/基督教

馬可傳福音書一卷　民國十八年(1929)上海美華書館鉛印本　一冊

330000－1798－0003264　普 03728　子部/宗教類/其他宗教之屬/基督教

頌主聖歌不分卷　民國鉛印本　一冊

330000－1798－0003265　普 03727　子部/宗教類/其他宗教之屬/基督教

要理問答四卷　民國杭州天主堂鉛印本　一冊

330000－1798－0003267　普 03725　子部/宗教類/其他宗教之屬/基督教

約翰福音不分卷　民國上海大英聖書公會鉛印本　一冊

330000－1798－0003275　普 03565　類叢部/類書類/通類之屬

增補事類統編九十三卷首一卷　（清）黄葆真增輯　民國十年(1921)上海錦章圖書局石印本　十二冊

330000－1798－0003288　普 03593　集部/小說類/長篇之屬

繪圖老殘遊記四卷二十章　（清）劉鶚撰　民國上海世界書局石印本　一冊　存一卷(一)

330000－1798－0003293　普 03744　新學/雜著

世界叢談新說林八卷　天憤生撰　民國三年(1914)上海中華圖書館石印本　一冊　存二卷(七至八)

330000－1798－0003296　普 03608－1　集部/戲劇類/雜劇之屬

增批繪像第六才子書八卷　（元）王德信（元）關漢卿撰　（清）金人瑞評　**六才子西廂文一卷　唐六如先生文韻一卷**　（明）祝允明評定　（明）念庵居士輯　民國上海大成書局

石印本　三冊　存四卷(四、七至八,唐六如先生文韻)

330000－1798－0003297　普 03608－2　集部/戲劇類/雜劇之屬
聖歎評註繪圖增批第六才子西廂記八卷　(清)金人瑞評註　民國上海廣益書局石印本　一冊　存一卷(五)

330000－1798－0003300　普 03606　子部/小說家類/異聞之屬
閱微草堂筆記二十四卷　(清)紀昀撰　民國十二年(1923)上海文明書局石印本　八冊

330000－1798－0003302　普 03605　子部/小說家類/異聞之屬
分類廣註閱微草堂筆記五卷　(清)紀昀撰　沈禹鐘編輯　民國二十一年(1932)上海世界書局石印本　一冊　存一卷(二)

330000－1798－0003304　普 03603　子部/小說家類/異聞之屬
閱微草堂筆記二十四卷　(清)紀昀撰　民國石印本　一冊　存五卷(十三至十七)

330000－1798－0003305　普 03602　集部/小說類/長篇之屬
清史通俗演義十卷一百回　蔡東藩撰　民國上海會文堂書局石印本　五冊　存四卷(四、七至九)

330000－1798－0003306　普 03601－1　集部/小說類/長篇之屬
繪圖增像第五才子書水滸全傳□□卷七十回　(明)施耐庵撰　(清)金人瑞評釋　民國石印本　一冊　存四卷(五至八)

330000－1798－0003307　普 03601－2　集部/小說類/長篇之屬
繪圖增像第五才子書水滸全傳□□卷七十回　(明)施耐庵撰　(清)金人瑞評釋　民國石印本　一冊　存一卷(七)

330000－1798－0003308　普 03600　集部/小說類/長篇之屬
燕山外史註釋八卷　(清)陳球撰　(清)傅聲谷輯註　民國五年(1916)上海會文堂石印本　三冊　缺二卷(五至六)

330000－1798－0003309　普 03599　子部/雜著類/雜說之屬
薈蕞編□□卷　(清)曲園居士撰　民國鉛印本　一冊　存二卷(七至八)

330000－1798－0003311　普 03597　集部/小說類/長篇之屬
精訂綱鑑廿四史通俗衍義六卷四十四回首一卷　(清)呂撫撰　民國石印本　一冊　存一卷(三)

330000－1798－0003316　普 03587　子部/雜著類/雜纂之屬
增補智囊補二十八卷　(明)馮夢龍重編　民國上海進步書局石印本　一冊　存二卷(八至九)

330000－1798－0003320　普 03611、普 05986　類叢部/叢書類/彙編之屬
說庫一百七十種　王文濡編　民國四年(1915)上海文明書局石印本(浮生六記卷五至六原缺)　二十四冊　存六十二種

330000－1798－0003338　普 03614－2　集部/小說類/短篇之屬
詳註聊齋志異圖詠十六卷　(清)蒲松齡撰　(清)呂湛恩注　民國上海錦章圖書局石印本　十六冊　存十二卷(一至十二)

330000－1798－0003339　普 03614－3　集部/小說類/短篇之屬
分類廣註聊齋誌異十卷　(清)蒲松齡撰　通俗小說社編輯　民國上海世界書局石印本　一冊　存一卷(三)

330000－1798－0003342　普 03614－5　集部/小說類/短篇之屬
詳註聊齋志異圖詠十六卷　(清)蒲松齡撰　(清)呂湛恩注　民國石印本　一冊　存二卷(三至四)

330000－1798－0003343　普 03614－7　集部/小說類/短篇之屬

聊齋志異評註十六卷 （清）蒲松齡撰 （清）王士禛評 （清）呂湛恩注 （清）但明倫新評 民國上海商務印書館鉛印本 一册 存二卷（十一至十二）

330000－1798－0003344 普 03614－7 集部/小說類/短篇之屬

聊齋志異新評十六卷 （清）蒲松齡撰 （清）王士禛評 （清）呂湛恩注 （清）但明倫新評 民國鉛印本 一册 存二卷（七至八）

330000－1798－0003345 普 03614－8 集部/小說類/短篇之屬

聊齋志異圖詠□□卷 （清）蒲松齡撰 民國石印本 一册 存十五卷（一至十五）

330000－1798－0003346 普 03613 集部/小說類/長篇之屬

增像小五義傳二十五卷一百二十四回 （清）石玉崑撰 民國鉛印本 六册

330000－1798－0003356 普 03617－3 集部/小說類/長篇之屬

增像全圖東周列國志□□卷 （清）蔡奡評點 民國上海商務印書館石印本 一册 存四卷（十五至十八）

330000－1798－0003357 普 03617－4 集部/小說類/長篇之屬

東周列國全志八卷一百八回 （清）蔡奡評點 民國上海天寶書局石印本 一册 存一卷（八）

330000－1798－0003358 普 03617－5 集部/小說類/長篇之屬

增像全圖東周列國志□□卷 （清）蔡奡評點 民國鉛印本 一册 存四卷（三至六）

330000－1798－0003359 普 03617－6 集部/小說類/長篇之屬

增像全圖東周列國志二十七卷一百八回 （清）蔡奡評點 民國上海元昌書局石印本 一册 存三卷（十一至十三）

330000－1798－0003374 普 03526 類叢部/類書類

增廣策學總纂大全□□卷 民國石印本 一册 存八卷（三十七至四十四）

330000－1798－0003380 普 03615－1 集部/小說類/長篇之屬

增像全圖三國演義十六卷首一卷一百二十回 （明）羅本撰 （清）毛宗崗評 民國抄本 一册 存二卷（首、一）

330000－1798－0003383 普 03615－3 集部/小說類/長篇之屬

增像全圖三國演義十六卷首一卷一百二十回 （明）羅本撰 （清）毛宗崗評 民國石印本 六册 存十卷（首，一至二、五至六、九至十、十三至十四、十六）

330000－1798－0003384 普 03615－4 集部/小說類/長篇之屬

增像全圖三國演義八卷一百二十回 （明）羅本撰 （清）毛宗崗評 民國上海天寶書局石印本 一册 存四卷（一至四）

330000－1798－0003385 普 03615－5 集部/小說類/長篇之屬

第一才子書十六卷一百二十回首一卷 （明）羅本撰 （清）毛宗崗 （清）金人瑞評 民國上海錦章書局石印本 一册 存二卷（十一至十二）

330000－1798－0003386 普 03615－6 集部/小說類/長篇之屬

繡像全圖三國志演義六十卷一百二十回首一卷 （明）羅本撰 （清）毛宗崗評 民國石印本 一册 存六卷（三十七至四十二）

330000－1798－0003387 普 03615－7 集部/小說類/長篇之屬

繡像後三國演義西晉四卷東晉八卷 （清）陳氏尺蠖齋評釋 民國石印本 一册 存三卷（東晉四至六）

330000－1798－0003388 普 03615－8 集部/小說類/長篇之屬

第一才子書十六卷一百二十回 （明）羅本撰 （清）毛宗崗 （清）金人瑞評 民國上海中

新書局石印本　三冊　存三卷(三、六、十三)

330000－1798－0003389　普 03615－9　集部/小說類/長篇之屬
第一才子書繡像三國志演義六十卷一百二十回首一卷　(明)羅本撰　(清)毛宗崗　(清)金人瑞評　民國商務印書館鉛印本　一冊　存八卷(二十三至三十)

330000－1798－0003390　普 03615－10　集部/小說類/長篇之屬
增像全圖三國演義十六卷一百二十回　(明)羅本撰　(清)毛宗崗評　民國石印本　一冊　存二卷(十五至十六)

330000－1798－0003391　普 03615－11　集部/小說類/長篇之屬
第一才子書十六卷一百二十回　(明)羅本撰　(清)毛宗崗　(清)金人瑞評　民國上海共和書局石印本　一冊　存一卷(七)

330000－1798－0003392　普 03615－12　集部/小說類/長篇之屬
第一才子書十六卷一百二十回　(明)羅本撰　(清)毛宗崗　(清)金人瑞評　民國上海廣興書局鉛印本　二冊　存二卷(十四、十六)

330000－1798－0003398　普 03498　子部/雜著類/雜說之屬
淮南鴻烈集解二十一卷　(漢)劉安撰　(漢)高誘注　民國十二年(1923)上海掃葉山房石印本　四冊

330000－1798－0003400　普 03496－1　集部/總集類/選集之屬/斷代
皇朝經世文新增續編一百二十卷　(清)葛士濬輯　民國鉛印本　一冊　存四卷(八至十一)

330000－1798－0003427　普 03523　子部/宗教類/佛教之屬
佛學大辭典不分卷通檢一卷疇隱居士自訂年譜一卷　丁福保撰　民國十四年(1925)上海醫學書局鉛印本　八冊

330000－1798－0003445　普 03510　類叢部/叢書類/自著之屬
天馬山房叢箸六種　馬敘倫撰　民國鉛印本　馬敘倫題記　一冊

330000－1798－0003446　普 03509　子部/雜著類/雜說之屬
新唯識論語體文本三卷　熊十力撰　民國三十六年(1947)鉛印本　四冊

330000－1798－0003449　普 03541　類叢部/類書類/專類之屬
新鐫校正詳註分類百子金丹全書十卷　(明)郭偉選注　(明)郭中吉編次　民國石印本　一冊　存二卷(四至五)

330000－1798－0003487　普 05202　新學/學校
中華高等小學歷史教科書不分卷　章嶔　丁錫華編　民國上海中華書局鉛印本　一冊

330000－1798－0003493　普 05206　史部/編年類/通代之屬
綱鑑總論二卷　(清)陳受頤撰　民國石印本　一冊

330000－1798－0003495　普 05207－2　類叢部/叢書類/彙編之屬
四部精華一百二十五種　陸翔選輯　民國上海世界書局石印本　一冊　存一種

330000－1798－0003497　普 05209　史部/史評類/史論之屬
清代史論十六卷　蔡郕撰　民國上海會文堂書局石印本　三冊　存六卷(九至十四)

330000－1798－0003506　普 05224　集部/總集類/選集之屬/通代
精選廣註姚氏古文辭類纂不分卷　(清)姚鼐輯　秦同培選　民國石印本　一冊　存一冊(一)

330000－1798－0003507　普 05225－1　集部/總集類/選集之屬/通代
古文辭類纂評註七十四卷　(清)姚鼐纂輯　沈伯經等評注　民國上海文明書局鉛印本　一冊　存四卷(二十七至三十)

330000－1798－0003508　普05225－2　集部/總集類/選集之屬/通代

評校音注古文辭類纂七十四卷　（清）姚鼐輯　王文濡校注　民國上海文明書局鉛印本　一册　存二卷（六十八至六十九）

330000－1798－0003509　普05228　集部/總集類/選集之屬/通代

歷代詩文評註讀本　王文濡編　民國上海文明書局鉛印本　一册　存一卷（上）

330000－1798－0003540　普04625　集部/總集類

含英咀華不分卷　高熙喆撰　民國二十八年（1939）抄本　一册

330000－1798－0003545　普04586、普04591　集部/戲劇類/傳奇之屬

批點燕子箋記二卷四十二齣　（明）阮大鋮撰　民國十五年（1926）上海掃葉山房石印本　二册

330000－1798－0003546　普05210　經部/四書類/總義之屬/傳說

精校四書讀本十九卷　民國鉛印本　三册　存十二卷（論語一至十、孟子四至五）

330000－1798－0003547　普04590　集部/曲類/曲選之屬

繪圖綴白裘十二集四十八卷　（清）玩花主人輯　（清）錢德蒼增輯　民國十三年（1924）上海啟新書局石印本　十二册

330000－1798－0003548　普04589　集部/曲類/曲選之屬

繪圖綴白裘十二集四十八卷　（清）玩花主人輯　（清）錢德蒼增輯　民國十三年（1924）上海啟新書局石印本　二册　存八卷（六集一至四、十一集一至四）

330000－1798－0003553　普04587　集部/戲劇類/傳奇之屬

酬紅記一卷　（清）趙野航填詞　（清）小鶴正譜　民國十三年（1924）上海掃葉山房影印本　一册

330000－1798－0003569　普05241－1　經部/小學類/文字之屬/字書/字典

康熙字典十二集十二卷總目一卷檢字一卷辨似一卷等韻一卷補遺一卷備考一卷　（清）張玉書等纂修　民國中華圖書館石印本　三册　存三卷（子集、丑集、卯集）

330000－1798－0003571　普05241－2　經部/小學類/文字之屬/字書/字典

康熙字典十二集三十六卷總目一卷檢字一卷辨似一卷等韻一卷補遺一卷備考一卷　（清）張玉書等纂修　民國四年（1915）上海錦章圖書局石印本　五册　缺六卷（酉集上中下、戌集上中下）

330000－1798－0003574　普05242　經部/小學類/文字之屬/字書/字典

康熙字典十二集十二卷總目一卷檢字一卷辨似一卷等韻一卷補遺一卷備考一卷　（清）張玉書等纂修　民國中華圖書館石印本　六册　存六卷（辰集、午集、未集、酉集、戌集、亥集）

330000－1798－0003578　普05231－2　史部/編年類/通代之屬

尺木堂綱鑑易知錄九十二卷　（清）吳乘權　（清）周之炯　（清）周之燦輯　民國上海掃葉山房石印本　三册　存十四卷（九至十三、四十三至四十六、七十九至八十三）

330000－1798－0003586　普05236　集部/別集類

梁任公文集彙編六卷續集一卷　梁啓超撰　民國六年（1917）上海交通圖書館石印本　二册　存二卷（一至二）

330000－1798－0003587　普05237　集部/總集類/氏族之屬

三蘇文集四十四卷　（清）邵希雍輯　民國石印本　一册　存二卷（東坡文集七至八）

330000－1798－0003592　普05238　集部/總集類/選集之屬/通代

六朝文絜箋注十二卷　（清）許槤輯並評　（清）黎經誥箋注　民國九年（1920）上海掃葉

山房石印本　葉鐘嶽、張佐辰、楊宗輔題記　一冊　存一卷(一)

330000－1798－0003597　普05256－1　集部/總集類/選集之屬/通代

新體廣註古文觀止十二卷　(清)吳乘權　(清)吳大職輯　黃築巖　劉再蘇註釋　民國八年(1919)石印本　二冊　存四卷(一至四)

330000－1798－0003599　普05256－2　集部/總集類/選集之屬/通代

古文觀止十二卷　(清)吳乘權　(清)吳大職輯　民國上海錦章書局石印本　二冊　存四卷(五至八)

330000－1798－0003600　普05256－3　集部/總集類/選集之屬/通代

精校評註古文觀止十二卷　(清)吳乘權　(清)吳大職輯　民國上海文明書局鉛印本　一冊　存二卷(九至十)

330000－1798－0003601　普05256－4　集部/總集類/選集之屬/通代

言文一貫古文觀止十二卷　文明書局編輯　民國上海文明書局石印本　三冊　存四卷(六至七、十至十一)

330000－1798－0003602　普05256－5　集部/總集類/選集之屬/通代

古文觀止十二卷　(清)吳乘權　(清)吳大職輯　民國石印本　一冊　存二卷(一至二)

330000－1798－0003604　普05256－6　集部/總集類/選集之屬/通代

言文對照古文觀止十二卷　(清)吳乘權　(清)吳大職輯　董堅志譯白　民國上海錦章圖書局石印本　一冊　存一卷(二)

330000－1798－0003609　普05254－2　史部/編年類/通代之屬

尺木堂綱鑑易知錄九十二卷明鑑易知錄十五卷　(清)吳乘權　(清)周之炯　(清)周之燦輯　民國上海錦章圖書局石印本　四冊　存十八卷(綱鑑易知錄十四至十七、二十三至二十六、六十五至六十九、八十四至八十八)

330000－1798－0003611　普05253－1　史部/編年類/通代之屬

尺木堂綱鑑易知錄九十二卷明鑑易知錄十五卷　(清)吳乘權　(清)周之炯　(清)周之燦輯　民國十年(1921)上海掃葉山房石印本　五冊　存十五卷(明鑑易知錄一至十五)

330000－1798－0003612　普05253－2　史部/編年類/通代之屬

尺木堂綱鑑易知錄九十二卷明鑑易知錄十五卷　(清)吳乘權　(清)周之炯　(清)周之燦輯　民國二十四年(1935)上海掃葉山房石印本　二冊　存八卷(明鑑易知錄一至四、十二至十五)

330000－1798－0003614　普05249　經部/春秋左傳類/傳說之屬

春秋左傳五十卷　(晉)杜預　(宋)林堯叟註釋　(唐)陸德明音義　民國上海商務印書館鉛印本　一冊　存四卷(十四至十七)

330000－1798－0003615　普05250－1　經部/小學類/文字之屬/字書/字典

康熙字典十二集三十六卷總目一卷檢字一卷辨似一卷等韻一卷補遺一卷備考一卷　(清)張玉書等纂修　民國上海鴻章書局石印本　二冊　存十二卷(巳集上中下、午集上中下、酉集上中下、戌集上中下)

330000－1798－0003616　普05250－2　經部/小學類/文字之屬/字書/字典

康熙字典十二集三十六卷總目一卷檢字一卷辨似一卷等韻一卷補遺一卷備考一卷　(清)張玉書等纂修　民國六年(1917)上海鴻寶齋書局石印本　二冊　存十六卷(子集上中下、丑集上中下、巳集上中下、午集上中下,總目,檢字,辨似,等韻)

330000－1798－0003619　普05243－1　經部/四書類/總義之屬/傳說

四書讀本十九卷　(宋)朱熹集註　民國十三年(1924)上海劉德記書局石印本　四冊　存九卷(孟子四至五、論語一至五、大學、中庸)

330000－1798－0003620　普05243－2　經

部/四書類/總義之屬/傳說

四書讀本十九卷 (宋)朱熹集註 民國十一年(1922)上海天寶書局石印本 一冊 存五卷(論語六至十)

330000－1798－0003621 普05243－3 經部/四書類/總義之屬/傳說

四書讀本十九卷 (宋)朱熹集註 民國元年(1912)上海、漢口鑄記書棧石印本 一冊 存二種

330000－1798－0003622 普05243－4 經部/四書類/總義之屬/傳說

言文對照廣註四書讀本 世界書局編輯所編輯 民國上海世界書局石印本 一冊 存一種

330000－1798－0003623 普05243－5 經部/四書類/總義之屬/傳說

新訂四書補註備旨十卷 (明)鄧林撰 (清)鄧煜編 (清)杜定基增訂 民國上海錦章圖書局石印本 一冊 存一卷(論語三)

330000－1798－0003624 普05243－6 經部/四書類/總義之屬/傳說

四書集註十九卷 (宋)朱熹撰 民國上海鴻文書局石印本 一冊 存一種

330000－1798－0003627 普05243－7 經部/四書類/總義之屬/傳說

四書集註十九卷 (宋)朱熹撰 民國上海共和書局石印本 二冊 存一種

330000－1798－0003631 普05243－9 經部/四書類/總義之屬/傳說

四書集註十九卷 (宋)朱熹撰 民國三年(1914)中華書局鉛印本 一冊 存五卷(論語六至十)

330000－1798－0003633 普05243－10 經部/四書類/總義之屬/傳說

四書集註十九卷 (宋)朱熹撰 民國三年(1914)中華書局鉛印本 一冊 存二卷(孟子一至二)

330000－1798－0003634 普05243－11 經部/四書類/總義之屬

繪圖四書正文七卷 民國上海昌文書局石印本 二冊

330000－1798－0003638 普05243－12 經部/四書類/總義之屬/傳說

四書白話註解 許伏民 童官卓編 民國五年(1916)上海鍊石齋書局、羣學書社石印本 三冊 存四卷(大學、孟子六、論語五至六)

330000－1798－0003640 普05243－14 經部/四書類/總義之屬/傳說

銅版四書集註 (宋)朱熹撰 民國三年(1914)上海文益書局石印本 二冊 存一種

330000－1798－0003641 普05487－1 經部/春秋左傳類/傳說之屬

東萊博議四卷 (宋)呂祖謙撰 **增補虛字註釋一卷** (清)馮泰松點定 民國七年(1918)文星堂刻本 四冊

330000－1798－0003642 普05243－15 經部/四書類/孟子之屬/傳說

新式標點繪圖孟子白話註解不分卷 民國上海錦章圖書局石印本 二冊

330000－1798－0003645 普05487－2 經部/春秋左傳類/傳說之屬

東萊博議四卷 (宋)呂祖謙撰 **增補虛字註釋一卷** (清)馮泰松點定 民國七年(1918)文星堂刻本 三冊 缺一卷(二)

330000－1798－0003646 普05487－3 經部/春秋左傳類/傳說之屬

東萊博議四卷 (宋)呂祖謙撰 **增補虛字註釋一卷** (清)馮泰松點定 民國刻本 三冊 缺一卷(二)

330000－1798－0003647 普04619 集部/總集類/選集之屬

詩歌雜鈔不分卷 民國三十七年(1948)抄本 一冊

330000－1798－0003648 普04618 集部/總集類

揚風扢雅不分卷 民國抄本 一冊

330000－1798－0003662　普 05487－8　史部/雜史類/斷代之屬
戰國策詳註三十三卷　郭希汾輯註　民國上海文明書局鉛印本　二冊　存十一卷(一至五、十三至十八)

330000－1798－0003665　普 05485　集部/總集類/選集之屬/斷代
新體廣註唐詩三百首讀本六卷　世界書局編輯所編輯　民國十三年(1924)上海世界書局石印本　一冊　存四卷(三至六)

330000－1798－0003667　普 05489　史部/史評類/史論之屬
史通削繁四卷　(清)紀昀撰　民國國學圖書局石印本　一冊　存一卷(三)

330000－1798－0003672　普 05488　史部/史抄類
廿四史約編八卷首一卷　(清)鄭元慶述　民國鉛印本　一冊　存二卷(金、石)

330000－1798－0003674　普 04615　集部/總集類/選集之屬/通代
樂府詩集一百卷目錄二卷　(宋)郭茂倩編　民國影印本　四冊　存三十七卷(三至十七、四十九至六十二、七十二至七十九)

330000－1798－0003675　普 04626　集部/總集類/選集之屬/斷代
清詩三百首二卷　錢蕚孫選　民國二十三年(1934)上海漢文正楷印書局影印本　一冊　存一卷(上)

330000－1798－0003681　普 04609　集部/別集類/明別集
疑雲集四卷　(明)王彥泓撰　民國十五年(1926)上海大東書局石印本　一冊

330000－1798－0003687　普 05266　史部/政書類/軍政之屬/邊政
朔方備乘六十八卷首十二卷　(清)何秋濤撰　民國石印本　一冊　存九卷(三十二至四十)

330000－1798－0003714　普 05257－1　史部/史抄類
史記菁華錄六卷　(清)姚祖恩輯評　民國上海商務印書館鉛印本　一冊　存二卷(一至二)

330000－1798－0003715　普 05257－2　史部/史抄類
史記菁華錄六卷　(清)姚祖恩輯評　民國上海商務印書館鉛印本　一冊　存二卷(一至二)

330000－1798－0003716　普 05257－3　史部/史抄類
史記菁華錄六卷　(清)姚祖恩輯評　民國上海商務印書館鉛印本　一冊　存二卷(一至二)

330000－1798－0003717　普 05257－4、普 05908　史部/史抄類
史記菁華錄六卷　(清)姚祖恩輯評　民國上海商務印書館鉛印本　二冊　存三卷(一至三)

330000－1798－0003733　普 05277　史部/傳記類/總傳之屬/仕宦
歷代循吏傳八卷　(清)朱軾　(清)蔡世遠輯　民國八年(1919)上海廣益書局石印本　一冊　缺一卷(二)

330000－1798－0003750　普 05281　子部/醫家類/眼科之屬
傅氏眼科審視瑤函六卷首一卷　(明)傅仁宇纂輯　(明)林長生校補　(清)傅維藩編集　民國石印本　三冊　存五卷(二至六)

330000－1798－0003752　普 05280　經部/小學類/文字之屬/字書/字典
新字典十二卷拾遺一卷檢字一卷附錄一卷勘誤一卷補編一卷　陸爾奎等編纂　民國上海商務印書館鉛印本　一冊　存三卷(四至六)

330000－1798－0003755　普 05279－1　經部/小學類/文字之屬/字書/字典
新編中華字典十二集十二卷總目一卷檢字一卷辨似一卷補遺一卷　許伏民等編　民國三

年(1914)上海羣學書社石印本　一册　存三卷(酉集、戌集、亥集)

330000－1798－0003757　普 05279－2　經部/小學類/文字之屬/字書/字典

新編中華字典十二集十二卷總目一卷檢字一卷辨似一卷補遺一卷　許伏民等編　民國石印本　一册　存三卷(酉集、戌集、亥集)

330000－1798－0003762　普 05278－1　經部/小學類/文字之屬/字書/字典

中華新字典初編十二卷檢字一卷　王文濡等編纂　民國三年(1914)上海中華圖書館石印本　一册　存二卷(子集、丑集)

330000－1798－0003763　普 05278－2　經部/小學類/文字之屬/字書/字典

中華新字典初編十二卷　王文濡等編纂　民國石印本　一册　存三卷(午集、未集、申集)

330000－1798－0003764　普 05278－3　經部/小學類/文字之屬/字書/字典

中華新字典初編十二卷　王文濡等編纂　民國石印本　一册　存三卷(午集、未集、申集)

330000－1798－0003765　普 05278－4　經部/小學類/文字之屬/字書/字典

中華新字典初編十二卷續編十二卷檢字一卷　王文濡等編纂　民國石印本　一册　存六卷(續編午集、未集、申集、酉集、戌集、亥集)

330000－1798－0003783　普 05465　集部/總集類/選集之屬/通代

增廣評註古文新選五卷附作文材料一卷　周逸雲輯　民國十五年(1926)上海中西書局石印本　二册　存二卷(一、五)

330000－1798－0003784　普 05463、普 05513　經部/小學類/文字之屬/字書/字典

中華字典十二集三十六卷檢字一卷辨似一卷等韻一卷補遺一卷備考一卷　(清)張玉書等纂修　民國文盛堂石印本　三册　存二十一卷(寅集上中下、卯集上中下、辰集上中下、巳集上中下、午集上中下、酉集上中下、戌集上中下)

330000－1798－0003785　普 05462　經部/小學類/文字之屬/字書/字典

鴻寶齋攷正字彙二卷　(清)陳淏子撰　鴻寶齋主人輯　民國九年(1920)上海鴻寶書局石印本　二册

330000－1798－0003787　普 05460　集部/總集類/選集之屬/通代

蔡氏古文評註補正全集十卷　(清)過珙選　蔡鑄補正　民國八年(1919)上海商務印書館鉛印本　二册　存二卷(三、十)

330000－1798－0003791　普 05458　集部/總集類/選集之屬/通代

古文筆法百篇二十卷　(清)李扶九編集　民國石印本　一册　存五卷(四至八)

330000－1798－0003794　普 05457　集部/總集類/選集之屬/通代

歷代詩文評註讀本　王文濡編　民國上海文明書局鉛印本　一册　存一種

330000－1798－0003795　普 05456　集部/詩文評類/文評之屬

言文對照古文評註讀本十二卷　(清)過珙　(清)黄越選評　(清)曾潢　(清)龐雲燦訂　民國上海世界書局石印本　一册　存一卷(一)

330000－1798－0003796　普 05455、普 04627　集部/總集類/選集之屬/斷代

國朝文錄八十二卷　(清)姚椿輯　民國鉛印本　二册　存十四卷(七至十二、三十五至四十二)

330000－1798－0003797　普 05454　集部/總集類/選集之屬/通代

六朝文絜箋注十二卷　(清)許槤輯並評　(清)黎經誥箋注　民國石印本　一册　存二卷(七至八)

330000－1798－0003799　普 05453　集部/總集類/選集之屬/斷代

新文選四卷　雷瑨輯　民國上海掃葉山房石印本　一册　存一卷(三)

330000－1798－0003801　普05452　集部/總集類/選集之屬/通代

評註古文讀本六卷　林景亮撰　民國十四年(1925)上海中華書局鉛印本　二册　存二卷(五至六)

330000－1798－0003802　普05450　新學/學校

南洋公學新國文四卷　唐文治鑒定　民國蘇州振新書社鉛印本　二册　存二卷(一至二)

330000－1798－0003804　普05449　集部/總集類/選集之屬/通代

古文快筆貫通解三卷　(清)杭永年評解　民國五年(1916)上海廣益書局石印本　一册　存一卷(一)

330000－1798－0003808　普05466－1　子部/儒家類/儒學之屬/蒙學

新增繪圖幼學故事瓊林四卷　(清)程登吉撰　(清)鄒聖脈增補　民國上海會文堂書局石印本　三册　缺一卷(一)

330000－1798－0003809　普05466－2　子部/儒家類/儒學之屬/蒙學

新增繪圖幼學故事瓊林四卷　(清)程登吉撰　(清)鄒聖脈增補　民國上海大一統書局石印本　二册　存二卷(三至四)

330000－1798－0003812　普05466－3　子部/儒家類/儒學之屬/蒙學

新增繪圖幼學故事瓊林四卷　(清)程登吉撰　(清)鄒聖脈增補　民國上海廣益書局石印本　二册　存二卷(三至四)

330000－1798－0003813　普05466－4　子部/儒家類/儒學之屬/蒙學

新增繪圖幼學故事瓊林四卷　(清)程登吉撰　(清)鄒聖脈增補　民國石印本　二册　存二卷(三至四)

330000－1798－0003821　普05507　經部/春秋左傳類/傳說之屬

春秋左傳句解六卷　(清)韓菼重訂　民國上海商務印書館鉛印本　三册　存三卷(三至四、六)

330000－1798－0003822　普05508　經部/春秋左傳類/傳說之屬

春秋左傳五十卷　(晉)杜預　(宋)林堯叟註釋　(唐)陸德明音義　民國上海商務印書館石印本　六册　存二十二卷(二十四至二十七、二十九至三十七、四十二至五十)

330000－1798－0003866　普05516　經部/小學類/文字之屬/字書/字典

康熙字典十二集三十六卷總目一卷檢字一卷辨似一卷等韻一卷補遺一卷備考一卷　(清)張玉書等纂修　民國錦章圖書局石印本　八册　存三十卷(寅集上中下、卯集上中下、辰集上中下、巳集上中下、午集上中下、未集上中下、申集上中下、酉集上中下、戌集上中下、亥集上中下)

330000－1798－0003870　普05514　經部/小學類/訓詁之屬/爾雅

爾雅翼三十二卷　(宋)羅願撰　民國影印本　一册　存七卷(十一至十七)

330000－1798－0003899　普06366　經部/易類/傳說之屬

周易講義十卷　碧雲子講述　民國二十四年(1935)金華經訓山房鉛印本　一册　存二卷(四至五)

330000－1798－0003926　普06356　子部/藝術類/書畫之屬/畫譜

芥子園畫傳初集六卷二集九卷三集六卷　(清)王槩　(清)王蓍　(清)王臬輯　民國三年(1914)上海章福記書局石印本　十五册

330000－1798－0003931　普04571　集部/總集類/課藝之屬

臨場一助不分卷　民國抄本　二册

330000－1798－0003966　普06404　史部/紀傳類/正史之屬

漢書評注一百卷　(明)凌稚隆輯　民國上海掃葉山房石印本　八册　存三十四卷(四十二至七十五)

330000－1798－0003967　普06403　子部/儒家類/儒家之屬

孔氏家語十卷　(三國魏)王肅注　民國石印本　二冊　存四卷(七至十)

330000－1798－0003973　普06422　類叢部/類書類/通類之屬

增補事類統編九十三卷　(清)黃葆真增輯　民國石印本　一冊　存九卷(七十六至八十四)

330000－1798－0003974　普06435　集部/別集類/明別集

疑雨集註四卷　(明)王彥泓撰　丁國鈞注　民國四年(1915)上海掃葉山房石印本　二冊　存二卷(一至二)

330000－1798－0003975　普06434　集部/別集類/唐五代別集

玉谿生詩詳註六卷首一卷　(唐)李商隱撰　(清)馮浩注　民國三年(1914)崇古山房石印本　三冊　缺二卷(五至六)

330000－1798－0003976　普06433　集部/詩文評類/文評之屬

文心雕龍十卷　(南朝梁)劉勰撰　(清)黃叔琳注　(清)紀昀評　民國十三年(1924)上海啓新書局石印本　三冊　缺二卷(一至二)

330000－1798－0003978　普06431　子部/儒家類/儒家之屬

荀子集解二十卷首一卷　(唐)楊倞注　王先謙集解　民國上海商務印書館據清光緒十七年(1891)長沙王氏刻本影印本　一冊　存三卷(一至三)

330000－1798－0003979　普06429　集部/總集類/選集之屬/斷代

貫華堂選批唐才子詩集七言律八卷　(清)金人瑞批　民國八年(1919)蘇州振新書社石印本　五冊　缺二卷(三、六)

330000－1798－0003997　普06399　集部/曲類/曲韻曲譜曲律之屬

西諦景印元明本散曲　民國十九年(1930)長樂鄭氏影印本　一冊　存一種

330000－1798－0004014　普04664　子部/儒家類/儒學之屬

古今格言四卷　江畲經編纂　民國九年(1920)上海商務印書館鉛印本　二冊

330000－1798－0004017　普06469　子部/醫家類/綜合之屬/通論

增訂醫宗金鑑九十卷首一卷　(清)吳謙等撰　民國十四年(1925)上海鴻寶齋書局石印本　三冊　缺二十六卷(二十一至三十,外科一至十六)

330000－1798－0004021　普06468、普06449、普05994、普05938　子部/醫家類/本草之屬/歷代綜合本草

本草綱目五十二卷瀕湖脉學一卷奇經八脉攷一卷脉訣攷證一卷　(明)李時珍撰　**本草萬方鍼線八卷藥品總目一卷**　(清)蔡烈先輯　**本草綱目拾遺十卷**　(清)趙學敏輯　民國五年(1916)上海鴻寶齋書局石印本　十三冊　缺七卷(本草綱目二十三至二十八、瀕湖脉學)

330000－1798－0004026　普06460　子部/醫家類/綜合之屬/通論

增訂醫宗金鑑九十卷首一卷　(清)吳謙等撰　民國上海錦章圖書局石印本　一冊　存二卷(外科一至二)

330000－1798－0004030　普06459　子部/醫家類/兒科之屬/通論

幼科醫學指南四卷　(清)周震撰　民國上海千頃堂石印本　一冊　存二卷(一至二)

330000－1798－0004034　普06458　子部/醫家類/婦科之屬/產科

胎產心法三卷　(清)閻純璽撰　民國石印本　一冊　存一卷(一)

330000－1798－0004035　普06457　子部/醫家類/婦科之屬/通論

濟陰綱目十四卷　(明)武之望　(明)金德生撰　(清)汪淇箋釋　**保生碎事一卷**　(清)汪

淇輯　民國上海章福記書局石印本　一册　存六卷(九至十四)

330000－1798－0004043　普04659　集部/詞類/詞譜之屬

攷正白香詞譜三卷附錄一卷　陳小蝶編　**增訂晚翠軒詞韻一卷**　陳祖耀校正　民國七年(1918)春草軒鉛印本暨石印本　一册

330000－1798－0004044　普05310　子部/醫家類/醫案之屬

南雅堂醫案八卷　(清)陳念祖撰　民國九年(1920)上海羣學社石印本　八册

330000－1798－0004046　普05309　經部/春秋左傳類/傳說之屬

春秋左傳五十卷　(晉)杜預　(宋)林堯叟註釋　(唐)陸德明音義　民國十三年(1924)上海錦章書局石印本　十二册

330000－1798－0004048　普05311　子部/醫家類/類編之屬

六科準繩　(明)王肯堂撰　民國十七年(1928)上海鴻寶齋石印本　四十二册

330000－1798－0004074　普06413　子部/雜著類/雜考之屬

讀書雜志八十二卷餘編二卷　(清)王念孫撰　民國石印本　三册　存四十六卷(戰國策一至三;史記一至六;漢書一至六、九至十四;管子三至十二;墨子一至六;荀子一、四至八,補遺;淮南內篇雜志一至二)

330000－1798－0004080　普05247－1　經部/小學類/文字之屬/字書/字典

康熙字典十二集三十六卷總目一卷檢字一卷辨似一卷等韻一卷補遺一卷備考一卷　(清)張玉書等纂修　民國上海商務印書館石印本　四册　存三十卷(子集上中下、丑集上中下、寅集上中下、卯集上中下、辰集上中下、未集上中下、申集上中下、亥集上中下,總目,檢字,辨似,等韻,補遺,備考)

330000－1798－0004081　普05247－2　經部/小學類/文字之屬/字書/字典

康熙字典十二集三十六卷總目一卷檢字一卷辨似一卷等韻一卷補遺一卷備考一卷　(清)張玉書等纂修　民國上海商務印書館石印本　二册　存二十一卷(子集上中下、丑集上中下、寅集上中下、卯集上中下、辰集上中下,總目,檢字,辨似,等韻,補遺,備考)

330000－1798－0004082　普05247－3　經部/小學類/文字之屬/字書/字典

康熙字典十二集十二卷總目一卷檢字一卷辨似一卷等韻一卷補遺一卷備考一卷　(清)張玉書等纂修　民國中華圖書館石印本　一册　存一卷(寅集)

330000－1798－0004083　普05247－4　經部/小學類/文字之屬/字書/字典

康熙字典十二集三十六卷總目一卷檢字一卷辨似一卷等韻一卷補遺一卷備考一卷　(清)張玉書等纂修　民國石印本　一册　存六卷(未集上中下、申集上中下)

330000－1798－0004084　普05247－5　經部/小學類/文字之屬/字書/字典

康熙字典十二集三十六卷總目一卷檢字一卷辨似一卷等韻一卷補遺一卷備考一卷　(清)張玉書等纂修　民國石印本　一册　存九卷(寅集上中下、卯集上中下、辰集上中下)

330000－1798－0004086　普05247－7　經部/小學類/文字之屬/字書/字典

康熙字典十二集三十六卷總目一卷檢字一卷辨似一卷等韻一卷補遺一卷備考一卷　(清)張玉書等纂修　民國石印本　一册　存九卷(寅集上中下、卯集上中下、辰集上中下)

330000－1798－0004087　普05247－8　經部/小學類/文字之屬/字書/字典

康熙字典十二集三十六卷總目一卷檢字一卷辨似一卷等韻一卷補遺一卷備考一卷　(清)張玉書等纂修　民國石印本　一册　存九卷(寅集上中下、卯集上中下、辰集上中下)

330000－1798－0004091　普04651　集部/總集類/選集之屬/通代

圈點詳註十八家詩鈔二十八卷　(清)曾國藩

撰　陳存悔等註　民國十五年(1926)上海中原書局鉛印本　一冊　存二卷(二十七至二十八)

330000－1798－0004093　普05638　史部/目録類/總録之屬/私撰

中國書店廉價書目一卷　中國書店編　民國二十二年(1933)石印本　一冊

330000－1798－0004094　普06446　史部/地理類/方志之屬/郡縣志

[民國]歙縣志十六卷　石國柱　樓文釗修　許承堯纂　民國二十六年(1937)歙縣旅滬同鄉會鉛印本　七冊　存七卷(二、四、六、八、十二、十五至十六)

330000－1798－0004099　普05637　史部/目録類/總録之屬/私撰

來薰閣書目不分卷　陳杭編　民國北平琉璃廠來薰閣鉛印本　一冊　存第二期

330000－1798－0004103　普05635　史部/目録類

民國二十年春季新舊書目錄不分卷　民國二十年(1931)鉛印本　一冊

330000－1798－0004105　普05969、普05982　子部/藝術類/遊藝之屬/聯語

楹聯彙編八卷　王榮商輯　民國石印本　六冊　存六卷(一至二、四至六、八)

330000－1798－0004109　普05636　史部/目録類/總録之屬/私撰

來青閣書莊減價書目一卷　來青閣書莊編　民國二十一年(1932)上海來青閣書莊石印本　一冊

330000－1798－0004110　普06439　史部/金石類/石之屬/文字

石鼓釋文十卷　強運開撰　民國二十四年(1935)上海商務印書館石印本　一冊　存七卷(四至十)

330000－1798－0004112　普06438　史部/金石類/金之屬

金文續編十四卷附錄一卷采用秦器銘文一卷檢字一卷　容庚撰集　民國二十四年(1935)上海商務印書館石印本　一冊　缺九卷(一至九)

330000－1798－0004116　普05300　子部/醫家類/外科之屬

痲科活幼全書四卷首一卷　(清)謝玉瓊輯　(清)劉齋珍增訂　**邵氏痘科活幼書二卷**　(清)邵公撰　民國十年(1921)刻本　五冊

330000－1798－0004118　普04628　集部/總集類/選集之屬/通代

唐宋八家文讀本三十卷首一卷　(清)沈德潛評點　民國八年(1919)上海育文書局石印本　二冊　存九卷(首,一至四、十二至十五)

330000－1798－0004119　普05295　子部/藝術類/書畫之屬/法帖

何子貞臨黃庭經一卷　(清)何紹基書　民國二十一年(1932)上海商務印書館影印本　一冊

330000－1798－0004120　普04631、普04633　集部/曲類

俗曲不分卷　民國抄本　二冊

330000－1798－0004121　普05296　子部/藝術類/書畫之屬/法帖

陶靖節桃花源記一卷　(晉)陶淵明撰　民國影印本　一冊

330000－1798－0004123　普05297　子部/藝術類/書畫之屬/法帖

鄧石如篆正合璧一卷　(清)鄧石如書　民國上海大眾書局影印本　一冊

330000－1798－0004127　普06000　經部/四書類/總義之屬/傳說

四書補註備旨十卷　(明)鄧林撰　(清)鄧煜編　民國石印本　一冊　存二卷(論語一至二)

330000－1798－0004133　普06004　集部/曲類/彈詞之屬

繡像繪圖天雨花二十卷六十回　民國石印本　一冊　存一卷(十三)

330000－1798－0004139　普04636　集部/曲類/曲評曲話曲目之屬

樂府傳聲一卷　(清)徐大椿撰　民國北京肇新印刷局石印本　一冊

330000－1798－0004141　普05306　子部/醫家類/眼科之屬

傅氏眼科審視瑤函六卷首一卷　(明)傅仁宇纂輯　(明)林長生校補　(清)傅維藩編集　民國石印本　一冊

330000－1798－0004143　普05305　子部/醫家類/婦科之屬/產科

萬氏婦人科三卷首一卷附達生編二卷　(明)萬全等撰　民國石印本　一冊

330000－1798－0004146　普06003　集部/小說類/長篇之屬

新輯海公小紅袍四卷四十二回　民國石印本　一冊　存一卷(三)

330000－1798－0004147　普05304　子部/宗教類/道教之屬

太素脈圖經一卷　民國抄本　一冊

330000－1798－0004150　普05303　子部/醫家類/溫病之屬/痧症

痧證二卷　(清)陶甫撰　民國抄本　二冊

330000－1798－0004152　普05302　子部/醫家類/外科之屬/通論

外科大成四卷　(清)祁坤撰　民國上海會文堂新記書局石印本　四冊

330000－1798－0004154　普05301　子部/醫家類/類編之屬

潛齋醫學叢書十四種　曹炳章編　民國十四年(1925)上海大東書局石印本　十六冊

330000－1798－0004156　普06079　經部/四書類/總義之屬/傳說

新訂四書補註備旨十卷　(明)鄧林撰　(清)鄧煜編　(清)杜定基增訂　民國石印本　一冊　存二卷(論語三至四)

330000－1798－0004164　普04797　史部/傳記類/總傳之屬/家乘

[浙江蘭溪]龍門李氏宗譜□□卷　民國木活字刻本　一冊　存一卷(□)

330000－1798－0004165　普04264、普04795　史部/傳記類/總傳之屬/家乘

[浙江江山]須江郎峰魁潭祝氏宗譜五十六卷首一卷　祝炳財修　祝梧柯等纂　民國三十六年(1947)惇敘堂木活字刻本　四十九冊

330000－1798－0004168　普04793　史部/傳記類/總傳之屬/家乘

[浙江衢州]延陵吳氏宗譜三卷　吳大勝修　吳大詩等纂　民國三十六年(1947)木活字印本　一冊　存一卷(二)

330000－1798－0004173　普05996、普05887　經部/小學類/文字之屬/字書/字典

康熙字典十二集三十六卷總目一卷檢字一卷辨似一卷等韻一卷補遺一卷備考一卷　(清)張玉書等纂修　民國石印本　四冊　存十五卷(寅集上中下、卯集上中下、辰集上中下、巳集上中下、亥集上中下)

330000－1798－0004176　普04791－2　史部/傳記類/總傳之屬/家乘

[□□]豐谿大石周氏宗譜不分卷　民國木活字印本　一冊

330000－1798－0004179　普04263　史部/傳記類/總傳之屬/家乘

[浙江衢州]西河徐氏宗譜二十二卷首一卷　(清)徐世愛主修　(清)徐守恩等編纂　民國三十六年(1947)木活字印本　五冊　存六卷(首、二至六)

330000－1798－0004183　普06017　集部/小說類/長篇之屬

新編繪圖五龍十八俠初集□□卷　(清)史長嘯編　民國十二年(1923)上海鍊石書局石印本　一冊　存一卷(四)

330000－1798－0004185　普06016－1　集部/曲類/彈詞之屬

繪圖孝義真蹟珠塔緣四卷二十四回　(清)馬

如飛撰　民國石印本　一册　存一卷(四)

330000－1798－0004186　普06016－2　集部/曲類/彈詞之屬

繪圖孝義真蹟珠塔緣四卷二十四回　(清)馬如飛撰　民國石印本　一册　存一卷(四)

330000－1798－0004188　普06094　集部/別集類/清別集

魏叔子文集□□卷　(清)魏禧撰　民國石印本　一册　存二卷(九至十)

330000－1798－0004191　普06091　集部/小說類/長篇之屬

繪圖三公奇案二十卷　民國石印本　一册　存一卷(二)

330000－1798－0004192　普00910　子部/宗教類/佛教之屬/諸宗

相宗綱要不分卷　梅光羲編　民國十年(1921)上海商務印書館鉛印本　一册

330000－1798－0004194　普00912　子部/宗教類/佛教之屬

佛學叢書□□種　丁福保輯　民國上海醫學書局鉛印本暨影印本　一册　存一種

330000－1798－0004195　普06089　史部/雜史類/通代之屬

歷代史畧歌論註十二卷　民國石印本　一册　存二卷(四至五)

330000－1798－0004198　普06087　經部/四書類/總義之屬/傳說

四書味根錄三十九卷　(清)金澂撰　民國石印本　二册　存十一卷(論語首、一至七,大學,中庸一至二)

330000－1798－0004212　普05975　集部/曲類

新刊賣油郎四卷九十六回　民國石印本　一册　存一卷(三)

330000－1798－0004213　普05980　子部/雜著類/雜說之屬

盛世危言六卷　鄭觀應撰　民國石印本　三册　存三卷(二至三、五)

330000－1798－0004215　普05974　集部/小說類/長篇之屬

聖朝鼎盛萬年清八集七十六回　民國上海文盛堂書局石印本　一册　存一集(四)

330000－1798－0004221　普06036　史部/地理類/雜志之屬

改訂建德鄉土地理課本二卷　方景第編輯　民國十四年(1925)建德同文社石印本　一册　存一卷(二)

330000－1798－0004223　普06034　集部/總集類/選集之屬/通代

歷代詩文評註讀本　王文濡編　民國上海文明書局鉛印本　一册　存一種

330000－1798－0004224　普06032　集部/小說類/長篇之屬

增評加批金玉緣圖說一百二十卷　(清)曹霑　(清)高鶚撰　(清)蝶薌仙史評訂　民國石印本　一册　存八卷(九十九至一百六)

330000－1798－0004226　普01214　史部/目録類/書志之屬/提要

四部叢刊書錄一卷　商務印書館編　民國十一年(1922)上海商務印書館鉛印本　一册

330000－1798－0004227　普06031　史部/史評類/史論之屬

評選船山史論二卷　林紓撰　民國上海商務印書館鉛印本　一册　存一卷(一)

330000－1798－0004231　普01213　史部/目録類/總録之屬/彙刻

四部叢刊目錄一卷　商務印書館編　民國上海商務印書館鉛印本暨影印本　一册

330000－1798－0004232　普01215　史部/目録類/總録之屬/私撰

千頃堂書局木版書籍目錄一卷　千頃堂書局編　民國十七年(1928)千頃堂書局石印本　一册

330000－1798－0004234　普01216　史部/目

録類/總録之屬/私撰

杭州抱經堂書局第十四期舊書目錄不分卷 杭州抱經堂書局編　民國二十四年(1935)杭州抱經堂書局石印本　一冊

330000－1798－0004235　普06050　子部/儒家類/儒學之屬/禮教

五種遺規　(清)陳弘謀輯並撰　民國十七年(1928)上海萃英書局石印本　一冊　存一種

330000－1798－0004238　普01236　集部/別集類/清別集

春吟回文一卷　(清)李暘撰　民國上海掃葉山房石印本　一冊

330000－1798－0004241　普06043　史部/傳記類/總傳之屬/釋道

國清高僧傳一卷附寒山子詩一卷　釋蘊光編　民國二十五年(1936)鉛印本　一冊

330000－1798－0004244　普06041　史部/紀傳類/正史之屬

二十四史附考證　民國上海涵芬樓據清乾隆武英殿刻本影印本　一冊　存一種

330000－1798－0004255　普05958　子部/醫家類/兒科之屬/通論

新纂兒科診斷學八卷　何廉臣撰述　民國十九年(1930)上海大東書局鉛印本　一冊　存一卷(一)

330000－1798－0004256　普05345　子部/雜著類/雜纂之屬

讀書雜鈔不分卷　民國抄本　一冊

330000－1798－0004258　普06063　新學/學校

國音學講義一卷　民國油印本　一冊

330000－1798－0004259　普06075　史部/編年類/通代之屬

資治通鑑二百九十四卷　(宋)司馬光撰　(元)胡三省音注　**通鑑釋文辯誤十二卷**　(元)胡三省撰　民國上海商務印書館鉛印本　一冊　存五卷(二百三十五至二百三十九)

330000－1798－0004260　普05346　新學/史志

小學歷史不分卷　民國抄本　一冊

330000－1798－0004266　普05944　集部/總集類/選集之屬/斷代

尊聞閣詩選初集不分卷　錢徵　蔡爾康編次　民國申報館鉛印本　十冊

330000－1798－0004269　普05363　子部/儒家類/儒學之屬/蒙學

兒童看圖識字百日通不分卷　民國上海世界書局石印本　一冊

330000－1798－0004272　普05947、普05952、普05948　集部/小說類/長篇之屬

繡像三國演義續編十二卷　(清)陳氏尺蠖齋評釋　民國鉛印本　四冊　存五卷(三至四、六至八)

330000－1798－0004276　普05856　集部/總集類/氏族之屬

詳註校正三蘇文集　(宋)蘇洵　(宋)蘇軾　(宋)蘇轍撰　民國會文堂書局鉛印本　一冊　存一種

330000－1798－0004277　普05871　集部/小說類/長篇之屬

繡像征東全傳四卷四十二回　民國石印本　一冊　存一卷(二)

330000－1798－0004278　普06068　史部/地理類/方志之屬/郡縣志

[民國]龍游縣志四十卷首一卷末一卷　余紹宋纂　民國十四年(1925)京城印書局鉛印本　一冊　存三卷(十九至二十一)

330000－1798－0004298　普05914－3　集部/總集類/選集之屬/通代

新刻小學千家詩人生必讀二卷　(清)余晦齋集　民國石印本　一冊

330000－1798－0004303　普05926　子部/醫家類/診法之屬/脈經脈訣

丹溪朱氏脈因證治二卷　(元)朱震亨撰　民國石印本　一冊　存一卷(二)

330000－1798－0004304　普 06085　集部/戲劇類/傳奇之屬

繪像第七才子琵琶記六卷　（元）高明撰（清）毛綸評　民國石印本　二冊　存二卷（四、六）

330000－1798－0004305　普 05925　子部/儒家類/儒學之屬/蒙學

新增繪圖幼學故事瓊林四卷　（清）程登吉撰（清）鄒聖脈增補　民國石印本　一冊　存二卷（三至四）

330000－1798－0004307　普 05924－1　子部/儒家類/儒學之屬/蒙學

會文堂精校重增繪圖幼學故事瓊林四卷首一卷　（清）程允升撰　（清）鄒聖脈增補　蔡郕續增　（清）謝梅林　（清）鄒可庭參訂　民國八年（1919）上海會文堂書局石印本　一冊　存二卷（首、一）

330000－1798－0004309　普 05924－2　子部/儒家類/儒學之屬/蒙學

新增繪圖幼學故事瓊林四卷首一卷　（清）程登吉撰　（清）鄒聖脈增補　民國石印本　一冊

330000－1798－0004316　普 05904－3　史部/傳記類/科舉録之屬/諸貢録

[光緒]己丑科會試闈墨一卷　（清）許葉芬等撰　民國申報館鉛印本　一冊

330000－1798－0004326　普 05903　史部/時令類

增廣詳註月令粹編二十四卷圖説一卷　（清）秦嘉謨編輯　（清）管斯駿增編　民國管可壽齋鉛印本　一冊　存六卷（七至十二）

330000－1798－0004328　普 06106　集部/總集類/課藝之屬

紫陽課藝合選不分卷　民國鉛印本　一冊

330000－1798－0004331　普 05949　集部/別集類/清別集

言文對照分類詳註雪鴻軒尺牘四卷　（清）龔萼撰　許家恩譯　民國石印本　一冊　存一卷（二）

330000－1798－0004341　普 05928　新學/雜著/叢編

日用萬事全書十八編　新華編輯所編　民國上海新華書局鉛印本　三冊　存十二編（一至十二）

330000－1798－0004342　普 05942　子部/醫家類/傷寒金匱之屬/金匱要略

張仲景金匱要畧論註二十四卷　（清）徐彬撰　民國上海校經山房石印本　一冊　存八卷（十七至二十四）

330000－1798－0004343　普 05941　子部/醫家類/傷寒金匱之屬/傷寒論

注解傷寒論十卷　（漢）張機述　（漢）王叔和撰次　（金）成無己注解　民國上海廣雅啟新書局石印本　一冊　存二卷（一至二）

330000－1798－0004344　普 05935　子部/醫家類/兒科之屬

幼科三種　民國上海萃英書局石印本　一冊　存一種

330000－1798－0004345　普 06100　子部/宗教類/其他宗教之屬/基督教

理窟九卷　（清）李杕撰　民國鉛印本　一冊　存五卷（五至九）

330000－1798－0004350　普 05937　子部/醫家類/醫話醫論之屬

冷廬醫話五卷　（清）陸以湉撰　民國千頃堂書局石印本　一冊　存一卷（一）

330000－1798－0004351　普 05936　子部/醫家類/方書之屬/單方驗方

重校舊本湯頭歌訣二卷　（清）汪昂撰　民國三年（1914）上海文益書莊石印本　一冊　存一卷（一）

330000－1798－0004353　普 05448－3　史部/編年類/通代之屬

尺木堂綱鑑易知錄九十二卷明鑑易知錄十五卷　（清）吳乘權　（清）周之炯　（清）周之燦輯　民國商務印書館鉛印本　五冊　存二

十六卷(三十六至四十六、七十一至七十七、八十五至九十二)

330000－1798－0004357　普05314　經部/四書類/總義之屬/傳說

新註四書白話解說三十六卷　江希張注　民國上海書業公所石印本　七冊　存二十五卷(新註論語白話解說一至十、十三,新註孟子白話解說一至十四)

330000－1798－0004361　普05934　子部/醫家類/綜合之屬/通論

古吳童氏重校醫宗必讀十卷　(清)李中梓撰　民國上海文盛書局石印本　一冊　存二卷(一至二)

330000－1798－0004367　普05731　集部/小說類/長篇之屬

繪圖草木春秋四卷三十二回　(清)江洪撰　民國石印本　二冊　存二卷(二、四)

330000－1798－0004371　普05959　子部/醫家類/綜合之屬/通論

御纂醫宗金鑑九十卷首一卷　(清)吳謙等撰　民國石印本　一冊　存四卷(編輯外科心法要訣三至六)

330000－1798－0004372　普05932　子部/醫家類/醫經之屬/内經

靈樞經合纂十卷　(清)張志聰　(明)馬蒔註　民國上海錦章圖書局石印本　二冊　存三卷(六、九至十)

330000－1798－0004374　普05960　子部/醫家類/方書之屬/單方驗方

增評童氏醫方集解二十三卷　(清)汪昂著輯　(清)李保常批點　(清)費伯雄加評　民國石印本　二冊　缺九卷(一至九)

330000－1798－0004375　普05955　集部/小說類/長篇之屬

繪圖增像第五才子書水滸全傳十卷七十回　(明)施耐庵撰　(清)金人瑞評釋　民國石印本　一冊　存一卷(九)

330000－1798－0004379　普05720　史部/時令類

增廣詳註月令粹編二十四卷圖說一卷　(清)秦嘉謨編輯　(清)管斯駿增編　民國管可壽齋鉛印本　一冊　存五卷(二十至二十四)

330000－1798－0004382　普05326　集部/詩文評類/文法之屬

高等小學論說文範四卷　邵伯棠撰　民國四年(1915)上海會文堂書局石印本　三冊　缺一卷(三)

330000－1798－0004384　普05325　集部/詩文評類/文法之屬

初學論說文範四卷　邵伯棠撰　民國四年(1915)上海會文堂書局石印本　二冊　存二卷(一、三)

330000－1798－0004385　普05739　子部/雜著類/雜考之屬

日知錄集釋三十二卷栞誤二卷續栞誤二卷　(清)黃汝成撰　民國石印本　一冊　存三卷(三十至三十二)

330000－1798－0004389　普05323　集部/詩文評類/文評之屬

中等新論說文範四卷　蔡郕撰　民國上海會文堂書局石印本　一冊　存一卷(二)

330000－1798－0004390　普05322　新學/學校

共和國教科書新國文八冊不分卷　莊俞　沈頤編纂　民國上海商務印書館石印本　一冊　存一冊(五)

330000－1798－0004395　普05321　集部/詩文評類/文評之屬

評註論說軌範初集二卷二集三卷　林任編　民國商務印書館石印本　一冊　存一卷(初集下)

330000－1798－0004397　普05754　子部/醫家類/綜合之屬/雜著

筆花醫鏡四卷　(清)江涵暾撰　民國十一年(1922)上海鍊石齋書局石印本　一冊　存二卷(一至二)

330000－1798－0004399　普 05753　子部/醫家類/類編之屬
十藥神書註解一卷　(清)葛可久編　**急救經驗良方一卷**　民國石印本　一冊

330000－1798－0004403　普 05752　子部/醫家類/類編之屬
影印古本醫學叢書十種　錢季寅輯　民國十九年至二十年(1930－1931)上海中醫書局影印本　一冊　存一種

330000－1798－0004406　普 05748　子部/醫家類/綜合之屬/通論
醫學心悟六卷　(清)程國彭撰　民國石印本　一冊　存二卷(五至六)

330000－1798－0004407　普 05760　子部/術數類
新鐫象吉備要通書二十九卷　(清)魏鑑撰　民國上海錦章圖書局石印本　一冊　存二卷(十至十一)

330000－1798－0004410　普 05768　集部/小說類/長篇之屬
繪圖後紅樓夢六卷三十回附刻詩二卷二回　(清)逍遙子撰　民國石印本　一冊　存一卷(繪圖後紅樓夢二)

330000－1798－0004411　普 05767　集部/小說類/長篇之屬
紅樓復夢十六卷一百回　(清)陳少海撰　民國石印本　一冊　存一卷(五)

330000－1798－0004417　普 05912　集部/小說類/長篇之屬
繪芳錄八卷八十回　(清)西泠野樵撰　民國鉛印本　一冊　存一卷(八)

330000－1798－0004418　普 05766　集部/小說類/長篇之屬
增詳加批金玉緣圖說一百二十卷　(清)曹霑　(清)高鶚撰　(清)蝶薌仙史評訂　民國石印本　一冊　存七卷(一百十四至一百二十)

330000－1798－0004420　普 05909　集部/小說類/長篇之屬
增像小五義傳二十五卷一百二十四回　(清)石玉崑撰　民國鉛印本　一冊　存四卷(十四至十七)

330000－1798－0004423　普 05328　經部/禮記類/傳說之屬
禮記增訂旁訓六卷　民國石印本　二冊　存二卷(三至四)

330000－1798－0004431　普 05820　子部/叢編
百子全書　(清)崇文書局編　民國上海掃葉山房石印本　一冊　存四種

330000－1798－0004432　普 05819　集部/別集類/唐五代別集
百大家評註韓文菁華錄四卷　吳人麟編　民國九年(1920)上海廣益書局石印本　一冊

330000－1798－0004433　普 05817　史部/目錄類
乙丑重編飲冰室文集樣本一卷　中華書局編　民國十五年(1926)中華書局鉛印本　一冊

330000－1798－0004439　普 05816　集部/總集類/彙編之屬
鳴鳳山房文集四卷　舒望周撰　民國十七年(1928)石印本　一冊　存一卷(一)

330000－1798－0004444　普 05814　新學/議論/通論
康南海文集彙編八卷　康有為撰　民國石印本　一冊　存一卷(八)

330000－1798－0004450　普 05384－1　集部/總集類/選集之屬/通代
言文對照古文釋義新編八卷　(清)余誠評註　(清)王鎮演白　民國上海廣益書局石印本　一冊　存一卷(五)

330000－1798－0004452　普 05813　集部/詩文評類/文法之屬
初學論說文範四卷　邵伯棠撰　民國上海會文堂粹記石印本　一冊

330000－1798－0004457　普 05812　集部/總

集類/選集之屬/通代

唐宋十大家全集 (清)儲欣輯 民國十四年(1925)上海大通書局石印本 一册 存一種

330000－1798－0004460 普05828 新學/學校

復式學級國文教授案不分卷 民國八年(1919)上海商務印書館鉛印本 一册 存一册(七)

330000－1798－0004464 普05406 史部/地理類/總志之屬/通代

讀史方輿紀要一百三十卷 (清)顧祖禹撰 民國石印本 三册 存十二卷(四十九至五十五、九十五至九十九)

330000－1798－0004467 普05417－2 史部/編年類/斷代之屬

御撰資治通鑑綱目三編六卷 (清)張廷玉等撰 民國上海著易堂石印本 一册 存四卷(三至六)

330000－1798－0004469 普05811 集部/别集類/唐五代别集

唐黄先生文集□□卷 (唐)黄滔撰 民國石印本 一册 存三卷(三至五)

330000－1798－0004471 普05806 集部/詩文評類/文法之屬

初學論説文範四卷 邵伯棠撰 民國十五年(1926)上海會文堂書局石印本 四册

330000－1798－0004472 普05417－3 史部/編年類/通代之屬

御批資治通鑑綱目五十九卷 (清)聖祖玄燁撰 民國美華書局石印本 一册 存五卷(二十一至二十五)

330000－1798－0004475 普05415 史部/編年類/通代之屬

尺木堂綱鑑易知録九十二卷明鑑易知録十五卷 (清)吴乘權 (清)周之炯 (清)周之燦輯 民國石印本 四册 存十卷(綱鑑易知録三至十二)

330000－1798－0004476 普05809 集部/别集類/清别集

胡文忠公遺集八十六卷首一卷 (清)胡林翼撰 (清)曾國荃 (清)胡鳳丹編 民國鉛印本 一册 存八卷(六十八至七十五)

330000－1798－0004479 普05808 集部/總集類/選集之屬/通代

唐宋十大家全集 (清)儲欣輯 民國十四年(1925)上海大通書局石印本 二册 存一種

330000－1798－0004480 普05824 子部/雜著類

析餘雜議一卷 民國抄本 一册

330000－1798－0004486 普05823 子部/小説家類/雜事之屬

履園叢話二十四卷 (清)錢泳輯 民國石印本 一册 存三卷(十九至二十一)

330000－1798－0004488 普05804－1 集部/總集類/氏族之屬

三蘇策論十二卷 (宋)蘇洵等撰 民國石印本 二册 存四卷(五至八)

330000－1798－0004490 普05804－2 集部/總集類/氏族之屬

加批三蘇策論十二卷 民國石印本 二册 存六卷(七至十二)

330000－1798－0004492 普05807 集部/詩文評類/文法之屬

高等小學論説文範四卷 邵伯棠撰 民國九年(1920)上海會文堂書局石印本 三册 存三卷(一、三至四)

330000－1798－0004494 普05822 子部/藝術類/遊藝之屬/聯語

楹聯叢話十二卷楹聯續話四卷 (清)梁章鉅輯 民國石印本 二册 存六卷(五至八、續話三至四)

330000－1798－0004495 普05391 集部/詩文評類/文評之屬

文心雕龍十卷 (南朝梁)劉勰撰 (清)黄叔琳注 (清)紀昀評 民國石印本 一册 存二卷(三至四)

330000－1798－0004496　普 05821　集部/戲劇類/總集之屬
水滸記二卷　民國元年(1912)上海藜光社石印本　一冊

330000－1798－0004498　普 05400　集部/總集類/選集之屬/通代
古詩源十四卷　(清)沈德潛輯　民國上海商務印書館鉛印本　一冊　存四卷(四至七)

330000－1798－0004500　普 05398　集部/總集類/酬唱之屬
隨園續同人集詩文類四卷　(清)袁枚輯　民國石印本　一冊

330000－1798－0004507　普 05396　集部/總集類/選集之屬/斷代
唐詩三百首註疏六卷　(清)孫洙編　(清)章燮註　民國上海鴻寶齋書局石印本　一冊　存二卷(一至二)

330000－1798－0004516　普 05404－1　集部/總集類/選集之屬/通代
古文觀止十二卷　(清)吳乘權　(清)吳大職輯　民國三年(1914)上海錦章書局石印本　三冊　存六卷(一至四、十一至十二)

330000－1798－0004518　普 05404－2　集部/總集類/選集之屬/通代
古文觀止十二卷　(清)吳乘權　(清)吳大職輯　民國上海錦章書局石印本　一冊　存二卷(一至二)

330000－1798－0004519　普 05404－3　集部/總集類/選集之屬/通代
繪圖增批古文觀止十二卷　(清)吳乘權編次　(清)吳大職手錄　民國石印本　二冊　存四卷(一至二、十一至十二)

330000－1798－0004521　普 05404－4　集部/總集類/選集之屬/通代
古文觀止十二卷　(清)吳乘權　(清)吳大職輯　民國上海文瑞樓石印本　一冊　存六卷(一至六)

330000－1798－0004522　普 05787－1　子部/醫家類/醫案之屬
臨證指南醫案八卷　(清)葉桂撰　民國上海文益書局石印本　一冊　存一卷(六)

330000－1798－0004524　普 05404－6　集部/總集類/選集之屬/通代
增批古文觀止十二卷　(清)吳乘權　(清)吳大職評註　民國元年(1912)紹興墨潤堂石印本　一冊　存二卷(三至四)

330000－1798－0004525　普 05404－7　集部/總集類/選集之屬/通代
繪圖增批古文觀止十二卷　(清)吳乘權編次　(清)吳大職手錄　民國明達書莊鉛印本　一冊　存四卷(九至十二)

330000－1798－0004526　普 05786　子部/醫家類/傷寒金匱之屬/金匱要略
金匱要略淺註十卷　(漢)張仲景撰　(清)陳念祖集註　民國石印本　二冊　存二卷(一、六)

330000－1798－0004527　普 05785　子部/醫家類/綜合之屬/方書之屬/单方驗方
大字斷句湯頭歌訣一卷　(清)汪昂撰　民國二十一年(1932)上海錦章圖書局石印本　一冊

330000－1798－0004532　普 05424　集部/總集類/選集之屬/通代
古唐詩合解十二卷古詩四卷　(清)王堯衢注　(清)李模　(清)李桓校　民國二年(1913)上海錦章圖書局石印本　六冊　存十二卷(一至十二)

330000－1798－0004540　普 05423　集部/總集類/選集之屬/斷代
重訂唐詩別裁集二十卷　(清)沈德潛輯　民國石印本　一冊　存四卷(十至十三)

330000－1798－0004542　普 05379　經部/書類/傳說之屬
書經集傳六卷　(宋)蔡沈撰　民國上海文盛書局影印本　一冊　存二卷(二至三)

330000－1798－0004570　普 05444　子部/雜

著類/雜説之屬
消閒録一卷 民國抄本 一冊

330000－1798－0004571 普 05376－15 經部/詩類/傳説之屬
詩經集傳八卷 (宋)朱熹撰 民國七年(1918)上海天寶書局石印本 三冊 存五卷(一至五)

330000－1798－0004577 普 05846 集部/總集類/選集之屬/通代
賦學正鵠集釋四卷 (清)李元度輯 民國鉛印本 一冊 存一卷(三)

330000－1798－0004601 普 05735 類叢部/類書類/通類之屬
增補萬寶全書二十卷 民國石印本 一冊 存三卷(四至六)

330000－1798－0004602 普 05732 子部/雜著類
新選小題穿楊一卷 民國鉛印本 一冊

330000－1798－0004603 普 05730 史部/編年類/通代之屬
尺木堂綱鑑易知録二十卷 (清)吴乘權 (清)周之炯 (清)周之燦輯 民國石印本 一冊 存二卷(十九至二十)

330000－1798－0004606 普 05733 集部/詩文評類
未定初稿一卷 民國抄本 一冊

330000－1798－0004607 普 05736 集部/戲劇類
京調大觀不分卷 許志豪編 民國上海世界書局石印本 一冊

330000－1798－0004615 普 05746 集部/詩文評類/文法之屬
日用酬世大觀 世界書局編輯所編 民國上海世界書局石印本 一冊 存三種

330000－1798－0004620 普 05745 集部/別集類/清別集
豫章帥宗德先生四書真稿不分卷 (清)帥念祖撰 民國抄本 二冊

330000－1798－0004621 普 05829 子部/雜著類
現代禮書不分卷 朱燿珍抄 民國三十四年(1945)抄本 一冊

330000－1798－0004622 普 05826 新學/政治法律/政治
孫岳響應討吳電不分卷 孫岳撰 稿本 一冊

330000－1798－0004630 普 05837 經部/詩類/傳説之屬
詩韻□□卷 民國石印本 二冊 存二卷(四至五)

330000－1798－0004631 普 05836 集部/詩文評類
宋簽判龍川陳先生文鈔□□卷 (宋)陳亮撰 民國石印本 一冊 存三卷(三至五)

330000－1798－0004634 普 05834 集部/總集類/選集之屬/通代
翰海十二卷 (明)陳繼儒鑒定 (明)沈佳胤輯 民國石印本 一冊 存一卷(四)

330000－1798－0004648 普 05776 子部/儒家類/儒學之屬/蒙學
小學集註六卷 (宋)朱熹撰 (清)陳選集註 民國石印本 一冊 存二卷(四至五)

330000－1798－0004650 普 05774 子部/術數類/陰陽五行之屬
新鐫曆法便覽象吉備要通書大全二十九卷 (清)魏鑑撰 民國石印本 一冊 存二卷(十二至十三)

330000－1798－0004652 普 05773 史部/傳記類/總傳之屬/家乘
家譜鈔本一卷 民國抄本 一冊

330000－1798－0004654 普 05772 子部/農家農學類/蠶桑之屬
蠶學大意不分卷 王廷氏録 民國手抄本 一冊

330000－1798－0004661　普05750　子部/醫家類/本草之屬/本草藥性

珍珠囊指掌補遺藥性賦四卷　(金)李杲輯　民國石印本　二冊

330000－1798－0004663　普05762　集部/小說類/長篇之屬

大字足本繡像英烈全傳四卷八十回　(明)徐渭編　民國石印本　一冊　存一卷(四)

330000－1798－0004665　普05758　子部/醫家類/方書之屬/歷代方書

大德重校聖濟總錄二百卷　(宋)徽宗趙佶修　吳錫璜校　民國石印本　一冊　存三卷(二至四)

浙江省民國時期傳統裝幀書籍普查登記目録·衢州 舟山 麗水

江山市圖書館
民國時期傳統裝幀書籍普查登記目録

國家圖書館出版社
National Library of China Publishing House

《江山市圖書館民國時期傳統裝幀書籍普查登記目錄》

編纂人員： 王冬琴

330000－4721－0000001　K820.9/2017　史部/傳記類/總傳之屬/家乘

[浙江江山]邑前毛氏宗譜九十六卷　毛雲鵬　毛甡編　民國十九年(1930)永思堂木活字印本　九十二冊　存九十二卷(一至八十七、八十九至九十三)

常山縣圖書館民國時期傳統裝幀書籍普查登記目録

浙江省民國時期傳統裝幀書籍普查登記目録 · 衢州　舟山　麗水

國家圖書館出版社
National Library of China Publishing House

《常山縣圖書館民國時期傳統裝幀書籍普查登記目録》

編委會

主　編：陳　誠

副主編：徐裕斐

編纂人員：羅友虎　欒愛華　徐　衍

《常山縣圖書館民國時期傳統裝幀書籍普查登記目録》

前　言

常山縣地，據考古發現，在5000年前的新石器時代就有人類居住。東漢建安二十三年(218)建縣，在長達1800多年的歷史中，用過三個縣名：初稱定陽縣，唐咸亨五年(674)始稱常山縣，宋末元初曾有9年改稱信安縣。有過三個縣治：東漢末至唐初的定陽縣，縣治在前定陽鄉三岡，即今何家鄉琚家、金家一帶。咸亨五年建立的常山縣，縣治在前常山鄉古縣畈，即今招賢鎮古縣、古縣畈村。唐廣德二年(764)移至今天馬鎮。常山建縣後亦歷經三廢三置：東漢末建立的定陽縣，至隋末廢。唐武德四年(621)設置的定陽縣，於武德八年(625)廢。唐咸亨五年建立的常山縣，至1958年10月并入衢縣，1961年10月恢復常山縣。

常山縣文化不如發達地區，但在宋代，有過興盛時期，尤其是宋室南遷後，著名學者吕祖謙、朱熹、張栻等都曾來常講學，促進了常山文化的發展。從宋至清，共有138人考中進士，其中有三人官至尚書。據不完全統計，常山歷史上有文集作者70餘位，著作近130部。1914年，常山設公立圖書館，有藏書4500餘册。1931年6月日本侵略軍侵占常山，許多館藏古籍慘遭焚劫。1949年6月，一批古籍送至浙江圖書館。1959年，一批剩存及新收集的古籍被調往衢縣。"文革"期間，又有許多古籍被作爲"毒草"封禁或銷毁。

1986年以來，爲加强古籍保護、傳承地方文化，常山縣圖書館一方面將館藏古籍進行清理分類，專人專室實施保存，另一方面對散落流傳在民間的古籍開展查尋、徵集和整理，特别是2013年，常山縣圖書館積極争取上級專項資金支持，投入30萬元專門用於古籍庫房改造和古籍普查工作，并取得初步成效。2015年，常山縣圖書館古籍庫房被評爲"浙江省第三批古籍保護達標單位"。

全國古籍普查工作開始實施後，常山縣圖書館以此爲契機，專門成立了古籍普查領導小組，抽調館員積極參加省古籍普查培訓，在浙江省古籍保護中心領導和專家們的悉心指導和普查館員的共同努力下，歷時兩年半，至2017年11月中旬，全面完成了館藏古籍的普查任務。普查數據423條3622册。其中明朝本1條2册，清朝本338條3046册，民國時期傳統裝幀書籍84條574册。

本次普查得到了浙江省古籍保護中心的悉心指導和支持，本館樂愛華、徐衎及外請協助普查的徐寄蘭、熊林福兩位老同志亦付出了艱辛和汗水，在此一并致謝。

這次古籍普查專業性强、要求高，又限於我們參與普查工作的同志學識水平和古籍知識，因此本登記目録中難免有錯誤和疏漏之處，敬請方家批評指正，以便我們今後更好地加以完善和保護。

常山縣圖書館

2017年11月

330000－4719－0000010　00074　集部/總集類/選集之屬/通代

漢魏六朝百三名家集一百十八卷　(明)張溥輯　民國上海掃葉山房石印本　八册　存十六種

330000－4719－0000016　20001　史部/紀傳類/正史之屬

百衲本二十四史　張元濟輯　民國上海商務印書館影印本　四十八册　存一種

330000－4719－0000018　30001　史部/紀傳類/正史之屬

二十四史附考證　民國五年(1916)上海涵芬樓據清乾隆武英殿刻本影印本　一百十二册　存一種

330000－4719－0000020　00424　史部/紀傳類/正史之屬

二十四史附考證　民國五年(1916)上海涵芬樓據清乾隆武英殿刻本影印本　二十四册　存一種

330000－4719－0000021　00402　史部/紀傳類/正史之屬

二十四史附考證　民國五年(1916)上海涵芬樓據清乾隆武英殿刻本影印本　八册　存一種

330000－4719－0000099　00251　經部/讖緯類/春秋緯之屬

春秋緯史集傳四十卷　(清)陳省欽撰　民國十三年(1924)鉛印本(卷一至十原缺)　三册　缺十卷(一至十)

330000－4719－0000104　00255　類叢部/叢書類/彙編之屬

四部備要　中華書局編　民國二十五年(1936)上海中華書局鉛印本(經義考卷二百八十六、二百九十九至三百,東塾讀書記卷十三至十四、十七至二十、二十二至二十五原缺)　六册　存一種

330000－4719－0000127　00253　類叢部/叢書類/自著之屬

樊山全集　樊增祥撰　民國上海廣益書局石印本　八册　存一種

330000－4719－0000141　00165　史部/政書類/公牘檔册之屬

浙江省議會民國十一年第一二次臨時會質問書不分卷　浙江省議會編　民國十一年(1922)鉛印本　一册　存下編

330000－4719－0000185　00202　子部/宗教類/佛教之屬/經

大乘同性經二卷　(北周)闍那耶舍譯　民國六年(1917)金陵刻經處刻本　一册

330000－4719－0000190　00221　集部/別集類

東遊草一卷　徐紹楨撰　民國七年(1918)廣州刻本　一册

330000－4719－0000197　00211　集部/別集類

湘綺樓詩集十四卷　王闓運撰　民國上海廣益書局鉛印本　一册　存四卷(一至四)

330000－4719－0000217　20008　史部/金石類/總志之屬/文字

金石萃編一百六十卷　(清)王昶撰　**金石續編二十一卷首一卷**　(清)陸耀遹撰　**金石萃編補正四卷**　(清)方履籛撰　民國十年(1921)上海掃葉山房石印本　十七册　存一百十一卷(一至一百九、補正一至二)

330000－4719－0000221　20009　類叢部/叢書類/自著之屬

曾文正公全集十六種　(清)曾國藩撰　民國十年(1921)鴻寶齋書局石印本　十七册　存九種

330000－4719－0000223　20012　類叢部/叢書類/自著之屬

隨園全集□□種　(清)袁枚撰　民國石印本　十三册　存二十一種

330000－4719－0000227　20020　子部/叢編

百子全書　(清)崇文書局編　民國上海掃葉山房石印本　十册　存四種

330000－4719－0000230　20030　集部/總集類/選集之屬/通代

文選六十卷　(南朝梁)蕭統輯　(唐)李善注　**文選考異十卷**　(清)胡克家撰　民國上海著易堂石印本　七册　存二十八卷(一至二十八)

330000－4719－0000231　20034　史部/政書類/律令之屬/治獄

駁案新編三十二卷　(清)朱梅臣輯　民國鉛印本　六册　缺六卷(十至十五)

330000－4719－0000232　20017　集部/别集類/清别集

曝書亭集詩註二十二卷　(清)朱彝尊撰　(清)楊謙注　**朱竹垞先生[彝尊]年譜一卷**　(清)楊謙撰　民國木石居石印本　十册　存十九卷(一至十九)

330000－4719－0000233　20037　子部/醫家類/方書之屬/歷代方書

大德重校聖濟總錄二百卷　(宋)徽宗趙佶修　吳錫璜校　民國石印本　十一册　存三十七卷(五十五至五十八、六十八至一百)

330000－4719－0000234　20049　集部/總集類/尺牘之屬

陳眉公金聖嘆才子尺牘四卷　(明)陳繼儒撰　(清)金人瑞撰　民國上海碧梧山莊石印本　三册　存三卷(一至二、四)

330000－4719－0000237　20015　集部/總集類/選集之屬/通代

古文觀止十二卷　(清)吳乘權　(清)吳大職輯　民國十五年(1926)上海文明書局石印本　十册

330000－4719－0000238　20032　子部/雜著類/雜説之屬

容齋隨筆十六卷續筆十六卷三筆十六卷四筆十六卷五筆十卷首一卷　(宋)洪邁撰　民國二年(1913)上海掃葉山房石印本　七册　缺二十一卷(續筆一至八、三筆一至八、五筆六至十)

330000－4719－0000239　20035　集部/詩文評類/文法之屬

修訂公文書程式分類詳解十五卷　杜洌泉　韓潮編輯　民國七年(1918)上海會文堂書局石印本　六册

330000－4719－0000240　20066　新學/雜著

世界叢談新説林八卷　天憤生撰　民國三年(1914)上海中華圖書館石印本　三册　存六卷(一至六)

330000－4719－0000241　20068　集部/别集類/宋别集

吕東萊書牘一卷　(宋)吕祖謙撰　民國四年(1915)上海商務印書館鉛印本　二册

330000－4719－0000242　20010　集部/小説類/長篇之屬

增評加批金玉緣圖説十六卷一百二十回　(清)曹霑　(清)高鶚撰　(清)蝶薌仙史評訂　民國石印本　十五册

330000－4719－0000244　20057　集部/小説類/短篇之屬

詳注聊齋志異圖咏十六卷　(清)蒲松齡撰　(清)吕湛恩注　民國二年(1913)上海天寶書局石印本　四册

330000－4719－0000246　20023　集部/小説類/長篇之屬

繪圖增像第五才子書水滸全傳八卷七十回首一卷　(明)施耐庵撰　(清)金人瑞評釋　民國九年(1920)上海共和書局石印本　八册

330000－4719－0000253　20094　史部/傳記類/總傳之屬/忠孝

二十四孝圖説一卷　民國石印本　一册

330000－4719－0000254　20087　經部/小學類/文字之屬/字書/字典

正草隸篆四體大字典十二集二十四卷部首檢查表一卷難字檢查表一卷　陳龢祥等編　**文字源流攷一卷**　王大錯纂述　**正草隸篆名人楹聯大觀四卷**　民國上海掃葉山房石印本　一册　存一卷(辰集上)

330000－4719－0000259　20074　集部/别集類/清别集

長真閣集七卷詩餘一卷　（清）席佩蘭撰　民國二年（1913）上海掃葉山房石印本　二册

330000－4719－0000260　20050　子部/小説家類/雜事之屬

三借廬筆談十二卷　鄒弢撰　民國石印本　四册　存八卷（三至十）

330000－4719－0000262　20095　子部/醫家類/婦科之屬/産科

葉天士女科診治秘方四卷　（清）葉桂撰　民國二年（1913）上海文益書局石印本　一册

330000－4719－0000263　20092　子部/醫家類/方書之屬/單方驗方

重訂驗方新編十八卷　（清）鮑相璈等輯　民國七年（1918）上海鴻寶齋書局石印本　三册

330000－4719－0000267　20081　史部/地理類/雜志之屬

揚州畫舫録十八卷　（清）李斗撰　民國石印本　二册　存六卷（七至十二）

330000－4719－0000268　20079　子部/雜著類/雜説之屬

避暑録話二卷　（宋）葉夢得撰　民國十八年（1929）上海商務印書館石印本　二册

330000－4719－0000270　20080　集部/别集類/清别集

愚谷公遺稿二卷　（清）張大觀撰　民國九年（1920）金華宋氏朱集成堂鉛印本　一册　存一卷（一）

330000－4719－0000272　20027　集部/别集類

樊山集二十四卷續集三十二卷批判十五卷公牘三卷二家詞鈔五卷二家詠古詩一卷二家試帖二卷　樊增祥撰　民國十二年（1923）上海廣益書局石印本　十一册　缺四十卷（樊山集一至五、續集一至三十、批判一至五）

330000－4719－0000273　20031　經部/小學類/文字之屬/説文/傳説

説文解字注十五卷附六書音均表五卷　（清）段玉裁撰　**説文通檢十四卷首一卷末一卷**　（清）黎永椿編　**説文解字注匡謬八卷**　（清）徐承慶撰　民國三年（1914）上海中華圖書館石印本　七册　缺六卷（十五、六書音均表一至五）

330000－4719－0000274　20044　經部/書類/傳説之屬

書經增訂旁訓四卷　民國上海錦文堂石印本　四册

330000－4719－0000275　20036　集部/詩文評類/文法之屬/公文程式

最新詳解公文程式大全十二卷　世界書局編輯所編輯　民國十三年（1924）上海世界書局石印本　六册

330000－4719－0000276　20064　子部/雜著類/雜説之屬

香祖筆記十二卷　（清）王士禛撰　民國上海掃葉山房石印本　三册　缺三卷（一至三）

330000－4719－0000277　20054　集部/總集類/尺牘之屬

增批蘇黄尺牘合編五卷　（清）黄始箋輯　（清）朱霆　（清）葉豐纂閲　民國上海著易堂石印本　四册

330000－4719－0000278　20024　子部/醫家類/方書之屬/歷代方書

孫真人備急千金要方三十卷　（唐）孫思邈撰　（清）張璐衍義　民國江左書林石印本　八册　缺十二卷（一至十二）

330000－4719－0000279　20058　類叢部/叢書類/彙編之屬

涵芬樓祕笈五十一種　孫毓修等輯　民國五年至十五年（1916－1926）上海商務印書館影印本暨鉛印本　三册　存一種

330000－4719－0000283　20083　子部/雜著類/雜説之屬

共和論一卷　徐紹楨撰　民國刻本　一册

330000－4719－0000284　20062　集部/小説

類/長篇之屬

增像全圖三國志演義第一才子書□□卷一百二十回 (明)羅本撰 (清)毛宗崗評 民國簡青齋石印本 三冊 存六卷(一至六)

330000－4719－0000288 20048 經部/書類/傳說之屬

書集傳六卷 (宋)蔡沈撰 民國商務印書館鉛印本 二冊 存三卷(一至二、四)

330000－4719－0000289 20070 集部/別集類/漢魏六朝別集

陶淵明文集十卷 (晉)陶潛撰 民國石印本 一冊 存三卷(一至三)

330000－4719－0000293 20033 子部/雜著類/雜纂之屬

寄園寄所寄十二卷 (清)趙吉士輯 民國四年(1915)文盛書局石印本 七冊 存十一卷(一至五、七至十二)

330000－4719－0000296 30014 經部/四書類/孟子之屬/傳說

孟子集註七卷 (宋)朱熹撰 民國二十三年(1934)上海商務印書館鉛印本 七冊

330000－4719－0000299 30022 子部/雜著類/雜纂之屬

兩般秋雨盦隨筆八卷 (清)梁紹壬撰 民國四年(1915)上海掃葉山房石印本 四冊

330000－4719－0000303 30008 史部/史評類/史論之屬

讀通鑑論十六卷附宋論十五卷 (清)王夫之撰 民國上海商務印書館鉛印本 十冊

330000－4719－0000304 30013 史部/地理類/方志之屬/郡縣志

[民國]龍游縣志初稿不分卷龍游縣志四十卷首一卷末一卷 余紹宋纂 民國十二年(1923)、十四年(1925)鉛印本 十一冊 缺二十卷(八至十四、二十二至二十四、二十八至三十五、三十九至四十)

330000－4719－0000305 30030 經部/易類/傳說之屬

易經八卷 (宋)程頤傳 民國十八年(1929)上海商務印書館鉛印本 二冊 存四卷(一至四)

330000－4719－0000308 30055 史部/編年類/通代之屬

尺木堂綱鑑易知錄九十二卷明鑑易知錄十五卷 (清)吳乘權 (清)周之炯 (清)周之燦輯 民國鉛印本 五冊 存三十三卷(綱鑑易知錄一至七、六十一至八十一、八十八至九十二)

330000－4719－0000309 30037 史部/雜史類/斷代之屬

說畧不分卷 (明)黃尊素撰 民國古香書屋項氏抄本 一冊

330000－4719－0000310 30039 類叢部/叢書類/彙編之屬

涵芬樓祕笈十集 孫毓修等編 民國五年至十五年(1916－1926)上海商務印書館影印本暨鉛印本 一冊 存一種

330000－4719－0000312 30021 集部/總集類/選集之屬/通代

續古文辭類纂三十四卷 王先謙輯 民國商務印書館鉛印本 四冊

330000－4719－0000322 30042 類叢部/叢書類/彙編之屬

涵芬樓祕笈五十一種 孫毓修等輯 民國五年至十五年(1916－1926)上海商務印書館影印本暨鉛印本 一冊 存四種

330000－4719－0000324 30044 類叢部/叢書類/彙編之屬

涵芬樓祕笈五十一種 孫毓修等輯 民國五年至十五年(1916－1926)上海商務印書館影印本暨鉛印本 一冊 存一種

330000－4719－0000325 30048 集部/詩文評類/文評之屬

文學研究法四卷 姚永樸撰 民國上海商務印書館鉛印本 一冊 存一卷(一)

330000－4719－0000326 30058 子部/藝術

類/書畫之屬/法帖

高書大楷一卷　高雲塍書　民國二十五年(1936)中華書局石印本　一冊

330000－4719－0000328　30038　子部/儒家類/儒學之屬/禮教/家訓

霍渭涯家訓不分卷　(明)霍韜撰　民國石印本　一冊

330000－4719－0000329　30024　經部/小學類/音韻之屬/韻書

增廣詩韻全璧五卷　(清)暢懷書屋主人增　民國上海錦章圖書局石印本　三冊　缺三卷(一至三)

330000－4719－0000332　30045　史部/史評類/史論之屬

評選船山史論二卷　林紓撰　民國三年(1914)上海商務印書館鉛印本　一冊　缺一卷(一)

330000－4719－0000334　30065　集部/小說類/長篇之屬

繪圖增像西遊記一百回　(明)吳承恩撰　(清)陳士斌詮解　民國十四年(1925)上海廣百宋齋鉛印本　九冊　存九十回(一至九十)

330000－4719－0000335　30034　子部/儒家類/儒學之屬/禮教/女範

金科輯要閨範篇三卷　都劫司　武昌侯輯　顯祿侯定　民國十四年(1925)北京金科流通處鉛印本　一冊

330000－4719－0000336　30046　子部/雜著類/雜說之屬

青箱雜記十卷　(宋)吳處厚撰　民國九年(1920)上海商務印書館鉛印本　一冊

330000－4719－0000337　30049　子部/雜著類/雜說之屬

麈史三卷　(宋)王得臣撰　民國八年(1919)上海商務印書館鉛印本　一冊

330000－4719－0000338　30050　子部/雜著類/雜說之屬

歸田錄二卷補遺一卷　(宋)歐陽修撰　民國九年(1920)上海商務印書館鉛印本　一冊

330000－4719－0000339　30035　子部/雜著類/雜說之屬

腳氣集一卷　(宋)車若水撰　民國八年(1919)上海商務印書館鉛印本　一冊

330000－4719－0000340　30051　類叢部/叢書類/彙編之屬

宋人小說二十八種　涵芬樓編　民國八年至九年(1919－1920)上海商務印書館鉛印本　一冊　存一種

330000－4719－0000341　30033　類叢部/叢書類/彙編之屬

宋人小說二十八種　涵芬樓編　民國上海商務印書館鉛印本　一冊　存一種

330000－4719－0000351　0351　史部/地理類/方志之屬/郡縣志

[萬曆]龍游縣志十卷首一卷　(明)萬廷謙修　(明)曹聞禮　(明)鍾相業纂　民國十二年(1923)余紹宋鉛印本　一冊

330000－4719－0000353　0354　史部/編年類/通代之屬

袁了凡王鳳洲綱鑑合編三十九卷首一卷　(明)袁黃　(明)王世貞纂　民國李節齋石印本　四冊　存十八卷(三至七、十二至十九、三十五至三十九)

330000－4719－0000359　0359　子部/醫家類/醫案之屬

柳選四家醫案　(清)柳寶詒選評　民國上海文瑞樓石印本　二冊　存二種

330000－4719－0000367　0367　集部/别集類/清別集

名山藏副本初集二卷贈言集一卷　(清)齊周華撰　民國九年(1920)杭州武林印書館鉛印本　一冊　缺一卷(上)

330000－4719－0000377　0377　子部/儒家類/儒家之屬

孔氏家語十卷　(三國魏)王肅注　民國二年(1913)上海文瑞樓石印本　三冊　存六卷

（一至二、五至八）

330000－4719－0000418　0418　史部/傳記類/總傳之屬/通代

校正尚友録統編二十四卷　（清）錢湖釣徒編　（清）張元聲輯　民國石印本　二册　存四卷（八至九、十九至二十）

330000－4719－0000423　0423　新學/政治法律/刑法

刑法草案二卷民事訴訟律二卷商律草案一卷民律二卷　法制局擬訂　民國法政學社石印本　四册　缺一卷（民律一）

330000－4719－0000428　0428　類叢部/叢書類/彙編之屬

四部備要　中華書局編　民國二十五年（1936）上海中華書局鉛印本（經義考卷二百八十六、二百九十九至三百，東塾讀書記卷十三至十四、十七至二十、二十二至二十五原缺）　二十四册　存一種

330000－4719－0000429　0429　子部/醫家類/綜合之屬/雜著

傷醫大全四十卷　（清）顧世澄撰　民國十七年（1928）鑄記書局石印本　十六册

開化縣圖書館
民國時期傳統裝幀書籍普查登記目録

浙江省民國時期傳統裝幀書籍普查登記目録·衢州　舟山　麗水

國家圖書館出版社
National Library of China Publishing House

#《開化縣圖書館民國時期傳統裝幀書籍普查登記目録》

編委會

主　編： 余宇明

副主編： 劉文英

編纂人員： 劉　彬　胡　勇

《開化縣圖書館民國時期傳統裝幀書籍普查登記目録》

前　言

開化縣圖書館歷經60年歲月，通過接收和購買等途徑，收藏古籍共計8609册。不僅在數量上與時俱增，而且在内容上逐漸形成自己的藏書特色。因條件有限，30多年來館藏書目一直是簡編，且用的都是卡片式的目録，要重新逐一進行詳編。爲方便讀者和詳編工作，我館將館藏1000多張古籍書目録卡片輸入到電腦中去，建成《館藏古籍書目數據庫》。根據浙江圖書館古籍普查相關指示，按照《全國古籍普查登記手册》施行辦法，開化縣圖書館於2014年8月開始古籍普查，至2015年8月民國時期傳統裝幀書籍普查工作圓滿結束，共計録入251條數據，收録民國書籍刻本、石印本、鉛印本、影印本、油印本6734册，分爲經部、史部、子部、集部、類叢部、新學部、刻經等七類，内容涉及政治、歷史、地理、文學、書法、法律、農政、醫藥等。原來登記在册的民國書籍是6621册，有部分破損的古籍没有登記，通過這次普查不但補登了112册，使所有民國書籍全部登記在册，而且还是規範化著録。

我館藏有民國書籍6000多册，其中《吴三桂演義》《繪圖紅樓夢》《四雪草堂重修通俗隋唐演義》《繪圖草木春秋》等小説類書籍最爲引人注目。

摸清民國時期傳統裝幀書籍家底後，我館將制定和完善民國書籍修復、保護管理、資金保障等方面的規章制度，爲解决古籍古籍保護工作中存在的突出問題提供長效而穩定的依據，推動形成依法保護古籍的工作新格局。

這是我館民國古籍普查工作的基本情況，由於學識和能力有限，工作中有很多不足之處，敬請專家同行指導！

開化縣圖書館
2017年7月1日

330000－4720－0000001　000001　史部/紀傳類/正史之屬
百衲本二十四史　張元濟輯　民國上海商務印書館影印本　七百四十八册

330000－4720－0000002　開 200002　類叢部/叢書類/彙編之屬
四部叢刊　張元濟等編　民國十八年(1929)上海商務印書館影印本　二千三百五十四册　存三百十二種

330000－4720－0000003　000004　集部/別集類/宋別集
林和靖先生詩集四卷附錄一卷　(宋)林逋撰　**校語一卷**　邵裴子撰　民國二十四年(1935)上海商務印書館鉛印本　一册

330000－4720－0000004　000008　子部/小說家類/瑣語之屬
夜雨秋燈錄初集四卷續集四卷三集四卷　(清)宣鼎撰　民國上海進步書局石印本　三册　缺三卷(初集一至三)

330000－4720－0000005　000007　集部/總集類/選集之屬/通代
歷代詩文評註讀本　王文濡編　民國上海文明書局鉛印本　二册　存一種

330000－4720－0000007　000009　經部/小學類/文字之屬/字書/字典
康熙字典十二集三十六卷總目一卷檢字一卷辨似一卷等韻一卷補遺一卷備考一卷　(清)張玉書等纂修　民國中華書局據清光緒上海同文書局石印本影印本　六册　缺六卷(寅集上中下、卯集上中下)

330000－4720－0000008　A012　類叢部/叢書類/彙編之屬
四部叢刊　張元濟等編　民國十八年(1929)上海商務印書館影印本　一千五百四十九册　存一百九十三種

330000－4720－0000010　開 200011　類叢部/叢書類/彙編之屬
四部叢刊續編七十七種　張元濟等編　民國二十三年(1934)上海商務印書館影印本　三百九十二册　存五十五種

330000－4720－0000011　000010　史部/傳記類/總傳之屬/儒林
歷代名儒傳八卷　(清)朱軾　(清)蔡世遠訂　民國四年(1915)上海廣益書局石印本　二册　存四卷(三至六)

330000－4720－0000013　A011　類叢部/叢書類/彙編之屬
四部備要　中華書局編　民國二十五年(1936)上海中華書局鉛印本　五百七册　存二十六種

330000－4720－0000016　A131　集部/別集類/唐五代別集
溫飛卿詩集七卷別集一卷集外詩一卷附錄諸家詩評一卷　(唐)溫庭筠撰　(明)曾益注　(清)顧予咸補注　(清)顧嗣立續注　民國六年(1917)上海石竹山房石印本　四册

330000－4720－0000019　000017　集部/總集類/選集之屬/斷代
太平天國文鈔一卷詩鈔一卷聯語鈔一卷附錄一卷　羅邕　沈祖基輯　民國二十年(1931)上海商務印書館鉛印本　三册

330000－4720－0000021　H001　子部/儒家類/儒學之屬/禮教
五種遺規　(清)陳弘謀輯並撰　民國上海商務印書館鉛印本　四册　存四種

330000－4720－0000022　H003　子部/醫家類/醫案之屬
當代全國名醫驗案類編續編二十六卷　郭奇遠評選　民國二十五年(1936)上海大東書局鉛印本　六册

330000－4720－0000024　H002　經部/小學類/訓詁之屬/字詁
言文一貫虛字使用法不分卷　周善培撰　民國十八年(1929)上海商務印書館鉛印本　二册

330000－4720－0000038　H004　子部/醫家

類/傷寒金匱之屬/傷寒論
通俗傷寒論十二卷　（清）俞根初撰　何廉臣增補　**歷代傷寒書目考一卷**　曹炳章撰　民國二十三年（1934）上海千頃堂書局鉛印本　七册　存九卷（五至十二、書目考）

330000－4720－0000043　H005　集部/總集類/尺牘之屬
十大名家家書十種十卷　平襟亞編　民國上海共和書局鉛印本　一册　存一種

330000－4720－0000045　開000015　史部/雜史類/斷代之屬
明季稗史續編六種六卷　民國十四年（1925）上海商務印書館鉛印本　三册

330000－4720－0000046　開000016　史部/雜史類/斷代之屬
明季稗史初編十六種二十七卷　（清）留雲居士輯　民國元年（1912）上海商務印書館鉛印本　六册

330000－4720－0000048　A001　子部/叢編
子書三十二種　育文書局編　民國四年（1915）育文書局石印本　三十四册　存三十種

330000－4720－0000049　開000018　子部/儒家類/儒家之屬
孔氏家語十卷　（三國魏）王肅注　民國六年（1917）上海會文堂書局石印本　五册

330000－4720－0000051　開000019　史部/紀傳類/正史之屬
漢書評注一百卷　（明）凌稚隆輯　民國上海掃葉山房石印本　十九册　缺七卷（九十四至一百）

330000－4720－0000052　A068　子部/醫家類/傷寒金匱之屬/金匱要略
南雅堂金匱要略方歌一卷　（清）陳念祖撰　蘭谿中醫專校編次　民國蘭谿公立中醫學校油印本　一册

330000－4720－0000053　開000020　集部/總集類/尺牘之屬
十大名家家書十卷　平襟亞編　秋痕廔主評　民國十五年（1926）上海共和書局鉛印本　二册　存二種

330000－4720－0000054　開000022　集部/詞類/詞譜之屬
孜正白香詞譜三卷附錄一卷　陳小蝶編　**增訂晚翠軒詞韻一卷**　陳祖耀校正　民國七年（1918）春草軒鉛印本暨石印本　五册

330000－4720－0000055　開000021　集部/詞類/詞譜之屬
白香詞譜箋四卷　（清）舒夢蘭輯　（清）謝朝徵箋　民國二年（1913）上海掃葉山房石印本　四册

330000－4720－0000059　A071　史部/金石類/金之屬/文字
歷代鐘鼎彝器欵識法帖二十卷　（宋）薛尚功撰　民國上海書局影印本　四册　缺四卷（九至十二）

330000－4720－0000061　A073　集部/别集類/清别集
音註小倉山房尺牘八卷　（清）袁枚撰　（清）胡光斗箋釋　民國十五年（1926）上海掃葉山房石印本　二册　存四卷（一至四）

330000－4720－0000062　開000024　集部/别集類/唐五代别集
昌黎先生集四十卷外集十卷遺文一卷　（唐）韓愈撰　（唐）李漢編　**朱子校昌黎先生集傳一卷**　（宋）朱熹撰　**韓集點勘四卷**　（清）陳景雲撰　民國九年（1920）毘陵章氏石印本　六册　存五十四卷（昌黎先生集二至四十、外集一至十、遺文、韓集點勘一至四）

330000－4720－0000063　A078　集部/别集類/清别集
亭林詩集五卷文集六卷餘集一卷　（清）顧炎武撰　民國五年（1916）上海同文圖書館石印本　二册　存四卷（詩集一至四）

330000－4720－0000064　開000025　類叢部/類書類/通類之屬

子史精華一百六十卷　(清)吳士玉　(清)吳襄等輯　民國上海中華圖書館石印本　八册

330000－4720－0000065　H006　經部/詩類/傳說之屬

毛詩說六卷詩藴二卷　(清)莊有可撰　民國二十三年(1934)上海商務印書館影印本　六册

330000－4720－0000069　開000026　子部/醫家類/綜合之屬/通論

御纂醫宗金鑑九十卷首一卷　(清)吳謙等撰　民國商務印書館鉛印本　九册　存六十六卷(三至六十八)

330000－4720－0000071　H007　子部/醫家類/醫案之屬

當代全國名醫驗案類編十四卷　何廉臣評選　民國十八年(1929)上海大東書局鉛印本　八册

330000－4720－0000072　開000027　子部/儒家類/儒學之屬

古今格言四卷　江畬經編纂　民國上海商務印書館鉛印本　四册

330000－4720－0000073　開000029　類叢部/類書類/專類之屬

古今楹聯類纂十二卷附慶弔雜件備覽二卷　雲后編輯　民國十六年(1927)上海會文堂新記書局石印本　九册　缺五卷(一至三、六至七)

330000－4720－0000077　開000030　經部/春秋左傳類/傳說之屬

春秋左傳五十卷　(晉)杜預　(宋)林堯叟註釋　(唐)陸德明音義　民國四年(1915)上海商務印書館石印本　十二册

330000－4720－0000079　開000028　經部/春秋左傳類/傳說之屬

春秋左傳句解六卷　(清)韓菼重訂　民國三年(1914)上海商務印書館鉛印本　二册　存三卷(四至六)

330000－4720－0000085　A025　史部/編年類/斷代之屬

東華續録五十卷(嘉慶朝)　王先謙編　民國鉛印本　七册　存三十九卷(十二至五十)

330000－4720－0000088　開000035　經部/春秋左傳類/傳說之屬

春秋左傳五十卷　(晉)杜預　(宋)林堯叟註釋　(唐)陸德明音義　民國上海商務印書館鉛印本　十册　存四十七卷(四至五十)

330000－4720－0000089　開000036　經部/春秋左傳類/傳說之屬

春秋左傳句解六卷　(清)韓菼重訂　民國三年(1914)上海商務印書館鉛印本　六册

330000－4720－0000090　A026　史部/編年類/斷代之屬

東華續録六十卷(道光朝)　王先謙編　民國鉛印本　七册

330000－4720－0000091　開000037　集部/總集類/選集之屬/通代

歷代詩文評註讀本　王文濡編　民國上海文明書局鉛印本　二册　存一種

330000－4720－0000092　開000038　集部/總集類/選集之屬/通代

短篇文選三卷　雷瑨編　民國三年(1914)上海掃葉山房石印本　四册

330000－4720－0000093　A027　史部/編年類/斷代之屬

東華續録一百二十卷(乾隆朝)　王先謙編　民國鉛印本　十八册　存八十卷(四十一至一百二十)

330000－4720－0000096　H008　集部/楚辭類

楚辭章句十七卷　(漢)王逸撰　(宋)洪興祖補注　民國八年(1919)上海文瑞樓影印本　四册

330000－4720－0000099　A031　史部/金石類/總志之屬/文字

金石萃編一百六十卷　(清)王昶撰　**金石續編二十一卷首一卷**　(清)陸耀通撰　**金石萃**

編補正四卷　（清）方履籛撰　民國十五年（1926）上海掃葉山房石印本　十六冊　存八十二卷（一至七、十六至三十五、五十七至六十三、七十七至八十三、九十一至一百四、一百八至一百十八、一百二十六至一百三十三，續編九至十四，補正三至四）

330000－4720－0000100　A230　類叢部/叢書類/彙編之屬

四部叢刊　張元濟等編　民國十八年（1929）上海商務印書館影印本　二百八十四冊　存四十六種

330000－4720－0000101　開 000041　經部/四書類/總義之屬/傳說

新式標點四書白話解說二十九卷　董堅志編輯　民國二十四年（1935）上海錦章圖書局石印本　五冊　缺五卷（大學，孟子二至三，論語一、五）

330000－4720－0000102　A032　集部/別集類/清別集

漁洋山人精華錄箋注十二卷補一卷附錄一卷年譜一卷　（清）王士禛撰　（清）金榮箋注　（清）徐淮纂輯　民國石印本　十冊　缺二卷（五、七）

330000－4720－0000103　開 000042　經部/小學類/文字之屬/字書/字典

康熙字典十二集三十六卷總目一卷檢字一卷辨似一卷等韻一卷補遺一卷備考一卷　（清）張玉書等纂修　民國四年（1915）上海錦章圖書局石印本　五冊　缺六卷（未集上中下、申集上中下）

330000－4720－0000104　開 000043　經部/小學類/文字之屬/字書/字典

康熙字典十二集三十六卷檢字一卷辨似一卷等韻一卷補遺一卷備考一卷　（清）張玉書等纂修　民國十八年（1929）上海共和書局石印本　五冊　缺六卷（子集上中下、丑集上中下）

330000－4720－0000105　H009　集部/詞類/詞譜之屬

詞律拾遺八卷　（清）徐本立纂　**詞律補遺一卷**　（清）杜文瀾編　民國石印本　四冊

330000－4720－0000111　開 000047　子部/道家類

莊子集解八卷　王先謙撰　民國上海校經山房成記書局石印本　四冊

330000－4720－0000112　開 000048　子部/道家類

南華真經解四卷　（清）宣穎撰　民國三年（1914）尚古山房石印本　三冊

330000－4720－0000114　開 000050　集部/別集類/唐五代別集

昌黎先生集四十卷外集十卷遺文一卷　（唐）韓愈撰　（唐）李漢編　**朱子校昌黎先生集傳一卷**　（宋）朱熹撰　**韓集點勘四卷**　（清）陳景雲撰　民國九年（1920）毘陵章氏石印本　九冊

330000－4720－0000120　開 000055　集部/總集類/選集之屬/通代

歷代詩文評註讀本　王文濡編　民國上海文明書局鉛印本　四冊　存一種

330000－4720－0000121　A231　類叢部/叢書類/彙編之屬

四部備要　中華書局編　民國二十五年（1936）上海中華書局鉛印本　二冊　存二種

330000－4720－0000122　開 000057　集部/別集類/漢魏六朝別集

曹集銓評十卷逸文一卷　（三國魏）曹植撰　（清）丁晏纂　民國十五年（1926）上海掃葉山房影印本　五冊

330000－4720－0000127　開 000061　集部/別集類/唐五代別集

李太白文集三十卷　（唐）李白撰　民國二年（1913）上海文瑞樓石印本　六冊

330000－4720－0000134　開 000066　集部/總集類/氏族之屬

三蘇文集四十四卷　（清）邵希雍輯　民國元年（1912）上海會文堂書局石印本　三冊　存

十五卷(嘉祐集一至十五)

330000－4720－0000135　開000067　子部/醫家類/類編之屬

仲景全書五種　(漢)張機等撰　民國五年(1916)上海千頃堂石印本　五冊　存三種

330000－4720－0000136　開000068　類叢部/叢書類/自著之屬

船山遺書六十六種附一種　(清)王夫之撰　民國二十二年(1933)上海太平洋書店鉛印本　二十五冊　存七種

330000－4720－0000144　A038　子部/醫家類/方書之屬/成方藥目

成方便讀四卷　(清)張秉成集選　民國二十二年(1933)上海千頃堂書局石印本　二冊

330000－4720－0000145　A039　史部/史評類/史論之屬

讀通鑑論十六卷附宋論十五卷　(清)王夫之撰　民國三年(1914)上海會文堂書局石印本　十一冊　缺二卷(讀通鑑論五至六)

330000－4720－0000147　H017　子部/儒家類/儒學之屬/蒙學

記事文百法四卷　劉鐵冷撰　費隻園評註　民國十五年(1926)上海中原書局鉛印本　二冊

330000－4720－0000148　H018　子部/醫家類/類編之屬

潛齋醫學叢書十四種　曹炳章編　民國七年(1918)集古閣石印本　一冊　存二種

330000－4720－0000149　H019　子部/醫家類/類編之屬

潛齋醫學叢書十四種　曹炳章編　民國七年(1918)集古閣石印本　一冊　存一種

330000－4720－0000153　H021　集部/別集類/宋別集

音註蘇東坡文四卷　(宋)蘇軾撰　姚祝萱音注　民國十三年(1924)上海文明書局石印本　二冊

330000－4720－0000159　開000075　集部/總集類/選集之屬/通代

古今文綜不分卷　張相輯　民國上海中華書局鉛印本　七冊

330000－4720－0000160　H025　集部/別集類/清別集

夢禪室詩集十三卷　(清)林蒼撰　民國石印本　一冊　存三卷(七至九)

330000－4720－0000161　H026　集部/別集類/清別集

音註小倉山房尺牘八卷　(清)袁枚撰　(清)胡光斗箋釋　民國上海文益書局石印本　四冊

330000－4720－0000164　開000076　集部/總集類/尺牘之屬

眉公才子尺牘四卷　(明)陳繼儒輯　(清)沈錫侯增訂　**聖嘆才子尺牘四卷**　(清)金人瑞鑒定　(清)金雍撰　民國七年(1918)上海碧梧山莊石印本　二冊　存四卷(眉公才子尺牘一至二、聖嘆才子尺牘一至二)

330000－4720－0000166　開000078　集部/詞類/詞譜之屬

詞律二十卷　(清)萬樹輯　**韻目一卷**　(清)杜文瀾編　民國德記書局石印本　八冊

330000－4720－0000170　開000082　類叢部/叢書類/自著之屬

分類廣註曾文正公五種八卷　(清)曾國藩撰　民國上海世界書局石印本　一冊　存二卷(日記一至二)

330000－4720－0000175　開000084　集部/總集類/選集之屬/通代

言文對照古文觀止十二卷　(清)吳乘權　(清)吳大職輯　董堅志譯白　民國二十年(1931)上海錦章圖書局石印本　十二冊

330000－4720－0000178　開000085　經部/四書類/總義之屬/傳說

新式標點四書白話註解十九卷　琴石山人注解　民國上海錦章圖書局石印本　十一冊

缺八卷(論語二至三、六至十,孟子五)

330000－4720－0000179　開 000089　集部/詩文評類/文法之屬/文法

作文法四卷　謝慎修撰　民國六年(1917)上海廣益書局石印本　四冊

330000－4720－0000180　開 000090　子部/儒家類/儒學之屬/蒙學

繪圖幼學白話句解四卷　施錫軒撰　民國十年(1921)上海廣雅書局石印本　四冊

330000－4720－0000182　開 000088　子部/儒家類/儒學之屬/蒙學

繪圖幼學白話句解四卷　施錫軒撰　民國十年(1921)上海廣雅書局石印本　四冊

330000－4720－0000183　開 000091　子部/儒家類/儒學之屬/蒙學

新增幼學瓊林白話句解四卷　(清)程登吉撰　(清)鄒聖脈增補　民國十六年(1927)上海中原書局石印本　四冊

330000－4720－0000185　開 000092　集部/總集類/題詠之屬

歷代題畫詩類絕句鈔二卷　中華圖書館編　民國二年(1913)上海中華圖書館石印本　一冊

330000－4720－0000186　開 000094　經部/詩類/傳說之屬

新註詩經白話解八卷　洪子良編纂　民國十八年(1929)上海中原書局石印本　六冊

330000－4720－0000189　H033　子部/醫家類/溫病之屬/瘟疫

鼠疫抉微四卷　(清)余德壎編　民國二十六年(1937)上海大東書局鉛印本　一冊

330000－4720－0000191　H034　經部/詩類/傳說之屬

詩經白話註解八卷　民國七年(1918)上海江東茂記書局石印本　四冊

330000－4720－0000193　H036　子部/藝術類/書畫之屬/總論

中國繪畫史一卷　陳師曾撰　民國十四年(1925)濟南翰墨緣美術院鉛印本　一冊

330000－4720－0000194　H037　經部/詩類/傳說之屬

詩經白話註解八卷　民國七年(1918)上海江東茂記書局石印本　四冊

330000－4720－0000195　H038　集部/總集類/選集之屬/通代

歷代詩文評註讀本　王文濡編　民國上海文明書局鉛印本　二冊　存一種

330000－4720－0000197　H039　經部/書類/傳說之屬

新式標點書經白話文六卷　許德厚譯　民國十七年(1928)上海中原書局石印本　三冊　存四卷(一至四)

330000－4720－0000198　H040　子部/醫家類/傷寒金匱之屬/傷寒論

通俗傷寒論十二卷　(清)俞根初撰　何廉臣增補　**歷代傷寒書目考一卷**　曹炳章撰　民國二十三年(1934)上海千頃堂書局鉛印本　三冊　存四卷(一至四)

330000－4720－0000201　H042　集部/詩文評類/詩評之屬

詩法易簡錄十四卷錄餘緒論一卷　(清)李鍈撰　民國六年(1917)味經書屋鉛印本　一冊　存六卷(十至十四、錄餘緒論)

330000－4720－0000202　A270　子部/醫家類/醫案之屬

當代全國名醫驗案類編十四卷　何廉臣評選　民國上海大東書局鉛印本　六冊　缺三卷(六、十三至十四)

330000－4720－0000205　開 000103　子部/醫家類/婦科之屬/通論

女科秘訣大全五卷　陳秉鈞輯　民國上海廣益書局石印本　一冊　存三卷(一至三)

330000－4720－0000207　開 000105　子部/醫家類/方書之屬/單方驗方

名醫方論四卷　(清)羅美　(清)柯琴輯並評

民國上海大成書局石印本　二册　缺二卷（二至三）

330000－4720－0000208　開000106　子部/醫家類/溫病之屬

溫熱經緯五卷　（清）王士雄纂　（清）楊照藜（清）汪曰楨評　民國四年（1915）上海普新書局石印本　一册

330000－4720－0000209　開000107　子部/醫家類/溫病之屬

溫熱經緯五卷　（清）王士雄纂　（清）楊照藜（清）汪曰楨評　民國上海錦章圖書局石印本　二册　存二卷（三至四）

330000－4720－0000210　開000108　子部/醫家類/兒科之屬/通論

鼎鍥幼幼集成六卷　（清）陳復正輯　民國六年（1917）上海錦章圖書局影印本　一册

330000－4720－0000211　開000109　子部/醫家類/外科之屬

祕本瘍科選粹八卷　（明）陳文治撰　（清）徐大椿批點　民國上海新中華書社石印本　三册　存三卷（四、六至七）

330000－4720－0000213　A271　經部/小學類/文字之屬/字書/字典

康熙字典十二集三十六卷檢字一卷辨似一卷等韻一卷補遺一卷備考一卷　（清）張玉書等纂修　民國石印本　一册　存六卷（酉集上中下、戌集上中下）

330000－4720－0000214　開000112　子部/醫家類/本草之屬/神農本草經

神農本草經百種錄一卷　（清）徐大椿撰　民國石印本　一册

330000－4720－0000215　開000113　子部/醫家類/本草之屬/神農本草經

神農本草經百種錄一卷　（清）徐大椿撰　民國石印本　一册

330000－4720－0000217　開000114　子部/醫家類/針灸之屬/針法灸法

繪圖針灸易學二卷附七十二翻全圖一卷　（清）李守先撰　（清）王庭烜等繪　民國上海萃英書局石印本　一册　存一卷（繪圖針灸易學一）

330000－4720－0000218　開000115　子部/醫家類/綜合之屬/雜著

筆花醫鏡四卷　（清）江涵暾撰　民國三年（1914）文益書莊石印本　一册　存一卷（一）

330000－4720－0000222　開000117　子部/醫家類/綜合之屬/通論

醫學源流論二卷　（清）徐大椿撰　民國石印本　一册　存一卷（上）

330000－4720－0000227　開000119　子部/小說家類/異聞之屬

詳註閱微草堂筆記二十四卷　（清）紀昀撰　謝瑢詳註　民國上海會文堂書局石印本　四册　存九卷（六、十至十三、二十一至二十四）

330000－4720－0000228　開000121　子部/小說家類/異聞之屬

詳註閱微草堂筆記二十四卷　（清）紀昀撰　謝瑢詳註　民國七年（1918）上海會文堂書局石印本　七册　存十六卷（一至九、十四至二十）

330000－4720－0000232　H043　集部/別集類/清別集

亭林詩集五卷文集六卷餘集一卷　（清）顧炎武撰　民國十七年（1928）上海掃葉山房石印本　二册　存六卷（文集一至六）

330000－4720－0000236　開000124　子部/醫家類/醫案之屬

臨證指南醫案八卷　（清）葉桂撰　民國上海文益書局石印本　一册　存一卷（八）

330000－4720－0000237　開000126　子部/醫家類/傷寒金匱之屬/傷寒論

傷寒説意十卷首一卷　（清）黃元御撰　民國元年（1912）上海江左書林石印本　一册

330000－4720－0000239　開000127　子部/醫家類/醫案之屬

問齋醫桉五卷　（清）蔣寶素撰　（清）李永福

參訂　民國五年(1916)上海石竹山房石印本　一册　缺四卷(二至五)

330000－4720－0000242　開000128　集部/總集類/選集之屬/斷代

註釋唐詩三百首六卷　(清)孫洙編　民國商務印書館鉛印本　一册　存三卷(五言古詩、七言古詩、五言律詩)

330000－4720－0000245　A050　子部/醫家類/類編之屬

國醫百家□□種　裘慶元輯　民國六年至九年(1917－1920)紹興醫藥學報社鉛印本　五册　存五種

330000－4720－0000246　A051　子部/醫家類/類編之屬

國醫百家□□種　裘慶元輯　民國六年至九年(1917－1920)紹興醫藥學報社鉛印本　二册　存一種

330000－4720－0000247　開000130　子部/醫家類/溫病之屬

增批溫熱經緯四卷　(清)王士雄纂　(清)葉霖增批　民國二十四年(1935)上海世界書局石印本　二册

330000－4720－0000248　開000132　子部/醫家類/溫病之屬

溫熱經緯五卷　(清)王士雄纂　(清)楊照藜　(清)汪曰楨評　民國四年(1915)上海普新書局石印本　一册

330000－4720－0000250　A053　子部/醫家類/方書之屬/成方藥目

藥劑學講義一卷　蘭谿公立中醫學校編述　民國蘭谿公立中醫學校油印本　一册

330000－4720－0000252　開000134　子部/醫家類/本草之屬/本草藥性

藥用植物圖考六卷　王通聲編　民國十九年(1930)石印本　二册　存二卷(三、六)

330000－4720－0000253　H044　子部/醫家類/傷寒金匱之屬/傷寒論

通俗傷寒論十二卷　(清)俞根初撰　何廉臣增補　**歷代傷寒書目考一卷**　曹炳章撰　民國二十三年(1934)上海千頃堂書局鉛印本　一册　存二卷(五至六)

330000－4720－0000254　H045　子部/醫家類/傷寒金匱之屬/傷寒論

通俗傷寒論十二卷　(清)俞根初撰　何廉臣增補　**歷代傷寒書目考一卷**　曹炳章撰　民國二十三年(1934)上海千頃堂書局鉛印本　三册　存四卷(五至六、八、十)

330000－4720－0000256　開000136　子部/醫家類/綜合之屬/通論

醫學源流論二卷　(清)徐大椿撰　民國石印本　一册　存一卷(上)

330000－4720－0000257　A054　子部/醫家類/本草之屬/本草藥性

本草正義三卷　張壽頤撰　民國蘭谿公立中醫學校油印本　三册

330000－4720－0000258　A055　子部/醫家類/針灸之屬/經絡腧穴

新校正經脈俞穴記誦編二卷　張壽頤撰　民國蘭谿公立中醫學校油印本　二册

330000－4720－0000259　A056　子部/醫家類/針灸之屬/經絡腧穴

新校正經脈俞穴記誦編二卷　張壽頤撰　民國蘭谿公立中醫學校油印本　一册　存一卷(下)

330000－4720－0000260　A057　子部/醫家類/醫理之屬/綜合

靈素生理新論三卷　楊百城編纂　民國蘭谿公立中醫學校油印本　三册

330000－4720－0000261　A058　子部/醫家類/醫經之屬/難經

難經本義箋三卷首一卷　(戰國)秦越人撰　(元)滑壽本義　(清)周學海增輯　張壽頤箋　民國蘭谿公立中醫學校油印本　三册　存三卷(一至三)

330000－4720－0000262　A059　子部/醫家類/綜合之屬/通論

醫家名論選讀四卷　張壽頤輯錄　民國蘭谿公立中醫學校油印本　三册　缺一卷(四)

330000－4720－0000265　開 000139　子部/藝術類/書畫之屬/畫譜

飛影閣叢畫不分卷　周慕橋繪　民國集成書局石印本　三册

330000－4720－0000267　開 000140　集部/別集類/清別集

音註小倉山房尺牘八卷　(清)袁枚撰　(清)胡光斗箋釋　民國上海文益書局石印本　四册

330000－4720－0000270　開 000143　子部/藝術類/書畫之屬/法帖

翁松禪墨蹟十集　(清)翁同龢書　民國二十二年(1933)上海商務印書館影印本　一册　存一集(一)

330000－4720－0000271　開 000141　子部/藝術類/書畫之屬/法帖

高書小楷一卷　高雲塍書　民國三十年(1941)中華書局石印本　一册

330000－4720－0000272　開 000144　史部/傳記類/總傳之屬/儒林

學統五十六卷　(清)熊賜履撰　民國靈峰精舍鉛印本　四册　存十六卷(四至六、八至九、十三至二十一、四十一至四十二)

330000－4720－0000273　A063　子部/醫家類/診法之屬/脈經脈訣

脈學正義□□卷　張壽頤編　民國蘭谿公立中醫學校油印本　二册　存一卷(一)

330000－4720－0000274　開 000145　集部/總集類/選集之屬/通代

玉臺新詠十卷　(南朝陳)徐陵編　(清)吳兆宜注　(清)程琰刪補　民國十三年(1924)上海掃葉山房石印本　四册

330000－4720－0000275　A064　子部/醫家類/兒科之屬/通論

閻氏小兒方論疏解一卷　(宋)閻孝忠撰　張壽熙疏解　民國蘭谿公立中醫學校油印本　一册

330000－4720－0000276　A065　子部/醫家類/兒科之屬/通論

董氏小兒方論疏解一卷　(宋)董汲撰　張壽熙疏解　民國蘭谿公立中醫學校油印本　一册

330000－4720－0000277　開 000146　子部/小說家類/異聞之屬

續夷堅志四卷　(金)元好問纂　民國三年(1914)掃葉山房石印本　二册

330000－4720－0000278　A066　子部/醫家類/醫經之屬/難經

難經本義箋三卷首一卷　(戰國)秦越人撰　(元)滑壽本義　(清)周學海增輯　張壽頤箋　民國蘭谿公立中醫學校油印本　一册　存一卷(首)

330000－4720－0000279　A067　子部/醫家類/綜合之屬/通論

醫論稿一卷　張壽頤撰　民國蘭谿公立中醫學校抄本　一册

330000－4720－0000280　開 000148　子部/醫家類/本草之屬/本草藥性

增補本草備要八卷　(清)汪昂著輯　民國石印本　一册　缺一卷(八)

330000－4720－0000282　開 000148　集部/小說類/長篇之屬

新輯繪圖全續彭公案四集四卷八十一回　(清)貪夢道人撰　民國石印本　一册　存一卷(一)

330000－4720－0000283　開 000149　史部/編年類/通代之屬

尺木堂綱鑑易知錄九十二卷明鑑易知錄十五卷　(清)吳乘權　(清)周之炯　(清)周之燦輯　民國鉛印本　三册　存二十三卷(綱鑑易知錄四十至五十三、明鑑易知錄七至十五)

330000－4720－0000285　開 000152　子部/醫家類/溫病之屬

溫病條辨六卷首一卷　(清)吴瑭撰　民國十四年(1925)上海鴻文書局石印本　四冊

330000－4720－0000286　開 000151　子部/醫家類/本草之屬/本草藥性

增補本草備要八卷　(清)汪昂著輯　民國上海錦章圖書局石印本　二冊

330000－4720－0000287　開 000152　子部/醫家類/類編之屬

徐靈胎先生醫書十六種　(清)徐大椿撰　民國上海錦文堂書局石印本　一冊　存一種

330000－4720－0000288　開 000153　集部/詩文評類/詩評之屬

隨園詩話十六卷補遺十卷　(清)袁枚撰　民國三年(1914)上海鴻寶齋書局石印本　二冊　存九卷(隨園詩話一至九)

330000－4720－0000291　開 000156　子部/醫家類/溫病之屬

溫熱經緯五卷　(清)王士雄纂　(清)楊照藜　(清)汪曰楨評　民國四年(1915)上海普新書局石印本　一冊　存二卷(一至二)

330000－4720－0000292　開 000160　集部/總集類/尺牘之屬

歷代名人家書不分卷　四願齋主編輯　民國二十八年(1939)長沙商務印書館鉛印本　一冊

330000－4720－0000294　開 000158　集部/詩文評類/文法之屬

日用必備交際大觀十卷　周德芳編　民國二十四年(1935)上海錦章書局石印本　一冊

330000－4720－0000295　開 000159　集部/詩文評類/文法之屬

日用必備交際大觀十卷　周德芳編　民國二十四年(1935)上海錦章書局石印本　一冊

330000－4720－0000296　開 000161　類叢部/叢書類/彙編之屬

古今説部叢書二百七十二種　國學扶輪社輯　民國四年(1915)中國圖書公司和記鉛印本　三十六冊　存九種

330000－4720－0000306　A088　類叢部/叢書類/彙編之屬

四部備要　中華書局編　民國二十五年(1936)上海中華書局鉛印本　四冊　存一種

330000－4720－0000317　開 000165　經部/小學類/文字之屬/説文/傳説

朱氏説文通訓定聲序注一卷　(清)朱駿聲撰　宋文蔚注釋　民國二十三年(1934)上海商務印書館石印本　一冊

330000－4720－0000321　開 000167　子部/醫家類/醫經之屬/内經

素問靈樞類纂約註三卷　(清)汪昂輯註　民國上海商務印書館鉛印本　二冊　存二卷(中下)

330000－4720－0000323　開 000168　經部/春秋左傳類/傳説之屬

春秋左傳句解六卷　(清)韓菼重訂　民國上海商務印書館鉛印本　一冊　存一卷(二)

330000－4720－0000324　開 000169　集部/小説類/長篇之屬

繪圖草木春秋四卷三十二回　(清)江洪撰　民國十七年(1928)上海沈鶴記書局石印本　一冊

330000－4720－0000325　開 000172　子部/墨家類

墨子十五卷目一卷篇目考一卷　(清)畢沅校注並撰　民國十五年(1926)上海掃葉山房石印本　二冊

330000－4720－0000326　A100　集部/小説類/短篇之屬

今古奇觀四十卷　(明)抱甕老人輯　民國茂苑萃珍書屋鉛印本　四冊　存二十七卷(一至二十、二十七至三十三)

330000－4720－0000327　開 000170　集部/總集類/選集之屬/通代

增補重訂千家詩註解二卷　(宋)謝枋得選　(清)汪相注　**新鐫五言千家詩箋註二卷**　(清)王相選注　**附笠翁對韻二卷詩品詳註一**

卷　民國上海錦章圖書局石印本　一冊

330000－4720－0000328　開 000171　史部/雜史類/斷代之屬

痛史二十一種附九種　樂天居士輯　民國上海商務印書館鉛印本　十五冊　存十四種

330000－4720－0000332　開 000175　集部/小說類/長篇之屬

精訂綱鑑廿四史通俗衍義六卷四十四回首一卷　(清)呂撫撰　民國石印本　二冊　存六卷(一至六)

330000－4720－0000333　開 000181　集部/小說類/長篇之屬

新式水滸演義四卷　(清)江陰香編　民國上海廣文書局石印本　一冊　存二卷(一至二)

330000－4720－0000334　開 000176　集部/總集類/選集之屬/通代

註釋宋元明詩三百首六卷　(清)朱梓　(清)冷昌言編　民國中華書局鉛印本　一冊

330000－4720－0000337　A102　子部/醫家類/傷寒金匱之屬/金匱要略

金匱心典三卷　(漢)張仲景撰　(清)尤怡集註　民國二十三年(1934)無錫日升山房刻本　三冊

330000－4720－0000340　開 000182　集部/小說類/短篇之屬

新鐫笑林廣記四卷　(清)遊戲主人撰　民國十七年(1928)上海沈鶴記書局石印本　一冊

330000－4720－0000343　A104　集部/別集類/清別集

亭林詩集五卷文集六卷餘集一卷　(清)顧炎武撰　民國上海掃葉山房石印本　二冊　缺六卷(文集一至六)

330000－4720－0000346　開 000183　集部/別集類/清別集

曾文正公家書十卷家訓二卷　(清)曾國藩撰　**曾文正公大事記四卷榮哀錄一卷**　(清)王定安編　民國上海錦章圖書局石印本　二冊　存六卷(家書一至六)

330000－4720－0000347　H048　子部/醫家類/醫案之屬

柳選四家醫案　(清)柳寶詒選評　民國上海文瑞樓石印本　一冊　存一種

330000－4720－0000348　開 000184　子部/醫家類/綜合之屬/通論

類證治裁八卷首一卷　(清)林珮琴撰　民國石印本　一冊　存一卷(八)

330000－4720－0000349　開 000185　史部/政書類/律令之屬/判牘

新編評注曾國藩判牘菁華一卷　(清)曾國藩撰　平襟亞編　秋痕廔主評　民國上海東亞書局鉛印本一冊

330000－4720－0000350　開 000186　史部/政書類/律令之屬/判牘

新編評注曾國荃判牘菁華一卷　(清)曾國藩撰　平襟亞編　秋痕廔主評　民國上海東亞書局鉛印本　一冊

330000－4720－0000351　開 000187　史部/政書類/律令之屬/判牘

新編評注李鴻章判牘菁華一卷　(清)李鴻章撰　平襟亞纂　秋痕樓主評　民國上海東亞書局鉛印本　一冊

330000－4720－0000355　開 000188　子部/醫家類/類編之屬

黃氏醫書八種八十卷　(清)黃元御撰　民國石印本　一冊　存一種

330000－4720－0000361　開 000193　集部/別集類/唐五代別集

杜詩鏡銓二十卷附諸家論杜一卷杜工部年譜一卷　(清)楊倫輯　**讀書堂杜工部文集註解二卷**　(清)張溍撰　民國十年(1921)上海掃藥房山石印本　七冊　存十九卷(一、五至二十,文集註解一至二)

330000－4720－0000365　A110　類叢部/叢書類/彙編之屬

四部備要　中華書局編　民國二十五年(1936)上海中華書局鉛印本　十五冊　存

五種

330000－4720－0000366　開000195　史部/編年類/通代之屬

鼎鍥趙田了凡袁先生編纂古本歷史大方綱鑑補三十九卷首一卷　(明)袁黄纂　**御撰資治通鑑綱目三編二十卷**　(清)張廷玉等編　民國三年(1914)上海共和書局石印本　九册　存十一卷(綱鑑補首,一至二、四至八;御撰資治通鑑綱目三編一至三)

330000－4720－0000367　開000196　史部/編年類/通代之屬

鼎鍥趙田了凡袁先生編纂古本歷史大方綱鑑補三十九卷首一卷　(明)袁黄纂　**御撰資治通鑑綱目三編二十卷**　(清)張廷玉等編　民國三年(1914)上海共和書局石印本　四册　存四卷(綱鑑補四至七)

330000－4720－0000370　開000198　子部/醫家類/診法之屬/脈經脈訣

校正圖註脈訣四卷　(晉)王叔和撰　(明)張世賢註　民國上海章福記石印本　二册

330000－4720－0000373　A113　集部/小説類/短篇之屬

詳註聊齋志異圖詠十六卷　(清)蒲松齡撰　(清)吕湛恩注　民國石印本　三册　存六卷(三至六、十一至十二)

330000－4720－0000376　A116　集部/總集類/尺牘之屬

新輯尺牘合璧四卷　(清)許思湄　(清)龔萼撰　(清)婁世瑞注　(清)寄虹軒主人輯　民國上海文益書局石印本　三册　存三卷(二至四)

330000－4720－0000377　A117　子部/藝術類/書畫之屬/法帖

斷碑帖不分卷　(晉)王羲之書　民國上海進步書局影印本　一册

330000－4720－0000381　A121　子部/藝術類/書畫之屬/法帖

閑邪公家傳一卷　(元)周馳撰　(元)趙孟頫書　民國影印本　一册

330000－4720－0000382　A122　子部/藝術類/書畫之屬/法帖

瓊宮五帝内思上法不分卷　(唐)鍾紹京書　民國影印本　一册

330000－4720－0000383　A123　子部/藝術類/書畫之屬

故宮書畫集四十五集　北平故宮博物院古物館編　民國故宮博物院影印本　一册　存一期(二十六)

330000－4720－0000384　H051　集部/小説類/長篇之屬

四雪草堂重修通俗隋唐演義八卷一百回　(清)褚人獲撰　民國十七年(1928)上海大成書局石印本　二册　存二卷(五、七)

330000－4720－0000385　A124　子部/藝術類/書畫之屬/法帖

字帖不分卷　民國影印本　二册

330000－4720－0000386　A125　子部/藝術類/書畫之屬/法帖

字帖不分卷　民國影印本　一册

330000－4720－0000389　A128　集部/總集類/選集之屬/通代

評註駢文筆法百篇不分卷　王仁溥評選　民國十一年(1922)上海進化書局鉛印本　一册

330000－4720－0000390　A129　經部/小學類/訓詁之屬/字詁

言文一貫虚字使用法不分卷　周善培撰　民國十四年(1925)上海商務印書館鉛印本　一册

330000－4720－0000396　A136　集部/總集類/選集之屬/斷代

唐人萬首絶句選七卷　(宋)洪邁選　(清)王士禛輯　民國上海掃葉山房石印本　一册　存三卷(五至七)

330000－4720－0000400　A141　史部/傳記類/總傳之屬/儒林

學統五十六卷　(清)熊賜履撰　民國靈峰精舍鉛印本　一册　存十一卷(二十二至三十二)

330000－4720－0000401　開000202　集部/詩文評類/文評之屬

文心雕龍十卷　(南朝梁)劉勰撰　(清)黄叔琳注　(清)紀昀評　民國十三年(1924)上海啓新書局石印本　三册　存七卷(一至四、八至十)

330000－4720－0000402　開000201　子部/醫家類/醫經之屬/難經

校正圖註八十一難經四卷　(明)張世賢註　民國上海大文書局石印本　一册　存二卷(三至四)

330000－4720－0000406　開000203　集部/總集類/選集之屬/通代

評校音註古文辭類纂七十四卷　(清)姚鼐輯　王文濡校注　民國上海中華書局鉛印本　五册　存二十四卷(二十七至三十、三十八至四十二、四十八至五十八、六十四至六十七)

330000－4720－0000409　開000206　子部/醫家類/外科之屬/通論

外科正宗十二卷　(明)陳實功撰　(清)徐大椿評　民國石印本　二册　存六卷(一至三、十至十二)

330000－4720－0000411　開000207　經部/四書類/總義之屬/傳說

新式標點四書白話註解十九卷　琴石山人注解　民國上海錦章圖書局石印本　三册　存三卷(孟子三、七,中庸)

330000－4720－0000412　開000208　子部/醫家類/綜合之屬/通論

御纂醫宗金鑑九十卷首一卷　(清)吴謙等撰　民國商務印書館鉛印本　七册　存二十八卷(首,一、五至十六、三十至三十四、五十三至五十六、五十九至六十三)

330000－4720－0000413　開000209　子部/醫家類/綜合之屬/通論

醫宗金鑑九十卷首一卷　(清)吴謙等撰　民國上海廣益書局石印本　十二册　存六十二卷(一至四十、四十五至五十,外科一至十六)

330000－4720－0000418　開000212　集部/小説類/短篇之屬

聊齋志異新評十六卷　(清)蒲松齡撰　(清)王士禛評　(清)吕湛恩注　(清)但明倫新評　民國鉛印本　三册　存六卷(一至四、十五至十六)

330000－4720－0000420　開000213　子部/醫家類/類編之屬

何氏醫學叢書三種　何炳元編　民國二十年(1931)上海六也堂書藥局鉛印本　四册　存一種

330000－4720－0000421　A147　子部/醫家類/兒科之屬/通論

兒科易知不分卷　中華書局編　民國十一年(1922)鉛印本　一册

330000－4720－0000422　A148　子部/醫家類/外科之屬/通論

外科正宗十二卷　(明)陳實功撰　民國十二年(1923)上海圖書館石印本　三册　存九卷(一至九)

330000－4720－0000424　A152　子部/藝術類/書畫之屬/法帖

王羲之斷碑集句不分卷　(晉)王羲之書　民國上海文明書局影印本　一册

330000－4720－0000430　A155　集部/總集類/選集之屬/斷代

新體廣註唐詩三百首讀本六卷　世界書局編輯所編輯　民國上海世界書局石印本　一册　存二卷(一至二)

330000－4720－0000433　A158　子部/醫家類/方書之屬/成方藥目

同仁堂藥目一卷　(清)同仁堂編　民國六年(1917)同仁堂刻本　一册

330000－4720－0000438　開000217　子部/醫家類/眼科之屬

銀海精微二卷　（唐）孫思邈原輯　（明）龔雲林編定　民國三年(1914)上海會文堂石印本　一冊　存一卷(一)

330000－4720－0000439　開000219　類叢部/叢書類/彙編之屬

四部精華一百二十五種　陸翔選輯　民國上海世界書局石印本　二冊　存三種

330000－4720－0000443　A161　子部/醫家類/本草之屬/本草藥性

雷公炮製藥性解六卷　（清）李中梓輯　珍珠囊指掌補遺藥性賦四卷　（金）李杲輯　民國共和書局石印本　一冊　存六卷(藥性解一至六)

330000－4720－0000444　開000222　子部/藝術類/書畫之屬/畫譜

芥子園畫傳初集六卷二集九卷三集六卷　（清）王槩　（清）王蓍　（清）王臯輯　民國石印本　八冊　存十四卷(四至六、二集一至九、三集五至六)

330000－4720－0000445　A162　子部/醫家類/本草之屬/本草藥性

雷公炮製藥性解六卷　（清）李中梓輯　珍珠囊指掌補遺藥性賦四卷　（金）李杲輯　民國共和書局石印本　一冊　存六卷(藥性解一至六)

330000－4720－0000447　開000223　子部/醫家類/類編之屬

徐靈胎醫書三十二種　（清）徐大椿撰　民國石印本　一冊　存一種

330000－4720－0000448　開000224　經部/小學類/文字之屬/字書/字典

中華新字典二十四卷　王文濡等編纂　民國石印本　五冊

330000－4720－0000449　開000226　子部/醫家類/方書之屬/歷代方書

孫真人備急千金要方三十卷　（唐）孫思邈撰　（清）張璐衍義　民國四年(1915)江左書林石印本　四冊　存八卷(四至五、七至十、十九至二十)

330000－4720－0000450　A164　子部/醫家類/類編之屬

醫藥叢書十一種　裘慶元輯　民國五年至十年(1916－1921)紹興醫藥學報社刻本　一冊　存一種

330000－4720－0000451　開000225　集部/總集類/選集之屬/通代

評註古文讀本六卷　林景亮撰　民國十二年(1923)上海中華書局鉛印本　一冊　存一卷(六)

330000－4720－0000453　A166　類叢部/叢書類/自著之屬

船山遺書六十六種附一種　（清）王夫之撰　民國二十二年(1933)上海太平洋書店鉛印本　二十三冊　存五十一種

330000－4720－0000454　開000227　集部/小說類/長篇之屬

吳三桂演義四卷四十回　民國石印本　一冊

330000－4720－0000455　開000231　集部/小說類/長篇之屬

繪圖紅樓夢十卷一百二十回　（清）曹霑　（清）高鶚撰　民國石印本　一冊　存一卷(九)

330000－4720－0000458　開000227　類叢部/叢書類/彙編之屬

唐人說薈(唐代叢書)一百六十四種　（清）陳世熙(一題王文誥)輯　民國錦章圖書局石印本　五冊　存五十三種

330000－4720－0000461　開000230　子部/醫家類/外科之屬/通論

外科大成四卷　（清）祁坤撰　民國刻本　一冊　存一卷(二)

330000－4720－0000462　開000234　集部/別集類/清別集

音註小倉山房尺牘八卷　（清）袁枚撰　（清）胡光斗箋釋　民國上海文益書局石印本　一冊　存二卷(五至六)

330000－4720－0000463　開 000235　子部/藝術類/遊藝之屬/聯語

巧對續錄二卷　(清)梁恭辰輯　民國十九年(1930)上海商務印書館鉛印本　一册　存一卷(下)

330000－4720－0000464　A168　子部/藝術類/遊藝之屬/聯語

新輯楹聯大觀八卷　賀群上編　民國四年(1915)上海錦章圖書局石印本　八册

330000－4720－0000465　開 000236　史部/編年類/通代之屬

自修讀本廣註綱鑑總論四卷　薛振聲註　民國上海廣益書局石印本　二册　存二卷(三至四)

330000－4720－0000467　開 000237　子部/醫家類/本草之屬/歷代綜合本草

本草綱目五十二卷圖三卷瀕湖脉學一卷奇經八脉攷一卷脉訣攷證一卷　(明)李時珍撰　**本草萬方鍼線八卷**　(清)蔡烈先輯　**本草綱目拾遺十卷**　(清)趙學敏輯　民國石印本　一册　存四卷(本草綱目三十一至三十四)

330000－4720－0000468　開 000240　集部/别集類/宋别集

朱淑真斷腸詩集十卷補遺一卷後集七卷斷腸詞一卷　(宋)朱淑真撰　(宋)鄭元佐注　民國中華圖書館石印本　一册　存八卷(補遺、後集一至七)

330000－4720－0000469　開 000238　子部/醫家類/診法之屬/脉經脉訣

校正圖註脉訣四卷　(晉)王叔和撰　(明)張世賢註　民國石印本　一册　存二卷(一至二)

330000－4720－0000470　開 000239　子部/醫家類/類編之屬

仲景全書五種　(漢)張機等撰　民國五年(1916)上海千頃堂石印本　一册　存一種

330000－4720－0000473　A172　新學/醫學

病理學講義一卷　馬湯楹編　民國油印本　一册

330000－4720－0000474　開 000241　子部/醫家類/喉科口齒之屬/白喉

洞主仙師白喉治法忌表抉微不分卷　(清)耐修子録並注　**白喉吹藥方不分卷**　(清)馮金鑑勘定　(清)馮汝璋　(清)馮汝壎分纂　民國上海著易堂鉛印本　一册

330000－4720－0000475　開 000242　子部/醫家類/綜合之屬/通論

辨證錄十四卷　(清)陳士鐸撰　民國石印本　一册　存一卷(十)

330000－4720－0000478　開 000244　子部/醫家類/類編之屬

徐靈胎先生醫書十六種　(清)徐大椿撰　民國石印本　三册　存四種

330000－4720－0000479　開 000245　類叢部/叢書類/自著之屬

詳註曾文正公八種　(清)曾國藩撰　章琢其編註　民國十八年(1929)上海會文堂書局石印本　一册　存一種

330000－4720－0000483　開 000249　史部/史抄類

史記菁華錄六卷　(清)姚祖恩輯評　民國石印本　一册　存一卷(四)

330000－4720－0000487　A175　子部/醫家類/本草之屬/神農本草經

神農本草經百種録一卷醫貫砭二卷　(清)徐大椿撰　民國石印本　一册

330000－4720－0000488　A176　子部/農家農學類/獸醫之屬

新輯校正纂圖元亨療馬集六卷附圖像水黃牛經大全二卷駝經一卷　(明)喻仁　(明)喻傑撰　民國校經山房石印本　二册　缺四卷(一至四)

330000－4720－0000490　開 000252　史部/政書類/律令之屬/判牘

樊山判牘四卷　樊增祥撰　民國上海鉛印本　二册　存二卷(二、四)

330000－4720－0000491　A178　經部/小學類/訓詁之屬/爾雅

爾雅音圖三卷　(晉)郭璞注　(清)姚之麟摹繪　民國影印本　一冊

330000－4720－0000494　A180　集部/小說類/長篇之屬

新編繪圖續集金臺平陽傳四卷　(清)史長嘯撰　民國十六年(1927)上海沈鶴記書局石印本　四冊

330000－4720－0000496　A182　集部/小說類/長篇之屬

新編繡像四續金臺傳四卷　民國石印本　一冊

330000－4720－0000497　開 000254　史部/目録類/總録之屬/官修

欽定四庫全書簡明目錄二十卷　(清)紀昀等撰　**四庫未收書目提要五卷**　(清)阮元撰　民國石印本　二冊　存十卷(一至五、十三至十七)

330000－4720－0000498　A183　集部/小說類/長篇之屬

增像全圖三國志演義十六卷一百二十回　(明)羅本撰　(清)毛宗崗評　民國石印本　一冊

330000－4720－0000500　開 000256　子部/醫家類/外科之屬

祕本瘍科選粹八卷　(明)陳文治撰　(清)徐大椿批點　民國石印本　一冊　存一卷(五)

330000－4720－0000502　開 000257　類叢部/叢書類/自著之屬

分類廣註曾文正公五種八卷　(清)曾國藩撰　民國上海世界書局石印本　四冊　存四卷(家書一、三,家訓,大事記)

330000－4720－0000503　開 000260　類叢部/叢書類/自著之屬

分類廣註曾文正公五種八卷　(清)曾國藩撰　民國上海世界書局石印本　三冊　存三卷(家書一至二、大事表)

330000－4720－0000504　開 000259　集部/別集類/宋別集

音註蘇東坡詩一卷　(宋)蘇軾撰　(清)王士禛選　王文濡音注　民國十四年(1925)上海文明書局鉛印本　一冊

330000－4720－0000505　開 000258　子部/叢編

評註諸子菁華錄十八種十八卷　張之純編纂　民國上海商務印書館鉛印本　一冊　存一卷(八)

330000－4720－0000513　A192　子部/藝術類/書畫之屬/畫譜

芥子園畫傳初集六卷　(清)王槩　(清)王蓍　(清)王臬輯　民國石印本　一冊　存二卷(三至四)

330000－4720－0000514　A193　子部/藝術類/書畫之屬/畫譜

芥子園畫傳二集九卷　(清)王槩　(清)王蓍　(清)王臬輯　民國石印本　三冊　存五卷(三至四、七至九)

330000－4720－0000519　A198　史部/紀傳類/正史之屬

四史四百十五卷　民國點石齋石印本　三冊　存一種

330000－4720－0000525　A214　類叢部/叢書類/彙編之屬

四部叢刊　張元濟等編　民國上海商務印書館影印本　十七冊　存十四種

330000－4720－0000530　A208　史部/金石類/金之屬/文字

歷代鐘鼎彝器欵識法帖二十卷　(宋)薛尚功撰　民國石印本　一冊　存一卷(五)

舟山市圖書館
民國時期傳統裝幀書籍普查登記目録

浙江省民國時期傳統裝幀書籍普查登記目録·衢州　舟山　麗水

國家圖書館出版社
National Library of China Publishing House

《舟山市圖書館民國時期傳統裝幀書籍普查登記目録》

編委會

《舟山市圖書館民國時期傳統裝幀書籍普查登記目録》

前　言

舟山市圖書館是綜合性公共圖書館，原爲定海縣圖書館，成立於1956年，建館歷史較短。由於舟山歷史上兩次海禁遷民造成文化斷層，“文革”“破四舊”等運動又給古籍文獻帶來較爲嚴重的破壞，經2012年全面摸底排查，舟山僅市圖書館、市博物館、市檔案局、市文化館以及普陀山佛教博物館收藏有部分古籍。2017年我館又重新對民國傳統裝幀書籍進行篩選，目前，我館共收藏民國時期的傳統裝幀書籍18部235册，均爲四級古籍。今後，我們將根據古籍情况，進行修復保護，并加强恒温恒濕庫房建設，做好古籍文獻的保存工作。

孫國茂
2017年9月27日

330000－4722－0000002　K877.42/040　史部/金石類/石之屬/通考

校碑隨筆不分卷　方若撰　民國上海朝記書莊石印本　四册

330000－4722－0000003　K928.3/100　史部/地理類/山川之屬/山志

普陀洛迦山志十二卷　王亨彦輯　民國十七年(1928)鉛印本　四册

330000－4722－0000005　Z121/525　類叢部/叢書類/彙編之屬

四部備要　中華書局編　民國二十五年(1936)上海中華書局鉛印本　一百四册　存二種

330000－4722－0000007　I242.4/235　集部/小説類/長篇之屬

繡像西漢演義四卷一百回　(明)甄偉撰　民國十八年(1929)上海中原書局石印本　二册

330000－4722－0000008　B94　子部/宗教類/佛教之屬/經疏

大方廣佛華嚴經入不思議解脱境界普賢行願品三十二卷　(唐)釋般若譯　民國刻本　一册　存八卷(十七至二十四)

330000－4722－0000009　K262　集部/詩文評類/文法之屬

訂正增廣酬世寶笈不分卷　民國石印本　一册

330000－4722－0000010　K877.424/040:6　史部/金石類/石之屬/通考

校碑隨筆六卷續二卷　方若撰　民國十二年(1923)華璋書局石印本　六册

330000－4722－0000011　I206.2　集部/小説類/長篇之屬

評註圖像水滸傳三十五卷七十回首一卷　(元)施耐庵撰　(清)金人瑞評　民國六年(1917)鉛印本　一册　存三卷(二十六至二十八)

330000－4722－0000012　K21　集部/小説類/長篇之屬

精訂綱鑑廿四史通俗衍義六卷四十四回首一卷　(清)吕撫撰　民國上海錦章圖書局石印本　一册　存一卷(六)

330000－4722－0000014　I206.2　集部/小説類/長篇之屬

增像全圖三國演義十六卷一百二十回　(明)羅本撰　(清)毛宗崗評　民國上海廣益書局石印本　四册　存八卷(五至十二)

330000－4722－0000015　Z121/525　類叢部/叢書類/彙編之屬

四部備要　中華書局編　民國二十五年(1936)上海中華書局鉛印本　八十九册　存九種

330000－4722－0000030　K295.53/731　史部/地理類/方志之屬/郡縣志

[民國]定海縣志不分卷　陳訓正　馬瀛纂修　民國十三年(1924)旅滬同鄉會鉛印本　六册

330000－4722－0000031　K295.53/228:6　類叢部/叢書類/郡邑之屬

四明叢書　張壽鏞編　民國四明張氏約園刻本　七册　存一種

330000－4722－0000032　B942.1/323　子部/宗教類/佛教之屬/總録

觀世音菩薩本迹感應頌四卷首一卷金剛經功德頌一卷　許止淨述　劉契淨注　民國十六年(1927)上海中華書局鉛印本　一册　存二卷(三至四)

330000－4722－0000038　K295.54/330　史部/地理類/方志之屬/郡縣志

[民國]岱山鎮志二十卷首一卷　湯濬纂　民國十六年(1927)定海湯氏一某軒木活字印本　一册　存一卷(二十)

330000－4722－0000043　I269/420　集部/總集類

百朋集一卷　賀師章輯　民國十八年(1929)石印本　一册

330000－4722－0000045　I222.749/740　子

部/藝術類/書畫之屬
白華山人詩書畫真蹟彙編不分卷 (清)厲志書並繪 厲汝熊輯 民國十一年(1922)文明書局影印本 一册

330000－4722－0000046 J221/458 子部/藝術類/書畫之屬
黃雉山樵山水遺跡一卷 (清)李肅銘繪 民國十四年(1925)影印本 一册

舟山博物館民國時期傳統裝幀書籍普查登記目錄

浙江省民國時期傳統裝幀書籍普查登記目錄·衢州 舟山 麗水

國家圖書館出版社
National Library of China Publishing House

《舟山博物館民國時期傳統裝幀書籍普查登記目録》

編委會

主　編： 葉其躍

副主編： 杜美燕　周若溪

編纂人員： 李祥宇

《舟山博物館民國時期傳統裝幀書籍普查登記目録》

前　言

文字、書籍，是知識的載體。以傳統形式裝幀的民國書籍，不論外在形式還是其中内容，都是中國傳統文化的組成部分。

整理、登記民國時期傳統裝幀書籍，對於傳承傳統文化而言是一件微小但必不可少的工作。舟山博物館能够參與此項工作，爲全國的古籍普查保護工作盡綿薄之力、爲中國的文化繁榮做出貢獻，我們深感榮幸。

舟山博物館
2018 年 2 月

330000－4784－0000001　舟普003　史部/地理類/山川之屬/山志

峨眉山志八卷首一卷　(清)蔣超纂　釋印光增訂　民國二十三年(1934)蘇州弘化社鉛印本　二冊

330000－4784－0000002　舟普001　史部/地理類/山川之屬/山志

九華山志八卷首一卷　釋德森編輯　許止淨鑑訂　民國二十七年(1938)蘇州弘化社鉛印本　二冊

330000－4784－0000003　舟普002　史部/地理類/山川之屬/山志

天童寺續志一卷　釋淨心修　釋蓮萍纂　民國九年(1920)天童寺刻本　二冊

330000－4784－0000006　舟普018　子部/宗教類/佛教之屬/經疏

大方廣佛華嚴經疏鈔會本二百二十卷　(唐)釋實叉難陀譯　(唐)釋澄觀撰　民國刻本　一冊　存一卷(七)

330000－4784－0000008　舟普009　史部/地理類/山川之屬/山志

峨眉山誌十二卷　(清)蔣超撰　民國十八年(1929)刻本　四冊

330000－4784－0000011　舟普015　子部/宗教類/佛教之屬/論

大乘莊嚴經論十卷　(印度)無著菩薩撰　(唐)釋波羅頗迦羅蜜多羅譯　民國影印本　一冊　存五卷(六至十)

330000－4784－0000012　舟普006　子部/宗教類/佛教之屬/經

佛説長阿含經二十二卷　(後秦)釋佛陀耶舍　(後秦)釋竺佛念譯　民國刻本　二冊　存七卷(一至三、八至十一)

330000－4784－0000013　舟普007　子部/宗教類/佛教之屬/經

大方廣佛華嚴經□□卷　(晉)跋陀羅譯　民國影印本　一冊　存四卷(三十一至三十四)

330000－4784－0000014　舟普009　史部/地理類/山川之屬/山志

清涼山志八卷首一卷　(明)釋鎮澄修　釋印光增訂　民國二十二年(1933)蘇州弘化社鉛印本　二冊

330000－4784－0000015　舟普014　史部/編年類/通代之屬

御批歷史資治綱鑑三十九卷　(明)袁黄輯補　民國四年(1915)尚德印書館刻本　十五冊　存二十卷(一至四、七至八、十、十三、十六至十八、二十六至三十、三十五至三十八)

330000－4784－0000017　舟普017　新學/雜著/雜記

惠翰珍存不分卷　蓮覺書　民國抄本　一冊

330000－4784－0000022　舟普049　史部/地理類/方志之屬/郡縣志

[嘉慶]法華鄉志八卷　(清)王鍾纂　胡人鳳續纂　民國十一年(1922)鉛印本　四冊

330000－4784－0000039　舟普038　子部/宗教類/佛教之屬/總録

大藏經總目不分卷　頻伽精舍編　民國刻本　一冊

330000－4784－0000041　舟普031　集部/總集類/選集之屬/通代

新體廣註古文觀止十二卷　(清)吳乘權　(清)吳大職輯　黄築巖　劉再蘇註釋　民國石印本　二冊　存四卷(一至四)

330000－4784－0000042　舟普040　子部/宗教類/佛教之屬

成唯識論掌中樞要八卷　(唐)釋窺基撰　民國六年(1917)金陵刻經處刻本　一冊　存三卷(一至三)

330000－4784－0000043　舟普091　經部/四書類/論語之屬/專著

明明子論語集解義疏二十二卷　(清)胡賁撰　民國抄本　二十二冊

330000－4784－0000046　舟普042　經部/小學類/音韻之屬/韻書

增廣詩韻全璧五卷　鴻寶齋主人增編　**虛字**

韻藪一卷　(清)潘維城輯　**初學檢韻袖珍一卷**　(清)錢大昕鑒定　(清)姚文登輯　民國九年(1920)上海鴻寶齋書局石印本　一册　存一卷(詩韻全璧一)

330000－4784－0000049　舟普 021　史部/編年類/斷代之屬
御撰資治通鑑明紀綱目三編十卷　(清)張廷玉等撰　民國四年(1915)尚德書局刻本　一册　存五卷(一至五)

330000－4784－0000073　舟普 108　子部/醫家類/針灸之屬/通論
增補繪圖鍼灸大成十二卷　(明)楊繼洲撰　(清)章廷珪重修　民國上海簡青齋石印本　一册　存四卷(七至十)

330000－4784－0000075　舟普 201　子部/醫家類/綜合之屬
增補醫林狀元壽世保元十集十卷　(明)龔廷賢編　民國石印本　二册　存二卷(二至三)

330000－4784－0000076　舟普 076　經部/四書類/總義之屬/傳說
四書白話註解　許伏民　童官卓編　民國上海羣學社石印本　一册　存一種

330000－4784－0000078　舟普 078　經部/春秋左傳類/傳說之屬
春秋左傳五十卷　(晉)杜預　(宋)林堯叟註釋　(唐)陸德明音義　民國刻本　七册　缺二十一卷(三十至五十)

330000－4784－0000082　舟普 114　史部/目録類/專録之屬
續藏經目錄不分卷　(日本)中野達慧編　民國十一年(1922)商務印書館鉛印本　一册

330000－4784－0000083　舟普 112　子部/宗教類/佛教之屬/論疏
大乘起信論講義二卷　釋圓瑛述　民國鉛印本　一册　存一卷(上)

330000－4784－0000102　舟普 061　類叢部/叢書類/彙編之屬
四部叢刊　張元濟等編　民國上海商務印書館影印本　一册　存一種

麗水市圖書館民國時期傳統裝幀書籍普查登記目録

浙江省民國時期傳統裝幀書籍普查登記目録·衢州 舟山 麗水

國家圖書館出版社
National Library of China Publishing House

《麗水市圖書館民國時期傳統裝幀書籍普查登記目録》

主　編：江永强

副主編：雷紅梅

《麗水市圖書館民國時期傳統裝幀書籍普查登記目録》

前　言

經普查，麗水市圖書館共收録民國傳統裝幀書籍142種547册。古籍種類包含經、史、子、集、叢各部類，以常見的子部醫家類及集部類居多，其中經部9種21册、史部19種74册、子部73種201册、集部31種147册、類叢部8種102册、新學2種2册。版本則以石印本和鉛印本爲主，其中刻本5種40册、石印本104種329册、鉛印本23種104册、活字印本7種14册、影印本3種60册。

通過本次普查，摸清了館藏民國時期傳統裝幀書籍家底和種類，以及版本與破損情况，古籍工作人員又有針對性地對古籍進行修復，加强古籍普查保護工作。由於專業水準有限，本編目恐還存在一些錯誤，敬請方家予以指正，不勝感激。

麗水市圖書館
2018年2月

330000－1726－0000004　普 0004　史部/地理類/方志之屬/郡縣志
[民國]麗水縣志十四卷　李鍾嶽　李郁芬修　孫壽芝纂　民國十五年(1926)麗水啓明印刷所鉛印本　十册

330000－1726－0000014　普 0014　子部/術數類/相宅相墓之屬
地理四秘全書十二種　(清)尹一勺撰　民國上海大成書局石印本　二册

330000－1726－0000015　普 0015　類叢部/叢書類/自著之屬
潤德堂叢書　袁樹珊撰　民國江都袁氏潤德堂刻本　六册　存二種

330000－1726－0000021　普 0021　子部/術數類/命書相書之屬
命理探原八卷補遺一卷　袁阜撰　民國八年(1919)石印本　四册　存八卷(一、三至八，補遺)

330000－1726－0000040　普 0040　子部/雜著類/雜考之屬
日知録集釋三十二卷之餘四卷栞誤二卷續栞誤二卷　(清)黄汝成撰　民國十七年(1928)上海掃葉山房石印本　六册　存十七卷(二十至三十二、栞誤一至二、續栞誤一至二)

330000－1726－0000042　普 0042　類叢部/叢書類/自著之屬
曾文正公家書六種彙刊　(清)曾國藩撰　民國十五年(1926)上海掃葉山房石印本　五册　存一種

330000－1726－0000043　普 0043　經部/易類/專著之屬
易義別識二卷　齊洪昌撰　民國十年(1921)臨海縣公立圖書館石印本　一册

330000－1726－0000044　普 0044　子部/雜著類/雜考之屬
日知録集釋三十二卷之餘四卷栞誤二卷續栞誤二卷　(清)黄汝成撰　民國十七年(1928)上海掃葉山房石印本　二册　存四卷(之餘一至四)

330000－1726－0000055　普 0055　子部/宗教類/佛教之屬/諸宗
印光法師文鈔四卷附録一卷　釋聖量撰　民國十九年(1930)上海佛教淨業社流通部鉛印本　四册

330000－1726－0000073　普 0073　集部/詩文評類/詩評之屬
詩法入門四卷首一卷　(清)游藝輯　民國九年(1920)上海會文堂書局石印本　二册

330000－1726－0000075　普 0075　集部/總集類/選集之屬/通代
女子古文觀止六卷　張祉浩編輯　破浪評點　民國四年(1915)上海瑞華書局石印本　一册　存一卷(一)

330000－1726－0000077　普 0077　集部/總集類/選集之屬/通代
東萊先生古文關鍵四卷　(宋)呂祖謙評　(宋)蔡文子註　(清)徐樹屏考異　民國七年(1918)上海會文堂書局、碧梧山莊書局影印本　三册　存三卷(一至三)

330000－1726－0000081　普 0081　子部/雜著類
御製救國四維經(上皇大天尊救國四維經)不分卷　民國十七年(1928)刻本　一册

330000－1726－0000099　普 0099　經部/群經總義類/文字音義之屬
重校十三經不貳字不分卷　(清)李鴻藻編　民國上海廣益書局石印本　一册

330000－1726－0000104　普 0104　集部/別集類/清別集
註釋小倉山房文集三十五卷　(清)袁枚撰　(清)雷瑨註釋　民國十三年(1924)上海掃葉山房石印本　六册　存十八卷(一至十八)

330000－1726－0000109　普 0109　子部/醫家類/綜合之屬/通論
醫學心悟六卷　(清)程國彭撰　民國三年(1914)上海錦章圖書局石印本　一册

330000－1726－0000114　普 0114　集部/總集類/選集之屬/斷代

唐詩三百首註疏六卷　(清)孫洙編　(清)章燮註　民國上海鴻寶齋書局石印本　六冊

330000－1726－0000118　普 0118　子部/醫家類/類編之屬

南雅堂醫書全集(陳修園醫書)七十二種　(清)陳念祖等撰　民國上海錦章書局石印本　二十三冊　存四十四種

330000－1726－0000128　普 0128　子部/術數類/相宅相墓之屬

堪輿闢謬傳真二卷　劉公中編　民國五年(1916)鉛印本　一冊

330000－1726－0000129　普 0129　子部/術數類/相宅相墓之屬

羅經解定四卷附羅經問答一卷　(清)胡國楨撰　民國上海普通書局石印本　一冊　存四卷(一至四)

330000－1726－0000130　普 0130　集部/總集類/選集之屬/通代

文選六十卷　(南朝梁)蕭統輯　(唐)李善注　**文選考異十卷**　(清)胡克家撰　民國上海鴻文書局石印本　六冊

330000－1726－0000131　普 0131　子部/術數類/相宅相墓之屬

謝氏地理書二種附錄不分卷　謝復撰　民國十三年(1924)鉛印本　二冊

330000－1726－0000134　普 0134　子部/小說家類/異聞之屬

詳註閱微草堂筆記二十四卷　(清)紀昀撰　謝璿詳註　民國七年(1918)上海會文堂書局石印本　十冊

330000－1726－0000136　普 0136　集部/別集類/明別集

方正學先生遜志齋全集二十四卷首一卷　(明)方孝孺撰　(明)張紹謙纂定　民國二年(1913)上海共和圖書館石印本　十二冊

330000－1726－0000137　普 0137　史部/編年類/通代之屬

袁王加批綱鑑彙纂三十九卷首一卷　(宋)司馬光撰　(宋)朱熹綱目　(明)袁黃　(明)王世貞編纂　**資治明紀綱目二十卷附明紀綱目三編一卷**　(清)張廷玉等撰　民國上海掃葉山房石印本　二十一冊　缺四卷(首,一、二十三至二十四)

330000－1726－0000138　普 0138　經部/四書類/總義之屬/傳說

四書反身錄八卷　(清)李顒撰　民國十二年(1923)上海掃葉山房石印本　四冊

330000－1726－0000142　普 0142　子部/儒家類/儒學之屬/禮教/家訓

治家格言繹義二卷首一卷　(清)戴翊清撰　民國十五年(1926)麗水啟明局鉛印本　一冊

330000－1726－0000147　普 0147　子部/醫家類/診法之屬/脈經脈訣

校正圖註脈訣四卷　(晉)王叔和撰　(明)張世賢註　民國上海章福記石印本　二冊

330000－1726－0000148　普 0148　子部/醫家類/兒科之屬

幼科三種　民國上海萃英書局石印本　一冊　存一種

330000－1726－0000149　普 0149　集部/總集類/選集之屬/通代

歷代詩文評註讀本　王文濡編　民國上海文明書局鉛印本　四冊　存一種

330000－1726－0000153　普 0153　子部/雜著類/雜說之屬

慈心寶筏一卷　民國鉛印本　一冊

330000－1726－0000158　普 0158　史部/地理類/總志之屬/斷代

天下郡國利病書輯要十八卷　(清)顧炎武撰　民國石印本　二冊　存六卷(九至十二、十七至十八)

330000－1726－0000165　普 0165　子部/儒家類/儒學之屬

古今格言四卷　江畬經編　民國九年(1920)

上海商務印書館鉛印本　四冊

330000－1726－0000168　普 0168　子部/醫家類/綜合之屬

增補醫林狀元壽世保元十集十卷　（明）龔廷賢編　民國十一年（1922）上海章福記書局石印本　六冊　缺二卷（六至七）

330000－1726－0000169　普 0169　集部/詩文評類/詩評之屬

隨園詩話十六卷補遺十卷　（清）袁枚撰　民國八年（1919）上海錦章圖書局石印本　四冊　缺六卷（補遺五至十）

330000－1726－0000170　普 0170　子部/醫家類/婦科之屬/產科

胎產秘書三卷附保嬰要訣一卷經驗各方一卷　（清）錢□□撰　民國三年（1914）上海江東書局石印本　一冊

330000－1726－0000171　普 0171　集部/別集類/清別集

新體廣註雪鴻軒尺牘二卷　（清）龔萼撰　朱詩隱　徐慎幾註　民國二十年（1931）上海世界書局石印本　二冊

330000－1726－0000183　普 0183　子部/雜著類/雜說之屬

老學庵筆記二卷　（宋）陸游撰　民國十四年（1925）上海掃葉山房石印本　二冊

330000－1726－0000184　普 0184　集部/詩文評類/文法之屬/函牘格式

初等白話尺牘不分卷　民國上海世界書局石印本　一冊

330000－1726－0000185　普 0185　子部/宗教類/佛教之屬

佛學叢書　丁福保輯　民國上海醫學書局鉛印本　一冊　存一種

330000－1726－0000188　普 0188　子部/醫家類/綜合之屬/雜著

衛生便覽四卷　（清）江涵暾撰　民國元年（1912）上海會文堂石印本　一冊

330000－1726－0000194　普 0194　子部/醫家類/兒科之屬/痘疹

種痘新書十二卷　（清）張琰撰　民國石印本　四冊

330000－1726－0000196　普 0196　子部/醫家類/方書之屬/單方驗方

驗方新編十八卷　（清）鮑相璈編輯　（清）張紹棠增輯　民國十三年（1924）上海啟新書局石印本　一冊　存一卷（九）

330000－1726－0000198　普 0198　子部/藝術類/遊藝之屬/聯語

楹聯叢話十二卷楹聯續話四卷　（清）梁章鉅輯　民國石印本　三冊　缺八卷（一至八）

330000－1726－0000216　普 0216　集部/總集類/選集之屬/通代

新體廣註古文觀止十二卷　（清）吳乘權　（清）吳大職輯　黃築巖　劉再蘇註釋　民國二十三年（1934）上海世界書局石印本　五冊　缺二卷（三至四）

330000－1726－0000219　普 0219　子部/術數類/相宅相墓之屬

陽宅大全十卷　民國上海江東書局石印本　二冊　存六卷（一至六）

330000－1726－0000220　普 0220　子部/儒家類/儒學之屬/蒙學

龍文鞭影初集二卷　（明）蕭良有撰　（明）楊臣諍增訂　（清）來集之音注　**二集二卷**　（清）李暉吉　（清）徐灒輯　民國上海江東書局石印本　四冊

330000－1726－0000221　普 0221　子部/儒家類/儒學之屬/蒙學

龍文鞭影初集二卷　（明）蕭良有撰　（明）楊臣諍增訂　（清）來集之音注　**二集二卷**　（清）李暉吉　（清）徐灒輯　民國上海江東書局石印本　四冊

330000－1726－0000222　普 0222　子部/儒家類/儒學之屬/禮教/女範

繪圖女四書白話解四卷　（明）沈朱坤撰　民

國石印本　二冊　存二卷(二、四)

330000－1726－0000224　普 0224　子部/術數類/占卜之屬

大六壬指南五卷　(清)陳良謨撰　(清)莊廣之註　民國石印本　一冊　存二卷(三至四)

330000－1726－0000225　普 0225　子部/術數類/雜術之屬

六壬神課金口訣三卷　(清)熊大本校正　(清)周儆弦重訂　民國上海校經山房石印本　二冊　缺一卷(中)

330000－1726－0000227　普 0227　史部/史抄類

繪圖史鑑節要便讀七卷　(清)鮑東里撰　民國三年(1914)上海文盛書局石印本　四冊

330000－1726－0000230　普 0230　子部/雜著類/雜考之屬

任兆麟述記三卷　(清)任兆麟撰　(清)尤興讓等編　民國石印本　二冊

330000－1726－0000234　史部/傳記類/總傳之屬/仕宦

歷代循吏傳八卷　(清)朱軾　(清)蔡世遠輯　民國三年(1914)鉛印本　三冊　存六卷(一至六)

330000－1726－0000235　普 0235　子部/儒家類/儒學之屬/性理

儒門圖說不分卷　(清)倪元坦撰　民國鉛印本　一冊

330000－1726－0000236　普 0236　子部/儒家類/儒學之屬/性理

儒門圖說不分卷　(清)倪元坦撰　民國鉛印本　一冊

330000－1726－0000241　普 0241　經部/小學類/音韻之屬/韻書

增註字類標韻六卷　(清)華綱輯　(清)范多玨重訂　民國六年(1917)蔣春記書局石印本　二冊

330000－1726－0000242　普 0242　子部/小說家類/異聞之屬

洞冥記十卷三十八回　(清)呂惟一輯　民國十八年(1929)上海宏大善書局石印本　六冊

330000－1726－0000247　普 0247　子部/醫家類/類編之屬

陳修園醫書四十八種　(清)陳念祖等撰　民國上海錦章書局石印本　五冊　存二十種

330000－1726－0000261　普 0261　經部/四書類/總義之屬/傳說

銅版四書集註　(宋)朱熹集註　民國元年(1912)上海廣益書局石印本　二冊　存一種

330000－1726－0000296　普 0296　子部/醫家類/溫病之屬

溫病條辨六卷首一卷　(清)吳瑭撰　民國十四年(1925)上海鴻文書局石印本　四冊

330000－1726－0000299　普 0299　類叢部/類書類/專類之屬

百子金丹十卷　(明)郭偉選注　(明)郭仲吉編　民國石印本　四冊　存七卷(二至三、六至十)

330000－1726－0000300　普 0300　子部/醫家類/類編之屬

南雅堂醫書全集(陳修園醫書)　(清)陳念祖等撰　民國石印本　三冊　存十四種

330000－1726－0000305　普 0305　子部/醫家類/喉科口齒之屬/白喉

白喉全生集一卷　(清)李紀方輯　民國七年(1918)蕭山合義和印書局鉛印本　一冊

330000－1726－0000306　普 0306　子部/醫家類/綜合之屬/通論

御纂醫宗金鑑九十卷首一卷　(清)吳謙等撰　民國八年(1919)上海鴻寶齋石印本　四冊　存十六卷(編輯外科心法要訣一至十六)

330000－1726－0000307　普 0307　子部/藝術類/遊藝之屬/聯語

新輯楹聯大成三卷　(清)唐在田輯注　民國上海校經山房石印本　二冊　存二卷(二至三)

330000－1726－0000308　普 0308　子部/醫家類/方書之屬/單方驗方

重校舊本湯頭歌訣一卷附經絡歌訣一卷　(清)汪昂編輯　民國石印本　一冊

330000－1726－0000309　普 0309　子部/醫家類/綜合之屬/合刻、合抄

醫方集解本草備要合編　(清)汪昂撰輯　(清)費伯雄加評　民國上海廣益書局石印本　七冊　缺一卷(本草備要四)

330000－1726－0000311　普 0311　子部/醫家類/綜合之屬/通論

御纂醫宗金鑑九十卷首一卷　(清)吳謙等撰　民國石印本　一冊　存六卷(六十九至七十四)

330000－1726－0000313　普 0313　子部/醫家類/綜合之屬/雜著

筆花醫鏡四卷　(清)江涵暾撰　民國石印本　一冊　存三卷(二下、三至四)

330000－1726－0000324　普 0324　史部/政書類/公牘檔冊之屬

樊山公牘四卷　樊增祥撰　民國八年(1919)石印本　三冊　存三卷(一至二、四)

330000－1726－0000325　普 0325　史部/政書類/公牘檔冊之屬

樊山公牘四卷　樊增祥撰　民國八年(1919)石印本　二冊　存二卷(二、四)

330000－1726－0000331　普 0331　經部/四書類/總義之屬/傳說

四書集註十九卷　(宋)朱熹撰　民國上海商務印書館鉛印本　七冊　存三種

330000－1726－0000338　普 0338　經部/四書類/總義之屬/傳說

新訂四書補註備旨十卷　(明)鄧林撰　(清)鄧煜編　(清)杜定基增訂　民國上海錦章圖書局石印本　二冊　存二卷(孟子三至四)

330000－1726－0000354　普 0354　子部/術數類/相宅相墓之屬

陽宅大全十卷　民國上海江東書局石印本　二冊　存四卷(七至十)

330000－1726－0000360　普 0360　集部/別集類/清別集

大川漫草四卷　(清)涂水清撰　民國七年(1918)處州啟明書局石印本　二冊

330000－1726－0000362　普 0362　集部/總集類/選集之屬/斷代

當代名家酬世文庫二十六卷目錄一卷　劉再蘇輯　民國上海世界書局石印本　八冊　存十三卷(一至十二、目錄)

330000－1726－0000363　普 0363　集部/總集類/選集之屬/通代

女子古文觀止六卷　張祉浩編輯　破浪評點　民國四年(1915)上海瑞華書局石印本　五冊　存五卷(二至六)

330000－1726－0000365　普 0365　子部/儒家類/儒學之屬/禮教/女範

訓女寶箴三卷附本一卷　呂咸熙編　民國十年(1921)上海宏大善書局石印本　二冊　存二卷(三、附本)

330000－1726－0000366　普 0366　子部/雜著類/雜纂之屬

因果史鑒四卷首一卷　吳真撰註　周覺評點　民國五年(1916)杏林齋石印本　一冊　存三卷(首、一至二)

330000－1726－0000367　普 0367　子部/術數類

新鐫曆法便覽象吉備要通書二十九卷　(清)魏鑑撰　民國石印本　六冊　存十六卷(六至八、十至十三、二十一至二十九)

330000－1726－0000376　普 0376　新學/學校

言文對照高小論說新範□□卷　民國上海世界書局石印本　一冊　存一卷(上)

330000－1726－0000380　普 0380　集部/總集類/尺牘之屬

工商學徒白話尺牘二卷　大陸圖書公司輯　民國十四年(1925)上海大陸圖書公司石印本

二冊

330000－1726－0000388　普0388　史部/地理類/方志之屬/通志

重修浙江通志初稿體例綱要及目録一卷　浙江省通志館修　余紹宋　孫延釗等纂　民國三十七年(1948)鉛印本　一冊

330000－1726－0000390　普0390　子部/雜著類/雜纂之屬

增廣智囊補二十八卷　(明)馮夢龍輯　民國十二年(1923)上海文明書局石印本　二冊　存八卷(四至七、二十五至二十八)

330000－1726－0000409　普0409　新學/學校

言文對照新制應用文範二卷　金聿修撰　民國十一年(1922)鉛印本　一冊　存一卷(一)

330000－1726－0000414　普0414　子部/藝術類/書畫之屬/法帖

名人真蹟大楷法帖精華　民國十三年(1924)上海世界書局石印本　一冊　存一種

330000－1726－0000415　普0415　子部/藝術類/書畫之屬/法帖

蘇東坡書大字法帖一卷　(宋)蘇軾書　民國十五年(1926)上海大東書局石印本　一冊

330000－1726－0000416　普0416　子部/藝術類/書畫之屬/法帖

六朝碑精華十種　蘇宙忱編輯　民國十二年(1923)上海世界書局石印本　一冊　存一種

330000－1726－0000418　普0418　史部/傳記類/總傳之屬/家乘

[浙江麗水]松陽郡賴氏宗譜三卷　麻陳綸纂　民國元年(1912)木活字印本　一冊

330000－1726－0000419　普0419　史部/傳記類/總傳之屬/家乘

[浙江麗水]平昌郡管氏宗譜三卷　管順球等纂修　民國七年(1918)木活字印本　一冊

330000－1726－0000421　普0421　史部/傳記類/總傳之屬/家乘

[江西修水]劉氏族譜□□卷　民國修水天祿祠木活字印本　六冊　存七卷(五、十至十五)

330000－1726－0000422　普0422　史部/傳記類/總傳之屬/家乘

[江西修水]劉氏宗譜不分卷　民國十三年(1924)忠孝堂木活字印本　三冊

330000－1726－0000423　普0423　史部/傳記類/總傳之屬/家乘

[浙江麗水]河澗郡俞氏宗譜三卷　俞來順等纂修　民國十七年(1928)木活字印本　一冊

330000－1726－0000424　普0424　史部/傳記類/總傳之屬/家乘

[浙江麗水]河澗郡俞氏宗譜三卷　俞士富等纂修　民國三十八年(1949)木活字印本　一冊

330000－1726－0000428　普0428　史部/傳記類/總傳之屬/家乘

[浙江麗水]太原郡王氏宗譜三卷　王金海　王寶匕　王富金纂修　民國二十一年(1932)木活字印本　一冊

330000－1726－0000436　普0436　集部/小説類/長篇之屬

繪圖增像第五才子書水滸全傳十卷七十回　(明)施耐庵撰　(清)金人瑞評釋　民國石印本　一冊　存一卷(三)

330000－1726－0000438　普0438　集部/總集類/尺牘之屬

共和新尺牘四卷　孔憲彭撰　民國上海會文堂書局石印本　一冊　存一卷(一)

330000－1726－0000439　普0439　子部/藝術類/書畫之屬/法帖

董其昌眞蹟不分卷　(明)董其昌書　民國石印本　一冊

330000－1726－0000443　普0443　集部/總集類/選集之屬/通代

古唐詩合解十二卷古詩箋注四卷　(清)王堯衢注　(清)李模　(清)李桓校　民國二年

(1913)鑄記書局石印本　一册　存二卷(古唐詩合解一至二)

330000－1726－0000446　普 0446　集部/小説類/長篇之屬

繪圖水滸傳八卷九十回　(元)施耐庵撰　民國石印本　一册　存一卷(七)

330000－1726－0000447　普 0447　子部/儒家類/儒學之屬/蒙學

新增改良繪圖幼學瓊林四卷首一卷　(清)程登吉撰　(清)鄒聖脈增補　民國海左書局石印本　一册

330000－1726－0000450　普 0450　子部/藝術類/書畫之屬/書法書品

李申耆手札不分卷　(清)李兆洛書　民國有正書局石印本　一册

330000－1726－0000455　普 0455　子部/藝術類/書畫之屬/法帖

米南宫十七帖一卷　(宋)米芾書　民國十四年(1925)上海文明書局石印本　一册

330000－1726－0000472　普 0472　集部/别集類/清别集

大川漫草四卷　(清)涂水清撰　民國石印本　一册　存二卷(三至四)

330000－1726－0000473　普 0473　集部/總集類/選集之屬/通代

新體廣註古文觀止十二卷　(清)吴乘權　(清)吴大職輯　黄築巖　劉再蘇註釋　民國二十三年(1934)上海世界書局石印本　一册　存二卷(七至八)

330000－1726－0000474　普 0474　子部/術數類

新鐫曆法便覽象吉備要通書大全二十九卷　(清)魏鑑撰　民國石印本　一册　存二卷(一至二)

330000－1726－0000475　普 0475　子部/醫家類/兒科之屬/痘疹

中西痘科合璧十二卷　(清)張琰撰　民國石印本　二册　存四卷(九至十二)

330000－1726－0000482　普 0482　史部/政書類/公牘檔册之屬

明密碼電報書不分卷　商務印書館編譯所編　民國十六年(1927)上海商務印書館鉛印本暨石印本　一册

330000－1726－0000503　普 0503　子部/醫家類/兒科之屬/通論

鼎鍥幼幼集成六卷　(清)陳復正輯　民國十四年(1925)上海鴻文書局石印本　二册

330000－1726－0000504　普 0504　子部/醫家類/喉科口齒之屬/白喉

洞主仙師白喉治法忌表抉微一卷附録三不可要訣一卷　(清)耐修子録並注　民國十五年(1926)石印本　一册

330000－1726－0000505　普 0505　子部/醫家類/綜合之屬/通論

古吴童氏重校醫宗必讀十卷　(清)李中梓撰　民國上海廣益書局石印本　四册　缺二卷(三至四)

330000－1726－0000506　普 0506　子部/醫家類/方書之屬/單方驗方

增評醫方集解二十三卷本草備要八卷　(清)汪昂撰　民國二年(1913)上海廣益書局石印本　三册　存十八卷(一至九、十五至二十三)

330000－1726－0000507　普 0507　子部/醫家類/方書之屬/單方驗方

增評醫方集解二十三卷本草備要八卷　(清)汪昂撰　民國三年(1914)上海共和書局石印本　一册　存三卷(醫方集解一至三)

330000－1726－0000508　普 0508　子部/醫家類/方書之屬/單方驗方

增評醫方集解二十三卷本草備要八卷　(清)汪昂撰　民國上海廣益書局石印本　七册

330000－1726－0000509　普 0509　子部/醫家類/類編之屬

南雅堂醫書全集(陳修園醫書)七十二種　(清)陳念祖等撰　民國上海錦章書局石印本

四冊　存四種

330000－1726－0000510　普 0510　集部/總集類/選集之屬/斷代
新文精華五卷　陸翔輯　民國石印本　二冊　缺一卷(一上)

330000－1726－0000513　普 0513　子部/儒家類/儒學之屬/蒙學
新增改良繪圖幼學瓊林四卷首一卷　(清)程登吉撰　(清)鄒聖脈增補　民國上海會文堂書局石印本　四冊　缺一卷(首)

330000－1726－0000514　普 0514　經部/四書類/總義之屬/傳説
銅版四書集註　(宋)朱熹集註　民國四年(1915)上海廣益書局石印本　一冊　存一種

330000－1726－0000517　普 0517　子部/兵家類/武術技巧之屬
形意拳譜五綱七言論不分卷　靳振起編　民國二十年(1931)上海大東書局石印本　一冊

330000－1726－0000518　普 0518　史部/編年類/通代之屬
御批歷代通鑑輯覽一百二十卷　(清)傅恆等撰　民國石印本　五冊　存二十四卷(十六至二十五、三十一至三十五、七十二至七十五、八十六至九十)

330000－1726－0000519　普 0519　經部/四書類/總義之屬/傳説
言文對照廣注四書讀本十九卷　世界書局編輯所編　民國十四年(1925)上海世界書局石印本　一冊　存一種

330000－1726－0000575　普 0575　子部/醫家類/本草之屬/本草藥性
珍珠囊指掌補遺藥性賦四卷　(金)李杲編輯　(清)王子接重訂　**雷公炮製藥性解六卷**　(清)李中梓編輯　(清)王子接重訂　民國三年(1914)上海廣益書局石印本　一冊

330000－1726－0000577　普 0577　子部/醫家類/類編之屬
南雅堂醫書全集(陳修園醫書)　(清)陳念祖等撰　民國上海錦章書局石印本　四冊　存六種

330000－1726－0000582　普 0582　集部/總集類/選集之屬/通代
古唐詩合解十二卷　(清)王堯衢注　(清)李模　(清)李桓校　民國石印本　二冊　存四卷(三至四、七至八)

330000－1726－0000585　普 0585　子部/醫家類/本草之屬/本草藥性
珍珠囊指掌補遺藥性賦四卷　(金)李杲編輯　(清)王子接重訂　**雷公炮製藥性解六卷**　(清)李中梓編輯　民國石印本　二冊　存五卷(藥性賦三至四、藥性解四至六)

330000－1726－0000606　普 0606　子部/醫家類/養生之屬
衛濟餘編通天曉五卷　(清)王纕堂編　民國四年(1915)上海鴻文恆記書局石印本　四冊　缺一卷(五)

330000－1726－0000609　普 0609　集部/小説類/長篇之屬
繪圖萬花樓傳六卷六十八回　(清)唐在田撰　民國九年(1920)上海書局石印本　一冊　存一卷(一)

330000－1726－0000617　普 0617　子部/藝術類/書畫之屬/畫譜
影印足本芥子園畫譜三集□□卷　(清)王槩　(清)王蓍　(清)王臬輯　民國影印本　一冊　存一卷(二)

330000－1726－0000629　普 0629　類叢部/叢書類/彙編之屬
永樂大典戲文三種　葉恭綽輯　民國二十年(1931)古今小品書籍印行會鉛印本　一冊

330000－1726－0000635　普 0635　史部/雜史類/斷代之屬
國語二十一卷　(三國吳)韋昭解　**校刊明道本韋氏解國語札記一卷**　(清)黄丕烈撰　**國語明道本考異四卷**　(清)汪遠孫撰　民國元年(1912)湖北崇文書局刻本　五冊

330000－1726－0000636　普 0636　類叢部/叢書類/彙編之屬

蘭雪堂叢書　民國二十二年(1933)浙江印刷公司鉛印本　二冊　存一種

330000－1726－0000638　普 0638　集部/總集類/選集之屬/通代

古文家別集類案四卷　民國二十八年(1939)鉛印本　一冊

330000－1726－0000640　普 0640　類叢部/叢書類/彙編之屬

古今逸史五十五種二百二十七卷　(明)吳琯輯　民國二十六年(1937)上海商務印書館據明刻本影印本　五十六冊

330000－1726－0000641　普 0641　類叢部/叢書類/自著之屬

章氏叢書十三種　章炳麟撰　民國六年至八年(1917－1919)浙江圖書館刻本　十九冊　存十二種

330000－1726－0000643　普 0643　集部/曲類/曲韻曲譜曲律之屬

集成曲譜金集八卷聲集八卷玉集八卷振集八卷　王季烈　劉富樑輯　民國二十年(1931)上海商務印書館石印本　六冊　存六卷(金集一至四,聲集一、四)

330000－1726－0000644　普 0644　史部/地理類/方志之屬/郡縣志

[民國]鄞縣通志六志五十一編附圖一函　張傳保　汪煥章修　陳訓正　馬瀛纂　民國二十四年(1935)至一九五一年寧波鄞縣通志館鉛印本　三冊　存三編(文獻志戊上中下)

330000－1726－0000645　普 0645　集部/總集類/選集之屬/通代

新古文辭類纂六十卷首一卷　蔣瑞藻纂集　民國二十五年(1936)上海中華書局石印本　六冊　存十五卷(四十六至六十)

330000－1726－0000646　普 0646　集部/總集類/選集之屬/通代

古今文綜不分卷　張相輯　民國十四年(1925)上海中華書局鉛印本　四十冊

330000－1726－0000648　普 0648　集部/別集類/清別集

曾文正公文集三卷詩集三卷　(清)曾國藩撰　民國上海中華書局鉛印本　四冊

330000－1726－0000649　普 0649　類叢部/叢書類/彙編之屬

求恕齋叢書三十一種　劉承幹編　民國吳興劉氏嘉業堂刻本　九冊　存三種

330000－1726－0000650　普 0650　集部/別集類/清別集

青溪文集十二卷續編八卷　(清)程廷祚撰　**青溪文集附編三卷**　胡適輯　**青溪文集附錄一卷**　胡適撰　民國二十五年(1936)北京大學據清道光十七年(1837)、十八年(1838)東山草堂刻本影印本暨鉛印本　十冊

龍泉市圖書館
民國時期傳統裝幀書籍普查登記目錄

浙江省民國時期傳統裝幀書籍普查登記目錄·衢州 舟山 麗水

國家圖書館出版社
National Library of China Publishing House

《龍泉市圖書館民國時期傳統裝幀書籍普查登記目録》

編委會

主　編: 朱顯軍

副主編: 吴　婷　田　豐

編纂人員: 王劍偉

《龍泉市圖書館民國時期傳統裝幀書籍普查登記目録》

前　言

經統計,龍泉市圖書館古籍普查共收入民國時期傳統裝幀書籍460種1373册。古籍種類包含經、史、子、集、類叢各類。品質中等,無善本和高品質古籍,以常見古籍居多。其中經部65種254册、史部26種152册、子部180種371册、集部176種515册、類叢部11種79册、新學2種2册。版本以石印本爲主,其中刻本8種30册、石印本352種1036册、鉛印本64種250册、影印本24種45册、油印本2種2册、手抄本10種10册。

因歷史、保護條件以及前期保護不善等原因,部分古籍出現發黴、破損、蠹蟲等現象,急需保護。但本館爲縣級基層館所,受人、財、物等各方面條件所限,後期保護工作仍然任重而道遠,期待上級專業部門給予必要的支持和幫助。由於工作人員水平所限,在古籍普查及著録中,存在不少錯誤,再次感謝各位專家指正和細心校對,得以編輯出版本書。

龍泉市圖書館
2018年3月

330000－4736－0000003　0406　集部/別集類/清別集

小倉山房詩選四卷補選一卷　(清)袁枚撰　民國十七年(1928)上海廣益書局石印本　四冊

330000－4736－0000004　0350　集部/總集類/選集之屬/通代

雁山鴻爪三卷　周起渭輯　民國二十三年(1934)樂清天一書局鉛印本　一冊　存一卷(三)

330000－4736－0000006　0341　集部/總集類/選集之屬/通代

陶詩彙評四卷東坡和陶合箋四卷　(清)溫汝能撰　民國八年(1919)上海掃葉山房石印本　二冊　存四卷(陶詩彙評一至四)

330000－4736－0000007　0022　子部/醫家類/兒科之屬/通論

鼎鍥幼幼集成六卷　(清)陳復正輯　民國六年(1917)上海錦章圖書局影印本　六冊

330000－4736－0000008　0101　子部/醫家類/兒科之屬/通論

鼎鍥幼幼集成六卷　(清)陳復正輯　民國石印本　一冊　存二卷(三至四)

330000－4736－0000009　0102　子部/醫家類/兒科之屬/通論

鼎鍥幼幼集成六卷　(清)陳復正輯　民國石印本　一冊　存一卷(三)

330000－4736－0000010　0340　集部/總集類/選集之屬/斷代

唐人八家詩四十二卷　(明)毛晉輯　民國十五年(1926)上海涵芬樓據明海虞毛氏汲古閣刻本影印本　一冊　存一種

330000－4736－0000011　0411　集部/別集類/清別集

四憶堂詩集六卷遺稿一卷　(清)侯方域撰　(清)賈開宗等選註　民國上海掃葉山房石印本　二冊

330000－4736－0000012　0284　子部/宗教類/道教之屬

孚佑帝君純陽祖師演說三生石一卷　民國十二年(1923)上海宏大善書局石印本　一冊

330000－4736－0000013　0131　集部/小說類/短篇之屬

詳註聊齋志異圖詠十六卷　(清)蒲松齡撰　(清)呂湛恩注　民國石印本　四冊　存八卷(九至十六)

330000－4736－0000014　0277　史部/政書類/律令之屬

新刻法家蕭曹兩造雪案鳴冤律四卷　(□)管見子註釋　民國四年(1915)上海鑄記書局石印本　一冊

330000－4736－0000015　0424　史部/政書類/律令之屬/法驗

重刊補註洗冤錄集證五卷　(宋)宋慈撰　(清)王又槐增輯　(清)李觀瀾補輯　(清)孫光烈參閱　(清)阮其新補註　(清)王又梧校訂　(清)張錫蕃重訂　**附刊寶鑑編一卷附刊石香祕錄一卷**　(清)仲振履校訂　(清)張錫蕃重訂　民國五年(1916)上海廣益書局石印本　三冊

330000－4736－0000016　0538　史部/政書類/律令之屬/法驗

續增洗冤錄辨正一卷附刊檢驗合參一卷洗冤錄解一卷　(清)瞿中溶撰　(清)李璋煜重訂　民國石印本　蔡建武題記　一冊

330000－4736－0000017　0645　子部/小說家類/諧謔之屬

改良繪圖解人頤廣集二卷　(清)胡澹庵撰　(清)錢德蒼增訂　民國石印本　一冊　存一卷(上)

330000－4736－0000018　0801　子部/醫家類/診法之屬/脈經脈訣

校正圖註脈訣四卷　(晉)王叔和撰　(明)張世賢註　民國石印本　一冊　存二卷(一至二)

330000－4736－0000019　0426　子部/醫家

類/診法之屬/脈經脈訣

校正圖註脈訣四卷　(晉)王叔和撰　(明)張世賢註　民國石印本　二冊

330000－4736－0000020　0098　子部/醫家類/醫經之屬/難經

校正圖註八十一難經四卷　(明)張世賢註　民國上海鴻寶齋書局石印本　一冊　存二卷(一至二)

330000－4736－0000021　0100　子部/醫家類/綜合之屬/通論

御纂醫宗金鑑九十卷首一卷　(清)吳謙等撰　民國石印本　一冊　存三卷(一至三)

330000－4736－0000023　0184　集部/詩文評類/詩評之屬

隨園詩話十六卷　(清)袁枚撰　民國石印本　三冊

330000－4736－0000024　0577　子部/醫家類/類編之屬

薛立齋醫案全集二十四種　(明)吳琯輯　民國石印本　二冊　存一種

330000－4736－0000025　0427　子部/醫家類/醫經之屬/難經

校正圖註八十一難經四卷　(明)張世賢註　民國上海會文堂石印本　二冊

330000－4736－0000026　0508　經部/四書類/總義之屬/傳說

新註四書白話解說三十六卷　江希張注　民國上海書業公所石印本　一冊　存二卷(新註孟子白話解說三至四)

330000－4736－0000027　0238　經部/四書類/論語之屬/傳說

批點註解白話論語讀本十卷　張兆瑢　沈元起編譯　**批點註解白話孟子讀本七卷年譜一卷**　張兆瑢　沈元起編譯　**讀孟子記一卷**　張九如撰　民國二十年(1931)上海廣益書局石印本　二冊　存四卷(論語讀本九至十,孟子讀本一、年譜)

330000－4736－0000028　0439　經部/四書類/總義之屬/傳說

四書正文七卷　民國上海章福記書局石印本　季賢保觀款　二冊　存三卷(大學、中庸、孟子上)

330000－4736－0000030　0543　經部/四書類/總義之屬/傳說

四書讀本十九卷　(宋)朱熹集註　民國十三年(1924)上海劉德記書局石印本　一冊　存三卷(孟子一至三)

330000－4736－0000031　0440　經部/四書類/總義之屬/傳說

銅版四書集註　(宋)朱熹集註　民國上海錦章圖書局石印本　一冊　存一種

330000－4736－0000032　0615　經部/四書類/總義之屬/傳說

四書集註十九卷　(宋)朱熹撰　民國上海廣益書局石印本　一冊　存二卷(孟子四至五)

330000－4736－0000034　0233　經部/四書類/總義之屬/傳說

四書正文　民國五年(1916)上海簡青齋書局石印本　周繼孟題簽　一冊　存一種

330000－4736－0000035　0355　經部/四書類/總義之屬

繪圖四書正文七卷　民國石印本　郁文題簽　二冊　存二卷(論語二、孟子一)

330000－4736－0000036　0506　經部/四書類/總義之屬/傳說

四書正文　民國二十年(1931)上海錦章圖書局石印本　一冊　存二種

330000－4736－0000037　0039　經部/四書類/總義之屬/傳說

四書正文　民國上海錦章圖書局石印本　鄭興芬題記　三冊　存二種

330000－4736－0000038　0316　子部/藝術類/書畫之屬/畫譜

楳嶺百鳥畫譜三卷　(日本)辛野楳嶺繪　民國石印本　一冊

330000－4736－0000039　0294　子部/小說家類/異聞之屬

洞冥記十卷　(清)呂惟一輯　民國十八年(1929)上海影印本　二冊　存四卷(一至二、五至六)

330000－4736－0000040　0291　子部/宗教類/道教之屬

重訂暗室燈二卷　(清)深山居士輯　民國十年(1921)上海天寶書局石印本　一冊

330000－4736－0000041　0602　集部/總集類/選集之屬/通代

古唐詩合解十二卷　(清)王堯衢注　(清)李模　(清)李桓校　民國二年(1913)上海錦章圖書局石印本　三冊　存六卷(一至六)

330000－4736－0000042　0441　子部/藝術類/書畫之屬/畫譜

馬駘百將畫譜二卷　馬駘繪　民國十五年(1926)上海世界書局石印本　一冊

330000－4736－0000043　0438　經部/四書類/總義之屬/傳說

四書正文　民國四年(1915)上海章福記書局石印本　雲卿題記　二冊　存一種

330000－4736－0000044　0187　集部/總集類/選集之屬/通代

古唐詩合解十二卷古詩四卷　(清)王堯衢注　(清)李模　(清)李桓校　民國鉛印本　一冊　存四卷(古詩一至四)

330000－4736－0000045　0176　集部/總集類/選集之屬/通代

古唐詩合解十二卷古詩四卷　(清)王堯衢注　(清)李模　(清)李桓校　民國鉛印本　二冊　存五卷(三至四、十至十二)

330000－4736－0000046　0105　集部/總集類/選集之屬/通代

古唐詩合解十二卷古詩四卷　(清)王堯衢注　(清)李模　(清)李桓校　民國上海錦章圖書局石印本　二冊　存四卷(古詩一至四)

330000－4736－0000047　0585　集部/總集類/選集之屬/通代

古詩合解四卷　(清)王堯衢註　民國石印本　西山觀款　一冊

330000－4736－0000048　0173　集部/總集類/選集之屬/通代

古唐詩合解十二卷　(清)王堯衢注　(清)李模　(清)李桓校　民國上海廣益書局石印本　一冊　存二卷(五至六)

330000－4736－0000049　0040　集部/總集類/選集之屬/斷代

註釋唐詩三百首六卷　(清)孫洙編　民國上海鴻寶齋書局石印本　六冊　存四卷(一至四)

330000－4736－0000050　0178　集部/總集類/選集之屬/斷代

唐詩三百首註疏六卷　(清)孫洙編　(清)章燮註　民國石印本　一冊　存一卷(四)

330000－4736－0000051　0365　集部/總集類/選集之屬/斷代

唐詩三百首註疏六卷　(清)孫洙編　(清)章燮註　民國十九年(1930)上海掃葉山房石印本　六冊

330000－4736－0000053　0641　集部/別集類/清別集

隨園集外詩四卷　(清)袁枚撰　(清)蔣敦復編　民國十四年(1925)上海大東書局石印本　一冊　存二卷(三至四)

330000－4736－0000055　0614　集部/總集類/選集之屬/斷代

隨園女弟子詩選六卷　(清)袁枚輯　民國上海錦章圖書局石印本　一冊　存二卷(一至二)

330000－4736－0000056　0605　史部/政書類/考工之屬/營造

新鐫工師雕斲正式魯班木經匠家鏡四卷首一卷　(明)午榮　(明)章嚴撰　民國上海錦章圖書局石印本　一冊

330000－4736－0000057　0058　集部/總集

類/選集之屬/通代

經史百家簡編二卷 （清）曾國藩纂 民國鉛印本 一冊 存一卷（一）

330000－4736－0000058 0503 子部/儒家類/儒學之屬/蒙學

繪圖增註百家姓不分卷 民國上海天寶書局石印本 一冊

330000－4736－0000059 0024 經部/小學類/文字之屬/字書/訓蒙

繪圖淺說註百家姓不分卷 民國石印本 一冊

330000－4736－0000065 0668 集部/總集類/選集之屬/通代

鍾伯敬先生訂補千家詩圖註二卷 （明）鍾惺訂補 民國石印本 周義文題簽并記 一冊

330000－4736－0000066 0445 集部/總集類/選集之屬/通代

改良鍾伯敬先生訂補千家詩圖注二卷 （明）鍾惺訂補 民國石印本 周秀卿題簽並記 二冊

330000－4736－0000067 0165 集部/總集類/選集之屬/通代

鍾伯敬先生訂補千家詩圖註二卷 （明）鍾惺訂補 民國上海文華書局石印本 徐龍、徐應時題記 徐矯臣題簽並記 一冊

330000－4736－0000068 0601 集部/總集類/選集之屬/通代

增補重訂千家詩註解二卷 （宋）謝枋得選（清）汪相注 民國石印本 周月祐題簽並記 一冊

330000－4736－0000069 0182 集部/總集類/選集之屬/通代

增補重訂千家詩註解二卷 （宋）謝枋得選（清）汪相注 民國石印本 竹三氏題記 一冊

330000－4736－0000070 0307 集部/總集類/課藝之屬

試律時宜□□卷 （清）洪鈞輯 民國石印本 一冊 存一卷（冬集）

330000－4736－0000075 0640 類叢部/類書類/專類之屬

詩韻合璧五卷 （清）湯祥瑟輯 （清）許時庚重編 民國四年（1915）上海文盛書局石印本 二冊 存二卷（一至二）

330000－4736－0000077 0669 經部/小學類/音韻之屬/古今韻說

詩韻集成五卷附詞林典腋一卷 （清）余照輯 民國上海錦章圖書局石印本 周中興題簽並記 一冊 存一卷（詩韻集成一）

330000－4736－0000080 0186 子部/儒家類/儒學之屬/蒙學

聲律啟蒙撮要□□卷 （清）車萬育撰 （清）夏大觀刪補 （清）王之幹箋釋 民國石印本 一冊 存三卷（一至三）

330000－4736－0000081 0208 類叢部/類書類/專類之屬

詩韻合璧五卷 （清）湯祥瑟輯 （清）許時庚重編 民國八年（1919）上海錦章圖書局石印本 五冊

330000－4736－0000082 0652 經部/小學類/音韻之屬/韻書

自修適用詩韻合璧大全五卷 （清）湯文潞編 **虛字韻藪一卷** （清）潘維城輯 民國十二年（1923）上海廣益書局石印本 四冊 存五卷（一至三、五，虛字韻藪）

330000－4736－0000089 0249 史部/傳記類/總傳之屬/技藝

近代六十名家畫傳一卷桐陰復志一卷 陳小蝶撰 **海上書畫名家年鑑一卷** 錢厓輯 民國鉛印本 一冊

330000－4736－0000090 0313 子部/藝術類/書畫之屬/畫譜

六法大觀畫譜不分卷 （明）汪謙繪 民國六年（1917）上海掃葉山房石印本 一冊

330000－4736－0000091 0522 子部/藝術類/書畫之屬/畫譜

海上名人畫譜六卷 民國石印本 一册 存一卷(六)

330000－4736－0000092 0518 子部/藝術類/書畫之屬/畫法畫品

初等毛筆習畫指南四卷 汪耀如撰 民國十三年(1924)上海益新書局石印本 一册 存一卷(二)

330000－4736－0000093 0613 子部/藝術類/書畫之屬/畫譜

醉墨軒畫稿四卷 胡郯卿繪 民國石印本 李復興題記 二册 存二卷(二至三)

330000－4736－0000094 0444 子部/藝術類/書畫之屬/畫譜

馬駘畫寶十五種二十四卷 馬駘繪 民國石印本 二册 存二種

330000－4736－0000095 0142 子部/藝術類/書畫之屬/畫譜

芥子園畫傳初集六卷 (清)王槩 (清)王蓍 (清)王臬輯 民國石印本 一册 存二卷(五至六)

330000－4736－0000096 0143 子部/藝術類/書畫之屬/畫譜

芥子園畫傳三集六卷 (清)王槩 (清)王蓍 (清)王臬輯 民國石印本 一册 存一卷(六)

330000－4736－0000097 0285 子部/宗教類/道教之屬

感應篇不分卷 文昌帝君丹桂籍不分卷 勸孝歌不分卷 文昌帝君遏欲文不分卷 民國石印本 一册

330000－4736－0000099 0551 集部/總集類/選集之屬/通代

宋元明詩評註讀本六卷 王文濡編 汪勁扶 沈鎔註 民國十三年(1924)上海文明書局鉛印本 二册

330000－4736－0000100 0647 子部/小說家類/異聞之屬

洞冥記十卷三十八回 (清)呂惟一輯 民國十八年(1929)上海宏大善書局石印本 一册 存二卷(一至二)

330000－4736－0000101 0189 子部/雜著類/雜纂之屬

不可録不分卷 戒殺放生惜字勸孝戒賭等文十一篇 宋子雲輯 民國八年(1919)上海宏大紙號石印本 一册

330000－4736－0000102 0193 子部/小說家類/雜事之屬

音釋坐花誌果八卷 (清)汪道鼎撰 (清)鶩峰樵者音釋 民國上海昌文書局石印本 一册 存四卷(一至四)

330000－4736－0000103 0257 集部/曲類/曲藝之屬

別善惡不分卷 李長青緝 民國遂昌鄭和瑞堂刻本 一册

330000－4736－0000104 0256 子部/宗教類/道教之屬/戒律

太上寶筏圖說八卷 (清)黄正元撰 民國石印本 一册 存一卷(禮)

330000－4736－0000105 0283 子部/宗教類/道教之屬/雜著

暗室燈二卷 (清)深山居士輯 民國上海宏大善書局石印本 一册 存一卷(一)

330000－4736－0000108 0088 子部/宗教類/道教之屬/雜著

大學秘解不分卷 民國寧波鈞和公司鉛印本 一册

330000－4736－0000109 0087 經部/孝經類/傳說之屬

御註孝經不分卷 (清)世祖福臨撰 民國上海普通書局石印本 徐承樟題簽並記 一册

330000－4736－0000110 0032 子部/儒家類/儒學之屬/俗訓

白話勸孝文不分卷 民國石印本 蔡廉題簽並記 一册

330000－4736－0000112 0617 經部/孝經

類/傳說之屬

孝經白話解說一卷　朱領中撰　民國二十年(1931)上海明善書局石印本　一冊

330000－4736－0000113　0603　經部/孝經類/正文之屬

篆文孝經一卷　(清)吳大澂書　民國二十三年(1934)上海中興書局石印本　一冊

330000－4736－0000115　0576　史部/傳記類/總傳之屬/忠孝

重刻女二十四孝圖說并詩不分卷　潘守廉編　民國二十五年(1936)上海三友實業社石印本　一冊

330000－4736－0000117　0368　集部/總集類/選集之屬/通代

歷代詩文評註讀本　王文濡編　民國上海文明書局鉛印本　四冊　存一種

330000－4736－0000118　0588　集部/總集類/選集之屬/通代

歷代詩文評註讀本　王文濡編　民國上海文明書局鉛印本　三冊　存一種

330000－4736－0000119　0167　集部/總集類/選集之屬/通代

歷代詩文評註讀本　王文濡編　民國上海文明書局鉛印本　三冊　存一種

330000－4736－0000120　0215　集部/總集類/選集之屬/通代

歷代詩文評註讀本　王文濡編　民國上海文明書局鉛印本　四冊　存一種

330000－4736－0000121　0083　集部/總集類/選集之屬/通代

言文對照古文釋義新編八卷　(清)余誠評註　(清)王鎮演白　民國上海廣益書局石印本　五冊　缺三卷(一、七至八)

330000－4736－0000122　0684　集部/總集類/選集之屬/通代

言文對照古文釋義新編八卷　(清)余誠評註　(清)王鎮演白　民國二十一年(1932)上海廣益書局石印本　八冊

330000－4736－0000123　0080　集部/總集類/選集之屬/通代

重訂古文釋義新編八卷　(清)余誠評註　民國四年(1915)上海江東書局石印本　五冊　缺三卷(二至三、八)

330000－4736－0000125　0356　集部/總集類/選集之屬/通代

重訂古文釋義新編八卷　(清)余誠評註　民國七年(1918)上海天寶書局石印本　步宸題簽並記　四冊　缺四卷(五至八)

330000－4736－0000126　0084　集部/總集類/選集之屬/通代

重訂古文釋義新編八卷　(清)余誠評註　民國三年(1914)上海鴻寶齋石印本　季贊韶題簽並記　五冊　缺三卷(六至八)

330000－4736－0000128　0245　新學/政治法律/政治

各國政治□□卷　民國石印本　一冊　存一卷(三)

330000－4736－0000130　0130　集部/小說類/長篇之屬

繪圖萬花樓傳六卷六十八回　(清)唐在田撰　民國石印本　一冊　存一卷(五)

330000－4736－0000131　0154　集部/戲劇類/傳奇之屬

繪圖英雄奇緣傳十卷五十七回　(清)隨安散人撰　民國石印本　一冊　存二卷(三至四)

330000－4736－0000132　0037　集部/小說類/長篇之屬

歷史小說繡像繪圖校正南宋志飛龍傳四卷五十回　(明)研石山樵訂正　民國石印本　二冊　存二卷(二、四)

330000－4736－0000133　0034　集部/小說類/長篇之屬

繪圖第一情書聽月樓全傳四卷二十回　民國上海錦章書局石印本　四冊

330000－4736－0000134　0155　集部/小說類/長篇之屬

繡像説唐征西全傳六卷九十回　民國石印本　二册　缺二卷(四、六)

330000－4736－0000136　0686　集部/小説類/長篇之屬

繪圖小列國志一百八回　(明)馮夢龍撰　(清)蔡奡評點　民國石印本　一册　存十回(一至十)

330000－4736－0000137　0707　集部/小説類/長篇之屬

繡像鐵冠圖四卷五十回　民國石印本　一册

330000－4736－0000138　0153　集部/曲類/彈詞之屬

足本大字劉公案全傳四卷　民國石印本　一册　存一卷(三)

330000－4736－0000139　0138　集部/小説類/長篇之屬

新輯繪圖彭公案正集四卷一百回　(清)貪夢道人撰　民國石印本　一册　存一卷(一)

330000－4736－0000140　0708　集部/小説類/長篇之屬

新輯繪圖彭公案初集四卷一百回　(清)貪夢道人撰　民國上海共和書局石印本　二册　存二卷(二至三)

330000－4736－0000141　0709　集部/小説類/長篇之屬

新刊再續彭公案□□卷□□回　(清)貪夢道人撰　民國上海共和書局石印本　一册　存二卷(三至四)

330000－4736－0000142　0720　集部/小説類/長篇之屬

新輯繪圖彭公案四集四卷八十一回　(清)貪夢道人撰　民國上海共和書局石印本　一册　存二卷(三至四)

330000－4736－0000143　0015　集部/小説類/長篇之屬

增像全圖加批西遊記八卷一百回　(明)吳承恩撰　(清)陳士斌詮解　民國石印本　一册　存一卷(五)

330000－4736－0000145　0578　集部/小説類/長篇之屬

繡像繪圖説唐全傳□□卷□□回　民國上海進步書局石印本　六册　存六卷(前傳一至三、小英雄傳、薛家將傳一至二)

330000－4736－0000146　0120　集部/小説類/長篇之屬

增像全圖東周列國志□□卷一百八回　(清)蔡奡評點　民國石印本　四册　存五十三回(一至五十三)

330000－4736－0000147　0014　集部/小説類/長篇之屬

繪圖封神演義八卷一百回　(明)許仲琳撰　(明)鍾惺評　民國上海廣益書局石印本　蔡建隆觀款　焕文題記　二册　存二卷(二、六)

330000－4736－0000148　0124　集部/小説類/長篇之屬

繪圖封神演義八卷一百回　(明)許仲琳撰　(明)鍾惺評　民國石印本　三册　存三卷(三、五、七)

330000－4736－0000152　0609　集部/戲劇類/雜劇之屬

繡像第六才子書六卷首一卷　(元)王德信撰　(清)金人瑞評　民國八年(1919)上海天寶書局石印本　二册　存二卷(首、三)

330000－4736－0000153　0610　集部/戲劇類/傳奇之屬

繡像繪圖長生殿傳奇四卷　(清)洪昇填詞　(清)吳人論文　民國石印本　一册　存二卷(三至四)

330000－4736－0000154　0541　集部/小説類/長篇之屬

繡像全圖封神演義八卷一百回　(明)許仲琳撰　民國上海錦章圖書局石印本　曾陳顯題記　二册　存四卷(三、六至八)

330000－4736－0000155　0542　集部/小説類/長篇之屬

繪圖封神演義八卷一百回　（明）許仲琳撰　（明）鍾惺評　民國上海天寶書局石印本　二冊　存二卷（一、六）

330000－4736－0000156　0688　集部/小說類/長篇之屬

繪圖封神演義八卷一百回　（明）許仲琳撰　（明）鍾惺評　民國上海天寶書局石印本　毛振鵬題記　一冊　存一卷（七）

330000－4736－0000158　0705　集部/小說類/長篇之屬

增像全圖三國志演義第一才子書□□卷一百二十回　（明）羅本撰　（清）金人瑞外書　（清）毛宗崗評　民國石印本　一冊　存二卷（七至八）

330000－4736－0000160　0730　集部/小說類/長篇之屬

第一才子書繡像三國志演義六十卷一百二十回　（明）羅本撰　（清）金人瑞　（清）毛宗崗評　民國商務印書館鉛印本　一冊　存八卷（三十一至三十八）

330000－4736－0000162　0742　集部/小說類/長篇之屬

增像全圖三國演義□□卷一百二十回　（明）羅本撰　（清）毛宗崗評　民國石印本　二冊　存六卷（七至十二）

330000－4736－0000163　0078　集部/小說類/長篇之屬

增像全圖三國演義八卷一百二十回　（明）羅本撰　（清）毛宗崗評　民國上海進步書局石印本　四冊　存四卷（一、三至四、七）

330000－4736－0000164　0728　集部/小說類/長篇之屬

大字足本繡像全圖三國志演義十七卷首一卷一百二十回　（明）羅本撰　（清）毛宗崗評　民國十四年（1925）上海掃葉山房石印本　七冊　存八卷（首，一至五，七至八）

330000－4736－0000165　0727　集部/小說類/長篇之屬

增像全圖三國演義八卷一百二十回　（明）羅本撰　（清）毛宗崗評　民國上海進步書局石印本　道之題記　九冊　缺二卷（四至五）

330000－4736－0000166　0731　集部/小說類/長篇之屬

第一才子書十六卷一百二十回　（明）羅本撰　（清）金人瑞　（清）毛宗崗評　民國上海中新書局鉛印本　周正卿題簽並記　三冊　存三卷（二、四、十二）

330000－4736－0000167　0125　集部/小說類/長篇之屬

第一才子書六十卷一百二十回　（明）羅本撰　（清）金人瑞　（清）毛宗崗評　民國同文升記書局鉛印本　耿光周題記　十一冊　存四十四卷（九至十二、十七至四十、四十五至六十）

330000－4736－0000168　0666　集部/小說類/長篇之屬

繡像繪圖宋岳武穆公全傳八卷八十回　（清）錢彩撰　袁韜壺增批　民國十八年（1929）上海會文堂新記書局石印本　一冊　存一卷（八）

330000－4736－0000169　0016　集部/小說類/長篇之屬

增訂繪圖精忠説岳全傳八卷八十回　（清）錢彩編　（清）金豐增訂　民國上海錦章圖書局石印本　王琦題記　一冊　存一卷（三）

330000－4736－0000170　0132　集部/小說類/長篇之屬

增訂繪圖精忠説岳全傳八卷八十回　（清）錢彩編　（清）金豐增訂　民國元年（1912）上海錦章圖書局石印本　十三冊

330000－4736－0000171　0665　集部/小說類/長篇之屬

繪圖説岳全傳八卷八十回　（清）錢彩撰　民國上海江東茂記書局石印本　一冊　存一卷（一）

330000－4736－0000172　0664　集部/小說

類/長篇之屬

增訂繪圖精忠說岳全傳八卷八十回 （清）錢彩編 （清）金豐增訂 民國上海天寶書局石印本 二冊 存二卷（三至四）

330000－4736－0000175 0533 集部/小說類/長篇之屬

繡像評演接續後部濟公傳八卷一百二十回 郭廣瑞撰 民國上海錦章圖書局石印本 三冊 存三卷（二至三、五）

330000－4736－0000176 0511 集部/小說類/長篇之屬

新刊繡像評講濟公傳八卷二百四十回 （清）王宣撰 民國十五年（1926）上海昌文書局石印本 八冊

330000－4736－0000177 0634 集部/小說類/長篇之屬

新刊繡像評講濟公傳八卷二百四十回 （清）王宣撰 民國上海天寶書局石印本 季鳳鳴題簽並記 八冊

330000－4736－0000178 0128 集部/小說類/長篇之屬

清史通俗演義十卷一百回 蔡東藩撰 民國上海會文堂書局石印本 周麟毓題簽並記 五冊 存五卷（一至四、六）

330000－4736－0000181 0135 集部/小說類/長篇之屬

增補齊省堂全圖儒林外史六卷六十回 （清）吳敬梓撰 民國十三年（1924）上海海左書局石印本 五冊 缺一卷（二）

330000－4736－0000182 0656 集部/小說類/長篇之屬

包公出世貍貓換太子演義八卷八十回 民國十三年（1924）上海公益書局石印本 一冊 存一卷（七）

330000－4736－0000183 0657 集部/曲類/寶卷之屬

改良包公案陳世美不認前妻二卷 民國上海槐蔭山房石印本 周德生題簽並記 一冊

330000－4736－0000184 0537 集部/小說類/長篇之屬

新刊繡像全圖施公案後傳六卷一百回 民國石印本 一冊 存三卷（四至六）

330000－4736－0000185 0140 集部/小說類/短篇之屬

分類廣註聊齋誌異十卷 （清）蒲松齡撰 通俗小說社編輯 民國上海世界書局石印本 五冊 存五卷（一、三至五、十）

330000－4736－0000187 0400 集部/小說類/長篇之屬

評註圖像水滸傳三十五卷七十回 （元）施耐庵撰 （清）金人瑞評 民國上海廣益書局石印本 二冊 存四卷（二至三、六至七）

330000－4736－0000188 0746 集部/小說類/長篇之屬

繪圖增像第五才子書水滸全傳□□卷七十回 （明）施耐庵撰 （清）金人瑞評釋 民國石印本 一冊 存四卷（五至八）

330000－4736－0000189 0402 集部/小說類/長篇之屬

評注圖像五才子書三十五卷七十回首一卷 （元）施耐庵撰 （清）金人瑞評 民國六年（1917）上海會文堂書局石印本 周靈毓題記 十一冊 缺四卷（四至七）

330000－4736－0000190 0536 集部/小說類/長篇之屬

繪圖增像第五才子書水滸全傳十卷七十回 （明）施耐庵撰 （清）金人瑞評釋 民國石印本 八冊 缺三卷（一、五、九）

330000－4736－0000191 0262 集部/小說類/短篇之屬

詳註聊齋志異圖詠十六卷 （清）蒲松齡撰 （清）呂湛恩注 民國上海天寶書局石印本 林百祿題記 四冊 存八卷（三至四、七至八、十三至十六）

330000－4736－0000194 0149 集部/小說類/短篇之屬

詳註聊齋志異圖詠十六卷　(清)蒲松齡撰　(清)呂湛恩注　民國石印本　一册　存二卷(五至六)

330000－4736－0000195　0017　集部/小説類/短篇之屬

詳註聊齋志異圖詠十六卷　(清)蒲松齡撰　(清)呂湛恩注　民國石印本　一册　存二卷(十至十一)

330000－4736－0000196　0139　集部/小説類/短篇之屬

繪圖詳註聊齋志異十六卷　(清)蒲松齡撰　(清)呂湛恩注　民國上海進步書局石印本　一册　存二卷(十三至十四)

330000－4736－0000198　0145　集部/小説類/長篇之屬

評注圖像水滸傳三十五卷七十回首一卷　(元)施耐庵撰　(清)金人瑞評　民國上海廣興書局鉛印本　王世□題記　三册　存三卷(七至八、十二)

330000－4736－0000199　0581　集部/小説類/長篇之屬

繪圖增像第五才子書水滸全傳八卷七十回　(明)施耐庵撰　(清)金人瑞評釋　民國上海錦章圖書局石印本　一册

330000－4736－0000201　0535　集部/小説類/長篇之屬

評注圖像水滸傳三十五卷七十回首一卷　(元)施耐庵撰　(清)金人瑞評　民國上海共和書局石印本　三册　存三卷(一、七至八)

330000－4736－0000205　0148　集部/小説類/長篇之屬

增評補圖石頭記一百二十卷　(清)曹霑　(清)高鶚撰　(清)王希廉評　(清)姚燮加評　民國鉛印本　四册　存三十二卷(八十一至八十八、九十七至一百四、一百五至一百二十)

330000－4736－0000206　0653　集部/小説類/長篇之屬

增評加批金玉緣圖説一百二十卷首一卷一百二十回　(清)曹霑　(清)高鶚撰　(清)蝶薌仙史評訂　民國石印本　十四册　缺十六卷(六十四至七十二、一百七至一百十三)

330000－4736－0000208　0127　集部/小説類/長篇之屬

第一才子書六十卷一百二十回　(明)羅本撰　(清)金人瑞　(清)毛宗崗評　民國石印本　二册　存十六卷(六至十三、五十三至六十)

330000－4736－0000209　0726　集部/小説類/長篇之屬

第一才子書十六卷一百二十回　(明)羅本撰　(清)金人瑞　(清)毛宗崗評　民國四年(1915)上海中新書局石印本　正卿題記　二册　存二卷(一、十六)

330000－4736－0000210　0729　集部/小説類/長篇之屬

第一才子書六十卷一百二十回首一卷　(明)羅本撰　(清)金人瑞　(清)毛宗崗評　民國三年(1914)上海錦章書局石印本　周守卿、周啟瑞題簽並記　十一册　缺十六卷(二十一至二十八、四十五至五十二)

330000－4736－0000211　0725　集部/小説類/長篇之屬

第一才子書□□卷一百二十回　(明)羅本撰　(清)金人瑞　(清)毛宗崗評　民國鉛印本　一册　存一卷(一)

330000－4736－0000216　0384　集部/小説類/長篇之屬

繪圖新編第五續至第十續洪秀全六集二十四卷一百二十回　汪繼川編　民國十四年(1925)上海萃英書局石印本　六册

330000－4736－0000217　0158　集部/小説類/長篇之屬

民族小説繡像洪秀全演義四集八卷五十四回　黄世仲撰　民國石印本　二册　存二集(一至二)

330000－4736－0000218　0744　集部/小說類/長篇之屬

繡像洪秀全演義十集三十二卷一百七十四回　黄世仲撰　民國石印本　二册　存四卷(三集一至二、四集一至二)

330000－4736－0000220　0528　子部/儒家類/儒學之屬/蒙學

新增繪圖幼學故事瓊林四卷首一卷　(清)程登吉撰　(清)鄒聖脈增補　民國上海劉德記書局石印本　一册　存一卷(一)

330000－4736－0000221　0282　子部/儒家類/儒學之屬/蒙學

新增繪圖幼學故事瓊林四卷　(清)程登吉撰　(清)鄒聖脈增補　民國上海鴻寶齋石印本　張渭鴻題簽並記　二册

330000－4736－0000222　0529　子部/儒家類/儒學之屬/蒙學

新增繪圖幼學故事瓊林四卷首一卷　(清)程登吉撰　(清)鄒聖脈增補　民國上海錦章圖書局石印本　四册

330000－4736－0000224　0360　子部/儒家類/儒學之屬/蒙學

精校重增繪圖幼學故事瓊林四卷首一卷　(清)程登吉撰　(清)鄒聖脈增補　民國二十二年(1933)上海會文堂新記書局石印本　一册　存一卷(一)

330000－4736－0000225　0745　子部/儒家類/儒學之屬/蒙學

重增繪圖幼學故事瓊林四卷首一卷　(清)程登吉撰　(清)鄒聖脈增補　蔡郕續增　民國上海會文堂書局石印本　一册　存二卷(三至四)

330000－4736－0000226　0363　子部/儒家類/儒學之屬/蒙學

新式標點言文對照幼學故事瓊林四卷首一卷　(清)程登吉撰　(清)鄒聖脈增補　民國二十一年(1932)上海廣益書局石印本　三册　缺一卷(二)

330000－4736－0000227　0336　子部/儒家類/儒學之屬/蒙學

浙紹奎照樓新增繪圖幼學故事瓊林四卷首一卷　(清)程允升撰　(清)鄒聖脈增補　(清)謝梅林　(清)鄒可庭參訂　(清)石韞玉重校評點　民國浙紹奎照樓石印本　一册　存二卷(一至二)

330000－4736－0000228　0332　子部/儒家類/儒學之屬/蒙學

新增繪圖幼學故事瓊林四卷首一卷　(清)程登吉撰　(清)鄒聖脈增補　民國上海錦章圖書局石印本　二册　存二卷(一至二)

330000－4736－0000229　0334　子部/儒家類/儒學之屬/蒙學

新增繪圖幼學故事瓊林四卷首一卷　(清)程登吉撰　(清)鄒聖脈增補　民國上海天寶書局石印本　一册　存一卷(四)

330000－4736－0000230　0333　子部/儒家類/儒學之屬/蒙學

新增幼學故事瓊林四卷　(清)程登吉撰　(清)鄒聖脈增補　民國同文新書局石印本　周顯璋題簽　一册　存一卷(二)

330000－4736－0000231　0462　子部/儒家類/儒學之屬/蒙學

新增繪圖幼學故事瓊林四卷首一卷　(清)程登吉撰　(清)鄒聖脈增補　民國石印本　一册

330000－4736－0000232　0335　子部/儒家類/儒學之屬/蒙學

新增繪圖幼學故事瓊林四卷　(清)程登吉撰　(清)鄒聖脈增補　民國上海昌文書局石印本　毛寶珠題簽　三册　缺一卷(一)

330000－4736－0000233　0749　子部/儒家類/儒學之屬/蒙學

新增繪圖幼學故事瓊林四卷　(清)程登吉撰　(清)鄒聖脈增補　民國上海文瑞樓石印本　一册　存一卷(四)

330000－4736－0000235　0412　集部/別集

類/宋别集

東坡和陶合箋四卷 (宋)蘇軾撰 (清)温汝能輯 民國八年(1919)上海掃葉山房石印本 二册

330000－4736－0000238 0331 子部/藝術類/書畫之屬/畫譜

芥子園畫傳初集六卷 (清)王槩 (清)王蓍 (清)王臬輯 民國元年(1912)五音書局石印本 三册 存二卷(五至六)

330000－4736－0000239 0020 集部/詩文評類/文法之屬/函牘格式

言文對照寫信必讀□□卷 李述之編 民國石印本 一册 存一卷(一)

330000－4736－0000241 0025 子部/藝術類/書畫之屬/畫譜

芥子園畫傳二集九卷 (清)王槩 (清)王蓍 (清)王臬輯 民國六年(1917)五音書局石印本 一册 存二卷(六至七)

330000－4736－0000242 0753 子部/藝術類/書畫之屬/畫譜

芥子園畫傳三集六卷 (清)王槩 (清)王蓍 (清)王臬輯 民國六年(1917)五音書局石印本 一册 存一卷(五)

330000－4736－0000243 0345 集部/小説類/長篇之屬

新刻京臺公餘勝覽國色天香十卷 (明)吳敬所輯 民國石印本 一册 存二卷(三至四)

330000－4736－0000246 0370 子部/法家類

管子二十四卷 (唐)房玄齡注 民國十三年(1924)上海掃葉山房石印本 五册 缺三卷(二十二至二十四)

330000－4736－0000247 0325 子部/宗教類/佛教之屬

還鄉直指不分卷 心菴頭陀述 民國二十四年(1935)上海明善書局鉛印本 陳定華題記 一册

330000－4736－0000248 0247 經部/四書類/總義之屬/傳説

新訂四書補註備旨十卷 (明)鄧林撰 (清)鄧煜編 (清)杜定基增訂 民國上海昌文書局石印本 八册

330000－4736－0000249 0071 子部/藝術類/書畫之屬/畫譜

芥子園畫傳初集六卷 (清)王槩 (清)王蓍 (清)王臬輯 民國上海章福記書局石印本 六册

330000－4736－0000250 0758 子部/藝術類/書畫之屬/畫譜

芥子園畫傳二集九卷 (清)王槩 (清)王蓍 (清)王臬輯 民國上海章福記書局石印本 三册 缺二卷(八至九)

330000－4736－0000251 0793 子部/藝術類/書畫之屬/畫譜

芥子園畫傳三集六卷 (清)王槩 (清)王蓍 (清)王臬輯 民國上海章福記書局石印本 三册 缺一卷(六)

330000－4736－0000252 0310 子部/藝術類/遊藝之屬/聯語

新輯楹聯大觀八卷 賀群上編 民國十九年(1930)上海錦章圖書局石印本 二册 存二卷(一、六)

330000－4736－0000253 0012 子部/藝術類/遊藝之屬/聯語

國民適用通俗對聯新編二卷 民國上海錦章圖書局石印本 二册

330000－4736－0000254 0364 子部/儒家類/儒家之屬

荀子二十卷首一卷 (唐)楊倞注 王先謙集解 民國上海掃葉山房石印本 八册

330000－4736－0000255 0250 經部/四書類/總義之屬/文字音義

注音字母四書白話句解十九卷 周觀光 吳穀民演譯 民國上海求古齋石印本 徐承樟題簽並記 二十八册 缺二卷(論語七至八)

330000－4736－0000256 0429 集部/總集

類/選集之屬/通代

古文觀止十二卷　(清)吴乘權　(清)吴大職輯　民國七年(1918)上海天寶書局石印本　蔡建隆題簽並記　六册

330000－4736－0000257　0706　子部/藝術類/遊藝之屬/聯語

楹聯彙編八卷　王榮商輯　民國石印本　一册　存一卷(三)

330000－4736－0000258　0107　集部/總集類/彙編之屬

康南海梁任公文集合刻不分卷　朱振新編　民國三年(1914)上海共和編譯局石印本　七册　存七册(梁任公文集六至十二)

330000－4736－0000260　0236　史部/政書類/律令之屬/刑制

中華民國新刑律集解二卷　葛遵禮編　民國上海會文堂書局石印本　一册　存一卷(二)

330000－4736－0000262　0513　史部/政書類/律令之屬

法學通論不分卷　陳亮編　民國石印本　一册

330000－4736－0000263　0252　史部/政書類/律令之屬

新編評註刀筆菁華四種　平襟亞纂　秋痕樓主評　民國十四年(1925)上海共和書局鉛印本　一册　存一種

330000－4736－0000264　0235　子部/儒家類/儒學之屬

論學續編不分卷　來鎮嵛等編　民國石印本　張俊昭題簽　一册

330000－4736－0000268　0517　史部/雜史類/斷代之屬

南渡錄四卷附傳一卷　(宋)辛棄疾撰　民國元年(1912)上海廣益書局石印本　二册

330000－4736－0000270　0218　子部/宗教類/佛教之屬

千手千眼觀世音菩薩大悲心陀羅尼經箋注一卷　(唐)釋不空譯　萬鈞箋注　民國十八年(1929)上海醫學書局鉛印本　一册

330000－4736－0000274　0600　史部/政書類/律令之屬/律例

新刑律集解二卷　葛遵禮編　民國上海會文堂石印本　一册　存一卷(下)

330000－4736－0000275　0230　集部/别集類

新編分類飲冰室文集全編二十卷　梁啓超撰　民國上海廣益書局石印本　蔡建隆題簽並記　二十册

330000－4736－0000276　0512　集部/總集類/選集之屬/斷代

現代十大家詩鈔　進步書局編　民國九年(1920)文明書局、中華書局石印本　三册

330000－4736－0000277　0472　集部/總集類/彙編之屬

康南海梁任公文集合刻不分卷　朱振新編　民國三年(1914)上海共和編譯局石印本　十一册　存十一册(康南海文集一至五、七至十二)

330000－4736－0000278　0476　集部/總集類/選集之屬/通代

十八家詩鈔二十八卷首一卷　(清)曾國藩輯　民國十年(1921)上海國華書局石印本(卷二十一補配民國鉛印本)　十七册　缺二卷(十一至十二)

330000－4736－0000279　0156　經部/四書類/總義之屬/傳説

新註四書白話解説三十六卷　江希張注　民國石印本　十三册

330000－4736－0000281　0259　子部/雜著類/雜纂之屬

重刻十殿報應例案不分卷　民國上海明善書局石印本　一册

330000－4736－0000283　0679　集部/總集類/尺牘之屬

歷代名人家書不分卷　四願齋主編輯　民國二十七年(1938)長沙商務印書館鉛印本

一册

330000－4736－0000284　0408　史部/編年類/通代之屬

御批歷代通鑑輯覽一百二十卷　(清)傅恒等撰　民國上海錦章圖書局石印本　十八冊　存五十二卷(二十二至二十三、二十六至三十六、四十八至五十八、六十三至七十八、八十三至八十六、一百七至一百九、一百十六至一百二十)

330000－4736－0000286　0654　類叢部/叢書類/郡邑之屬

永嘉詩人祠堂叢刻十四種　冒廣生輯　民國四年(1915)如皋冒氏刻本　六冊　存十三種

330000－4736－0000287　0150　子部/雜著類/雜纂之屬

諸子文粹六十二卷續編十卷　李寶洤纂　民國七年(1918)上海商務印書館鉛印本　十冊　存四十四卷(十四至二十一、二十五至五十七,續編八至十)

330000－4736－0000290　0592　集部/總集類/選集之屬/通代

十八家詩鈔二十八卷首一卷　(清)曾國藩輯　民國石印本　一冊　存一卷(二十三)

330000－4736－0000292　0382　集部/别集類/唐五代别集

昌黎先生集四十卷外集十卷遺文一卷　(唐)韓愈撰　(唐)李漢編　**朱子校昌黎先生集傳一卷**　(宋)朱熹撰　**韓集點勘四卷**　(清)陳景雲撰　民國十二年(1923)上海掃葉山房石印本　十一冊

330000－4736－0000296　0623　集部/總集類/選集之屬/通代

古文觀止十二卷　(清)吳乘權　(清)吳大職輯　民國商務印書館鉛印本　二冊　存四卷(九至十二)

330000－4736－0000299　0157　集部/詩文評類/文法之屬

初學論說文範四卷　邵伯棠撰　民國元年(1912)上海會文堂粹記石印本　周家選觀款　一冊　存一卷(四)

330000－4736－0000300　0343　子部/藝術類/書畫之屬/畫譜

芥子園畫傳初集六卷　(清)王槩　(清)王蓍　(清)王臬輯　民國三年(1914)上海書局石印本　王槐卿題記　一冊　存二卷(一至二)

330000－4736－0000301　0151　子部/藝術類/書畫之屬/畫譜

芥子園畫傳二集九卷　(清)王槩　(清)王蓍　(清)王臬輯　民國三年(1914)上海書局石印本　王槐卿題記　一冊　存三卷(七至九)

330000－4736－0000302　0327　子部/藝術類/書畫之屬/畫譜

芥子園畫傳初集六卷　(清)王槩　(清)王蓍　(清)王臬輯　民國三年(1914)上海共和書局石印本　二冊　存三卷(一至二、四)

330000－4736－0000303　0180　子部/藝術類/書畫之屬/畫譜

芥子園畫傳二集九卷　(清)王槩　(清)王蓍　(清)王臬輯　民國石印本　一冊　存三卷(四至六)

330000－4736－0000304　0392　子部/藝術類/書畫之屬/畫譜

芥子園畫傳三集六卷　(清)王槩　(清)王蓍　(清)王臬輯　民國石印本　一冊　存二卷(一至二)

330000－4736－0000311　0580　史部/編年類/通代之屬

評點綱鑑易知錄九十二卷尺木堂明鑑易知錄十五卷　(清)吳乘權　(清)周之炯　(清)周之燦輯　民國十九年(1930)上海掃葉山房石印本　二十四冊

330000－4736－0000312　0520　史部/編年類/通代之屬

綱鑑總論二卷　(清)陳受頤撰　民國三年(1914)上海廣益書局石印本　二冊

330000－4736－0000313　0519　史部/編年

類/通代之屬

綱鑑擇語十卷 (清)司徒修輯 民國九年(1920)上海錦章圖書局石印本 一冊 存二卷(一至二)

330000－4736－0000314 0435 史部/編年類/通代之屬

綱鑑易知録九十二卷明鑑易知録十五卷 (清)吳乘權 (清)周之炯 (清)周之燦輯 民國五年(1916)上海商務印書館鉛印本 十冊 存七十一卷(七至十四、二十一至四十、五十九至六十四、七十一至九十二,明鑑易知録一至十五)

330000－4736－0000321 0265 史部/編年類/通代之屬

尺木堂綱鑑易知録九十二卷明鑑易知録十五卷 (清)吳乘權 (清)周之炯 (清)周之燦輯 民國十四年(1925)上海掃葉山房石印本 二十二冊 缺十卷(九至十三、七十四至七十八)

330000－4736－0000322 0380 集部/總集類/尺牘之屬

名賢手札八卷 (清)郭慶藩輯 民國十二年(1923)上海東萊書局石印本 四冊

330000－4736－0000325 0715 集部/詩文評類/詩評之屬

唐宋詩概論二卷 民國油印本 淩厚生題簽並記 一冊 存一卷(一)

330000－4736－0000328 0026 集部/總集類/選集之屬/通代

東萊先生古文關鍵四卷 (宋)呂祖謙評 (宋)蔡文子註 (清)徐樹屏考異 民國七年(1918)上海會文堂書局、碧梧山莊書局影印本 蔡建隆題記 四冊

330000－4736－0000340 0450 類叢部/叢書類/彙編之屬

嘉業堂叢書五十七種 劉承幹輯 民國吳興劉氏嘉業堂刻本 四冊 存二種

330000－4736－0000342 0414 史部/編年類/通代之屬

兩朝御批通鑑輯覽一百二十卷 (清)傅恆等總裁 民國八年(1919)上海鑄記書局石印本 二十六冊 缺十九卷(十七至二十四、五十九至六十四、九十至九十一、一百三至一百五)

330000－4736－0000346 0381 史部/雜史類/斷代之屬

滿清稗史十六種附二種 陸保璿輯 民國二年(1913)新中國圖書局鉛印本 九冊 存八種

330000－4736－0000347 0366－1 類叢部/叢書類/彙編之屬

古今説部叢書十集二百七十二種 國學扶輪社輯 民國四年(1915)中國圖書公司和記鉛印本 二十七冊 存五集(一至五)

330000－4736－0000348 0366－2 類叢部/叢書類/彙編之屬

古今説部叢書十集二百七十二種 國學扶輪社輯 民國四年(1915)中國圖書公司和記鉛印本 二十八冊 存五集(六至十)

330000－4736－0000349 0054 集部/總集類/尺牘之屬

分類白話句解新式普通尺牘六卷 廣益書局編輯部輯 民國十年(1921)上海廣益書局石印本 一冊 存一卷(一)

330000－4736－0000350 0254 集部/總集類/選集之屬/斷代

當代百家酬世文庫二十六卷 劉再蘇編 民國十五年(1926)上海世界書局石印本 十二冊 存二十卷(一至四、七至十一、十三、十六至十九、二十一至二十六)

330000－4736－0000351 0053 集部/詩文評類/文法之屬

仕商便覽日用酬世大觀不分卷 民國二十一年(1932)上海世界書局石印本 一冊

330000－4736－0000352 0667 集部/詩文評類/文法之屬/函牘格式

寫信必讀十卷　(清)唐芸洲撰　民國上海天寶書局石印本　一册

330000－4736－0000354　0113　子部/雜著類/雜纂之屬

對夫妙術婦女智囊十卷　徐桂芳撰　民國上海世界書局石印本　一册

330000－4736－0000356　0041　類叢部/類書類/通類之屬

雲林别墅新集酧世錦囊採輯新聯四集二卷　(清)鄒景揚輯　民國石印本　蔡濂題簽並記　一册

330000－4736－0000357　0042　集部/别集類/清别集

金聖歎全集八卷　(清)金人瑞撰　**蒲留仙文一卷**　(清)蒲松齡撰　民國上海進步書局石印本　一册

330000－4736－0000358　0648　經部/春秋左傳類/傳説之屬

批評東萊博議四卷增補虚字註釋總目一卷　(宋)吕祖謙撰　民國二年(1913)上海鑄記書局石印本　二册

330000－4736－0000360　0650　經部/春秋左傳類/傳説之屬

批評東萊博議四卷增補虚字註釋總目一卷　(宋)吕祖謙撰　民國十一年(1922)上海鴻寶齋書局石印本　一册

330000－4736－0000361　0387　史部/史評類/史論之屬

中國史事□□卷　民國石印本　一册　存一卷(二)

330000－4736－0000367　0632　經部/春秋左傳類/傳説之屬

言文對照評註東萊博議四卷　(宋)吕祖謙撰　陳和祥編輯　民國十七年(1928)上海掃葉山房石印本　三册　存三卷(二至四)

330000－4736－0000368　0631　經部/春秋左傳類/傳説之屬

加批輯註東萊博議四卷　(宋)吕祖謙撰　劉鍾英輯註　**增補虚字備考註釋六卷**　(清)張文炳撰　民國十四年(1925)上海掃葉山房石印本　二册　存二卷(東萊博議一、三)

330000－4736－0000370　0413　史部/編年類/通代之屬

御批歷代通鑑輯覽一百二十卷　(清)傅恆等撰　民國鉛印本　十七册　存五十一卷(四至二十六、六十六至九十三)

330000－4736－0000371　0244　子部/儒家類/儒學之屬/禮教/家訓

治家格言繹義二卷　(清)戴翊清撰　民國十五年(1926)上海明德書局鉛印本　一册

330000－4736－0000373　0544　子部/雜著類/雜纂之屬

日用必備交際大觀十卷　周德芳編　民國上海錦章圖書局石印本　一册

330000－4736－0000374　0090　集部/總集類/選集之屬/通代

評校音注古文辭類纂七十四卷　(清)姚鼐輯　王文濡校注　民國二十三年(1934)上海文明書局鉛印本　十一册　存五十七卷(十四至十八、二十三至七十四)

330000－4736－0000375　0214　集部/詩文評類/文評之屬

言文對照古文評註讀本十二卷　(清)過珙　(清)黄越選評　(清)曾濆　(清)龐雲燦訂　民國上海世界書局石印本　二册　存二卷(四、十一)

330000－4736－0000376　0597　集部/詩文評類/文評之屬

言文對照古文評註十二卷　(清)過珙　(清)黄越選評　(清)曾濆　(清)龐雲燦訂　民國上海廣益書局石印本　一册　存一卷(五)

330000－4736－0000377　0115　集部/總集類/選集之屬/通代

增廣評註古文新選五卷附作文材料一卷　周逸雲輯　民國十五年(1926)上海中西書局石印本　一册　存一卷(古文新選一)

330000－4736－0000379　0415　集部/總集類/選集之屬/通代

評註古文讀本六卷　林景亮撰　民國十年(1921)上海中華書局鉛印本　一冊　存一卷(四)

330000－4736－0000381　0174　集部/總集類/選集之屬/通代

古詩評註讀本三卷附教授法一卷　王文濡評選　民國十三年(1924)上海文明書局鉛印本　二冊

330000－4736－0000382　0451　集部/總集類/選集之屬/通代

古詩評註讀本三卷附教授法一卷　王文濡評選　民國七年(1918)上海文明書局鉛印本　二冊

330000－4736－0000384　0077　集部/總集類/選集之屬/通代

古文觀止十二卷　(清)吳乘權　(清)吳大職輯　民國上海天寶書局石印本　一冊　存六卷(一至六)

330000－4736－0000385　0085　集部/總集類/選集之屬/通代

精校評註古文觀止十二卷　(清)吳乘權　(清)吳大職輯　民國十九年(1930)上海文明書局鉛印本　一冊　存二卷(三至四)

330000－4736－0000386　0584　類叢部/類書類/通類之屬

增補事類統編九十三卷首一卷　(清)黃葆真增輯　民國十年(1921)上海錦章圖書局石印本　一冊　存八卷(一至八)

330000－4736－0000391　0242　集部/別集類/清別集

註釋嚶求集四卷　(清)繆艮撰　(清)倪照註　民國上海廣益書局石印本　一冊

330000－4736－0000394　0207　經部/春秋左傳類/傳說之屬

春秋左傳句解六卷　(清)韓菼重訂　民國三年(1914)上海商務印書館鉛印本　十冊　存五卷(一至五)

330000－4736－0000395　0082　集部/別集類/唐五代別集

韓文起十二卷　(唐)韓愈撰　(清)林雲銘評註　民國四年(1915)上海會文堂書局石印本　五冊　缺二卷(一至二)

330000－4736－0000398　0206　經部/春秋左傳類/傳說之屬

春秋左傳五十卷　(晉)杜預　(宋)林堯叟註釋　(唐)陸德明音義　民國上海商務印書館鉛印本　十二冊

330000－4736－0000399　0573　子部/藝術類/書畫之屬/法帖

□□字帖一卷　民國石印本　一冊

330000－4736－0000402　0574　子部/藝術類/書畫之屬/法帖

顔真卿字帖一卷　(唐)顔真卿書　民國上海尚古山房石印本　一冊

330000－4736－0000403　0571　子部/藝術類/書畫之屬/法帖

蘭亭十三跋字帖一卷　(元)趙孟頫撰　民國石印本　一冊

330000－4736－0000404　0575　子部/藝術類/書畫之屬/法帖

□□字帖一卷　民國石印本　一冊

330000－4736－0000409　0566　子部/藝術類/書畫之屬/法帖

□□字帖一卷　民國石印本　一冊

330000－4736－0000410　0560　子部/藝術類/書畫之屬/法帖

趙充國頌帖一卷　(清)張裕釗書　民國石印本　一冊

330000－4736－0000412　0567　子部/藝術類/書畫之屬/法帖

千字文字帖一卷　民國石印本　一冊

330000－4736－0000413　0469　子部/藝術類/書畫之屬

陶濬宣字帖一卷　(清)陶濬宣書　民國上海尚古山房影印本　一册

330000－4736－0000414　0558　子部/藝術類/書畫之屬/法帖

自書告身帖一卷　(唐)顔真卿書　民國石印本　一册

330000－4736－0000419　0467　經部/春秋左傳類/傳説之屬

評點春秋綱目左傳句解彙雋六卷　(清)韓菼重訂　民國九年(1920)上海天寶書局石印本　三册

330000－4736－0000432　0499　經部/詩類/傳説之屬

詩經集傳八卷　(宋)朱熹撰　民國石印本　周秀卿題簽並記　二册　存四卷(五至八)

330000－4736－0000434　0644　集部/總集類/尺牘之屬

新輯分類雪鴻軒句解尺牘四卷　(清)龔萼撰　王后哲註　民國上海廣益書局石印本　一册　存一卷(一)

330000－4736－0000437　0072　子部/法家類

商君書五卷　(戰國)商鞅撰　民國九年(1920)上海五鳳樓石印本　一册

330000－4736－0000438　0166　經部/詩類/傳説之屬

詩經集傳八卷　(宋)朱熹撰　民國上海錦章書局石印本　七册

330000－4736－0000439　0496　經部/詩類/傳説之屬

詩經集傳八卷　(宋)朱熹撰　民國上海中原書局石印本　三册　存五卷(一至五)

330000－4736－0000445　0534　集部/别集類/清别集

鄭板橋全集六卷　(清)鄭燮撰　民國七年(1918)上海掃葉山房石印本　四册　存四卷(板橋詩鈔一至二、板橋詞鈔、板橋家書)

330000－4736－0000456　0234　經部/四書類/總義之屬/傳説

銅版四書集註　(宋)朱熹集註　民國四年(1915)上海廣益書局石印本　四册　存二種

330000－4736－0000457　0443　史部/雜史類/斷代之屬

戰國策補註三十三卷　吳曾祺撰　民國十九年(1930)上海商務印書館鉛印本　四册

330000－4736－0000458　0516　子部/道家類

莊子十卷　(晉)郭象注　(唐)陸德明音義　民國上海廣益書局石印本　一册　存二卷(九至十)

330000－4736－0000463　0509　經部/詩類/傳説之屬

新註詩經白話解八卷　洪子良編　民國十五年(1926)上海中原書局石印本　四册

330000－4736－0000467　0550　經部/書類/傳説之屬

新式標點書經白話文六卷　許德厚譯　民國上海中原書局石印本　二册　存三卷(四至六)

330000－4736－0000468　0228　經部/書類/傳説之屬

書經體註六卷　民國刻本　三册　存四卷(三至六)

330000－4736－0000472　0255　經部/書類/傳説之屬

書集傳六卷　(宋)蔡沈撰　民國商務印書館鉛印本　十三册　存四卷(三至六)

330000－4736－0000476　0437　經部/四書類/總義之屬/傳説

新式標點四書白話解説二十九卷　董堅志編輯　民國二十五年(1936)上海錦章圖書局石印本　十三册　缺四卷(論語一至四)

330000－4736－0000479　0557　經部/小學類/文字之屬/字書/字典

康熙字典十二集三十六卷總目一卷檢字一卷

辨似一卷等韻一卷備考一卷補遺一卷 （清）張玉書等纂修 民國商務印書館石印本 七冊 缺六卷（酉集上中下、戌集上中下）

330000－4736－0000480 0308 經部/小學類/文字之屬/字書/字典

康熙字典十二集三十六卷檢字一卷辨似一卷等韻一卷備考一卷補遺一卷 （清）張玉書等纂修 民國九年（1920）上海昌文書局石印本 一冊 存六卷（巳集上中下、午集上中下）

330000－4736－0000481 0552 經部/小學類/文字之屬/字書/字典

康熙字典十二集三十六卷總目一卷檢字一卷辨似一卷等韻一卷備考一卷補遺一卷 （清）張玉書等纂修 民國四年（1915）上海錦章圖書局石印本 六冊

330000－4736－0000482 0374 經部/小學類/文字之屬/字書/字典

康熙字典十二集三十六卷總目一卷檢字一卷辨似一卷等韻一卷備考一卷補遺一卷 （清）張玉書等纂修 民國十五年（1926）上海錦章圖書局石印本 五冊 缺九卷（寅集上中下、卯集上中下、辰集上中下）

330000－4736－0000483 0375 經部/小學類/文字之屬/字書/字典

康熙字典十二集三十六卷總目一卷檢字一卷辨似一卷等韻一卷備考一卷補遺一卷 （清）張玉書等纂修 民國上海錦章圖書局石印本 徐祥誠題記 四冊 存十二卷（辰集上中下、巳集上中下、午集上中下、未集上中下）

330000－4736－0000484 0309 經部/小學類/文字之屬/字書/字典

康熙字典十二集三十六卷總目一卷檢字一卷辨似一卷等韻一卷補遺一卷備考一卷 （清）張玉書等纂修 民國二年（1913）上海章福記石印本 一冊 存十卷（子集上中下、丑集上中下，總目，檢字，辨似，等韻）

330000－4736－0000487 0213 經部/四書類/總義之屬/傳說

新註四書白話解說三十六卷 江希張注 民國十一年（1922）刻本 十一冊 存二十九卷（新註論語白話解說五至二十、新註孟子白話解說三至十四、新註中庸白話解說）

330000－4736－0000489 0598 子部/藝術類/書畫之屬/畫譜

芥子園畫傳三集六卷 （清）王槩 （清）王蓍 （清）王臬輯 民國石印本 四冊

330000－4736－0000492 0342 子部/藝術類/書畫之屬/法帖

拓本唐代碑帖精華十二種 世界書局編 民國十八年（1929）上海世界書局影印本 一冊 存一種

330000－4736－0000493 0492 子部/藝術類/書畫之屬/法帖

柳公權玄秘塔不分卷 （唐）柳公權書 民國二十六年（1937）上海文明書局影印本 一冊

330000－4736－0000494 0490 子部/藝術類/書畫之屬/書法書品

漢碑範八卷 張祖翼選臨 民國二十六年（1937）上海文明書局石印本 一冊 存一卷（六）

330000－4736－0000496 0459 子部/宗教類/道教之屬

玉定金科例誅輯要十卷首一卷末一卷特宥輯要十卷首一卷末一卷例賞輯要十卷首一卷末一卷 南天都劫司 桂宮武昌侯輯 民國十三年（1924）北京金科流通處鉛印本 一冊 存二卷（特宥輯要一至二）

330000－4736－0000497 0198 子部/藝術類/書畫之屬/法帖

鄧石如篆書心經不分卷 （清）鄧石如書 民國上海尚古山房石印本 一冊

330000－4736－0000498 0219 經部/四書類/總義之屬/傳說

新式標點四書白話解說二十九卷 董堅志編輯 民國二十二年（1933）上海錦章圖書局石印本 十一冊 缺十三卷（論語一至八、十七至二十，孟子六）

330000－4736－0000499　0027　子部/藝術類/書畫之屬/畫譜

芥子園畫傳二集九卷　(清)王槩　(清)王蓍　(清)王臬輯　民國石印本　二冊　存四卷(三至六)

330000－4736－0000501　0076　子部/藝術類/書畫之屬/畫譜

虞山汪鳳書先生輓畫不分卷　汪鳳書繪　民國石印本　一冊

330000－4736－0000502　0141　子部/藝術類/書畫之屬/畫譜

芥子園畫傳初集六卷　(清)王槩　(清)王蓍　(清)王臬輯　民國發文新書局石印本　王李蘭題簽並記　一冊　存二卷(一至二)

330000－4736－0000503　0298　子部/雜著類

玉歷鈔傳報應附經驗良方不分卷　(□)季亮錄　民國刻本　一冊

330000－4736－0000506　0263　子部/藝術類/書畫之屬

漢碑大觀八集　(清)錢泳書　民國上海碧梧山莊影印本　一冊　存一集(五)

330000－4736－0000513　0225　子部/宗教類/佛教之屬/經

地藏菩薩本願經三卷附地藏菩薩像靈驗記一卷　(唐)釋實叉難陀譯　民國上海佛學書局影印本　一冊

330000－4736－0000514　0389　子部/宗教類/佛教之屬

金剛經傳燈真解一卷　題(印度)無量度世古佛撰　**佛祖般若心印經一卷**　**觀自在菩薩親著心經傳燈真解一卷**　民國七年(1918)合川會善堂刻本　一冊

330000－4736－0000517　0329　子部/宗教類/佛教之屬

大乘妙法蓮華經妙音菩薩品一卷　(後秦)釋鳩摩羅什譯　民國上海道德書局石印本　一冊

330000－4736－0000518　0191　子部/醫家類/養生之屬/導引、氣功

倣照禪宗之靜坐法一卷附錄一卷　劉大心撰　民國八年(1919)武林印書館鉛印本　一冊

330000－4736－0000519　0192　子部/宗教類/佛教之屬/經

五公天閣妙經一卷大聖五公菩薩演說末刼經一卷　民國十一年(1922)上海宏大善書總發行所石印本　一冊

330000－4736－0000522　0399　子部/宗教類/佛教之屬/經疏

大佛頂如來密因修證了義諸菩薩萬行首楞嚴經綱要一卷　釋圓瑛述　民國二十九年(1940)上海佛學書局影印本　一冊

330000－4736－0000529　0108　子部/農家農學類/農藝之屬

新增繪圖致富全書解夢全圖附押花會方法大全不分卷　民國石印本　一冊

330000－4736－0000533　0286　子部/宗教類/道教之屬

遂昌贊濟壇鸞書附唱道真言二卷　民國十年(1921)溫州馨馨石印本　一冊　存一卷(上)

330000－4736－0000534　0175　子部/宗教類/佛教之屬/諸宗

夢東禪師遺集三卷　(清)釋喚醒　(清)釋了睿輯錄　民國二十五年(1936)天津佛教功德林鉛印本　一冊

330000－4736－0000535　0337　子部/宗教類/佛教之屬

迴龍師尊普度語錄二卷　(清)曾錢講　民國二十四年(1935)上海宣化書局鉛印本　三冊

330000－4736－0000536　0338　經部/四書類/總義之屬/傳說

四書集註十九卷　(宋)朱熹撰　民國三年(1914)玉山文星堂刻本　三冊　存九卷(大學、中庸、論語六至十、孟子六至七)

330000－4736－0000538　0352　經部/小學類/文字之屬/字書

今字解剖不分卷附補遺一篇　王有宗撰　民國二十四年(1935)上海商務印書館石印本　一冊　存一冊(一)

330000－4736－0000544　0292　子部/藝術類/書畫之屬/總論
中國繪畫史一卷　陳師曾撰　民國十四年(1925)濟南翰墨緣美術院鉛印本　一冊

330000－4736－0000545　0210　經部/小學類/文字之屬/字書/訓蒙
註釋繪圖字文一卷　宋鶴齡增補　民國鑄記書局石印本　蔡建隆觀款　一冊

330000－4736－0000546　0223　經部/小學類/文字之屬/字書/訓蒙
繪圖一萬字文一卷　民國石印本　一冊

330000－4736－0000552　0147　經部/小學類/文字之屬/説文
説文解字十五卷標目一卷　(漢)許慎撰　(宋)徐鉉等校定　民國鑄記書局石印本　一冊　存四卷(五至八)

330000－4736－0000554　0144　經部/小學類/文字之屬/字書/字典
校正㪅正字彙二卷　(清)陳淏子撰　民國上海鴻章書局石印本　一冊　存一卷(上)

330000－4736－0000556　0403　子部/藝術類/篆刻之屬/印論
續三十五舉一卷　(清)黄子高撰　民國十一年(1922)商務印書館石印本　一冊

330000－4736－0000557　0515　集部/總集類/尺牘之屬
影印名人手札真蹟大全十二種　劉再蘇編　民國十四年(1925)上海世界書局影印本　二冊　存二種

330000－4736－0000558　0491　子部/藝術類/書畫之屬/法帖
趙孟頫楷書習字帖不分卷　(元)趙孟頫書　民國二十六年(1937)上海文明書局石印本　一冊

330000－4736－0000559　0452　子部/藝術類/書畫之屬/法帖
初拓鄭文公碑不分卷　(北魏)鄭道昭書　民國六年(1917)上海有正書局石印本　一冊

330000－4736－0000560　0347　子部/藝術類/書畫之屬/法帖
初拓鄭文公碑不分卷　(北魏)鄭道昭書　民國十二年(1923)上海有正書局石印本　一冊

330000－4736－0000562　0010　子部/醫家類/溫病之屬
增批溫熱經緯四卷　(清)王士雄纂　(清)葉霖增批　民國上海世界書局石印本　一冊　存二卷(一至二)

330000－4736－0000563　0103　子部/醫家類/外科之屬/癰疽、疔瘡
瘡瘍經驗全書六卷　(宋)竇傑撰　民國石印本　二冊

330000－4736－0000565　0579　子部/醫家類/類編之屬
徐靈胎先生醫書十六種　(清)徐大椿撰　民國上海錦文堂書局石印本　十六冊

330000－4736－0000568　0266　子部/藝術類/書畫之屬/法帖
草字彙十二卷附補　(清)石梁編　民國六年(1917)涵芬樓影印本　二冊　存四集(寅集、卯集、午集、未集)

330000－4736－0000569　0442　經部/小學類/文字之屬/字書/字典
新華大字典十二卷補遺十二卷總目一卷檢字表一卷補遺總目一卷　張嵩雲輯　民國十六年(1927)上海新華書局石印本　二冊　存九卷(子集、子集補遺,未集、未集補遺,午集、午集補遺;總目;檢字表;補遺總目)

330000－4736－0000570　0306　經部/小學類/文字之屬/字書/字典
新字典十二卷拾遺一卷檢字一卷附錄一卷勘誤一卷補編一卷　陸爾奎等編纂　民國元年(1912)上海商務印書館鉛印本　四冊　存十

卷(一至六、檢字、附錄、勘誤、補編)

330000－4736－0000571　0540　子部/醫家類/類編之屬

陳修園醫書全集六十種　(清)陳念祖等撰　民國八年(1919)上海掃葉山房石印本　十三册　存三十三種

330000－4736－0000573　0021　經部/小學類/文字之屬/字書/訓蒙

最新繪圖幼學雜字一卷　民國元年(1912)上海錦章書局石印本　一册

330000－4736－0000574　0229　經部/小學類/文字之屬/字書/訓蒙

繪圖千字文一卷　民國上海錦章圖書局石印本　一册

330000－4736－0000575　0246　經部/小學類/文字之屬/字書/字典

康熙字典十二集三十六卷檢字一卷辨似一卷等韻一卷補遺一卷備考一卷　(清)張玉書等纂修　民國十八年(1929)上海共和書局石印本　六册

330000－4736－0000577　0447　經部/小學類/文字之屬/字書/字典

康熙字典十二集三十六卷總目一卷檢字一卷辨似一卷等韻一卷備考一卷補遺一卷　(清)張玉書等纂修　民國天寶書局石印本　三册　存十七卷(巳集上中下、午集上中下、酉集上中下、戌集上中下、亥集上中下,備考,補遺)

330000－4736－0000578　0446　經部/小學類/文字之屬/字書/字典

康熙字典十二集三十六卷檢字一卷辨似一卷等韻一卷備考一卷補遺一卷　(清)張玉書等纂修　民國二年(1913)上海鴻文恆記書局石印本　三册　存二十卷(子集上中下、卯集上中下、辰集上中下、酉集上中下、戌集上中下、亥集上中下,備考,補遺)

330000－4736－0000579　0323　子部/醫家類/方書之屬/歷代方書

孫真人備急千金要方三十卷　(唐)孫思邈撰　(清)張璐衍義　民國四年(1915)江左書林石印本　十六册

330000－4736－0000580　0620　子部/醫家類/綜合之屬/通論

三因極一病源論粹十八卷　(宋)陳言編　吳錫璜評註　民國九年(1920)上海文瑞樓石印本　八册

330000－4736－0000581　0621　子部/醫家類/綜合之屬/通論

訂正東醫寶鑑二十三卷目錄二卷　(朝鮮)許浚撰　民國六年(1917)上海廣益書局石印本　八册　存十一卷(内景篇一至四、外形篇一至四、湯液篇一至三)

330000－4736－0000583　0240　子部/醫家類/本草之屬/本草藥性

增補本草備要八卷　(清)汪昂撰　民國上海錦章圖書局石印本　四册

330000－4736－0000584　0416　子部/醫家類/本草之屬/本草藥性

增補本草備要八卷　(清)汪昂撰　民國上海錦章圖書局石印本　一册　缺一卷(八)

330000－4736－0000585　0418　子部/醫家類/本草之屬/歷代綜合本草

本草綱目五十二卷脈訣攷證一卷瀕湖脈學一卷奇經八脈攷一卷　(明)李時珍撰　**本草萬方鍼線八卷**　(清)蔡烈先輯　**本草綱目拾遺十卷**　(清)趙學敏輯　民國五年(1916)上海鴻寶齋石印本　一册　存十卷(本草綱目拾遺一至十)

330000－4736－0000586　0525　子部/醫家類/醫話醫論之屬

冷廬醫話五卷　(清)陸以湉撰　民國千頃堂書局石印本　三册　缺一卷(二)

330000－4736－0000590　0383　子部/醫家類/類編之屬

薛立齋醫案全集二十四種　(明)吳琯輯　民國十年(1921)上海大成書局石印本　二十二

冊　缺六卷（明醫雜著一至六）

330000－4736－0000591　0420　子部/醫家類/兒科之屬/痘疹

引痘略一卷　（清）邱熺輯　民國五年（1916）江東書局石印本　一冊

330000－4736－0000592　0099　子部/醫家類/綜合之屬/合刻、合抄

景岳全書六十四卷　（明）張介賓撰　民國石印本　一冊　存四卷（五十九至六十二）

330000－4736－0000593　0188　子部/宗教類/佛教之屬/諸宗

印光大師文鈔選讀二卷　李圓淨選　民國三十六年（1947）鉛印本　一冊

330000－4736－0000594　0093　經部/小學類/文字之屬/字書/字典

新字典十二卷拾遺一卷檢字一卷附錄一卷勘誤一卷補編一卷　陸爾奎等編纂　民國上海商務印書館鉛印本　二冊　存六卷（四至六、檢字、附錄、勘誤）

330000－4736－0000595　0097　子部/醫家類/婦科之屬/產科

增補大生要旨五卷　（清）唐千頃纂　（清）馬振蕃續增　**經驗各種秘方輯要不分卷**　民國六年（1917）上海宏大印刷紙號石印本　一冊

330000－4736－0000598　0671　子部/天文曆算類/曆法之屬

新刻增補時憲臺曆袖裏璇機星命須知一卷　民國上海錦章圖書局石印本　一冊

330000－4736－0000599　0405　子部/術數類/相宅相墓之屬

地理大成五種　（清）葉泰輯　民國上海九經書局石印本　十四冊　缺七卷（地理六經註一至三、理氣四訣一至四）

330000－4736－0000601　0061　子部/術數類/相宅相墓之屬

重刊人子須知資孝地理心學統宗八卷首一卷　（明）徐善繼　（明）徐善述撰　民國石印本　三冊　存三卷（三、五至六）

330000－4736－0000602　0504　子部/術數類/陰陽五行之屬

欽定協紀辨方書三十六卷　（清）允祿（清）張照等纂修　民國十一年（1922）上海錦章圖書局石印本　八冊

330000－4736－0000604　0685　子部/儒家類/儒學之屬/蒙學

繪圖註釋神童詩不分卷　民國石印本　一冊

330000－4736－0000605　0673　子部/雜著類

玉歷至寶鈔勸世一卷附經驗神效良方一卷　王子達重編　民國上海宏大善書局石印本　二冊

330000－4736－0000606　0655　子部/雜著類

玉歷至寶鈔勸世一卷附經驗神效良方一卷　王子達重編　民國上海宏大善書局石印本　一冊

330000－4736－0000607　0680　子部/雜著類

玉歷至寶鈔勸世一卷附經驗神效良方一卷　王子達重編　民國上海宏大善書局石印本　二冊

330000－4736－0000608　0278　子部/雜著類

玉歷至寶鈔勸世一卷附經驗神效良方一卷　王子達重編　民國上海宏大善書局石印本　一冊

330000－4736－0000609　0019　新學/全體學/附心靈學

心理學二十八章　蔣維喬撰　民國四年（1915）上海商務印書館鉛印本　一冊

330000－4736－0000610　0081　子部/儒家類/儒學之屬/蒙學

龍文鞭影四卷　（明）蕭良有撰　（明）楊臣諍增訂　（清）李恩綬校補　**二集二卷**　（清）李暉吉　（清）徐瓚輯　民國七年（1918）上海鑄記書局石印本　二冊　缺二卷（二集一至二）

330000－4736－0000611　0638　子部/儒家類/儒學之屬/蒙學

龍文鞭影二集二卷　(清)李暉吉　(清)徐灒輯　民國鑄記書局石印本　二册

330000－4736－0000612　0625　子部/儒家類/儒學之屬/蒙學

龍文鞭影二集二卷　(清)李暉吉　(清)徐灒輯　民國石印本　一册　存一卷(上)

330000－4736－0000613　0500　集部/小說類/長篇之屬

繪圖東漢演義四卷六十四回　民國上海天寶書局石印本　緝軒題簽並記　二册

330000－4736－0000614　0498　集部/小說類/長篇之屬

繪圖西漢演義四卷一百回　(明)甄偉撰　民國上海天寶書局石印本　三册　缺一卷(三)

330000－4736－0000616　0660　集部/小說類/長篇之屬

繪圖西漢演義四卷一百回　(明)甄偉撰　民國石印本　一册　存一卷(三)

330000－4736－0000619　0627　集部/小說類/長篇之屬

繡像東漢演義十卷一百二十六回　(明)謝詔撰　民國石印本　一册　存一卷(四)

330000－4736－0000621　0590　集部/小說類/長篇之屬

增像續小五義六卷一百二十四回　(清)石玉崑撰　民國八年(1919)上海昌文書局石印本　一册

330000－4736－0000622　0589　集部/小說類/長篇之屬

增像小五義全傳六卷一百二十四回　(清)石玉崑撰　民國上海錦章圖書局石印本　一册

330000－4736－0000623　0674　集部/小說類/長篇之屬

龍鳳配再生緣十二卷七十四回　(清)陳端生撰　民國大成書局石印本　一册　存二卷(三至四)

330000－4736－0000624　0659　集部/小說類/長篇之屬

繪圖雙鳳奇緣四卷八十回　(清)雪樵主人撰　民國石印本　林元和題簽並記　一册　存二卷(二至三)

330000－4736－0000625　0258　子部/雜著類

玉歷至寶鈔勸世一卷附經驗神效良方一卷　王子達重編　民國上海明善書局石印本　一册

330000－4736－0000626　0018　子部/雜著類

玉歷至寶鈔勸世一卷附經驗神效良方一卷　王子達重編　民國上海宏大善書局石印本　一册

330000－4736－0000627　0658　集部/小說類/長篇之屬

繡像繪圖乾隆巡幸江南記八卷七十五回　民國上海共和書局石印本　三册　存六卷(三至八)

330000－4736－0000628　0662　集部/小說類/長篇之屬

乾隆遊江南第八集七十六回　民國石印本　二册　存十三回(十四至二十六)

330000－4736－0000629　0663　集部/小說類/長篇之屬

繡像繪圖乾隆巡幸江南記八卷七十五回　民國上海進步書局石印本　一册　存一卷(四)

330000－4736－0000630　0432　集部/小說類/短篇之屬

女聊齋誌異四卷　(清)賈茗輯　民國二年(1913)中華圖書館石印本　二册　存二卷(三至四)

330000－4736－0000632　0466　經部/小學類/文字之屬/字書/字典

康熙字典十二集三十六卷總目一卷檢字一卷辨似一卷等韻一卷備考一卷補遺一卷　(清)張玉書等纂修　民國元年(1912)上海鴻文書

局石印本　三册　存二十一卷(寅集上中下、卯集上中下、辰集上中下、巳集上中下、午集上中下、未集上中下、申集上中下)

330000－4736－0000633　0676　子部/術數類/陰陽五行之屬

增廣玉匣記通書二卷　(清)朱説霖重校　民國九年(1920)上海文益書局石印本　一册

330000－4736－0000636　0002　類叢部/叢書類/郡邑之屬

括蒼叢書第一集八種　劉燿東編　民國二十七年(1938)鉛印本(滑疑集詩卷二原缺)　一册　存一種

330000－4736－0000639　0095　子部/宗教類/道教之屬/雜著

普濟靈丹四卷　李鑑賢纂修　李步陞編輯　民國十一年(1922)上海宏大善書總發行所石印本　一册

330000－4736－0000640　0260　子部/宗教類/佛教之屬/諸宗

筠州黄蘗山斷際禪師傳心法要二卷　(唐)裴休集並序　民國有正書局影印本　二册

330000－4736－0000641　0073　子部/術數類/陰陽五行之屬

增廣玉匣記通書二卷　(清)朱説霖重校　民國石印本　一册

330000－4736－0000642　0288　經部/小學類/文字之屬/字書/字典

辭源續編十二集十二卷檢字一卷附録一卷　方毅　傅連森等編　民國二十年(1931)上海商務印書館石印本　一册

330000－4736－0000643　0404　子部/宗教類/道教之屬

養真集二卷　(清)養真子撰　(清)王士端注　民國二十一年(1932)上海明善書局鉛印本　一册

330000－4736－0000644　0287　經部/小學類/文字之屬/字書/字典

辭源十二卷檢字一卷附録一卷　陸爾奎等編　民國十五年(1926)上海商務印書館石印本　二册

330000－4736－0000646　0251　子部/醫家類/方書之屬/單方驗方

增補醫方一盤珠全集十卷　(清)洪金鼎纂　民國石印本　一册

330000－4736－0000647　0423　子部/醫家類/綜合之屬/通論

編註醫學入門内集八卷首一卷　(明)李梴編　民國上海掃葉山房石印本　望姜題簽並記　七册　缺二卷(六、八)

330000－4736－0000648　0599　子部/術數類/相宅相墓之屬

入地眼全書十卷　(宋)釋靜道撰　(清)萬樹華編次　民國三年(1914)上海文益書局石印本　一册　存二卷(一至二)

330000－4736－0000649　0227　子部/宗教類/佛教之屬/經

佛説無量壽經二卷　(三國魏)釋康僧鎧譯　民國上海佛學書局影印本　釋德和題記　二册

330000－4736－0000650　0622　經部/小學類/文字之屬/字書/通論

字學舉隅一卷　(清)朱琦撰　民國上海鴻文書局石印本　王香如題簽並記　一册

330000－4736－0000651　0065　子部/術數類

新鐫曆法便覽象吉備要通書二十九卷　(清)魏鑑撰　民國石印本　其堅題簽並記　三册　存七卷(十三、二十至二十一、二十六至二十九)

330000－4736－0000652　0296　子部/宗教類/道教之屬/經文

玄靈玉皇經一卷　民國北京天華館鉛印本　一册

330000－4736－0000653　0070　集部/小説類/長篇之屬

增像全圖三國演義十六卷一百二十回　(明)

羅本撰　(清)毛宗崗評　民國石印本　一册　存二卷(五至六)

330000－4736－0000654　0297　子部/藝術類/書畫之屬/書法書品

禮器漢碑不分卷　王香如臨　民國抄本　一册

330000－4736－0000656　0005　集部/别集類

寒柯堂詩四卷　余紹宋撰　民國三十六年(1947)浙江文化印刷公司鉛印本　余紹宋題記　一册

330000－4736－0000658　0784　集部/詩文評類/文評之屬

中等新論説文範四卷　蔡郕撰　民國上海會文堂書局石印本　四册

330000－4736－0000659　0029　集部/小説類/長篇之屬

改良繪圖今古奇觀六卷　民國石印本　一册　存一卷(五)

330000－4736－0000660　0344　子部/天文曆算類/曆法之屬

新鐫增補時憲臺曆袖裏璇璣星命須知一卷　民國石印本　二册

330000－4736－0000664　0672　子部/術數類

新鐫曆法便覽象吉備要通書二十九卷　(清)魏鑑撰　民國石印本　一册　存二卷(十二至十三)

330000－4736－0000665　0670　子部/醫家類/診法之屬/脈經脈訣

校正圖註脈訣四卷　(晉)王叔和撰　(明)張世賢註　**校正圖註八十一難經四卷**　(明)張世賢註　**校正瀕湖脈學一卷奇經八脈攷一卷**　(明)李時珍撰輯　民國上海錦章圖書局石印本　一册

330000－4736－0000667　0618　集部/小説類/長篇之屬

繪圖九續施公案清列傳四卷四十回　民國石印本　一册

330000－4736－0000670　0241　子部/雜著類

養生鏡一卷附經驗靈藥説明書一卷　石天基撰　楊瑞葆纂訂　民國十二年(1923)上海明德書局鉛印本　一册

330000－4736－0000671　0222　經部/小學類/文字之屬/字書/字典

新編中華字典十二集十二卷總目一卷檢字一卷辨似一卷補遺一卷　許伏民等編　民國二十年(1931)上海羣學書社石印本　五册　缺三卷(子集、丑集、寅集)

330000－4736－0000673　0391　子部/宗教類/佛教之屬

佛經不分卷　民國抄本　一册

330000－4736－0000675　0421　子部/醫家類/本草之屬/本草藥性

太醫院增補青囊藥性賦直解十卷　(明)羅必煒輯　民國十七年(1928)玉山文星堂石印本　一册　存二卷(九至十)

330000－4736－0000676　0419　子部/醫家類/本草之屬/歷代綜合本草

本草備要八卷　(清)汪昂撰　民國鉛印本　蔡建隆題簽並記　一册　存一卷(一)

330000－4736－0000679　0348　子部/藝術類/書畫之屬/法帖

明拓張猛龍碑不分卷　民國三十六年(1947)中華書局影印本　一册

330000－4736－0000681　0704　經部/四書類/總義之屬/傳説

四書合講十九卷　(宋)朱熹集註　民國石印本　一册　存四卷(孟子四至七)

330000－4736－0000692　0691　子部/醫家類/本草之屬/本草藥性

增補本草備要八卷　(清)汪昂撰　民國石印本　四册　缺一卷(三)

330000－4736－0000693　0693　子部/醫家

類/兒科之屬/通論
增補幼幼集成六卷 (清)陳復正輯 民國鉛印本 一冊 存二卷(五至六)

330000－4736－0000694 0695 集部/總集類/選集之屬/通代
古唐詩合解十二卷古詩四卷 (清)王堯衢注 (清)李模 (清)李桓校 民國上海廣益書局石印本 一冊 存一卷(古唐詩合解一)

330000－4736－0000695 0696 集部/總集類/選集之屬/通代
古文筆法二十卷 (清)李扶九撰 民國天寶書局石印本 一冊

330000－4736－0000696 0697 集部/總集類/選集之屬/通代
古文筆法二十卷 (清)李扶九撰 民國六年(1917)上海鴻寶齋書局石印本 一冊 存七卷(一至七)

330000－4736－0000697 0702 集部/小說類/長篇之屬
增評補圖石頭記十六卷首一卷一百二十回 (清)曹霑 (清)高鶚撰 民國石印本 一冊 存五卷(首、一至四)

330000－4736－0000698 0711 集部/小說類/長篇之屬
新說西游記圖像□□回 (明)吳承恩撰 民國石印本 一冊 存十二回(九至二十)

330000－4736－0000699 0712 經部/小學類/文字之屬/字書/字典
康熙字典十二集三十六卷總目一卷檢字一卷辨似一卷等韻一卷備考一卷補遺一卷 (清)張玉書等纂修 民國上海久敬齋石印本 六冊

330000－4736－0000700 0700 子部/術數類/陰陽五行之屬
增訂諏吉便覽□□卷 民國石印本 一冊 存一卷(四)

330000－4736－0000701 0717 史部/傳記類/別傳之屬/墓誌
□□于府君墓誌銘不分卷 周砥撰 民國世界書局影印本 一冊

330000－4736－0000703 0349 史部/金石類/石之屬/文字
北魏鄭文公碑不分卷 民國影印本 一冊

330000－4736－0000705 0786 集部/詩文評類/詩評之屬
摘錄隨園詩話不分卷 (清)袁枚撰 民國啖蔗主人抄本 啖蔗主人題簽並記 一冊

330000－4736－0000707 0038 子部/醫家類/類編之屬
類集湯散詩不分卷 民國抄本 蔡成題簽並記 一冊

330000－4736－0000708 0777 子部/術數類/相宅相墓之屬
宅風水不分卷 民國抄本 一冊

330000－4736－0000710 0326 子部/藝術類/書畫之屬/法帖
梅花詩書法不分卷 梅柳軒等書 民國影印本 一冊

330000－4736－0000712 0735 子部/雜著類/雜纂之屬
雜碎錄不分卷 楊曼青撰 民國二年(1913)羣強報館鉛印本 癡瘖生題簽並記 一冊

330000－4736－0000713 0736 類叢部/類書類/通類之屬
雲林別墅新輯酧世錦囊書啟合編初集八卷 (清)鄒景揚輯 民國石印本 一冊 存四卷(五至八)

330000－4736－0000714 0739 史部/雜史類/斷代之屬
戰國策補註三十三卷 吳曾祺撰 民國上海商務印書館鉛印本 一冊 存八卷(八至十五)

330000－4736－0000715 0740 子部/醫家類/類編之屬

陳修園醫書四十八種 （清）陳念祖等撰 民國石印本 一册 存一種

330000－4736－0000716 0751 集部/别集類/清别集

新編分類秋水軒句解尺牘四卷 （清）許思湄撰 王后哲註 民國上海廣益書局石印本 五册

330000－4736－0000718 0754 子部/藝術類/遊藝之屬/聯語

詳註分類楹聯集成四卷 僑陽散人編 民國上海會文堂書局石印本 二册 存二卷（三至四）

330000－4736－0000719 0756 子部/醫家類/醫案之屬

增補重編葉天士醫案四卷 （清）葉桂撰 陸士諤輯 民國上海世界書局石印本 一册

330000－4736－0000720 0755 史部/編年類/通代之屬

歷代通鑑輯覽一百二十卷 （清）傅恒等撰 民國上海錦章圖書局石印本 一册 存四卷（七十九至八十二）

330000－4736－0000722 0371 集部/詞類/類編之屬

宋六十名家詞 （明）毛晉編 民國十年（1921）上海博古齋據明崇禎毛氏汲古閣刻本影印本 九册 存十八種

330000－4736－0000723 0757 子部/雜著類/雜纂之屬

歷代國號歌一卷歷代帝都攷一卷歷代輿地沿革考一卷直省形勝郡邑攷一卷潘氏總論一卷 民國抄本 一册

330000－4736－0000726 0800 集部/曲類/彈詞之屬

繪圖吕蒙正破窰點元記不分卷 民國上海鍊石印行石印本 一册

330000－4736－0000727 0802 集部/曲類

新刻柳纏金看燈包公錯斷顔傘差全傳一卷 民國上海劉德記書局石印本 一册

330000－4736－0000728 0761 集部/曲類/彈詞之屬

繪圖小放牛一卷 民國劉德記書局鉛印本 一册

330000－4736－0000729 0805 集部/詞類/類編之屬

繪圖董永賣身張七姐下凡織錦槐蔭記全本一卷 民國上海鍊石書局鉛印本 一册

330000－4736－0000731 0806 子部/醫家類/綜合之屬/通論

經驗奇方一卷 增訂洪氏一盤珠全集十卷 （清）洪金鼎纂 民國鉛印本 二册 存四卷（一、增訂洪氏一盤珠全集八至十）

330000－4736－0000732 0478 子部/醫家類/針灸之屬/針法灸法

太乙神鍼方一卷 （清）范培蘭撰 **福幼編一卷** （清）莊一夔撰 **神農本草經百種録三品三卷** （清）徐靈胎撰 **增補食物秘書一卷** 民國鉛印本 一册

330000－4736－0000737 0136 集部/小説類/長篇之屬

東周列國志二十七卷一百八回 （明）馮夢龍編 （清）蔡奡評點 民國石印本 一册 存三卷（四至六）

330000－4736－0000738 0587 類叢部/叢書類/彙編之屬

四部備要 中華書局編 民國二十五年（1936）上海中華書局鉛印本（經義考卷二百八十六、二百九十九至三百，東塾讀書記卷十三至十四、十七至二十、二十二至二十五原缺） 三册 存一種

330000－4736－0000739 0436 集部/戲劇類/雜劇之屬

陞官圖序幕不分卷 民國油印本 一册

330000－4736－0000741 0809 子部/宗教類/佛教之屬

大蒙山施食儀軌一卷 上海佛教居士編 民國抄本 王香如題簽並記 一册

330000－4736－0000743　0764　子部/術數類/命書相書之屬

劉奶奶長庚全部福書一卷　民國抄本　一冊

330000－4736－0000749　0781　集部/總集類/選集之屬/通代

千家詩一卷　民國二十九年(1940)抄本　□□履題簽並記　一冊

330000－4736－0000750　0812　集部/總集類/選集之屬/通代

千家詩一卷　民國九年(1920)抄本　季春贊題簽並記　一冊

330000－4736－0000752　0814　集部/小說類/短篇之屬

詳註聊齋志異圖詠十六卷　(清)蒲松齡撰　(清)呂湛恩注　民國石印本　一冊　存二卷(十一至十二)

330000－4736－0000753　0719　子部/藝術類/書畫之屬/法帖

張文襄公百字文一卷　(清)張之洞書　民國上海尚古山房影印本　一冊

330000－4736－0000754　0483　子部/藝術類/書畫之屬/法帖

杭州福神觀記一卷　民國影印本　一冊

330000－4736－0000756　0302　子部/藝術類/書畫之屬/法帖

西湖最盛字帖一卷　民國石印本　一冊

330000－4736－0000757　0303　子部/藝術類/書畫之屬/法帖

張裕釗書習字帖一帖　(清)張裕釗書　民國上海木石蘭碑帖社影印本　一帖

330000－4736－0000758　0482　子部/藝術類/書畫之屬/法帖

元靖碑一卷　民國育古山房影印本　一冊

330000－4736－0000759　0815　集部/小說類/長篇之屬

繡像封神演義八卷一百回　(明)許仲琳撰　民國上海錦章圖書局石印本　一冊　存一卷(三)

330000－4736－0000760　0816　集部/小說類/長篇之屬

繪圖封神演義八卷一百回　(明)許仲琳撰　(明)鍾惺評　民國石印本　一冊　存一卷(三)

330000－4736－0000761　0494　子部/天文曆算類/曆法之屬

中西對照三元甲子新萬年曆三卷續三元甲子新萬年曆一卷新鐫增補時憲臺曆袖裏璇璣星命須知一卷三元甲子年改一卷家庭適用新帖全書一卷中西對照百二十年國曆全書二卷坿錄一卷　鍾之模編　民國十三年(1924)香港統一圖書局鉛印本　六冊

330000－4736－0000763　0069　集部/戲劇類/雜劇之屬

雜劇叢編不分卷　民國鉛印本　一冊

330000－4736－0000764　0211　子部/藝術類/遊藝之屬/劇藝

學戲百法不分卷　張德福口述　胡憨珠筆錄　民國十三年(1924)上海東亞書局鉛印本　一冊

330000－4736－0000765　0546　集部/戲劇類/雜劇之屬

戲畫大觀□□卷　民國石印本　一冊　存一卷(下)

330000－4736－0000768　0633　集部/總集類/選集之屬/斷代

全唐詩九百卷目錄十二卷　(清)曹寅等輯　民國石印本　一冊　存三冊(第四函第六冊、第八函第六冊、第□函第□冊)

330000－4736－0000769　0111　子部/雜著類/雜纂之屬

古詞詳解□□卷　民國石印本　一冊　存五卷(二十一至二十五)

330000－4736－0000777　0011　子部/藝術類/書畫之屬/法帖

□□臨爭座位帖一卷　民國影印本　一冊

青田縣圖書館
民國時期傳統裝幀書籍普查登記目録

浙江省民國時期傳統裝幀書籍普查登記目録·衢州 舟山 麗水

國家圖書館出版社
National Library of China Publishing House

《青田縣圖書館民國時期傳統裝幀書籍普查登記目録》

編纂人員：周萍萍

《青田縣圖書館民國時期傳統裝幀書籍普查登記目録》

前　言

本書收録了館藏的民國文獻兩部,其中的[浙江青田]《潁川陳氏宗譜》九卷,爲民國三十六年(1947)第11次續修,記載了自南宋紹定年間陳氏祖先善公迁徙至青田司下起至民國修譜時700多年間的陳氏歷代世系,有較大的文獻價值。此譜纂修者爲第二十二世孫陳竟成,第二十三世孫陳誠爲此譜作序。

周萍萍
2018年9月

330000－4728－0000001　普01　類叢部/叢書類/彙編之屬

四部叢刊　張元濟等編　民國八年(1919)上海商務印書館影印本　十冊　存一種

330000－4728－0000002　普02　史部/傳記類/總傳之屬/家乘

[浙江青田]潁川陳氏宗譜九卷　陳竟成纂修　民國三十六年(1947)木活字印本　十二冊

縉雲縣圖書館民國時期傳統裝幀書籍普查登記目録

浙江省民國時期傳統裝幀書籍普查登記目録·衢州 舟山 麗水

國家圖書館出版社
National Library of China Publishing House

《縉雲縣圖書館民國時期傳統裝幀書籍普查登記目録》

編委會

主　編： 斜偉明

副主編： 辛福民　上官青

編纂人員： 吴偉亞　樊咏梅　金夢凡　陸芝佳

《縉雲縣圖書館民國時期傳統裝幀書籍普查登記目録》

前　言

縉雲縣圖書館成立於1979年6月，是基于民國時期的“民衆教育館”和新中國成立初期的“縉雲縣人民圖書館”所建立。館藏古籍中一部分爲民國時期“民衆教育館”所留存和當時的本地名流所捐贈，但大部分還是20世紀60年代從“右派”家中“查抄”的將要送到造紙廠進行化漿的“毒草”中搶救回來的書籍。這些古籍文獻曾在文管會倉庫封存20多年。通過此次普查，登記在册的古籍和民國文獻共1965部，是麗水市藏量最多的公共圖書館，其中民國時期傳統裝幀書籍有864部8636册。這些實貴的文獻資料能留存下來，實屬不易，不僅反映出縉雲人興盛的崇學之風和源遠流長的耕讀家風，而且體現了一代代圖書館人孜孜以求的敬業精神。

縉雲自唐武周萬歲登封元年(696)建縣，1300多年的歷史凝結了“黄帝縉雲、人間仙都”，有着“北陵南祠”之美譽。縉雲歷史上出過184名進士，唐至清有578人立傳。自宋代國子監司業胡份辭歸鄉里創辦“東山書院”至元明清先後創設書院10餘家。清光緒年間，王樹梅先生在縣府前開設“王富春書店”，民國間李懷新開設“文華閣”和後來的“仁記書店”“明德書店”等，經營圖書、文房四寶兼刻印書籍，《縉雲文徵》二十卷(民國二十七年鉛印本)即“文華閣”所印製。除此之外，民國時期出現了一批民間刻印者，如：靖岳鄉丁子良、舒洪鎮巖門村麻志雲、壺鎮潛明村蔣爾模等，他們分布在農村，以木活字的形式印製族譜和經書。從此次普查中發現，部分圖書出自“王富春”“文華閣”，還有各姓氏的族譜，用紙講究，印刷精良，是不可再生的文獻資料。

後幾經搬遷，終於有了較規範的古籍專庫，2012年10月，我館響應“中華古籍保護計劃”，進一步完善庫房設施條件。雖然我館的古籍保護條件有所改善，但終因年限久遠和前期保管不善等原因，部分古籍産生蟲蛀、絮化和黴爛等現象，急需不斷加强修復等相關保護工作。這些經過歷史沉澱的古籍，可謂是我縣重要的文化財富，保護好、傳承好、利用好古籍文獻，對於繼承和發掘中華民族優秀傳統文化、弘揚以愛國主義爲核心的民族精神和以改革創新爲核心的時代精神、推進社會主義文化大發展大繁榮，都具有十分重要的意義。

本書編委會
2018年2月

330000－4729－0000025　普0025　經部/詩類/傳說之屬

詩經集傳八卷　(宋)朱熹撰　民國十六年(1927)掃葉山房影印本　四冊

330000－4729－0000027　普0026　經部/詩類/三家詩之屬

韓詩外傳十卷　(漢)韓嬰撰　民國涵芬樓鉛印本　三冊　存八卷(三至十)

330000－4729－0000031　普0031　經部/四書類/總義之屬/傳說

四書白話註解　許伏民　童官卓編　民國五年(1916)上海錬石齋書局、羣學書社石印本　十冊　存三種

330000－4729－0000045　普0045　經部/春秋公羊傳類/專著之屬

公羊家哲學不分卷　陳柱撰　民國十八年(1929)上海中華書局鉛印本　二冊

330000－4729－0000071　普0079　類叢部/叢書類/彙編之屬

四部備要　中華書局編　民國二十五年(1936)上海中華書局鉛印本(經義考卷二百八十六、二百九十九至三百,東塾讀書記卷十三至十四、十七至二十、二十二至二十五原缺)　十六冊　存二種

330000－4729－0000074　普0094　史部/史評類/史論之屬

讀通鑑論十六卷附宋論十五卷　(清)王夫之撰　民國三年(1914)上海會文堂書局石印本　十二冊

330000－4729－0000077　普0087　史部/編年類/通代之屬

綱鑑易知錄九十二卷明鑑易知錄十五卷　(清)吳乘權　(清)周之炯　(清)周之燦輯　民國五年(1916)上海商務印書館鉛印本　十一冊　缺三十五卷(綱鑑易知錄一至十四、三十五至四十、七十八至八十四,明鑑易知錄八至十五)

330000－4729－0000078　普0093　史部/金石類/石之屬/通考

校碑隨筆六卷續二卷　方若撰　民國十二年(1923)華璋書局石印本　六冊

330000－4729－0000089　普0089　史部/地理類/水利之屬

治河說略十卷　屈映光撰　民國鉛印本　二冊

330000－4729－0000090　普0088　類叢部/叢書類/自著之屬

崇雅堂叢書十四種　楊晨撰　民國二十五年(1936)楊紹翰鉛印本　二冊　存一種

330000－4729－0000092　普0096　類叢部/叢書類/彙編之屬

四部叢刊　張元濟等編　民國八年(1919)上海商務印書館影印本　鄭佐臣題記　七冊　存三種

330000－4729－0000095　普0082　經部/群經總義類/文字音義之屬

經傳釋詞十卷　(清)王引之撰　王時潤點勘　民國上海古書流通處影印本　二冊

330000－4729－0000109　普0080　經部/春秋左傳類/傳說之屬

曲江書屋新訂批註左傳快讀十八卷首一卷　(清)李紹崧輯　民國二十七年(1938)上海錦章圖書局石印本　十二冊　缺六卷(首,一至三、七、十四)

330000－4729－0000110　普0102　集部/別集類/清別集

呂晚村先生文集八卷附錄一卷　(清)呂留良撰　民國十八年(1929)陽湖錢振鍠木活字印本　四冊

330000－4729－0000115　普0104　經部/四書類/中庸之屬/傳說

中庸章句一卷　(宋)朱熹撰　民國商務印書館鉛印本　一冊

330000－4729－0000116　普0113　經部/四書類/大學之屬/傳說

大學古本質言一卷　(清)劉沅撰　民國三十

三年(1944)致福樓刻本　一冊

330000－4729－0000117　普 0117　類叢部/叢書類/彙編之屬

四部備要　中華書局編　民國二十五年(1936)上海中華書局鉛印本(經義考卷二百八十六、二百九十九至三百,東塾讀書記卷十三至十四、十七至二十、二十二至二十五原缺)　七冊　存一種

330000－4729－0000119　普 0118　經部/小學類/訓詁之屬/爾雅

爾雅三卷　(晉)郭璞注　(唐)陸德明音義　民國十一年(1922)上海掃葉山房石印本　三冊

330000－4729－0000121　普 0121　經部/小學類/文字之屬/字書/字典

分類辭源十二集　世界書局編輯所編　民國十五年(1926)上海世界書局石印本　錢柏森題簽並記　十二冊

330000－4729－0000126　普 0126　經部/小學類/文字之屬/字書/通論

六書解例不分卷　馬敘倫撰　民國二十二年(1933)上海商務印書館石印本　一冊

330000－4729－0000127　普 0127　經部/小學類/文字之屬/字書/通論

文字形義學不分卷　周兆沅撰　民國二十四年(1935)上海商務印書館石印本　一冊

330000－4729－0000130　普 0136　經部/小學類/文字之屬/說文

說文通檢十四卷首一卷末一卷　(清)黎永椿編　民國十四年(1925)上海掃葉山房石印本　一冊

330000－4729－0000135　普 0133　類叢部/類書類/專類之屬

詩韻合璧五卷　(清)許時庚輯　**虛字韻藪一卷**　(清)潘維城輯　民國鉛印本　三冊　缺二卷(一、四)

330000－4729－0000136　普 0123　經部/小學類/文字之屬/說文/專著

說文古籀補十四卷補遺一卷附錄一卷　(清)吳大澂撰　民國十二年(1923)蘇州振新書社影印本　四冊

330000－4729－0000137　普 0153　經部/小學類/文字之屬/說文

說文解字十五卷標目一卷　(漢)許慎撰　(宋)徐鉉等校定　民國二十二年(1933)上海商務印書館據藤花榭刻本影印本　三冊　存十一卷(五至十五)

330000－4729－0000139　普 0138　經部/小學類/文字之屬/字書/通論

文字通詮八卷　楊譽龍編　民國十二年(1923)上海中華書局石印本　四冊

330000－4729－0000140　普 0146　集部/詞類/詞韻之屬

詞林正韻三卷發凡一卷　(清)戈載輯　民國十三年(1924)掃葉山房影印本　四冊

330000－4729－0000142　普 0132　經部/小學類/文字之屬/說文/傳說

說文解字通釋四十卷　(五代)徐鍇傳釋　(五代)朱翺反切　民國七年(1918)上海掃葉山房石印本　六冊

330000－4729－0000144　普 0158　史部/紀傳類/正史之屬

三國志六十五卷　(晉)陳壽撰　(南朝宋)裴松之注　民國十六年(1927)上海商務印書館影印本　六冊

330000－4729－0000151　普 0151　經部/四書類/總義之屬/傳說

新註四書白話解說三十六卷　江希張注　民國二十六年(1937)上海書業公所石印本　十四冊

330000－4729－0000152　普 0150　經部/四書類/總義之屬/傳說

新註四書白話解說三十六卷　江希張注　民國二十六年(1937)上海書業公所石印本　十二冊

330000－4729－0000155　普 0145　經部/小

學類/文字之屬/字書/字體

古籀彙編十四卷檢字一卷　徐文鏡編　民國二十四年(1935)上海商務印書館石印本　十四册

330000－4729－0000159　普 0149　經部/詩類/傳説之屬

詩經體注大全合參五卷　(清)高朝瓔撰　(清)沈世楷輯　民國十一年(1922)寶慶義和書局刻本　三册

330000－4729－0000183　普 0200　史部/紀傳類/正史之屬

後漢書一百二十卷　(南朝宋)范曄撰　(唐)李賢注　民國十六年(1927)上海商務印書館影印本　九册　缺二十卷(六十五至八十四)

330000－4729－0000186　普 0167　經部/春秋左傳類/傳説之屬

左傳菁華錄二十四卷　吳曾祺評注　民國商務印書館鉛印本　五册　缺四卷(二十一至二十四)

330000－4729－0000190　普 0169　經部/四書類/總義之屬/傳説

新註四書白話解説三十六卷　江希張注　民國二十六年(1937)上海公益書局石印本　九册　存二十一卷(新註中庸白話解説,新註論語白話解説六至十、十六至二十,新註孟子白話解説一至八、十一至十二)

330000－4729－0000191　普 0173　經部/小學類/文字之屬/字書/字典

康熙字典十二集三十六卷總目一卷檢字一卷辨似一卷等韻一卷備考一卷補遺一卷　(清)張玉書等纂修　民國石印本　六册

330000－4729－0000192　普 0174　經部/小學類/文字之屬/字書/字典

康熙字典十二集三十六卷總目一卷檢字一卷辨似一卷等韻一卷補遺一卷備考一卷　(清)張玉書等纂修　民國六年(1917)上海廣益書局石印本　六册

330000－4729－0000193　普 0175　經部/小學類/文字之屬/字書/字典

康熙字典十二集三十六卷總目一卷檢字一卷辨似一卷等韻一卷備考一卷補遺一卷　(清)張玉書等纂修　民國六年(1917)上海鴻寶齋書局石印本　四册　缺十一卷(未集上中下、申集上中下、亥集上中下,備考,補遺)

330000－4729－0000194　普 0170　經部/四書類/總義之屬/傳説

言文對照廣注四書讀本十九卷　世界書局編輯所編　民國十四年(1925)世界書局石印本　十三册　缺一卷(一)

330000－4729－0000195　普 0176　經部/小學類/文字之屬/字書/字典

康熙字典十二集三十六卷檢字一卷辨似一卷等韻一卷備考一卷補遺一卷　(清)張玉書等纂修　民國二年(1913)上海鴻文恆記書局石印本　三册　存二十卷(子集上中下、丑集上中下、未集上中下、申集上中下、亥集上中下,檢字,辨似,等韻,備考,補遺)

330000－4729－0000198　普 0182　經部/小學類/文字之屬/字書/字典

康熙字典十二集三十六卷檢字一卷辨似一卷等韻一卷補遺一卷備考一卷　(清)張玉書等纂修　民國十八年(1929)上海共和書局石印本　六册

330000－4729－0000199　普 0183　經部/小學類/文字之屬/字書/字典

康熙字典十二集三十六卷總目一卷檢字一卷辨似一卷等韻一卷備考一卷補遺一卷　(清)張玉書等纂修　民國六年(1917)上海鴻寶齋書局石印本　三册　存十八卷(子集上中下、丑集上中下、巳集上中下、午集上中下,總目,檢字,辨似,等韻,備考,補遺)

330000－4729－0000200　普 0181　經部/小學類/文字之屬/字書/字典

中華字典十二集三十六卷檢字一卷辨似一卷等韻一卷　(清)張玉書　(清)凌紹雯等纂修　民國二年(1913)上海文盛堂書局石印本　三册　存二十一卷(子集上中下、丑集上中

下、未集上中下、申集上中下、酉集上中下、戌集上中下，檢字，辨似，等韻）

330000－4729－0000202　普 0187　經部/小學類/文字之屬/字書/字典

康熙字典十二集三十六卷總目一卷檢字一卷辨似一卷等韻一卷補遺一卷備考一卷　（清）張玉書等纂修　民國石印本　一冊　存六卷（未集上中下、申集上中下）

330000－4729－0000205　普 0189　經部/小學類/文字之屬/字書/字典

康熙字典十二集三十六卷總目一卷檢字一卷辨似一卷等韻一卷備考一卷補遺一卷　（清）張玉書等纂修　民國石印本　一冊　存六卷（子集上中下、丑集上中下）

330000－4729－0000206　普 0201　經部/小學類/文字之屬/字書/字典

康熙字典十二集三十六卷檢字一卷辨似一卷等韻一卷補遺一卷備考一卷　（清）張玉書等纂修　民國十八年（1929）上海共和書局石印本　六冊

330000－4729－0000209　普 0206　經部/小學類/文字之屬/字書/字典

中華字典十二集三十六卷備考一卷補遺一卷　（清）張玉書　（清）凌紹雯等纂修　民國上海天寶書局石印本　一冊　存五卷（亥集上中下、備考、補遺）

330000－4729－0000210　普 0208　經部/小學類/文字之屬/字書/字典

康熙字典十二集三十六卷檢字一卷辨似一卷等韻一卷補遺一卷備考一卷　（清）張玉書等纂修　民國上海鴻文恆記書局石印本　一冊　存六卷（未集上中下、申集上中下）

330000－4729－0000211　普 0209　經部/小學類/文字之屬/字書/字典

康熙字典十二集三十六卷總目一卷檢字一卷辨似一卷等韻一卷備考一卷補遺一卷　（清）張玉書等纂修　民國六年（1917）上海鴻寶齋書局石印本　六冊

330000－4729－0000220　普 0219　經部/小學類/文字之屬/字書/字典

正草隸篆四體大字典十二卷　陳龢祥等編　**文字源流攷一卷**　王大錯纂述　**正草隸篆名人楹聯大觀不分卷**　民國十五年（1926）上海掃葉山房石印本　二十八冊

330000－4729－0000236　普 0236　史部/紀傳類/正史之屬

二十四史附考證　民國十六年（1927）上海商務印書館石印本　十六冊　存一種

330000－4729－0000238　普 0238　經部/四書類/總義之屬/傳說

言文對照廣注四書讀本十九卷　世界書局編輯所編　民國十四年（1925）上海世界書局石印本　三冊　存一種

330000－4729－0000244　普 0246　經部/四書類/總義之屬/傳說

四書合講十九卷　（宋）朱熹集註　民國上海著易堂書局鉛印本　四冊　存十一卷（大學、中庸、論語六至十、孟子四至七）

330000－4729－0000245　普 0247　史部/紀傳類/正史之屬

二十四史附考證　民國十六年（1927）上海商務印書館石印本　十六冊　存一種

330000－4729－0000253　普 0253　史部/雜史類/斷代之屬

痛史二十一種附九種　樂天居士輯　民國十六年（1927）上海商務印書館鉛印本　二十九冊　存十九種

330000－4729－0000260　普 0260　史部/雜史類/斷代之屬

清建國別記一卷　章炳麟撰　民國十三年（1924）鉛印章氏叢書補編本　一冊

330000－4729－0000262　普 0262　史部/傳記類/總傳之屬/儒林

漢學師承記八卷經師經義目錄一卷宋學淵源記二卷附記一卷　（清）江藩纂　民國上海文瑞樓鉛印本　四冊

330000－4729－0000263　普 0263　類叢部/叢書類/彙編之屬

四部備要　中華書局編　民國二十五年(1936)上海中華書局鉛印本(經義考卷二百八十六、二百九十九至三百,東塾讀書記卷十三至十四、十七至二十、二十二至二十五原缺)　四冊　存一種

330000－4729－0000264　普 0264　史部/傳記類/總傳之屬/儒林

學案小識十四卷首一卷末一卷　(清)唐鑑撰　民國上海文瑞樓石印本　六冊

330000－4729－0000266　普 0266　史部/雜史類/斷代之屬

戰國策詳註三十三卷　郭希汾輯註　民國十年(1921)上海文明書局鉛印本　五冊　缺六卷(十三至十八)

330000－4729－0000269　普 0300　史部/地理類/方志之屬/郡縣志

膠澳志十二卷附圖　趙琪修　袁榮叜編纂　民國十七年(1928)膠澳商埠局鉛印本　十冊

330000－4729－0000273　普 0272　史部/雜史類/斷代之屬

國語詳注二十一卷　沈鎔輯注　民國五年(1916)上海文明書局、中華書局鉛印本　四冊

330000－4729－0000276　普 0273　類叢部/叢書類/郡邑之屬

安徽叢書二十五種　安徽叢書編審會輯　民國影印本　一冊　存一種

330000－4729－0000280　普 0278　類叢部/叢書類/自著之屬

心史叢刊十四種　孟森撰　民國二十五年(1936)上海大東書局鉛印本　三冊

330000－4729－0000284　普 0282　史部/地理類/專志之屬

叢臺集四卷首一卷　何遂輯　民國十一年(1922)石印本　一冊

330000－4729－0000285　普 0283　子部/縱橫家類

古辭令學二卷　盧靖纂　民國十四年(1925)沔陽盧氏慎始基齋鉛印本　二冊

330000－4729－0000286　普 0349　史部/傳記類/別傳之屬/事狀

哀思錄初編七卷二編四卷三編四卷　孫中山先生葬事籌備處編　民國孫中山先生葬事籌備處鉛印本　三冊

330000－4729－0000290　普 0285　類叢部/叢書類/彙編之屬

四部叢刊　張元濟等編　民國上海商務印書館影印本　十二冊　存二種

330000－4729－0000291　普 0289　史部/傳記類/別傳之屬/事狀

哀思錄初編七卷二編四卷三編四卷　孫中山先生葬事籌備處編　民國孫中山先生葬事籌備處鉛印本　三冊

330000－4729－0000292　普 0288　史部/地理類/專志之屬/古跡

海昌勝蹟志八卷補綴一卷　管元耀輯　民國二十一年(1932)海寧管氏靜得樓刻本　四冊

330000－4729－0000293　普 0290　史部/傳記類/別傳之屬/年譜

宋岳鄂王[飛]年譜六卷首一卷末一卷　錢汝雯編　**宋岳鄂王文集三卷**　(宋)岳飛撰　錢汝雯編　民國十三年(1924)鉛印本　六冊

330000－4729－0000294　普 0291　史部/傳記類/別傳之屬/事狀

哀思錄初編七卷二編四卷三編四卷　孫中山先生葬事籌備處編　民國孫中山先生葬事籌備處鉛印本　一冊　存七卷(初編一至七)

330000－4729－0000295　普 0293　集部/別集類/唐五代別集

重刊五百家註音辯昌黎先生文集四十卷　(唐)韓愈撰　(宋)魏仲舉輯注　民國上海文瑞樓石印本　十二冊

330000－4729－0000307　普 0306　集部/別集類/明別集

王文成公全書三十八卷 (明)王守仁撰　民國上海大一統圖書局石印本　六冊　存二十卷(十九至三十八)

330000－4729－0000316　普0315　史部/傳記類/總傳之屬/斷代
清史列傳八十卷　中華書局編　民國十七年(1928)上海中華書局鉛印本　七十一冊　存九卷(四、八、二十二、二十四、五十三至五十五、六十三、七十一)

330000－4729－0000325　普0324　類叢部/類書類/專類之屬
詩韻合璧五卷 (清)許時庚輯　**虛字韻藪一卷** (清)潘維城輯　民國石印本　二冊　存二卷(三至四)

330000－4729－0000326　普0325　史部/史評類/史論之屬
讀通鑑論十六卷附宋論十五卷 (清)王夫之撰　民國上海商務印書館鉛印本　七冊　存十四卷(讀通鑑論一至二、五至十六)

330000－4729－0000329　普0328　類叢部/叢書類/彙編之屬
四部備要　中華書局編　民國二十五年(1936)上海中華書局鉛印本(經義考卷二百八十六、二百九十九至三百,東塾讀書記卷十三至十四、十七至二十、二十二至二十五原缺)　一百六十四冊　存二種

330000－4729－0000330　普0329　史部/編年類/通代之屬
增修補註歷代通鑑輯覽一百四十卷　王文濡等撰　民國十二年(1923)鉛印本　六十四冊

330000－4729－0000332　普0330　史部/編年類/通代之屬
綱鑑易知錄九十二卷明鑑易知錄十五卷 (清)吳乘權　(清)周之炯　(清)周之燦輯　民國五年(1916)上海商務印書館鉛印本　十六冊

330000－4729－0000337　普0335　史部/編年類/通代之屬
袁王加批綱鑑彙纂三十九卷首一卷 (宋)司馬光撰　(宋)朱熹綱目　(明)袁黃　(明)王世貞編纂　**資治明紀綱目二十卷附明紀綱目三編一卷** (清)張廷玉等撰　民國上海掃葉山房石印本　二十一冊　缺三卷(二十九至三十一)

330000－4729－0000339　普0338　史部/雜史類
明季南略十八卷 (清)計六奇編輯　民國鉛印本　三冊　缺四卷(一至四)

330000－4729－0000343　普0342　史部/史表類/通代之屬
嘉慶一統志表二十卷 (清)穆彰阿纂修　胡文楷輯　民國二十四年(1935)上海商務印書館影印本　十冊

330000－4729－0000345　普0344　史部/地理類/雜志之屬
上海掌故叢書第一集　上海通社輯　民國二十五年(1936)上海中華書局鉛印本　十冊

330000－4729－0000347　普0346　史部/傳記類/別傳之屬/年譜
劉文成公[基]年譜稿二卷　劉燿東編　民國二十八年(1939)南田山啓後亭鉛印本　劉燿東題記　一冊

330000－4729－0000348　普0347　史部/傳記類/別傳之屬/年譜
劉文成公[基]年譜稿二卷　劉燿東編　民國二十八年(1939)南田山啓後亭鉛印本　一冊

330000－4729－0000349　普0348　史部/傳記類/別傳之屬/年譜
劉文成公[基]年譜稿二卷　劉燿東編　民國二十八年(1939)南田山啓後亭鉛印本　一冊

330000－4729－0000350　普0350　史部/雜史類/斷代之屬
清代文字獄檔九輯　北平故宮博物院文獻館編　民國二十年至二十三年(1931－1934)北平故宮博物院、國立北平研究院鉛印本　五冊　存五輯(一至五)

330000－4729－0000352　普 0352　史部/地理類/方志之屬/通志
重修浙江通志初稿田賦三卷　浙江省通志館修　余紹宋　孫延釗等纂　民國三十七年(1948)鉛印本　二冊　存二卷(中下)

330000－4729－0000353　普 0353　史部/地理類/方志之屬/郡縣志
[光緒]杭州府志一百七十八卷首八卷　(清)陳璚等修　(清)王棻等纂　屈映光續修　陸懋勳續纂　齊耀珊重修　吳慶坻重纂　**杭州府志校勘記十六卷**　吳憲奎編　民國十一年(1922)鉛印本　七十九冊　缺三卷(八十二至八十四)

330000－4729－0000354　普 0354　史部/地理類/方志之屬/郡縣志
[民國]龍游縣志四十卷首一卷末一卷　余紹宋撰　民國十四年(1925)北京京城印書局鉛印本　四冊　存九卷(三至四、八至十、三十至三十三)

330000－4729－0000355　普 0356　史部/地理類/山川之屬/山志
南田山志十四卷首一卷　劉燿東撰　民國二十四年(1935)啓後亭鉛印本　四冊

330000－4729－0000357　普 0357　類叢部/叢書類/自著之屬
崇雅堂叢書十四種　楊晨撰　民國二十五年(1936)黃巖友成書局鉛印本　七冊　存七種

330000－4729－0000359　普 0359　史部/地理類/遊記之屬/紀勝
雙龍紀勝四卷首一卷　黃維時編　民國二十二年(1933)金華金震東鉛印本　黃維時題記　二冊

330000－4729－0000363　普 0363　類叢部/叢書類/自著之屬
晨風廬叢刊十八種　周慶雲撰　民國吳興周氏夢坡室刻本　四冊　存一種

330000－4729－0000366　普 0366　史部/地理類/山川之屬/山志
廬山記五卷　(宋)陳舜俞撰　吳宗慈校並注　民國二十一年(1932)南昌重修廬山志總辦事處鉛印本　一冊

330000－4729－0000367　普 0367　史部/地理類/山川之屬/山志
廬山志十二卷首一卷　吳宗慈編　民國二十二年(1933)鉛印本　十四冊

330000－4729－0000368　普 0368　史部/地理類/山川之屬/山志
廬山志副刊六種附圖一卷　吳宗慈輯注　民國二十三年(1934)鉛印本　十一冊

330000－4729－0000369　普 0369　集部/別集類/清別集
名山藏副本初集二卷贈言集一卷　(清)齊周華撰　民國九年(1920)杭州武林印書館鉛印本　二冊

330000－4729－0000378　普 0378　史部/政書類/邦交之屬
道光條約八卷　汪毅　許同莘　張承棨編　民國外交部圖書處鉛印本　三冊　存三卷(一至二、四)

330000－4729－0000379　普 0379　史部/政書類/邦交之屬
康熙雍正乾隆條約四卷　汪毅　許同莘　張承棨編　民國外交部印刷所鉛印本　一冊

330000－4729－0000381　普 0381　史部/政書類/邦交之屬
同治條約二十三卷　汪毅　許同莘　張承棨編　民國四年(1915)外交部圖書處鉛印本　八冊　缺四卷(一至二、八至九)

330000－4729－0000382　普 0382　史部/地理類/方志之屬/郡縣志
民國縉雲縣續志稿十六卷首一卷　干人俊纂　民國二十九年(1940)油印本　一冊

330000－4729－0000384　普 0384　史部/政書類/邦交之屬
光緒條約一百十七卷　許同莘　汪毅　張承棨輯　民國五年(1916)外交部印刷所鉛印本

二十冊　存五十三卷(八至十二、二十六至四十四、六十七至六十八、七十、七十二至七十八、八十至八十六、九十、九十六至一百一、一百十三至一百十七)

330000－4729－0000390　普0390　史部/紀傳類/正史之屬

言文對照史記評註讀本三卷　秦同培選輯　民國十三年(1924)上海世界書局石印本　三冊

330000－4729－0000391　普0392　史部/紀傳類/正史之屬

二十四史附考證　民國上海涵芬樓據清乾隆武英殿刻本影印本　六冊　存一種

330000－4729－0000392　普0393　史部/紀傳類/正史之屬

言文對照史記評註讀本三卷　秦同培選輯　民國十三年(1924)上海世界書局石印本　一冊　存一卷(二)

330000－4729－0000393　普0391　史部/目録類/總録之屬/官修

欽定四庫全書總目二百卷首一卷　(清)紀昀等撰　**四庫未收書目提要五卷**　(清)阮元撰　**四庫全書總目未收書目索引四卷**　陳乃乾編纂　**四庫全書書目表四卷**　(清)李滋然編　**清代禁燬書目四種四卷**　(清)姚覲元輯　民國十九年(1930)上海大東書局石印本暨鉛印本　四十二冊　缺十一卷(五至十五)

330000－4729－0000394　普0394　史部/目録類/總録之屬/官修

欽定四庫全書簡明目錄二十卷　(清)紀昀等撰　**四庫未收書目提要五卷**　(清)阮元撰　民國八年(1919)上海掃葉山房石印本　七冊　缺三卷(十八至二十)

330000－4729－0000401　普0401　子部/術數類/陰陽五行之屬

新印許真君玉匣記增補諸家選擇日用通書二卷　民國上海校經山房石印本　一冊　存一卷(上)

330000－4729－0000403　普0403　集部/總集類/選集之屬/斷代

介眉彙編三卷　朱星衢編　民國鉛印本　一冊

330000－4729－0000406　普0406　史部/史抄類

二十四史輯要六十四卷附二十四史總目一卷二十四史四庫提要一卷　趙華基編　民國二十二年(1933)上海中華書局鉛印本　十三冊　存十九卷(四十三至五十、五十六至六十四,總目,提要)

330000－4729－0000417　普0417　史部/編年類/通代之屬

鼎鍥趙田了凡袁先生編纂古本歷史大方綱鑑補三十九卷首一卷　(明)袁黄纂　**御撰資治通鑑綱目三編二十卷**　(清)張廷玉等編　民國三年(1914)上海共和書局石印本　十一冊　存十一卷(首,鼎鍥趙田了凡袁先生編纂古本歷史大方綱鑑補一至四、六至九;御撰資治通鑑綱目三編一至二)

330000－4729－0000418　普0418　子部/儒家類/儒學之屬/禮教/鑑戒

分類詳註曾文正公治家全書六種二十卷　廣益書局輯　民國上海廣益書局石印本　一冊　存一卷(日記一)

330000－4729－0000419　普0419　子部/儒家類/儒學之屬/禮教/鑑戒

分類詳註曾文正公治家全書六種二十卷　廣益書局輯　民國上海廣益書局石印本　一冊　存二卷(家書十一至十二)

330000－4729－0000422　普0422　史部/史抄類

史迻二卷　姚琮撰　民國三十四年(1945)鉛印本　一冊　存一卷(一)

330000－4729－0000425　普0425　類叢部/叢書類/自著之屬

曾文正公全集十六種　(清)曾國藩撰　民國石印本　一冊　存一種

330000－4729－0000431　普 0432　史部/地理類/山川之屬/山志

天台山方外志三十卷　(明)釋傳燈撰　民國十一年(1922)上海集雲軒鉛印本　二冊　存六卷(一至六)

330000－4729－0000438　普 0438　史部/政書類/律令之屬/刑制

刑事訴訟法大意一卷　民國石印本　一冊

330000－4729－0000439　普 0440　新學/政治法律/制度

警察要旨一卷　民國石印本　一冊

330000－4729－0000443　普 0444　史部/編年類/通代之屬

尺木堂綱鑑易知錄九十二卷明紀十五卷　(清)吳乘權　(清)周之炯　(清)周之燦輯　民國上海文華山房鉛印本　五冊　存三十三卷(綱鑑易知錄一至四、十九至二十五、三十三至三十九、八十七至九十二,明紀七至十五)

330000－4729－0000461　普 0462　集部/總集類/郡邑之屬

縉雲文徵二十卷補編一卷　(清)湯成烈輯　民國二十七年(1938)文華閣鉛印本　二冊　存十一卷(十一至二十、補編)

330000－4729－0000462　普 0545　子部/農家農學類/園藝之屬/總志

佩文齋廣羣芳譜一百卷目錄二卷　(清)汪灝等撰　民國十六年(1927)上海錦章圖書局石印本　十八冊　缺三十二卷(二十二至五十三)

330000－4729－0000464　普 0464　子部/道家類

莊子集釋十卷　(清)郭慶藩輯　民國十三年(1924)埽葉山房石印本　八冊

330000－4729－0000467　普 0465　子部/雜著類/雜考之屬

籀廎述林十卷　(清)孫詒讓撰　民國五年(1916)刻本　四冊

330000－4729－0000469　普 0469　子部/藝術類/篆刻之屬/印論

治印雜説不分卷　王世纂　民國六年(1917)鉛印本　一冊

330000－4729－0000473　普 0471　子部/雜著類/雜考之屬

菰中隨筆一卷　(清)顧炎武撰　民國上海文瑞樓石印本　二冊

330000－4729－0000474　普 0475　子部/道家類

老子道德經二卷　(三國魏)王弼注　**音義一卷**　(唐)陸德明撰　民國九年(1920)上海掃葉山房石印本　一冊　缺一卷(二)

330000－4729－0000479　普 0484　子部/儒家類/儒學之屬/經濟

説苑二十卷　(漢)劉向撰　民國上海涵芬樓鉛印本　一冊　存五卷(一至五)

330000－4729－0000481　普 0478　子部/儒家類/儒學之屬/蒙學

課子隨筆六卷　(清)張師載輯　**續編一卷**　(清)徐桐撰　民國七年(1918)上海文瑞樓石印本　四冊

330000－4729－0000484　普 0479　子部/道家類

老子道德經二卷　(三國魏)王弼注　**音義一卷**　(唐)陸德明撰　**附識一卷老子校勘記一卷**　民國九年(1920)浙江圖書館刻本　一冊　缺一卷(二)

330000－4729－0000485　普 0488　子部/雜著類/雜説之屬

齊物論釋一卷　章炳麟撰　民國四年(1915)刻本　一冊

330000－4729－0000486　普 0487　類叢部/叢書類/彙編之屬

四部備要　中華書局編　民國二十五年(1936)上海中華書局鉛印本(經義考卷二百八十六、二百九十九至三百,東塾讀書記卷十三至十四、十七至二十、二十二至二十五原

缺） 三十六册 存一種

330000－4729－0000489 普0490 史部/傳記類/總傳之屬/儒林
學統五十六卷 （清）熊賜履撰 民國十二年（1923）靈峰精舍鉛印本 九册

330000－4729－0000491 普0481 子部/儒家類/儒學之屬/性理
儒門語要六卷 （清）倪元坦撰 民國十三年（1924）上海大通書局石印本 三册

330000－4729－0000505 普0505 子部/醫家類/溫病之屬
溫病條辨六卷首一卷 （清）吳瑭撰 民國四年（1915）上海鑄記書局石印本 二册 缺二卷（二至三）

330000－4729－0000506 普0506 子部/醫家類/溫病之屬/瘟疫
加評溫病條辨六卷首一卷 （清）吳瑭撰 陸士諤評 民國十三年（1924）上海世界書局石印本 一册 存四卷（三至六）

330000－4729－0000507 普0507 子部/醫家類/綜合之屬/通論
御纂醫宗金鑑九十卷首一卷 （清）吳謙等撰 民國八年（1919）上海鴻寶齋石印本 一册 存十六卷（編輯外科心法要訣一至十六）

330000－4729－0000508 普0512 子部/叢編
子書三十二種 育文書局編 民國三年（1914）育文書局石印本 四册 存一種

330000－4729－0000509 普0508 子部/醫家類/方書之屬/單方驗方
重訂驗方新編十八卷 （清）鮑相璈等輯 民國七年（1918）上海鴻寶齋書局石印本 一册

330000－4729－0000510 普0510 子部/醫家類/類編之屬
古本醫學叢刊二種 張贊臣輯 民國二十六年（1937）上海醫界春秋社影印本 一册

330000－4729－0000511 普0514 子部/醫家類/類編之屬
陳修園醫書六十種 （清）陳念祖等撰 民國八年（1919）鴻寶齋書局石印本 二十六册 存五十八種

330000－4729－0000512 普0513 子部/藝術類/書畫之屬/書法書品
御覽書苑菁華二十卷 （宋）陳思編 民國八年（1919）上海掃葉山房石印本 六册

330000－4729－0000514 普0515 子部/醫家類/綜合之屬/通論
三因極一病源論粹十八卷 （宋）陳言編 吳錫璜評註 民國二十三年（1934）上海文瑞樓石印本 八册

330000－4729－0000517 普0516 子部/醫家類/醫話醫論之屬
釋名病釋一卷 余巖撰 民國二十七年（1938）華豐印刷鑄字所鉛印本 一册

330000－4729－0000518 普0517 子部/醫家類
謝利恆先生全書（謝氏全書） 謝觀撰 民國二十四年（1935）澄齋醫社鉛印本 一册 存一種

330000－4729－0000521 普0524 子部/醫家類/類編之屬
陳修園醫書七十種 （清）陳念祖等撰 民國石印本 八册 存十三種

330000－4729－0000523 普0520 子部/醫家類/傷寒金匱之屬/傷寒論
新刊註釋素問玄機原病式二卷素問病機氣宜保命集三卷 （金）劉守真撰 （清）薛時平註釋 民國石印本 二册

330000－4729－0000524 普0526 子部/醫家類/溫病之屬/痧症
沙麻明辨不分卷 （清）華壎編 民國二十四年（1935）上海千頃堂書局石印本 一册

330000－4729－0000525 普0522 子部/醫家類/本草之屬/本草藥性
珍珠囊指掌補遺藥性賦四卷 （金）李杲編輯

雷公炮製藥性解六卷 （清）李中梓編輯 民國上海廣益書局石印本 三冊 缺二卷（珍珠囊指掌補遺藥性賦一至二）

330000－4729－0000527 普0527 子部/醫家類/傷寒金匱之屬/金匱要略

金匱心典讀本三卷 （漢）張機撰 （清）尤怡集註 民國二十七年（1938）上海千頃堂書局鉛印本 一冊

330000－4729－0000528 普0530 史部/傳記類/總傳之屬/技藝

歷代畫史彙傳二十四卷首一卷附錄一卷 （清）彭蘊璨編 民國九年（1920）上海掃葉山房石印本 十二冊

330000－4729－0000532 普0532 子部/藝術類/篆刻之屬/印論

篆法指南二集 （清）楊沂孫書 民國上海求古齋書局影印本 二冊

330000－4729－0000535 普0539 子部/醫家類/類編之屬

徐靈胎醫書三十二種 （清）徐大椿撰 民國石印本 三冊 存二種

330000－4729－0000538 普0540 子部/醫家類/本草之屬/歷代綜合本草

本草綱目五十二卷 （明）李時珍撰 民國石印本 二冊 存十三卷（十五至十八、三十八至四十六）

330000－4729－0000539 普0541 子部/醫家類/兒科之屬/通論

鼎鍥幼幼集成六卷 （清）陳復正輯 民國十四年（1925）上海鴻文書局石印本 六冊

330000－4729－0000540 普0534 子部/雜著類/雜纂之屬

平等閣筆記二卷 狄葆賢撰 民國二年（1913）上海有正書局鉛印本 二冊

330000－4729－0000541 普0533 子部/藝術類/音樂之屬

蒔薰精舍叢著 虞和欽撰 民國十九年（1930）蒔薰精舍鉛印本 一冊 存二種

330000－4729－0000545 普0542 子部/藝術類/音樂之屬

蒔薰精舍叢著 虞和欽撰 民國十九年（1930）蒔薰精舍鉛印本 一冊 存二種

330000－4729－0000546 普0548 子部/雜著類/雜考之屬

古書疑義舉例七卷 （清）俞樾撰 民國上海古書流通處影印本 三冊

330000－4729－0000550 普0550 子部/叢編

清人說薈初集二十種二集二十種 雷瑨輯 民國十七年（1928）上海掃葉山房石印本 十冊 存三十三種

330000－4729－0000551 普0552 子部/雜著類/雜考之屬

日知錄集釋三十二卷之餘四卷栞誤二卷續栞誤二卷 （清）黃汝成撰 民國十三年（1924）上海掃葉山房石印本 十六冊

330000－4729－0000554 普0554 類叢部/叢書類/郡邑之屬

括蒼叢書第一集八種 劉燿東編 民國二十七年（1938）鉛印本（滑疑集詩卷二原缺） 二冊 存一種

330000－4729－0000555 普0555 類叢部/叢書類/彙編之屬

宋人小說二十八種 涵芬樓輯 民國上海商務印書館鉛印本 三冊 存二種

330000－4729－0000556 普0556 類叢部/叢書類/彙編之屬

說郛一百卷 （元）陶宗儀編 張宗祥重校 民國十九年（1930）上海商務印書館鉛印本 四十冊

330000－4729－0000557 普0557 子部/宗教類/道教之屬

玉定金科例誅輯要十卷首一卷末一卷特宥輯要十卷首一卷末一卷例賞輯要十卷首一卷末一卷 南天都劫司 桂宮武昌侯輯 民國上海明善書局鉛印本 一冊 存三卷（例賞輯

要三至五)

330000－4729－0000559　普0559　子部/叢編

子書二十八種　育文書局編　民國二年(1913)上海育文書局石印本　三十二册

330000－4729－0000560　普0560　類叢部/類書類/通類之屬

淵鑑類函四百五十卷目録四卷　(清)張英(清)王士禛等輯　民國二十一年(1932)上海掃葉山房石印本　四十八册

330000－4729－0000571　普0571　子部/儒家類/儒學之屬/禮教/女範

訓女寶箴三卷附本一卷　呂咸熙編　民國十八年(1929)上海新民印刷公司石印本　三册　缺一卷(二)

330000－4729－0000573　普0573　子部/儒家類/儒學之屬/蒙學

新增繪圖幼學故事瓊林四卷首一卷　(清)程登吉撰　(清)鄒聖脈增補　民國上海錦章圖書局石印本　五册

330000－4729－0000575　普0574　子部/儒家類/儒學之屬/蒙學

新增繪圖幼學故事瓊林四卷首一卷　(清)程登吉撰　(清)鄒聖脈增補　民國石印本　一册

330000－4729－0000584　普0585　史部/傳記類/總傳之屬/忠孝

浙江孝節錄初集二卷　張大庚　王昌杰編　民國二十五年(1936)明善書局鉛印本　一册　存一卷(二)

330000－4729－0000585　普0583　子部/醫家類/綜合之屬/通論

醫宗金鑑九十卷首一卷　(清)吳謙等撰　民國八年(1919)上海錦章書局石印本　四册　存十六卷(首、三十至四十四)

330000－4729－0000591　普0593　子部/叢編

百子全書　(清)崇文書局編　民國十年(1921)上海掃葉山房石印本　八十册

330000－4729－0000592　普0594　子部/醫家類/類編之屬

仲景全書五种　(漢)張機等撰　民國五年(1916)上海千頃堂石印本　八册

330000－4729－0000595　普0595　子部/醫家類/方書之屬/單方驗方

丹溪心法附餘二十四卷首一卷　(明)方廣輯　民國石印本　三册　存五卷(二十至二十四)

330000－4729－0000598　普0597　子部/醫家類/婦科之屬/產科

葉氏女科證治四卷　(清)葉桂撰　民國上海廣益書局石印本　一册

330000－4729－0000599　普0599　子部/術數類/相宅相墓之屬

地理正義鉛彈子砂水要訣七卷　(清)張鳳藻撰　民國二十年(1931)上海錦章圖書局石印本　一册

330000－4729－0000602　普0603　子部/醫家類/本草之屬/本草藥性

雷公炮製藥性賦解十卷　民國上海商務印書館鉛印本　一册　存四卷(藥性賦一至四)

330000－4729－0000604　普0604　子部/醫家類/方書之屬/單方驗方

重校舊本湯頭歌訣一卷　(清)汪昂編輯　民國三年(1914)上海共和書局石印本　一册

330000－4729－0000608　普0609　子部/術數類/占卜之屬

大六壬尋原四集九卷　(清)張純照輯　民國元年(1912)上海江東茂記書局石印本　一册　存二卷(元集上下)

330000－4729－0000609　普0608　子部/儒家類/儒學之屬/蒙學

新增繪圖幼學故事瓊林四卷首一卷　(清)程登吉撰　(清)鄒聖脈增補　民國二年(1913)上海天寶書局石印本　四册

330000－4729－0000610　普 0610　子部/醫家類/本草之屬/本草藥性

珍珠囊指掌補遺藥性賦四卷　（金）李杲編輯　（清）王子接重訂　**雷公炮製藥性解六卷**　（清）李中梓編輯　（清）王子接重訂　民國共和書局石印本　一冊

330000－4729－0000612　普 0614　子部/術數類/相宅相墓之屬

入地眼全書十卷　（宋）釋靜道撰　（清）萬樹華編次　民國三年（1914）上海天寶書局石印本　一冊

330000－4729－0000614　普 0615　子部/術數類/陰陽五行之屬

增廣玉匣記通書二卷　（清）朱說霖重校　民國十七年（1928）上海文昌書局石印本　一冊

330000－4729－0000622　普 0623　子部/術數類/相宅相墓之屬

陽宅三要四卷　（清）趙廷棟撰　民國七年（1918）上海文益書局石印本　一冊

330000－4729－0000623　普 0625　子部/醫家類/綜合之屬/通論

御纂醫宗金鑑九十卷首一卷　（清）吳謙等撰　民國簡青齋書局石印本　一冊　存四卷（編輯外科心法要訣三至六）

330000－4729－0000626　普 0627　子部/道家類

莊子淺說四卷　林紓撰　民國十二年（1923）上海商務印書館鉛印本　二冊

330000－4729－0000627　普 0632　子部/術數類

新鐫曆法便覽象吉備要通書大全二十九卷　（清）魏鑑撰　民國上海錦章圖書局石印本　四冊　存八卷（一至五、九至十一）

330000－4729－0000629　普 0628　子部/宗教類/佛教之屬/諸宗

中興淨宗印光大師行業記不分卷　釋真達等述　民國二十九年（1940）鉛印本　一冊

330000－4729－0000631　普 0636　子部/醫家類/針灸之屬/通論

增補繪圖鍼灸大成十二卷　（明）楊繼洲撰　（清）章廷珪重修　民國上海簡青齋石印本　六冊

330000－4729－0000637　普 0635　子部/醫家類/養生之屬

養生保命錄一卷　民國八年（1919）上海宏大善書局石印本　一冊

330000－4729－0000645　普 0648　子部/宗教類/道教之屬

太上感應篇引證句解一卷　（清）崔嘉勳註　民國十年（1921）上海宏大善書局石印本　一冊

330000－4729－0000653　普 0656　子部/儒家類/儒學之屬/禮教/鑑戒

八德須知二集八卷　蔡振紳編輯　民國上海明善書局石印本　一冊　存二卷（五至六）

330000－4729－0000654　普 0657　子部/宗教類/道教之屬

梓潼帝君陰隲文註證新編四卷　（清）馮勸撰　民國九年（1920）馮振怡鉛印本　一冊　存二卷（三至四）

330000－4729－0000655　普 0629　子部/醫家類/兒科之屬/痘疹

翁仲仁先生原本幼科七種大全　（清）許豫和注釋　民國上海中一書局石印本　二冊　存一種

330000－4729－0000656　普 0659　子部/儒家類/儒學之屬/禮教/鑑戒

八德須知二集白話本不分卷　蔡振紳輯　陳覺演　民國二十一年（1932）上海明善書局石印本　一冊

330000－4729－0000657　普 0630　子部/術數類/陰陽五行之屬

欽定協紀辨方書三十六卷　（清）允祿　（清）張照等纂修　民國上海會文堂書局石印本　四冊　存二十卷（一至三、二十至三十六）

330000－4729－0000659　普 0660　子部/儒

家類/儒家之屬
荀子二十卷　(唐)楊倞注　**荀子校勘補遺一卷**　(清)謝墉撰　民國上海掃葉山房石印本　二冊　存十一卷(五至十、十七至二十,校勘補遺)

330000－4729－0000660　普 0664　子部/儒家類/儒學之屬
安士全書四種　(清)周夢顏撰　民國上海佛學推行社鉛印本　三冊　存二種

330000－4729－0000662　普 0662　子部/宗教類/佛教之屬/經
佛説阿彌陀經一卷　(後秦)釋鳩摩羅什譯　民國十七年(1928)上海佛經流通處刻本　一冊

330000－4729－0000663　普 0665　子部/宗教類/佛教之屬/經疏
阿彌陀經白話解釋二卷附修行方法一卷　釋印光鑒定　黄智海演述　**蓮池大師西方發願文簡註一卷**　釋印光鑒定　李圓淨編述　民國十九年(1930)上海國光書局鉛印本　一冊

330000－4729－0000666　普 0663　子部/宗教類/佛教之屬
居士參禪簡錄不分卷　劉大心撰　民國十年(1921)杭州武林印書館鉛印本　一冊

330000－4729－0000669　普 0670　子部/宗教類/佛教之屬/諸宗
淨土五經六卷　釋印光輯　**大方廣佛華嚴經淨行品一卷**　(唐)釋實叉難陀譯　**大佛頂首楞嚴經卷第六四種決定清淨明誨一卷**　民國二十五年(1936)蘇州弘化社鉛印本　一冊

330000－4729－0000670　普 0669　子部/儒家類/儒學之屬/禮教/家訓
袁了凡先生四訓一卷　(明)袁黄撰　民國三十三年(1944)福州進德善書館鉛印本　一冊

330000－4729－0000671　普 0671　子部/宗教類/佛教之屬/諸宗
淨土五經六卷　釋印光輯　民國二十二年(1933)蘇州弘化社鉛印本　一冊

330000－4729－0000673　普 0672　子部/小説家類/異聞之屬
洞冥記十卷三十八回　(清)吕惟一輯　民國十八年(1929)上海宏大善書局石印本　三冊　存六卷(一至六)

330000－4729－0000674　普 0677　類叢部/叢書類/自著之屬
亭林遺書二十二種附三種　(清)顧炎武撰　(清)席威　(清)朱記榮編　民國上海文瑞樓石印本　四冊　存三種

330000－4729－0000675　普 0678　子部/小説家類/異聞之屬
洞冥記十卷三十八回　(清)吕惟一輯　民國十八年(1929)上海宏大善書局石印本　三冊　存六卷(三至六、九至十)

330000－4729－0000676　普 0679　子部/宗教類/佛教之屬
金剛經誦本　民國二十一年(1932)上海明善書局石印本　一冊　存一種

330000－4729－0000679　普 0683　子部/宗教類/佛教之屬/諸宗
增廣印光法師文鈔四卷首一卷　釋印光撰　民國二十五年(1936)上海國光印書局鉛印本　三冊　存四卷(首,一至二、四)

330000－4729－0000682　普 0680　史部/傳記類/總傳之屬/釋道
敕建天台山國清講寺戒壇同戒錄一卷　孫祖植輯　民國三十六年(1947)石印本　一冊

330000－4729－0000683　普 0684　子部/宗教類/道教之屬
關帝明聖真經一卷附應驗靈籤一卷　民國上海宏大善書局石印本　一冊

330000－4729－0000684　普 0685　子部/雜著類
玉歷至寶鈔勸世一卷附經驗神效良方一卷　王子達重編　民國十七年(1928)上海宏大善書局石印本　一冊

330000－4729－0000685　普 0682　子部/宗

教類/佛教之屬

佛學叢書□□種 丁福保輯 民國上海醫學書局鉛印本暨影印本 二册 存一種

330000－4729－0000686 普 0688 子部/宗教類/道教之屬

重訂暗室燈二卷 (清)深山居士輯 民國十年(1921)元益善書流通處石印本 一册

330000－4729－0000687 普 0690 子部/宗教類/佛教之屬/經

阿彌陀經一卷 上海佛學書局編 民國二十五年(1936)上海國光印書局鉛印本 一册

330000－4729－0000688 普 0687 子部/宗教類/道教之屬/戒律

太上寶筏圖說八卷 (清)黄正元撰 民國七年(1918)上海宏大善書局石印本 一册 存一卷(孝)

330000－4729－0000690 普 0686 子部/雜著類

玉歷至寶鈔勸世一卷附經驗神效良方一卷 王子達重編 **身世金丹一卷** (清)讀我書屋輯錄 民國十四年(1925)上海宏大善書局石印本 一册

330000－4729－0000692 普 0693 子部/雜著類

玉歷至寶鈔勸世一卷附經驗神效良方一卷 王子達重編 **身世金丹一卷** (清)讀我書屋輯錄 民國十四年(1925)上海宏大善書局石印本 一册

330000－4729－0000693 普 0699 子部/宗教類/佛教之屬

金剛般若波羅蜜經一卷 (後秦)釋鳩摩羅什譯 **般若波羅蜜多心經一卷** (唐)釋玄奘譯 民國蘇州弘化社鉛印本 一册

330000－4729－0000694 普 0694 子部/宗教類/佛教之屬

達摩寶傳二卷 悟真子撰 民國十三年(1924)上海宏大善書局石印本 一册

330000－4729－0000697 普 0700 子部/宗教類/佛教之屬

二課合解七卷首一卷 觀月子述 民國十八年(1929)鉛印本 一册 存四卷(四至七)

330000－4729－0000698 普 0696 集部/曲類/寶卷之屬

繪圖目蓮救母三世寶卷三卷 民國十一年(1922)上海宏大善書局石印本 一册

330000－4729－0000700 普 0697 子部/宗教類/其他宗教之屬/基督教

中國須用耶穌基督論一卷 王正齊 邊恩泉撰 民國元年(1912)山東共合大學堂書局鉛印本 一册

330000－4729－0000701 普 0698 子部/宗教類/佛教之屬

看破世界一卷 (清)周祖道輯 民國杭州同道鉛石善書局鉛印本 一册

330000－4729－0000702 普 0703 子部/宗教類/佛教之屬/經咒

重訂讀本救劫真經神呪不分卷 民國上海明善書局鉛印本 一册

330000－4729－0000703 普 0704 子部/宗教類/佛教之屬/經咒

重訂讀本救劫真經神呪不分卷 民國上海明善書局鉛印本 一册

330000－4729－0000705 普 0706 子部/宗教類/道教之屬

太上感應篇引證句解一卷 (清)崔嘉勲註 民國十年(1921)上海宏大善書局石印本 一册

330000－4729－0000706 普 0707 子部/宗教類/佛教之屬/經疏

般若菠羅蜜多心經直解一卷 (清)程鵬述 民國鉛印本 一册

330000－4729－0000708 普 0711 子部/宗教類/道教之屬

敬竈全書不分卷 民國十一年(1922)上海宏大善書局石印本 一册

330000－4729－0000709　普 0712　子部/宗教類/道教之屬
太上感應篇引證句解一卷　（清）崔嘉勳註　民國上海宏大善書局石印本　一冊

330000－4729－0000711　普 0713　子部/宗教類/佛教之屬
看破世界一卷　香花道人重編　民國上海佛經流通處石印本　一冊

330000－4729－0000712　普 0715　子部/宗教類/道教之屬
黃庭經(黃庭内外景科儀)一卷　民國三十年(1941)遂昌復興社石印本　一冊

330000－4729－0000713　普 0709　子部/宗教類/佛教之屬/律
毗尼日用切要一卷　（清）釋讀體輯　**沙彌律儀要略一卷**　（明）釋袾宏輯　民國八年(1919)常州天寧寺刻經處刻本　一冊

330000－4729－0000714　普 0716　子部/宗教類/佛教之屬
佛教初學課本一卷　（清）楊文會撰　民國鉛印本　一冊

330000－4729－0000715　普 0710　子部/宗教類/道教之屬/經文
關聖帝君解冤真經一卷　胡善慶輯　民國五年(1916)上海樂善壇鉛印本　一冊

330000－4729－0000716　普 0717　子部/宗教類/道教之屬
羅狀元修道真言不分卷　民國十三年(1924)上海宏大善書局石印本　一冊

330000－4729－0000717　普 0714　子部/宗教類/佛教之屬/諸宗
墩煌出圖六祖壇經一卷　（唐）釋惠能撰　(日本)鈴木貞太郎　(日本)公田連太郎校訂　民國上海佛學書局鉛印本　一冊

330000－4729－0000718　普 0721　子部/宗教類/道教之屬/雜著
心傳韻語五卷　（清）何謙撰　民國杭州同道益善書局鉛印本　一冊

330000－4729－0000719　普 0718　子部/宗教類/道教之屬/戒律
太上寶筏圖說八卷　（清）黃正元撰　民國五年(1916)宏大書局石印本　一冊　存一卷(恥)

330000－4729－0000720　普 0722　子部/宗教類/佛教之屬/經
七佛讚唄伽陀等不分卷　（宋）釋法天譯　民國四年(1915)常州天寧寺刻經處刻本　一冊

330000－4729－0000721　普 0719　子部/道家類
南華真經解六卷　（清）宣穎撰　民國上海存古齋石印本　一冊　存一卷(一)

330000－4729－0000722　普 0720　子部/宗教類/道教之屬
明道要言不分卷　民國浙江印刷公司鉛印本　一冊

330000－4729－0000731　普 0728　子部/雜著類/雜編之屬
道岸慈航不分卷　純陽子等輯　民國十一年(1922)上海宏大善書總發行所石印本　一冊

330000－4729－0000737　普 0740　集部/別集類/唐五代別集
山曉閣選唐大家柳柳州全集四卷　（唐）柳宗元撰　（清）孫琮評　民國十四年(1925)上海文華書局石印本　四冊

330000－4729－0000739　普 0737　集部/楚辭類
楚辭章句十七卷　（漢）王逸撰　（宋）洪興祖補注　民國八年(1919)上海文瑞樓石印本　四冊

330000－4729－0000740　普 0741　集部/別集類/唐五代別集
元次山集十卷拾遺一卷拾遺補一卷　（唐）元結撰　（清）黃又訂　民國二年(1913)石竹山房石印本　四冊

330000－4729－0000742　普 0742　集部/別集類/唐五代別集

河東先生文集六卷　(唐)柳宗元撰　民國十五年(1926)石印本　六冊

330000－4729－0000745　普 0743　集部/別集類/唐五代別集

杜詩鏡銓二十卷附諸家論杜一卷杜工部年譜一卷　(清)楊倫輯　**讀書堂杜工部文集註解二卷**　(清)張溍撰　民國十年(1921)上海榮華山房石印本　八冊

330000－4729－0000749　普 0739　類叢部/叢書類/彙編之屬

四部備要　中華書局編　民國二十五年(1936)上海中華書局鉛印本(經義考卷二百八十六、二百九十九至三百,東塾讀書記卷十三至十四、十七至二十、二十二至二十五原缺)　九十四冊　存一種

330000－4729－0000750　普 0754　子部/宗教類/佛教之屬/律

四分律比丘戒相表記不分卷　釋曇昉輯　民國中華書局石印本　一冊

330000－4729－0000752　普 0756　類叢部/叢書類/彙編之屬

四部叢刊續編七十七種　張元濟等編　民國二十三年(1934)上海商務印書館影印本(儀禮疏卷三十二至三十七、周易要義卷三至六、禮記要義卷一至二、麟臺故事卷四至五原缺)　一冊　存二種

330000－4729－0000753　普 0751　集部/別集類/唐五代別集

昌黎先生集四十卷外集十卷遺文一卷　(唐)韓愈撰　(宋)廖瑩中校正　**朱子校昌黎先生集傳一卷**　(宋)朱熹撰　民國九年(1920)上海商務印書館鉛印本　十冊

330000－4729－0000756　普 0752　集部/別集類/宋別集

黃太史精華録六卷　(宋)黃庭堅撰　任淵選　民國十九年(1930)上海商務印書館鉛印本　一冊

330000－4729－0000757　普 0753　集部/別集類/宋別集

朱淑真斷腸詩集十卷補遺一卷後集七卷斷腸詞一卷　(宋)朱淑真撰　(宋)鄭元佐注　**漱玉詞一卷**　(宋)李清照撰　民國二十三年(1934)興業書局石印本　二冊

330000－4729－0000758　普 0759　集部/總集類/彙編之屬

名家選定詩文讀本　文明書局編　民國十六年(1927)上海文明書局鉛印本　一冊　存一種

330000－4729－0000761　普 0760　集部/詩文評類/詩評之屬

唐詩紀事八十一卷　(宋)計有功撰　民國六年(1917)上海文明書局鉛印本　十冊

330000－4729－0000762　普 0765　集部/別集類/宋別集

王臨川全集二十四卷　(宋)王安石撰　民國十九年(1930)上海掃葉山房石印本　十一冊

330000－4729－0000769　普 0769　集部/別集類/元別集

馬石田文集十五卷附録一卷　(元)馬祖常撰　民國石印本　六冊　缺三卷(一至二、附録)

330000－4729－0000771　普 0777　集部/別集類/宋別集

劍南詩鈔六卷　(宋)陸游撰　(清)楊大鶴選　民國十二年(1923)上海掃葉山房石印本　六冊

330000－4729－0000772　普 0774　集部/別集類/明別集

王次回疑雨集註四卷　(明)王彦泓撰　(□)句漏後裔釋　民國九年(1920)上海文明書局石印本　四冊

330000－4729－0000773　普 0775　集部/別集類/明別集

王次回疑雨集註四卷　(明)王彦泓撰　(□)句漏後裔釋　民國十四年(1925)上海文明書局石印本　四冊

330000－4729－0000774　普 0778　集部/別集類/宋別集
劍南詩鈔六卷　(宋)陸游撰　(清)楊大鶴選　民國四年(1915)上海掃葉山房石印本　六册

330000－4729－0000775　普 0772　集部/別集類/明別集
註釋疑雲集四卷　(明)王彦泓撰　(清)雷瑨註釋　民國十八年(1929)上海掃葉山房石印本　四册

330000－4729－0000776　普 0773　集部/別集類/明別集
張文忠公文集十一卷詩集六卷　(明)張居正撰　民國十一年(1922)上海掃葉山房石印本　四册

330000－4729－0000777　普 0779　集部/別集類/宋別集
林和靖詩集四卷拾遺一卷附録一卷　(宋)林逋撰　民國十六年(1927)上海鴻寶齋書局石印本　二册

330000－4729－0000781　普 0781　集部/別集類/清別集
菊花百詠一卷　(清)陳王廷撰　民國二十一年(1932)滇南張維翰鉛印本　一册

330000－4729－0000783　普 0782　集部/別集類/元別集
佰生詩後三卷　(元)虞集撰　陳乃乾輯　民國古書流通處影印本　二册

330000－4729－0000784　普 0785　類叢部/叢書類/彙編之屬
四部備要　中華書局編　民國二十五年(1936)上海中華書局鉛印本(經義考卷二百八十六、二百九十九至三百,東塾讀書記卷十三至十四、十七至二十、二十二至二十五原缺)　十二册　存一種

330000－4729－0000788　普 0791　集部/別集類/清別集
飴山詩集二十卷　(清)趙執信撰　民國五年(1916)掃葉山房石印本　四册

330000－4729－0000789　普 0792　集部/別集類/清別集
西堂雜組一集八卷二集八卷三集八卷　(清)尤侗撰　民國上海中華圖書館石印本　六册

330000－4729－0000790　普 0796　集部/別集類/明別集
詠懷堂詩集四卷外集二卷丙子詩一卷戊寅詩一卷辛巳詩二卷　(明)阮大鋮撰　民國十七年(1928)國立中央大學國學圖書館鉛印本　四册

330000－4729－0000792　普 0790　類叢部/叢書類/自著之屬
六如居士全集四種　(明)唐寅撰　民國上海廣益書局石印本　四册　存二種

330000－4729－0000793　普 0793　集部/別集類/宋別集
林和靖詩集四卷拾遺一卷附録一卷　(宋)林逋撰　民國石印本　一册　缺二卷(一至二)

330000－4729－0000795　普 0798　集部/別集類/清別集
陸湖遺集三卷　(清)沈成章撰　民國九年(1920)鉛印本　一册

330000－4729－0000796　普 0794　子部/宗教類/佛教之屬
韓文公論佛骨表糾謬一卷　郭振墉纂　民國十九年(1930)清閒山館鉛印本　一册

330000－4729－0000798　普 0800　集部/別集類/明別集
滄螺集六卷　(明)孫作撰　民國古書流通處據虞山汲古閣寫本影印本　二册

330000－4729－0000799　普 0795　史部/地理類/雜志之屬
秣陵集六卷金陵歷代紀年事表一卷圖考一卷　(清)陳文述撰　民國十七年(1928)掃葉山房石印本　四册

330000－4729－0000802　普 0803　史部/史

評類/詠史之屬

全史宮詞二十卷 (清)史夢蘭撰 民國十年(1921)上海著易堂書局鉛印本 六冊

330000－4729－0000803 普0807 集部/別集類/清別集

小倉山房文集三十五卷 (清)袁枚撰 民國上海文明書局石印本 八冊

330000－4729－0000804 普0804 集部/總集類/選集之屬/斷代

增註隨園女弟子詩選六卷 (清)席佩蘭等撰 謝瑢增註 民國十五年(1926)上海會文堂書局石印本 二冊

330000－4729－0000805 普0808 集部/別集類

淲湖遺老續集四卷 金蓉鏡撰 民國二十年(1931)刻本 二冊

330000－4729－0000806 普0809 集部/別集類/清別集

陳檢討四六二十卷 (清)陳維崧撰 (清)程師恭注 民國上海鴻章書局石印本 四冊

330000－4729－0000807 普0805 集部/總集類/彙編之屬

七子詩選十四卷 (清)沈德潛編 民國十九年(1930)上海掃葉山房石印本 四冊

330000－4729－0000808 普0812 集部/別集類

冬花遺集五卷 王家桂 陳鋭輯 民國九年(1920)鉛印本 一冊

330000－4729－0000809 普0810 集部/別集類/清別集

泛梗集八卷 (清)吳之章撰 民國二年(1913)曾有瀾鉛印本 二冊

330000－4729－0000810 普0806 集部/總集類/彙編之屬

當代八家文鈔 胡君復編 民國五年(1916)中國圖書公司和記鉛印本 二冊 存一種

330000－4729－0000811 普0813 集部/別集類/明別集

个山遺集七卷 (明)劉淑英撰 民國二十三年(1934)梅花書屋鉛印本 一冊 存三卷(一至三)

330000－4729－0000812 普0814 集部/別集類/明別集

个山遺集七卷 (明)劉淑英撰 民國二十三年(1934)梅花書屋鉛印本 一冊 存三卷(一至三)

330000－4729－0000815 普0811 集部/別集類/唐五代別集

杜工部草堂詩箋四十卷外集一卷 (唐)杜甫撰 (宋)蔡夢弼會箋 **杜工部草堂詩話二卷** (宋)蔡夢弼輯 **杜工部草堂詩年譜二卷** (宋)趙子櫟 (宋)魯訔撰 民國八年(1919)上海文瑞樓據宋麻沙本影印本 十二冊

330000－4729－0000818 普0821 集部/別集類

遐庵詩稿一卷 葉恭綽撰 民國二十年(1931)鉛印本 一冊

330000－4729－0000819 普0825 集部/別集類

瘉壄堂詩集二卷 嚴復撰 民國十五年(1926)鉛印本 二冊

330000－4729－0000821 普0826 集部/別集類/清別集

幸草亭詩鈔二卷 (清)楊文瑩撰 民國八年(1919)錢塘楊氏勖采堂鉛印本 二冊

330000－4729－0000822 普0823 子部/宗教類/道教之屬/雜著

張三丰先生全集八卷 (明)張三丰撰 (清)李西月重編 **張三丰祖師無根樹詞註解一卷** (明)劉悟元註 (清)李西月增解 **靈寶畢法三卷** 題(唐)鍾離權撰 (唐)呂嵓傳 民國十五年(1926)上海明善書局石印本 六冊

330000－4729－0000823 普0827 集部/別集類/清別集

紫竹山房遺稿一卷 （清）朱承勳撰 （清）朱文治重錄 民國二十二年（1933）上海中華書局鉛印本 一册

330000－4729－0000824 普0824 史部/傳記類/別傳之屬/年譜

呂祖年譜海山奇遇七卷 （清）火西月編 民國上海明善書局石印本 二册

330000－4729－0000825 普0828 集部/別集類/清別集

補讀室詩稿十卷 （清）朱蘭撰 民國二十二年（1933）鉛印本 一册 存五卷（一至五）

330000－4729－0000826 普0832 集部/別集類

復庵先生集十卷附錄一卷 許玨撰 陶世鳳纂 民國十五年（1926）無錫許氏鉛印本 二册

330000－4729－0000827 普0833 集部/別集類/清別集

張文襄公詩集四卷 （清）張之洞撰 民國十一年（1922）上海掃葉山房石印本 四册

330000－4729－0000828 普0815 集部/總集類/郡邑之屬

黄岡二處士集三種三十五卷 汪桑輯 民國二十四年（1935）黄岡汪氏鉛印本 十册

330000－4729－0000829 普0834 集部/別集類/清別集

張文襄公詩集四卷 （清）張之洞撰 民國十一年（1922）上海掃葉山房石印本 四册

330000－4729－0000832 普0835 集部/別集類/清別集

校訂定盦全集十卷 （清）龔自珍撰 **定盦年譜藁本一卷** 黄守恒撰 民國九年（1920）上海掃葉山房石印本 六册

330000－4729－0000833 普0836 集部/別集類/清別集

校訂定盦全集十卷 （清）龔自珍撰 **定盦年譜藁本一卷** 黄守恒撰 民國二十一年（1932）上海掃葉山房石印本 六册

330000－4729－0000835 普0831 集部/別集類/清別集

崇雅堂文稿四卷 楊晨撰 民國四年（1915）黄巖友成書局鉛印本 一册

330000－4729－0000836 普0846 類叢部/叢書類/自著之屬

曾文正公家書四種 （清）曾國藩撰 民國上海著易堂書局石印本 七册 存三種

330000－4729－0000838 普0841 史部/史評類/詠史之屬

南史紀豔詩四卷 陶隆偉撰 民國十三年（1924）上海掃葉山房石印本 一册

330000－4729－0000840 普0842 史部/傳記類/別傳之屬

畫史彙稿文徵明二卷 （明）文徵明撰 神州國光社編 民國十八年（1929）神州國光社鉛印本 二册

330000－4729－0000841 普0843 集部/別集類

南枝集三卷 （越南）阮尚贇撰 民國十四年（1925）鉛印本 志友題記 一册

330000－4729－0000842 普0844 集部/別集類

培風樓詩存一卷 邵祖平撰 民國十八年（1929）鉛印本 一册

330000－4729－0000843 普0848 集部/別集類/清別集

瓊臺詩集二卷 （清）齊召南撰 民國九年（1920）廣益書局石印本 一册 存一卷（下）

330000－4729－0000844 普0845 集部/別集類

求我山人雜著六卷首一卷 莊景仲撰 **附錄一卷** 民國十八年（1929）鉛印本 二册

330000－4729－0000845 普0850 集部/別集類

陶菴詩稿不分卷 陶菴主人撰 民國十四年（1925）鉛印本 一册

330000－4729－0000847　普 0851　集部/總集類/選集之屬/斷代

雁後合鈔五卷　詹勵吾輯　民國三十六年(1947)鉛印本　孫傳瑗題記　一册

330000－4729－0000850　普 0852　集部/别集類/宋别集

友林乙藁一卷　(宋)史彌寧撰　民國六年(1917)華陽高氏蒼茫齋據宋刻本影印本　一册

330000－4729－0000852　普 0853　集部/别集類

譚祖安先生手寫詩册五卷　譚延闓撰　民國二十年(1931)影印本　四册　缺一卷(贛州光孝寺)

330000－4729－0000857　普 0755　集部/别集類/唐五代别集

白香山詩長慶集二十卷後集十七卷别集一卷補遺二卷　(唐)白居易撰　(清)汪立名編訂　**白香山年譜舊本一卷**　(宋)陳振孫撰　**白香山年譜一卷**　(清)汪立名撰　民國會文堂石印本　十二册

330000－4729－0000862　普 0865　集部/總集類/選集之屬/斷代

唐人八家詩四十二卷　(明)毛晉輯　民國十五年(1926)上海涵芬樓據明海虞毛氏汲古閣刻本影印本　八册

330000－4729－0000863　普 0867　集部/總集類/選集之屬/通代

古文辭類纂七十四卷　(清)姚鼐纂輯　民國上海鴻章書局石印本　八册　存三十一卷(一至三十一)

330000－4729－0000864　普 0868　集部/總集類/選集之屬/通代

精選廣註黎氏古文辭類纂不分卷　(清)黎庶昌輯　秦同培選　民國十四年(1925)上海世界書局石印本　四册

330000－4729－0000869　普 0875　集部/總集類/選集之屬/通代

精選廣註姚氏古文辭類纂不分卷　(清)姚鼐輯　秦同培選　民國十四年(1925)上海世界書局石印本　四册

330000－4729－0000870　普 0876　集部/總集類/選集之屬/通代

精選廣註姚氏古文辭類纂不分卷　(清)姚鼐輯　秦同培選　民國十四年(1925)上海世界書局石印本　四册

330000－4729－0000872　普 0873　集部/總集類/選集之屬/通代

詳註分類咏物詩選八卷　(清)俞琰輯　(清)易開緇　(清)孫洊鳴註　民國十四年(1925)上海大通書局石印本　八册

330000－4729－0000877　普 0882　集部/總集類/選集之屬/通代

十八家詩鈔二十八卷首一卷　(清)曾國藩輯　民國九年(1920)上海商務印書館鉛印本　十六册

330000－4729－0000878　普 0879　集部/總集類/彙編之屬

汲古閣景鈔南宋六十家小集　(宋)陳起輯　民國十年(1921)上海古書流通處據明汲古閣景鈔宋本影印本(安晚堂詩集卷一至五、十三至六十原缺)　五十五册　缺二卷(白石道人詩集、雲泉詩)

330000－4729－0000879　普 0887　集部/總集類/選集之屬/斷代

初唐四傑文集二十一卷　大德書局編　民國十五年(1926)大德書局石印本　四册

330000－4729－0000880　普 0883　集部/總集類/選集之屬/斷代

近人絕句三百首不分卷　任霞明輯　民國二十二年(1933)京滬印刷公司鉛印本　一册

330000－4729－0000881　普 0888　集部/總集類/選集之屬/通代

唐宋八家文讀本三十卷　(清)沈德潛評點　民國石印本　七册　存二十七卷(四至三十)

330000－4729－0000882　普 0889　集部/總

集類/選集之屬/斷代
王荆公唐百家詩選二十卷 (宋)王安石輯 民國上海涵芬樓鉛印本 二册 存十二卷(一至六、十五至二十)

330000－4729－0000883 普0890 集部/總集類/選集之屬/通代
歷代詩文評註讀本 王文濡編 民國上海文明書局鉛印本 二册 存一種

330000－4729－0000884 普0891 集部/總集類/選集之屬/斷代
晚唐詩選八卷 王文濡編輯 民國二十二年(1933)中華書局鉛印本 四册

330000－4729－0000887 普0895 集部/總集類/選集之屬/斷代
註釋唐詩三百首六卷 (清)孫洙編 民國商務印書館鉛印本 一册

330000－4729－0000888 普0884 集部/别集類
寒柯堂詩四卷 余紹宋撰 民國三十五年(1946)浙江文化印刷公司鉛印本 余紹宋題記 一册

330000－4729－0000889 普0894 集部/總集類/題詠之屬
歷代題畫詩類絶句鈔二卷 中華圖書館編 民國二年(1913)上海中華圖書館石印本 二册

330000－4729－0000890 普0885 集部/别集類
觀山文稿十卷首一卷 章乃羹撰 民國二十四年(1935)鉛印本 二册

330000－4729－0000891 普0897 集部/總集類/選集之屬/斷代
唐絶句選十二卷 邵裴子輯 民國二十五年(1936)上海商務印書館鉛印本 趙舒題記 二册

330000－4729－0000892 普0898 集部/總集類/選集之屬/斷代
千首宋人絶句十卷 (清)嚴長明輯 民國二十四年(1935)上海商務印書館鉛印本 趙舒題記 二册

330000－4729－0000893 普0886 類叢部/叢書類/自著之屬
崇雅堂叢書十四種 楊晨撰 民國二十五年(1936)楊紹翰鉛印本 一册 存十二種

330000－4729－0000894 普0899 集部/總集類/選集之屬/通代
詳註六朝文絜八卷 吴承烜註釋 民國六年(1917)上海國華書局鉛印本 四册

330000－4729－0000896 普0901 集部/總集類/氏族之屬
三蘇文集四十四卷 (清)邵希雍輯 民國元年(1912)上海會文學社石印本 五册 缺十二卷(東坡文集一至六、欒城文集十五至二十)

330000－4729－0000897 普0900 集部/總集類/選集之屬/斷代
元文類簡編二卷 (元)蘇天爵輯 張相選 莊啟傳綴評 民國二十二年(1933)上海中華書局鉛印本 二册

330000－4729－0000898 普0907 集部/總集類/選集之屬/斷代
姚氏清朝文録簡編六卷 (清)姚椿編 張相 莊啟傳選評 民國二十二年(1933)上海中華書局鉛印本 六册

330000－4729－0000899 普0902 集部/總集類/選集之屬/通代
瀛奎律髓刊誤四十九卷 (元)方回輯 (清)紀昀批點 民國十一年(1922)上海掃葉山房石印本 八册

330000－4729－0000900 普0908 集部/總集類/選集之屬/斷代
唐人萬首絶句選七卷 (宋)洪邁選 (清)王士禎輯 民國四年(1915)上海掃葉山房石印本 二册

330000－4729－0000902 普0912 集部/總集類/選集之屬/斷代

明文在簡編四卷　(清)薛熙編　張相選録　民國二十二年(1933)上海中華書局鉛印本　四冊

330000－4729－0000903　普0909　集部/詞類/總集之屬

唐五代詞不分卷附校記一卷　林大椿輯　民國二十四年(1935)上海商務印書館鉛印本　四冊

330000－4729－0000904　普0904　集部/別集類/唐五代別集

樊諫議集附録乙集一卷　(唐)樊宗師撰　(清)樊鎮輯　民國十年(1921)紹興樊氏綿絳書屋鉛印本　一冊

330000－4729－0000905　普0913　集部/總集類/選集之屬/斷代

太平天國文鈔一卷詩鈔一卷聯語鈔一卷附録三卷　羅邕　沈祖基輯　民國二十三年(1934)上海商務印書局鉛印本　二冊

330000－4729－0000906　普0905　集部/總集類/選集之屬/斷代

樊諫議集附録丙集一卷　(清)樊學淮輯　民國緜絳書屋刻本　一冊

330000－4729－0000908　普0915　集部/別集類

燕子龕遺詩一卷　蘇玄瑛撰　王德鍾輯　民國九年(1920)柳亞子鉛印本　一冊

330000－4729－0000910　普0916　集部/總集類/酬唱之屬

蠅塵酬唱集八卷補遺一卷　孫雄編　民國十三年(1924)鉛印本　二冊

330000－4729－0000911　普0917　集部/別集類

詩史閣壬癸詩存六卷補遺一卷　孫雄撰　民國十三年(1924)鉛印本　一冊　存二卷(一至二)

330000－4729－0000912　普0918　集部/別集類

庚申集一卷　張朝墉撰　民國九年(1920)上海聚珍倣宋印書局鉛印本　一冊

330000－4729－0000914　普0919　集部/總集類/選集之屬/通代

古文觀止十二卷　(清)吳乘權　(清)吳大職輯　民國五年(1916)石印本　六冊

330000－4729－0000916　普0920　集部/總集類/選集之屬/通代

古今文綜不分卷　張相輯　民國十三年(1924)上海中華書局鉛印本　四十冊

330000－4729－0000917　普0921　子部/藝術類/遊藝之屬/聯語

新楹聯類編八卷　上海會文堂書局編　民國十五年(1926)上海會文堂書局石印本　四冊

330000－4729－0000918　普0925　集部/別集類

茹經堂文集三編八卷　唐文治撰　民國二十年(1931)鉛印本　一冊　存五卷(一至五)

330000－4729－0000919　普0922　集部/別集類/清別集

言文對照分類詳解雪鴻軒尺牘四卷　(清)龔萼撰　許家恩譯　民國十六年(1927)上海羣學社書局石印本　四冊

330000－4729－0000921　普0929　集部/詞類/別集之屬

稼軒長短句十二卷補遺一卷　(宋)辛棄疾撰　**校記一卷**　林大椿校　民國二十四年(1935)上海商務印書館鉛印本　四冊

330000－4729－0000922　普0937　集部/別集類/宋別集

宋王忠文公文集五十卷目録一卷　(宋)王十朋撰　**梅溪王忠文公[十朋]年譜一卷**　(清)徐炯文編　民國上海埽葉山房石印本　九冊

330000－4729－0000923　普0927　集部/總集類/選集之屬/斷代

八家四六文註八卷首一卷　(清)孫星衍等撰　(清)許貞幹註　**八家四六文補註一卷**　(清)陳衍撰　民國二十三年(1934)上海掃葉山房石印本　八冊

330000－4729－0000924　普 0930　集部/詞類/別集之屬
歐陽文忠公近體樂府三卷　(宋)歐陽修撰　**歐陽文忠近體樂府校記一卷**　林大椿撰　民國二十四年(1935)上海商務印書館鉛印本　一冊

330000－4729－0000925　普 0928　集部/別集類/唐五代別集
重刊五百家註音辯昌黎先生文集四十卷　(唐)韓愈撰　(宋)魏仲舉輯注　民國上海文瑞樓石印本　十二冊

330000－4729－0000927　普 0938　集部/曲類/曲選之屬
北曲拾遺一卷　(明)□□撰　民國二十四年(1935)商務印書館鉛印本　一冊

330000－4729－0000928　普 0931　集部/戲劇類/傳奇之屬
六十種曲一百二十卷　(明)毛晉編　民國二十四年(1935)上海開明書店鉛印本　六十冊

330000－4729－0000929　普 0935　集部/曲類/散曲之屬
散曲叢刊十五種　任訥輯　民國二十年(1931)上海中華書局鉛印本　八冊　存四種

330000－4729－0000930　普 0910　集部/總集類/彙編之屬
五朝詩別裁集　(清)沈德潛等輯　民國掃葉山房石印本　十七冊　缺二十二卷(宋詩五至八、明詩七至九、清詩十二至二十六)

330000－4729－0000931　普 0911　集部/總集類/選集之屬/斷代
八家四六文註八卷首一卷　(清)孫星衍等撰　(清)許貞幹註　**八家四六文補註一卷**　(清)陳衍撰　民國上海掃葉山房石印本　四冊

330000－4729－0000932　普 0939　集部/詞類/別集之屬
小山詞一卷　(宋)晏幾道撰　**小山詞校記一卷**　林大椿撰　民國二十四年(1935)上海商務印書館鉛印本　一冊

330000－4729－0000933　普 0940　集部/詞類/別集之屬
珠玉詞一卷補遺一卷　(宋)晏殊撰　林大椿編校　**珠玉詞校記一卷**　林大椿撰　民國二十四年(1935)上海商務印書館鉛印本　一冊

330000－4729－0000934　普 0932　子部/藝術類/遊藝之屬/聯語
楹聯叢話十二卷續話四卷　(清)梁章鉅輯　民國十五年(1926)上海商務印書館鉛印本　六冊

330000－4729－0000935　普 0933　集部/詞類/別集之屬
東坡樂府箋三卷　(宋)蘇軾撰　朱祖謀編年圈點　龍沐勛校箋　民國二十五年(1936)上海商務印書館鉛印本　二冊

330000－4729－0000937　普 0936　集部/詩文評類/文法之屬/函牘格式
分類廣註交際尺牘大觀不分卷　劉再蘇編　民國十七年(1928)上海世界書局石印本　十一冊

330000－4729－0000938　普 0947　集部/詞類/總集之屬
長興詞存六卷　溫匋輯　民國十五年(1926)鉛印本　二冊

330000－4729－0000939　普 0948　子部/藝術類/遊藝之屬/聯語
最新楹聯叢話十九卷　雷瑨輯　民國十七年(1928)上海掃葉山房石印本　四冊

330000－4729－0000942　普 0950　集部/詩文評類/文評之屬
文心雕龍十卷　(南朝梁)劉勰撰　(清)黃叔琳注　(清)紀昀評　民國四年(1915)掃葉山房石印本　四冊

330000－4729－0000944　普 0953　子部/小說家類/雜事之屬
耐冷譚十六卷　(清)宋咸熙撰　民國十七年(1928)掃葉山房石印本　四冊

330000－4729－0000945　普 0942　類叢部/叢書類/彙編之屬
涵芬樓叢書五種　涵芬樓編　民國上海商務印書館鉛印本　六冊　存一種

330000－4729－0000947　普 0954　集部/詩文評類/詩評之屬
隨園詩話十六卷補遺十卷　（清）袁枚撰　民國三年(1914)上海共和書局石印本　四冊

330000－4729－0000951　普 0945　集部/詩文評類/詩評之屬
遼詩紀事十二卷　陳衍輯　民國二十五年(1936)上海商務印書館鉛印本　一冊

330000－4729－0000954　普 0960　集部/詩文評類/類編之屬
清詩話四十三種　丁福保訂　民國五年(1916)上海文明書局鉛印本　十二冊　存二十四種

330000－4729－0000955　普 0961　集部/詩文評類/類編之屬
清詩話四十三種　丁福保訂　民國十六年(1927)上海醫學書局鉛印本　四冊　存二十種

330000－4729－0000956　普 0962　集部/詩文評類/類編之屬
箋註隨園詩話十六卷補遺十卷　（清）袁枚撰　雷瑨註釋　民國上海掃葉山房石印本　十一冊　缺三卷(補遺八至十)

330000－4729－0000957　普 0958　集部/曲類
飲虹簃所刻曲三十種　盧前編　民國二十五年(1936)金陵盧氏刻本　二十冊　存二十九種

330000－4729－0000960　普 0969　集部/詩文評類/詩評之屬
歷代詩話二十七種五十七卷考索一卷　（清）何文煥輯　民國上海文實公司石印本　十五冊　缺二卷(全唐詩話五至六)

330000－4729－0000961　普 0964　史部/傳記類/別傳之屬
總理奉安實錄不分卷　總理奉安專刊編纂委員會編　民國十八年(1929)總理奉安專刊編纂委員會鉛印本　二冊

330000－4729－0000962　普 0965　史部/傳記類/別傳之屬
總理奉安實錄不分卷　總理奉安專刊編纂委員會編　民國十八年(1929)總理奉安專刊編纂委員會鉛印本　二冊

330000－4729－0000963　普 0970　集部/詩文評類/詩評之屬
歷代詩話續編二十九種　丁福保訂　民國五年(1916)無錫丁氏鉛印本　二十三冊　存二十七種

330000－4729－0000965　普 0971　集部/總集類/郡邑之屬
縉雲文徵二十卷補編一卷　（清）湯成烈輯　民國二十七年(1938)文華閣鉛印本　四冊

330000－4729－0000966　普 0967　集部/別集類
飲冰室全集四十八卷　梁啓超撰　民國六年(1917)上海中華書局鉛印本　二十七冊　缺二十一卷(一至二、五至九、十二、十四、十六、十八至十九、二十二至二十四、二十九、三十一、三十六、四十、四十五至四十六)

330000－4729－0000967　普 0972　子部/雜著類/雜說之屬
歸田錄二卷補遺一卷　（宋）歐陽修撰　民國十二年(1923)上海商務印書館鉛印本　一冊

330000－4729－0000968　普 0973　子部/雜著類/雜說之屬
歸田錄二卷補遺一卷　（宋）歐陽修撰　民國十二年(1923)上海商務印書館鉛印本　一冊

330000－4729－0000971　普 0975　類叢部/叢書類/彙編之屬
小說叢書　民國十五年(1926)上海掃葉山房石印本　四十冊　存一種

330000－4729－0000973　普 0974　集部/詩

文評類/詩評之屬
石遺室詩話三十二卷 陳衍撰 民國十八年(1929)上海商務印書館鉛印本 四冊

330000－4729－0000975 普0978 集部/總集類/彙編之屬
侯魏汪三家文合鈔 進步書局編輯所編 民國四年(1915)文明書局石印本 二冊 存一種

330000－4729－0000976 普0980 集部/總集類/尺牘之屬
歷代名人小簡二卷 吴曾祺輯 民國九年(1920)上海商務印書館鉛印本 二冊

330000－4729－0000977 普0981 類叢部/叢書類/郡邑之屬
括蒼叢書第一集八種第二集十二種 劉燿東編 民國二十七年(1938)、三十七年(1948)鉛印本(滑疑集詩卷二原缺) 二十八冊 缺七卷(第二集項氏家説一至四、太鶴集八至十)

330000－4729－0000978 普0984 類叢部/叢書類/自著之屬
章氏叢書十三種 章炳麟撰 民國六年至八年(1917－1919)浙江圖書館刻本 十七冊

330000－4729－0000980 普0982 類叢部/叢書類/自著之屬
梨洲遺著彙刊(梨洲遺箸彙刊)二十七種續補三種 (清)黄宗羲撰 薛鳳昌編次 民國十六年(1927)上海掃葉山房鉛印本(南雷文定三集卷三原缺) 二十冊

330000－4729－0000981 普0986 類叢部/叢書類/彙編之屬
漢魏叢書三十八種 (明)程榮輯 民國十四年(1925)上海商務印書館據明萬曆程氏刻本影印本 二十六冊 存二十五種

330000－4729－0000982 普0983 類叢部/叢書類/郡邑之屬
仙居叢書第一集十二種 李鏡渠編 民國二十四年(1935)鉛印本 十七冊 存十一種

330000－4729－0000983 普0987 類叢部/叢書類/自著之屬
船山遺書六十六種附一種 (清)王夫之撰 民國二十二年(1933)上海太平洋書店鉛印本(永曆實録卷十六原缺) 六十冊 存四十一種

330000－4729－0000985 普0989 類叢部/叢書類/彙編之屬
選印宛委別藏四十種 故宫博物院編 民國二十四年(1935)上海商務印書館影印本 一百四十五冊 存三十七種

330000－4729－0000986 普0990 集部/總集類/選集之屬/通代
古文觀止十二卷 (清)吴乘權 (清)吴大職輯 民國上海商務印書館鉛印本 一冊 存二卷(一至二)

330000－4729－0000988 普0991 集部/總集類/選集之屬/通代
古文觀止十二卷 (清)吴乘權 (清)吴大職輯 民國鉛印本 五冊 存十卷(一至六、九至十二)

330000－4729－0000999 普1006 集部/詩文評類/文評之屬
言文對照古文評註讀本十二卷 (清)過珙 (清)黄越選評 (清)曾潢 (清)龐雲燦訂 民國上海世界書局石印本 九冊 存九卷(一、三至九、十一)

330000－4729－0001002 普1004 集部/總集類/尺牘之屬
眉公才子尺牘四卷 (明)陳繼儒輯 (清)沈錫侯增訂 **聖嘆才子尺牘四卷** (清)金人瑞鑒定 (清)金雍撰 民國七年(1918)上海碧梧山莊石印本 四冊

330000－4729－0001005 普1003 類叢部/叢書類/彙編之屬
四部備要 中華書局編 民國二十五年(1936)上海中華書局鉛印本(經義考卷二百八十六、二百九十九至三百,東塾讀書記卷十三至十四、十七至二十、二十二至二十五原

缺） 七冊 存一種

330000－4729－0001008 普 1011 子部/儒家類/儒學之屬/禮教/鑑戒

分類詳註曾文正公治家全書六種二十卷 廣益書局輯 民國上海廣益書局石印本 八冊 存十四卷（家書三至十、家訓、日記一至二、榮哀錄、大事記一至二）

330000－4729－0001009 普 1014 集部/總集類/彙編之屬

侯魏汪三家文合鈔四卷 進步書局編輯所編 民國四年（1915）上海進步書局石印本 二冊 存二卷（侯朝宗文鈔、魏叔子文鈔）

330000－4729－0001010 普 1018 子部/儒家類/儒學之屬/禮教/鑑戒

分類詳註曾文正公治家全書六種二十卷 廣益書局輯 民國上海廣益書局石印本 三冊 存四卷（家訓、日記二、大事記一至二）

330000－4729－0001011 普 1013 集部/別集類

再續新唐詩一百二首二卷 曹昌麟集 民國七年（1918）印本 民父題記 一冊

330000－4729－0001012 普 1019 集部/別集類/明別集

音註歸震川文一卷 （清）曾滌生選本 王楚香音注 民國十六年（1927）上海文明書局鉛印本 一冊

330000－4729－0001014 普 1021 集部/別集類/宋別集

胡正惠公遺集二卷 （宋）胡則撰 **附別錄一卷** （宋）范仲淹等撰 民國五年（1916）永康五彩石印有限公司石印本 一冊

330000－4729－0001015 普 1022 集部/詞類/別集之屬

留餘堂賦草一卷 吳其元撰 民國二十二年（1933）慶元藝文鉛石印社鉛印本 一冊

330000－4729－0001016 普 1023 集部/別集類/唐五代別集

杜詩精華不分卷 中華書局編 民國七年（1918）上海中華書局鉛印本 一冊

330000－4729－0001020 普 1016 集部/總集類/尺牘之屬

增廣尺牘句解初集二卷首一卷增補音郡音義百家姓不分卷 桃花館主編 民國五年（1916）上海鑄記書局石印本 三冊

330000－4729－0001021 普 1017 集部/總集類/尺牘之屬

新輯尺牘合璧四卷 （清）許思湄 （清）龔萼撰 （清）婁世瑞注 （清）寄虹軒主人輯 民國上海文益書局石印本 二冊 存二卷（一至二）

330000－4729－0001023 普 1029 集部/總集類/選集之屬/斷代

唐文評註讀本二卷 王文濡評選 張廷華 沈鎔 郭希汾註釋 民國十一年（1922）上海文明書局鉛印本 一冊 存一卷（下）

330000－4729－0001024 普 1030 集部/總集類/選集之屬/通代

歷代詩文評註讀本 王文濡編 民國上海文明書局鉛印本 二冊 存一種

330000－4729－0001027 普 1032 子部/儒家類/儒學之屬

古今格言四卷 江畬經編 民國九年（1920）上海商務印書館鉛印本 四冊

330000－4729－0001028 普 1036 集部/總集類/選集之屬/通代

歷代詩文評註讀本 王文濡編 民國上海文明書局鉛印本 二冊 存一種

330000－4729－0001031 普 1039 集部/總集類/課藝之屬

增選正續小題文府□□卷 民國石印本 一冊 存一卷（上孟）

330000－4729－0001032 普 1037 集部/總集類/選集之屬/通代

歷代詩文評註讀本 王文濡編 民國上海文明書局鉛印本 二冊 存一種

330000－4729－0001033　普 1040　史部/傳記類/總傳之屬/技藝
書林紀事四卷　馬宗霍撰　民國二十四年(1935)上海商務印書館鉛印本　一冊

330000－4729－0001035　普 1038　集部/總集類/選集之屬/通代
歷代詩文評註讀本　王文濡編　民國上海文明書局鉛印本　一冊　存一種

330000－4729－0001038　普 1042　子部/宗教類/其他宗教之屬/其他
衆喜粗言五卷　(清)陳衆喜撰　民國十三年(1924)鉛印本　二冊　存二卷(一、四)

330000－4729－0001039　普 1044　集部/詩文評類/詩評之屬
詩法入門四卷首一卷　(清)游藝輯　民國十年(1921)上海雲記書莊石印本　一冊

330000－4729－0001040　普 1045　集部/總集類/尺牘之屬
影印名人手札真蹟大全十二種　劉再蘇編　民國十四年(1925)上海世界書局影印本　一冊　存一種

330000－4729－0001041　普 1048　集部/總集類/選集之屬/通代
古文觀止十二卷　(清)吳乘權　(清)吳大職輯　民國上海商務印書館鉛印本　四冊　存八卷(一至四、九至十二)

330000－4729－0001042　普 1046　子部/雜著類/雜考之屬
日知錄集釋三十二卷首一卷栞誤二卷續栞誤二卷　(清)黄汝成撰　民國十六年(1927)上海錦章圖書局石印本　六冊

330000－4729－0001044　普 1047　子部/雜著類/雜考之屬
日知錄集釋三十二卷首一卷栞誤二卷續栞誤二卷　(清)黄汝成撰　民國十六年(1927)上海錦章圖書局石印本　三冊　存十六卷(首、一至十一,栞誤一至二,續栞誤一至二)

330000－4729－0001045　普 1055　集部/總集類/選集之屬/通代
古唐詩合解十二卷古詩四卷　(清)王堯衢注　(清)李模　(清)李桓校　民國二年(1913)上海錦章圖書局石印本　六冊　存十二卷(一至八、古詩一至四)

330000－4729－0001046　普 1056　集部/總集類/選集之屬/通代
古唐詩合解十二卷古詩四卷　(清)王堯衢注　(清)李模　(清)李桓校　民國二年(1913)上海錦章圖書局石印本　一冊　存二卷(古唐詩合解一至二)

330000－4729－0001049　普 1057　集部/總集類/彙編之屬
精選評註五朝詩學津梁十二卷　鄒弢編輯　民國十年(1921)石印本　三冊　存六卷(七至十二)

330000－4729－0001050　普 1051　子部/儒家類/儒學之屬/禮教
青年修養錄十八編　趙鉦鐸編纂　民國上海商務印書館鉛印本　二冊　存七編(一至三、九至十二)

330000－4729－0001054　普 1059　集部/別集類
鉤心集詩草一卷　陳之錡撰　民國二十四年(1935)上海中華書局鉛印本　一冊

330000－4729－0001059　普 1062　集部/總集類/選集之屬/斷代
音註王摩詰孟浩然詩二卷　(唐)王維　(唐)孟浩然撰　(清)王士禛選　王治音注　民國十九年(1930)上海文明書局鉛印本　一冊

330000－4729－0001063　普 1067　集部/總集類/選集之屬/通代
論說大觀六十二卷　中華書局編　民國鉛印本　七冊　存二十卷(七至九、十二至十三、二十七至二十九、四十一至四十四、四十九至五十六)

330000－4729－0001065　普 1068　集部/別集類/清別集

音注吴梅村詩二卷　(清)吳偉業撰　蔣劍人選　張梓良音注　民國十九年(1930)上海文明書局鉛印本　一冊

330000－4729－0001066　普 1070　集部/詩文評類/詩評之屬

批本隨園詩話十六卷補遺十卷附錄一卷　冒廣生撰　民國中國圖書公司和記鉛印本　一冊　存十六卷(詩話一至十六)

330000－4729－0001068　普 1075　集部/詩文評類/詩評之屬

隨園詩話十六卷補遺十卷　(清)袁枚撰　民國鉛印本　一冊　存五卷(十六、補遺一至四)

330000－4729－0001069　普 1076　集部/詩文評類/詩評之屬

隨園詩話十六卷補遺十卷　(清)袁枚撰　民國石印本　一冊　存四卷(隨園詩話六至九)

330000－4729－0001072　普 1077　集部/詩文評類/詩評之屬

隨園詩話十六卷補遺十卷　(清)袁枚撰　民國石印本(補遺四卷配民國石印本)　三冊　存十五卷(一至十一、補遺一至四)

330000－4729－0001073　普 1078　集部/詩文評類/詩評之屬

隨園詩話十六卷補遺十卷　(清)袁枚撰　民國上海文明書局石印本　二冊　存八卷(五至八、十三至十六)

330000－4729－0001074　普 1079　集部/詩文評類/詩評之屬

隨園詩話十六卷補遺十卷　(清)袁枚撰　民國三年(1914)上海鴻寶齋書局石印本　三冊　存二十卷(一至五、十至十四,補遺一至十)

330000－4729－0001075　普 1080　集部/詩文評類/詩評之屬

隨園詩話十六卷補遺十卷　(清)袁枚撰　民國石印本　一冊　存四卷(隨園詩話六至九)

330000－4729－0001079　普 1082　經部/四書類/總義之屬/文字音義

注音字母四書白話句解十九卷　周覲光　吳穀民演譯　民國石印本　六冊　存八卷(論語一至四、孟子一至四)

330000－4729－0001083　普 1087　集部/總集類/選集之屬/通代

古唐詩合解十二卷古詩四卷　(清)王堯衢注　(清)李模　(清)李桓校　民國二年(1913)上海錦章圖書局石印本　一冊　存二卷(古唐詩合解一至二)

330000－4729－0001084　普 1088　集部/總集類/彙編之屬

留青別集□□卷　蔡東藩撰　民國上海會文堂書局石印本　二冊　存四卷(七至十)

330000－4729－0001086　普 1092　集部/總集類/選集之屬/斷代

註釋唐詩三百首六卷　(清)孫洙編　民國上海鴻寶齋書局石印本　一冊　存一卷(三)

330000－4729－0001092　普 1091　集部/小說類/長篇之屬

四雪草堂重訂通俗隋唐演義八卷一百回　(清)褚人獲撰　民國上海天寶書局石印本　七冊　存七卷(二至八)

330000－4729－0001093　普 1097　集部/小說類/長篇之屬

繪圖封神演義八卷一百回　(明)許仲琳撰　(明)鍾惺評　民國上海天寶書局石印本　四冊　存四卷(一、四至五、八)

330000－4729－0001094　普 1098　集部/總集類/課藝之屬

試律大成□□卷　(清)吟香室主人輯　民國石印本　三冊　存三卷(五至六、八)

330000－4729－0001097　普 1102　集部/小說類/長篇之屬

繡像封神演義八卷一百回　(明)許仲琳撰　(明)鍾惺評　民國石印本　二冊　存二卷(七至八)

330000－4729－0001109　普 1117　集部/小說類/長篇之屬

增像全圖東周列國志二十七卷首一卷一百八回 (清)蔡奡評點　民國上海廣益書局石印本　三冊　存五卷(三至七)

330000－4729－0001110　普 1123　經部/四書類/論語之屬

論語時訓不分卷　陳訓正撰　民國三十年(1941)鉛印本　一冊

330000－4729－0001112　普 1122　集部/小說類/短篇之屬

分類廣註聊齋誌異十卷　(清)蒲松齡撰　通俗小說社編輯　民國十三年(1924)上海世界書局石印本　四冊　存四卷(一、七、九至十)

330000－4729－0001113　普 1125　子部/小說家類/諧謔之屬

改良繪圖解人頤廣集二卷　(清)胡澹庵撰　(清)錢德蒼增訂　民國三年(1914)石印本　二冊

330000－4729－0001115　普 1124　子部/小說家類/異聞之屬

繪圖山海經十八卷　(晉)郭璞傳　(清)畢沅校正　民國六年(1917)上海會文堂石印本　四冊

330000－4729－0001117　普 1126　集部/別集類/明別集

詠懷堂詩補遺一卷　(明)阮大鋮撰　民國十八年(1929)國立中央大學國學圖書館鉛印本　一冊

330000－4729－0001118　普 1127　集部/詩文評類/文評之屬

言文對照古文評註讀本十二卷　(清)過珙　(清)黃越選評　(清)曾潰　(清)龐雲燦訂　民國十四年(1925)上海世界書局石印本　四冊　存四卷(四、八、十一至十二)

330000－4729－0001120　普 1128　類叢部/類書類/專類之屬

古今楹聯類纂十二卷附慶弔雜件備覽二卷　雲后編輯　民國十三年(1924)上海會文堂新記書局石印本　三冊　存四卷(十一至十二、慶弔雜件備覽一至二)

330000－4729－0001121　普 1119　集部/小說類/長篇之屬

增像全圖三國演義十六卷首一卷　(明)羅本撰　(清)毛宗崗評　民國石印本　二冊

330000－4729－0001123　普 1120　集部/小說類/長篇之屬

繪圖紅樓夢十卷一百二十回　(清)曹霑　(清)高鶚撰　民國石印本　八冊　缺二卷(三、十)

330000－4729－0001126　普 1130　史部/史評類/詠史之屬

詠史記事一卷　張翥撰　民國十四年(1925)鉛印本　一冊

330000－4729－0001127　普 1136　集部/小說類/短篇之屬

詳註聊齋志異圖詠十六卷　(清)蒲松齡撰　(清)呂湛恩注　民國上海錦章圖書局石印本　一冊　存四卷(十三至十六)

330000－4729－0001128　普 1131　集部/小說類/短篇之屬

阿Q正傳九章　魯迅撰　民國油印本　一冊

330000－4729－0001129　普 1137　集部/小說類/短篇之屬

詳註聊齋誌異圖詠十六卷　(清)蒲松齡撰　(清)呂湛恩注　民國上海天寶書局石印本　朱文雅題記　八冊

330000－4729－0001130　普 1132　集部/小說類/長篇之屬

苦情小說有夫之婦不分卷　生可新撰　民國石印本　一冊

330000－4729－0001131　普 1141　集部/總集類/選集之屬/斷代

當代百家酬世文庫二十六卷　劉再蘇編　民國十五年(1926)上海世界書局石印本　十一冊　存十五卷(一至二、五至六、十二至十三、十六至二十、二十三至二十六)

330000－4729－0001132　普 1143　集部/小說類/長篇之屬

燕山外史註釋八卷　(清)陳球撰　(清)傅聲谷輯註　民國石印本　四冊

330000－4729－0001133　普 1133　子部/小說家類/諧謔之屬

改良繪圖解人頤廣集八卷　(清)胡澹庵撰　(清)錢德蒼增訂　民國石印本　二冊

330000－4729－0001134　普 1144　集部/小說類/長篇之屬

繡像繪圖花月痕十六卷五十二回　(清)魏秀仁編　(清)棲霞居士評　民國石印本　四冊

330000－4729－0001136　普 1140　經部/三禮總義類/通禮雜禮之屬

學校四禮合纂八卷　(清)謝言子輯　民國重慶明達號鉛印本　二冊　存二卷(二、四)

330000－4729－0001137　普 1145　集部/小說類/長篇之屬

增補齊省堂全圖儒林外史六卷六十回　(清)吳敬梓撰　民國上海受古書店石印本　二冊　存二卷(三、五)

330000－4729－0001138　普 1135　集部/戲劇類/雜劇之屬

增像第六才子書五卷首一卷　(元)王德信　(元)關漢卿撰　(清)金人瑞評　民國石印本　六冊

330000－4729－0001139　普 1146　集部/小說類

新編繡像王華買父四卷　民國石印本　四冊

330000－4729－0001140　普 1147　子部/小說家類/諧謔之屬

繪圖諧鐸十二卷　(清)沈起鳳撰　民國石印本　四冊

330000－4729－0001142　普 1148　子部/叢編

大字精校圈點注釋三十六子全書　民國埽葉山房石印本　八冊　存七種

330000－4729－0001144　普 1149　經部/小學類/音韻之屬/韻書

詩韻集成五卷　(清)余照輯　民國石印本　二冊

330000－4729－0001145　普 1150　集部/詩文評類/詩評之屬

隨園詩話十六卷補遺十卷　(清)袁枚撰　民國三年(1914)上海鴻寶齋書局石印本　四冊　存二十卷(詩話一至十六、補遺一至四)

330000－4729－0001148　普 1129　子部/儒家類/儒學之屬/俗訓

格言精粹一卷　退思社選　民國十六年(1927)上海宏大善書局石印本　一冊

330000－4729－0001151　普 1142　集部/小說類/長篇之屬

新刻繡像走馬春秋四卷十六回　民國五年(1916)石印本　一冊

330000－4729－0001153　普 1153　集部/總集類/選集之屬/通代

古文觀止十二卷　(清)吳乘權　(清)吳大職輯　民國七年(1918)石印本　六冊

330000－4729－0001155　普 1154　集部/總集類/選集之屬/通代

繪圖增批古文觀止十二卷　(清)吳乘權編次　(清)吳大職手錄　民國明達書莊鉛印本　一冊　存二卷(七至八)

330000－4729－0001157　普 1160　子部/藝術類/書畫之屬/法帖

歐陽詢皇甫君碑一卷　(唐)歐陽詢書　民國二十四年(1935)上海大東書局石印本　一冊

330000－4729－0001158　普 1162　子部/藝術類/書畫之屬/法帖

歐陽詢皇甫君碑一卷　(唐)歐陽詢書　民國二十四年(1935)上海大東書局石印本　一冊

330000－4729－0001159　普 1163　子部/藝術類/書畫之屬/法帖

歐陽詢皇甫君碑一卷　(唐)歐陽詢書　民國十四年(1925)上海大東書局石印本　一冊

330000－4729－0001160　普 1164　子部/藝術類/書畫之屬/法帖
歐陽詢皇甫君碑一卷　(唐)歐陽詢書　民國二十四年(1935)上海大東書局石印本　一冊

330000－4729－0001161　普 1168　集部/小說類/短篇之屬
聊齋志異新評十六卷　(清)蒲松齡撰　(清)王士禛評　(清)呂湛恩注　(清)但明倫新評　民國上海商務書局鉛印本　五冊　存十卷(七至十六)

330000－4729－0001162　普 1165　子部/藝術類/書畫之屬/法帖
歐陽詢皇甫君碑一卷　(唐)歐陽詢書　民國二十四年(1935)上海大東書局石印本　一冊

330000－4729－0001163　普 1166　子部/藝術類/書畫之屬/法帖
歐陽詢皇甫君碑一卷　(唐)歐陽詢書　民國十四年(1925)上海大東書局石印本　一冊

330000－4729－0001164　普 1161　子部/藝術類/遊藝之屬/聯語
新楹聯類編八卷　上海會文堂書局編　民國九年(1920)上海會文堂書局石印本　二冊　存四卷(五至八)

330000－4729－0001165　普 1169　子部/藝術類/遊藝之屬/聯語
新楹聯類編八卷　上海會文堂書局編　民國九年(1920)上海會文堂書局石印本　二冊　存四卷(五至八)

330000－4729－0001166　普 1171　子部/藝術類/書畫之屬/法帖
褚遂良聖教序不分卷　(唐)褚遂良書　民國二十四年(1935)上海大東書局石印本　一冊

330000－4729－0001167　普 1172　子部/藝術類/書畫之屬/法帖
褚遂良聖教序不分卷　(唐)褚遂良書　民國二十四年(1935)上海大東書局石印本　一冊

330000－4729－0001168　普 1173　子部/藝術類/書畫之屬/法帖
褚遂良聖教序不分卷　(唐)褚遂良書　民國二十四年(1935)上海大東書局石印本　一冊

330000－4729－0001169　普 1174　子部/藝術類/書畫之屬/法帖
褚遂良聖教序不分卷　(唐)褚遂良書　民國二十四年(1935)上海大東書局石印本　一冊

330000－4729－0001170　普 1175　子部/藝術類/書畫之屬/法帖
褚遂良聖教序不分卷　(唐)褚遂良書　民國二十四年(1935)上海大東書局石印本　一冊

330000－4729－0001171　普 1176　子部/藝術類/書畫之屬/法帖
褚遂良聖教序不分卷　(唐)褚遂良書　民國二十四年(1935)上海大東書局石印本　一冊

330000－4729－0001173　普 1170　集部/總集類/選集之屬/通代
經史百家簡編二卷　(清)曾國藩纂　民國上海商務印書館鉛印本　二冊

330000－4729－0001174　普 1178　集部/詩文評類/文法之屬
民眾便覽日用酬世大觀十種　上海世界書局編　民國上海世界書局石印本　一冊　存二種

330000－4729－0001178　普 1181　集部/小說類/長篇之屬
花月痕全書十六卷五十二回　(清)魏秀仁撰　(清)棲霞居士評　民國十三年(1924)掃葉山房石印本　三冊　存十二卷(一至三、八至十六)

330000－4729－0001185　普 1183　子部/藝術類/遊藝之屬/聯語
精選楹聯新編二卷　(清)俞樾撰　民國石印本　一冊　存一卷(上)

330000－4729－0001186　普 1190　子部/藝術類/遊藝之屬/聯語
新楹聯類編八卷　上海會文堂書局編　民國會文堂書局石印本　一冊　存二卷(七至八)

330000－4729－0001190　普 1194　史部/政書類/律令之屬/治獄

新刻校正音釋詞家便覽蕭曹遺筆四卷　（清）閒閒子訂註　民國石印本　一冊

330000－4729－0001191　普 1195　集部/總集類/尺牘之屬

共和國民入門新尺牘二卷首一卷　許瑞清編　陸延黼校　**增補攷正字彙一卷**　民國二年(1913)共和譯書局石印本（卷二配民國石印本）　二冊

330000－4729－0001192　普 0840　集部/別集類

陶菴詩稿續刊不分卷　陶菴主人撰　民國十六年(1927)鉛印本　一冊

330000－4729－0001194　普 1197　集部/總集類/尺牘之屬

新編華英尺牘合璧二卷　張介眉譯　袁蔚山編輯　民國五年(1916)文益書局石印本　一冊　存一卷（下）

330000－4729－0001195　普 0839　集部/別集類

陶菴詩稿續刊不分卷　陶菴主人撰　民國十六年(1927)鉛印本　一冊

330000－4729－0001198　普 0856　集部/別集類

陶菴詩稿不分卷　陶菴主人撰　民國十四年(1925)鉛印本　一冊

330000－4729－0001199　普 0857　集部/別集類

陶菴詩稿不分卷　陶菴主人撰　民國十四年(1925)鉛印本　一冊

330000－4729－0001203　普 1203　集部/總集類/選集之屬/通代

十八家詩鈔二十八卷首一卷　（清）曾國藩輯　民國上海商務印書館鉛印本　一冊　存二卷（一至二）

330000－4729－0001205　普 1188　集部/總集類/尺牘之屬

言文對照唐著寫信必讀不分卷　舒屋山人編　民國十六年(1927)上海大北書局石印本　一冊

330000－4729－0001206　普 1205　集部/別集類/清別集

曾文正公家書十卷家訓二卷　（清）曾國藩撰　**曾文正公大事記三卷榮哀錄一卷**　（清）王定安編　民國上海廣益書局石印本　四冊　存十二卷（家書一至八、大事記一至三、榮哀錄）

330000－4729－0001213　普 1213　集部/小說類/長篇之屬

第一才子書十六卷一百二十回　（明）羅本撰　（清）金人瑞　（清）毛宗崗評　民國石印本　一冊　存一卷（十）

330000－4729－0001215　普 1214　集部/小說類/長篇之屬

東周列國全志八卷一百八回　（明）馮夢龍編　（清）蔡奡評點　民國上海天寶書局石印本　二冊　存三卷（一至二、六）

330000－4729－0001217　普 1216　集部/別集類/清別集

曾文正公家書十卷家訓二卷　（清）曾國藩撰　**曾文正公大事記三卷榮哀錄一卷**　（清）王定安編　民國石印本　三冊　存六卷（家書七至八、家訓一至二、大事記一、榮哀錄）

330000－4729－0001221　普 1219　集部/小說類/長篇之屬

新編雷峰塔奇傳五卷　（清）玉花堂主人校訂　丹徒觀侯氏編輯　民國二年(1913)上海沈鶴記書局石印本　一冊　存四卷（一至四）

330000－4729－0001224　普 1221　經部/春秋左傳類/傳說之屬

東萊博議四卷　（宋）呂祖謙撰　民國石印本　一冊　存一卷（三）

330000－4729－0001225　普 1222　經部/春秋左傳類/傳說之屬

新體廣註東萊博議四卷　（宋）呂祖謙撰　世

界書局編輯所編輯　民國十四年(1925)上海世界書局石印本　一冊　存二卷(三至四)

330000－4729－0001227　普1224　集部/小說類/長篇之屬

吳三桂演義四卷四十回　民國上海沈鶴記書局石印本　鈄晉昌題簽　二冊　存二卷(一、三)

330000－4729－0001228　普1228　經部/春秋左傳類/傳說之屬

批評東萊博議四卷增補虛字註釋總目一卷　(宋)呂祖謙撰　民國石印本　一冊　缺三卷(一至三)

330000－4729－0001231　普1230　集部/小說類/長篇之屬

南遊志傳四卷十八回　(明)余象斗撰　民國十九年(1930)上海沈鶴記書局石印本　一冊

330000－4729－0001233　普1225　集部/小說類/長篇之屬

繡像繪圖西晉演義四卷　(清)陳氏尺蠖齋評釋　民國石印本　一冊　存二卷(一至二)

330000－4729－0001234　普1226　集部/小說類/長篇之屬

繡像七劍十三俠三集□□卷一百八十回　(清)唐芸洲撰　民國石印本　五冊　存十二卷(初集二、四至六,二集二至六,三集一至三)

330000－4729－0001235　普1236　集部/小說類/長篇之屬

繡像西漢演義四卷一百回　(明)甄偉撰　民國石印本　一冊　存一卷(四)

330000－4729－0001237　普1233　集部/小說類/長篇之屬

繡像繪圖後西遊記四卷四十回　(清)□□撰　(清)天花才子評點　民國上海鴻文書局石印本　四冊

330000－4729－0001252　普1250　集部/總集類/選集之屬/通代

古詩源十四卷　(清)沈德潛輯　民國上海商務印書館鉛印本　一冊　存三卷(一至三)

330000－4729－0001253　普1249　集部/小說類/短篇之屬

聊齋志異新評十六卷　(清)蒲松齡撰　(清)王士禛評　(清)呂湛恩注　(清)但明倫新評　民國上海商務書局石印本　一冊　存二卷(七至八)

330000－4729－0001254　普1251　史部/政書類/公牘檔冊之屬

浙江省議會第一屆常年會文牘不分卷　浙江省議會編　民國二年(1913)鉛印本　一冊

330000－4729－0001255　普1253　集部/小說類/長篇之屬

繪圖岳飛全傳六卷五十二回　通俗小說社編輯　民國十三年(1924)上海世界書局石印本　一冊　存一卷(六)

330000－4729－0001256　普1252　史部/政書類/公牘檔冊之屬

浙江省議會第一屆第二年常會質問書不分卷　浙江省議會編　民國五年(1916)鉛印本　一冊

330000－4729－0001257　普1254　集部/小說類/長篇之屬

繡像永慶昇平前傳四卷九十七回　郭廣瑞撰　民國上海廣益書局石印本　二冊　存二卷(三至四)

330000－4729－0001258　普1255　集部/小說類/短篇之屬

繪圖評註聊齋誌異十二卷　(清)蒲松齡撰　(清)呂湛恩注　民國上海進步書局石印本　二冊　存四卷(三至四、十一至十二)

330000－4729－0001260　普1262　集部/小說類/短篇之屬

詳註聊齋志異圖詠十六卷　(清)蒲松齡撰　(清)呂湛恩注　民國石印本　一冊　存二卷(十一至十二)

330000－4729－0001261　普1261　集部/小說類/短篇之屬

詳註聊齋志異圖詠十六卷　(清)蒲松齡撰　(清)呂湛恩注　民國上海天寶書局石印本　二冊　存四卷(五至八)

330000－4729－0001262　普 1257　集部/總集類/選集之屬/通代

古文觀止十二卷　(清)吳乘權　(清)吳大職輯　民國上海天寶書局石印本　一冊　存四卷(五至八)

330000－4729－0001263　普 1258　集部/總集類/選集之屬/通代

言文對照古文觀止十二卷　(清)吳乘權　(清)吳大職輯　廣益書局編譯　民國十四年(1925)上海廣益書局石印本　一冊　存一卷(一)

330000－4729－0001266　普 1263　集部/總集類/選集之屬/通代

增補重訂千家詩註解一卷　(宋)謝枋得選　(清)汪相注　民國石印本　一冊

330000－4729－0001267　普 1264　集部/總集類/選集之屬/通代

詳訂古文評註全集八卷　(清)過珙　(清)黃越評選　民國九年(1920)石印本　二冊　存二卷(一、六)

330000－4729－0001268　普 1265　集部/總集類/選集之屬/通代

古文觀止十二卷　(清)吳乘權　(清)吳大職輯　民國商務印書館鉛印本　三冊　存六卷(一至六)

330000－4729－0001269　普 1266　集部/小說類/長篇之屬

改良今古奇觀六卷四十回　(明)抱甕老人輯　民國石印本　一冊　存一卷(三)

330000－4729－0001270　普 1269　集部/小說類/長篇之屬

諸葛亮招親二十回　廣文書局編輯所編　民國十四年(1925)上海廣文書局石印本　一冊

330000－4729－0001273　普 1267　子部/小說家類/諧謔之屬

改良繪圖解人頤廣集八卷　(清)胡澹庵撰　(清)錢德蒼增訂　民國石印本　一冊　存四卷(一至四)

330000－4729－0001276　普 1268　子部/小說家類/諧謔之屬

改良繪圖解人頤廣集二卷　(清)胡澹庵撰　(清)錢德蒼增訂　民國石印本　二冊

330000－4729－0001289　普 1286　集部/曲類/寶卷之屬

正本雙珠鳳奇緣寶卷二卷　民國十年(1921)上海文益書局石印本　一冊

330000－4729－0001291　普 1282　集部/總集類/選集之屬/通代

古文觀止十二卷　(清)吳乘權　(清)吳大職輯　民國上海鴻寶齋石印本　一冊　存四卷(九至十二)

330000－4729－0001292　普 1289　子部/小說家類/異聞之屬

新齊諧五卷續新齊諧三卷　(清)袁枚撰　民國二年(1913)上海萃英書局石印本　三冊　存三卷(一至二、續新齊諧三)

330000－4729－0001293　普 1288　集部/小說類/長篇之屬

繡像後七國志樂田爭雄演義四卷　民國十四年(1925)上海開文書局石印本　一冊　存二卷(一至二)

330000－4729－0001295　普 1291　集部/小說類/長篇之屬

清宮歷史演義十四卷一百二十回　許慕羲撰　民國上海廣益書局石印本　一冊　存一卷(七)

330000－4729－0001297　普 1293　集部/總集類/選集之屬/通代

古文觀止十二卷　(清)吳乘權　(清)吳大職輯　民國上海天寶書局石印本　一冊　存二卷(十一至十二)

330000－4729－0001302　普 1298　集部/小說類/長篇之屬

第一才子書六十卷一百二十回首一卷　(明)羅本撰　(清)金人瑞　(清)毛宗崗評　民國石印本　二册　存六卷(二至四、二十六至二十八)

330000－4729－0001306　普1302　集部/小說類/長篇之屬

繪圖足本鏡花緣十二卷一百回　(清)李汝珍撰　民國上海啟新書局鉛印本　二册　存三卷(十至十二)

330000－4729－0001307　普1304　集部/小說類/長篇之屬

繡像繪圖隋唐演義八卷一百回　民國上海進步書局石印本　三册　存三卷(三、五至六)

330000－4729－0001309　普1305　集部/小說類/長篇之屬

繪圖封神演義八卷一百回　(明)許仲琳撰　(明)鍾惺評　民國九年(1920)上海萃英書局石印本　一册　存四卷(一至四)

330000－4729－0001310　普1307　史部/傳記類/總傳之屬/忠孝

歷代孝子彙編八卷　(清)顧汝雲輯　武陵書屋編輯　**歷代孝子彙編補録一卷**　曹魁璧撰　民國十一年(1922)上海宏大善書局石印本　一册

330000－4729－0001313　普1310　集部/小說類/長篇之屬

繪圖封神榜全傳□□卷　(明)許仲琳撰　(明)鍾惺評　民國石印本　三册　存三卷(六至八)

330000－4729－0001315　普1313　集部/小說類/長篇之屬

繡像繪圖乾隆巡幸江南記八卷七十五回　民國三年(1914)上海共和書局石印本　二册

330000－4729－0001316　普1311　集部/小說類/長篇之屬

繪圖封神演義八卷一百回　(明)許仲琳撰　(明)鍾惺評　民國上海天寶書局石印本　一册　存一卷(八)

330000－4729－0001317　普1312　集部/小說類/長篇之屬

繪圖封神演義□□卷一百回　(明)許仲琳撰　(明)鍾惺評　民國石印本　二册　存二卷(八至九)

330000－4729－0001318　普1315　集部/小說類/長篇之屬

繡像封神演義八卷一百回　(明)許仲琳撰　民國上海錦章圖書局石印本　二册　存二卷(三、八)

330000－4729－0001319　普1316　集部/小說類/長篇之屬

繪圖封神演義八卷一百回　(明)許仲琳撰　(明)鍾惺評　民國上海天寶書局石印本(卷六至七補配民國石印本)　三册　存五卷(一至三、六至七)

330000－4729－0001320　普1317　集部/小說類/長篇之屬

四雪草堂重訂通俗隋唐演義八卷一百回　(清)褚人獲撰　民國上海天寶書局石印本　二册　存二卷(一至二)

330000－4729－0001321　普1314　集部/小說類/長篇之屬

繪圖歷朝通俗演義十一種　蔡東帆輯　民國上海會文堂新記書局石印本　一册　存一種

330000－4729－0001326　普1322　史部/編年類/通代之屬

增補東陽史要補四卷　(日本)小川銀次郎編　樊炳清　屠長春譯　民國文學圖書公司石印本　一册　存二卷(一至二)

330000－4729－0001331　普1329　新學/學校

小學作文入門三集四卷　胡君復評選　民國六年(1917)上海商務印書館鉛印本　一册

330000－4729－0001334　普1331　子部/雜著類/雜說之屬

菜根譚前集一卷後集一卷　(明)洪應明撰　民國五年(1916)上海棋盤街新學會社鉛印本

一冊

330000－4729－0001337　普 1333　類叢部/叢書類/自著之屬

隨園全集□□種　（清）袁枚撰　民國鉛印本　一冊　存一種

330000－4729－0001341　普 1337　集部/小說類/長篇之屬

東周列國志二十七卷一百八回　（明）馮夢龍編　（清）蔡奡評點　民國石印本　一冊　存三卷(二十二至二十四)

330000－4729－0001342　普 1338　集部/小說類/長篇之屬

增像全圖東周列國志八卷一百八回　（清）蔡奡評點　民國石印本　四冊　存四卷(五至八)

330000－4729－0001343　普 1339　集部/小說類/長篇之屬

東周列國全志八卷一百八回　（明）馮夢龍編（清）蔡奡評點　民國上海天寶書局石印本　一冊　存一卷(二)

330000－4729－0001346　普 1343　集部/總集類/尺牘之屬

新式白話信範本七卷　嚴渭漁編　民國二十一年(1932)上海世界書局石印本　一冊

330000－4729－0001347　普 1342　集部/小說類/長篇之屬

繪圖二才子俠義風月傳□□卷　民國石印本　一冊　存一卷(二)

330000－4729－0001348　普 1347　集部/總集類/選集之屬/通代

新選詳註國文讀本六卷　雷瑨編　雷瑊註釋　民國上海掃葉山房石印本　二冊　存二卷(三、五)

330000－4729－0001349　普 1344　史部/傳記類/總傳之屬/仕宦

歷代循吏傳八卷　（清）朱軾　（清）蔡世遠輯　民國三年(1914)鉛印本　一冊　存二卷(一至二)

330000－4729－0001350　普 1348　新學/地學/地理學

最新高等小學理科教科書四冊　謝洪賚編　民國上海商務印書館鉛印本　一冊　存第三冊

330000－4729－0001352　普 1346　集部/詩文評類/文法之屬/函牘格式

言文對照最新寫信必讀不分卷　民國石印本　一冊

330000－4729－0001353　普 1349　集部/總集類/課藝之屬

全國學生國文成績文庫甲編二十卷乙編二十卷　盧壽籛選輯　民國上海崇文書局鉛印本　一冊　存四卷(甲編一至四)

330000－4729－0001354　普 1350　集部/別集類/唐五代別集

唱經堂杜詩解四卷　（唐）杜甫撰　（清）金人瑞解　民國石印本　一冊　存一卷(二)

330000－4729－0001355　普 1352　新學/學校

南洋公學新國文四卷　唐文治鑒定　民國蘇州振新書社鉛印本　一冊　存一卷(一)

330000－4729－0001356　普 1353　集部/總集類/課藝之屬

全國學校成績新時代國文大觀乙編四卷　廣文書局編輯所編　民國上海世界書局石印本　一冊　存二卷(一至二)

330000－4729－0001358　普 1354　集部/總集類/尺牘之屬

眉公才子尺牘四卷　（明）陳繼儒輯　（清）沈錫侯增訂　**聖嘆才子尺牘四卷**　（清）金人瑞鑒定　（清）金雍撰　民國七年(1918)上海碧梧山莊石印本　一冊　存二卷(眉公尺牘二、聖嘆尺牘二)

330000－4729－0001359　普 1355　集部/別集類/宋別集

箋注劍南詩鈔六卷　（宋）陸游撰　（清）楊大鶴選　（清）許貞幹校　（清）雷瑨註釋　民國

十四年(1925)上海掃葉山房石印本　二册　存二卷(二、四)

330000－4729－0001360　普 1359　集部/總集類/選集之屬/通代

歷代詩文評註讀本　王文濡編　民國上海文明書局鉛印本　一册　存一種

330000－4729－0001361　普 1357　集部/别集類

木鐸千聲十六卷首一卷附錄一卷　潘守廉撰　袁紹昂續撰　民國十四年(1925)鉛印本　一册　存七卷(三至九)

330000－4729－0001363　普 1360　集部/總集類/選集之屬/通代

宋元明文評註讀本不分卷　王文濡編　金熙汪勁扶註　民國八年(1919)上海中華書局鉛印本　一册

330000－4729－0001364　普 1361　集部/總集類/選集之屬/通代

宋元明文評註讀本不分卷　王文濡編　金熙汪勁扶註　民國十一年(1922)上海文明書局鉛印本　一册

330000－4729－0001365　普 1362　集部/總集類/選集之屬/通代

宋元明文評註讀本不分卷　王文濡編　金熙汪勁扶註　民國十年(1921)中華書局鉛印本　一册

330000－4729－0001366　普 1358　子部/藝術類/書畫之屬/法帖

何紹基前後赤壁賦不分卷　民國二十四年(1935)上海大同書局影印本　一册

330000－4729－0001367　普 1363　集部/詩文評類/文法之屬

高等小學論說文範四卷　邵伯棠撰　民國上海會文堂書局石印本　一册　存一卷(一)

330000－4729－0001368　普 1367　集部/總集類/選集之屬/通代

古文筆法二十卷首一卷　(清)李扶九撰　民國上海進步書局石印本　王維英題記　二册　存十一卷(首,一至三、八至十四)

330000－4729－0001370　普 1368　集部/小說類/長篇之屬

忠孝節義二度梅全傳四卷四十回　(清)惜陰堂主人撰　民國石印本　一册　存一卷(四)

330000－4729－0001374　普 1371　子部/藝術類/書畫之屬/法帖

董其昌眞蹟不分卷　(明)董其昌書　民國錦春齋刻本　一册

330000－4729－0001375　普 1369　集部/總集類/尺牘之屬

學生便用尺牘四卷　林萬里撰　民國九年(1920)上海會文堂石印本　二册　存二卷(一、四)

330000－4729－0001376　普 1372　集部/總集類/尺牘之屬

新撰女子尺牘二卷　商務印書館編譯所編　民國十五年(1926)上海商務印書館石印本　一册　存一卷(二)

330000－4729－0001377　普 1373　集部/總集類/尺牘之屬

歷代名人小簡續編二卷　吳曾祺輯　民國上海商務印書館鉛印本　一册　存一卷(上)

330000－4729－0001379　普 1375　集部/曲類/寶卷之屬

河南開封府花枷良願龍圖寶卷全集二卷　民國上海文益書局石印本　一册

330000－4729－0001380　普 1376　集部/小說類/長篇之屬

新輯續彭公案四卷八十回　(清)貪夢道人撰　民國石印本　一册　存一卷(四)

330000－4729－0001381　普 1377　集部/小說類/長篇之屬

新輯再續彭公案三集四卷八十回　(清)貪夢道人撰　民國石印本　四册

330000－4729－0001383　普 1379　集部/詩文評類/文法之屬

言文對照初等作文新範四卷　周祝封編　民國十六年(1927)上海世界書局石印本　三册　存三卷(一至二、四)

330000－4729－0001384　普 1382　集部/詩文評類/文法之屬
言文對照初等作文新範四卷　周祝封編　民國十八年(1929)上海世界書局石印本　四册

330000－4729－0001385　普 1378　集部/小說類/長篇之屬
新輯繪圖全續彭公案四集四卷八十一回　(清)貪夢道人撰　民國石印本　一册

330000－4729－0001386　普 1381　集部/小說類/長篇之屬
繡像繪圖花月痕十六卷五十二回　(清)魏秀仁編　(清)棲霞居士評　民國石印本　三册　存十二卷(五至十六)

330000－4729－0001388　普 1385　史部/傳記類/總傳之屬/列女
繪圖典故列女全傳四卷　(清)李光明校　民國埽葉山房刻本　一册　存三卷(二至四)

330000－4729－0001390　普 1389　集部/總集類/課藝之屬
論說範本四卷　杜瀚生撰　民國上海會文堂書局石印本　一册　存一卷(一)

330000－4729－0001392　普 1390　集部/詩文評類/文法之屬
初學論說文範四卷　邵伯棠撰　民國上海會文堂石印本　一册

330000－4729－0001393　普 1391　集部/詩文評類/文法之屬
初學論說文範四卷　邵伯棠撰　民國上海會文堂粹記石印本　一册　存一卷(一)

330000－4729－0001394　普 1386　集部/小說類/長篇之屬
老殘游記四卷二十章　(清)劉鶚撰　民國石印本　二册　存二卷(二、四)

330000－4729－0001395　普 1387　集部/小說類/長篇之屬
繡像後三國演義西晉四卷東晉六卷　(清)陳氏尺蠖齋評釋　民國二年(1913)普新書局石印本　二册　存七卷(西晉一至四、東晉一至三)

330000－4729－0001397　普 1394　集部/小說類/長篇之屬
增像全圖三國演義十六卷一百二十回　(明)羅本撰　(清)毛宗崗評　民國上海天寶書局石印本　一册　存二卷(十一至十二)

330000－4729－0001398　普 1395　集部/小說類/長篇之屬
增像全圖三國演義十六卷一百二十回　(明)羅本撰　(清)毛宗崗評　民國石印本　二册　存三卷(四、十至十一)

330000－4729－0001399　普 1396　集部/小說類/長篇之屬
增像全圖三國演義十六卷一百二十回　(明)羅本撰　(清)毛宗崗評　民國上海錦章書局石印本　二册　存四卷(五至六、十一至十二)

330000－4729－0001400　普 1393　集部/詩文評類/文評之屬
評註論說軌範二集三卷　林任編　民國上海商務印書館鉛印本　一册　存一卷(上)

330000－4729－0001401　普 1397　集部/詩文評類/文法之屬
高等小學論說文範四卷　邵伯棠撰　民國二年(1913)上海會文堂書局石印本　一册　存一卷(四)

330000－4729－0001402　普 1398　集部/詩文評類/文法之屬
高等小學論說文範四卷　邵伯棠撰　民國八年(1919)上海會文堂書局石印本　二册　存二卷(三至四)

330000－4729－0001403　普 1399　集部/別集類/清別集
新體廣註雪鴻軒尺牘二卷　(清)龔萼撰　朱

詩隱　徐慎幾註　民國上海廣文書局石印本　一册　存一卷(一)

330000－4729－0001405　普1401　集部/小說類/長篇之屬

繪圖西漢演義四卷一百回　(明)甄偉撰　民國上海天寶書局石印本　一册　存一卷(二)

330000－4729－0001406　普1404　集部/總集類/課藝之屬

全國小學國文成績學生新文庫甲編十九卷　世界書局編輯所編　民國十四年(1925)上海世界書局石印本　一册　存五卷(十五至十九)

330000－4729－0001407　普1402　經部/春秋左傳類/傳說之屬

評點春秋綱目左傳句解彙雋六卷　(清)韓菼重訂　民國石印本　一册　存一卷(三)

330000－4729－0001411　普1407　集部/小說類/長篇之屬

繡像西漢演義四卷一百回　(明)甄偉撰　民國鉛印本　一册　存二卷(三至四)

330000－4729－0001414　普1410　集部/總集類/選集之屬/通代

歷代詩文評註讀本　王文濡編　民國上海文明書局鉛印本　二册　存一種

330000－4729－0001416　普1416　集部/別集類/清別集

小倉山房詩集三十七卷補遺二卷　(清)袁枚撰　民國上海文明書局石印本　一册　存三卷(十五至十七)

330000－4729－0001417　普1412　集部/小說類/長篇之屬

小五義六卷一百二十四回　(清)石玉崑撰　民國十四年(1925)上海廣益書局石印本　四册　存四卷(一至三、五)

330000－4729－0001418　普1413　集部/小說類/長篇之屬

繪圖清史演義八卷六十四回　陸士諤撰　民國十一年(1922)上海中央圖書公司石印本　二册　存二卷(一、五)

330000－4729－0001419　普1417　集部/別集類/清別集

小倉山房文集三十五卷　(清)袁枚撰　民國石印本　一册　存六卷(十九至二十四)

330000－4729－0001423　普1419　集部/小說類/長篇之屬

繪圖增像第五才子書水滸全傳八卷七十回首一卷　(明)施耐庵撰　(清)金人瑞評釋　民國石印本　五册　缺二卷(七至八)

330000－4729－0001427　普1423　集部/詩文評類/文法之屬

日用酬世大觀　世界書局編輯所編　民國十九年(1930)上海世界書局石印本　一册　存五種

330000－4729－0001430　普1428　集部/詩文評類/文法之屬/函牘格式

最新分類尺牘大觀不分卷　文明書局編　民國上海文明書局石印本　二册

330000－4729－0001441　普1438　子部/藝術類/書畫之屬/法帖

宋拓褚河南雁塔聖教序不分卷　(唐)褚遂良書　民國十二年(1923)上海有正書局石印本　一册

330000－4729－0001445　普1441　集部/小說類/長篇之屬

繡像繪圖儒林外史六卷六十回　(清)吳敬梓撰　民國石印本　一册　存一卷(三)

330000－4729－0001452　普1450　集部/詩文評類/文評之屬

文心雕龍十卷　(南朝梁)劉勰撰　(清)黃叔琳注　(清)紀昀評　民國石印本　一册　存二卷(三至四)

330000－4729－0001454　普1451　子部/藝術類/書畫之屬/法帖

梁任公臨王聖教序枯樹賦不分卷　梁啓超書　民國五年(1916)上海商務印書館石印本　一册

330000－4729－0001455　普1452　子部/藝術類/書畫之屬/法帖

楊見山白鶴道人序一卷　(清)楊見山書　民國上海大眾書局石印本　一册

330000－4729－0001456　普1453　子部/藝術類/書畫之屬/法帖

黄自元正氣歌一卷　黄自元書　民國上海尚古山房影印本　一册

330000－4729－0001462　普1460　子部/藝術類/書畫之屬/法帖

褚遂良書兒寬贊一卷　(唐)褚遂良書　民國上海商務書局石印本　一册

330000－4729－0001463　普1461　子部/藝術類/書畫之屬/法帖

包安吴家書臨帖兩種合册一卷　(清)包世臣書　民國十一年(1922)上海有正書局石印本　一册

330000－4729－0001464　普1462　子部/藝術類/書畫之屬/法帖

柳體大楷玄秘塔碑精華一卷　(唐)柳公權書　民國二十一年(1932)上海廣文書局石印本　一册

330000－4729－0001465　普1457　史部/政書類/公牘檔册之屬

魯案中日聯合委員會會議録二部不分卷　魯案中日聯合委員會編　民國鉛印本　九册

330000－4729－0001467　普1464　經部/小學類/文字之屬/字書/字典

康熙字典十二集三十六卷檢字一卷辨似一卷等韻一卷補遺一卷備考一卷　(清)張玉書等纂修　民國石印本　一册　存五卷(亥集上中下、補遺、備考)

330000－4729－0001468　普1465　經部/小學類/文字之屬/字書/字典

中華字典十二集三十六卷備考一卷補遺一卷　(清)張玉書　(清)凌紹雯等纂修　民國上海天寶書局石印本　一册　存五卷(酉集上中下、戌集上中)

330000－4729－0001470　普1466　子部/藝術類/書畫之屬/法帖

漢華山廟碑一卷　民國世界書局石印本　一册

330000－4729－0001472　普1468　子部/藝術類/書畫之屬/法帖

醉翁亭記一卷　民國上海求古齋石印本　一册

330000－4729－0001473　普1470　集部/戲劇類/傳奇之屬

繪圖英雄奇緣傳十卷五十七回　(清)隨安散人撰　民國石印本　一册　存一卷(四)

330000－4729－0001478　普1476　集部/小説類/長篇之屬

繡像説唐征西六卷九十回　民國石印本　一册　存三卷(一至三)

330000－4729－0001479　普1474　子部/道家類

列子八卷　(晉)張湛注　(唐)殷敬順釋文　民國十二年(1923)上海掃葉山房石印本　一册　存四卷(一至四)

330000－4729－0001480　普1472　集部/小説類/長篇之屬

圖像新撰大鬧四門喬四卷四十回　民國石印本　一册　存一卷(三)

330000－4729－0001481　普1477　集部/小説類/長篇之屬

繡像南唐演義薛家將十卷一百回　(清)如蓮居士撰　民國石印本　一册　存二卷(五至六)

330000－4729－0001482　普1478　集部/小説類/長篇之屬

繡像征東全傳四卷四十二回　民國六年(1917)文益書局石印本　二册　存二卷(一、三)

330000－4729－0001486　普1485　集部/小説類/長篇之屬

繪圖三公奇案二卷　民國石印本　一册　存

一卷(下)

330000－4729－0001494　普 1492　經部/易類/傳說之屬

周易本義四卷圖說一卷　(宋)朱熹撰　民國十七年(1928)上海錦章圖書局石印本　一冊　存二卷(一、圖說)

330000－4729－0001495　普 1493　經部/易類/傳說之屬

周易本義四卷圖說一卷　(宋)朱熹撰　民國三年(1914)上海文盛書局石印本　二冊

330000－4729－0001509　普 1507　子部/藝術類/書畫之屬/法帖

潘齡臯書胡大川詩一卷　潘齡皋書　民國元年(1912)影印本　一冊

330000－4729－0001510　普 1508　子部/宗教類/佛教之屬/經

般若波羅蜜多心經一卷　(後秦)釋鳩摩羅什譯　(唐)釋玄奘譯　民國影印本　一冊

330000－4729－0001514　普 1510　子部/農家農學類/總論之屬

重訂增補陶朱公致富全書六卷　(清)石巖逸叟增定　民國石印本　一冊　存二卷(一至二)

330000－4729－0001521　普 1517　經部/詩類/傳說之屬

詩經集傳八卷　(宋)朱熹撰　民國二十六年(1937)達文書店石印本　一冊

330000－4729－0001525　普 1521　子部/雜著類/雜編之屬

大士救產真言不分卷　民國上海宏大善書局石印本　一冊

330000－4729－0001528　普 1527　經部/春秋左傳類/傳說之屬

評點春秋綱目左傳句解彙雋六卷　(清)韓菼重訂　民國上海廣益書局石印本　一冊　存一卷(二)

330000－4729－0001530　普 1528　史部/史抄類

史記菁華錄六卷　(清)姚祖恩輯評　民國上海商務印書館鉛印本　一冊　存二卷(一至二)

330000－4729－0001531　普 1529　史部/史抄類

史記菁華錄六卷　(清)姚祖恩輯評　民國上海商務印書館鉛印本　二冊　存四卷(一至四)

330000－4729－0001533　普 1530　經部/四書類/總義之屬/傳說

新註四書白話解說三十六卷　江希張注　民國上海書業公所石印本　四冊　存九卷(新註大學白話解說、新註中庸白話解說、新註論語白話解說十一至十五、新註孟子白話解說九至十)

330000－4729－0001541　普 1531　經部/春秋左傳類/傳說之屬

言文對照左傳評註讀本二卷　秦同培選輯　民國十七年(1928)上海世界書局石印本　二冊

330000－4729－0001546　普 1543　經部/四書類/總義之屬/傳說

新訂四書補註備旨十卷　(明)鄧林撰　(清)鄧煜編　(清)杜定基增訂　民國上海鴻文恆記書局石印本　二冊　存二卷(論語三、孟子一)

330000－4729－0001549　普 1547　集部/總集類/課藝之屬

全國學校國文精華錄六卷　葛遵禮　蔣箸超輯　民國十二年(1923)上海會文堂書局鉛印本　四冊　存四卷(三至六)

330000－4729－0001553　普 1552　集部/小說類/長篇之屬

繪圖增像第五才子書水滸全傳□□卷七十回　(明)施耐庵撰　(清)金人瑞評釋　民國石印本　一冊　存一卷(五)

330000－4729－0001555　普 1553　經部/四

書類/總義之屬/傳說

監本四書 (宋)朱熹撰 民國三年(1914)上海簡青齋書局石印本 一冊 存二卷(大學一、中庸一)

330000－4729－0001565 普1560 新學/學校

新編中華國文教科書八卷 劉傳厚 沈頤 范源廉等編 民國三年(1914)上海中華書局石印本 一冊 存一卷(六)

330000－4729－0001567 普1563 子部/宗教類/道教之屬/經文

玉皇上帝洪慈救劫經不分卷 民國十二年(1923)蘭谿楊培蘭軒石印本 一冊

330000－4729－0001568 普1564 子部/宗教類/道教之屬

彙錄善書不分卷 民國杭州武林印書館鉛印本 一冊

330000－4729－0001571 普1575 經部/春秋左傳類/傳說之屬

東萊博議四卷 (宋)呂祖謙撰 民國上海商務印書館鉛印本 一冊 存二卷(三至四)

330000－4729－0001577 普1571 經部/四書類/總義之屬/傳說

四書集註十九卷 (宋)朱熹撰 民國三年(1914)上海天寶書局石印本 一冊 存七卷(孟子一至七)

330000－4729－0001578 普1573 經部/小學類/文字之屬/字書/字典

共和書局攷正字彙二卷 (清)陳淏子撰 民國十七年(1928)上海大一統書局石印本 一冊

330000－4729－0001579 普1574 經部/小學類/文字之屬/字書/字典

共和書局攷正字彙二卷 (清)陳淏子撰 民國共和書局石印本 一冊

330000－4729－0001580 普1576 經部/春秋左傳類/傳說之屬

東萊博議四卷 (宋)呂祖謙撰 民國上海商務印書館鉛印本 一冊 存二卷(三至四)

330000－4729－0001584 普1578 經部/小學類/文字之屬/說文/傳說

說文解字注十五卷附六書音均表五卷 (清)段玉裁撰 **說文通檢十四卷首一卷末一卷** (清)黎永椿編 **說文解字注匡謬八卷** (清)徐承慶撰 民國上海掃葉山房石印本 一冊 存二卷(說文解字注九至十)

330000－4729－0001585 普1581 經部/小學類/文字之屬/說文

說文解字十五卷標目一卷 (漢)許慎撰 (宋)徐鉉等校定 民國石印本 一冊 存三卷(十三至十五)

330000－4729－0001586 普1579 經部/小學類/文字之屬/說文

說文解字十五卷標目一卷 (漢)許慎撰 (宋)徐鉉等校定 民國二十二年(1933)上海商務印書館據藤花榭刻本影印本 一冊 存四卷(五至八)

330000－4729－0001594 普1590 新學/史志/別國史

東洋火災記一卷 民國上海書局石印本 一冊

330000－4729－0001596 普1592 經部/四書類/總義之屬

繪圖四書正文七卷 民國石印本 三冊 存三卷(孟子一至三)

330000－4729－0001597 普1593 經部/四書類/總義之屬/傳說

四書正文 民國上海會文堂書局石印本 一冊 存二種

330000－4729－0001600 普1596 子部/宗教類/佛教之屬

觀世音菩薩普門品一卷 民國抄本 一冊

330000－4729－0001602 普1599 經部/小學類/音韻之屬/韻書

詩韻集成五卷 (清)余照輯 民國育文書局石印本 二冊 存三卷(上平聲、下平聲、詞

林典腋)

330000－4729－0001603　普 1598　經部/小學類/音韻之屬/韻書

詩韻集成五卷　(清)余照輯　民國十四年(1925)鴻章書局石印本　三冊

330000－4729－0001620　普 1617　經部/小學類/文字之屬/字書/字典

鴻寶齋攷正字彙二卷　(清)陳淏子撰　鴻寶齋主人輯　民國元年(1912)上海鴻寶齋石印本　一冊

330000－4729－0001622　普 1618　子部/醫家類/本草之屬/本草藥性

雷公炮製藥性解六卷　(清)李中梓輯　**珍珠囊指掌補遺藥性賦四卷**　(金)李杲輯　民國石印本　一冊　存六卷(藥性解一至六)

330000－4729－0001623　普 1607　集部/總集類/課藝之屬

小題森寶不分卷　民國石印本　一冊

330000－4729－0001628　普 1629　經部/小學類/文字之屬/字書/字典

康熙字典十二集三十六卷總目一卷檢字一卷辨似一卷等韻一卷補遺一卷備考一卷　(清)張玉書等纂修　民國上海鴻寶齋書局石印本　一冊　存五卷(亥集上中下、補遺、備考)

330000－4729－0001636　普 1634　經部/小學類/文字之屬/字書/字體

隸篇十五卷續十五卷再續十五卷　(清)翟云升撰　民國上海掃葉山房影印本　一冊　存一卷(隸篇三)

330000－4729－0001637　普 1635　經部/小學類/文字之屬/字書/字典

字典十二集三十六卷總目一卷檢字一卷辨似一卷等韻一卷補遺一卷備考一卷　(清)張玉書等撰　民國石印本　一冊　存六卷(卯集上中下、辰集上中下)

330000－4729－0001643　普 1639　經部/小學類/音韻之屬/韻書

詩韻集成五卷　(清)余照輯　民國上海廣益書局石印本　一冊　存一卷(一)

330000－4729－0001652　普 1649　經部/小學類/音韻之屬/韻書

詩韻集成五卷　(清)余照輯　民國石印本　一冊

330000－4729－0001665　普 1663　史部/編年類/通代之屬

增補鋼鑑總論二卷　(清)楊古度　(清)顧廻瀾撰　民國五年(1916)上海鴻文書局石印本　一冊

330000－4729－0001666　普 1664　子部/道家類

列子八卷　(晉)張湛注　(唐)殷敬順釋文　民國五年(1916)上海掃葉山房石印本　一冊　存四卷(一至四)

330000－4729－0001669　普 1669　集部/小說類/長篇之屬

繪圖歷朝通俗演義十一種　蔡東帆輯　民國上海會文堂新記書局石印本　一冊　存一種

330000－4729－0001670　普 1670　集部/小說類/長篇之屬

繪圖歷朝通俗演義十一種　蔡東帆輯　民國上海會文堂新記書局石印本　一冊　存一種

330000－4729－0001675　普 1672　經部/四書類/總義之屬/傳說

言文對照廣注四書讀本十九卷　世界書局編輯所編　民國上海世界書局石印本　二冊　存一種

330000－4729－0001682　普 1679　子部/小說家類/雜事之屬

庸盦筆記六卷　(清)薛福成撰　民國上海進步書局石印本　一冊　存二卷(五至六)

330000－4729－0001688　普 1685　集部/小說類/長篇之屬

繡像京本雲合奇踪玉茗英烈全傳十卷八十回　(明)徐渭編　民國石印本　二冊　存三卷(二至四)

330000－4729－0001699　普 1695　史部/編年類/通代之屬

綱鑑易知錄九十二卷明鑑易知錄十五卷　(清)吳乘權　(清)周之炯　(清)周之燦輯　民國石印本　一冊　存七卷(八十至八十六)

330000－4729－0001700　普 1698　子部/藝術類/遊藝之屬/聯語

楹聯彙編八卷　王榮商輯　民國石印本　一冊　存一卷(二)

330000－4729－0001701　普 1699　集部/小說類/長篇之屬

綉像第十才子駐春園四卷二十四回　民國鑄記書局石印本　一冊　存一卷(二)

330000－4729－0001702　普 1700　子部/儒家類/儒學之屬/蒙學

新增繪圖幼學故事瓊林四卷首一卷　(清)程登吉撰　(清)鄒聖脈增補　民國元年(1912)浙紹奎照樓石印本　一冊　存一卷(首)

330000－4729－0001704　普 1707　集部/小說類/長篇之屬

繡像說唐征西全傳六卷九十回　民國石印本　一冊　存三卷(四至六)

330000－4729－0001707　普 1703　子部/天文曆算類/曆法之屬

中華民國三十九年陰陽合曆通書不分卷　民國三十八年(1949)上海劉源記石印本　一冊

330000－4729－0001708　普 1704　集部/別集類/清別集

聊齋文集二卷　(清)蒲松齡撰　民國四年(1915)中國圖書公司和記鉛印本　一冊　存一卷(上)

330000－4729－0001709　普 1708　集部/小說類/長篇之屬

新出八劍七俠十六義平蠻演義後傳四卷六十回　民國石印本　一冊

330000－4729－0001710　普 1709　集部/小說類/長篇之屬

繪圖包公奇案十卷　(清)□□輯　民國石印本　一冊　存一卷(四)

330000－4729－0001713　普 1716　子部/天文曆算類/曆法之屬

新鐫增補時憲臺曆袖裏琁璣星命須知一卷欽定萬年書一卷　民國石印本　一冊

330000－4729－0001714　普 1711　子部/儒家類/儒學之屬/禮教/家訓

治家格言繹義二卷　(清)戴翊清撰　**經驗靈藥說明書一卷**　楊瑞保撰　民國十二年(1923)上海明德書局鉛印本　一冊

330000－4729－0001715　普 1712　史部/傳記類/總傳之屬/忠孝

二十四孝圖說不分卷　民國宏大善書局石印本　一冊

330000－4729－0001716　普 1713　史部/傳記類/總傳之屬/列女

巾幗鬚眉傳四卷　潔華女士撰　民國六年(1917)上海會文堂石印本　三冊　存三卷(一、三至四)

330000－4729－0001717　普 1717　集部/曲類/寶卷之屬

新刻正德遊龍寶卷全集一卷　民國石印本　一冊

330000－4729－0001718　普 1718　子部/宗教類/佛教之屬

勸惺賢良不分卷　民國八年(1919)浙杭瑪瑙經房刻本　一冊

330000－4729－0001719　普 1715　子部/宗教類/佛教之屬

勸惺賢良不分卷　民國八年(1919)浙杭瑪瑙經房刻本　一冊

330000－4729－0001720　普 1723　子部/術數類/陰陽五行之屬

欽定協紀辨方書三十六卷　(清)允祿　(清)張照等纂修　民國上海錦章圖書局石印本　一冊　存四卷(三十三至三十六)

330000－4729－0001721　普 1719　集部/曲類/曲選之屬
新輯特別改良最新時調離集一卷　民國上海文益書局石印本　一冊

330000－4729－0001722　普 1724　子部/術數類/陰陽五行之屬
欽定協紀辨方書三十六卷　(清)允祿　(清)張照等纂修　民國石印本　二冊　存十卷(十六至十九、二十七至三十二)

330000－4729－0001723　普 1725　子部/醫家類/本草之屬/本草藥性
增補本草備要八卷　(清)汪昂撰　民國石印本　一冊　存七卷(二至八)

330000－4729－0001726　普 1727　子部/醫家類/本草之屬/本草藥性
增補本草備要八卷　(清)汪昂撰　民國石印本　二冊　存六卷(一、四至八)

330000－4729－0001731　普 1729　子部/醫家類/本草之屬/本草藥性
雷公炮製藥性解六卷　(清)李中梓輯　民國石印本　一冊

330000－4729－0001732　普 1730　子部/醫家類/綜合之屬/合刻、合抄
景岳全書六十四卷　(明)張介賓撰　民國石印本　二冊　存七卷(七至十、五十至五十二)

330000－4729－0001733　普 1731　子部/術數類/相宅相墓之屬
入地眼全書十卷　(宋)釋靜道撰　(清)萬樹華編次　民國石印本　一冊　存三卷(三至五)

330000－4729－0001736　普 1186　集部/曲類
繡像全圖荆襄快談錄十二卷　民國石印本　一冊　存四卷(九至十二)

330000－4729－0001738　普 1734　子部/墨家類
墨子十五卷目一卷篇目考一卷　(清)畢沅校注並撰　民國上海掃葉山房石印本　一冊　存四卷(五至八)

330000－4729－0001739　普 1739　子部/宗教類/道教之屬
重訂暗室燈二卷　(清)深山居士輯　民國十年(1921)上海宏大善書局石印本　一冊

330000－4729－0001741　普 1742　子部/宗教類/佛教之屬
佛教初學課本一卷　(清)楊文會撰　民國鉛印本　一冊

330000－4729－0001742　普 1741　子部/醫家類/醫案之屬
臨證指南醫案八卷　(清)葉桂撰　民國上海文益書局石印本　一冊　存一卷(三)

330000－4729－0001744　普 1743　子部/藝術類/書畫之屬/法帖
六朝碑精華十種　蘇宙忱編輯　民國十二年(1923)上海世界書局石印本　一冊　存一種

330000－4729－0001747　普 1744　集部/小說類/長篇之屬
彭公案全傳四卷　(清)貪夢道人撰　民國鉛印本　一冊　存一卷(一)

330000－4729－0001748　普 1745　集部/戲劇類/雜劇之屬
共和新戲曲不分卷　譚叫天　小達子　劉鴻聲定　民國上海文益書局石印本　一冊

330000－4729－0001749　普 1693　子部/醫家類/類編之屬
陳修園醫書四十八種　(清)陳念祖等撰　民國石印本　一冊　存四種

330000－4729－0001752　普 1749　經部/春秋左傳類/傳說之屬
春秋左傳句解六卷　(清)韓菼重訂　民國上海商務印書館鉛印本　二冊　存二卷(五至六)

330000－4729－0001753　普 1750　子部/醫家類/針灸之屬/針法灸法

針灸問對二卷　民國石印本　一册　存一卷（下）

330000－4729－0001756　普 1753　子部/醫家類/類編之屬

中西匯通醫書五種　（清）唐宗海撰　民國石印本　一册　存一種

330000－4729－0001757　普 1748　子部/宗教類/道教之屬

太上老君説常清淨經一卷附大乘金剛經論語一卷　民國十二年（1923）浙江蕭山合義和印書局鉛印本　一册

330000－4729－0001759　普 1756　子部/醫家類/婦科之屬/產科

婦人良方六卷　（宋）陳自明撰　（明）薛己注　民國九年（1920）上海錦章圖書局石印本　一册　存一卷（一）

330000－4729－0001760　普 1757　子部/醫家類/兒科之屬/通論

幼科鐵鏡二卷　（清）夏鼎撰　民國石印本　一册　存一卷（下）

330000－4729－0001761　普 1758　子部/醫家類/兒科之屬

幼科三種　民國石印本　二册　存二種

330000－4729－0001764　普 1760　子部/醫家類/兒科之屬/痘疹

中西痘科合璧十二卷　（清）張琰撰　民國石印本　一册　存四卷（九至十二）

330000－4729－0001765　普 1761　子部/術數類

新鐫象吉備要通書二十九卷　（清）魏鑑撰　民國石印本　二册　存二卷（十至十一）

330000－4729－0001767　普 1766　子部/術數類/相宅相墓之屬

入地眼全書十卷　（宋）釋靜道撰　（清）萬樹華編次　民國石印本　尹獻瑤題記　一册　存三卷（三至五）

330000－4729－0001769　普 1763　子部/雜著類/雜説之屬

經濟餘編通天曉五卷　（清）王纕堂編　民國石印本　一册　存二卷（三至四）

330000－4729－0001770　普 1768　子部/術數類

新鐫象吉備要通書二十九卷　（清）魏鑑撰　民國上海廣益書局石印本　二册　存六卷（三至六、十至十一）

330000－4729－0001771　普 1769　子部/術數類

新鐫象吉備要通書二十九卷　（清）魏鑑撰　民國石印本　一册　存二卷（十至十一）

330000－4729－0001772　普 1770　子部/術數類

新鐫曆法便覽象吉備要通書二十九卷　（清）魏鑑撰　民國石印本　二册　存五卷（三至五、十至十一）

330000－4729－0001773　普 1764　子部/術數類/占卜之屬

卜筮正宗十四卷　（清）王維德撰　民國七年（1918）上海鍊石齋書局石印本　一册　存三卷（一至三）

330000－4729－0001774　普 1771　子部/術數類

新鐫曆法便覽象吉備要通書大全二十九卷　（清）魏鑑撰　民國上洋海左書局石印本　二册　存五卷（一至四、十一）

330000－4729－0001775　普 1772　子部/術數類

新鐫曆法便覽象吉備要通書大全二十九卷　（清）魏鑑撰　民國上海錦章圖書局石印本　一册　存二卷（十五至十六）

330000－4729－0001783　普 1778　子部/術數類/陰陽五行之屬

新訂崇正闢謬通書十四卷　（清）李奉來編　民國鑄記書局石印本　一册　存二卷（十三至十四）

330000－4729－0001787　普 1787　子部/醫

家類/方書之屬/單方驗方

救急經驗良方一卷 (清)竹梅居士選輯 民國十年(1921)上海宏大善書石印本 一冊

330000－4729－0001795 普1791 子部/宗教類/佛教之屬

佛教初學課本一卷 (清)楊文會撰 民國鉛印本 一冊

330000－4729－0001796 普1792 子部/宗教類/佛教之屬/經

佛説十善業道經一卷 (唐)釋實叉難陀譯 **釋迦世尊成道記略一卷** 海屍道人編 **十善業道經節要一卷見聞錄一卷** (明)釋智旭撰 民國二十三年(1934)上海國光印書局鉛印本 一冊

330000－4729－0001798 普1794 子部/雜著類

文帝呂祖戒淫文一卷 民國二十三年(1934)南陽城内黨部街益文石印本 一冊

330000－4729－0001799 普1795 子部/雜著類

醒世篇三十二則一卷 孫道成撰 民國上海明善書局石印本 一冊

330000－4729－0001801 普1797 子部/雜著類/雜説之屬

間道指南一卷 (清)了因山人 (清)果圓居士合編 民國十三年(1924)北京天華館鉛印本 一冊

330000－4729－0001802 普1798 子部/雜著類

壽世保元一卷 (元)八十一歲老人撰 民國十二年(1923)蕭山合義和善書局鉛印本 一冊

330000－4729－0001803 普1799 子部/宗教類/佛教之屬/經

大方廣佛華嚴經普賢行願品一卷 (唐)釋般若譯 民國二十三年(1934)餘姚正風印刷所鉛印本 一冊

330000－4729－0001804 普1800 子部/宗教類/佛教之屬

戒殺放生文一卷 (明)釋袾宏撰 民國九年(1920)上海宏大紙號石印本 一冊

330000－4729－0001805 普1786 集部/小説類/長篇之屬

繡像雅調唱口八美姻緣二集□□卷 民國石印本 一冊 存一卷(四)

330000－4729－0001810 普1809 子部/術數類/陰陽五行之屬

新鐫許真君玉匣記增補諸家二卷 (晉)許遜撰 民國石印本 一冊 存一卷(下)

330000－4729－0001811 普1805 子部/醫家類/兒科之屬/通論

幼幼集成六卷 (清)陳復正辨訂 民國石印本 一冊 存二卷(三至四)

330000－4729－0001813 普1810 子部/術數類/陰陽五行之屬

增廣玉匣記通書二卷 (清)朱説霖重校 民國石印本 一冊

330000－4729－0001814 普1806 子部/醫家類/方書之屬/單方驗方

重校舊本湯頭歌訣一卷附經絡歌訣一卷 (清)汪昂編輯 民國石印本 一冊

330000－4729－0001817 普1811 集部/曲類/寶卷之屬

何仙姑寶卷二卷 民國石印本 一冊

330000－4729－0001819 普1812 子部/宗教類/佛教之屬

白衣神咒一卷 民國十一年(1922)上海宏大善書局石印本 一冊

330000－4729－0001820 普1818 集部/曲類/寶卷之屬

新刻洛陽橋寶卷全集一卷 民國五年(1916)上海文益書局石印本 一冊

330000－4729－0001821 普1819 集部/曲類/寶卷之屬

鍼心寶卷一卷 民國八年(1919)上海宏大善

書局石印本　一冊

330000－4729－0001822　普 1820　子部/雜著類

玉歷至寶鈔勸世文不分卷　王子達重編　民國八年(1919)上海宏大善書局石印本　一冊

330000－4729－0001823　普 1821　子部/術數類/陰陽五行之屬

增廣玉匣記通書二卷　(清)朱說霖重校　民國上海龍文書局石印本　二冊

330000－4729－0001825　普 1816　子部/雜著類/雜說之屬

八字覺圓一卷　子賞奇撰　民國四年(1915)杭州同道善書印刷局鉛印本　一冊

330000－4729－0001826　普 1817　子部/宗教類/道教之屬/雜著

暗室燈二卷　(清)深山居士輯　民國石印本　一冊　存一卷(下)

330000－4729－0001828　普 1824　子部/術數類/相宅相墓之屬

山洋指迷原本四卷　(明)周景一撰　(清)張九儀增註　民國石印本　一冊　存一卷(一)

330000－4729－0001831　普 1826　子部/術數類/雜術之屬

新刻萬法歸宗五卷　(唐)李淳風撰　(唐)袁天罡補　民國十年(1921)上海大成書局石印本　四冊

330000－4729－0001833　普 1828　子部/術數類/相宅相墓之屬

地理辨正疏六卷首一卷　(清)張心言撰　民國上海鑄記書局石印本　四冊

330000－4729－0001834　普 1829　子部/雜著類/雜編之屬

民國新萬事不求人不分卷　民國石印本　一冊

330000－4729－0001836　普 1831　集部/詩文評類/文法之屬/函牘格式

寫信必讀十卷　(清)唐芸洲撰　民國上海天寶書局石印本　一冊　存一卷(十)

330000－4729－0001837　普 1832　子部/術數類/相宅相墓之屬

新訂王氏羅經透解二卷首一卷　(清)王道亨輯　民國上海普通書局石印本　二冊

330000－4729－0001840　普 1833　子部/天文曆算類/曆法之屬

星評要訣一卷校正百年經一卷　民國二十三年(1934)蘭溪慎言堂刻本　一冊

330000－4729－0001842　普 1837　史部/史抄類

史鑑節要□□卷　(清)鮑東里撰　民國石印本　一冊　存三卷(四至六)

330000－4729－0001843　普 1838　史部/史抄類

史鑑節要便讀六卷　(清)鮑東里編　民國鉛印本　一冊　存一卷(三)

330000－4729－0001844　普 1839　史部/政書類/律令之屬/刑制

中華民國暫行新刑律二卷　民國元年(1912)上海書局石印本　一冊　存一卷(一)

330000－4729－0001845　普 1840　史部/政書類/軍政之屬

大元帥訓軍士詞不分卷　孫文撰　民國鉛印本　一冊

330000－4729－0001847　普 1843　新學/學校

共和國教科書新地理六冊不分卷　莊俞編纂　民國上海商務印書館鉛印本　二冊　存二冊(一、六)

330000－4729－0001850　普 1844　經部/小學類/文字之屬/字書/訓蒙

千字文一卷　民國刻本　一冊

330000－4729－0001851　普 1848　新學/學校

共和國教科書新修身乙種不分卷　包公毅　沈頤編纂　民國上海商務印書館鉛印本　一

冊　存一冊(六)

330000－4729－0001854　普 1849　新學/學校

共和國教科書新理科六冊不分卷　杜亞泉　凌昌焕　杜就田編纂　民國上海商務印書館鉛印本　一冊　存一冊(二)

330000－4729－0001855　普 1856　新學/學校

共和國教科書新國文八冊不分卷　莊俞　沈頤編纂　民國上海商務印書館鉛印本　一冊　存一冊(五)

330000－4729－0001860　普 1857　新學/學校

黨童軍軍訓講義一卷十三章　民國油印本　一冊

330000－4729－0001862　普 1858　新學/學校

教育學講義九章　民國油印本　一冊

330000－4729－0001864　普 1859　子部/雜著類

醒世俚言一卷　劬勞詩一卷　心悦一卷　(宋)陳淳撰　**同善社白話問答一卷**　民國石印本(劬勞詩補配民國寧波通善分社鉛印本)　一冊

330000－4729－0001865　普 1863　子部/儒家類/儒學之屬/蒙學

啟悟集一卷　民國王仲甫抄本　一冊

330000－4729－0001866　普 1860　新學/雜著/雜記

國文不分卷　民國抄本　一冊

330000－4729－0001867　普 1861　子部/宗教類/道教之屬/經文

三聖經不分卷　民國二十二年(1933)縉雲刻本　一冊

330000－4729－0001868　普 1862　子部/宗教類/道教之屬/經文

三聖經不分卷　民國二十二年(1933)縉雲刻本　一冊

330000－4729－0001871　普 1868　經部/四書類/孟子之屬/傳説

上孟一卷　民國十八年(1929)周纘魚抄本　一冊

330000－4729－0001872　普 1866　集部/詩文評類/詩評之屬

菓子儀簿一卷　民國二十四年(1935)縉雲張獻良抄本　一冊

330000－4729－0001875　普 1867　史部/傳記類/總傳之屬/家乘

[浙江縉雲]鄭二世祖祭簿不分卷　鄭希僑等撰　民國十六年(1927)木活字印本　一冊

330000－4729－0001877　普 1872　經部/四書類

四書論文抄本不分卷　民國抄本　一冊

330000－4729－0001881　普 1876　集部/總集類/課藝之屬

疑思問一卷　金鳳沼　鮑廉　王禹堂等撰　民國秀屏抄本　一冊

330000－4729－0001884　普 1884　子部/術數類/相宅相墓之屬

日用百事通一卷　民國抄本　一冊

330000－4729－0001887　普 1887　集部/總集類/選集之屬/通代

為學不分卷　民國油印本　一冊

330000－4729－0001888　普 1878　子部/醫家類/綜合之屬

敏齋醫書抄本不分卷　民國敏齋抄本　一冊

330000－4729－0001891　普 1879　子部/醫家類/醫案之屬

臨證指南醫案一卷　民國抄本　一冊

330000－4729－0001892　普 1890　子部/宗教類/道教之屬

太上玄靈北斗本命延生尊經一卷　民國二十九年(1940)縉雲益智書局石印本　一冊

330000－4729－0001893　普 1880　子部/醫

家類/方書之屬

中醫藥方抄本不分卷　民國抄本　一册

330000－4729－0001894　普 1881　子部/醫家類/兒科之屬/通論

錢氏小兒藥證直訣三卷附方一卷　（宋）錢乙撰　（宋）閻孝忠輯　民國縉雲李秀手抄本　一册

330000－4729－0001895　普 1882　子部/藝術類/遊藝之屬/聯語

應有聯抄本不分卷　民國縉雲李文卿抄本　一册

330000－4729－0001896　普 1892　子部/醫家類/醫案之屬

編輯雜病心法要訣一卷　民國抄本　一册

330000－4729－0001897　普 1893　子部/醫家類/醫案之屬

藥性類抄本不分卷　民國二十二年（1933）縉雲丁官亮抄本　一册

330000－4729－0001899　普 1894　子部/宗教類/佛教之屬

四偏頭經不分卷　民國二十八年（1939）縉雲虞氏抄本　一册

330000－4729－0001900　普 1896　子部/醫家類/本草之屬/本草藥性

藥性賦一卷　民國抄本　一册　存寒性、細説藥性

330000－4729－0001901　普 1897　子部/宗教類/道教之屬/方法

縉邑民俗道家發事之書不分卷　民國九年（1920）上海聚珍仿宋印書局鉛印本　一册

330000－4729－0001903　普 1899　子部/儒家類/儒學之屬/蒙學

蒙學四字韻文一卷　民國抄本　一册

330000－4729－0001905　普 1898　新學/政治法律/律例

民事訴訟案例不分卷　民國十二年（1923）孫子淵抄本　一册

330000－4729－0001906　普 1901　子部/宗教類/佛教之屬

萬佛尊經不分卷　民國抄本　一册

330000－4729－0001907　普 1906　子部/術數類/陰陽五行之屬

風水一書□□卷　（清）歐陽純撰　民國二十四年（1935）吳植三抄本　一册　存二卷（二至三）

330000－4729－0001908　普 1902　新學/學校

學生詞語解釋不分卷　民國抄本　一册

330000－4729－0001909　普 1903　子部/宗教類/佛教之屬

經簿一卷　民國縉雲鄭氏抄本　一册

330000－4729－0001910　普 1907　子部/宗教類/佛教之屬

佛門課藝規儀日常用書不分卷　民國陳元善抄本　一册

330000－4729－0001911　普 1904　子部/藝術類/書畫之屬/法帖

高麗好大王碑□□卷　民國縉雲趙舒雙鈎描摹本　一册　存一卷（四）

330000－4729－0001913　普 1908　子部/醫家類/方書之屬

醫藥方歌不分卷　民國抄本　一册

330000－4729－0001914　普 1909　子部/醫家類/方書之屬

内外科備考方不分卷　民國縉雲李錫抄本　一册

330000－4729－0001915　普 1910　子部/宗教類/佛教之屬

金剛般若波羅密經一卷　（後秦）釋鳩摩羅什譯　民國抄本　一册

330000－4729－0001916　普 1911　集部/總集類/彙編之屬

鳴鳳山房文集續編四卷　舒望周撰　民國十七年（1928）鉛印本　四册

330000－4729－0001918　普 1912　集部/總集類/彙編之屬

鳴鳳山房文集續編四卷　舒望周撰　民國十七年(1928)鉛印本　四冊

330000－4729－0001919　普 1913　集部/總集類/彙編之屬

鳴鳳山房文集續編四卷　舒望周撰　民國十七年(1928)鉛印本　二冊　存二卷(二至三)

330000－4729－0001920　普 1914　集部/別集類

愛蓮居士詩鈔四卷　舒望周撰　民國十七年(1928)鉛印本　四冊

330000－4729－0001921　普 1915　集部/總集類/酬唱之屬

舒瑞岐先生周甲雲林集錦不分卷　周鞏洛等撰　民國十八年(1929)處州啟明石印本　一冊

330000－4729－0001922　普 1916　集部/總集類/酬唱之屬

舒瑞岐先生周甲雲林集錦不分卷　周鞏洛等撰　民國十八年(1929)處州啟明石印本　一冊

330000－4729－0001923　普 1918　集部/總集類/酬唱之屬

群英表行集不分卷　朱一林等撰　朱光等輯　民國九年(1920)永康五彩石印局石印本　一冊

330000－4729－0001924　普 1923　集部/總集類/謠諺之屬

新婚賦一卷　民國抄本　一冊

330000－4729－0001925　普 1924　集部/總集類/選集之屬/斷代

詩簿一卷　民國□仲宣抄本　一冊

330000－4729－0001927　普 1919　集部/總集類/酬唱之屬

群英表行集不分卷　朱一林等撰　朱光等輯　民國九年(1920)永康五彩石印局石印本　一冊

330000－4729－0001928　普 1926　子部/宗教類/道教之屬

淨心神咒不分卷　民國抄本　一冊

330000－4729－0001929　普 1920　集部/總集類/酬唱之屬

群英集會不分卷　馬震等撰　民國九年(1920)縉雲文華閣石印本　一冊

330000－4729－0001930　普 1921　集部/總集類/酬唱之屬

群英集會不分卷　馬震等撰　民國九年(1920)縉雲文華閣石印本　一冊

330000－4729－0001931　普 1922　集部/總集類/彙編之屬

鳴鳳山房文集四卷　舒望周撰　民國十七年(1928)石印本　三冊　存三卷(一至二、四)

330000－4729－0001932　普 1927　集部/總集類/彙編之屬

鳴鳳山房文集四卷　舒望周撰　民國十七年(1928)石印本　三冊　存三卷(一至二、四)

330000－4729－0001933　普 1930　子部/術數類/相宅相墓之屬

堪輿撮要一卷　民國吳植三抄本　一冊

330000－4729－0001934　普 1928　集部/總集類/選集之屬/斷代

註釋唐詩三百首六卷　(清)孫洙編　民國上海天寶書局石印本　一冊　存一卷(三)

330000－4729－0001937　普 1933　子部/宗教類/道教之屬

奉真壇聖班科一卷　民國十一年(1922)施銘鍾抄本　一冊

330000－4729－0001938　普 1929　史部/傳記類/總傳之屬/家乘

[浙江縉雲]義陽朱氏家譜九卷　朱煌董修　朱官照纂　民國二十四年至二十五年(1935－1936)木活字印本　十冊

330000－4729－0001939　普 1942　子部/宗教類/道教之屬

玉皇寶懺朝禮儀文□□卷　民國二十一年(1932)陳雲軒抄本　一冊　存一卷(首)

330000－4729－0001940　普 1943　集部/總集類
禮云禮云不分卷　(清)管緘若等撰　邁生氏抄讀　民國抄本　一冊

330000－4729－0001942　普 1935　史部/傳記類/總傳之屬/家乘
[浙江縉雲]古楚郡葉氏宗譜六卷　葉震中修　葉佩珗纂　民國三十五年(1946)木活字印本　六冊

330000－4729－0001943　普 1944　子部/術數類/相宅相墓之屬
砂法要訣一卷　民國抄本　一冊

330000－4729－0001944　普 1945　子部/宗教類/道教之屬/經文
三官經註解一卷　民國二十七年(1938)縉雲壺鎮后塘家庭印刷社印本　一冊

330000－4729－0001945　普 1946　子部/宗教類/道教之屬
收圓醒迷錄二卷　空谷子編　民國二十九年(1940)鉛印本　一冊　存一卷(上)

330000－4729－0001947　普 1941　子部/術數類/相宅相墓之屬
地理正宗三字經抄本一卷　民國抄本　一冊

330000－4729－0001948　普 1948　史部/傳記類/總傳之屬/家乘
[浙江縉雲]五雲黄氏宗譜六卷　黄紹軒等纂修　民國三十五年(1946)木活字印本　七冊

330000－4729－0001949　普 1949　史部/傳記類/總傳之屬/家乘
[浙江縉雲]沛國朱氏宗譜十二卷　朱煥章　朱思雲纂修　民國二十三年(1934)木活字印本　十三冊

330000－4729－0001951　普 1937　子部/術數類/陰陽五行之屬
永邑地理三字經一卷　題黄石公傳授　題赤松子正學　民國抄本　一冊

330000－4729－0001954　普 1938　子部/宗教類/佛教之屬/經咒
佛門法眷經咒不分卷　民國抄本　一冊

330000－4729－0001955　普 1950　集部/總集類/酬唱之屬
舒瑞岐先生周甲雲林集錦不分卷　周鞏洛等撰　民國十八年(1929)處州啟明石印本　一冊

330000－4729－0001956　普 1951　集部/總集類/酬唱之屬
舒瑞岐先生周甲雲林集錦不分卷　周鞏洛等撰　民國十八年(1929)處州啟明石印本　一冊

330000－4729－0001957　普 1952　集部/總集類/選集之屬/通代
初級國文讀本八冊　楊喆　范祥善編　民國十四年(1925)世界書局石印本　一冊　存一冊(八)

330000－4729－0001959　普 1954　新學/政治法律/律例
中國立憲之豫備不分卷　民國石印本　一冊

330000－4729－0001961　普 1956　經部/四書類/總義之屬/傳説
銅版四書集註　(宋)朱熹集註　民國上海天寶書局石印本　一冊　存二種

330000－4729－0001963　普 1983　集部/總集類/選集之屬/通代
增補重訂千家詩註解一卷　(宋)謝枋得選　(清)汪相注　民國昌文書局石印本　一冊

330000－4729－0001964　普 1957　集部/曲類/寶卷之屬
梁山伯寶卷二卷　民國十三年(1924)上海文益書局石印本　一冊

330000－4729－0001965　普 1958　子部/醫家類/養生之屬
男女交合秘要新論一卷　(美國)法烏羅撰

憂亞子譯　民國三年(1914)上海文益書局石印本　一册

330000-4729-0001966　普1959　子部/儒家類/儒學之屬/蒙學

新編五字經一卷　民國劉德記書局石印本　一册

遂昌縣圖書館
民國時期傳統裝幀書籍普查登記目録

浙江省民國時期傳統裝幀書籍普查登記目録・衢州　舟山　麗水

國家圖書館出版社
National Library of China Publishing House

《遂昌縣圖書館民國時期傳統裝幀書籍普查登記目録》

主　編：王曉紅

副主編：葉　飆

《遂昌縣圖書館民國時期傳統裝幀書籍普查登記目録》

前　言

遂昌縣圖書館是浙西南地區館藏古籍和民國文獻較多的單位，其古籍和民國時期傳統裝幀書籍主要來源於中華人民共和國成立後的政府徵集和民間捐贈，館藏古籍 862 種 3854 册。

2012 年，遂昌縣圖書館啓動館藏古籍保護工作，建立古籍保護制度，改善古籍保護條件，加强古籍保護人才培養，提高古籍普查和修復水準。經過兩年的努力，2014 年 12 月底，著録完成全部古籍和民國文獻普查數據，成爲浙江省首批完成古籍普查的單位。2015 年入選第二批“浙江省古籍保護達標單位”。本次館藏古籍普查著録工作共普查館藏明清時期古籍 475 種 2581 册。同時，完成民國時期傳統裝幀書籍的普查工作，計 387 種 1273 册，占總數的 33%。

這些民國時期傳統裝幀書籍，分爲經部 36 種 135 册、史部 47 種 263 册、子部 155 種 338 册、集部 113 種 348 册、類叢部 25 種 158 册、新學 11 種 30 册。版本類型主要爲石印本，還有部分鉛印本、影印本。在館藏民國時期傳統裝幀書籍中也新發現部分地方刊刻本，如民國二十五年（1936）影印本《大中大夫鄭蒼濂先生奏議》一卷、民國三十五年（1946）鉛印本《赤溪存草》六卷、民國八年（1919）處州啓明石印局石印本《贊濟壇首刊鸞書》二卷和民國十五年（1926）處州新華石印局石印本《指迷金箴》一卷，具有一定的地方史料價值。

本次出版的《遂昌縣圖書館民國時期傳統裝幀書籍普查登記目録》，以館藏民國傳統裝幀書籍爲收録範圍，爲讀者利用館藏民國書籍提供便利。由於普查人員水平有限，錯誤之處，敬請專家、讀者批評指正。

遂昌縣圖書館
2018 年 2 月

330000－4730－0000005　史/詔令奏議/126　史部/詔令奏議類/奏議之屬

大中大夫鄭蒼濂先生奏議一卷　（明）鄭秉厚撰　民國二十五年(1936)影印本　一冊

330000－4730－0000007　集/楚辭/1　集部/楚辭類

楚辭集注八卷首一卷　（宋）朱熹撰　民國元年(1912)湖北官書局刻本　一冊

330000－4730－0000015　集/別集/18　集部/別集類/唐五代別集

李長吉集四卷外卷一卷　（唐）李賀撰　（清）黃淳耀評　（清）黎簡批點　民國六年(1917)上海會文堂書局石印本　二冊

330000－4730－0000019　集/別集/31　集部/別集類/清別集

詳註鄭板橋全集不分卷　（清）鄭燮撰　（清）雷瑨註釋　民國十五年(1926)上海掃葉山房石印本　四冊

330000－4730－0000020　集/別集/34　集部/別集類/清別集

瑤華閣詩草一卷詞鈔一卷詞補遺一卷　（清）袁綬撰　民國文明書局石印本　一冊

330000－4730－0000021　集/總集/36　集部/總集類/選集之屬/通代

文選六十卷　（南朝梁）蕭統輯　（唐）李善注　**文選考異十卷**　（清）胡克家撰　民國上海文瑞樓石印本　十六冊

330000－4730－0000022　集/別集/43、集/別集/161　集部/別集類/明別集

王文成公全書三十八卷　（明）王守仁撰　民國二年(1913)上海中華圖書館影印本　十冊

330000－4730－0000024　史/詔令奏議/138　史部/詔令奏議類/奏議之屬

大中大夫鄭蒼濂先生奏議一卷　（明）鄭秉厚撰　民國二十五年(1936)影印本　一冊

330000－4730－0000025　集/別集/56　集部/別集類/唐五代別集

杜詩鏡銓二十卷附諸家論杜一卷杜工部年譜一卷　（清）楊倫輯　**讀書堂杜工部文集註解二卷**　（清）張溍撰　民國十年(1921)雲章書局石印本　八冊

330000－4730－0000026　集/詩文評類/48　集部/詩文評類/文評之屬

文心雕龍十卷　（南朝梁）劉勰撰　（清）黃叔琳注　（清）紀昀評　民國十三年(1924)上海啟新書局石印本　三冊　缺三卷(五至七)

330000－4730－0000028　集/別集/150　集部/別集類/宋別集

曾南豐文集四卷　（宋）曾鞏撰　民國四年(1915)上海會文堂粹記石印本　夏雷如題記　二冊

330000－4730－0000029　集/別集/135、集/別集6　集部/別集類/唐五代別集

昌黎先生集四十卷外集十卷遺文一卷　（唐）韓愈撰　（唐）李漢編　**朱子校昌黎先生集傳一卷**　（宋）朱熹撰　**韓集點勘四卷**　（清）陳景雲撰　民國九年(1920)毘陵章氏石印本　方穎、蘇耀、吳瑤題記　十冊

330000－4730－0000033　集/楚辭/44　集部/楚辭類

楚辭集註八卷後語六卷辯證二卷　（宋）朱熹撰　民國四年(1915)掃葉山房石印本　四冊

330000－4730－0000036　集/總集/75　集部/總集類/彙編之屬

戊戌六君子遺集九種　張元濟輯　民國六年(1917)上海商務印書館鉛印本　五冊　存七種

330000－4730－0000039　集/別集/54　集部/別集類

赤溪存草六卷　劉德元撰　民國三十五年(1946)鉛印本　冠父題簽並記　一冊　缺三卷(赤溪詩稿上中下)

330000－4730－0000041　集/詩文評類/94　集部/詩文評類/詩評之屬

唐宋明清四朝詩話六卷　民國八年(1919)上海掃葉山房石印本　四冊

330000－4730－0000042　集/總集/50　集部/總集類/選集之屬/通代
歷代詩文評註讀本　王文濡編　民國上海文明書局鉛印本　二冊　存一種

330000－4730－0000049　集/别集/126－1　史部/詔令奏議類/奏議之屬
大中大夫鄭蒼濂先生奏議一卷　(明)鄭秉厚撰　民國二十五年(1936)影印本　一冊

330000－4730－0000050　集/别集/126－2　史部/詔令奏議類/奏議之屬
大中大夫鄭蒼濂先生奏議一卷　(明)鄭秉厚撰　民國二十五年(1936)影印本　一冊

330000－4730－0000051　集/别集/126－3　史部/詔令奏議類/奏議之屬
大中大夫鄭蒼濂先生奏議一卷　(明)鄭秉厚撰　民國二十五年(1936)影印本　一冊

330000－4730－0000052　集/别集/126－4　史部/詔令奏議類/奏議之屬
大中大夫鄭蒼濂先生奏議一卷　(明)鄭秉厚撰　民國二十五年(1936)影印本　一冊

330000－4730－0000053　集/别集 126－5　史部/詔令奏議類/奏議之屬
大中大夫鄭蒼濂先生奏議一卷　(明)鄭秉厚撰　民國二十五年(1936)影印本　一冊

330000－4730－0000054　集/别集/126－6　史部/詔令奏議類/奏議之屬
大中大夫鄭蒼濂先生奏議一卷　(明)鄭秉厚撰　民國二十五年(1936)影印本　一冊

330000－4730－0000055　集/别集/126－7　史部/詔令奏議類/奏議之屬
大中大夫鄭蒼濂先生奏議一卷　(明)鄭秉厚撰　民國二十五年(1936)影印本　鄭達仁題記　一冊

330000－4730－0000056　集/别集/126－8　史部/詔令奏議類/奏議之屬
大中大夫鄭蒼濂先生奏議一卷　(明)鄭秉厚撰　民國二十五年(1936)影印本　一冊

330000－4730－0000057　集/别集/126－9　史部/詔令奏議類/奏議之屬
大中大夫鄭蒼濂先生奏議一卷　(明)鄭秉厚撰　民國二十五年(1936)影印本　一冊

330000－4730－0000058　集/别集/126－10　史部/詔令奏議類/奏議之屬
大中大夫鄭蒼濂先生奏議一卷　(明)鄭秉厚撰　民國二十五年(1936)影印本　一冊

330000－4730－0000059　集/别集/126－11　史部/詔令奏議類/奏議之屬
大中大夫鄭蒼濂先生奏議一卷　(明)鄭秉厚撰　民國二十五年(1936)影印本　一冊

330000－4730－0000061　集/别集/23　類叢部/叢書類/自著之屬
隨園全集三十八種　(清)袁枚撰　民國七年(1918)上海文明書局石印本　五十九冊　存二十八種

330000－4730－0000062　集/總集/110　集部/别集類/清别集
悭聱焚餘槀一卷　(清)陳敬璋撰　民國十七年(1928)陳大綸鉛印本　一冊

330000－4730－0000064　集/詞曲類/81　集部/戲劇類/傳奇之屬
李笠翁十種曲　(清)李漁撰　民國七年(1918)上海朝記書莊石印本　五冊　存五種

330000－4730－0000065　集/詞曲類/82、詞曲類/192　集部/曲類/曲韻曲譜曲律之屬
六也曲譜　(清)殷溎深撰　民國十一年(1922)上海朝記書莊石印本　十三冊　存二十九種

330000－4730－0000068　集/别集/78　子部/小説家類/雜事之屬
退醒廬筆記二卷　孫家振撰　民國十四年(1925)上海圖書館石印本　一冊　存一卷(下)

330000－4730－0000069　集/總集/111　集部/别集類
鏡蓉詩鈔一卷　葉鏡蓉撰　民國二十年

(1931)鉛印本　一冊

330000－4730－0000070　集/别集/160　集部/别集類/漢魏六朝别集

陶淵明文集十卷　(晉)陶潛撰　民國石印本　二冊　存五卷(一至二、六至八)

330000－4730－0000071　集/别集/54－1　集部/别集類

赤溪文稿三卷詩稿三卷　劉德元撰　民國三十五年(1946)鉛印本　冠父題簽並記　一冊　缺三卷(詩稿上中下)

330000－4730－0000072　集/别集/156　集部/别集類/唐五代别集

習之先生文集二卷　(唐)李翺撰　民國四年(1915)上海會文堂書局石印本　二冊

330000－4730－0000073　集/詩文評/155　集部/總集類/選集之屬/通代

評註唐宋八家古文三十卷　(唐)韓愈等撰　(清)沈德潛評點　(清)雷瑨註釋　民國九年(1920)上海掃葉山房石印本　六冊　缺十二卷(三至九、二十一至二十五)

330000－4730－0000074　集/别集/149　集部/别集類

樊山詩鈔六卷文鈔四卷　樊增祥撰　民國元年(1912)玲碧書屋石印本　八冊　缺二卷(詩鈔一、五)

330000－4730－0000075　集/别集/20、集/别集/159　集部/别集類/宋别集

范文正公集十二卷補編四卷年譜一卷年譜補遺一卷鄱陽遺事錄一卷義莊規矩一卷遺蹟一卷褒賢集五卷言行拾遺事錄四卷　(宋)范仲淹撰　(明)毛一鷺彙編　民國十四年(1925)上海掃葉山房石印本　四冊　存八卷(四至七、補編一至四)

330000－4730－0000076　史/詔令奏議/138－1　史部/詔令奏議類/奏議之屬

大中大夫鄭蒼濂先生奏議一卷　(明)鄭秉厚撰　民國二十五年(1936)影印本　一冊

330000－4730－0000077　集/詩文評類/145　集部/詩文評類/文評之屬

文心雕龍十卷　(南朝梁)劉勰撰　(清)黄叔琳注　(清)紀昀評　民國四年(1915)掃葉山房石印本　四冊

330000－4730－0000089　集/總集/105　類叢部/叢書類/彙編之屬

春暉叢書二種　張天錫輯　民國鉛印本　一冊　存一種

330000－4730－0000090　集/别集/71、162　集部/别集類/明别集

震川先生集三十卷别集十卷附錄一卷　(明)歸有光撰　民國上海中華圖書館石印本　七冊　缺五卷(十四至十八)

330000－4730－0000096　集/别集/125　集部/别集類

培根書屋詩草九卷　孫熙鼎撰　民國十三年(1924)鉛印本　一冊

330000－4730－0000097　集/總集/143　集部/總集類/選集之屬/通代

歷代詩文評註讀本　王文濡編　民國上海文明書局鉛印本　二冊　存一種

330000－4730－0000098　集/總集/114　類叢部/叢書類/自著之屬

崇雅堂叢書十四種　楊晨撰　民國二十五年(1936)楊紹翰鉛印本　二冊　存三種

330000－4730－0000099　集/别集/109　集部/别集類

林子遺書一卷　(朝鮮)林寊民撰　民國鉛印本　一冊

330000－4730－0000100　集/總集/176　集部/總集類/選集之屬/通代

增批古文觀止十二卷　(清)吴乘權　(清)吴大職輯　民國十八年(1929)石印本　四冊　缺四卷(七至十)

330000－4730－0000101　集/總集/174　集部/總集類/選集之屬/通代

古文觀止十二卷　(清)吴乘權　(清)吴大職輯　民國五年(1916)上海錦章圖書局石印本

五册

330000－4730－0000102　集/總集/167　集部/總集類/選集之屬/通代

古文觀止十二卷　(清)吴乘權　(清)吴大職輯　民國上海錦章圖書局石印本　一册　存二卷(一至二)

330000－4730－0000103　集/總集/167－2　集部/總集類/選集之屬/通代

增批古文觀止十二卷　(清)吴乘權　(清)吴大職評註　民國元年(1912)紹興墨潤堂石印本　五册　缺二卷(九至十)

330000－4730－0000104　集/總集/167－1　集部/總集類/選集之屬/通代

增批古文觀止十二卷　(清)吴乘權　(清)吴大職評註　民國元年(1912)紹興墨潤堂石印本　一册　存二卷(十一至十二)

330000－4730－0000105　集/總集/1173　集部/總集類/選集之屬/通代

續古文觀止六卷　謝璿輯　民國九年(1920)上海進化書局石印本　二册

330000－4730－0000106　集/别集/183　集部/别集類/清别集

音註小倉山房尺牘八卷　(清)袁枚撰　(清)胡光斗箋釋　民國元年(1912)上海會文堂石印本　四册

330000－4730－0000107　集/别集/181　集部/總集類/選集之屬/斷代

隨園女弟子詩選六卷　(清)袁枚輯　民國十六年(1927)上海大一統書局石印本　二册

330000－4730－0000108　集/總集/143－1　集部/總集類/選集之屬/通代

歷代詩文評註讀本　王文濡編　民國上海文明書局鉛印本　一册　存一種

330000－4730－0000109　集/總集/177　集部/總集類/選集之屬/通代

古文觀止十二卷　(清)吴乘權　(清)吴大職輯　民國十九年(1930)上海商務印書館鉛印本　六册

330000－4730－0000111　集/總集/174－1　集部/總集類/選集之屬/通代

古文觀止十二卷　(清)吴乘權　(清)吴大職輯　民國五年(1916)上海錦章圖書局石印本　二册　存四卷(三至六)

330000－4730－0000112　集/總集/177－1　集部/總集類/選集之屬/通代

古文觀止十二卷　(清)吴乘權　(清)吴大職輯　民國十九年(1930)上海商務印書館鉛印本　三册　缺六卷(一至六)

330000－4730－0000114　集/總集/177－2　集部/總集類/選集之屬/通代

古文觀止十二卷　(清)吴乘權　(清)吴大職輯　民國十九年(1930)上海商務印書館鉛印本　二册　缺八卷(一至八)

330000－4730－0000115　集/總集/169　集部/總集類/選集之屬/通代

女子古文觀止六卷　張祉浩編輯　破浪評點　民國四年(1915)上海瑞華書局石印本　五册　缺一卷(一)

330000－4730－0000116　集/總集/205　集部/總集類/選集之屬/通代

宋元明文評註讀本不分卷　王文濡編　金熙汪勁扶註　民國上海文明書局鉛印本　一册

330000－4730－0000117　集/詞曲/189　集部/戲劇類/總集之屬/傳奇

玉生香傳奇四種曲　民國八年(1919)碧梧山莊石印本　二册　存二種

330000－4730－0000118　集/别集/126　集部/别集類

靈峯先生集十一卷　夏震武撰　民國十年(1921)楊氏安吉堂刻本　三册

330000－4730－0000119　集/别集/126－1　集部/别集類

靈峯先生集十一卷　夏震武撰　民國十年(1921)楊氏安吉堂刻本　一册　缺八卷(四至十一)

330000－4730－0000120　集/别集/199　集部/戲劇類/總集之屬/傳奇

玉獅堂傳奇十種　（清）陳烺撰　民國石印本　一册　存一種

330000－4730－0000121　集/詩文評/191　集部/總集類/選集之屬/通代

評註昭明文選十五卷首一卷葉星衛附註一卷　（清）于光華輯　民國上海掃葉山房石印本　二册　存二卷（十、十四）

330000－4730－0000122　集/總集/170　集部/總集類/選集之屬/通代

言文一貫古文觀止十二卷　文明書局編　民國上海文明書局石印本　四册　缺六卷（一、四至五、八、十一至十二）

330000－4730－0000123　集/總集/175　集部/總集類/選集之屬/通代

古文觀止十二卷　（清）吳乘權　（清）吳大職輯　民國上海天寶書局石印本　二册　存四卷（五至八）

330000－4730－0000125　集/總集/153　集部/總集類/選集之屬/通代

評選古詩源十四卷　（清）沈德潛輯　民國上海鴻章書局石印本　四册

330000－4730－0000126　集/别集/151　集部/别集類/唐五代别集

玉谿生詩詳註六卷首一卷　（唐）李商隱撰　（清）馮浩注　民國十九年（1930）崇古山房石印本　七册

330000－4730－0000129　集/總集/175－1　集部/總集類/選集之屬/通代

古文觀止十二卷　（清）吳乘權　（清）吳大職輯　民國上海天寶書局石印本　一册　存二卷（五至六）

330000－4730－0000130　集/别集/148　集部/總集類/氏族之屬

三蘇文集四十四卷　（清）邵希雍輯　民國元年（1912）上海會文學社石印本　八册

330000－4730－0000131　集/總集/142　集部/總集類/選集之屬/通代

歷代詩文評註讀本　王文濡編　民國上海文明書局鉛印本　一册　存一種

330000－4730－0000132　集/總集/142－1　集部/總集類/選集之屬/通代

歷代詩文評註讀本　王文濡編　民國上海文明書局鉛印本　三册　存一種

330000－4730－0000133　集/總集/73、167　集部/總集類/選集之屬/通代

增批古文觀止十二卷　（清）吳乘權　（清）吳大職評註　民國石印本　六册

330000－4730－0000134　集/總集/144　集部/總集類/選集之屬/斷代

唐文評註讀本二卷　王文濡評選　張廷華　沈鎔　郭希汾註釋　民國上海文明書局鉛印本　一册　存一卷（上）

330000－4730－0000136　集/别集/159　集部/别集類/清别集

曾文正公詩集一卷文集三卷　（清）曾國藩撰　民國二十年（1931）上海埽葉山房石印本　一册　存一卷（詩集）

330000－4730－0000137　集部/别集/140　集部/别集類/清别集

笠翁一家言全集十六卷　（清）李漁撰　民國上海會文堂書局石印本　十二册

330000－4730－0000138　集/别集/52、178　類叢部/叢書類/自著之屬

隨園三十六種　（清）袁枚撰　民國二年（1913）上海中華圖書館鉛印本　十一册　存十二種

330000－4730－0000139　集/别集/195　集部/詩文評類

南野堂筆記十二卷　（清）吳文溥撰　民國石印本　二册　存六卷（四至九）

330000－4730－0000140　集/總集/203　集部/總集類/選集之屬/通代

十八家詩鈔二十八卷首一卷　（清）曾國藩輯　民國上海商務印書館鉛印本　一册　存二

卷(三至四)

330000－4730－0000141　集/詞曲類/188　集部/戲劇類/傳奇之屬

李笠翁十種曲　(清)李漁撰　民國上海朝記書莊石印本　一冊　存一種

330000－4730－0000146　經/小學/108　經部/小學類/文字之屬/說文

說文解字十五卷標目一卷　(漢)許慎撰　(宋)徐鉉等校定　民國十年(1921)上海廣華書局石印本　四冊

330000－4730－0000153　經/禮類/15、142　類叢部/叢書類/彙編之屬

四部備要　中華書局編　民國二十五年(1936)上海中華書局鉛印本(經義考卷二百八十六、二百九十九至三百,東塾讀書記卷十三至十四、十七至二十、二十二至二十五原缺)　八冊　存一種

330000－4730－0000154　經/春秋類/19　經部/春秋左傳類/傳說之屬

春秋左傳五十卷　(晉)杜預　(宋)林堯叟註釋　(唐)陸德明音義　民國二十二年(1933)上海商務印書館鉛印本　九冊　存三十七卷(一至三、九至十七、二十二至三十三、三十八至五十)

330000－4730－0000155　經/春秋類/20　經部/春秋左傳類/傳說之屬

春秋左傳五十卷　(晉)杜預　(宋)林堯叟註釋　(唐)陸德明音義　民國上海商務印書館石印本　九冊　缺十四卷(一至十、三十四至三十七)

330000－4730－0000157　經/詩經/29、60　經部/詩類/傳說之屬

詩經集傳八卷　(宋)朱熹撰　民國商務印書館鉛印本　四冊

330000－4730－0000158　經/詩經/28、29、60　經部/詩類/傳說之屬

詩經集傳八卷　(宋)朱熹撰　民國商務印書館鉛印本　四冊

330000－4730－0000159　經/詩經/60　經部/詩類/傳說之屬

詩經集傳八卷　(宋)朱熹撰　民國商務印書館鉛印本　一冊　存二卷(一至二)

330000－4730－0000164　經/詩/112　經部/詩類/傳說之屬

詩經集傳八卷　(宋)朱熹撰　民國六年(1917)上海共和書局石印本　四冊

330000－4730－0000165　經/詩經/113　經部/詩類/傳說之屬

詩經集傳八卷　(宋)朱熹撰　民國四年(1915)中華書局鉛印本　一冊　存三卷(六至八)

330000－4730－0000166　經/詩/112－1　經部/詩類/傳說之屬

詩經集傳八卷　(宋)朱熹撰　民國六年(1917)上海共和書局石印本　一冊　存二卷(一至二)

330000－4730－0000167　經/詩/112－2　經部/詩類/傳說之屬

詩經集傳八卷　(宋)朱熹撰　民國石印本　四冊

330000－4730－0000180　經/四書/48、139、140　類叢部/叢書類/自著之屬

船山遺書六十六種附一種　(清)王夫之撰　民國二十二年(1933)上海太平洋書店鉛印本　二十三冊　存九種

330000－4730－0000181　經/春秋類/111　經部/春秋左傳類/傳說之屬

春秋左傳句解六卷　(清)韓菼重訂　民國三年(1914)上海商務印書館鉛印本　六冊

330000－4730－0000184　經/春秋類/111－1　經部/春秋左傳類/傳說之屬

春秋左傳句解六卷　(清)韓菼重訂　民國三年(1914)上海商務印書館鉛印本　四冊　缺二卷(一、四)

330000－4730－0000185　經/春秋類/111－2　經部/春秋左傳類/傳說之屬

春秋左傳句解六卷　(清)韓菼重訂　民國三年(1914)上海商務印書館鉛印本　四冊　缺二卷(一、五)

330000－4730－0000187　經/四書/117　經部/四書類/總義之屬/傳說
新註四書白話解說三十六卷　江希張注　民國十五年(1926)上海書業公所石印本　十四冊

330000－4730－0000192　經/書類/124　經部/書類/傳說之屬
書經集傳六卷　(宋)蔡沈撰　民國上海久敬齋石印本　三冊　存四卷(一至四)

330000－4730－0000193　經/四書/122　經部/四書類/總義之屬/傳說
銅版四書集註　(宋)朱熹集註　民國上海錦章圖書局石印本　三冊　存三種

330000－4730－0000195　經/四書/122－2　經部/四書類/總義之屬/傳說
銅版四書集註　(宋)朱熹集註　民國石印本　五冊　缺五卷(論語一至五)

330000－4730－0000196　經/書/93　經部/書類/傳說之屬
書集傳六卷　(宋)蔡沈撰　民國商務印書館鉛印本　二冊

330000－4730－0000215　經/小學/132　類叢部/類書類/專類之屬
詩韻合璧五卷　(清)許時庚輯　**虛字韻藪一卷**　(清)潘維城輯　民國鉛印本　五冊

330000－4730－0000218　經/小學/151　史部/金石類/金之屬/文字
歷代鐘鼎彝器欵識二十卷　(宋)薛尚功撰　民國十四年(1925)上海文瑞樓書局等石印本　二冊　存八卷(一至四、十七至二十)

330000－4730－0000243　經/易經/125　經部/易類/傳說之屬
周易四卷　民國石印本　一冊　缺一卷(一)

330000－4730－0000244　經/四書/84　經部/四書類/總義之屬/傳說
四書集註十九卷　(宋)朱熹撰　民國上海鑄記書棧石印本　一冊　存二卷(大學、中庸)

330000－4730－0000248　經/孝經/131　經部/孝經類/傳說之屬
孝經白話解說一卷　朱領中撰　民國二十年(1931)上海宏大善書局石印本　一冊

330000－4730－0000251　經/小學/118　經部/小學類/音韻之屬/韻書
考正詞韻二卷攷正白香詞譜一卷　顧佛影撰　民國石印本　二冊

330000－4730－0000264　經/禮/163　類叢部/類書類/專類之屬
潛龍讀書表十二卷　陳電飛編　民國石印本　一冊　存一卷(六)

330000－4730－0000265　經/易經/158　經部/易類/正文之屬
明道易經十二卷　(清)敦厚老人註　民國刻本　一冊　存一卷(五)

330000－4730－0000266　經/春秋/111－3　經部/春秋左傳類/傳說之屬
春秋左傳句解六卷　(清)韓菼重訂　民國鉛印本　一冊　存一卷(三)

330000－4730－0000267　經/四書/122－3　經部/四書類/總義之屬/傳說
殿版四書集註十九卷　(宋)朱熹撰　民國石印本　一冊　存三卷(孟子集註一至三)

330000－4730－0000269　經/四書/77　經部/四書類/孟子之屬
孟子講義二卷　夏震武撰　民國刻本　二冊

330000－4730－0000271　經/四書/90　子部/儒家類/儒學之屬/經濟
大學衍義講授二卷　夏震武撰　民國九年(1920)開封新民社石印本　一冊　存一卷(上)

330000－4730－0000282　集/别集/152　集部/别集類/清别集

金聖歎全集八卷 (清)金人瑞撰 民國石印本 六冊 缺一卷(一)

330000－4730－0000283 集/别集/139 集部/别集類/清别集

笠翁一家言全集十六卷 (清)李漁撰 民國石印本 四冊 存七卷(三至四、十,笠翁偶集一至二、五至六)

330000－4730－0000284 集/詩文評類/154 集部/總集類/選集之屬/通代

詳訂古文評註全集十卷 (清)過珙 (清)黄越選評 民國石印本 五冊 缺五卷(一、六、八至十)

330000－4730－0000286 集/别集/147 類叢部/叢書類/自著之屬

六如居士全集四種 (明)唐寅撰 民國石印本 二冊 存一種

330000－4730－0000287 集/别集/147－1 類叢部/叢書類/自著之屬

六如居士全集四種 (明)唐寅撰 民國四年(1915)上海廣益書局石印本 三冊 存三種

330000－4730－0000303 集/别集/27 集部/别集類/宋别集

岳忠武王文集八卷附録一卷 (宋)岳飛撰 (清)黄邦寧纂修 民國石印本 二冊 缺四卷(一至四)

330000－4730－0000304 集/别集/29 集部/别集類

章太炎文鈔五卷 章炳麟撰 民國石印本 二冊 存三卷(三至五)

330000－4730－0000305 集/别集/16 集部/别集類/宋别集

水心先生文集二十九卷 (宋)葉適撰 (明)黎諒編集 民國上海商務印書館影印四部叢刊本 葉壽柏題記 四冊 缺十四卷(一至六、十五至十八、二十三至二十六)

330000－4730－0000308 集/詩文評類/49 集部/詩文評類/文評之屬

文心雕龍補注十卷 (南朝梁)劉勰撰 (清)黄叔琳注 (清)紀昀評 (清)李詳補注 民國十七年(1928)上海中原書局鉛印本 二冊 缺五卷(一至二、五至七)

330000－4730－0000312 集/别集/200 集部/别集類/明别集

甫田集三十六卷 (明)文徵明撰 民國鉛印本 一冊 存四卷(四至七)

330000－4730－0000316 集/别集/168 集部/别集類/清别集

人境廬詩草箋注十一卷補遺一卷 (清)黄遵憲撰 錢萼孫箋注 **嘉應黄先生[遵憲]墓誌銘一卷** 梁啓超撰 **黄公度先生[遵憲]年譜一卷** 錢萼孫撰 **詩話二卷** 錢萼孫輯 民國二十五年(1936)上海商務印書館鉛印本 二冊 存八卷(一至八)

330000－4730－0000317 集/别集/180、212 集部/詩文評類/詩評之屬

隨園詩話十六卷補遺十卷 (清)袁枚撰 民國上海掃葉山房石印本 三冊 缺十三卷(一至四、九至十二,補遺一至五)

330000－4730－0000318 集/别集/185 集部/别集類/清别集

新體廣註小倉山房尺牘八卷 (清)袁枚撰 (清)胡光斗箋釋 (清)徐楨增註 民國石印本 一冊 缺六卷(一至四、七至八)

330000－4730－0000319 集/總集/171 集部/總集類/選集之屬/通代

新體廣註古文觀止十二卷 (清)吳乘權 (清)吳大職輯 黄築巖 劉再蘇註釋 民國二十三年(1934)上海世界書局石印本 一冊 存二卷(五至六)

330000－4730－0000322 集/總集/167－3 集部/總集類/選集之屬/通代

古文觀止十二卷 (清)吳乘權 (清)吳大職輯 民國石印本 五冊 缺二卷(一至二)

330000－4730－0000323 集/總集/174 集部/總集類/選集之屬/通代

古文觀止十二卷 (清)吳乘權 (清)吳大職

輯　民國上海文明書局石印本　一冊　存二卷(十一至十二)

330000－4730－0000327　集/總集/172　集部/總集類/選集之屬/通代

古文觀止十二卷　(清)吳乘權　(清)吳大職輯　民國商務印書館鉛印本　一冊　存四卷(三至六)

330000－4730－0000340　經/小學/136　類叢部/類書類/專類之屬

詩韻合璧五卷　(清)許時庚輯　**虛字韻藪一卷**　(清)潘維城輯　民國上海錦章圖書局石印本　一冊　存一卷(二)

330000－4730－0000341　經/小學/133　經部/小學類/音韻之屬/韻書

新編詩韻全璧五卷初學檢韻一卷　(清)湯祥瑟原輯　華鋸重編　民國章氏福記石印本　二冊　存二卷(三、初學檢韻)

330000－4730－0000349　經/小學/132－1　類叢部/類書類/專類之屬

詩韻合璧五卷　(清)許時庚輯　**虛字韻藪一卷**　(清)潘維城輯　民國鉛印本　三冊　缺二卷(二、四)

330000－4730－0000357　史/正史/2、168　史部/紀傳類/正史之屬

史記一百三十卷　(漢)司馬遷撰　(南朝宋)裴駰集解　(唐)司馬貞索隱　(唐)張守節正義　**補史記一卷**　(唐)司馬貞撰并注　民國中華圖書館影印本　二十冊　缺二十七卷(六至七、三十四至三十九、九十三至一百三、一百十八至一百二十五)

330000－4730－0000359　史/正史/6　史部/紀傳類/正史之屬

後漢書一百二十卷　(南朝宋)范曄撰　(唐)李賢注　民國十一年(1922)上海掃葉山房石印本　二十一冊　缺十六卷(六十二至六十七、七十二至八十一)

330000－4730－0000369　史/編年/51、162　史部/編年類/通代之屬

增修補註歷代通鑑輯覽一百四十卷　王文濡等撰　民國七年(1918)文明書局鉛印本　六十二冊　缺五卷(四至六、五十一至五十二)

330000－4730－0000370　史/編年/51－1、162－1　史部/編年類/通代之屬

增修補註歷代通鑑輯覽一百四十卷　王文濡等撰　民國七年(1918)文明書局鉛印本　四十二冊　缺四十九卷(一至九、十八至二十四、三十二至五十六、六十五至六十六、八十七至八十八、一百二十八至一百二十九、一百三十七至一百三十八)

330000－4730－0000375　史/編年/57　史部/編年類/通代之屬

綱鑑易知錄九十二卷明鑑易知錄十五卷　(清)吳乘權　(清)周之炯　(清)周之燦輯　民國五年(1916)上海商務印書館鉛印本　十二冊　缺三十六卷(七至二十一、四十一至四十六、八十五至九十二,明鑑一至七)

330000－4730－0000376　史/編年/57－1　史部/編年類/通代之屬

綱鑑易知錄九十二卷明鑑易知錄十五卷　(清)吳乘權　(清)周之炯　(清)周之燦輯　民國五年(1916)上海商務印書館鉛印本　一冊　存六卷(五十三至五十八)

330000－4730－0000377　史/編年/58、184　史部/編年類/通代之屬

尺木堂綱鑑易知錄九十二卷明鑑易知錄十五卷　(清)吳乘權　(清)周之炯　(清)周之燦輯　民國八年(1919)上海錦章圖書局石印本　十四冊　存六十三卷(一至三、十四至二十二、二十七至五十四、六十至六十九、七十五至七十八、八十四至九十二)

330000－4730－0000381　史/正史/7、185　史部/紀傳類/正史之屬

三國志六十五卷　(晉)陳壽撰　(南朝宋)裴松之注　民國中華圖書館石印本　四冊　缺四十四卷(魏志一至二十,吳志一至四、十至十四,蜀志一至十五)

330000－4730－0000388　史/詔令奏議/94、

164　集部/總集類/選集之屬/斷代
皇朝經世文編一百二十卷姓名總目二卷（清）賀長齡輯　民國鉛印本　十六册　缺四十一卷（一至十四、二十至三十九、一百十六至一百二十，姓名總目一至二）

330000－4730－0000395　史/傳記/105、203　史部/傳記類/總傳之屬/仕宦
歷代名臣言行錄二十四卷（清）朱桓輯　民國上海會文堂鉛印本　八册

330000－4730－0000400　史/傳紀/109　史部/傳記類/別傳之屬/事狀
晏子[嬰]春秋七卷　晏子春秋音義二卷（清）孫星衍撰　**晏子春秋校勘二卷**（清）黄以周撰　民國上海掃葉山房石印本　三册　缺七卷（一至七）

330000－4730－0000403　史/史評/111、191　史部/史評類/史論之屬
歷代史論十二卷附宋史論三卷元史論一卷（明）張溥撰　**明史論**（清）谷應泰論正　**左傳史論二卷**（清）高士奇撰　民國十三年（1924）上海掃葉山房影印本　八册

330000－4730－0000411　史/編年/166　史部/編年類/通代之屬
鼎鍥趙田了凡袁先生編纂古本歷史大方綱鑑補三十九卷首一卷（明）袁黄纂　**御撰資治通鑑綱目三編二十卷**（清）張廷玉等編　民國石印本　十册　存十一卷（綱鑑補首、一至九，三編一）

330000－4730－0000414　史/政書/188　史部/政書類/律令之屬/判牘
樊山判牘四卷　樊增祥撰　民國法政講習所石印本　四册

330000－4730－0000415　史/政書/188－1　史部/政書類/律令之屬/判牘
樊山判牘續編四卷　樊增祥撰　民國大同書局石印本　一册　存一卷（四）

330000－4730－0000416　史/政書/187　史部/政書類/律令之屬/判牘
樊山政書二十卷　樊增祥撰　民國上海政學社石印本　七册　存十四卷（一至二、五至八、十三至二十）

330000－4730－0000420　史/201　子部/術數類/陰陽五行之屬
欽定協紀辨方書三十六卷（清）允祿（清）張照等纂修　民國石印本　五册　存二十一卷（七至十、二十至三十六）

330000－4730－0000422　史/178　史部/傳記類/總傳之屬/列女
繪圖典故列女全傳四卷（清）李光明校　民國九年（1920）掃葉山房石印本　四册

330000－4730－0000423　史/178－1　史部/傳記類/總傳之屬/列女
繪圖典故列女全傳四卷（清）李光明校　民國九年（1920）掃葉山房石印本　一册

330000－4730－0000424　史/傳記/179　史部/傳記類/總傳之屬/列女
列女傳八卷（漢）劉向撰（清）梁端校注　民國石印本　一册　存二卷（五至六）

330000－4730－0000427　史/傳記/180　子部/藝術類/書畫之屬/畫譜
任渭長先生畫傳四種（任渭長四種）（清）任熊繪　民國四年（1915）上海錦文堂書局石印本　一册　存一種

330000－4730－0000432　史/190/史評　史部/史評類/史論之屬
讀史論畧一卷（清）杜詔撰　民國石印本　一册

330000－4730－0000433　史/189　史部/傳記類/總傳之屬/技藝
箬溪藝人徵畧四卷附錄一卷　王修輯　民國長興王氏刻本　二册

330000－4730－0000434　史/176　史部/傳記類/別傳之屬/年譜
韓湘巖先生[錫胙]年譜二卷附錄一卷　劉耀東纂　民國三十六年（1947）啟後亭鉛印本　一册

330000－4730－0000439　史/186　集部/小說類/長篇之屬

增像全圖東周列國志二十七卷一百八回　(清)蔡奡評點　民國上海中新書局鉛印本　一冊　存二卷(十二至十三)

330000－4730－0000441　史/地理/149　集部/别集類/清别集

名山藏副本初集二卷贈言集一卷　(清)齊周華撰　民國九年(1920)杭州武林印書館鉛印本　一冊　存一卷(一)

330000－4730－0000442　史/地理/147　史部/地理類/山川之屬/山志

南田山志十四卷首一卷　劉燿東撰　民國二十四年(1935)啓後亭鉛印本　一冊　存五卷(六至十)

330000－4730－0000443　史/144　史部/傳記類/别傳之屬/墓誌

魯詠安先生[滌平]榮哀錄二輯　邵力子等撰　民國鉛印本　一冊　存下輯

330000－4730－0000444　史/142　史部/傳記類/總傳之屬/忠孝

浙江孝節錄初集二卷　張大庚　王昌杰編　民國二十四年(1935)明善書局石印本　一冊　存一卷(一)

330000－4730－0000449　子/儒家/1、225　子部/叢編

六子全書　(明)顧春輯　民國三年(1914)右文社據明嘉靖十二年(1533)吳郡顧氏世德堂刻本影印本　四冊　存一種

330000－4730－0000453　子/儒家/160　子部/儒家類/儒學之屬/性理

近思錄集說十四卷　管贊程撰　民國浙江印刷所鉛印本　三冊　存九卷(一至四、十至十四)

330000－4730－0000454　子/儒家/4　子部/儒家類/儒學之屬/性理

近思錄集注十四卷考訂朱子世家一卷　(清)江永撰　**校勘記一卷**　(清)王炳撰　民國上海掃葉山房石印本　一冊　缺十四卷(一至十四)

330000－4730－0000459　子/16　子部/藝術類/篆刻之屬/印論

篆刻鍼度八卷　(清)陳克恕撰　民國上海朝記書莊石印本　二冊

330000－4730－0000463　子/儒家/12　類叢部/叢書類/彙編之屬

四部叢刊　張元濟等編　民國二十五年(1936)上海商務印書館影印本　五冊　存二種

330000－4730－0000465　子/法家/8　子部/叢編

百子全書　(清)崇文書局編　民國八年(1919)上海掃葉山房石印本　五冊　存一種

330000－4730－0000470　子/醫家/21、248　子部/醫家類/本草之屬/歷代綜合本草

本草綱目五十二卷圖三卷奇經八脈攷二卷　(明)李時珍撰　**本草萬方鍼線八卷**　(清)蔡烈先輯　**本草綱目拾遺十卷**　(清)趙學敏輯　民國二年(1913)上海商務印書館石印本　十九冊　缺五卷(本草綱目二十八至三十二)

330000－4730－0000471　子/148　子部/雜著類/雜纂之屬

洪容齋筆記七十四卷首一卷　(宋)洪邁撰　民國十七年(1928)上海掃葉山房石印本　十冊

330000－4730－0000472　子/醫家/21　子部/醫家類/本草之屬/歷代綜合本草

本草綱目五十二卷圖三卷奇經八脈攷二卷　(明)李時珍撰　**本草萬方鍼線八卷**　(清)蔡烈先輯　**本草綱目拾遺十卷**　(清)趙學敏輯　民國石印本　三冊　存十二卷(本草綱目二至三、七至十、四十七至五十二)

330000－4730－0000476　子/226　子部/墨家類

墨子十五卷目一卷篇目考一卷　(清)畢沅校注並撰　民國三年(1914)上海掃葉山房石印

本　一册　存四卷(一至四)

330000－4730－0000478　子/124　子部/道家類

列子八卷　(晉)張湛注　(唐)殷敬順釋文　民國九年(1920)上海掃葉山房石印本　二册

330000－4730－0000479　子/雜家/155　類叢部/叢書類/彙編之屬

涵芬樓祕笈五十一種　孫毓修等輯　民國五年至十五年(1916－1926)上海商務印書館影印本暨鉛印本　一册　存一種

330000－4730－0000481　子/醫家/55、247　子部/醫家類/本草之屬/歷代綜合本草

本草綱目五十二卷圖一卷瀕湖脉學一卷奇經八脉攷一卷脉訣攷證一卷　(明)李時珍撰　**本草萬方鍼線八卷**　(清)蔡烈先輯　**本草綱目拾遺十卷**　(清)趙學敏輯　民國石印本　二册　存十二卷(本草綱目四至九、四十七至五十二)

330000－4730－0000485　史/傳記/143　類叢部/叢書類/郡邑之屬

續金華叢書六十種　胡宗楙編　民國十三年(1924)永康胡氏夢選樓刻本　一册　存一種

330000－4730－0000487　子/醫家/23　子部/醫家類/婦科之屬/通論

濟陰綱目十四卷　(明)武之望　(明)金德生撰　(清)汪淇箋釋　民國石印本　二册　存六卷(五至七、十至十二)

330000－4730－0000489　子/醫家/25　子部/醫家類/醫經之屬/内經

補注黄帝内經素問二十四卷靈樞十二卷　(唐)王冰注　(宋)林億等校正　(宋)孫兆重改誤　**黄帝内經素問遺篇一卷**　(宋)劉溫舒撰　民國上海廣益書局石印本　一册　存十四卷(素問一至十四)

330000－4730－0000490　子/28　子部/醫家類/方書之屬/單方驗方

丹溪心法附餘二十四卷首一卷　(明)方廣輯　民國九年(1920)浙沼墨潤堂石印本　七册　存十六卷(首、五至十九)

330000－4730－0000492　子/醫家/27－1　子部/醫家類/本草之屬/本草藥性

珍珠囊指掌補遺藥性賦四卷　(金)李杲編輯　(清)王子接重訂　**雷公炮製藥性解六卷**　(清)李中梓編輯　(清)王子接重訂　民國共和書局石印本　一册

330000－4730－0000494　子/醫家/26　子部/醫家類/本草之屬/本草藥性

珍珠囊指掌補遺藥性賦四卷　(金)李杲編輯　(清)王子接重訂　**雷公炮製藥性解六卷**　(清)李中梓編輯　(清)王子接重訂　民國上海商務印書館鉛印本　一册　缺四卷(珍珠囊指掌補遺藥性賦一至四)

330000－4730－0000497　子/醫家/29　子部/醫家類/醫話醫論之屬

醫門法律六卷尚論篇四卷首一卷後篇四卷寓意草一卷　(清)喻昌撰　民國上海錦章圖書局石印本　一册　存二卷(醫門法律一至二)

330000－4730－0000498　子/醫家/30　子部/醫家類/綜合之屬/通論

御纂醫宗金鑑九十卷首一卷　(清)吳謙等撰　民國八年(1919)上海鴻寶齋石印本　十一册　缺三十六卷(内科一至三、十七至二十、三十至四十四、五十一至五十四,外科一至十)

330000－4730－0000499　子/31　子部/醫家類/綜合之屬/通論

醫宗金鑑九十卷首一卷　(清)吳謙等撰　民國上海廣益書局石印本　九册　缺五十二卷(首,八至二十九、三十九至四十四、五十一至六十三、六十九至七十四,外科三至六)

330000－4730－0000500　子/醫家/30－1　子部/醫家類/綜合之屬/通論

御纂醫宗金鑑九十卷首一卷　(清)吳謙等撰　民國上海鴻寶齋石印本　六册　缺六十六卷(内科一至四十四、六十七至七十四,外科三至十六)

330000－4730－0000502　子/醫家/30－3　子部/醫家類/綜合之屬/通論

御纂醫宗金鑑九十卷首一卷　(清)吳謙等撰　民國石印本　六册　缺六十一卷(内科一至十六、二十一至二十三、四十五至五十四、五十九至七十四,外科一至十六)

330000－4730－0000503　子/32　子部/醫家類/外科之屬/通論

瘍醫大全四十卷　(清)顧世澄纂輯　民國上海錦章圖書局石印本　十六册

330000－4730－0000504　子/醫家/33　子部/醫家類/綜合之屬/通論

醫學心悟六卷　(清)程國彭撰　民國上海錦章書局石印本　二册

330000－4730－0000505　子/醫家/33－1　子部/醫家類/綜合之屬/通論

醫學心悟六卷　(清)程國彭撰　民國上海鑄記書局石印本　一册

330000－4730－0000507　子/33－4　子部/醫家類/綜合之屬/通論

醫學心悟六卷　(清)程國彭撰　民國石印本　一册

330000－4730－0000508　子/33－3　子部/醫家類/綜合之屬/通論

醫學心悟六卷　(清)程國彭撰　民國石印本　一册

330000－4730－0000512　子/36　子部/醫家類/針灸之屬/通論

鍼灸甲乙經十二卷　(晉)皇甫謐撰　民國十二年(1923)上海中原書局石印本　四册

330000－4730－0000514　子/醫家/30－4　子部/醫家類/綜合之屬/通論

御纂醫宗金鑑九十卷首一卷　(清)吳謙等撰　民國上海鴻寶齋石印本　一册　存六卷(内科四十五至五十)

330000－4730－0000516　子/51　子部/醫家類/溫病之屬/瘟疫

加批時病論八卷　(清)雷豐撰　陳秉鈞批　民國二十二年(1933)上海廣益書局石印本　一册　存二卷(五至六)

330000－4730－0000517　子/醫家/37　子部/醫家類/類編之屬

六科準繩　(明)王肯堂撰　民國石印本　十八册　缺十卷(外科準繩一至二、女科準繩一至三、證治準繩一至四、雜病證治類方一)

330000－4730－0000518　子/53　子部/醫家類/方書之屬/單方驗方

全圖驗方新編一卷　(清)送元室主人輯並繪圖　民國十三年(1924)上海中國第一書局鉛印本　一册

330000－4730－0000519　子/醫家/52　子部/醫家類/方書之屬/成方藥目

丸散膏丹自製法不分卷　陸士諤編　民國上海中華新教育社石印本　一册

330000－4730－0000522　子/醫家/54　子部/醫家類/兒科之屬

福幼編一卷遂生編一卷廣生編一卷　(清)莊一夔撰　民國三十二年(1943)石印本　一册

330000－4730－0000523　子/醫家/61　子部/醫家類/醫話醫論之屬

格致餘論一卷局方發揮一卷　(元)朱震亨撰　(明)吳中衍校　**外科精義二卷**　(元)齊德之纂集　(明)吳勉學校正　民國石印本　一册

330000－4730－0000525　子/醫家/43　子部/醫家類/方書之屬/單方驗方

增評醫方集解二十三卷增補本草備要八卷重校舊本湯頭歌訣一卷　(清)汪昂撰　民國元年(1912)上海同文書局石印本　一册　存九卷(一至九)

330000－4730－0000526　子/醫家/239　子部/醫家類/方書之屬/單方驗方

增評醫方集解二十三卷增補本草備要八卷重校舊本湯頭歌訣一卷　(清)汪昂撰　民國三年(1914)上海共和書局石印本　一册　存二十三卷(一至二十三)

330000－4730－0000527　子/醫家/43－1
子部/醫家類/方書之屬/單方驗方
增評醫方集解二十三卷本草備要八卷　(清)汪昂撰　民國石印本　二冊　存十四卷(十至二十三)

330000－4730－0000529　子/醫家/73－1
子部/醫家類/綜合之屬/通論
古吳童氏重校醫宗必讀十卷　(清)李中梓撰　民國上海蔣春記書局石印本　一冊　存二卷(一至二)

330000－4730－0000530　子/醫家/73－2
子部/醫家類/綜合之屬/通論
古吳童氏重校醫宗必讀十卷　(清)李中梓撰　民國石印本　一冊　存六卷(五至十)

330000－4730－0000531　子/醫家/91　子部/醫家類/外科之屬/通論
瘍醫大全四十卷　(清)顧世澄纂輯　民國六年(1917)上海錦章書局石印本　八冊　缺二十二卷(十五至十七、二十至二十三、二十六至四十)

330000－4730－0000533　子/醫家/44、68
子部/醫家類/類編之屬
徐靈胎先生醫書十六種　(清)徐大椿撰　民國十一年(1922)上海錦文堂書局石印本　二冊　存二種

330000－4730－0000534　子/醫家/50　子部/醫家類/本草之屬/歷代綜合本草
本草從新十八卷　(清)吳儀洛輯　民國上海蔣春記書莊石印本　二冊　存七卷(一至三、十至十三)

330000－4730－0000535　子/醫家/50－1
子部/醫家類/本草之屬/歷代綜合本草
本草從新十八卷　(清)吳儀洛輯　民國上海鑄記書局石印本　一冊　存六卷(四至九)

330000－4730－0000536　子/醫家/50－2
子部/醫家類/本草之屬/歷代綜合本草
本草從新十八卷　(清)吳儀洛輯　民國石印本　一冊　存四卷(十至十三)

330000－4730－0000537　子/醫家/83　子部/醫家類/方書之屬/單方驗方
重訂驗方新編十八卷　(清)鮑相璈等輯　民國三年(1914)錦章圖書局石印本　一冊　存三卷(一至三)

330000－4730－0000539　子/醫家/83－2
子部/醫家類/方書之屬/單方驗方
重訂驗方新編十八卷　(清)鮑相璈等輯　民國元年(1912)上海鴻寶齋書局石印本　一冊　存二卷(九至十)

330000－4730－0000540　子/醫家/83－3
子部/醫家類/方書之屬/單方驗方
重訂驗方新編十八卷　(清)鮑相璈等輯　民國元年(1912)上海鴻寶齋書局石印本　一冊　存二卷(九至十)

330000－4730－0000541　子/醫家/83－4
子部/醫家類/方書之屬/單方驗方
重訂驗方新編十八卷　(清)鮑相璈等輯　民國石印本　一冊　存十一卷(四至十四)

330000－4730－0000544　子/醫家/67　子部/醫家類/溫病之屬
時病論八卷　(清)雷豐撰　民國石印本　一冊

330000－4730－0000545　子/醫家/69　子部/醫家類/婦科之屬
達生編一卷　(清)亟齋居士撰　(清)汪家駒增訂　民國十五年(1926)上海宏大善書局石印本　一冊

330000－4730－0000546　子/醫家/84、112
子部/醫家類/內科之屬/其他內科病證
傅青主男科二卷女科二卷產後編二卷　(清)傅山撰　民國石印本　二冊

330000－4730－0000547　子/醫家/69－1
子部/醫家類/婦科之屬
達生編一卷　(清)亟齋居士撰　**婦科雜證一卷**　(清)文晟編　**引痘略一卷**　邱熺輯　(清)李汝霖補輯　**救迷良方**　(清)何其偉輯　民國石印本　一冊

330000－4730－0000548　子/70　子部/醫家類/綜合之屬/通論

新刊萬病回春八卷　（明）龔廷賢編　民國上海掃葉山房石印本　三冊　存三卷（二、四至五）

330000－4730－0000550　子/醫家/69－2　子部/醫家類/婦科之屬

達生編一卷　（清）亟齋居士撰　**婦科雜證一卷**　（清）文晟編　民國石印本　一冊

330000－4730－0000553　子/醫家/72　子部/醫家類/方書之屬/單方驗方

增補醫方一盤珠全集十卷　（清）洪金鼎纂　民國石印本　一冊　存三卷（八至十）

330000－4730－0000554　子/醫家/115　子部/醫家類/婦科之屬/通論

新編女科指掌五卷　（清）葉其蓁撰　民國上海海左書局石印本　一冊

330000－4730－0000555　子/116　子部/醫家類/兒科之屬/痘疹

引痘略一卷　（清）邱熺輯　（清）李汝霖補輯　**婦科雜證**　（清）文晟輯　**戒煙說理**　（清）繆仲茂撰　**達生編**　（清）亟齋居士編　民國石印本　一冊

330000－4730－0000556　子/醫家/113　子部/醫家類/婦科之屬/通論

竹林女科證治四卷　（清）竹林寺僧撰　民國石印本　一冊　存一卷（三）

330000－4730－0000557　子/118　子部/醫家類/推拿按摩外治之屬

推拿廣意二卷　（清）熊應雄輯　民國上海萃英書局石印本　一冊　存一卷（上）

330000－4730－0000564　子/231　子部/術數類/相宅相墓之屬

陽宅三要四卷　（清）趙廷棟撰　民國上海文益書局石印本　一冊

330000－4730－0000565　子/230　子部/術數類/相宅相墓之屬

陽宅三要四卷　（清）趙廷棟撰　民國鑄記書局石印本　一冊　存二卷（三至四）

330000－4730－0000566　子/小說/245　類叢部/叢書類/彙編之屬

唐代叢書（唐人說薈）　（清）陳世熙（一題王文誥）輯　民國上海掃葉山房石印本　三冊　存二十四種

330000－4730－0000567　子/小說/245－1　類叢部/叢書類/彙編之屬

唐人說薈一百六十四種　（清）陳世熙（一題王文誥）輯　民國二年（1913）上海掃葉山房石印本　十三冊　存一百三十三種

330000－4730－0000568　子/雜家/246、152　子部/雜著類/雜纂之屬

諸子文粹六十二卷續編十卷　李寶淦纂　民國鉛印本　十三冊　缺二十三卷（一至六、四十五至四十八、五十三至五十七，續編一至五、八至十）

330000－4730－0000569　子/術數/216　子部/術數類

新鐫曆法便覽象吉備要通書大全二十九卷　（清）魏鑑撰　民國上海廣益書局石印本　四冊　存十卷（三至六、九、十二至十三、十七至十九）

330000－4730－0000570　子/術數/216－1　子部/術數類

新鐫曆法便覽象吉備要通書大全二十九卷　（清）魏鑑撰　民國上海會文堂書局石印本　十一冊

330000－4730－0000571　子/術數/216－2　子部/術數類

新鐫曆法便覽象吉備要通書大全二十九卷　（清）魏鑑撰　民國上海校經山房、文瑞樓石印本　六冊　存十六卷（一至二、九至十、十四至二十五）

330000－4730－0000572　子/術數/216－3　子部/術數類

新鐫曆法便覽象吉備要通書大全二十九卷　（清）魏鑑撰　民國石印本　一冊　存一卷

（十一）

330000－4730－0000573　子/249　子部/雜著類

庸言一卷　果能子撰　民國鉛印本　一册

330000－4730－0000574　子/249－1　子部/雜著類

庸言一卷　果能子撰　民國鉛印本　一册

330000－4730－0000575　子/249－2　子部/雜著類

庸言一卷　果能子撰　民國鉛印本　一册

330000－4730－0000576　子/249－3　子部/雜著類

庸言一卷　果能子撰　民國鉛印本　一册

330000－4730－0000577　子/249－4　子部/雜著類

庸言一卷　果能子撰　民國鉛印本　一册

330000－4730－0000578　子/249－5　子部/雜著類

庸言一卷　果能子撰　民國鉛印本　一册

330000－4730－0000579　子/249－6　子部/雜著類

庸言一卷　果能子撰　民國鉛印本　一册

330000－4730－0000580　子/249－7　子部/雜著類

庸言一卷　果能子撰　民國鉛印本　一册

330000－4730－0000581　子/道家/214　子部/道家類

南華真經評註十卷　（明）歸有光輯　（明）文震孟訂　民國六年(1917)中華圖書館石印本　四册　缺二卷(三至四)

330000－4730－0000584　子/190　子部/宗教類/佛教之屬

迴龍師尊普度語錄二卷　（清）曾錢講　民國二十四年(1935)上海宣化書局鉛印本　二册

330000－4730－0000585　子/190－1　子部/宗教類/佛教之屬

迴龍師尊普度語錄二卷　（清）曾錢講　民國二十四年(1935)上海宣化書局鉛印本　一册　存一卷(下)

330000－4730－0000586　子/179　子部/宗教類/佛教之屬

金剛般若波羅蜜經一卷　民國三十七年(1948)雙百鹿齋刻本　一册

330000－4730－0000594　子/189　子部/雜著類

庸言一卷　果能子撰　民國鉛印本　一册

330000－4730－0000595　子/189－1　子部/雜著類

庸言一卷　果能子撰　民國鉛印本　一册

330000－4730－0000596　子/雜家/205　子部/雜著類/雜說之屬

東坡志林五卷　（宋）蘇軾撰　民國十四年(1925)鉛印明萬曆趙開美刻本　一册

330000－4730－0000599　子/道家/165　子部/道家類

新註道德經白話解說二卷　江希張注　民國九年(1920)刻本　二册

330000－4730－0000600　子/道家/165－1　子部/道家類

新註道德經白話解說二卷　江希張注　民國九年(1920)刻本　一册　缺一卷(下)

330000－4730－0000608　子/醫家/167　新學/醫學

病理學讀本二卷　浙江蘭谿中醫學校編　民國二十年(1931)浙江蘭谿中醫學校鉛印本　二册

330000－4730－0000632　子/釋家/175　子部/宗教類/佛教之屬/論疏

大乘起信論講義二卷　釋圓瑛述　民國鉛印本　一册　存一卷(上)

330000－4730－0000633　子/釋家/176　子部/儒家類/儒學之屬/禮教/鑑戒

人道大義錄不分卷　夏震武撰　夏成吉輯注　民國靈峰精舍鉛印本　一册

330000－4730－0000634　子/釋家/176－1　子部/儒家類/儒學之屬/禮教/鑑戒

人道大義錄不分卷　夏震武撰　夏成吉輯注　民國靈峰精舍鉛印本　一册

330000－4730－0000635　子/儒家/184　子部/儒家類/儒學之屬/俗訓

勸世白話文不分卷　黄慶瀾撰　民國上海廣益書局鉛印本　一册

330000－4730－0000637　子/釋家/192　子部/宗教類/道教之屬

天化錄二卷　宣平福善社編　民國宣平福善社刻本　一册　存一卷(二)

330000－4730－0000638　子/釋家/176－2　子部/儒家類/儒學之屬/禮教/鑑戒

人道大義錄不分卷　夏震武撰　民國十五年(1926)鉛印本　一册

330000－4730－0000642　子/185　子部/宗教類/佛教之屬/經

佛説無量壽經二卷　(三國魏)釋康僧鎧譯　民國十四年(1925)杭州佛學會石印本　一册　存一卷(上)

330000－4730－0000643　子/釋家/180　子部/宗教類/佛教之屬

佛學叢書口口種　丁福保輯　民國上海醫學書局鉛印本暨影印本　一册　存一種

330000－4730－0000646　子/228　子部/藝術類/音樂之屬/琴學

琴學入門二卷　(清)張鶴輯　民國上海中華圖書館石印本　一册　存一卷(下)

330000－4730－0000652　子/釋家/206　子部/宗教類/佛教之屬/諸宗

印光法師文鈔七卷附錄一卷　釋聖量撰　民國十三年(1924)上海商務印書館鉛印本　一册　缺六卷(一至五、附錄)

330000－4730－0000660　子/醫家/62　子部/醫家類/綜合之屬/通論

醫學從衆錄八卷　(清)陳念祖撰　民國石印本　一册　存四卷(五至八)

330000－4730－0000661　子/醫家/41　子部/醫家類/方書之屬/單方驗方

長沙方歌括六卷首一卷　(清)陳念祖撰　(清)陳蔚注　民國石印本　一册

330000－4730－0000664　子/醫家/45　子部/醫家類/傷寒金匱之屬/傷寒論

張仲景傷寒論原文淺註六卷　(漢)張機撰　(清)陳念祖集註　民國石印本　一册　存三卷(一至三)

330000－4730－0000665　子/醫家/42　子部/醫家類/綜合之屬

增補食物秘書一卷　**局方發揮一卷**　(清)朱彦脩撰　**海藏癍論萃英一卷**　(清)吳勉學校　**戒煙善後策一卷**　**濕熱條辨一卷**　(清)薛生白著　**醫案三十一條一卷**　**脉訣一卷**　(宋)崔嘉彦撰　民國石印本　一册

330000－4730－0000667　子/醫家/97　子部/醫家類/類編之屬

陳修園醫書　(清)陳念祖等撰　民國石印本　一册　存二種

330000－4730－0000668　子/醫家/97－1　子部/醫家類/類編之屬

陳修園醫書　(清)陳念祖等撰　民國石印本　一册　存二種

330000－4730－0000669　子/醫家/47　子部/醫家類/傷寒金匱之屬/傷寒論

傷寒醫訣串解六卷傷寒真方歌括六卷　(清)陳念祖撰　**十药神書注解一卷**　(清)葛可久編　(清)陳念祖註　民國石印本　一册　缺四卷(傷寒醫訣串解一至四)

330000－4730－0000670　子/醫家/48　子部/醫家類/傷寒金匱之屬/傷寒論

增注類證活人書二十二卷　(宋)朱肱撰　民國石印本　一册　存七卷(十六至二十二)

330000－4730－0000671　子/醫家/49　子部/醫家類/傷寒金匱之屬/金匱要略

金匱要略淺註十卷　(漢)張機撰　(清)陳念祖集註　民國石印本　一册　缺四卷(一至

四)

330000－4730－0000672　子/醫家/77　子部/醫家類/方書之屬/單方驗方

種福堂公選良方四卷　(清)葉桂撰　民國石印本　一冊　存一卷(三)

330000－4730－0000673　子/醫家/81－1　子部/醫家類/傷寒金匱之屬/金匱要略

金匱要略淺註十卷　(漢)張機撰　(清)陳念祖集註　民國石印本　一冊　存五卷(一至五)

330000－4730－0000674　子/醫家/86　子部/醫家類/醫經之屬/難經

校正圖註八十一難經四卷　(明)張世賢註　**校正圖註脈訣四卷**　(晉)王叔和撰　(明)張世賢註　**校正瀕湖脈學一卷奇經八脈考一卷**　(明)李時珍撰輯　民國上海章福記石印本　四冊　缺二卷(校正圖註八十一難經三至四)

330000－4730－0000675　子/醫家/85　子部/醫家類/醫經之屬/難經

校正圖註八十一難經四卷　(明)張世賢註　**校正圖註脈訣四卷**　(晉)王叔和撰　(明)張世賢註　**校正瀕湖脈學一卷奇經八脈考一卷**　(明)李時珍撰輯　民國鴻寶齋書局石印本　二冊　缺五卷(校正圖註八十一難經一至四、奇經八脈考)

330000－4730－0000681　子/藝術/213－2　子部/藝術類/書畫之屬/畫譜

百尺樓叢畫八卷　汪鑅繪　民國十一年(1922)朝記書莊石印本　一冊　存一卷(二)

330000－4730－0000682　子/藝術/213－4　子部/藝術類/書畫之屬/畫譜

海上名人畫譜六卷　民國石印本　一冊　存一卷(六)

330000－4730－0000708　集/103、104,子/202　類叢部/叢書類/郡邑之屬

括蒼叢書第二集十二種　劉燿東編　民國三十七年(1948)鉛印本　四冊　存四種

330000－4730－0000709　子/202－1、集/103－1　類叢部/叢書類/郡邑之屬

括蒼叢書第二集十二種　劉燿東編　民國三十七年(1948)鉛印本　二冊　存二種

330000－4730－0000713　集/詞曲/194、193、197、206　集部/戲劇類/雜劇之屬

元雜劇　民國影印本　四冊　存四種

330000－4730－0000716　子/醫家/80　子部/醫家類/傷寒金匱之屬

三才堂保和編一卷　張麟輯　民國抄本　一冊

330000－4730－0000718　集/83　集部/曲類

霓裳譜詠騰清不分卷　江士良輯　民國抄本　七冊

330000－4730－0000721　子/釋家/187　子部/宗教類/道教之屬

收圓醒迷錄二卷　空谷子編　民國二十九年(1940)鉛印本　一冊　存一卷(下)

330000－4730－0000728　子/釋家/197、196　類叢部/叢書類

勸輔壇三刊鸞書□□卷　龍游勸輔壇編　民國五年(1916)金華舊府前街金震東石印本　二冊　存二卷(三至四)

330000－4730－0000729　子/釋家/196－1　類叢部/叢書類

勸輔壇三刊鸞書□□卷　龍游勸輔壇編　民國五年(1916)金華舊府前街金震東石印本　一冊　存一卷(四)

330000－4730－0000730　子/釋家/199　類叢部/叢書類

勸輔壇四刊鸞書五卷　龍游勸輔壇編　民國八年(1919)龍游勸輔壇石印本　一冊　存一卷(四)

330000－4730－0000734　史/204　史部/地理類/方志之屬/郡縣志

[民國]松陽縣志十四卷首一卷末一卷　呂耀鈐　陳訓舒　秦豐元修　高煥然纂　高自珍測繪　丁光畫圖　民國十五年(1926)木活字

印本　三册　存二卷(二、十二)

330000－4730－0000735　史/205　史部/地理類/方志之屬/郡縣志
[民國]麗水縣志十四卷　李鍾嶽　李郁芬修　孫壽芝纂　民國十五年(1926)麗水啓明印刷所鉛印本　二册　存三卷(三、九至十)

330000－4730－0000737　史/207　史部/地理類/山川之屬/山志
南田山志十四卷首一卷　劉燿東撰　民國二十四年(1935)啓後亭鉛印本　二册　存八卷(首,一至五、十三至十四)

330000－4730－0000741　子/251　子部/藝術類/書畫之屬/法帖
滋蕙堂靈飛經一卷　(唐)鍾紹京書　民國二十四年(1935)上海文明書局影印本　一册

330000－4730－0000743　子/252　子部/藝術類/書畫之屬/法帖
譚延闓大楷枯樹賦一卷　譚延闓書　民國二十五年(1936)上海中華書局石印本　一册

330000－4730－0000744　經/167　經部/小學類/音韻之屬/注音
論孟準音學一卷　蘇州國文學社編　民國二十四年(1935)蘇州國文學社年石印本　一册

330000－4730－0000745　子/253　子部/藝術類/書畫之屬/法帖
金書小楷一卷　金雪錄書　民國二十四年(1935)中華書局影印本　一册

330000－4730－0000747　集/214　集部/總集類/選集之屬/通代
明清六才子文六卷　進步書局編輯所編　民國上海文明書局石印本　一册　存一卷(徐文長文)

330000－4730－0000748　子/254　子部/藝術類/書畫之屬/法帖
顔真卿竹山連句不分卷　(唐)顔真卿書　民國上海大衆書局影印本　一册

330000－4730－0000749　子/255　子部/藝術類/書畫之屬/法帖
漁家樂帖一卷　(清)鄭燮書　民國四年(1915)上海進步書局、文明書局影印本　一册

330000－4730－0000750　子/256　子部/藝術類/書畫之屬/畫録
白龍山人畫選一卷　王震繪　民國二十五年(1936)影印本　一册

330000－4730－0000751　子/257　子部/藝術類/書畫之屬/法帖
李鴻章書錢公墓志一卷　(清)李鴻章書　民國上海書局影印本　一册

330000－4730－0000752　子/258　子部/藝術類/書畫之屬/法帖
鄭板橋書城隍廟記一卷　(清)鄭燮書　民國上海文明書局石印本　一册

330000－4730－0000754　史/212　史部/金石類/石之屬/文字
魏墓誌三種合册不分卷　民國九年(1920)上海有正書局石印本　一册

330000－4730－0000755　史/213　史部/政書類/邦計之屬/賦稅
財政部核定浙江省統捐捐率不分卷　財政部編　民國鉛印本　一册

330000－4730－0000756　子/259　子部/雜著類
醒世詞一卷　道德説一卷　熊廣慧述　民國十三年(1924)浙江台州同善社刻本　一册

330000－4730－0000760　史/215　史部/地理類/水利之屬
永嘉膺符鎮水利商榷書一卷　民國同文印書館石印本　一册

330000－4730－0000761　史/216　史部/政書類/公牘檔册之屬
民國九年份辦理舊處屬災振徵信錄不分卷　民國麗水啟明鉛石印社石印本　一册

330000－4730－0000770　子/262　類叢部/

叢書類/彙編之屬

四部備要　中華書局編　民國二十五年(1936)上海中華書局鉛印本(經義考卷二百八十六、二百九十九至三百,東塾讀書記卷十三至十四、十七至二十、二十二至二十五原缺)　一册　存一種

330000－4730－0000771　子/153　類叢部/叢書類/自著之屬

船山遺書六十六種附一種　(清)王夫之撰　民國二十二年(1933)上海太平洋書店鉛印本　一册　存三種

330000－4730－0000775　史/140、146、159　類叢部/叢書類/自著之屬

崇雅堂叢書十四種　楊晨撰　民國二十五年(1936)楊紹翰鉛印本　五册　存六種

330000－4730－0000780　經部/169　經部/小學類/文字之屬/字書/字典

中華新字典初編十二卷續編十二卷檢字一卷　王文濡等編纂　民國四年(1915)上海中華圖書館、廣益書局石印本　六册

330000－4730－0000781　經部/170　經部/小學類/文字之屬/字書/字典

中華新字典初編十二卷續編十二卷檢字一卷　王文濡等編纂　民國石印本　六册

330000－4730－0000782　經部/171　經部/小學類/文字之屬/字書/字典

康熙字典十二集三十六卷等韻一卷檢字一卷辨似一卷備考一卷補遺一卷　(清)張玉書等纂修　民國九年(1920)上海昌文書局石印本　六册

330000－4730－0000785　子部/263　子部/醫家類/類編之屬

六科準繩　(明)王肯堂輯　民國石印本　九册　缺二十九卷(傷寒準繩一至四,外科準繩三至六,女科準繩四至五,證治準繩五至八,雜病證治類方二至八,幼科準繩一至六、八至九)

330000－4730－0000786　史/224　史部/史抄類

教科適用漢書精華八卷　中華書局編輯　民國中華書局鉛印本　六册　缺二卷(一、八)

330000－4730－0000787　集部/138　集部/總集類/選集之屬/通代

重訂古文釋義新編八卷　(清)余誠評註　民國上海江東書局石印本　三册　存三卷(三、五、七)

330000－4730－0000788　經部/174　經部/小學類/文字之屬/字書/字典

新編中華字典十二集十二卷總目一卷檢字一卷辨似一卷補遺一卷　許伏民等編　民國三年(1914)上海羣學社石印本　六册

330000－4730－0000789　經部/175　經部/小學類/文字之屬/字書/字典

分類辭源三十卷　世界書局編輯所編輯　民國十五年(1926)上海世界書局石印本　十一册

330000－4730－0000790　集部/139　集部/總集類/選集之屬/通代

新撰白話註解千家詩四卷笠翁韻對一卷詩品詳註一卷　黄朗軒譯註　民國上海中原書局石印本　四册　缺一卷(二)

330000－4730－0000791　集部/140　集部/總集類/選集之屬/斷代

註釋唐詩三百首六卷　(清)蘅塘退士手編　民國上海鴻寶齋書局石印本　三册　存三卷(二至四)

330000－4730－0000792　經部/176　經部/詩類/傳說之屬

詩經集傳八卷　(宋)朱熹撰　民國四年(1915)中華書局鉛印本　二册　存二卷(一、五)

330000－4730－0000793　經部/177　經部/書類/傳說之屬

書經集傳八卷　(宋)蔡沈撰　民國四年(1915)中華書局鉛印本　一册　存一卷(五)

330000－4730－0000794　子部/264　子部/

儒家類/儒家之屬
評註諸子菁華錄　張之純編纂　民國五年(1916)上海商務印書館鉛印本　一冊　存一種

330000－4730－0000795　集部/141　集部/詩文評類/文法之屬/文法
六大辭源　董堅志編輯　民國十五年(1926)上海中西書局石印本　二冊　存二種

330000－4730－0000796　集部/142　集部/總集類/選集之屬/通代
秦漢三國文評註讀本二卷　王文濡編　民國八年(1919)上海文明書局鉛印本　一冊　存一卷(二)

330000－4730－0000797　集部/143　集部/總集類/選集之屬/斷代
唐文評註讀本二卷　王文濡評選　民國十五年(1926)上海文明書局鉛印本　一冊　存一卷(二)

330000－4730－0000798　集部/144　集部/總集類/選集之屬/通代
宋元明文評註讀本二卷　王文濡評選　民國十一年(1922)上海文明書局鉛印本　一冊　存一卷(二)

330000－4730－0000799　集部/145　集部/總集類/選集之屬/斷代
清詩評註讀本七卷　王文濡評選　民國上海文明書局鉛印本　一冊　存一卷(七)

330000－4730－0000800　集部/146　集部/總集類/選集之屬/通代
教科適用文選精華二卷　民國上海中華書局鉛印本　一冊　存一卷(上)

330000－4730－0000801　集部/147　集部/別集類
樊山詩鈔六卷文鈔四卷　樊增祥撰　民國元年(1912)玲碧書屋石印本　一冊　存一卷(詩鈔一)

330000－4730－0000802　子部/265　子部/醫家類/方書之屬
重校舊本湯頭歌訣一卷　(清)汪昂編輯　民國二十二年(1933)上海昌文書局石印本　一冊

330000－4730－0000803　子部/266　子部/醫家類/溫病之屬
溫病條辨六卷首一卷　(清)吳瑭撰　(清)汪瑟菴參訂　民國元年(1912)上海會文堂石印本　四冊

330000－4730－0000804　子部/267　子部/醫家類/醫話醫論之屬
醫學南針十卷　陸士諤編輯　民國九年(1920)上海廣文書局石印本　一冊

330000－4730－0000805　集部/147　集部/詩文評類/文法之屬
交際大全不分卷　廣文書局編輯所編輯　民國十年(1921)上海廣文書局石印本　一冊

330000－4730－0000806　集部/148　集部/詩文評類/文法之屬
日用必備交際大觀十卷　周德芳編纂　民國十四年(1925)上海遠東書局石印本　一冊

330000－4730－0000807　集部/149　新學/學校
女子國文教科書教授法八卷　劉憲編輯　民國二年(1913)上海商務印書館鉛印本　六冊　存六卷(二至七)

330000－4730－0000808　集部/150　新學/學校
女子修身教科書教授法八卷　沈頤　戴克敦編纂　民國二年(1913)上海商務印書館鉛印本　二冊　存二卷(三、六)

330000－4730－0000809　集部/150　集部/詩文評類/文法之屬
高等小學論說文範四卷　邵伯棠撰　民國上海會文堂書局石印本　四冊

330000－4730－0000810　集部/151　集部/詩文評類/文法之屬
高等小學論說文範四卷　邵伯棠撰　民國上海會文堂書局石印本　一冊　存一卷(三)

330000－4730－0000811　集部/152　集部/詩文評類/文法之屬

作文秘訣不分卷　曹載春編　民國三年(1914)上海普文學會石印本　三冊

330000－4730－0000812　子部/268　子部/儒家類/儒學之屬/禮教

安樂銘不分卷　(清)王正朋輯　民國上海宏大善書局石印本　一冊

330000－4730－0000813　集部/153　集部/詩文評類/文評之屬

文心雕龍補注十卷　(南朝梁)劉勰撰　(清)黄叔琳注　(清)紀昀評　(清)李詳補注　劉堪增輯　民國十五年(1926)上海中原書局鉛印本　一冊　存二卷(一至二)

330000－4730－0000814　集部/154　新學/學校

新制中華高等小學理科教科書九卷　顧樹森編　民國二年(1913)上海中華書局鉛印本　三冊　存三卷(一、四、六)

330000－4730－0000815　集部/155　新學/學校

新制中華高等小學歷史教科書九卷　汪楷章嶔　華紹昌編　民國三年(1914)上海中華書局鉛印本　六冊　缺三卷(一至二、八)

330000－4730－0000816　集部/156　新學/學校

新制中華高等小學修身教科書九卷　戴克敦　沈頤　陸費逵編　民國二年(1913)上海中華書局鉛印本　三冊　存三卷(二至三、六)

330000－4730－0000817　集部/157　新學/學校

新制中華高等小學地理教授書九卷　徐增編　民國二年(1913)上海中華書局鉛印本　三冊　存三卷(六至八)

330000－4730－0000818　子部/269　子部/醫家類/養生之屬

養生保命錄一卷　民國上海宏大善書局石印本　一冊

330000－4730－0000819　子部/270　子部/雜著類

增廣好生錄六卷　(清)周思義原輯　(清)高觀海增纂　民國杭州華興石印公司石印本　一冊

330000－4730－0000820　集部/158　集部/總集類/彙編之屬

道書十二種　(清)劉一明撰　民國二年(1913)上海江東書局石印本　一冊　存一種

330000－4730－0000821　子部/271　子部/術數類/雜術之屬

祈夢秘書一卷　(清)施士倫撰　民國二十一年(1932)上海中西書局石印本　一冊

330000－4730－0000822　子部/272　子部/宗教類/道教之屬/雜著

大學秘解一卷　梓潼帝君注　民國上海明善書局石印本　一冊

330000－4730－0000823　子部/273　子部/宗教類/道教之屬/雜著

大學秘解一卷　梓潼帝君注　民國上海明善書局石印本　一冊

330000－4730－0000824　子部/274　子部/雜著類/雜說之屬

常識文範四卷　梁啓超撰　民國五年(1916)上海中華書局鉛印本　一冊　存一卷(四)

330000－4730－0000825　集部/159　集部/詩文評類/詩評之屬

詩法入門四卷首一卷　(清)游藝輯　民國九年(1920)上海會文堂書局石印本　一冊　存二卷(首、一)

330000－4730－0000826　集部/160　集部/詩文評類/文法之屬

言文對照評註作文新範四卷　范天英編譯　民國蘇州博文出版社鉛印本　一冊　存二卷(三至四)

330000－4730－0000827　子部/275　子部/雜著類

玉歷至寶鈔勸世八章附經驗神效良方　王子

達重編　民國九年(1920)上海宏大善書局石印本　一冊

330000－4730－0000828　子部/276　子部/道家類

永命真經一卷　民國上海宏大善書局石印本　一冊

330000－4730－0000829　子部/277　子部/宗教類/道教之屬

悟性窮原一卷　(清)涵谷子撰　民國十二年(1923)上海宏大善書局石印本　一冊

330000－4730－0000830　子部/278　子部/宗教類/道教之屬/方法

救時金丹四卷　唐光先纂修　梁志賢編輯　民國五年(1916)上海宏大善書局石印本　一冊

330000－4730－0000831　子部/279　子部/宗教類/道教之屬/方法

救時金丹四卷　唐光先纂修　梁志賢編輯　民國五年(1916)上海宏大善書局石印本　一冊

330000－4730－0000832　子部/280　子部/宗教類/道教之屬/方法

救時金丹四卷　唐光先纂修　梁志賢編輯　民國五年(1916)上海宏大善書局石印本　一冊

330000－4730－0000833　子部/281　子部/小說家類/雜事之屬

上下古今談前編四卷　吳敬恒撰　民國上海文明書局鉛印本　二冊　存二卷(一、三)

330000－4730－0000834　子部/282　子部/宗教類/佛教之屬

看破世界一卷　(清)周道祖撰　民國上海宏大善書局石印本　一冊

330000－4730－0000835　子部/283　子部/宗教類/道教之屬

三聖經感應靈驗圖註一卷　民國十年(1921)杭州華興印書局石印本　一冊

330000－4730－0000836　子部/284　子部/醫家類/醫案之屬

增補重編葉天士醫案四卷　陸士諤編輯　民國十九年(1930)上海世界書局石印本　一冊　存一卷(四)

330000－4730－0000839　集部/163　集部/別集類/明別集

震川先生集三十卷別集十卷附錄一卷　(明)歸有光撰　民國上海中華圖書館石印本　一冊　存五卷(十四至十八)

330000－4730－0000840　子部/285　子部/儒家類/儒學之屬/禮教

五種遺規　(清)陳弘謀輯並撰　民國八年(1919)上海商務印書館鉛印本　一冊　存一種

330000－4730－0000841　集部/164　新學/學校

新制中華高等小學農業教科書六卷　沈慰宸　丁錫華編　民國五年(1916)上海中華書局鉛印本　一冊　存一卷(二)

330000－4730－0000842　集部/165　新學/學校

新制中華高等小學國文教科書九卷　郭成爽等編　民國二年(1913)上海中華書局鉛印本　二冊　存二卷(四至五)

330000－4730－0000843　集部/166　新學/雜著

共和國教科書新修身八卷　沈頤　戴克敦編纂　民國二年(1913)上海商務印書館鉛印本　一冊　存一卷(七)

330000－4730－0000844　集部/167　新學/學校

春季始業新國文八卷　莊俞　沈頤編纂　民國六年(1917)上海商務印書館石印本　一冊　存一卷(七)

330000－4730－0000846　子部/287　子部/雜著類/雜纂之屬

諸子文粹六十二卷續編十卷　李寶淦纂　民

國鉛印本　二册　存九卷(四十五至四十八、五十三至五十七)

330000－4730－0000848　集部/168　集部/總集類/選集之屬/通代

古文辭類纂選本十卷　(清)姚鼐原本　林紓評　民國七年(1918)上海商務印書館鉛印本　一册　存一卷(五)

330000－4730－0000849　集部/169　集部/詞類/詞譜之屬

攷正白香詞譜三卷附考正詞韻一卷　(清)舒夢蘭編纂　顧憲融攷正　民國十五年(1926)上海中原印書局鉛印本　一册　存一卷(一)

330000－4730－0000850　子部/288　子部/術數類

新鐫象吉備要通書二十九卷　(清)魏鑑彙述　民國上海廣益書局石印本　一册　存二卷(十至十一)

330000－4730－0000851　集部/170　集部/戲劇類/雜劇之屬

增批繪像第六才子書八卷　(清)金聖歎評　**六才子西廂文一卷　唐六如先生文韻一卷**　(明)祝枝山評定　(明)念菴居士輯　民國石印本　一册　存一卷(七)

330000－4730－0000852　集部/171　集部/曲類/曲選之屬

繪圖綴白裘十二集四十八卷　(清)玩花主人輯　(清)錢德蒼增輯　民國上海啟新書局石印本　一册　存四卷(十一集一至四)

330000－4730－0000853　集部/172　集部/小說類/長篇之屬

燕山外史註釋八卷　(清)陳球撰　(清)若駿子輯註　民國上海鑄記書局石印本　一册　存一卷(一)

330000－4730－0000854　子部/289　子部/宗教類/道教之屬

贊濟壇首刊鸞書二卷　遂昌贊濟壇弟子編　民國八年(1919)處州啟明石印局石印本　二册

330000－4730－0000855　子部/290　子部/宗教類/道教之屬

贊濟壇首刊鸞書二卷　遂昌贊濟壇弟子編　民國八年(1919)處州啟明石印局石印本　一册　存一卷(上)

330000－4730－0000856　子部/291　子部/宗教類/道教之屬

指迷金箴一卷　民國十五年(1926)處州新華石印局石印本　一册

330000－4730－0000857　子部/292　子部/宗教類/道教之屬

指迷金箴一卷　民國十五年(1926)處州新華石印局石印本　一册

330000－4730－0000858　子部/293　子部/宗教類/道教之屬

指迷金箴一卷　民國十五年(1926)處州新華石印局石印本　一册

330000－4730－0000859　子部/294　子部/宗教類/道教之屬

指迷金箴一卷　民國十五年(1926)處州新華石印局石印本　一册

330000－4730－0000860　經部/179　經部/春秋左傳類/傳說之屬

新體廣註東萊博議四卷　(宋)呂祖謙撰　民國二十年(1931)上海世界書局石印本　二册

330000－4730－0000861　集部/173　集部/曲類/寶卷之屬

潘公免災救難寶卷三卷　民國十一年(1922)上海宏大善書局石印本　一册

330000－4730－0000862　子部/295　子部/宗教類/道教之屬/戒律

太上寶筏圖說八卷　(清)黄正元纂　民國七年(1918)石印本　二册　存二卷(孝、廉)

330000－4730－0000863　集部/174　集部/小說類/長篇之屬

繡像七劍十三俠三集十二卷　(清)唐芸洲編次　民國十七年(1928)石印本　一册　存三卷(初集一至三)

松陽縣圖書館民國時期傳統裝幀書籍普查登記目録

浙江省民國時期傳統裝幀書籍普查登記目録·衢州　舟山　麗水

國家圖書館出版社
National Library of China Publishing House

《松陽縣圖書館民國時期傳統裝幀書籍普查登記目録》

主　編：黄鶯歌

330000－4731－0000001　普 01　史部/地理類/方志之屬/郡縣志

[民國]松陽縣志十四卷首一卷末一卷　呂耀鈐　陳訓舒　秦豐元修　高煥然纂　高自珍測繪　丁光畫圖　民國十五年(1926)木活字印本　十冊

330000－4731－0000002　普 02　集部/別集類/唐五代別集

昌黎先生集四十卷外集十卷遺文一卷　(唐)韓愈撰　(宋)廖瑩中校正　**朱子校昌黎先生集傳一卷**　(宋)朱熹撰　**韓集點勘四卷**　(清)陳景雲撰　民國九年(1920)毘陵章氏石印本　二冊

雲和縣圖書館

民國時期傳統裝幀書籍普查登記目録

浙江省民國時期傳統裝幀書籍普查登記目録·衢州　舟山　麗水

國家圖書館出版社
National Library of China Publishing House

《雲和縣圖書館民國時期傳統裝幀書籍普查登記目録》

編委會

主　編：潘麗敏

副主編：梅和娟　林　藴

編纂人員：張　萍　陳麗紅　曹偉林

《雲和縣圖書館民國時期傳統裝幀書籍普查登記目録》

前　言

雲和,明景泰三年(1452)置縣。清代屬處州府。抗戰期間,民國浙江省政府移駐雲和,使雲和成爲浙南文化重鎮。多元文化的涌入,多民族的聚居交流,逐漸形成了雲和大氣包融的文化個性。

《雲和縣圖書館民國時期傳統裝幀書籍普查登記目録》收録館藏民國時期傳統裝幀書籍924部1670册,是雲和縣圖書館古籍普查的重要成果,是普查人員汗水的結晶,也是雲和地方民國文獻的集中展現。其中一批道教抄本、家族譜牒、帳簿等文獻,具有鮮明的地方特色,保存了民國時期雲和人口活動的豐富信息,真實反映了當時人們的生産生活狀況,爲研究民間道教活動提供重要的參考依據。本書的編纂,對更好地傳承利用雲和縣歷史文化遺産、滿足群衆精神文化需求、促進經濟社會發展,都具有十分重要的意義。

雲和縣圖書館
2017年12月

330000－4732－0000011　0011　類叢部/叢書類/自著之屬

六如居士全集四種　(明)唐寅撰　民國七年(1918)上海廣益書局石印本　六册

330000－4732－0000012　0012　子部/宗教類/道教之屬

九陽關註解一卷　(□)中和先生撰　(□)紫陽真人鑒　(□)飛龍先生註解　民國十三年(1924)上海宏大善書局石印本　一册

330000－4732－0000015　0015　集部/曲類/寶卷之屬

回天寶懺八卷首一卷　(清)劉麗川著　民國三十三年(1944)石印本　三册　存三卷(一至二、八)

330000－4732－0000021　0021　子部/術數類/相宅相墓之屬

欽定羅經透解二卷首一卷　(清)王道亨輯　民國上海掃葉山房石印本　四册

330000－4732－0000022　0022　史部/傳記類/總傳之屬/釋道

鶴赤仙蹤二集　洪雲琛主編　潘崧靈校評　民國墨雲石印本　一册　存一種

330000－4732－0000026　0026　集部/小説類/長篇之屬

第一才子書十六卷一百二十回　(明)羅本撰　(清)金人瑞　(清)毛宗崗評　民國廣興書局鉛印本　一册　存一卷(七)

330000－4732－0000028　0028　集部/别集類/清别集

曾文正公家書□□卷　(清)曾國藩撰　民國鉛印本　一册　存二卷(一至二)

330000－4732－0000031　0031　類叢部/叢書類/彙編之屬

四部備要　中華書局編　民國二十五年(1936)上海中華書局鉛印本　十册　存六種

330000－4732－0000033　0033　子部/道家類

老子道德經二卷　(三國魏)王弼注　**音義一卷**　(唐)陸德明撰　民國十一年(1922)上海掃葉山房石印本　緑天題記　一册

330000－4732－0000034　0034　集部/小説類/長篇之屬

增像全圖東漢演義四卷六十四回　(明)謝詔撰　民國石印本　一册　存一卷(四)

330000－4732－0000038　0038　史部/地理類/方志之屬/郡縣志

[民國]景寧縣續志十七卷首一卷　吳呂熙修　柳景元纂　民國二十二年(1933)刻本　四册　缺七卷(二至八)

330000－4732－0000039　0039　集部/總集類/尺牘之屬

眉公才子尺牘四卷　(明)陳繼儒輯　(清)沈錫侯增訂　**聖嘆才子尺牘四卷**　(清)金人瑞鑒定　(清)金雍撰　民國七年(1918)上海碧梧山莊石印本　四册

330000－4732－0000040　0041　史部/地理類/方志之屬/郡縣志

[民國]景寧縣續志十七卷首一卷　吳呂熙修　柳景元纂　民國二十二年(1933)刻本　一册　存二卷(首、一)

330000－4732－0000041　0040　集部/總集類/尺牘之屬

眉公才子尺牘四卷　(明)陳繼儒輯　(清)沈錫侯增訂　**聖嘆才子尺牘四卷**　(清)金人瑞鑒定　(清)金雍撰　民國七年(1918)上海碧梧山莊石印本　二册　存四卷(眉公才子尺牘一、三,聖嘆才子尺牘一、三)

330000－4732－0000043　0043　集部/總集類/尺牘之屬

眉公才子尺牘四卷　(明)陳繼儒輯　(清)沈錫侯增訂　**聖嘆才子尺牘四卷**　(清)金人瑞鑒定　(清)金雍撰　民國七年(1918)上海碧梧山莊石印本　二册　存四卷(眉公才子尺牘二至三、聖嘆才子尺牘二至三)

330000－4732－0000045　0045　經部/小學類/文字之屬/説文

說文解字十五卷標目一卷　(漢)許慎撰　(宋)徐鉉等校定　民國上海商務印書館據藤花榭刻本影印本　二册　存八卷(一至四、九至十二)

330000－4732－0000048　0047　經部/春秋左傳類/傳説之屬
春秋左傳五十卷　(晉)杜預　(宋)林堯叟註釋　(唐)陸德明音義　民國石印本　四册　存十九卷(四至十四、二十七至三十四)

330000－4732－0000049　0049　經部/小學類/文字之屬/説文/傳説
説文解字三十二卷　(清)段玉裁注　**説文提要一卷**　陳建侯撰　**説文通檢十四卷首一卷末一卷**　(清)黎永椿編　民國十五年(1926)上海掃葉山房影印本　十三册

330000－4732－0000055　0055　經部/春秋左傳類/傳説之屬
左傳菁華録二十四卷　吳曾祺評注　民國商務印書館鉛印本　芥帆題記　四册　存十六卷(一至十六)

330000－4732－0000062　0050　經部/小學類/文字之屬/説文
説文解字□□卷　(清)段玉裁注　民國影印本　一册　存四卷(四上至七上)

330000－4732－0000063　0063　集部/總集類/課藝之屬
無錫國學專修館文集初編四卷　無錫國學專修館編　民國十二年(1923)無錫國學專修館鉛印本　四册

330000－4732－0000064　0064　集部/總集類/課藝之屬
無錫國學專修館文集二編四卷　無錫國學專修館編　民國十五年(1926)無錫國學專修館鉛印本　四册

330000－4732－0000068　0068　子部/宗教類/道教之屬
天師懺科書一卷　民國二年(1913)張玉正抄本　一册

330000－4732－0000073　0076　子部/宗教類/道教之屬
請卦書一卷　民國三十三年(1944)季景翔抄本　一册

330000－4732－0000075　0078　子部/宗教類/道教之屬
流霞醮科一卷　民國三十六年(1947)季景翔抄本　一册

330000－4732－0000077　0073　子部/宗教類/道教之屬/神符
靈寶諸品符圖一卷　民國二十五年(1936)季景翔抄本　一册

330000－4732－0000078　0074　子部/宗教類/道教之屬
諸品醮科一卷　民國二十五年(1936)季景翔抄本　一册

330000－4732－0000082　0087　子部/宗教類/道教之屬
看怪書一卷　民國三十七年(1948)雷振亮抄本　一册

330000－4732－0000083　0079　子部/宗教類/道教之屬
靈寶延生度關法科一卷　民國三年(1914)林明真抄本　一册

330000－4732－0000090　0090　子部/宗教類/道教之屬
統覽功德章一卷　民國三十七年(1948)張玉正抄本　一册

330000－4732－0000091　0091　子部/宗教類/道教之屬
壽林日求一卷　民國抄本　一册

330000－4732－0000093　0096　子部/宗教類/道教之屬
打九樓法書一卷　民國二十年(1931)季道洪抄本　一册

330000－4732－0000099　0103　子部/宗教類/道教之屬/方法

度星疏式一卷　民國吳應真抄本　一册
330000－4732－0000100　0097　子部/宗教類/道教之屬/經文
三官寶經一卷　民國十七年(1928)抄本　一册
330000－4732－0000105　0105　子部/宗教類/道教之屬
星辰寶懺一卷　民國二十九年(1940)吳應真抄本　一册
330000－4732－0000106　0106　子部/宗教類/道教之屬
況聖語一卷　民國徐增享抄本　一册
330000－4732－0000109　0109　子部/宗教類/道教之屬
文堂科書一卷　民國十五年(1926)吳法亮抄本　一册
330000－4732－0000111　0111　子部/宗教類/道教之屬
三界醮設諸天願科一卷　民國三十一年(1942)張玉正抄本　一册
330000－4732－0000112　0112　子部/宗教類/道教之屬
玉樞六根血湖懺科一卷　民國三十二年(1943)季道洪抄本　一册
330000－4732－0000113　0113　子部/宗教類/道教之屬
灶醮誠意一卷　民國二十六年(1937)吳應真抄本　一册
330000－4732－0000114　0114　子部/宗教類/道教之屬/經文
天緣經一卷　民國二十九年(1940)張永昌抄本　一册
330000－4732－0000115　0115　子部/宗教類/道教之屬
祈雨吊樓醮科一卷　民國二十六年(1937)季景翔抄本　一册
330000－4732－0000120　0120　子部/宗教類/道教之屬
拔傷表三十六告式生王預修表一卷　民國抄本　一册
330000－4732－0000124　0122　子部/宗教類/道教之屬
縛神童科一卷　民國二十三年(1934)王吉真抄本　一册
330000－4732－0000129　0134　子部/宗教類/道教之屬
早朝科一卷　民國二十六年(1937)季道洪抄本　一册
330000－4732－0000131　0136　子部/宗教類/道教之屬
做解結科一卷　民國九年(1920)陳一真抄本　一册
330000－4732－0000140　0140　子部/宗教類/道教之屬
打金鐘法書一卷　民國二十五年(1936)季景翔抄本　一册
330000－4732－0000141　0141　子部/宗教類/道教之屬
祈門醮一卷　民國三十六年(1947)王吉真抄本　一册
330000－4732－0000147　0147　子部/宗教類/道教之屬
首夜關燈科一卷　民國十三年(1924)林王新抄本　一册
330000－4732－0000148　0148　子部/宗教類/道教之屬
靈寶血湖懺一卷　民國二十二年(1933)吳應真抄本　一册
330000－4732－0000158　0158　子部/宗教類/道教之屬
造解尤科本一卷　民國三十七年(1948)吳盛長抄本　一册
330000－4732－0000160　0160　子部/宗教類/道教之屬

吉祥醮科一卷　民國四年(1915)季登真抄本　一册

330000－4732－0000164　0164　子部/宗教類/道教之屬

默想細法金書一卷　民國二十三年(1934)季成真抄本　一册

330000－4732－0000169　0169　子部/宗教類/道教之屬

開赦書一卷開赦科後預修祝壽語一卷　民國三十二年(1943)季景翔抄本　一册

330000－4732－0000170　0170　子部/宗教類/道教之屬

借天兵科書一卷　民國彭法隆抄本　一册

330000－4732－0000172　0172　子部/宗教類/道教之屬

戰罡法書一卷　民國盧法盛抄本　一册

330000－4732－0000173　0173　子部/宗教類/道教之屬

廬山正教坐靖合炁存神書一卷　民國季成真抄本　一册

330000－4732－0000175　0175　子部/宗教類/道教之屬

火醮誠意一卷　民國二十三年(1934)吴應真抄本　一册

330000－4732－0000176　0176　子部/宗教類/道教之屬

請神佛一卷　民國二十八年(1939)彭明標抄本　一册

330000－4732－0000179　0171　子部/宗教類/道教之屬

打入門一卷　民國二十二年(1933)抄本　一册

330000－4732－0000180　0180　子部/宗教類/道教之屬/方法

度關金書法科一卷　民國四年(1915)林亨真抄本　一册

330000－4732－0000181　0181　子部/宗教類/道教之屬

破獄法書一卷　民國抄本　一册

330000－4732－0000185　0185　子部/宗教類/道教之屬

誠意簿一卷　民國二十一年(1932)劉守真抄本　一册

330000－4732－0000186　0186　子部/宗教類/道教之屬

誠意簿一卷　民國三十五年(1946)季成真抄本　一册

330000－4732－0000187　0187　子部/宗教類/道教之屬/方法

變殿踏壇法書一卷　民國二十八年(1939)梅金龍抄本　一册

330000－4732－0000189　0189　子部/宗教類/道教之屬

封條神諱簿一卷　民國盧法顯抄本　一册

330000－4732－0000191　0191　子部/宗教類/道教之屬/方法

度星疏式一卷　民國吴應真抄本　一册

330000－4732－0000192　0192　子部/宗教類/道教之屬

道法秘想金書一卷　民國二十一年(1932)季道洪抄本　一册

330000－4732－0000195　0195　子部/宗教類/道教之屬

斬長蛇法書一卷　民國抄本　一册

330000－4732－0000196　0196　子部/宗教類/道教之屬/經文

地獄寶經一卷　民國抄本　魏彩娟題款　一册

330000－4732－0000197　0197　子部/宗教類/道教之屬

灶醮誠意一卷　民國十五年(1926)吴應真抄本　一册

330000－4732－0000203　0203　子部/宗教類/道教之屬

青玄赦書一卷　民國抄本　一册

330000－4732－0000207　0207　子部/宗教類/道教之屬

十王表一卷　民國吳應真抄本　一册

330000－4732－0000208　0208　子部/宗教類/道教之屬

諸品表式一卷　民國十三年(1924)商法真抄本　一册

330000－4732－0000209　0209　子部/宗教類/道教之屬

離床懺科一卷　民國二十年(1931)季道洪抄本　一册

330000－4732－0000210　0210　子部/宗教類/道教之屬

馬佛醮科式一卷　民國三十七年(1948)張玉正抄本　一册

330000－4732－0000211　0211　子部/宗教類/道教之屬

遮身法書一卷　民國九年(1920)林亨真抄本　一册

330000－4732－0000215　0215　子部/宗教類/道教之屬

靈寶祈赦科一卷　民國三十四年(1945)吳應真抄本　一册

330000－4732－0000217　0217　子部/宗教類/道教之屬

開燈關燈起煞關召魂碟式一卷　民國二十五年(1936)商昌郁抄本　一册

330000－4732－0000223　0223　子部/宗教類/道教之屬

武教通兵變臺科一卷　民國王吉真抄本　一册

330000－4732－0000224　0224　子部/宗教類/道教之屬

各項表章式一卷　民國二十六年(1937)季景翔抄本　一册

330000－4732－0000225　0225　子部/宗教類/道教之屬

靈寶通衢上堂變煉科一卷　民國吳應真抄本　一册

330000－4732－0000226　0226　子部/宗教類/道教之屬

早朝科一卷　民國十九年(1930)張玉正抄本　一册

330000－4732－0000227　0227　子部/宗教類/道教之屬

借天兵書一卷　民國元年(1912)張玉正抄本　一册

330000－4732－0000228　0228　子部/宗教類/道教之屬

鍊度表一卷　民國三十三年(1944)季道洪抄本　一册

330000－4732－0000229　0229　子部/宗教類/道教之屬

諱字收瘟斷妖符科一卷　民國十三年(1924)吳法元抄本　一册

330000－4732－0000230　0230　子部/宗教類/道教之屬

祈禳過關科書一卷　民國林法揚抄本　一册

330000－4732－0000232　0232　子部/宗教類/道教之屬

七序施解書一卷　民國二十四年(1935)季景翔抄本　一册

330000－4732－0000233　0233　子部/宗教類/道教之屬

誠意簿一卷　民國三十六年(1947)季道洪抄本　一册

330000－4732－0000234　0234　子部/宗教類/道教之屬/眾術

收捉軍令法放收魂收兵全部一卷　民國藍法旺抄本　一册

330000－4732－0000235　0235　子部/宗教類/道教之屬

祈雨醮科一卷　民國抄本　一册

330000－4732－0000237　0237　子部/宗教類/道教之屬

靈寶滌穢建壇玄科一卷　民國三十四年(1945)吳應真抄本　一冊

330000－4732－0000241　0241　子部/宗教類/道教之屬

本靖玄帝進壇醮科一卷　民國二十二年(1933)季成真抄本　一冊

330000－4732－0000243　0243　子部/宗教類/道教之屬

誠意家先簿一卷　民國二十五年(1936)季守真抄本　一冊

330000－4732－0000244　0244　子部/宗教類/道教之屬

靈寶大衍燈卷四十九願科一卷　民國三十五年(1946)季景翔抄本　一冊

330000－4732－0000246　0246　子部/宗教類/道教之屬

上卷甲子歌一卷　民國二十六年(1937)雷正森抄本　鍾田生、鍾景照題記　一冊

330000－4732－0000253　0258　子部/宗教類/道教之屬

天師儀科一卷　民國三十三年(1944)季景翔抄本　一冊

330000－4732－0000255　0260　子部/宗教類/道教之屬

掃風書一卷　民國三十五年(1946)藍法旺抄本　一冊

330000－4732－0000257　0262　子部/宗教類/道教之屬

謝火醮科一卷　民國二十一年(1932)季道洪抄本　一冊

330000－4732－0000259　0264　子部/宗教類/道教之屬

送星醮科一卷　民國抄本　一冊

330000－4732－0000260　0265　子部/宗教類/道教之屬

三讓正科一卷　民國十八年(1929)吳太起抄本　一冊

330000－4732－0000262　0253　子部/宗教類/道教之屬

雜項便用金書一卷　民國三十一年(1942)季景翔抄本　一冊

330000－4732－0000266　0257　子部/宗教類/道教之屬

靈寶申發科一卷　民國三十四年(1945)吳思縺抄本　一冊

330000－4732－0000268　0275　子部/宗教類/道教之屬

送星白虎科一卷　民國二十六年(1937)吳應真抄本　一冊

330000－4732－0000271　0279　子部/宗教類/道教之屬

召神虎白一卷　民國二十四年(1935)季景翔抄本　一冊

330000－4732－0000272　0266　子部/宗教類/道教之屬

靈寶延生收妖玄科一卷　民國四年(1915)林亨真抄本　一冊

330000－4732－0000275　0269　子部/宗教類/道教之屬

起落馬醮科一卷　民國三十三年(1944)季道洪抄本　一冊

330000－4732－0000276　0270　子部/宗教類/道教之屬

借兵表式一卷　民國二十三年(1934)季成真抄本　一冊

330000－4732－0000279　0280　子部/宗教類/道教之屬

扦牢獄法書一卷　民國十九年(1930)季道洪抄本　一冊

330000－4732－0000285　0285　子部/宗教類/道教之屬

勅水畫符掃瘋法書一卷　民國十九年(1930)

季道洪抄本　一冊

330000－4732－0000286　0286　子部/宗教類/道教之屬

靈寶血湖燈科一卷　民國季成真抄本　一冊

330000－4732－0000288　0288　子部/宗教類/道教之屬

太上祈□水宫科一卷　民國吴應真抄本　一冊

330000－4732－0000289　0289　子部/宗教類/道教之屬

雷祖玉樞靈祖破膽經一卷　民國抄本　一冊

330000－4732－0000290　0290　子部/宗教類/道教之屬

鎮妖符式一卷　民國十九年(1930)季道鴻抄本　一冊

330000－4732－0000291　0291　子部/宗教類/道教之屬

靈寶地獄懺一卷　民國七年(1918)吴應真抄本　一冊

330000－4732－0000292　0292　子部/宗教類/道教之屬

鎖黄泉秘法一卷　民國朱景亮抄本　一冊

330000－4732－0000293　0293　子部/宗教類/道教之屬

雜項法書一卷　民國二十四年(1935)季景翔抄本　一冊

330000－4732－0000294　0294　子部/儒家類/儒學之屬

九經書一卷　民國九年(1920)周繼豐抄本　一冊

330000－4732－0000295　0295　子部/宗教類/道教之屬

鈞樓妙法一卷　民國二十六年(1937)季景翔抄本　一冊

330000－4732－0000298　0298　子部/宗教類/道教之屬

伏龍安土宅謝土真科一卷　民國二十一年(1932)季道洪抄本　一冊

330000－4732－0000304　0304　子部/宗教類/道教之屬

煉度羽化文書式一卷　民國張玉正抄本　一冊

330000－4732－0000305　0305　子部/宗教類/道教之屬

拔傷科一卷　民國二十五年(1936)林法揚抄本　一冊

330000－4732－0000306　0306　子部/宗教類/道教之屬/方法

遁香爐科一卷　民國十二年(1923)吴德興抄本　一冊

330000－4732－0000316　0316　史部/傳記類/總傳之屬/家乘

[浙江景寧]山棗坑劉氏宗譜不分卷　劉祖寬　吴葆元纂　民國四年(1915)抄本　一冊

330000－4732－0000323　0323　史部/傳記類/總傳之屬/家乘

[浙江雲和]木垟劉氏宗譜不分卷　劉梅順修　劉梅珊纂　民國二十一年(1932)三六軒木活字印本　一冊

330000－4732－0000324　0324　史部/傳記類/總傳之屬/家乘

[浙江雲和]南陽郡葉氏宗譜二卷　葉枝藻修　林鍾奎　張銘纂　民國四年(1915)木活字本　二冊

330000－4732－0000325　0325　史部/傳記類/總傳之屬/家乘

[浙江雲和]南陽葉氏宗譜十卷首一卷末一卷　葉承恩修　陳堯　王夢雲編　民國十年(1921)三六軒木活字印本　四冊　缺一卷(四)

330000－4732－0000326　0326　史部/傳記類/總傳之屬/家乘

[浙江雲和]南陽葉氏宗譜十卷首一卷末一卷　葉承恩修　陳堯　王夢雲編　民國十年(1921)三六軒木活字印本　三冊　存七卷

(五至十、末)

330000－4732－0000327　0327　史部/傳記類/總傳之屬/家乘

[浙江雲和]南陽葉氏宗譜十二卷首一卷末一卷　葉承恩修　陳堯　王夢雲編　民國十年(1921)三六軒木活字印本　一册　存一卷(六)

330000－4732－0000331　0331　史部/傳記類/總傳之屬/家乘

[浙江雲和]雲章葉氏宗譜六卷　葉鏡蓉主修　民國十七年(1928)木活字印本　三册　存三卷(四至六)

330000－4732－0000332　0332　史部/傳記類/總傳之屬/家乘

[浙江景寧]隆川林氏宗譜三卷　吳師祈　吳邦彦纂修　民國九年(1920)稿本　三册

330000－4732－0000333　0333　史部/傳記類/總傳之屬/家乘

[浙江景寧]隆川林氏宗譜三卷　吳師祈　吳邦彦纂修　民國九年(1920)稿本　二册　存二卷(一、三)

330000－4732－0000335　0335　史部/傳記類/總傳之屬/家乘

[浙江景寧]隆川林氏宗譜二卷　民國抄本　一册　存一卷(二)

330000－4732－0000337　0337　史部/傳記類/總傳之屬/家乘

[浙江景寧]隆川林氏宗譜不分卷　林鳴鶴　吳得書纂修　民國抄本　一册

330000－4732－0000338　0338　史部/傳記類/總傳之屬/家乘

[浙江景寧]隆川林氏宗譜不分卷　林鳴鶴　吳得書纂修　民國二十七年(1938)抄本　一册

330000－4732－0000339　0339　史部/傳記類/總傳之屬/家乘

[浙江景寧]林氏宗譜一卷　林壬等纂修　王立和編　民國三十八年(1949)抄本　二册

330000－4732－0000340　0340　史部/傳記類/總傳之屬/家乘

[浙江景寧]林氏宗譜一卷　林壬等纂修　王立和編　民國三十八年(1949)抄本　一册

330000－4732－0000342　0342　史部/傳記類/總傳之屬/家乘

[浙江雲和]下邳郡余氏宗譜五卷　民國二十八年(1939)木活字印本　四册

330000－4732－0000343　0343　史部/傳記類/總傳之屬/家乘

[浙江雲和]龍門徐氏宗譜不分卷　張焜纂訂　民國二十二年(1933)木活字印本　一册

330000－4732－0000344　0344　史部/傳記類/總傳之屬/家乘

[浙江雲和]武威郡石氏宗譜不分卷　劉獻勳輯　民國十一年(1922)抄本　一册

330000－4732－0000348　0348　史部/傳記類/總傳之屬/家乘

[浙江雲和]鄭氏宗譜不分卷　鄭維周纂修　民國二十三年(1934)抄本　一册

330000－4732－0000350　0350　史部/傳記類/總傳之屬/家乘

[浙江雲和]雲和江氏宗譜□□卷　民國十一年(1922)木活字印本　一册　存一卷(七)

330000－4732－0000352　0352　史部/傳記類/總傳之屬/家乘

[浙江景寧]景寧湯氏宗譜□□卷　民國二十年(1931)木活字印本　一册　存一卷(十一)

330000－4732－0000355　0355　史部/傳記類/總傳之屬/家乘

[浙江雲和]陳氏宗譜不分卷　民國二十八年(1939)務本堂木活字印本　一册

330000－4732－0000356　0356　史部/傳記類/總傳之屬/家乘

[浙江雲和]湯侯門顏氏宗譜□□卷　民國八年(1919)木活字印本　一册　存一卷(二)

330000－4732－0000357　0357　史部/傳記

類/總傳之屬/家乘

[浙江景寧]重修韋氏家乘□□卷　民國二十年(1931)木活字印本　一冊　存一卷(二)

330000－4732－0000359　0359　史部/傳記類/總傳之屬/家乘

[浙江雲和]湯侯門夏氏宗譜二卷　夏新根　夏錫勳　夏奠邦主纂　陳堯編纂　民國八年(1919)木活字印本　二冊

330000－4732－0000360　0360　史部/傳記類/總傳之屬/家乘

[浙江青田]會稽夏氏宗譜不分卷　何劭纂　民國十七年(1928)南田求是齋鉛印本　一冊

330000－4732－0000361　0361　史部/傳記類/總傳之屬/家乘

[浙江景寧]梅氏宗譜六卷　梅冠英纂修　民國二十三年(1934)木活字印本　七冊

330000－4732－0000362　0362　史部/傳記類/總傳之屬/家乘

[浙江景寧]梅氏宗譜六卷　梅冠英纂修　民國二十三年(1934)木活字印本　三冊　存三卷(三、五、六下)

330000－4732－0000368　0368　史部/傳記類/總傳之屬/家乘

[浙江雲和]木垟王氏宗譜一卷　王夢仙修　王若浮編　民國三十八年(1949)木活字印本　一冊

330000－4732－0000369　0369　史部/傳記類/總傳之屬/家乘

[浙江雲和]木垟王氏宗譜一卷　王夢仙修　王若浮編　民國三十八年(1949)木活字印本　一冊

330000－4732－0000370　0370　史部/傳記類/總傳之屬/家乘

[浙江雲和]木垟王氏宗譜一卷　王夢仙修　王若浮編　民國三十八年(1949)木活字印本　一冊

330000－4732－0000371　0371　史部/傳記類/總傳之屬/家乘

[浙江雲和]太原郡王氏宗譜二卷　民國十年(1921)木活字印本　二冊

330000－4732－0000372　0372　史部/傳記類/總傳之屬/家乘

[浙江雲和]太原郡王氏宗譜二卷　王維藩等修　盧杰纂　民國十年(1921)木活字印本　一冊　存一卷(一)

330000－4732－0000373　0373　史部/傳記類/總傳之屬/家乘

[浙江雲和]太原王氏宗譜□□卷　民國九年(1920)木活字印本　一冊　存一卷(三)

330000－4732－0000374　0374　史部/傳記類/總傳之屬/家乘

[浙江景寧]汝南周氏宗譜不分卷　吴邦彦纂修　民國十四年(1925)抄本　一冊

330000－4732－0000376　0376　史部/傳記類/總傳之屬/家乘

[浙江景寧]汝南周氏宗譜一卷　吴邦彦纂修　民國十三年(1924)抄本　一冊

330000－4732－0000379　0379　史部/傳記類/總傳之屬/家乘

[浙江雲和]清河張氏宗譜一卷　張焕奎纂　民國二十一年(1932)木活字印本　一冊

330000－4732－0000381　0381　史部/傳記類/總傳之屬/家乘

[浙江雲和]北溪王氏宗譜二卷首一卷末一卷　王澤福等修　王夢良等纂　民國十六年(1927)木活字印本　二冊

330000－4732－0000382　0382　史部/傳記類/總傳之屬/家乘

[浙江景寧大漈]彭氏宗譜六卷首一卷　民國三十年(1941)木活字印本　五冊　缺一卷(二)

330000－4732－0000383　0383　史部/傳記類/總傳之屬/家乘

[浙江雲和]太原王氏宗譜二卷首一卷末一卷　王邦政修　王夢雲纂　民國十八年(1929)木活字印本　二冊

330000－4732－0000384　0384　史部/傳記類/總傳之屬/家乘

[浙江雲和]太原王氏宗譜二卷首一卷末一卷　王邦政修　王夢雲纂　民國十八年(1929)木活字印本　二冊

330000－4732－0000385　0385　史部/傳記類/總傳之屬/家乘

[浙江雲和浦潭]隴西李氏宗譜一卷　民國二十一年(1932)三六軒木活字印本　一冊

330000－4732－0000392　0392　史部/傳記類/總傳之屬/家乘

[浙江景寧]林氏宗譜不分卷　吳師祈　吳邦彥纂修　民國八年(1919)林景修抄本　一冊

330000－4732－0000393　0393　史部/傳記類/總傳之屬/家乘

[浙江景寧]毛氏宗譜一卷　民國抄本　一冊

330000－4732－0000401　0401　子部/藝術類/書畫之屬/法帖

鄧石如篆書十五種　(清)鄧石如書　民國影印本　三冊　存三冊(一至二、四)

330000－4732－0000411　0411　經部/詩類/傳說之屬

新註詩經白話解八卷　洪子良編　民國二十一年(1932)上海中原書局石印本　三冊　缺二卷(三至四)

330000－4732－0000412　0412　經部/詩類/傳說之屬

詩經集傳八卷　(宋)朱熹撰　民國商務印書館鉛印本　四冊

330000－4732－0000417　0417　子部/醫家類/綜合之屬/通論

御纂醫宗金鑑九十卷首一卷　(清)吳謙等撰　民國八年(1919)上海鴻寶齋書局石印本　十冊　存四十五卷(首、內科一至四十四)

330000－4732－0000419　0419　經部/詩類/傳說之屬

詩經集傳八卷　(宋)朱熹撰　民國二十五年(1936)上海新文化書社石印本　一冊

330000－4732－0000420　0420　經部/詩類/傳說之屬

詩經集傳八卷　(宋)朱熹撰　民國六年(1917)上海共和書局石印本　黃炳、星文題記　二冊　存五卷(一至二、六至八)

330000－4732－0000423　0423　子部/醫家類/綜合之屬/通論

御纂醫宗金鑑九十卷首一卷　(清)吳謙等撰　民國石印本　一冊　存二卷(編輯外科心法要訣一至二)

330000－4732－0000429　0429　子部/宗教類/道教之屬

玉定金科例誅輯要十卷首一卷末一卷特宥輯要十卷首一卷末一卷例賞輯要十卷首一卷末一卷　南天都劫司　桂宮武昌侯輯　民國十四年(1925)北京金科流通處鉛印本　鳴皋題記　十三冊　缺二卷(例誅輯要六、例賞輯要六)

330000－4732－0000433　0433　類叢部/叢書類/自著之屬

崇雅堂叢書十四種　楊晨撰　民國二十五年(1936)楊紹翰鉛印本　五冊　存六種

330000－4732－0000434　0434　類叢部/叢書類/自著之屬

崇雅堂叢書十四種　楊晨撰　民國二十五年(1936)楊紹翰鉛印本　四冊　存一種

330000－4732－0000439　0439　經部/易類/傳說之屬

周易四卷　民國石印本　黃炳題簽並記　一冊　缺一卷(一)

330000－4732－0000442　0442　子部/宗教類/道教之屬

玉定金科例誅輯要十卷首一卷末一卷特宥輯要十卷首一卷末一卷例賞輯要十卷首一卷末一卷　南天都劫司　桂宮武昌侯輯　民國十四年(1925)鉛印本　二冊　存六卷(例誅輯要首、一至二,例賞輯要三至五)

330000－4732－0000446　0446　經部/易類/

傳說之屬

周易本義四卷圖說一卷　(宋)朱熹撰　民國二十五年(1936)鴻文書局石印本　一冊

330000－4732－0000447　0447　經部/書類/傳說之屬

書經集傳六卷　(宋)蔡沈撰　民國上海錦章書局石印本　三冊　缺二卷(二至三)

330000－4732－0000452　0452　子部/醫家類/綜合之屬/通論

醫宗金鑑九十卷首一卷　(清)吳謙等撰　民國上海廣益書局石印本　一冊　存九卷(五十至五十八)

330000－4732－0000454　0454　子部/藝術類/書畫之屬/書法書品

漢碑範八卷　張祖翼選臨　民國十二年(1923)上海文明書局石印本　鳴九題記　一冊　存四卷(五至八)

330000－4732－0000464　0464　集部/小說類/短篇之屬

詳註聊齋志異圖詠十六卷　(清)蒲松齡撰　(清)呂湛恩注　民國二年(1913)上海天寶書局石印本　二冊　存四卷(一至二、七至八)

330000－4732－0000469　0469　集部/小說類/短篇之屬

詳註聊齋志異圖詠十六卷　(清)蒲松齡撰　(清)呂湛恩注　民國上海廣益書局石印本　樂生題記　二冊　存四卷(三至四、七至八)

330000－4732－0000472　0472　集部/小說類/短篇之屬

詳註聊齋志異圖詠十六卷　(清)蒲松齡撰　(清)呂湛恩注　民國上海錦章圖書局石印本　二冊　存四卷(一至四)

330000－4732－0000473　0473　集部/小說類/短篇之屬

詳註聊齋志異圖詠十六卷　(清)蒲松齡撰　(清)呂湛恩注　民國石印本　一冊　存二卷(九至十)

330000－4732－0000474　0474　子部/醫家類/醫案之屬

陳修園先生醫書新增五十二種　(清)陳念祖等撰　民國上海錦章書局石印本　一冊　存一種

330000－4732－0000476　0476　經部/四書類/總義之屬/文字音義

注音字母四書白話句解十九卷　周觀光　吳穀民演譯　民國上海百川書局石印本　吳家祥、吳家榮題記　五冊　存五卷(大學、中庸、孟子二至四)

330000－4732－0000477　0477　經部/四書類/總義之屬/傳說

四書白話註解　許伏民　童官卓編　民國石印本　十二冊　存三種

330000－4732－0000478　0478　經部/四書類/總義之屬/傳說

新式標點四書白話註解十九卷　琴石山人注解　民國上海會文堂書局石印本　張克章題記　十冊　缺七卷(論語三至八、孟子六)

330000－4732－0000479　0479　經部/四書類/總義之屬/傳說

新式標點四書白話註解十九卷　琴石山人注解　民國上海會文堂書局石印本　十一冊　缺三卷(孟子四至五、七)

330000－4732－0000480　0480　經部/四書類/總義之屬/傳說

新式標點四書白話註解十九卷　琴石山人注解　民國上海會文堂書局石印本　李榮業題簽並記　四冊　缺七卷(論語六至十、孟子六至七)

330000－4732－0000481　0481　經部/四書類

四書白話解　(清)施崇恩撰　民國上海民強書局石印本　何鶴林題簽　三冊　存二種

330000－4732－0000482　0482　經部/四書類/總義之屬

繪圖四書讀本七卷　民國四年(1915)上海廣益書局石印本　楊正昌題記　三冊　存四卷

（大學，中庸，孟子一、三）

330000－4732－0000483　0483　經部/四書類/總義之屬/傳說
四書正文　民國四年（1915）上海章福記書局石印本　一册　存一種

330000－4732－0000484　0484　經部/四書類/總義之屬/傳說
四書正文　民國四年（1915）上海章福記書局石印本　一册　存一種

330000－4732－0000485　0485　經部/四書類/總義之屬/傳說
四書正文　民國四年（1915）上海章福記書局石印本　一册　存一種

330000－4732－0000486　0486　經部/四書類/總義之屬/傳說
四書正文　民國四年（1915）上海章福記書局石印本　一册　存一種

330000－4732－0000487　0487　經部/四書類/總義之屬/傳說
四書正文　民國四年（1915）上海章福記書局石印本　一册　存一種

330000－4732－0000488　0488　經部/四書類/總義之屬/傳說
四書正文　民國四年（1915）上海章福記書局石印本　一册　存一種

330000－4732－0000489　0489　經部/四書類/總義之屬/傳說
四書正文　民國四年（1915）上海章福記書局石印本　一册　存一種

330000－4732－0000490　0490　經部/四書類/總義之屬/傳說
四書正文　民國上海錦章圖書局石印本　吴家隆題記　三册　存三種

330000－4732－0000491　0491　經部/四書類/總義之屬/傳說
四書正文七卷　民國上海章福記書局石印本　三册　缺三卷（論語上，孟子上下）

330000－4732－0000492　0492　經部/四書類/總義之屬/傳說
四書正文七卷　民國上海章福記書局石印本　三册　缺三卷（論語上，孟子上下）

330000－4732－0000493　0493　經部/四書類/總義之屬/傳說
四書正文七卷　民國上海章福記書局石印本　二册　存二卷（論語下、孟子中）

330000－4732－0000494　0494　經部/四書類/總義之屬/傳說
四書正文七卷　民國上海章福記書局石印本　二册　存二卷（論語下、孟子中）

330000－4732－0000495　0495　經部/四書類/總義之屬/傳說
四書正文七卷　民國上海章福記書局石印本　一册　存一卷（論語下）

330000－4732－0000496　0496　經部/四書類/總義之屬/傳說
四書正文七卷　民國上海章福記書局石印本　一册　存一卷（論語下）

330000－4732－0000497　0497　經部/四書類/總義之屬/傳說
四書正文七卷　民國上海章福記書局石印本　錢守蘭題簽並記　一册　存一卷（論語下）

330000－4732－0000498　0498　經部/四書類/總義之屬/傳說
四書正文七卷　民國上海章福記書局石印本　一册　存一卷（論語下）

330000－4732－0000499　0499　經部/四書類/總義之屬/傳說
四書正文七卷　民國上海章福記書局石印本　一册　存一卷（論語下）

330000－4732－0000500　0500　經部/四書類/總義之屬
繪圖四書讀本七卷　民國上海沈鶴記書局石印本　柳景仁題記　一册　存一卷（論語二）

330000－4732－0000501　0501　經部/四書

類/總義之屬

繪圖四書正文七卷　民國上海昌文書局石印本　三冊　存三卷(論語二、孟子二至三)

330000－4732－0000502　0502　經部/四書類/總義之屬

繪圖四書正文七卷　民國上海昌文書局石印本　三冊　存三卷(論語二、孟子二至三)

330000－4732－0000503　0503　經部/四書類/總義之屬

繪圖四書正文七卷　民國上海昌文書局石印本　二冊　存二卷(論語二、孟子三)

330000－4732－0000504　0504　經部/四書類/總義之屬

繪圖四書正文七卷　民國上海昌文書局石印本　一冊　存一卷(論語二)

330000－4732－0000505　0505　經部/四書類/總義之屬

繪圖四書正文七卷　民國上海昌文書局石印本　一冊　存一卷(論語二)

330000－4732－0000506　0506　經部/四書類/總義之屬

繪圖四書正文七卷　民國上海昌文書局石印本　一冊　存一卷(論語二)

330000－4732－0000507　0507　經部/四書類/總義之屬

繪圖四書正文七卷　民國上海昌文書局石印本　一冊　存一卷(論語二)

330000－4732－0000508　0508　經部/四書類/總義之屬

繪圖四書正文七卷　民國上海昌文書局石印本　一冊　存一卷(論語二)

330000－4732－0000509　0509　經部/四書類/總義之屬

繪圖四書正文七卷　民國上海昌文書局石印本　一冊　存一卷(論語二)

330000－4732－0000510　0510　經部/四書類/總義之屬

繪圖四書正文七卷　民國上海昌文書局石印本　一冊　存一卷(論語二)

330000－4732－0000511　0511　經部/四書類/總義之屬

繪圖四書正文七卷　民國上海昌文書局石印本　一冊　存一卷(論語二)

330000－4732－0000512　0512　經部/四書類/總義之屬

繪圖四書正文七卷　民國上海昌文書局石印本　一冊　存一卷(論語二)

330000－4732－0000513　0513　經部/四書類/總義之屬

繪圖四書正文七卷　民國上海昌文書局石印本　一冊　存一卷(論語二)

330000－4732－0000514　0514　經部/四書類/總義之屬

繪圖四書正文七卷　民國上海昌文書局石印本　一冊　存一卷(論語二)

330000－4732－0000515　0515　經部/四書類/總義之屬/傳說

銅版四書集註　(宋)朱熹集註　民國上海天寶書局石印本　吳家榮題簽並記　二冊　存一種

330000－4732－0000516　0516　經部/四書類/總義之屬/傳說

銅版四書集註　(宋)朱熹集註　民國上海天寶書局石印本　吳家耀題記　一冊　存一種

330000－4732－0000517　0517　經部/四書類/總義之屬/傳說

銅版四書集註　(宋)朱熹集註　民國四年(1915)上海廣益書局石印本　一冊　存一種

330000－4732－0000518　0518　經部/四書類/總義之屬/傳說

新註四書白話解說三十六卷　江希張注　民國十一年(1922)刻本　魏亦元題記　十二冊　缺六卷(新註論語白話解說九至十二、新註孟子白話解說三至四)

330000－4732－0000519　0519　經部/四書類/總義之屬/傳說

四書正文　民國上海錦章圖書局石印本　一冊　存一種

330000－4732－0000520　0520　經部/四書類/總義之屬/傳說

四書正文　民國上海錦章圖書局石印本　吳家隆題記　一冊　存一種

330000－4732－0000521　0521　經部/四書類/總義之屬/傳說

新註四書白話解說三十六卷　江希張注　民國十一年(1922)刻本　十冊　缺十卷(新註論語白話解說一至四,新註孟子白話解說三至四、七至八、十三至十四)

330000－4732－0000522　0522　經部/四書類/總義之屬/傳說

新註四書白話解說三十六卷　江希張注　民國十一年(1922)刻本　十冊　缺九卷(新註論語白話解說九至十二、新註孟子白話解說十一至十四、新註中庸白話解說)

330000－4732－0000523　0523　經部/四書類/總義之屬/傳說

新註四書白話解說三十六卷　江希張注　民國十一年(1922)刻本　五冊　存十二卷(新註論語白話解說十七至二十,新註孟子白話解說一至二、九至十四)

330000－4732－0000525　0525　經部/四書類

四書白文　民國商務印書館鉛印本　二冊　存三種

330000－4732－0000526　0526　經部/四書類

四書白文　民國商務印書館鉛印本　一冊　存一種

330000－4732－0000527　0527　經部/四書類/孟子之屬/傳說

增補蘇批孟子二卷　(宋)蘇洵撰　(清)趙大浣增補　**孟子年譜一卷**　民國三年(1914)上海會文堂書局石印本　緝庵氏題記　一冊　缺一卷(下孟)

330000－4732－0000528　0528　經部/四書類/總義之屬/傳說

言文對照廣注四書讀本十九卷　世界書局編輯所編　民國上海世界書局石印本　一冊　存一種

330000－4732－0000529　0529　經部/四書類/總義之屬/傳說

銅版精印四書集註　(宋)朱熹集註　民國二十八年(1939)上海鴻文書局石印本　一冊　存一種

330000－4732－0000530　0530　經部/四書類

大字校正白文四書　民國上海萃英書局石印本　一冊　存一卷(上孟)

330000－4732－0000531　0531　經部/四書類/總義之屬/傳說

新訂四書補註備旨十卷　(明)鄧林撰　(清)鄧煜編　(清)杜定基增訂　民國三年(1914)上海鴻寶書局石印本　張炘題記　七冊　缺一卷(論語四)

330000－4732－0000549　0549　經部/四書類

四書便讀十九卷　(宋)朱熹注　民國石印本　季道勳題簽並記　三冊　存三卷(孟子一至三)

330000－4732－0000554　0554　經部/四書類/總義之屬

四書說約一卷　(清)赤水明圓光月老人撰　民國上海宏大善書局石印本　一冊

330000－4732－0000614　0614　經部/四書類/大學之屬

四書正文大學一卷　民國季道勳抄本　一冊

330000－4732－0000616　0616　集部/楚辭類

楚辭十七卷　(漢)劉向集　(漢)王逸章句　(宋)洪興祖補注　民國大一統圖書局石印本

三册　缺六卷(九至十四)

330000－4732－0000617　0617　集部/楚辭類

楚辭十七卷　(漢)劉向集　(漢)王逸章句　(明)朱燮元　(明)朱一龍校刻　民國上海會文堂書局石印本　一册　存四卷(十至十三)

330000－4732－0000619　0619　集部/總集類/選集之屬/通代

千家詩書一卷　民國十七年(1928)季李儉抄本　梅嘉彥題簽並記　一册

330000－4732－0000623　0623　集部/總集類/選集之屬/通代

古文觀止十二卷　(清)吳乘權　(清)吳大職輯　民國上海商務印書館鉛印本　一册　存二卷(七至八)

330000－4732－0000624　0624　集部/總集類/選集之屬/通代

古文觀止十二卷　(清)吳乘權　(清)吳大職輯　民國七年(1918)上海天寶書局石印本　菊淡散人、廖和平題記　一册

330000－4732－0000625　0625　集部/總集類/選集之屬/通代

古文觀止十二卷　(清)吳乘權　(清)吳大職輯　民國五年(1916)石印本　一册　存二卷(一至二)

330000－4732－0000630　0630　集部/別集類

湘綺樓書牘八卷　王闓運撰　民國上海廣益書局鉛印本　二册　存四卷(三至六)

330000－4732－0000632　0632　類叢部/叢書類/自著之屬

尤西堂全集二十六種　(清)尤侗撰　民國石印本　八册　存八種

330000－4732－0000633　0633　集部/總集類/選集之屬/通代

評註昭明文選十五卷首一卷葉星衛附註一卷　(清)于光華輯　民國十二年(1923)上海掃葉山房石印本　十三册　缺三卷(三、六、十三)

330000－4732－0000635　0635　集部/小說類/長篇之屬

繡像東周列國志二十七卷一百八回　(清)蔡奡評點　民國上海商務印書館鉛印本　三册　存六卷(十六至十九、二十六至二十七)

330000－4732－0000637　0637　集部/詩文評類/文評之屬

文心雕龍十卷　(南朝梁)劉勰撰　(清)黃叔琳注　(清)紀昀評　民國上海文瑞樓石印本　二册　存四卷(一至四)

330000－4732－0000638　0638　集部/總集類/選集之屬/斷代

近代文評註讀本三卷　王文濡評選　沈鎔等註釋　民國十八年(1929)上海文明書局鉛印本　二册　缺一卷(一)

330000－4732－0000639　0639　集部/總集類/選集之屬/斷代

清文評註讀本四卷　王文濡評選　沈秉鈞　郭希汾註釋　民國二十一年(1932)上海文明書局鉛印歷代詩文評註讀本本　葉立三題記　四册　存一種

330000－4732－0000640　0640　集部/總集類/選集之屬/通代

古詩評註讀本三卷附教授法一卷　王文濡評選　民國六年(1917)上海進步書局鉛印本　芥帆題記　一册　缺一卷(古詩評註讀本上)

330000－4732－0000642　0642　集部/總集類/選集之屬/斷代

清文評註讀本四卷　王文濡評選　沈秉鈞　郭希汾註釋　民國二十一年(1932)上海文明書局鉛印歷代詩文評註讀本本　舜年跋　四册　存一種

330000－4732－0000643　0643　集部/總集類/選集之屬/通代

歷代詩文評註讀本　王文濡編　民國上海文明書局鉛印本　二册　存一種

330000－4732－0000644　0644　集部/總集

類/選集之屬/通代

歷代詩文評註讀本　王文濡編　民國上海文明書局鉛印本　一册　存一種

330000－4732－0000645　0645　集部/總集類/選集之屬/通代

古文辭類纂評註七十四卷　(清)姚鼐纂輯　沈伯經等評注　民國七年(1918)上海文明書局鉛印本　十五册　缺六卷(五十六至六十一)

330000－4732－0000646　0646　集部/總集類/選集之屬/通代

古文辭類纂評註七十四卷　(清)姚鼐纂輯　沈伯經等評注　民國上海文明書局鉛印本　葉桐題記　八册　存三十卷(一至三十)

330000－4732－0000648　0648　史部/紀傳類/正史之屬

言文對照史記評註讀本三卷　秦同培選輯　民國十四年(1925)上海世界書局石印本　二册　缺一卷(一)

330000－4732－0000649　0649　史部/紀傳類/正史之屬

言文對照漢書評註讀本二卷　秦同培選輯　民國上海世界書局石印本　一册　存一卷(上)

330000－4732－0000650　0650　史部/雜史類/斷代之屬

言文對照國語評註讀本二卷　秦同培選輯　民國上海世界書局石印本　一册　存一卷(上)

330000－4732－0000651　0651　集部/詩文評類/文評之屬

言文對照古文評註讀本十二卷　(清)過珙　(清)黄越選評　(清)曾濆　(清)龐雲燦訂　民國上海世界書局石印本　七册　存七卷(二至三、七至十一)

330000－4732－0000652　0652　子部/叢編

宋元人説部書　商務印書館輯　民國上海商務印書館鉛印本　十册　存七種

330000－4732－0000653　0653　子部/醫家類/醫案之屬

增補臨證指南醫案八卷　(清)葉桂撰　民國石印本　二册　存二卷(三、五)

330000－4732－0000655　0655　子部/醫家類/醫案之屬

增補臨證指南醫案八卷　(清)葉桂撰　民國石印本　兆森氏題記　二册　存二卷(二至三)

330000－4732－0000657　0657　史部/傳記類/總傳之屬/仕宦

歷代名臣言行錄二十四卷　(清)朱桓輯　民國石印本　梅鶴巡題記並圈點　一册　存二卷(十五至十六)

330000－4732－0000658　0658　史部/傳記類/總傳之屬/仕宦

歷代名臣言行錄二十四卷　(清)朱桓輯　民國石印本　桐珪題簽並記　二册　存六卷(七至九、十九至二十一)

330000－4732－0000659　0659　史部/雜史類/斷代之屬

唐語林八卷附校勘記一卷　(宋)王讜撰　民國鉛印本　三册　缺二卷(一至二)

330000－4732－0000660　0660　集部/別集類

刪亭文集二卷續集二卷　周同愈撰　民國二十四年(1935)無錫周氏鉛印本　一册

330000－4732－0000661　0661　子部/藝術類/書畫之屬/法帖

吴愙齋先生篆書銅柱銘一卷　(清)吴大澂書　民國蘇州振新書社影印本　一册

330000－4732－0000662　0662　集部/總集類/選集之屬/通代

短篇文選三卷　雷瑨編　民國三年(1914)上海掃葉山房石印本　張猷題記　四册

330000－4732－0000663　0663　史部/金石類/金之屬/文字

積古齋鐘鼎彝器款識十卷　(清)阮元撰　民

國石印本　二冊　存四卷(五至六、九至十)

330000－4732－0000665　0665　類叢部/叢書類/自著之屬
船山遺書六十六種附一種　(清)王夫之撰　民國二十二年(1933)上海太平洋書店鉛印本(永曆實錄卷十六原缺)　八十冊

330000－4732－0000666　0666　史部/地理類/輿圖之屬/郡縣
修訂浙江全省輿圖並水陸道里記不分卷　(清)宗源瀚等纂　民國四年(1915)杭州武林印書館石印本　端木彧題記　七冊

330000－4732－0000667　0667　集部/總集類/選集之屬/斷代
唐詩三百首註疏六卷　(清)孫洙編　(清)章燮註　民國四年(1915)上海萃英書莊石印本　葉鶴題記　三冊　存三卷(一、三、六)

330000－4732－0000668　0668　集部/總集類/選集之屬/斷代
唐詩三百首註疏六卷　(清)孫洙編　(清)章燮註　民國上海鴻寶齋書局石印本　二冊　存二卷(一至二)

330000－4732－0000675　0675　子部/宗教類/道教之屬
諸咒簿一卷　民國王吉真抄本　一冊

330000－4732－0000676　0676　子部/宗教類/道教之屬
請佛書一卷　民國抄本　一冊

330000－4732－0000678　0678　子部/宗教類/道教之屬
伏以一卷　徐正真撰　民國二十二年(1933)徐正真抄本　一冊

330000－4732－0000683　0683　子部/術數類
賀書一卷　民國十八年(1929)抄本　一冊

330000－4732－0000684　0684　子部/宗教類/道教之屬
道書一卷　民國抄本　一冊

330000－4732－0000685　0685　子部/術數類
手抄通書一卷　民國抄本　一冊

330000－4732－0000690　0690　經部/小學類/文字之屬/字書/字典
攷正字彙二卷　(清)陳淏子撰　民國共和書局石印本　一冊

330000－4732－0000691　0691　經部/小學類/文字之屬/字書/字典
攷正字彙二卷　(清)陳淏子撰　民國共和書局石印本　一冊

330000－4732－0000692　0692　經部/小學類/文字之屬/字書/字典
攷正字彙二卷　(清)陳淏子撰　民國共和書局石印本　一冊

330000－4732－0000693　0693　經部/小學類/文字之屬/字書/字典
攷正字彙二卷　(清)陳淏子撰　民國共和書局石印本　一冊

330000－4732－0000701　0701　集部/別集類
飲冰室全集四十八卷　梁啓超撰　民國五年(1916)上海中華書局鉛印本　四十八冊

330000－4732－0000702　0702　集部/別集類
飲冰室全集四十八卷　梁啓超撰　民國上海中華書局鉛印本　一冊　存一卷(二十)

330000－4732－0000703　0703　經部/小學類/文字之屬/字書/字典
分類辭源十二集　世界書局編輯所編　民國十五年(1926)上海世界書局石印本　十二冊

330000－4732－0000704　0704　史部/金石類/總志之屬/文字
金石萃編一百六十卷　(清)王昶撰　**金石續編二十一卷首一卷**　(清)陸耀遹撰　**金石萃編補正四卷**　(清)方履籛撰　民國十五年(1926)上海掃葉山房石印本　二十七冊　缺二十三卷(二十八至五十)

330000－4732－0000705　0705　集部/别集類/宋别集

曾南豐文集四卷　(宋)曾鞏撰　民國四年(1915)上海會文堂石印本　省庵題記　二册

330000－4732－0000706　0706　子部/醫家類/類編之屬

醫門棒喝二種　(清)章楠撰　民國十八年(1929)紹興墨潤堂書苑石印本　十册

330000－4732－0000707　0707　子部/醫家類/綜合之屬/通論

訂正東醫寶鑑二十三卷目録二卷　(朝鮮)許浚撰　民國六年(1917)上海廣益書局石印本　九册　存十五卷(内景篇一至四、外形篇一至四、雜病篇一、五至八,目録一至二)

330000－4732－0000708　0708　子部/醫家類/本草之屬/歷代綜合本草

本草綱目五十二卷　(明)李時珍撰　民國石印本　六册　存十五卷(四至十八)

330000－4732－0000709　0709　集部/總集類/尺牘之屬

分類詳註新式尺牘大全十二卷　袁韜壺撰　民國二十四年(1935)上海廣益書局石印本　十一册　缺一卷(三)

330000－4732－0000710　0710　集部/别集類/唐五代别集

韓文起十二卷　(唐)韓愈撰　(清)林雲銘評註　民國四年(1915)上海會文堂書局石印本　六册

330000－4732－0000711　0711　史部/政書類/律令之屬

新編評註刀筆菁華四種　平襟亞纂　秋痕樓主評　民國十二年(1923)鉛印本　四册

330000－4732－0000712　0712　經部/小學類/文字之屬/字書/字典

康熙字典十二集三十六卷檢字一卷辨似一卷等韻一卷補遺一卷備考一卷　(清)張玉書等纂修　民國十八年(1929)上海共和書局石印本　六册

330000－4732－0000713　0713　經部/小學類/文字之屬/字書/字典

康熙字典十二集三十六卷總目一卷檢字一卷辨似一卷等韻一卷備考一卷補遺一卷　(清)張玉書等纂修　民國二十四年(1935)上海天寶書局石印本　葉萬順題記　六册

330000－4732－0000715　0715　經部/小學類/文字之屬/字書/字典

康熙字典十二集三十六卷總目一卷檢字一卷辨似一卷等韻一卷備考一卷補遺一卷　(清)張玉書等纂修　民國商務印書館石印本　六册

330000－4732－0000716　0716　經部/小學類/文字之屬/字書/字典

康熙字典十二集三十六卷總目一卷檢字一卷辨似一卷等韻一卷備考一卷補遺一卷　(清)張玉書等纂修　民國商務印書館石印本　一册　存六卷(卯集上中下、辰集上中下)

330000－4732－0000717　0717　經部/小學類/文字之屬/字書/字典

康熙字典十二集三十六卷總目一卷檢字一卷辨似一卷等韻一卷補遺一卷備考一卷　(清)張玉書等纂修　民國六年(1917)上海廣益書局石印本　李盛之題記　四册　缺十五卷(寅集上中下、卯集上中下、辰集上中下、巳集上中下、午集上中下)

330000－4732－0000718　0718　經部/小學類/文字之屬/字書/字典

康熙字典十二集三十六卷檢字一卷辨似一卷等韻一卷備考一卷補遺一卷　(清)張玉書等纂修　民國二年(1913)上海鴻文恆記書局石印本　一册　存九卷(子集上中下、丑集上中下,檢字,辨似,等韻)

330000－4732－0000720　0720　經部/小學類/文字之屬/字書/字典

康熙字典十二集三十六卷總目一卷檢字一卷辨似一卷等韻一卷補遺一卷備考一卷　(清)張玉書等纂修　民國石印本　一册　存五卷(酉集上中下、戌集上中)

330000－4732－0000721　0721　經部/小學類/文字之屬/字書/字典

康熙字典十二集三十六卷總目一卷檢字一卷辨似一卷等韻一卷補遺一卷備考一卷　（清）張玉書等纂修　民國石印本　五冊　缺六卷（戌集下、亥集上中下，補遺，備考）

330000－4732－0000731　0731　經部/小學類/文字之屬/字書/字典

新字典十二卷拾遺一卷檢字一卷附錄一卷勘誤一卷補編一卷　陸爾奎等編纂　民國十四年（1925）上海商務印書館鉛印本　三冊　存八卷（七至十二、拾遺、補編）

330000－4732－0000732　0732　經部/小學類/文字之屬/字書/字典

康熙字典十二集三十六卷檢字一卷辨似一卷等韻一卷備考一卷補遺一卷　（清）張玉書等纂修　民國上海共和書局石印本　五冊　缺十卷（子集上中下、丑集上中下，檢字，辨似，等韻）

330000－4732－0000733　0733　經部/小學類/文字之屬/字書/字典

新字典十二卷拾遺一卷檢字一卷附錄一卷勘誤一卷補編一卷　陸爾奎等編纂　民國上海商務印書館鉛印本　一冊　存三卷（七至九）

330000－4732－0000734　0734　經部/小學類/文字之屬/字書/字典

增篆字典十二集三十六卷檢字一卷等韻一卷補遺一卷備考一卷　（清）張玉書　（清）凌紹雯等纂修　民國石印本　二冊　存十五卷（子集一至三、丑集一至三、寅集一至三、卯集一至二、辰集二至三，檢字，等韻）

330000－4732－0000735　0735　新學/雜著/叢編

世界知識新文庫十四卷　陸翔輯選　民國石印本　十二冊　存九卷（四至五、七至十三）

330000－4732－0000741　0741　子部/術數類/相宅相墓之屬

增補地理直指原真三卷首一卷　（清）釋如玉撰　民國石印本　一冊　存一卷（二）

330000－4732－0000743　0743　集部/小說類/長篇之屬

增像全圖三國演義十六卷一百二十回　（明）羅本撰　（清）毛宗崗評　民國石印本　任作賓題簽並記　七冊　存七卷（五、八至九、十一、十三至十四、十六）

330000－4732－0000744　0744　集部/小說類/長篇之屬

繡像後三國演義西晉四卷東晉八卷　（清）陳氏尺蠖齋評釋　民國石印本　葉鶴題記　三冊　存四卷（西晉三至四，東晉三、五）

330000－4732－0000745　0745　集部/小說類/長篇之屬

繡像三國演義續編十二卷　（清）陳氏尺蠖齋評釋　民國石印本　三冊　存六卷（西晉一至四、東晉三至四）

330000－4732－0000746　0746　經部/春秋左傳類/傳說之屬

春秋左傳句解六卷　（清）韓菼重訂　民國鉛印本　景周題記　一冊　存一卷（二）

330000－4732－0000747　0747　經部/春秋左傳類/傳說之屬

春秋左傳句解六卷　（清）韓菼重訂　民國鉛印本　殺聞題簽　二冊　存二卷（二、六）

330000－4732－0000748　0748　集部/小說類/長篇之屬

增像全圖三國演義十六卷一百二十回　（明）羅本撰　（清）毛宗崗評　民國石印本　一冊　存二卷（七至八）

330000－4732－0000750　0750　集部/詩文評類/文法之屬/函牘格式

言文對照普通新尺牘十八卷附錄一卷　世界書局編輯所編　民國上海世界書局石印本　三冊　存九卷（一至六、七至九）

330000－4732－0000751　0751　新學/學校

春季始業新國文八卷　莊俞　沈頤編纂　高鳳謙　張元濟校訂　民國上海商務印書館石印本　王貽清題簽　三冊　存三卷（三、七至

八)

330000－4732－0000754　0754　新學/學校

春季始業新國文八卷　莊俞　沈頤編纂　高鳳謙　張元濟校訂　民國上海商務印書館石印本　藍金梁題簽　二冊　存二卷(七至八)

330000－4732－0000755　0755　新學/學校

春季始業新國文八卷　莊俞　沈頤編纂　高鳳謙　張元濟校訂　民國上海商務印書館石印本　二冊　存二卷(七至八)

330000－4732－0000756　0756　新學/學校

春季始業新國文八卷　莊俞　沈頤編纂　高鳳謙　張元濟校訂　民國上海商務印書館石印本　一冊　存一卷(八)

330000－4732－0000759　0759　子部/儒家類/儒學之屬/蒙學

新增繪圖幼學故事瓊林四卷首一卷　(清)程登吉撰　(清)鄒聖脈增補　民國二年(1913)上海天寶書局石印本　汪崑英題記　一冊

330000－4732－0000760　0760　子部/儒家類/儒學之屬/蒙學

新增繪圖幼學故事瓊林四卷首一卷　(清)程登吉撰　(清)鄒聖脈增補　民國二年(1913)上海天寶書局石印本　一冊

330000－4732－0000761　0761　子部/儒家類/儒學之屬/蒙學

新增繪圖幼學故事瓊林四卷首一卷　(清)程登吉撰　(清)鄒聖脈增補　民國上海天寶書局石印本　一冊　存一卷(二)

330000－4732－0000762　0762　子部/儒家類/儒學之屬/蒙學

新增繪圖幼學故事瓊林四卷首一卷　(清)程登吉撰　(清)鄒聖脈增補　民國上海鴻文書局石印本　葉鶴生題記　一冊

330000－4732－0000763　0763　子部/儒家類/儒學之屬/蒙學

新增繪圖幼學故事瓊林四卷首一卷　(清)程登吉撰　(清)鄒聖脈增補　民國上海鴻文書局石印本　二冊　存二卷(三至四)

330000－4732－0000764　0764　子部/儒家類/儒學之屬/蒙學

新增繪圖幼學故事瓊林四卷首一卷　(清)程登吉撰　(清)鄒聖脈增補　民國浙紹奎照樓石印本　一冊　存一卷(二)

330000－4732－0000765　0765　子部/儒家類/儒學之屬/蒙學

新增繪圖幼學故事瓊林四卷首一卷　(清)程登吉撰　(清)鄒聖脈增補　民國浙紹奎照樓石印本　一冊　存一卷(二)

330000－4732－0000766　0766　子部/儒家類/儒學之屬/蒙學

新增繪圖幼學故事瓊林四卷首一卷　(清)程登吉撰　(清)鄒聖脈增補　民國上海天寶書局石印本　一冊

330000－4732－0000767　0767　子部/儒家類/儒學之屬/蒙學

會文堂精校重增繪圖幼學故事瓊林四卷首一卷　(清)程允升撰　(清)鄒聖脈增補　蔡郕續增　(清)謝梅林　(清)鄒可庭參訂　民國二十年(1931)上海會文堂新記書局石印本　湯綠珠句讀、題簽並記　湯彩珠題記　二冊　存二卷(一、四)

330000－4732－0000768　0768　子部/儒家類/儒學之屬/蒙學

新增繪圖幼學故事瓊林四卷首一卷　(清)程登吉撰　(清)鄒聖脈增補　民國上海錦章圖書局石印本　一冊　存一卷(二)

330000－4732－0000769　0769　子部/儒家類/儒學之屬/蒙學

新增繪圖幼學故事瓊林四卷首一卷　(清)程登吉撰　(清)鄒聖脈增補　民國上海鴻寶齋石印本　一冊　存一卷(二)

330000－4732－0000770　0770　子部/儒家類/儒學之屬/蒙學

新增繪圖幼學故事瓊林四卷首一卷　(清)程登吉撰　(清)鄒聖脈增補　民國上海久敬齋石印本　一冊　存一卷(二)

330000－4732－0000771　0771　子部/儒家類/儒學之屬/蒙學

新增繪圖幼學故事瓊林四卷首一卷　(清)程登吉撰　(清)鄒聖脈增補　民國石印本　一冊　存一卷(一)

330000－4732－0000772　0772　子部/儒家類/儒學之屬/蒙學

新增繪圖幼學故事瓊林四卷首一卷　(清)程登吉撰　(清)鄒聖脈增補　民國石印本　一冊　存一卷(一)

330000－4732－0000773　0773　子部/儒家類/儒學之屬/蒙學

新增繪圖幼學故事瓊林四卷首一卷　(清)程登吉撰　(清)鄒聖脈增補　民國上海昌文書局石印本　二冊　存二卷(二至三)

330000－4732－0000774　0774　子部/儒家類/儒學之屬/蒙學

精校重增繪圖幼學故事瓊林四卷首一卷　(清)程登吉撰　(清)鄒聖脈增補　民國二十一年(1932)上海會文堂新記書局石印本　一冊　缺三卷(二至四)

330000－4732－0000776　0776　子部/儒家類/儒學之屬/蒙學

精校重增繪圖幼學故事瓊林四卷首一卷　(清)程登吉撰　(清)鄒聖脈增補　民國二十二年(1933)上海會文堂新記書局石印本　葉沅題記　二冊　缺二卷(二至三)

330000－4732－0000777　0777　子部/儒家類/儒學之屬/蒙學

新增繪圖幼學故事瓊林四卷首一卷　(清)程登吉撰　(清)鄒聖脈增補　民國上海廣益書局石印本　藍太琮題記　三冊　存三卷(二至四)

330000－4732－0000778　0778　史部/傳記類/别傳之屬/事狀

晏子[嬰]春秋七卷　晏子春秋音義二卷　(清)孫星衍撰　**晏子春秋校勘二卷**　(清)黄以周撰　民國上海掃葉山房石印本　一冊　存一卷(音義下)

330000－4732－0000779　0779　子部/儒家類/儒學之屬/蒙學

重增幼學故事瓊林四卷首一卷　(清)程登吉撰　(清)鄒聖脈增補　董鈞續增　民國上海錦章書局石印本　二冊　存二卷(三至四)

330000－4732－0000780　0780　集部/小説類/長篇之屬

繪圖草木春秋四卷三十二回　(清)江洪撰　民國石印本　鳴九題記　一冊　存一卷(三)

330000－4732－0000781　0781　集部/别集類

磨盾集不分卷　王景遜撰　民國石印本　一冊

330000－4732－0000783　0783　子部/術數類

新鐫曆法便覽象吉備要通書大全二十九卷　(清)魏鑑撰　民國上海校經山房、文瑞樓石印本　陳國珪題記　六冊　存十六卷(一至二、九至十、十四至二十五)

330000－4732－0000785　0785　子部/術數類/相宅相墓之屬

地理五訣八卷　(清)趙廷棟撰　民國上海會文堂書局石印本　維停題記　一冊　存四卷(一至四)

330000－4732－0000786　0786　子部/術數類

新鐫曆法便覽象吉備要通書大全二十九卷　(清)魏鑑撰　民國上海錦章書局石印本　二冊　存五卷(一至五)

330000－4732－0000787　0787　子部/術數類

新鐫曆法便覽象吉備要通書大全二十九卷　(清)魏鑑撰　民國上海會文堂書局石印本　三冊　存七卷(一至二、六至八、十至十一)

330000－4732－0000788　0788　子部/術數類

新鐫曆法便覽象吉備要通書二十九卷　(清)魏鑑撰　民國上海廣益書局石印本　二冊

存五卷(十七至二十一)

330000－4732－0000789　0789　子部/術數類

新鐫象吉備要通書二十九卷　(清)魏鑑撰　民國上海廣益書局石印本　一册　存二卷(十至十一)

330000－4732－0000790　0790　子部/術數類

新鐫曆法便覽象吉備要通書二十九卷　(清)魏鑑撰　民國上海校經山房石印本　陳志□題簽並記　一册　存三卷(二十一至二十三)

330000－4732－0000791　0791　子部/術數類

新鐫象吉備要通書二十九卷　(清)魏鑑撰　民國石印本　一册　存二卷(十至十一)

330000－4732－0000792　0792　子部/術數類

新鐫曆法便覽象吉備要通書大全二十九卷　(清)魏鑑撰　民國上洋海左書局石印本　三册　存六卷(一至二、十一、二十七至二十九)

330000－4732－0000793　0793　子部/術數類

新鐫曆法便覽象吉備要通書二十九卷　(清)魏鑑撰　民國石印本　一册　存三卷(十五至十七)

330000－4732－0000794　0794　子部/術數類

新鐫曆法便覽象吉備要通書二十九卷　(清)魏鑑撰　民國石印本　毛永益題簽並記　一册　存四卷(十七至二十)

330000－4732－0000809　0809　子部/醫家類/方書之屬/單方驗方

增評醫方集解二十三卷本草備要八卷　(清)汪昂撰　民國上海錦章圖書局石印本　二册　存八卷(一至三、十至十四)

330000－4732－0000810　0810　子部/宗教類/道教之屬/經文

仙佛真言不分卷　(明)玄谷帝君注　(明)高時明參閲　民國上海宏大善書局石印本　一册

330000－4732－0000811　0811　子部/醫家類/綜合之屬

本草備要四卷　(清)汪昂撰　民國石印本　一册　存一卷(一)

330000－4732－0000812　0812　子部/宗教類/道教之屬/經文

仙佛真言不分卷　(明)玄谷帝君注　(明)高時明參閲　民國上海宏大善書局石印本　張菊蘭題記　一册

330000－4732－0000813　0813　子部/宗教類/道教之屬/經文

仙佛真言不分卷　(明)玄谷帝君注　(明)高時明參閲　民國上海宏大善書局石印本　一册

330000－4732－0000815　0815　經部/小學類/文字之屬/字書/字體

六書通十卷　(清)閔齊伋撰　(清)畢弘述篆訂　民國石印本　二册　存四卷(七至十)

330000－4732－0000816　0816　集部/别集類/清别集

小倉山房文集三十五卷　(清)袁枚撰　民國上海文明書局石印本　五册　缺十四卷(一至三、二十至三十)

330000－4732－0000817　0817　子部/墨家類

墨子閒詁十五卷目録一卷附録一卷後語二卷　(清)孫詒讓撰　民國上海掃葉山房石印本　六册　缺五卷(墨子閒詁七至九、後語一至二)

330000－4732－0000819　0819　集部/别集類/清别集

小倉山房詩集三十七卷補遺二卷　(清)袁枚撰　民國上海文明書局石印本　三册　存十二卷(一至五、十六至二十、三十五至三十六)

330000－4732－0000820　0820　子部/宗教類/佛教之屬/諸宗

往生集三卷附一卷 (明)釋袾宏輯 民國九年(1920)溫州頭陀山妙智寺刻本 一冊

330000－4732－0000821 0821 集部/別集類/清別集

新體廣註小倉山房尺牘八卷 (清)袁枚撰 (清)胡光斗箋釋 (清)徐楨增註 民國十年(1921)上海廣文書局石印本 三冊 缺二卷(一至二)

330000－4732－0000824 0824 集部/總集類/尺牘之屬

新輯尺牘合璧四卷 (清)許思湄 (清)龔萼撰 (清)婁世瑞注 (清)寄虹軒主人輯 民國石印本 一冊 存一卷(二)

330000－4732－0000825 0825 集部/總集類/尺牘之屬

新輯尺牘合璧四卷 (清)許思湄 (清)龔萼撰 (清)婁世瑞注 (清)邱與久輯 民國上海廣雅書局、啟新書局石印本 一冊 存一卷(二)

330000－4732－0000826 0826 集部/總集類/尺牘之屬

新輯尺牘合璧四卷 (清)許思湄 (清)龔萼撰 (清)婁世瑞注 (清)邱與久輯 民國石印本 一冊 存一卷(二)

330000－4732－0000827 0827 子部/醫家類/婦科之屬/通論

濟陰綱目十四卷 (明)武之望 (明)金德生撰 (清)汪淇箋釋 民國上海校經山房石印本 一冊 存四卷(五至八)

330000－4732－0000837 0837 集部/別集類

未晚樓文存四卷別卷一卷續存三卷別卷一卷 李澄宇撰 民國二十二年(1933)湘鄂印刷公司鉛印本 二冊

330000－4732－0000839 0839 集部/詩文評類/文評之屬

中等新論說文範四卷 蔡郕撰 邵希雍評校 民國上海會文堂粹記石印本 滋生氏題記 四冊

330000－4732－0000840 0840 集部/詩文評類/文評之屬

中等新論說文範四卷 蔡郕撰 邵希雍評校 民國上海會文堂粹記石印本 三冊 缺一卷(四)

330000－4732－0000841 0841 集部/總集類/尺牘之屬

言文對照商業新尺牘二卷 世界書局編輯所編 民國十八年(1929)上海世界書局石印本 朱仁昌題記 一冊 存一卷(二)

330000－4732－0000844 0844 集部/小說類/長篇之屬

增像全圖加批西遊記八卷一百回 (明)吳承恩撰 (清)陳士斌詮解 民國石印本 二冊

330000－4732－0000845 0845 集部/小說類/長篇之屬

繪圖加批西遊記八卷一百回 (明)吳承恩撰 (清)陳士斌詮解 民國石印本 一冊 存一卷(七)

330000－4732－0000846 0846 子部/醫家類/兒科之屬/痘疹

痘科正卷二卷 魏詠廷輯 民國十六年(1927)肇之抄本 二冊

330000－4732－0000847 0847 子部/醫家類/兒科之屬/痘疹

痘科正卷二卷 民國十六年(1927)抄本 一冊

330000－4732－0000848 0848 集部/總集類/尺牘之屬

普通適用通俗白話尺牘二卷 民國石印本 一冊 存一卷(上)

330000－4732－0000849 0849 子部/術數類/相宅相墓之屬

地理五訣八卷 (清)趙廷棟撰 民國石印本 一冊 存二卷(七至八)

330000－4732－0000850 0850 子部/宗教

類/道教之屬/雜著

張三丰先生全集八卷 （明）張三丰撰 （清）李西月重編 **張三丰祖師無根樹詞註解一卷** （明）劉悟元註 （清）李西月增解 **靈寶畢法三卷** 題（唐）鍾離權撰 （唐）呂嵓傳 民國八年（1919）上海江左書林石印本 二冊 存四卷（一至二、七至八）

330000－4732－0000851 0851 子部/術數類/陰陽五行之屬

增補萬全玉匣記二卷 （晉）許遜撰 民國上海錦章書局石印本 一冊 存一卷（上）

330000－4732－0000853 0853 子部/術數類/陰陽五行之屬

地理鉛彈子七卷 民國石印本 一冊 存一卷（六）

330000－4732－0000855 0855 集部/小說類

茅山真君得道傳初集四卷 史文秀輯 民國十四年（1925）上海馬啟新書局石印本 一冊 存一卷（四）

330000－4732－0000857 0857 子部/術數類/陰陽五行之屬

欽定協紀辨方書三十六卷 （清）允祿 （清）張照等纂修 民國石印本 一冊 存十三卷（二十至三十二）

330000－4732－0000858 0858 子部/宗教類/其他宗教之屬

銅牌石開五公經書不分卷 民國十八年（1929）溫州墨林齋石印本 一冊

330000－4732－0000859 0859 子部/宗教類/道教之屬

三聖感應經三卷 民國刻本 一冊

330000－4732－0000860 0860 子部/術數類/相宅相墓之屬

重鐫官板地理天機會元三十五卷 （唐）卜則魏撰 （明）顧乃德編 （明）徐之鏌重編刪補 民國石印本 一冊 存二卷（一至二）

330000－4732－0000861 0861 子部/宗教類/佛教之屬

放生會章程不分卷 民國上海明善書局鉛印本 一冊

330000－4732－0000862 0862 子部/宗教類/佛教之屬

放生會章程不分卷 民國上海明善書局鉛印本 一冊

330000－4732－0000864 0864 子部/宗教類/道教之屬

三聖經靈驗圖註不分卷 民國上海宏大善書局石印本 一冊

330000－4732－0000865 0865 子部/宗教類/道教之屬

三聖經靈驗圖註不分卷 民國上海宏大善書局石印本 一冊

330000－4732－0000866 0866 子部/宗教類/道教之屬

三聖經靈驗圖註不分卷 民國上海宏大善書局石印本 一冊

330000－4732－0000867 0867 子部/宗教類/道教之屬

三聖經靈驗圖註不分卷 民國上海宏大善書局石印本 一冊

330000－4732－0000868 0868 子部/宗教類/道教之屬

三聖經靈驗圖註不分卷 民國上海宏大善書局石印本 一冊

330000－4732－0000869 0869 子部/宗教類/道教之屬

三聖經靈驗圖註不分卷 民國上海宏大善書局石印本 一冊

330000－4732－0000870 0870 子部/宗教類/道教之屬

三聖經靈驗圖註不分卷 民國上海宏大善書局石印本 一冊

330000－4732－0000871 0871 子部/宗教類/道教之屬

三聖經三卷　民國上海宏大善書局石印本　一冊

330000－4732－0000872　0872　子部/宗教類/道教之屬
三聖經三卷　民國上海宏大善書局石印本　一冊

330000－4732－0000874　0874　經部/孝經類/傳說之屬
孝經白話解說一卷　朱領中撰　民國二十一年(1932)上海明善書局石印本　一冊

330000－4732－0000875　0875　經部/孝經類/傳說之屬
孝經白話解說一卷　朱領中撰　民國二十一年(1932)上海明善書局石印本　一冊

330000－4732－0000876　0876　經部/孝經類/傳說之屬
孝經一卷附二十四孝圖說一卷　(唐)玄宗李隆基注　王震繪　民國上海孤兒院據宋刻本影印本　一冊

330000－4732－0000878　0878　子部/醫家類/綜合之屬/通論
醫學從眾錄八卷　(清)陳念祖撰　民國石印本　一冊

330000－4732－0000879　0879　子部/醫家類/眼科之屬
傅氏眼科審視瑤函六卷首一卷　(明)傅仁宇纂輯　(明)林長生校補　(清)傅維藩編集　民國石印本　一冊　存一卷(二)

330000－4732－0000880　0880　子部/儒家類/儒學之屬/禮教/鑑戒
人道大義錄不分卷　夏震武撰　夏成吉輯注　民國十一年(1922)於陵王氏寶善堂刻本　一冊

330000－4732－0000881　0881　子部/儒家類/儒學之屬/禮教/鑑戒
八德須知二集八卷　蔡振紳編輯　民國二十年(1931)上海明善書局石印本　三冊　存六卷(一至六)

330000－4732－0000882　0882　子部/儒家類/儒學之屬/禮教/鑑戒
八德須知二集八卷　蔡振紳編輯　民國二十年(1931)上海明善書局石印本　一冊　存六卷(一至六)

330000－4732－0000883　0883　子部/儒家類/儒學之屬/禮教/鑑戒
八德須知二集八卷　蔡振紳編輯　民國二十年(1931)上海宏大善書局石印本　一冊　存六卷(一至六)

330000－4732－0000884　0884　子部/雜著類
玉歷至寶鈔勸世一卷附經驗神效良方一卷　王子達重編　民國上海宏大善書局石印本　練美福題記　一冊

330000－4732－0000885　0885　子部/宗教類/道教之屬
孚佑帝君純陽祖師演說三生石一卷　民國十二年(1923)上海宏大善書局石印本　一冊

330000－4732－0000887　0887　子部/宗教類/佛教之屬
破迷語錄一卷　釋心菴編纂　民國上海明善書局石印本　渾真子題記　一冊

330000－4732－0000888　0888　子部/宗教類/道教之屬
三大聖經不分卷　民國浙江杭州迦音社鉛印本　一冊

330000－4732－0000889　0889　子部/宗教類/道教之屬
三大聖經不分卷　民國浙江杭州迦音社鉛印本　一冊

330000－4732－0000890　0890　子部/醫家類/類編之屬
南雅堂醫書外集二十七種　民國石印本　一冊　存六種

330000－4732－0000891　0891　集部/小說類/長篇之屬
繡像繪圖兒女英雄傳八卷四十回　(清)文康

撰　(清)董悔評　民國上海進步書局石印本　葉鳴九題記　二冊　存二卷(一、六)

330000－4732－0000892　0892　集部/小說類/長篇之屬

兒女英雄傳評話八卷四十回　(清)文康撰　(清)民強我書室主人評　民國石印本　一冊　存一卷(三)

330000－4732－0000893　0893　集部/總集類/課藝之屬

全國學生成績新文庫甲編十九卷乙編初集二十卷二集二十卷　中央圖書局編輯部編　民國十一年(1922)上海中央圖書公司石印本　九冊　存二十九卷(甲編三至五、十三至十九;乙編初集四至五、十二至二十,二集六至七、十五至二十)

330000－4732－0000894　0894　子部/儒家類/儒學之屬/蒙學

三字經一卷　民國龍泉林文堂刻本　藍金梁題簽並記　一冊

330000－4732－0000895　0895　子部/儒家類/儒學之屬/蒙學

三字經一卷　民國龍泉林文堂刻本　一冊

330000－4732－0000896　0896　集部/總集類/課藝之屬

全國學生成績新文庫甲編十九卷乙編初集二十卷二集二十卷　中央圖書局編輯部編　民國十一年(1922)上海中央圖書公司石印本　三冊　存十四卷(乙編初集四至十一、十五至二十)

330000－4732－0000897　0897　子部/儒家類/儒學之屬/性理

儒門圖說不分卷　(清)倪元坦撰　民國鉛印本　吳成周題記　一冊

330000－4732－0000898　0898　子部/儒家類/儒學之屬/蒙學

繪圖增注歷史三字經不分卷　民國上海鴻文書局石印本　徐可順題簽　一冊

330000－4732－0000899　0899　子部/儒家類/儒學之屬/蒙學

繪圖增注歷史修正三字經不分卷　民國石印本　一冊

330000－4732－0000903　0903　子部/醫家類/傷寒金匱之屬/傷寒論

張仲景傷寒論原文淺註六卷　(漢)張機撰　(清)陳念祖集註　民國石印本　一冊

330000－4732－0000904　0904　子部/醫家類/傷寒金匱之屬/傷寒論

張仲景傷寒論原文淺註六卷　(漢)張機撰　(清)陳念祖集註　民國上海錦章圖書局石印本　一冊　缺三卷(一至三)

330000－4732－0000907　0907　子部/儒家類/儒學之屬/蒙學

昔時賢文一卷　民國上海錦章書局石印本　一冊

330000－4732－0000910　0910　集部/戲劇類/傳奇之屬

桃花扇二卷四十齣　(清)孔尚任撰　民國十一年(1922)上海掃葉山房石印本　鳴皋題記　三冊

330000－4732－0000913　0913　子部/醫家類/兒科之屬/通論

鼎鍥幼幼集成六卷　(清)陳復正輯　民國石印本　五冊　存五卷(一至五)

330000－4732－0000914　0914　子部/醫家類/兒科之屬/通論

幼幼集成六卷　(清)陳復正辨訂　民國石印本　一冊　存一卷(四)

330000－4732－0000915　0915　子部/醫家類/兒科之屬/通論

增補幼幼集成六卷　(清)陳復正輯　民國石印本　一冊　存一卷(五)

330000－4732－0000919　0919　子部/醫家類/醫經之屬/難經

校正圖註八十一難經四卷　(明)張世賢註　**校正圖註脈訣四卷**　(晉)王叔和撰　(明)張世賢註　**校正瀕湖脈學一卷奇經八脈考一卷**

（明）李時珍撰輯　民國上海鴻寶齋書局石印本　三册　缺二卷（校正圖註脈訣三至四）

330000－4732－0000920　0920　子部/醫家類/醫經之屬/難經

校正圖註八十一難經四卷　（明）張世賢註　民國上海鴻寶齋書局石印本　二册

330000－4732－0000921　0921　子部/醫家類/醫經之屬/難經

圖註八十一難經四卷　（戰國）秦越人撰　（明）張世賢註　民國上海會文堂石印本　一册　存二卷（一至二）

330000－4732－0000925　0925　子部/醫家類/婦科之屬/產科

達生編二卷　（清）亟齋居士撰　民國麗水啟明印刷局鉛印本　一册

330000－4732－0000926　0926　子部/醫家類/婦科之屬/產科

達生編二卷　（清）亟齋居士撰　民國麗水啟明印刷局鉛印本　一册

330000－4732－0000927　0927　子部/醫家類/婦科之屬/產科

達生編不分卷　（清）亟齋居士撰　汪家駒增訂　民國上海明善書局石印本　一册

330000－4732－0000929　0929　子部/宗教類/道教之屬

增經敬竈全書不分卷　民國十七年（1928）石印本　一册

330000－4732－0000930　0930　子部/醫家類/綜合之屬/通論

醫學心悟六卷　（清）程國彭撰　民國石印本　一册　存一卷（三）

330000－4732－0000931　0931　子部/醫家類/兒科之屬/痘疹

種痘新書十二卷　（清）張琰撰　民國石印本　一册　存五卷（六至十）

330000－4732－0000933　0933　集部/詩文評類/文法之屬

初學論說文範四卷　邵伯棠撰　民國八年（1919）上海會文堂書局石印本　三册　存三卷（二至四）

330000－4732－0000934　0934　集部/詩文評類/文法之屬

初學論說文範四卷　邵伯棠撰　民國上海會文堂粹記石印本　三册　存三卷（一至三）

330000－4732－0000935　0935　集部/詩文評類/文法之屬

初學論說文範四卷　邵伯棠撰　民國十九年（1930）上海會文堂新記書局石印本　黄秀棠題記　一册　存一卷（四）

330000－4732－0000937　0937　集部/詩文評類/文法之屬

高等小學論說文範四卷　邵伯棠撰　民國三年（1914）上海會文堂書局石印本　三册　缺一卷（四）

330000－4732－0000938　0938　子部/小說家類

中國寓言四卷　沈德鴻編　民國鉛印本　一册

330000－4732－0000939　0939　集部/詩文評類/文法之屬

高等小學論說文範四卷　邵伯棠撰　民國十五年（1926）上海會文堂書局石印本　一册　存一卷（四）

330000－4732－0000940　0940　集部/詩文評類/文法之屬

高等小學論說文範四卷　邵伯棠撰　民國上海會文堂書局石印本　一册　存一卷（二）

330000－4732－0000941　0941　集部/詩文評類/文法之屬

高等小學論說文範四卷　邵伯棠撰　民國上海會文堂書局石印本　一册　存一卷（二）

330000－4732－0000942　0942　集部/詩文評類/文法之屬

言文對照評註高等小學論說文範四卷　邵伯棠撰　民國上海會文堂書局石印本　一册

存一卷(二)

330000－4732－0000944　0944　史部/編年類/通代之屬

尺木堂綱鑑易知錄九十二卷明鑑易知錄十五卷　(清)吴乘權　(清)周之炯　(清)周之燦輯　民國五年(1916)上海商務印書館石印本　五册　存三十六卷(一至十四、四十七至五十二、八十五至九十二,明鑑易知錄八至十五)

330000－4732－0000948　0948　子部/宗教類/道教之屬/經文

玄靈玉皇經一卷　民國上海明善書局鉛印本　一册

330000－4732－0000950　0950　集部/别集類/唐五代别集

白香山詩長慶集二十卷後集十七卷别集一卷補遺二卷　(唐)白居易撰　(清)汪立名編　民國石印本　一册　存四卷(後集十至十三)

330000－4732－0000951　0951　集部/詩文評類/文法之屬

初學論説文範四卷　邵伯棠撰　民國上海會文堂書局石印本　林彝題記　一册　存一卷(二)

330000－4732－0000952　0952　子部/儒家類/儒學之屬/蒙學

重增繪圖幼學故事瓊林四卷首一卷　(清)程登吉撰　(清)鄒聖脈增補　蔡郕續增　民國上海會文堂書局石印本　二册　存二卷(三至四)

330000－4732－0000953　0953　子部/宗教類/道教之屬/經文

最上一乘慧命經不分卷　(清)柳華陽撰并註　民國上海掃葉山房石印本　一册

330000－4732－0000955　0955　集部/别集類/清别集

箋注提要有正味齋駢體文二十四卷　(清)吴錫麒撰　(清)王廣業箋　(清)葉聯芬注　民國十四年(1925)上海會文堂書局石印本　五册　缺九卷(六至八、十二至十四、十八至二十)

330000－4732－0000956　0956　子部/儒家類/儒學之屬/蒙學

龍文鞭影初集二卷　(明)蕭良有撰　(明)楊臣諍增訂　(清)李恩綬校補　**二集二卷**　(清)李暉吉　(清)徐灒輯　民國上海昌文書局石印本　一册　存一卷(初集二)

330000－4732－0000959　0959　新學/學校

新式高等小學地理教科書六卷　吕思勉編　民國七年(1918)上海中華書局鉛印本　一册　存一卷(一)

330000－4732－0000960　0960　新學/學校

新式高等小學理科教科書六卷　藍田嶼編　民國五年(1916)上海中華書局鉛印本　四册　存四卷(二、四至六)

330000－4732－0000961　0961　集部/詩文評類

增註寫信必讀十卷　(清)唐芸洲撰　民國鉛印本　三册　缺二卷(一至二)

330000－4732－0000962　0962　集部/詩文評類

增註寫信必讀十卷　(清)唐芸洲撰　民國鉛印本　一册　存二卷(三至四)

330000－4732－0000963　0963　集部/詩文評類/文法之屬/函牘格式

言文對照廣註寫信必讀不分卷　(清)唐芸洲撰　世界書局編輯所重訂　民國石印本　一册

330000－4732－0000964　0964　子部/醫家類/醫經之屬/内經

内經知要講義四卷　錢榮光撰　民國上海大成書局石印本　一册

330000－4732－0000966　0966　集部/總集類/選集之屬/斷代

策論選要十二卷　(宋)蘇洵　(宋)蘇軾　(宋)蘇轍撰　民國石印本　四册　存七卷(三至五、九至十二)

330000－4732－0000967　0967　子部/術數類/相宅相墓之屬

入地眼全書十卷　(宋)釋靜道撰　(清)萬樹華編次　民國上海錦章書局石印本　一冊

330000－4732－0000970　0970　子部/醫家類/溫病之屬/瘟疫

隨息居重訂霍亂論四卷　(清)王士雄撰　民國十五年(1926)上海萃英書局石印本　一冊

330000－4732－0000973　0973　子部/儒家類/儒學之屬/禮教/女範

訓女寶箴三卷附錄一卷　呂咸熙編　民國石印本　一冊　存一卷(中)

330000－4732－0000975　0975　集部/小說類/長篇之屬

繡像續小五義六卷一百二十四回　(清)石玉崑撰　民國簡青齋書局石印本　二冊　存二卷(五至六)

330000－4732－0000976　0976　集部/小說類/長篇之屬

繪圖小五義全傳六卷一百二十四回　民國上海天成書局石印本　一冊　存一卷(二)

330000－4732－0000977　0977　集部/小說類/長篇之屬

繪圖七俠五義全傳六卷一百二十回　(清)石玉崑撰　民國上海天成書局石印本　一冊　存一卷(五)

330000－4732－0000978　0978　子部/醫家類/本草之屬/本草藥性

雷公炮製藥性解六卷　(清)李中梓輯　**珍珠囊指掌補遺藥性賦四卷**　(金)李杲輯　民國共和書局石印本　一冊　存六卷(藥性解一至六)

330000－4732－0000980　0980　子部/術數類/相宅相墓之屬

陽宅三要四卷　(清)趙廷棟撰　民國三年(1914)上海會文堂書局石印本　肇隆題記　維停題簽　一冊

330000－4732－0000982　0982　子部/宗教類/道教之屬

武聖帝君救劫破迷諭一卷　民國蕭山合義和書局鉛印本　一冊

330000－4732－0000988　0988　子部/宗教類/佛教之屬/經疏

心經口氣增註一卷　(清)徐慎注　民國十二年(1923)上海宏大善書局石印本　一冊

330000－4732－0000992　0992　子部/儒家類/儒學之屬/蒙學

新刻葉臺山先生纂集六字直言不分卷　(清)葉向高編　(清)葉聯高釋　民國魏恒興刻本　徐可有題簽　一冊

330000－4732－0000993　0993　子部/儒家類/儒學之屬/禮教

葉閣老家訓六字直言不分卷　(清)葉向高編　民國刻本　一冊

330000－4732－0000994　0994　子部/儒家類/儒學之屬/禮教

六字經一卷　民國十七年(1928)藍金樑抄本　一冊

330000－4732－0000996　0996　集部/詩文評類/文法之屬

初學論說必讀四卷　孔憲彭著述　蔡郕評校　民國上海會文堂粹記石印本　二冊　存二卷(一、三)

330000－4732－0000997　0997　子部/儒家類/儒學之屬/禮教

六字經一卷　民國林明仙抄本　一冊

330000－4732－0001000　1000　集部/總集類/選集之屬

國文不分卷　民國四年(1915)油印本　景山題簽　二冊

330000－4732－0001001　1001　史部/史評類/史論之屬

國史概論四卷　葛陛綸輯　民國三年(1914)上海會文堂石印本　六冊

330000－4732－0001004　1004　集部/總集

類/選集之屬
廣註書翰文自修讀本四卷首一卷 陸翔評選 鄒志鶴註釋 民國上海世界書局石印本 一冊 存二卷(首、一)

330000－4732－0001005 1005 史部/編年類/通代之屬
讀通鑑綱目劄記二十卷末一卷 (清)章邦元撰 民國石印本 二冊 存七卷(九至十一、十八至二十、末)

330000－4732－0001006 1006 新學/學校
新主義常識課本八卷 董文 朱翊新編輯 民國十六年(1927)上海世界書局石印本 一冊 存一卷(二)

330000－4732－0001007 1007 新學/學校
新主義常識課本八卷 董文 朱翊新編輯 民國二十年(1931)上海世界書局石印本 一冊 存一卷(七)

330000－4732－0001009 1009 子部/宗教類/佛教之屬
佛教問答一卷 海屍道人撰 民國佛學研究會鉛印本 一冊

330000－4732－0001010 1010 集部/總集類/尺牘之屬
少年適用分類新體尺牘八卷 廣益書局編輯部編 民國十年(1921)上海廣益書局石印本 緝盦題記 六冊 缺二卷(四、六)

330000－4732－0001011 1011 集部/總集類/尺牘之屬
少年適用分類新體尺牘八卷 廣益書局編輯部編 民國上海廣益書局石印本 一冊 存一卷(二)

330000－4732－0001012 1012 子部/天文曆算類/曆法之屬
星命萬年曆一卷附星命須知一卷 民國天利書局石印本 一冊

330000－4732－0001013 1013 子部/天文曆算類/曆法之屬
星命萬年曆一卷附星命須知一卷 民國天利書局石印本 一冊

330000－4732－0001014 1014 子部/天文曆算類/曆法之屬
星命萬年曆一卷附星命須知一卷 民國天利書局石印本 一冊

330000－4732－0001015 1015 子部/天文曆算類/曆法之屬
星命萬年曆一卷附星命須知一卷 民國天利書局石印本 一冊

330000－4732－0001016 1016 子部/天文曆算類/曆法之屬
星命萬年曆一卷附星命須知一卷 民國天利書局石印本 何敬齋題簽 一冊

330000－4732－0001017 1017 子部/天文曆算類/曆法之屬
星命萬年曆一卷附星命須知一卷 民國天利書局石印本 一冊

330000－4732－0001018 1018 子部/天文曆算類/曆法之屬
星命萬年曆一卷附星命須知一卷 民國天利書局石印本 一冊

330000－4732－0001019 1019 子部/天文曆算類/曆法之屬
星命萬年曆一卷附星命須知一卷 民國天利書局石印本 一冊

330000－4732－0001020 1020 子部/天文曆算類/曆法之屬
星命萬年曆一卷附星命須知一卷 民國天利書局石印本 一冊

330000－4732－0001021 1021 子部/天文曆算類/曆法之屬
星命萬年曆一卷附星命須知一卷 民國天利書局石印本 一冊

330000－4732－0001024 1024 史部/政書類/律令之屬/律例
增訂中華法令彙纂二十二卷 民國十四年(1925)中華法政學社石印 一冊 存一卷

(一)

330000－4732－0001026　1026　子部/醫家類/醫經之屬/内經

靈素提要淺註十二卷　(清)陳念祖集注　民國石印本　一册　存四卷(一至四)

330000－4732－0001027　1027　子部/術數類/雜術之屬

新刻萬法歸宗五卷　(唐)李淳風撰　(唐)袁天罡補　民國三年(1914)振華書局石印本　梅信庾跋　一册　存一卷(一)

330000－4732－0001029　1029　新學/政治法律

禁煙必讀不分卷　徐錫驥撰　民國元年(1912)上海商務印書館鉛印本　一册

330000－4732－0001030　1030　子部/藝術類/遊藝之屬/聯語

新增民國對聯滙海十四卷　民國三年(1914)上海鴻文書局石印本　三册　缺三卷(四至六)

330000－4732－0001031　1031　子部/道家類

新註道德經白話解説二卷　江希張注　民國上海明善書局石印本　一册

330000－4732－0001033　1033　子部/宗教類/道教之屬

中學參同一卷　民國蕭山合義和書局鉛印本　一册

330000－4732－0001035　1035　子部/儒家類/儒學之屬

養正必讀書一卷　民國上海明善書局石印本　一册

330000－4732－0001036　1036　子部/宗教類/道教之屬

太上玄靈北斗本命延生妙經一卷　民國二十八年(1939)麗水啟明印刷局石印本　一册

330000－4732－0001037　1037　子部/宗教類/道教之屬

敬竈全書不分卷　民國上海宏大善書局石印本　一册

330000－4732－0001038　1038　集部/小説類/長篇之屬

四雪草堂重訂通俗隋唐演義八卷一百回　(清)褚人獲撰　民國上海天寶書局石印本　一册　存一卷(二)

330000－4732－0001040　1040　子部/宗教類/道教之屬

太上玄靈北斗本命延生妙經一卷　民國二十八年(1939)麗水啟明印刷局石印本　一册

330000－4732－0001041　1041　子部/宗教類/道教之屬

太上玄靈北斗本命延生妙經一卷　民國二十八年(1939)麗水啟明印刷局石印本　一册

330000－4732－0001042　1042　子部/宗教類/道教之屬

太上玄靈北斗本命延生妙經一卷　民國二十八年(1939)麗水啟明印刷局石印本　葉家庭題記並校　一册

330000－4732－0001043　1043　子部/宗教類/道教之屬

太上玄靈北斗本命延生妙經一卷　民國二十八年(1939)麗水啟明印刷局石印本　一册

330000－4732－0001048　1048　子部/術數類/相宅相墓之屬

羅經解定四卷附羅經問答一卷　(清)胡國楨撰　民國四年(1915)上海廣益書局石印本　一册　存一卷(一)

330000－4732－0001049　1049　子部/術數類/相宅相墓之屬

新訂王氏羅經透解二卷首一卷　(清)王道亨輯　民國石印本　一册　存一卷(首)

330000－4732－0001050　1050　集部/小説類/長篇之屬

增評加批金玉緣圖説一百二十卷首一卷一百二十回　(清)曹霑　(清)高鶚撰　(清)蝶薌仙史評訂　民國石印本　二册　存十七卷

（五十七至六十三、八十九至九十八）

330000－4732－0001051　1051　子部/術數類/相宅相墓之屬

補羅經總論抄本不分卷　民國抄本　一册

330000－4732－0001054　1054　集部/總集類/選集之屬/通代

蔡氏古文評註補正全集十卷　（清）過珙選（清）蔡鑄補正　民國上海商務印書館鉛印本　毛壽祺、毛潤文題記　十册

330000－4732－0001056　1056　子部/醫家類/醫理之屬/病源病機

病機沙篆二卷　（清）李中梓撰　民國石印本　徐華題記　一册　存一卷（二）

330000－4732－0001057　1057　集部/總集類/氏族之屬

三蘇文集四十四卷　（清）邵希雍輯　民國元年（1912）上海會文堂書局石印本　二册　存十六卷（嘉祐集一至十六）

330000－4732－0001059　1059　集部/總集類/氏族之屬

三蘇文集四十四卷　（清）邵希雍輯　民國石印本　二册　存五卷（東坡文集四至八）

330000－4732－0001060　1060　集部/總集類/氏族之屬

三蘇文集四十四卷　（清）邵希雍輯　民國石印本　一册　存三卷（東坡文集四至六）

330000－4732－0001061　1061　子部/道家類

南華真經解四卷　（清）宣穎撰　民國石印本　一册　存二卷（三至四）

330000－4732－0001062　1062　子部/宗教類/佛教之屬

金剛般若波羅蜜經一卷　民國石印本　王水芝、王普時題記　一册

330000－4732－0001063　1063　子部/宗教類/佛教之屬/經疏

大佛頂首楞嚴經正脈疏四十卷　（明）釋真鑑述　民國刻本　二册　存六卷（七至九、二十三至二十五）

330000－4732－0001064　1064　經部/小學類/文字之屬/字書

最新改良繪圖日用雜字一卷　民國天寶書局石印本　一册

330000－4732－0001065　1065　經部/小學類/文字之屬/字書

最新改良繪圖日用雜字一卷　民國天寶書局石印本　一册

330000－4732－0001066　1066　經部/小學類/文字之屬/字書

最新改良繪圖日用雜字一卷　民國天寶書局石印本　一册

330000－4732－0001067　1067　經部/小學類/文字之屬/字書

最新改良繪圖日用雜字一卷　民國天寶書局石印本　一册

330000－4732－0001068　1068　經部/小學類/文字之屬/字書

最新改良繪圖日用雜字一卷　民國天寶書局石印本　一册

330000－4732－0001069　1069　經部/小學類/文字之屬/字書

最新改良繪圖日用雜字一卷　民國天寶書局石印本　一册

330000－4732－0001070　1070　經部/小學類/文字之屬/字書

最新改良繪圖日用雜字一卷　民國天寶書局石印本　一册

330000－4732－0001071　1071　經部/小學類/文字之屬/字書

最新改良繪圖日用雜字一卷　民國天寶書局石印本　一册

330000－4732－0001072　1072　經部/小學類/文字之屬/字書

最新改良繪圖日用雜字一卷　民國天寶書局

石印本　一册

330000－4732－0001073　1073　經部/小學類/文字之屬/字書

最新改良繪圖日用雜字一卷　民國天寶書局石印本　一册

330000－4732－0001074　1074　經部/小學類/文字之屬/字書

最新改良繪圖日用雜字一卷　民國天寶書局石印本　一册

330000－4732－0001075　1075　經部/小學類/文字之屬/字書

最新改良繪圖日用雜字一卷　民國天寶書局石印本　一册

330000－4732－0001076　1076　經部/小學類/文字之屬/字書

最新改良繪圖日用雜字一卷　民國天寶書局石印本　一册

330000－4732－0001077　1077　集部/總集類/課藝之屬

全國學生國文成績文庫甲編二十卷乙編二十卷　盧壽籛選輯　民國十一年(1922)上海崇文書局鉛印本　二册　存六卷(甲編四、十六至二十)

330000－4732－0001079　1079　集部/詩文評類/文法之屬/函牘格式

最新應用尺牘教科書四卷　杜元炳撰　杜瀚生增訂　民國元年(1912)上海會文學社石印本　一册　存一卷(四)

330000－4732－0001080　1080　集部/詩文評類/文法之屬/函牘格式

最新詳解公文程式大全十二卷　世界書局編輯所編輯　民國十四年(1925)上海世界書局石印本　四册　缺三卷(二、九至十)

330000－4732－0001082　1082　子部/宗教類/道教之屬

吕祖全書三十三卷　(清)劉體恕輯　民國石印本　一册　存五卷(六至十)

330000－4732－0001083　1083　集部/詩文評類/文法之屬

言文對照高等作文新範三卷　周祝封　張祖賢編輯　民國十八年(1929)上海世界書局石印本　一册　存一卷(三)

330000－4732－0001085　1085　子部/醫家類/方書之屬/歷代方書

孫真人海上仙方一卷　(唐)孫思邈撰　民國上海宏大善書局石印本　一册

330000－4732－0001087　1087　集部/别集類

政商學界新尺牘四卷　陳小樓撰　民國二年(1913)上海壽記書莊石印本　三册　缺一卷(二)

330000－4732－0001089　1089　集部/别集類/清别集

新體廣註秋水軒尺牘二卷　(清)許思湄撰　陸翔註　民國十年(1921)上海世界書局石印本　練明旭題記　一册　存一卷(一)

330000－4732－0001090　1090　史部/史抄類

史鑑節要二卷　民國石印本　一册　存一卷(上)

330000－4732－0001092　1092　史部/史抄類

史鑑節要便讀六卷　(清)鮑東里編　民國抄本　一册　存一卷(一)

330000－4732－0001093　1093　子部/醫家類/綜合之屬

增補醫林狀元壽世保元十集十卷　(明)龔廷賢編　民國上海章福記書局石印本　一册　存一卷(四)

330000－4732－0001094　1094　新學/學校

新主義教員用書前期小學三民主義課本教學法八卷　王劍星　朱亮基編輯　民國十六年(1927)上海世界書局鉛印本　三册　存三卷(二、七至八)

330000－4732－0001095　1095　子部/儒家

類/儒學之屬/蒙學

弟子規一卷 (清)李子潛撰 民國杭州同道善書印刷局石印本 一册

330000－4732－0001099 1099 子部/醫家類/溫病之屬

時病論八卷 (清)雷豐撰 民國石印本 二册 存二卷(四至五)

330000－4732－0001100 1100 新學/學校

新式高等小學歷史教科書六卷 楊喆 莊啟傳編 民國七年(1918)上海中華書局鉛印本 林祥題記 三册 存三卷(一、四至五)

330000－4732－0001102 1102 新學/學校

新式高等小學歷史教科書六卷 楊喆 莊啟傳編 民國八年(1919)上海中華書局鉛印本 一册 存一卷(五)

330000－4732－0001103 1103 集部/詩文評類/文法之屬

言文對照初等作文新範四卷 周祝封編 民國十五年(1926)上海世界書局石印本 三册 缺一卷(三)

330000－4732－0001105 1105 集部/總集類/選集之屬/斷代

皇朝經世文新增續編一百二十卷 (清)葛士濬輯 民國鉛印本 一册 存五卷(一百十六至一百二十)

330000－4732－0001106 1106 史部/史評類/史論之屬

讀通鑑論三十卷末一卷 (清)王夫之撰 民國上海商務印書館石印本 炘之題記 一册 存二卷(三至四)

330000－4732－0001107 1107 子部/雜著類

淺語醒人三卷 鄒明經撰 民國三十二年(1943)上海明善書局石印本 一册

330000－4732－0001108 1108 類叢部/類書類/專類之屬

詩韻合璧五卷 (清)湯祥瑟輯 (清)許時庚重編 民國上海廣益書局石印本 三册 存三卷(二至四)

330000－4732－0001109 1109 類叢部/類書類/專類之屬

詩韻合璧五卷 (清)湯祥瑟輯 (清)許時庚重編 民國石印本 二册 存二卷(三至四)

330000－4732－0001112 1112 集部/詩文評類/文法之屬

初學適用論說精華四卷 陸保璿撰 民國上海廣益書局石印本 二册 存二卷(一至二)

330000－4732－0001117 1117 子部/雜著類/雜說之屬

勸世格言一卷附靈驗救饑方一卷 民國五年(1916)上海宏大善書局石印本 張隆永題記 一册

330000－4732－0001119 1119 子部/宗教類/道教之屬

真經録一卷 民國十二年(1923)處州新華石印局石印本 一册

330000－4732－0001120 1120 子部/宗教類

救劫度人舟一卷 西方教主教演 迴龍師尊鑒定 空谷子編輯 虛谷子校正 民國鉛印本 一册

330000－4732－0001121 1121 集部/曲類/曲選之屬

新輯特別改良最新時調大觀四集一卷 嚴一臻編 民國十五年(1926)上海文益書局石印本 一册

330000－4732－0001122 1122 集部/曲類/曲選之屬

新編時調大觀新曲六集一卷 民國上海文益書局石印本 一册

330000－4732－0001128 1128 子部/宗教類/佛教之屬

金剛經傳燈真解一卷 題(印度)無量度世古佛撰 **佛祖般若心印經一卷** **觀自在菩薩親著心經傳燈真解一卷** **文昌帝君戒淫寶訓一卷** 民國十二年(1923)上海宏大善書局石印

本　一册

330000－4732－0001129　1129　子部/宗教類/佛教之屬

金剛經傳燈真解一卷　題（印度）無量度世古佛撰　**佛祖般若心印經一卷**　**觀自在菩薩親著心經傳燈真解一卷**　**文昌帝君戒淫寶訓一卷**　民國十二年（1923）上海宏大善書局石印本　一册

330000－4732－0001132　1132　集部/總集類/選集之屬/通代

重訂古文釋義新編八卷　（清）余誠評註　民國石印本　二册　存四卷（一至二、五至六）

330000－4732－0001133　1133　集部/總集類/選集之屬/通代

重訂古文釋義新編八卷　（清）余誠評註　民國石印本　一册　存四卷（五至八）

330000－4732－0001135　1135　集部/總集類/選集之屬

才調集選三卷　（五代）韋穀輯　民國石印本　一册

330000－4732－0001136　1136　集部/總集類/尺牘之屬

國朝名人書札二卷　吳曾祺編　民國上海商務印書館鉛印本　一册　存一卷（一下）

330000－4732－0001138　1138　子部/雜著類/雜纂之屬

新增繪圖萬寶全書續編五卷　民國石印本　一册　存三卷（一至三）

330000－4732－0001139　1139　類叢部/類書類/通類之屬

增補萬寶全書二十卷續編五卷　民國元年（1912）上海尚古山房石印本　一册　存二卷（增補萬寶全書一至二）

330000－4732－0001140　1140　類叢部/類書類/通類之屬

增補萬寶全書二十卷　民國上海昌文書局石印本　一册　存三卷（三至五）

330000－4732－0001142　1142　子部/雜著類/雜說之屬

八字歌一卷　民國上海宏大善書局石印本　一册

330000－4732－0001143　1143　經部/孝經類/傳說之屬

御註孝經一卷　（唐）玄宗李隆基注　民國十七年（1928）上海元昌印書館石印本　一册

330000－4732－0001144　1144　經部/孝經類/傳說之屬

御註孝經一卷　（唐）玄宗李隆基注　民國十七年（1928）上海元昌印書館石印本　一册

330000－4732－0001145　1145　經部/孝經類/傳說之屬

御註孝經一卷　（唐）玄宗李隆基注　民國十七年（1928）上海元昌印書館石印本　一册

330000－4732－0001146　1146　新學/農政

新式高等小學農業教科書四卷　丁錫華編輯　民國八年（1919）上海中華書局鉛印本　一册　存一卷（二）

330000－4732－0001148　1148　集部/總集類/尺牘之屬

評註蘇黃尺牘合纂五卷　（明）黃始輯　謝璿增輯並加注　民國十四年（1925）上海會文堂書局鉛印本　陳松岩題記　三册　缺二卷（蘇東坡尺牘三、黃山谷尺牘二）

330000－4732－0001149　1149　新學/學校

新式國民學校國文教授書八卷　民國上海中華書局石印本　一册　存一卷（六）

330000－4732－0001150　1150　子部/藝術類/遊藝之屬/聯語

新楹聯類編八卷　上海會文堂書局編　民國三年（1914）上海會文堂書局石印本　二册　存四卷（一至二、五至六）

330000－4732－0001151　1151　集部/總集類/選集之屬/斷代

新文精華五卷　陸翔輯　民國上海世界書局石印本　一册　存一卷（一）

330000－4732－0001153　1153　集部/總集類/尺牘之屬

廣註分類新華尺牘彙海十二卷　梁燕蓀編　民國上海新華書局石印本　一冊　存一卷（十一）

330000－4732－0001154　1154　子部/藝術類/書畫之屬/法帖

左宗棠真墨蹟一卷　（清）左宗棠書　民國上海六一書局石印本　葉鶴生題記　一冊

330000－4732－0001155　1155　集部/小説類/長篇之屬

繡像五女興唐全傳四卷四十回　民國石印本　一冊　存一卷（一）

330000－4732－0001157　1157　集部/詩文評類/文法之屬/函牘格式

最新應酬實用文件不分卷　袁韜壺編　民國十一年（1922）上海會文堂書局石印本　嚴壽齋題記　一冊

330000－4732－0001158　1158　經部/春秋左傳類/傳説之屬

曲江書屋新訂批註左傳快讀十八卷首一卷　（清）李紹崧輯　民國四年（1915）上海章福記書局石印本　葉□璋題記　一冊　缺十七卷（二至十八）

330000－4732－0001159　1159　子部/藝術類/遊藝之屬/聯語

精選楹聯新編二卷　（清）俞樾撰　民國石印本　張守仁題記　一冊　存一卷（下）

330000－4732－0001160　1160　子部/天文曆算類/曆法之屬

中華民國四年歲次乙卯時憲書一卷　民國石印本　一冊

330000－4732－0001161　1161　新學/學校

新式高等小學國文教科書六卷　呂思勉編　民國六年至七年（1917－1918）上海中華書局鉛印本　梅鴻璋題記並句讀　三冊　存三卷（一、三、六）

330000－4732－0001163　1163　新學/學校

新式高等小學國文教科書六卷　呂思勉編　民國七年至九年（1918－1920）上海中華書局鉛印本　王受祺題記　二冊　存二卷（三、六）

330000－4732－0001164　1164　新學/學校

新制初等小學國文教科書十二卷　陸費逵等編　民國四年（1915）上海中華書局石印本　一冊　存一卷（八）

330000－4732－0001166　1166　集部/小説類/長篇之屬

增訂繪圖精忠説岳全傳八卷八十回　（清）錢彩編　（清）金豐增訂　民國海左書局石印本　二冊　存二卷（三、七）

330000－4732－0001167　1167　集部/總集類/選集之屬/通代

古唐詩合解十二卷古詩四卷　（清）王堯衢注　（清）李模　（清）李桓校　民國上海鴻寶齋石印本　三冊　存六卷（三至六、古詩一至二）

330000－4732－0001168　1168　子部/宗教類/道教之屬

文昌帝君陰隲文一卷　民國十二年（1923）上海宏大善書局石印本　一冊

330000－4732－0001169　1169　子部/宗教類/道教之屬

文昌帝君陰隲文一卷　民國十二年（1923）上海宏大善書局石印本　一冊

330000－4732－0001170　1170　子部/宗教類/道教之屬

文昌帝君陰隲文一卷　民國十二年（1923）上海宏大善書局石印本　一冊

330000－4732－0001171　1171　集部/總集類/選集之屬/通代

古唐詩合解十二卷古詩四卷　（清）王堯衢注　（清）李模　（清）李桓校　民國石印本　一冊　存二卷（十一至十二）

330000－4732－0001172　1172　子部/儒家類/儒學之屬/禮教

文昌帝君孝經一卷 民國二十二年(1933)上海明善書局石印本 陳啓斌題記 一冊

330000－4732－0001173 1173 集部/總集類/尺牘之屬

普通應用白話尺牘二卷 民國石印本 一冊 存一卷(一)

330000－4732－0001174 1174 子部/宗教類/佛教之屬/經疏

大佛頂如來密因修證了義諸菩薩萬行首楞嚴經直指十卷 (印度)般剌密帝譯 (印度)彌伽釋迦譯語 (唐)房融筆受 (清)釋函昰疏 民國刻本 一冊 存一卷(一)

330000－4732－0001178 1178 子部/宗教類/佛教之屬/經

佛說解寃往生經不分卷 民國刻本 一冊

330000－4732－0001179 1179 經部/小學類/文字之屬/字書/字體

真草隸篆四體千字文不分卷 (晉)王羲之書 民國上海文益書局石印本 王國祥題記 二冊

330000－4732－0001182 1182 新學/學校

新國民國文教科書八卷 蔣昂 嚴會撰 胡樸安 宋介校訂 民國十四年(1925)國民書局石印本 楊葉之題記並句讀 一冊 存一卷(六)

330000－4732－0001183 1183 子部/宗教類/道教之屬

貴人登天門時一卷 民國抄本 一冊

330000－4732－0001184 1184 子部/宗教類/道教之屬/眾術

赤仁章硃書一卷 民國王隆真、梅通真抄本 一冊

330000－4732－0001186 1186 子部/術數類/命書相書之屬

八字書一卷 民國抄本 一冊

330000－4732－0001189 1189 子部/術數類

相書一卷 民國抄本 一冊

330000－4732－0001190 1190 子部/宗教類

三戒經二卷 民國抄本 一冊 存一卷(二)

330000－4732－0001192 1192 子部/宗教類/道教之屬

道書一卷 民國抄本 一冊

330000－4732－0001193 1193 子部/宗教類/道教之屬

東方招神入位一卷 民國季道洪抄本 一冊

330000－4732－0001194 1194 子部/宗教類/道教之屬

冥府第六宮至冥府第十宮一卷 民國吳旺真抄本 一冊

330000－4732－0001195 1195 子部/宗教類

天文時景地理人倫章一卷 民國抄本 一冊

330000－4732－0001196 1196 子部/宗教類/道教之屬

道書一卷 民國抄本 一冊

330000－4732－0001197 1197 集部/總集類/彙編之屬

揀選時文一卷 民國抄本 一冊

330000－4732－0001198 1198 子部/宗教類/道教之屬

道書一卷 民國抄本 一冊

330000－4732－0001200 1200 子部/宗教類/道教之屬/雜著

雜項便覽一卷 民國董秀玉抄本 一葉

330000－4732－0001201 1201 子部/宗教類/道教之屬

出行夫人家有時辰喜大吉一卷 民國抄本 一冊

330000－4732－0001204 1204 集部/總集類/尺牘之屬

新編分類尺牘大全十四卷 文明書局編 民國上海文明書局石印本 二冊 存二卷(一

至二）

330000－4732－0001205　1205　子部/宗教類/道教之屬

道書一卷　民國抄本　一册

330000－4732－0001207　1207　子部/宗教類/道教之屬

八击唵呸一卷　民國抄本　一册

330000－4732－0001209　1209　子部/宗教類/道教之屬

元帥斬妖一卷　民國抄本　一册

330000－4732－0001210　1210　子部/宗教類/道教之屬

做陰一本不分卷　民國蓝法堂抄本　一册

330000－4732－0001211　1211　子部/宗教類/道教之屬

羽化鍊度法書一卷　民國景翔抄本　一册

330000－4732－0001212　1212　集部/總集類

江湖口訣一卷　民國抄本　一册

330000－4732－0001213　1213　子部/宗教類/道教之屬

豬牛瘴收瘟剝瘴設醮玄科一卷　民國抄本　一册

330000－4732－0001214　1214　新學/學校

共和國教科書新國文八册不分卷　莊俞　沈頤編纂　民國上海商務印書館石印本　藍金良題記　四册　存四册（一至二、六、八）

330000－4732－0001215　1215　新學/學校

共和國教科書新國文八册不分卷　莊俞　沈頤編纂　民國上海商務印書館鉛印本　梅鴻璋題記　二册　存二册（二、六）

330000－4732－0001216　1216　新學/學校

共和國教科書新修身教授法六册不分卷　莊慶祥編纂　民國上海商務印書館鉛印本　一册　存一册（一）

330000－4732－0001217　1217　新學/學校

共和國教科書新修身教授法六册不分卷　莊慶祥編纂　民國上海商務印書館鉛印本　一册　存一册（二）

330000－4732－0001218　1218　新學/學校

新式高等小學修身教科書六卷　方瀏生編輯　民國六年至八年（1917－1919）上海中華書局鉛印本　五册　缺一卷（三）

330000－4732－0001222　1222　集部/總集類/尺牘之屬

雙鯉堂易明尺牘句解初集五卷　民國上海廣益書局石印本　梅肇商題記　一册　存二卷（一至二）

330000－4732－0001223　1223　集部/總集類/尺牘之屬

共和新尺牘四卷　孔憲彭撰　民國八年（1919）上海會文堂書局石印本　陳頌南題記　四册

330000－4732－0001224　1224　史部/政書類/律令之屬/律例

增修訴狀程式大全六卷　民國十三年（1924）共和書局鉛印本　湯鳳靈題記　一册　存一卷（三）

330000－4732－0001225　1225　子部/藝術類/書畫之屬/法帖

集魏誌字黃興先生傳略一卷　陳學才編　民國二十五年（1936）南京正中書局影印本　鄭作雲題記　一册

330000－4732－0001229　1229　子部/雜著類/雜說之屬

傳宗敢言不分卷　民國上海宏大善書總發行所石印本　一册

330000－4732－0001230　1230　子部/宗教類/道教之屬

太乙金華宗旨不分卷　（唐）呂嵒撰　民國十二年（1923）杭州同道善書局鉛印本　一册

330000－4732－0001231　1231　子部/宗教類/道教之屬

太乙金華宗旨不分卷　（唐）呂嵒撰　民國上海宏大善書局鉛印本　一册

330000－4732－0001232　1232　子部/雜著類/雜說之屬
勸告國民愛國一卷　民國鉛印本　一冊

330000－4732－0001233　1233　集部/詩文評類/文法之屬/函牘格式
白話學生尺牘二卷　凌善清編　民國二十一年(1932)上海中華書局鉛印本　一冊

330000－4732－0001234　1234　集部/總集類/課藝之屬
論說範本四卷　杜瀚生撰　民國上海會文學社石印本　一冊　存一卷(四)

330000－4732－0001235　1235　集部/詩文評類/文法之屬/函牘格式
最新應用女子尺牘教科書二卷　杜芝庭撰　民國五年(1916)上海會文學社石印本　二冊

330000－4732－0001237　1237　集部/詩文評類/文法之屬/函牘格式
最新應用女子尺牘教科書二卷　杜芝庭撰　民國黄水菊抄本　一冊　存一卷(一)

330000－4732－0001238　1238　子部/雜著類/雜說之屬
淮南鴻烈集解二十一卷　(漢)劉安撰　(漢)高誘注　民國十二年(1923)上海掃葉山房石印本　綠天題簽並記　一冊　存六卷(一至六)

330000－4732－0001239　1239　子部/叢編
評註諸子菁華錄十八種十八卷　張之純編纂　民國上海商務印書館鉛印本　一冊　存一卷(十七)

330000－4732－0001242　1242　集部/總集類/尺牘之屬
增廣尺牘句解初集三卷末一卷二集三卷末一卷　民國鉛印本　梅兆庚題記　二冊　缺四卷(初集上中、二集上中)

330000－4732－0001244　1244　集部/總集類/尺牘之屬
增廣尺牘句解初集三卷末一卷二集三卷末一卷　民國鉛印本　洪芝笙題記　一冊　存二卷(二集下、末)

330000－4732－0001245　1245　經部/小學類/文字之屬
繪圖蒙學造句實在易不分卷　民國上海彪蒙書室石印本　一冊

330000－4732－0001249　1249　子部/藝術類/書畫之屬/書法書品
書法指南二卷　王鼎撰　民國石印本　廖池題記　一冊　存一卷(二)

330000－4732－0001250　1250　史部/雜史類/斷代之屬
戰國策補註三十三卷　吴曾祺撰　民國十三年(1924)上海商務印書館鉛印本　一冊　存八卷(二十六至三十三)

330000－4732－0001253　1253　子部/宗教類/佛教之屬
赦罪寶懺一卷　民國上海明善書局鉛印本　一冊

330000－4732－0001254　1254　集部/總集類/選集之屬
女子小學高等小學校用女子新國文六卷　莊俞　沈頤　樊炳清編纂　民國元年(1912)上海商務印書館鉛印本　湯細瓊題記　一冊　存一卷(四)

330000－4732－0001255　1255　集部/詩文評類/文法之屬/函牘格式
白話商業尺牘二卷　沈鎔編　民國十六年(1927)上海中華書局鉛印本　一冊

330000－4732－0001259　1259　新學/學校
論說新編二集四卷　雷瑊撰　民國上海掃葉山房石印本　二冊　存二卷(三至四)

330000－4732－0001260　1260　子部/天文曆算類/曆法之屬
校正星命萬年書一卷　民國天利書局石印本　一冊

330000－4732－0001262　1262　集部/小說類/長篇之屬

繪圖西漢演義四卷一百回　(明)甄偉撰　民國上海天寶書局石印本　一冊　存二卷(三至四)

330000－4732－0001263　1263　集部/總集類/選集之屬

女子國文教科書八卷　戴克敦等編纂　民國上海商務印書館石印本　一冊　存一卷(四)

330000－4732－0001265　1265　子部/儒家類/儒學之屬/俗訓

戒淫格言挽世舟一卷附病忌要覽一卷　民國上海宏大善書局石印本　一冊

330000－4732－0001266　1266　集部/總集類/尺牘之屬

言文對照商業新尺牘二卷　世界書局編輯所編　民國十八年(1929)上海世界書局石印本　一冊　存一卷(二)

330000－4732－0001267　1267　新學/學校

新中華國語讀本八卷　民國鉛印本　一冊　存一卷(七)

330000－4732－0001268　1268　集部/別集類/唐五代別集

唱經堂杜詩解四卷　(唐)杜甫撰　(清)金人瑞解　民國八年(1919)上海震華書局石印本　李恒元題記　一冊　存一卷(一)

330000－4732－0001269　1269　新學/理學/文學

實用國文教科書八卷　北京教育圖書社編　民國四年(1915)上海商務印書館石印本　一冊　存一卷(六)

330000－4732－0001271　1271　子部/術數類/相宅相墓之屬

陽宅三要四卷　(清)趙廷棟撰　民國石印本　葉一成題簽並記　一冊　存一卷(三)

330000－4732－0001277　1277　集部/別集類

鏡蓉詩鈔一卷　葉鏡蓉撰　民國二十年(1931)鉛印本　一冊

330000－4732－0001279　1279　集部/總集類/選集之屬/通代

重訂古文釋義新編八卷　(清)余誠評註　民國石印本　一冊　存一卷(五)

330000－4732－0001282　1282　新學/算學/數學

筆算數學二卷　(美國)狄考文輯　(清)鄒立文述　民國鉛印本　王承曾題記　一冊　存一卷(二)

330000－4732－0001283　1283　子部/天文曆算類/算書之屬

筆算數學詳草二卷　曹汝英撰　民國鉛印本　一冊　存一卷(二)

330000－4732－0001293　1293　子部/宗教類/道教之屬

武聖帝君救劫破迷諭一卷　民國蕭山合義和書局鉛印本　一冊

330000－4732－0001297　1297　集部/詩文評類/文法之屬/函牘格式

言文對照女子新尺牘二卷　世界書局編輯所編　民國十八年(1929)上海世界書局石印本　一冊　存一卷(二)

330000－4732－0001303　1303　子部/宗教類/道教之屬

雙修漸法述記不分卷　平常居士撰　民國十六年(1927)香港和興印務公司鉛印本　一冊

330000－4732－0001305　1305　子部/儒家類/儒學之屬/俗訓

勸世俚言一卷　知過山人　改正居士編　民國寧波鈞和印刷公司鉛印本　一冊

330000－4732－0001312　1312　子部/天文曆算類/曆法之屬

丙子年星度月表一卷　民國鉛印本　一冊

330000－4732－0001321　1321　集部/詩文評類/文法之屬

註解淺釋初學尺牘指南不分卷　民國上海廣益書局石印本　一冊

330000－4732－0001322　1322　新學/學校

新制初等小學修身教科書十二卷　戴克敦　沈頤　陸費逵編　民國二年(1913)上海中華書局石印本　二冊　存二卷(九、十一)

330000－4732－0001323　1323　子部/儒家類/儒學之屬/性理

近思錄集注十四卷考訂朱子世家一卷　(清)江永撰　**校勘記一卷**　(清)王炳撰　民國上海掃葉山房石印本　闕學熙批　二冊　缺八卷(一至二、九至十四)

330000－4732－0001326　1326　子部/醫家類/方書之屬/單方驗方

重校舊本湯頭歌訣一卷　(清)汪昂編輯　民國三年(1914)上海共和書局石印本　一冊

330000－4732－0001327　1327　子部/醫家類/方書之屬/單方驗方

重校舊本湯頭歌訣一卷　(清)汪昂編輯　民國三年(1914)上海共和書局石印本　一冊

330000－4732－0001328　1328　子部/天文曆算類/曆法之屬

中華民國三十六年歲在丁亥農曆通書一卷　民國上海劉德記書局石印本　一冊

330000－4732－0001329　1329　集部/總集類/選集之屬/通代

詳註分類咏物詩選八卷　上海進化書局石印本　一冊　存一卷(七)

330000－4732－0001331　1331　子部/宗教類/佛教之屬

回鄉語錄一卷　心菴頭陀撰　民國二十一年(1932)上海明善書局鉛印本　一冊

330000－4732－0001332　1332　子部/儒家類/儒學之屬/禮教/家訓

清夜鐘一卷　(清)石成金撰　民國石印本　一冊

330000－4732－0001339　1339　集部/總集類/尺牘之屬

分類文明尺牘四卷　民國上海文益書局石印本　一冊　存一卷(三)

330000－4732－0001340　1340　集部/總集類/尺牘之屬

共和新尺牘四卷　孔憲彭撰　民國上海會文堂石印本　一冊　存一卷(一)

330000－4732－0001341　1341　集部/詩文評類/文評之屬

評註論説軌範二集三卷　林任編　民國上海商務印書館鉛印本　一冊　存一卷(中)

330000－4732－0001344　1344　集部/小説類/長篇之屬

繡像鐵冠圖四卷五十回　民國上海沈鶴記書局石印本　一冊　存一卷(三)

330000－4732－0001345　1345　子部/宗教類/道教之屬

竈王菩薩本願經一卷太上演説救劫消災靈感竈王懺一卷　民國上海明善書局鉛印本　一冊

330000－4732－0001350　1350　新學/雜著/雜記

新時代忠告一卷　民國上海明善書局鉛印本　一冊

330000－4732－0001351　1351　子部/宗教類/佛教之屬

戒殺放生文一卷　(明)釋袾宏撰　民國上海宏大善書局石印本　一冊

330000－4732－0001359　1359　新學/政治法律

判決錄不分卷　民國抄本　一冊

330000－4732－0001360　1360　子部/宗教類/道教之屬

掃風科書不分卷　民國抄本　一冊

330000－4732－0001364　1364　集部/小説類/短篇之屬

詳註聊齋志異圖詠十六卷　(清)蒲松齡撰　(清)呂湛恩注　民國上海天寶書局石印本　葉鶴題簽並記　四冊　存八卷(三至十)

330000－4732－0001365　1365　子部/宗教

類/佛教之屬

觀音心經真解一卷　(清)覺真子註解　民國十一年(1922)上海宏大善書局石印本　一冊

330000－4732－0001366　1366　集部/總集類/尺牘之屬

新式活用尺牘秘訣大全四卷　許慕羲編　民國上海廣益書局石印本　一冊

330000－4732－0001367　1367　集部/詩文評類/文法之屬/函牘格式

言文對照中學新文範二卷　民國上海世界書局石印本　一冊　存一卷(一)

330000－4732－0001369　1369　子部/道家類

闡道要言一卷　(清)中和山人撰　民國十二年(1923)上海宏大善書局石印本　一冊

330000－4732－0001370　1370　新學/學校

評註白話文範本一卷　達文社編　民國上海中華書局鉛印本　一冊

330000－4732－0001372　1372　子部/術數類

通書一卷　民國抄本　一冊

330000－4732－0001385　1385　集部/詩文評類/文法之屬

中華普通學生尺牘二卷　中華書局編輯所編輯　民國六年(1917)上海中華書局石印本　林景春題記　一冊　存一卷(二)

330000－4732－0001386　1386　子部/宗教類/佛教之屬

赦罪寶懺一卷　民國上海明善書局鉛印本　魏彩娟題記　一冊

330000－4732－0001388　1388　集部/詞類/詞譜之屬

攷正白香詞譜三卷附錄一卷　陳小蝶編　**增訂晚翠軒詞韻一卷**　陳祖耀校正　民國七年(1918)春草軒鉛印本暨石印本　一冊　存一卷(三)

330000－4732－0001390　1390　子部/雜著類/雜編之屬

回春編一卷　顏佐熙編　民國二十六年(1937)日新印刷局石印本　一冊

330000－4732－0001392　1392　集部/詩文評類/文法之屬/函牘格式

言文對照普通尺牘範本二卷　民國石印本　一冊　存一卷(一)

330000－4732－0001395　1395　史部/政書類/軍政之屬/邊政

朔方備乘六十八卷首十二卷　(清)何秋濤撰　民國石印本　一冊　存八卷(三十一至三十八)

330000－4732－0001397　1397　子部/雜著類

醒世淺言一卷　王昌傑撰　民國九年(1920)麗水啟明石印局石印本　一冊

330000－4732－0001401　1401　子部/儒家類/儒學之屬/俗訓

戒淫格言挽世舟一卷附病忌要覽一卷　民國上海宏大善書局石印本　一冊

330000－4732－0001402　1402　史部/紀傳類/正史之屬

宋書一百卷　(南朝梁)沈約撰　民國石印本　一冊　存七卷(三十八至四十四)

330000－4732－0001404　1404　史部/史評類/史論之屬

民國史要論不分卷　民國石印本　一冊

330000－4732－0001405　1405　集部/詩文評類/文法之屬/函牘格式

言文對照廣註寫信必讀十卷　(清)唐芸洲撰　世界書局編輯所重訂　民國十六年(1927)上海世界書局石印本　一冊

330000－4732－0001406　1406　經部/四書類/總義之屬/傳說

四書正文　民國四年(1915)上海章福記書局石印本　一冊　存一種

330000－4732－0001410　1410　子部/雜著

類/雜說之屬
勸告國民愛國一卷　民國鉛印本　一冊

330000－4732－0001411　1411　集部/別集類/清別集
新體廣註雪鴻軒尺牘二卷　(清)龔萼撰　朱詩隱　徐慎幾註　民國十四年(1925)上海世界書局石印本　一冊　缺一卷(一)

330000－4732－0001413　1413　集部/別集類
京遊小草不分卷　饒霖撰　民國日新鉛石印局石印本　一冊

330000－4732－0001417　1417　子部/天文曆算類/曆法之屬
繼成堂洪潮和通書不分卷　民國福建泉州繼成堂石印本　一冊

330000－4732－0001424　1424　子部/宗教類/道教之屬
寶誥便誦一卷三尼醫世陀羅尼一卷　民國石印本　一冊

330000－4732－0001427　1427　子部/雜著類/雜編之屬
雜錄一卷　民國油印本　藍葉文題簽　一冊

330000－4732－0001428　1428　經部/春秋左傳類/傳說之屬
左傳不分卷　民國油印本　一冊

330000－4732－0001430　1430　子部/醫家類/綜合之屬/合刻、合抄
傅青主男科二卷傅青主女科二卷　(清)傅山撰　民國十四年(1925)上海鴻文書局石印本　一冊

330000－4732－0001432　1432　集部/總集類/尺牘之屬
名賢手札八種　(清)郭慶藩輯　民國石印本　一冊　存三種

330000－4732－0001433　1433　集部/小說類/長篇之屬
繡像說唐征西全傳六卷　民國石印本　一冊　存一卷(六)

330000－4732－0001434　1434　集部/詩文評類/文法之屬/函牘格式
新撰詳註分類尺牘大全不分卷　袁韜壺編　民國石印本　嚴壽齋題記　一冊

330000－4732－0001435　1435　集部/詩文評類/文法之屬/函牘格式
新撰詳註分類尺牘大全不分卷　袁韜壺編　民國石印本　一冊

330000－4732－0001437　1437　史部/傳記類/總傳之屬/列女
列女傳八卷　(漢)劉向撰　(清)梁端校注　民國石印本　一冊　存二卷(五至六)

330000－4732－0001439　1439　集部/詩文評類/詩評之屬
詩法入門四卷首一卷　(清)游藝輯　民國上海文瑞樓石印本　夏鳴觀款　一冊　存三卷(首、一至二)

330000－4732－0001440　1440　史部/目録類/總録之屬/彙刻
博古齋書目第十五期一卷　上海博古齋編　民國上海博古齋石印本　一冊

330000－4732－0001443　1443　子部/天文曆算類/曆法之屬
戊子年通書一卷　民國三十六年(1947)石印本　一冊

330000－4732－0001445　1445　集部/總集類/選集之屬/通代
國文講義一卷　民國油印本　洪有□題簽並記　一冊

330000－4732－0001446　1446　集部/總集類/選集之屬/通代
撮集華文一卷　民國油印本　一冊

330000－4732－0001447　1447　集部/總集類/選集之屬
修身一卷　民國油印本　一冊

330000－4732－0001450　1450　子部/天文

曆算類/曆法之屬

中華民國三年通書一卷 民國二年(1913)石印本 一冊

330000－4732－0001452 1452 子部/天文曆算類/曆法之屬

乙丑年通書一卷 民國十三年(1924)上海劉德記書局石印本 一冊

330000－4732－0001453 1453 子部/雜著類/雜編之屬

新萬事不求人一卷 民國石印本 一冊

330000－4732－0001454 1454 子部/天文曆算類/曆法之屬

中華民國八年通書一卷 民國七年(1918)文林堂刻本 一冊

330000－4732－0001455 1455 子部/天文曆算類/曆法之屬

貞吉堂通書一卷 趙慕陶選輯 民國二十六年(1937)貞吉堂刻本 徐增庤題記 一冊

330000－4732－0001457 1457 子部/天文曆算類/曆法之屬

中華民國十一年通書一卷 民國十年(1921)文林堂刻本 一冊

330000－4732－0001459 1459 集部/總集類/彙編之屬

宣陽柏頌彙編一卷 民國鉛印本 一冊

330000－4732－0001460 1460 史部/政書類/律令之屬/律例

民國暫行民律草案不分卷 民國石印本 一冊

330000－4732－0001461 1461 子部/宗教類/其他宗教之屬/基督教

週年瞻禮不分卷 民國二十三年(1934)鉛印本 一冊

330000－4732－0001462 1462 新學/商務/稅則

民國十九年關稅短期庫券條例不分卷 民國鉛印本 一冊

330000－4732－0001463 1463 子部/天文曆算類/曆法之屬

中華民國五年陰陽合曆通書一卷 民國四年(1915)上海中華書局鉛印本 一冊

330000－4732－0001465 1465 集部/曲類

三緣會四卷 民國抄本 一冊

330000－4732－0001466 1466 子部/天文曆算類/曆法之屬

中華民國十二年通書一卷 民國十一年(1922)文林堂刻本 一冊

330000－4732－0001472 1472 子部/宗教類/道教之屬

填庫誠意雜覽式一卷 民國四年(1915)朱元恒抄本 一冊

330000－4732－0001474 1474 子部/宗教類/道教之屬

三界法書一卷 民國抄本 一冊

330000－4732－0001475 1475 子部/宗教類/道教之屬

斬鐵蛇書一卷 民國季景翔抄本 一冊

330000－4732－0001477 1477 子部/術數類/命書相書之屬

全家福壽一卷 民國抄本 一冊

330000－4732－0001479 1479 史部/傳記類/總傳之屬/家乘

[浙江景寧]隆川林氏宗譜一卷 (清)林上潤等纂修 民國抄本 一冊

330000－4732－0001484 1484 子部/宗教類/道教之屬

八卦取象歌 民國抄本 一冊

330000－4732－0001486 1486 史部/傳記類/總傳之屬/家乘

[浙江景寧]隆川林氏宗譜一卷 民國抄本 一冊

330000－4732－0001487 1487 子部/術數類/命書相書之屬

相命書一卷 民國抄本 一冊

330000－4732－0001493　1493　史部/傳記類/總傳之屬/家乘

[浙江景寧]隆川舒公林氏房譜一卷　林東明纂修　民國三十一年(1942)抄本　二冊

330000－4732－0001499　1499　集部/總集類/謠諺之屬

家常通用一卷　民國抄本　一冊

330000－4732－0001500　1500　子部/宗教類/道教之屬

灶醮誠意一卷　民國抄本　一冊

330000－4732－0001502　1502　經部/小學類/文字之屬/字書

繪圖正音一萬字文不分卷　民國石印本　一冊

330000－4732－0001503　1503　經部/小學類/文字之屬/字書/訓蒙

改良繪圖註釋字文一卷　民國鴻章書局石印本　一冊

330000－4732－0001505　1505　子部/藝術類/書畫之屬/畫録

民國志十四卷　民國上海中西書局石印本　二冊　存二卷(九、十三)

330000－4732－0001507　1507　子部/雜著類/雜編之屬

萬事不求人五卷　民國石印本　一冊

330000－4732－0001517　1517　子部/宗教類/道教之屬

傷疏式一卷　民國吳應真抄本　一冊

330000－4732－0001523　1523　子部/術數類/命書相書之屬

天干五合一卷　民國抄本　一冊

330000－4732－0001524　1524　子部/術數類/雜術之屬

福生日吉一卷　民國抄本　一冊

330000－4732－0001527　1527　子部/宗教類/道教之屬/經文

起老啟殿一段等經文一卷　民國抄本　一冊

330000－4732－0001528　1528　子部/宗教類/道教之屬

納卦翻卦九星一卷　民國抄本　一冊

330000－4732－0001529　1529　集部/曲類/曲藝之屬

山歌一卷　民國三十八年(1949)藍章富抄本　一冊

330000－4732－0001530　1530　史部/政書類/公牘檔冊之屬

帳簿一卷　民國七年(1918)抄本　一冊

330000－4732－0001532　1532　子部/宗教類/道教之屬

點指化病秘訣一卷　民國張浩森抄本　一冊

330000－4732－0001533　1533　史部/政書類/公牘檔冊之屬

分關草薄一卷　民國十七年(1928)陳美現抄本　一冊

330000－4732－0001534　1534　集部/曲類/曲選之屬

初採歌人一卷　民國二十六年(1937)劉立芬抄劉明熠補抄本　一冊

330000－4732－0001535　1535　集部/曲類/曲藝之屬

貂嬋拜月一卷雲頭送子一卷　民國抄本　一冊

330000－4732－0001536　1536　集部/曲類/曲藝之屬

貂蟬拜月一卷東吴招親一卷　民國抄本　一冊

330000－4732－0001537　1537　集部/曲類

梁山伯與祝英台一卷　民國項餘文抄本　一冊

330000－4732－0001539　1539　史部/政書類/公牘檔冊之屬

記帳總簿一卷　民國十三年(1924)蕶輝抄本　一冊

330000－4732－0001540　1540　史部/政書

類/公牘檔冊之屬

契簿一卷 民國三年(1914)藍日富抄本 一冊

330000－4732－0001542 1542 子部/宗教類/道教之屬

聖樓入三師科一卷 民國二十年(1931)林法揚抄本 一冊

330000－4732－0001544 1544 新學/化學

肥皂製作用書一卷 民國抄本 一冊

330000－4732－0001545 1545 子部/儒家類/儒學之屬/蒙學

三字經一卷 民國徐可滿抄本 一冊

330000－4732－0001546 1546 集部/曲類

新刻說唱柳孝文全本二卷 民國二十二年(1933)麥紹光抄本 一冊

330000－4732－0001549 1549 集部/總集類/課藝之屬

課藝一卷 民國洪棟抄本 一冊

330000－4732－0001551 1551 集部/曲類/寶卷之屬

結髮夫妻陳氏女一卷 民國二十三年(1934)抄本 一冊

330000－4732－0001552 1552 子部/儒家類/儒學之屬/蒙學

昔時賢文一卷 民國抄本 一冊

330000－4732－0001553 1553 子部/宗教類/道教之屬

夫人醮科一卷 民國抄本 一冊

330000－4732－0001554 1554 史部/政書類/公牘檔冊之屬

契書一卷 民國三十七年(1948)林鳳標抄本 一冊

330000－4732－0001556 1556 子部/儒家類/儒學之屬/蒙學

古傳天文一卷 民國二十八年(1939)梅盛東抄本 一冊

330000－4732－0001557 1557 子部/儒家類/儒學之屬/蒙學

初開書一卷 民國二十年(1931)梅嘉彥抄本 一冊

330000－4732－0001559 1559 集部/曲類

回龍閣一卷 民國抄本 一冊

330000－4732－0001561 1561 子部/儒家類/儒學之屬

九經書一卷 民國夏菊根抄本 一冊

330000－4732－0001562 1562 子部/儒家類/儒學之屬/蒙學

撮要賬目一卷 民國三十三年(1944)劉鼎章抄本 一冊

330000－4732－0001563 1563 集部/小說類/長篇之屬

繪圖草木春秋演義四卷 (清)江洪撰 民國三十三年(1944)林達抄本 三冊

330000－4732－0001564 1564 新學/化學

理科筆記一卷 民國啟俊抄本 一冊

330000－4732－0001565 1565 集部/詩文評類

雷輯短篇文選一卷 民國啟俊抄本 一冊

330000－4732－0001566 1566 集部/總集類/尺牘之屬

信書一卷 民國葉萬順抄本 一冊

330000－4732－0001567 1567 子部/藝術類/遊藝之屬/聯語

聯詩一卷 民國十四年(1925)林昌茂抄本 一冊

330000－4732－0001569 1569 子部/宗教類/道教之屬

太上三五都功經籙一卷 民國抄本 一冊

330000－4732－0001571 1571 史部/傳記類/別傳之屬/事狀

歷代言行□□卷 民國抄本 三冊 存三卷(一、四至五)

330000－4732－0001572 1572 子部/宗教類/道教之屬

酆都呪一卷　民國二年(1913)項希馥抄本　一册

330000－4732－0001573　1573　集部/曲類

山歌本明第二十號一卷　民國十六年(1927)抄本　一册

330000－4732－0001577　1577　集部/總集類/尺牘之屬

尺牘撮要一卷　民國藜焰壘抄本　一册

330000－4732－0001578　1578　子部/儒家類/儒學之屬

初開一卷　民國抄本　王國選題簽並記　一册

330000－4732－0001580　1580　子部/術數類/命書相書之屬

天官賜福一卷　民國抄本　一册

330000－4732－0001581　1581　史部/政書類/公牘檔册之屬

分書一卷　民國二十三年(1934)潘藍滋抄本　一册

330000－4732－0001582　1582　子部/宗教類/佛教之屬

觀音懺一卷　民國抄本　一册

330000－4732－0001583　1583　子部/術數類

十干化運例一卷　民國抄本　一册

330000－4732－0001587　1587　類叢部/類書類/通類之屬

肆言雜字一卷　民國三十七年(1948)抄本　一册

330000－4732－0001589　1589　經部/小學類/文字之屬/字書/訓蒙

千字文一卷　民國八年(1919)抄本　一册

330000－4732－0001590　1590　史部/政書類/邦計之屬/錢幣

貨物應用一卷　民國二十三年(1934)項希坤抄本　項希岩、項希坤題簽　一册

330000－4732－0001591　1591　集部/曲類

民間歌本一卷　民國十一年(1922)抄本　一册

330000－4732－0001592　1592　子部/儒家類/儒學之屬

九經書一卷　民國抄本　一册

330000－4732－0001593　1593　子部/儒家類/儒學之屬

增廣一卷　民國柳紹綱抄本　一册

330000－4732－0001594　1594　子部/儒家類/儒學之屬

增廣一卷　民國二十七年(1938)吴如斌抄本　一册

330000－4732－0001596　1596　子部/天文曆算類/曆法之屬

歷朝統系年紀表一卷　民國十一年(1922)陳陸抄本　一册

330000－4732－0001597　1597　子部/術數類/命書相書之屬

西□七政天官五星二卷　民國鄭師僑抄本　一册

330000－4732－0001599　1599　集部/曲類

孟薑女一卷　民國三十六年(1947)劉楊高抄本　一册

330000－4732－0001603　1603　集部/曲類

民間歌謠一卷　民國抄本　一册

330000－4732－0001605　1605　子部/宗教類/佛教之屬

經簿一卷　民國抄本　一册

330000－4732－0001612　1612　子部/儒家類/儒學之屬/蒙學

古傳天文一卷　民國抄本　一册

330000－4732－0001613　1613　集部/曲類/曲選之屬

出日山歌一卷　民國九年(1920)藍月福抄本　一册

330000－4732－0001614　1614　子部/宗教類/道教之屬/威儀

□宫星辰醮科一卷　民國三十七年(1948)張玉正寫本　一册

330000－4732－0001617　1617　集部/總集類/選集之屬/通代
千家書一卷　民國二十四年(1935)抄本　一册

330000－4732－0001618　1618　史部/政書類/公牘檔册之屬
義房分關一卷　民國梅必桊抄本　一册

330000－4732－0001619　1619　子部/儒家類/儒學之屬
上大人一卷　民國十七年(1928)項□章抄本　一册

330000－4732－0001620　1620　新學/工藝/雜藝
新制初中手工講義不分卷　葉元珪編　民國油印本　緝盦題簽　一册

330000－4732－0001621　1621　集部/總集類
新法公民一卷　民國十六年(1927)林達抄本　林達題記　一册

330000－4732－0001622　1622　史部/政書類/公牘檔册之屬
月半人丁簿一卷　民國二十九年(1940)抄本　一册

330000－4732－0001623　1623　子部/儒家類/儒學之屬
初開一卷　民國八年(1919)林起棚抄本　一册

330000－4732－0001624　1624　子部/術數類/相宅相墓之屬
格定水口法一卷　民國抄本　一册

330000－4732－0001625　1625　子部/術數類/命書相書之屬
利厚名揚一卷　民國抄本　一册

330000－4732－0001626　1626　新學/地學/地理學
新法地理一卷　民國十五年(1926)林達抄本　一册

330000－4732－0001627　1627　子部/術數類/命書相書之屬
五星福書一卷　民國抄本　程саг齋、葉國康題記　一册

330000－4732－0001628　1628　新學/雜著
國文筆記一卷　民國啟俊抄本　一册

330000－4732－0001629　1629　子部/宗教類/道教之屬/神符
收瘟敕水一卷　民國抄本　一册

330000－4732－0001630　1630　子部/儒家類/儒學之屬/蒙學
勉學一卷　民國三十七年(1948)抄本　一册

330000－4732－0001631　1631　集部/曲類
對珠環一卷　民國抄本　一册

330000－4732－0001632　1632　子部/藝術類/音樂之屬/樂譜
曲譜一卷　民國油印本　一册

330000－4732－0001634　1634　史部/地理類
中西輿地三字經一卷　民國張永昌抄本　一册

330000－4732－0001635　1635　子部/宗教類/道教之屬
上吉一卷　民國十三年(1924)陳玉祈抄本　一册

330000－4732－0001637　1637　子部/宗教類/道教之屬/方法
度星疏式一卷　民國抄本　一册

330000－4732－0001639　1639　子部/雜著類/雜纂之屬
記帳一卷　民國抄本　一册

330000－4732－0001642　1642　子部/儒家類/儒學之屬
上大人一卷　民國葉必有抄本　一册

330000－4732－0001643　1643　子部/儒家類/儒學之屬/俗訓

勸世文書一卷　民國三十三年(1944)劉楊光抄本　一册

330000－4732－0001649　1649　集部/總集類/課藝之屬

不遠千里而來一卷　民國抄本　一册

330000－4732－0001652　1652　集部/總集類/選集之屬

論説摘録一卷　民國九年(1920)林彛抄本　一册

330000－4732－0001654　1654　子部/儒家類/儒學之屬/蒙學

昔時賢文一卷　民國三十八年(1949)抄本　一册

330000－4732－0001655　1655　子部/宗教類/道教之屬/方法

度關醮科一卷　民國三十年(1941)季景翔抄本　一册

330000－4732－0001657　1657　子部/儒家類/儒學之屬/蒙學

七言雜字一卷　民國二十三年(1934)抄本　一册

330000－4732－0001659　1659　集部/曲類/曲藝之屬

珍珠塔一卷　民國抄本　一册

330000－4732－0001660　1660　子部/儒家類/儒學之屬/蒙學

郁離子一卷　民國二十二年(1933)雷如昌抄本　一册

330000－4732－0001663　1663　集部/曲類/寶卷之屬

斷機教子一卷　民國抄本　一册

330000－4732－0001664　1664　子部/儒家類/儒學之屬/俗訓

格言彙録一卷　民國抄本　一册

330000－4732－0001666　1666　子部/藝術類/遊藝之屬/聯語

對聯集一卷　民國抄本　一册

330000－4732－0001668　1668　子部/宗教類/道教之屬

籤書一卷　民國抄本　一册

330000－4732－0001669　1669　子部/儒家類/儒學之屬/蒙學

布線衣裳一卷　民國十五年(1926)抄本　一册

330000－4732－0001671　1671　子部/宗教類/道教之屬

八掛書一卷　民國十八年(1929)朱希賢、王伯琛抄本　一册

330000－4732－0001672　1672　史部/傳記類/總傳之屬

新故考一卷　民國十八年(1929)抄本　一册

330000－4732－0001673　1673　子部/術數類/占卜之屬

卜居一卷　民國抄本　一册

330000－4732－0001676　1676　集部/曲類

天道冥存一卷　民國抄本　一册

330000－4732－0001679　1679　子部/宗教類/道教之屬

大操兵用盡一卷　民國二十五年(1936)抄本　一册

330000－4732－0001681　1681　子部/宗教類/道教之屬

功德超亡通用一卷　民國十四年(1925)葉德發抄本　一册

330000－4732－0001682　1682　子部/宗教類/道教之屬

七政勝歷一卷　民國十五年(1926)王存林抄本　一册

330000－4732－0001683　1683　子部/藝術類/書畫之屬/總論

寫真秘訣一卷　民國抄本　一册

330000－4732－0001684　1684　子部/術數

類/相宅相墓之屬

山形圖式一卷 民國抄本 一冊

330000－4732－0001685 1685 經部/小學類/文字之屬/字書/訓蒙

千字文一卷 民國六年(1917)林明儉抄本 一冊

330000－4732－0001686 1686 集部/曲類

梱龍記書一卷 民國三十八年(1949)鍾陳忠抄本 一冊

330000－4732－0001687 1687 子部/儒家類/儒學之屬/蒙學

天文一卷 民國抄本 一冊

330000－4732－0001688 1688 集部/曲類

賣花記一卷 民國二十五年(1936)劉立芳抄本 一冊

330000－4732－0001690 1690 子部/儒家類/儒學之屬/蒙學

新刻訓蒙增廣賢文一卷 民國三十四年(1945)徐可順抄本 一冊

330000－4732－0001692 1692 子部/儒家類/儒學之屬/禮教/家訓

朱夫子治家格言一卷 (清)朱用純撰 民國抄本 一冊

330000－4732－0001693 1693 集部/曲類

孟薑女一卷 民國十六年(1927)黃餘幫抄本 一冊

330000－4732－0001696 1696 子部/術數類/命書相書之屬

福自天來一卷 民國抄本 一冊

330000－4732－0001697 1697 集部/總集類/選集之屬/通代

古文觀止一卷 民國三十二年(1943)徐師敬抄本 一冊

330000－4732－0001699 1699 史部/雜史類

國語□□卷 民國吳壽貴抄本 一冊 存一卷(四)

330000－4732－0001701 1701 子部/儒家類/儒學之屬/禮教

六字經一卷 民國韋定丹抄本 一冊

330000－4732－0001703 1703 子部/醫家類/本草之屬/本草藥性

藥性書一卷 民國抄本 一冊

330000－4732－0001708 1708 集部/曲類

花鼓歌書一卷 民國十四年(1925)楊敦高抄本 一冊

330000－4732－0001709 1709 子部/術數類/命書相書之屬

甲子乙丑海中金一卷 民國抄本 一冊

330000－4732－0001710 1710 子部/宗教類/道教之屬

靈寶仙壇一卷 民國抄本 一冊

330000－4732－0001712 1712 子部/術數類/陰陽五行之屬

廟瘟日兇一卷 民國十六年(1927)抄本 一冊

330000－4732－0001713 1713 子部/醫家類/兒科之屬/痘疹

痘科正卷□□卷 民國十六年(1927)抄本 一冊 存一卷(三)

330000－4732－0001715 1715 史部/政書類/公牘檔冊之屬

五顯會簿一卷 民國二年(1913)抄本 一冊

330000－4732－0001716 1716 子部/雜著類/雜纂之屬

記帳要訣一卷 民國二十四年(1935)夏築根抄本 一冊

330000－4732－0001718 1718 子部/宗教類/道教之屬

房邪師法一卷 民國王吉真抄本 一冊

330000－4732－0001719 1719 史部/政書類/公牘檔冊之屬

諸親友惠賜□儀登記一卷 民國二十年(1931)抄本 一冊

330000－4732－0001720　1720　子部/雜著類/雜纂之屬

記帳行用並契式一卷　民國二十二年(1933)抄本　一冊

330000－4732－0001721　1721　史部/政書類/邦計之屬/錢幣

貨物應用一卷　民國項希棟抄本　一冊

330000－4732－0001722　1722　集部/總集類/選集之屬

桃花源記一卷　民國抄本　一冊

330000－4732－0001724　1724　子部/術數類/占卜之屬

通書便覽一卷　民國二十四年(1935)葉加壽抄本　一冊

330000－4732－0001725　1725　子部/雜著類

諸佛寶誥一卷天文雜字一卷　民國抄本　一冊

330000－4732－0001726　1726　子部/宗教類/道教之屬

治癲化鞭詩煉洪磚科一卷　民國三十八年(1949)吳法盛抄本　一冊

330000－4732－0001727　1727　集部/曲類

秦叔美一卷　民國二十九年(1940)項希惠抄本　一冊

330000－4732－0001728　1728　子部/儒家類/儒學之屬/蒙學

布線衣裳一卷　民國十八年(1929)梅嘉彥抄本　一冊

330000－4732－0001729　1729　子部/醫家類/綜合之屬

醫書一卷　民國抄本　一冊

330000－4732－0001734　1734　子部/儒家類/儒學之屬/蒙學

撮要賬目一卷　民國抄本　一冊

330000－4732－0001736　1736　子部/術數類/陰陽五行之屬

還願過齋神一卷　民國抄本　一冊

330000－4732－0001738　1738　子部/醫家類/方書之屬/單方驗方

百草良方一卷　民國三十八年(1949)葉霖抄本　一冊

330000－4732－0001739　1739　子部/宗教類/道教之屬/經文

五公經一卷　民國抄本　一冊

330000－4732－0001741　1741　子部/宗教類/道教之屬

和釋科式一卷　民國抄本　一冊

330000－4732－0001742　1742　子部/儒家類/儒學之屬/禮教

六字經一卷　民國抄本　一冊

330000－4732－0001744　1744　集部/曲類

師爺唱歌一段一卷　民國三十一年(1942)雷日隆抄本　一冊

330000－4732－0001746　1746　子部/術數類/命書相書之屬

福壽書一卷　民國抄本　一冊

330000－4732－0001749　1749　子部/宗教類/道教之屬

能制九良星一卷　民國抄本　一冊

330000－4732－0001750　1750　集部/曲類

拜帖傳進侯伯府一卷　民國抄本　一冊

330000－4732－0001754　1754　子部/醫家類/方書之屬

民間藥方一卷　民國抄本　一冊

330000－4732－0001755　1755　經部/四書類/大學之屬

大學一卷　民國抄本　一冊

330000－4732－0001756　1756　史部/政書類/公牘檔冊之屬

收文簿一卷　民國二十年(1931)抄本　一冊

330000－4732－0001758　1758　史部/政書類/公牘檔冊之屬

帳簿一卷呪曰一卷　稿本　一册

330000－4732－0001760　1760　子部/雜著類

庸言一卷　果能子撰　民國十二年(1923)上海宏大善書局石印本　一册

330000－4732－0001763　1763　新學/工藝/雜藝

手工講義一卷　民國石印本　景山題簽並記　一册

330000－4732－0001764　1764　新學/工藝/雜藝

手工圖樣一卷　民國二年(1913)石印本　一册

330000－4732－0001772　1772　經部/春秋左傳類/專著之屬

春秋地名辯異三卷附錄一卷　(清)程廷祚撰　民國晦齋鉛印本　一册

330000－4732－0001776　1776　集部/小説類

秀山中一人高臥一卷　嚴一撰　民國元年(1912)共和書社石印本　一册

330000－4732－0001779　1779　子部/術數類

相命相墓一卷　民國石印本　一册

330000－4732－0001781　1781　史部/雜史類/斷代之屬

抗日救國叢刊一卷　梅子璧編輯　民國雲和新雲石印本　一册

330000－4732－0001782　1782　集部/曲類

哪吒落山一卷　民國抄本　一册

330000－4732－0001786　1786　史部/傳記類/總傳之屬/家乘

良瑞公五子錫傳公支一卷錫章公支一卷　民國抄本　二册

330000－4732－0001788　1788　史部/傳記類/總傳之屬/家乘

良瑚公次子錫壽公支一卷　民國抄本　一册

330000－4732－0001790　1790　史部/傳記類/總傳之屬/家乘

孫氏宗譜□□卷　民國抄本　一册　存一卷(四)

330000－4732－0001792　1792　子部/醫家類/類編之屬

陳修園七十種醫書　(清)陳念祖等撰　民國石印本　二册　存二種

330000－4732－0001793　1793　史部/傳記類/總傳之屬

積善堂堂志□□卷積善堂正宗譜□□卷　朱得三主修　民國二十二年(1933)刻本　二册　存二卷(積善堂堂志一、積善堂正宗譜一)

330000－4732－0001794　1794　史部/傳記類/總傳之屬

積善堂堂志□□卷積善堂正宗譜□□卷　朱得三主修　民國二十二年(1933)刻本　二册　存二卷(積善堂堂志一、積善堂正宗譜一)

330000－4732－0001795　1795　類叢部/類書類/專類之屬

詩韻合璧五卷　(清)許時庚輯　**虚字韻藪一卷**　(清)潘維城輯　民國石印本　一册

慶元縣圖書館民國時期傳統裝幀書籍普查登記目録

浙江省民國時期傳統裝幀書籍普查登記目録·衢州 舟山 麗水

國家圖書館出版社
National Library of China Publishing House

《慶元縣圖書館民國時期傳統裝幀書籍普查登記目録》

編委會

主　編： 吴祥錦

副主編： 蔡紅梅　張　虹

編纂人員： 張澤平　陳偉麗

《慶元縣圖書館民國時期傳統裝幀書籍普查登記目録》

前　言

慶元縣,位於浙江省西南部,宋慶元二年(1196)置縣,以年號爲名。《慶元縣圖書館民國時期傳統裝幀書籍普查登記目録》收録館藏民國時期傳統裝幀書籍100餘部,是慶元縣圖書館古籍普查的重要成果,也是慶元地方民國文獻的集中展現。該批文獻保存了民國時期慶元人口活動的豐富信息,真實反映了當時人們的生産生活狀況,爲研究慶元民國時期歷史提供了重要的參考依據。

慶元縣圖書館
2018年2月

330000－4733－0000001　00001　經部/春秋左傳類/傳說之屬

左傳菁華錄二十四卷　吳曾祺評注　民國五年(1916)商務印書館鉛印本　六冊

330000－4733－0000013　00012　集部/別集類/宋別集

大隱居士集二卷　(宋)鄧深撰　民國三年(1914)宜秋館刻本　一冊

330000－4733－0000018　00017　經部/四書類/總義之屬/傳說

四書恒解十四卷　(清)劉沅輯注　民國北京道德學社鉛印本　三冊　存四卷(下論一至二、孟子六至七)

330000－4733－0000021　00020　經部/四書類/論語之屬/專著

論語案四卷　楊瓊撰　民國四年(1915)雲南開智公司鉛印本　一冊

330000－4733－0000022　00021　史部/雜史類/斷代之屬

明季稗史續編六種六卷　民國五年(1916)上海商務印書館鉛印本　三冊

330000－4733－0000023　00022　集部/總集類/選集之屬/通代

十八家詩鈔二十八卷首一卷　(清)曾國藩輯　民國二十年(1931)上海商務印書館鉛印本　八冊　缺十三卷(九至十七、二十、二十四、二十七至二十八)

330000－4733－0000026　00025　類叢部/叢書類/彙編之屬

四部叢刊　張元濟等編　民國上海商務印書館影印本　四冊　存一種

330000－4733－0000027　00026　集部/總集類/尺牘之屬

古今尺牘大觀上編不分卷　姚漢章　張相纂輯　**古今尺牘大觀中編不分卷**　姚漢章　何實睿纂輯　**古今尺牘大觀下編不分卷**　鍾毓龍　朱用賓纂輯　民國二十四年(1935)上海中華書局鉛印本　十二冊　存十二冊(中編一至五、七至九、十一,下編四、九至十)

330000－4733－0000029　00028　集部/總集類/題詠之屬

南通孫氏念蘐堂題詠集四卷　孫雄編　民國二十一年(1932)孫氏鉛印本　一冊

330000－4733－0000031　00030　集部/總集類/彙編之屬

宋人集　李之鼎輯　民國南城李氏宜秋館刻本　一冊　存一種

330000－4733－0000037　00036　集部/別集類

刪亭文集二卷續集二卷　周同愈撰　民國二十四年(1935)無錫周氏鉛印本　一冊

330000－4733－0000043　00042　集部/別集類/宋別集

蘭皋集二卷　(宋)吳錫疇撰　民國三年(1914)宜秋館刻本　一冊

330000－4733－0000048　00047　史部/目録類/總録之屬/彙刻

增訂叢書舉要八十卷附校誤記一卷重訂徵刻南北宋人集小啓一卷　楊守敬編　李之鼎補編　民國七年(1918)宜秋館鉛印本　三十八冊　缺三卷(五至六、十)

330000－4733－0000050　00049　子部/宗教類/道教之屬

雙修漸法述記不分卷　平常居士撰　民國鉛印本　一冊

330000－4733－0000052　00051　集部/總集類/彙編之屬

宋人集　李之鼎輯　民國南城李氏宜秋館刻本　九冊　存八種

330000－4733－0000053　00052　集部/別集類/宋別集

金氏文集二卷　(宋)金君卿撰　民國三年(1914)宜秋館刻本　二冊

330000－4733－0000055　00054　經部/四書類/總義之屬/傳說

圖畫四書白話解　(清)王有宗　(清)施崇恩校　民國三年(1914)上海彪蒙書室石印本　九册

330000－4733－0000058　00057　經部/四書類/總義之屬/傳說
四書恒解十四卷　(清)劉沅輯注　民國九年(1920)北京道德學社鉛印本　五册

330000－4733－0000059　00058　集部/别集類/清别集
汪穰卿遺著八卷　(清)汪康年撰　汪詒年輯　**汪穰卿先生[康年]年譜一卷**　汪詒年撰　民國九年(1920)錢塘汪詒年鉛印本　四册

330000－4733－0000060　00059　集部/别集類
漪香山館文集不分卷　吳曾祺撰　民國四年(1915)上海商務印書館鉛印本　一册

330000－4733－0000062　00061　集部/别集類/唐五代别集
新刊五百家註音辯昌黎先生文集四十卷序傳碑記一卷外集十卷　(唐)韓愈撰　(宋)魏仲舉輯注　**韓文類譜十卷**　(宋)呂大防撰　(宋)魏仲舉輯　**晦庵朱侍講先生韓文考異十卷**　(宋)朱熹撰　民國七年(1918)上海商務印書館影印本　四十册

330000－4733－0000065　00064　史部/目録類/總録之屬/官修
浙江圖書館保存類書目四卷末一卷　浙江圖書館編　民國四年(1915)浙江圖書館鉛印本　二册

330000－4733－0000066　00065　史部/目録類/總録之屬/官修
浙江公立圖書館保存類目錄續編四卷　浙江公立圖書館編　民國七年(1918)浙江公立圖書館鉛印本　四册

330000－4733－0000067　00066　史部/目録類/總録之屬/官修
浙江圖書館觀覽類書目不分卷　浙江圖書館編　民國四年至六年(1915－1917)鉛印本　十一册

330000－4733－0000068　00067　史部/目録類/總録之屬/官修
浙江公立圖書分館觀覽類書目補編不分卷　浙江公立圖書館編　民國五年(1916)浙江公立圖書館鉛印本　一册

330000－4733－0000069　00068　史部/目録類/總録之屬/官修
浙江圖書館觀覽類日文書目一卷　浙江圖書館編　民國四年(1915)浙江圖書館鉛印本　二册

330000－4733－0000070　00069　集部/别集類/清别集
錢牧齋文鈔不分卷　(清)錢謙益撰　民國鉛印本　四册

330000－4733－0000071　00070　集部/别集類/清别集
方望溪文鈔六卷首一卷　(清)方苞撰　民國四年(1915)上海國學扶輪社鉛印本　三册

330000－4733－0000073　00073　經部/讖緯類/春秋緯之屬
春秋緯史集傳四十卷　(清)陳省欽撰　民國十三年(1924)鉛印本　四册

330000－4733－0000074　00072　史部/政書類/邦計之屬
財政說明書不分卷　(清)經濟學會編訂　民國四年(1915)經濟學會鉛印本　十册

330000－4733－0000077　00076　類叢部/叢書類/自著之屬
章氏叢書十三種　章炳麟撰　民國六年至八年(1917－1919)浙江圖書館刻本　三册　存一種

330000－4733－0000081　00081　新學/政治法律/政治
美國政要三十八卷　上海自由社編　民國二年(1913)上海商務印書館石印本　九册　缺一卷(一)

330000－4733－0000085　00084　集部/總集類/彙編之屬
宋人集　李之鼎輯　民國南城李氏宜秋館刻本　六冊　存一種

330000－4733－0000098　00097　類叢部/叢書類/自著之屬
章氏叢書續編七種　章炳麟撰　民國二十四年(1935)章氏國學講習會鉛印本　一冊　存一種

330000－4733－0000100　00099　子部/宗教類/佛教之屬/總録
佛爾雅八卷　(清)周春撰　民國六年(1917)國學扶輪社鉛印本　一冊　存四卷(五至八)

330000－4733－0000108　00107　集部/總集類/選集之屬/斷代
近世文選四卷　吳興　沈鎔編　民國二十六年(1937)上海大東書局鉛印本　一冊

330000－4733－0000122　00121　集部/別集類/清別集
四憶堂詩集六卷遺稿一卷　(清)侯方域撰　(清)賈開宗等選註　民國上海掃葉山房石印本　一冊　存三卷(一至三)

330000－4733－0000123　00122　類叢部/叢書類/彙編之屬
涵芬樓祕笈五十一種　孫毓修等輯　民國五年至十五年(1916－1926)上海商務印書館影印本暨鉛印本　五冊　存三種

330000－4733－0000124　00123　經部/孝經類/傳說之屬
孝經白話解説一卷　朱領中撰　民國二十年(1931)上海明善書局石印本　一冊

330000－4733－0000128　00127　子部/醫家類/眼科之屬
銀海精微二卷　(唐)孫思邈輯　(明)龔雲林編　民國石印本　一冊　存一卷(二)

330000－4733－0000129　00128　集部/別集類
張季子詩録十卷　張謇撰　民國三年(1914)南通翰墨林書局鉛印本　二冊

330000－4733－0000131　00130　史部/雜史類/斷代之屬
明太祖革命武功記十八卷導言一卷　方覺慧纂　民國二十九年(1940)重慶國學書局刻本　八冊

330000－4733－0000133　00132　史部/雜史類/斷代之屬
痛史二十一種附九種　樂天居士輯　民國六年(1917)上海商務印書館鉛印本　一冊　存二種

330000－4733－0000134　00133　集部/總集類/彙編之屬
寒隱社叢書　寒隱社編　民國元年(1912)寒隱社鉛印本　一冊　存一種

330000－4733－0000135　00271　子部/叢編
評註諸子菁華録十八種十八卷　張之純編纂　民國五年至七年(1916－1918)上海商務印書館鉛印本　四冊　存三卷(十至十一、十五)

330000－4733－0000137　00136　集部/別集類/清別集
望溪先生文集十八卷集外文十卷集外文補遺二卷　(清)方苞撰　**方望溪先生[苞]年譜一卷附錄一卷**　(清)蘇惇元輯　民國上海中華圖書館石印本　八冊

330000－4733－0000139　00138　集部/總集類/選集之屬/通代
唐宋八家文讀本三十卷　(清)沈德潛評點　民國章福記書局石印本　二冊　存七卷(二十至二十三、二十八至三十)

330000－4733－0000145　00144　集部/別集類
新編分類飲冰室文集全編二十卷　梁啓超撰　民國上海廣益書局石印本　十七冊　缺三卷(一、九、十四)

330000－4733－0000149　00148　集部/總集類/選集之屬/斷代

國文新範六卷　蔡郕輯　民國四年(1915)上海會文堂石印本　六冊

330000－4733－0000153　00152　史部/雜史類/斷代之屬

明季稗史初編十六種二十七卷　(清)留雲居士輯　民國元年(1912)上海商務印書館鉛印本　五冊　缺五卷(八至十二)

330000－4733－0000154　00153　史部/紀傳類/正史之屬

二十四史附考證　民國上海民國第一圖書局鉛印本　二百九冊　存十三種

330000－4733－0000161　00160　類叢部/叢書類/自著之屬

崇雅堂叢書十四種　楊晨撰　民國二十五年(1936)黄巖楊紹翰鉛印本　七冊　存八種

330000－4733－0000162　00161　史部/目録類/總録之屬/官修

壬子文瀾閣所存書目五卷　錢恂編　民國元年(1912)浙江圖書館刻本　四冊

330000－4733－0000171　00170　集部/戲劇類/總集之屬/雜劇

元曲選一百種一百卷　(明)臧懋循編　民國石印本　三冊　存六種

330000－4733－0000172　00169　集部/總集類/選集之屬/斷代

宋詩鈔初集　(清)吕留良　(清)吴之振　(清)吴爾堯輯　民國三年(1914)上海商務印書館據清康熙吴氏刻本影印本　八冊　存七種

330000－4733－0000173　00171　類叢部/叢書類/彙編之屬

四部備要　中華書局編　民國二十五年(1936)上海中華書局鉛印本(經義考卷二百八十六、二百九十九至三百,東塾讀書記卷十三至十四、十七至二十、二十二至二十五原缺)　五冊　存二種

330000－4733－0000174　00172　集部/詩文評類/詩評之屬

古今詩話探奇二卷　(清)蔣鳴珂撰　民國三年(1914)上海廣益書局石印本　二冊

330000－4733－0000177　00175　類叢部/叢書類/自著之屬

心史叢刊十六種　孟森撰　民國五年至六年(1916－1917)上海商務印書館鉛印本　三冊

330000－4733－0000178　00176　子部/雜著類/雜纂之屬

左孟莊騷精華録二卷　林紓評註　民國五年(1916)上海商務印書館鉛印本　二冊

330000－4733－0000180　00178　集部/總集類/選集之屬/通代

古文觀止十二卷　(清)吳乘權　(清)吳大職輯　民國石印本　一冊　存二卷(五至六)

330000－4733－0000181　00179　類叢部/叢書類/自著之屬

隨園三十六種　(清)袁枚撰　民國二年(1913)上海中華圖書館鉛印本　八冊　存一種

330000－4733－0000182　00180　集部/總集類/選集之屬/通代

唐宋八家文讀本三十卷　(清)沈德潛評點　民國章福記書局石印本　一冊　存三卷(十六至十八)

330000－4733－0000183　00181　集部/總集類/選集之屬/通代

歷代詩文評註讀本　王文濡編　民國上海文明書局鉛印本　一冊　存一種

330000－4733－0000184　00182　集部/總集類/彙編之屬

當代八家文鈔　胡君復編　民國五年(1916)上海中國圖書公司和記鉛印本　二冊　存一種

330000－4733－0000186　00184　集部/別集類

兟生遺稿一卷　黄乾瑋撰　民國十一年(1922)鉛印本　一冊

330000－4733－0000191　00017、00120、00125、00126、00127、00138、00139、00146、00177　史部/紀傳類/正史之屬

二十四史附考證　民國上海民國第一圖書局鉛印本　一百三十三册　存九種

330000－4733－0000195　00190　史部/目録類/總録之屬/官修

常熟縣圖書館藏書目録四卷　瞿啟甲編　民國八年(1919)常熟圖書館鉛印本　二册

330000－4733－0000201　00196　集部/别集類

涵春館詩稿四卷　王慶芝撰　民國鉛印本　一册

330000－4733－0000206　00201　史部/目録類/總録之屬/私撰

東海藏書樓書目不分卷　徐允中藏並編　民國九年(1920)武林印書館鉛印本　四册

330000－4733－0000207　00202　史部/目録類/總録之屬/官修

無錫縣圖書館第一次目録不分卷　侯鴻鑑編　民國四年(1915)無錫圖書館石印本　五册

330000－4733－0000211　00206　集部/總集類/選集之屬/通代

宋元明文評註讀本不分卷　王文濡編　金熙　汪勁扶註　民國上海文明書局鉛印本　二册

330000－4733－0000213　00208　集部/别集類

畏廬文集一卷續集一卷　林紓撰　民國六年(1917)上海商務印書館鉛印本　二册

330000－4733－0000214　00209　集部/詩文評類/詩評之屬

通齋詩話二卷　(清)蔣超伯輯　民國四年(1915)李氏宜秋館鉛印本　二册

330000－4733－0000215　00210　集部/别集類

刪亭文集二卷續集二卷　周同愈撰　民國二十四年(1935)無錫周氏鉛印本　一册

330000－4733－0000216　00212　類叢部/叢書類/郡邑之屬

金陵叢書　翁長森　蔣國榜輯　民國三年至五年(1914－1916)上元蔣氏慎修書屋鉛印本　一百二十七册　存五十五種

330000－4733－0000218　00213　史部/目録類/總録之屬/地方

台州經籍志四十卷　項士元編　民國四年(1915)鉛印本　十六册

330000－4733－0000219　00214　集部/總集類/選集之屬/通代

重訂古文釋義新編八卷　(清)余誠評註　民國七年(1918)上海天寶書局石印本　六册　缺二卷(六至七)

330000－4733－0000228　00223　史部/地理類

浙江圖書館叢書三十種七十九卷　(清)丁謙撰　民國四年(1915)浙江圖書館刻本　十六册　存二十八種

330000－4733－0000235　00230　集部/總集類/選集之屬/斷代

宋詩鈔初集　(清)呂留良　(清)吳之振　(清)吳爾堯輯　民國三年(1914)上海商務印書館據清康熙吳氏刻本影印本　三十册　存六十六種

330000－4733－0000236　00231　集部/總集類/選集之屬/斷代

宋詩鈔補八十六卷　(清)管庭芬　(清)蔣光煦編　民國四年(1915)上海商務印書館鉛印本　八册

330000－4733－0000243　00238　子部/醫家類/綜合之屬/通論

編註醫學入門内集八卷首一卷　(明)李梴編　民國上海校經山房鉛印本　八册　缺一卷(八)

330000－4733－0000245　00240　子部/醫家類/醫經之屬/内經

黄帝内經素問合纂十卷靈樞經合纂九卷補遺

一卷　(明)馬蒔　(清)張志聰注　民國十一年(1922)上海錦章圖書局石印本　九冊　存十卷(一至十)

330000－4733－0000246　00241　子部/醫家類/醫經之屬/内經

靈樞經合纂十卷　(清)張志聰　(明)馬蒔註　民國十一年(1922)上海錦章圖書局石印本　八冊　缺一卷(三)

330000－4733－0000247　00242　經部/禮記類/傳說之屬

禮記集說十卷　(元)陳澔撰　民國中華書局鉛印本　九冊　缺一卷(三)

330000－4733－0000248　00243　子部/醫家類/綜合之屬/通論

御纂醫宗金鑑九十卷首一卷　(清)吳謙等撰　民國上海啟新書局石印本　三十冊　存七十三卷(内科十八至七十四、編輯外科心法要訣一至十六)

330000－4733－0000256　00251　史部/紀傳類/正史之屬

二十四史附考證　民國上海涵芬樓據清乾隆武英殿刻本影印本　十一冊　存一種

330000－4733－0000257　00252　類叢部/叢書類/彙編之屬

涵芬樓祕笈五十一種　孫毓修等輯　民國五年至十五年(1916－1926)上海商務印書館影印本暨鉛印本　三十一冊　存十三種

330000－4733－0000259　00254　經部/春秋左傳類/傳說之屬

批評東萊博議四卷增補虛字註釋總目一卷　(宋)呂祖謙撰　民國四年(1915)上海鴻寶齋書局石印本　二冊　存二卷(一、三)

330000－4733－0000260　00255　子部/工藝類/文房四寶之屬/紙

造紙工程實習講義不分卷　陳栩撰　民國二十四年(1935)利用造紙廠鉛印本　一冊

330000－4733－0000270　00265　子部/宗教類/佛教之屬/大藏

藏要第一輯□□種　歐陽漸輯　民國十八年至十九年(1929－1930)南京支那内學院鉛印本　五冊　存四種

330000－4733－0000271　00266　集部/總集類/選集之屬/通代

評註昭明文選十五卷首一卷葉星衛附註一卷　(清)于光華輯　民國上海掃葉山房石印本　十五冊　存十五卷(首、一至十四)

330000－4733－0000272　00267　集部/總集類/選集之屬/通代

評註昭明文選十五卷首一卷葉星衛附註一卷　(清)于光華輯　民國上海掃葉山房石印本　八冊　存八卷(首、一至七)

330000－4733－0000278　00278　史部/雜史類/斷代之屬

國語韋解補正二十一卷　吳曾祺撰　朱元善校訂　民國六年(1917)上海商務印書館鉛印本　一冊　存六卷(十六至二十一)

330000－4733－0000279　00279　子部/宗教類/佛教之屬/諸宗

印光法師文鈔四卷附錄一卷　釋聖量撰　民國十八年(1929)上海中華書局鉛印本　四冊

330000－4733－0000280　00280　類叢部/叢書類/自著之屬

沈寄簃先生遺書甲編二種乙編四種　沈家本撰　民國鉛印本　二冊　存三種

330000－4733－0000281　00281　史部/雜史類/斷代之屬

戰國策補註三十三卷　吳曾祺撰　民國二十二年(1933)上海商務印書館鉛印本　四冊

330000－4733－0000282　00282　子部/儒家類/儒學之屬/蒙學

新增繪圖幼學故事瓊林四卷首一卷　(清)程登吉撰　(清)鄒聖脈增補　民國八年(1919)上海鴻寶齋石印本　一冊

330000－4733－0000283　00283　史部/編年類/通代之屬

增評加批歷史綱鑑補三十九卷首一卷　(明)

王世貞　（明）袁黃纂　民國三年（1914）上海鴻寶書局石印本　一冊　存二卷（首、一）

330000－4733－0000284　00284　子部/儒家類/儒學之屬

古今格言四卷　江畲經編　民國上海商務印書館鉛印本　一冊　存一卷（四）

330000－4733－0000285　00285　集部/總集類/尺牘之屬

唐宋十大家尺牘十四卷　文明書局輯　民國上海文明書局石印本　十二冊　存十種

330000－4733－0000286　00286　集部/總集類/選集之屬/通代

明清八大家文鈔八卷　進步書局編輯所編　民國五年（1916）上海文明書局、中華書局石印本　八冊

330000－4733－0000289　00289　史部/編年類/斷代之屬

御撰資治通鑑綱目三編六卷　（清）張廷玉等撰　民國上海富強齋石印本　一冊　存三卷（一至三）

330000－4733－0000290　00290　子部/道家類

莊子十卷　（晉）郭象注　（唐）陸德明音義　民國上海掃葉山房石印本　一冊　存二卷（九至十）

330000－4733－0000292　00292　類叢部/叢書類/自著之屬

章氏叢書續編七種　章炳麟撰　民國二十四年（1935）章氏國學講習會鉛印本　一冊　存一種

330000－4733－0000293　00293　集部/總集類/選集之屬/通代

唐宋八家文讀本三十卷　（清）沈德潛評點　民國章福記書局石印本　三冊　存十一卷（九至十五、二十四至二十七）

330000－4733－0000296　00296　集部/總集類/選集之屬/斷代

宮閨百詠四卷　（清）陳其泰編次　民國上海掃葉山房石印本　一冊　缺一卷（一）

330000－4733－0000297　00297　集部/別集類/唐五代別集

香山詩選六卷　（唐）白居易撰　（清）曹文埴選　民國四年（1915）上海掃葉山房石印本　一冊　缺四卷（三至六）

330000－4733－0000298　00298　集部/總集類/尺牘之屬

古今尺牘大觀中編不分卷　姚漢章　何實睿纂輯　民國二十四年（1935）上海中華書局鉛印本　一冊　存一冊（六）

330000－4733－0000299　00299　集部/總集類/選集之屬/通代

歷代詩文評註讀本　王文濡編　民國上海文明書局鉛印本　三冊　存一種

330000－4733－0000300　00300　史部/史評類/史論之屬

讀通鑑論十六卷附宋論十五卷　（清）王夫之撰　民國上海商務印書館鉛印本　一冊　存二卷（讀通鑑論一至二）

330000－4733－0000301　00301　史部/目録類/總録之屬/彙刻

增訂叢書舉要八十卷附校誤記一卷重訂徵刻南北宋人集小啓一卷　楊守敬編　李之鼎補編　民國七年（1918）宜秋館鉛印本　二冊　存三卷（五至六、十）

330000－4733－0000302　00302　子部/醫家類/傷寒金匱之屬/傷寒論

注解傷寒論十卷　（漢）張機述　（漢）王叔和撰次　（金）成無已注解　**傷寒明理論四卷**　（金）成無已撰　**傷寒舌鑑一卷**　（清）張登纂　民國三年（1914）上海江東書局石印本　一冊

330000－4733－0000304　00304　子部/醫家類/本草之屬/本草藥性

雷公炮製藥性解六卷　（清）李中梓輯　**珍珠囊指掌補遺藥性賦四卷**　（金）李杲輯　民國共和書局石印本　一冊　存六卷（藥性解一

至六）

330000－4733－0000305　00305　經部/小學類/文字之屬/說文

說文通檢十四卷首一卷末一卷　（清）黎永椿編　民國商務印書館據番禺陳氏刻本影印本　一冊　存八卷（首、一至七）

330000－4733－0000312　00312　史部/傳記類/別傳之屬

總理奉安實錄不分卷　總理奉安專刊編纂委員會編　民國十八年（1929）總理奉安專刊編纂委員會鉛印本　一冊

330000－4733－0000320　00320　子部/醫家類/方書之屬/單方驗方

備急醫方要旨二卷　民國十一年（1922）上海宏大善書局石印本　一冊

330000－4733－0000321　00321　子部/宗教類/佛教之屬

般若波羅密多心經添足一卷　（唐）釋玄奘譯　（明）釋弘贊述　**心經貫義一卷**　（明）釋弘贊述　民國十九年（1930）鉛印本　一冊

330000－4733－0000322　00322　子部/宗教類/道教之屬/道藏

道藏續編第一集二十三種　（清）閔一得編　民國上海醫學書局鉛印本　四冊　存十六種

330000－4733－0000324　00324　史部/地理類/輿圖之屬/全國

讀史方輿紀要摘鈔不分卷　稿本　一冊

330000－4733－0000325　00325　集部/別集類

涵春館詩稿四卷　王慶芝撰　民國六年（1917）海虞鑄新社鉛印本　一冊

330000－4733－0000331　00331　集部/總集類/彙編之屬

宋人集　李之鼎輯　民國南城李氏宜秋館刻本　一冊　存一種

330000－4733－0000337　00337　類叢部/叢書類

勸輔壇三刊鸞書□□卷　龍游勸輔壇編　民國五年（1916）金華舊府前街金震東石印本　一冊　存一卷（五）

330000－4733－0000338　00338　類叢部/叢書類/郡邑之屬

金陵叢書　翁長森　蔣國榜輯　民國三年至五年（1914－1916）上元蔣氏慎修書屋鉛印本　一冊　存一種

330000－4733－0000340　00340　史部/傳記類/別傳之屬/事狀

徐樹錚行述不分卷　徐樹錚撰　稿本　一冊

330000－4733－0000341　00341　子部/儒家類/儒學之屬/蒙學

詩稿一卷　民國九年（1920）抄本　一冊

330000－4733－0000342　00342　類叢部/叢書類/郡邑之屬

橫山草堂叢書　陳慶年編　稿本　一冊　存一種

330000－4733－0000343　00343　子部/醫家類/綜合之屬/通論

古吴童氏重校醫宗必讀十卷　（清）李中梓撰　民國上海蔣春記書局石印本　三冊

330000－4733－0000345　00345　子部/醫家類/本草之屬/本草藥性

雷公炮製藥性賦解十卷　民國上海商務印書館鉛印本　一冊　存四卷（藥性賦解一至四）

330000－4733－0000346　00346　子部/醫家類/綜合之屬/通論

中西醫判二卷　（清）唐宗海撰　民國三年（1914）百草廬石印本　二冊

330000－4733－0000347　00347　集部/小說類/長篇之屬

玉梨魂不分卷　徐枕亚撰　民國抄本　四冊

330000－4733－0000348　00348　集部/戲劇類/總集之屬/雜劇

元曲選一百種一百卷　（明）臧懋循編　民國石印本　二十八冊　存六十一種

330000－4733－0000349　00349　子部/儒家類/儒學之屬/俗訓

俗言一卷　(清)劉沅撰　民國北京道德學社鉛印本　一册

330000－4733－0000351　00351　子部/雜著類/雜考之屬

日知録校記一卷目次校記一卷　黄侃撰　民國二十五年(1936)南京量守廬刻藍印本　一册

330000－4733－0000352　00352　子部/宗教類/佛教之屬/總録

佛爾雅八卷　(清)周春撰　民國六年(1917)國學扶輪社鉛印本　一册　存四卷(一至四)

330000－4733－0000353　00353　類叢部/叢書類/自著之屬

章氏叢書十三種　章炳麟撰　民國六年至八年(1917－1919)浙江圖書館刻本　一册　存一種

330000－4733－0000354　00354　子部/工藝類/文房四寶之屬/紙

改良紙料之種種比較不分卷　民國二十五年(1936)鉛印本　一册

《衢州市博物館民國時期傳統裝幀書籍普查登記目録》

書名筆畫字頭索引

一畫

一 ………… 387
乙 ………… 387

二畫

二 ………… 387
十 ………… 387
卜 ………… 387
八 ………… 387
人 ………… 387
了 ………… 387

三畫

三 ………… 387
工 ………… 387
大 ………… 387
上 ………… 387
山 ………… 387
千 ………… 387
己 ………… 387
小 ………… 387
子 ………… 387

四畫

王 ………… 387
天 ………… 388
元 ………… 388
廿 ………… 388
五 ………… 388
不 ………… 388
太 ………… 388
切 ………… 388
止 ………… 388
日 ………… 388
中 ………… 388
内 ………… 388
毛 ………… 388
仇 ………… 388
今 ………… 388
分 ………… 388
公 ………… 388
丹 ………… 388
六 ………… 388
文 ………… 389
方 ………… 389
尺 ………… 389
孔 ………… 389
水 ………… 389

五畫

玉 ………… 389
未 ………… 389
正 ………… 389
世 ………… 389
古 ………… 389
本 ………… 390
左 ………… 390
石 ………… 390
北 ………… 390
甲 ………… 390
由 ………… 390
史 ………… 390
四 ………… 390
白 ………… 391

外 …… 391
玄 …… 391
半 …… 391
永 …… 391
司 …… 391
民 …… 391
加 …… 391
幼 …… 391

六畫

寺 …… 391
老 …… 391
地 …… 391
共 …… 391
芝 …… 391
西 …… 391
百 …… 392
有 …… 392
存 …… 392
夷 …… 392
攷 …… 392
光 …… 392
曲 …… 392
朱 …… 392
竹 …… 392
后 …… 392
全 …… 392
各 …… 392
名 …… 392
交 …… 392
江 …… 392
安 …… 392
收 …… 392

七畫

赤 …… 392
孝 …… 392
志 …… 392
邯 …… 392
芥 …… 392
杜 …… 392
李 …… 392
批 …… 392
呂 …… 392
吹 …… 392
吳 …… 392
牡 …… 392
秀 …… 392
何 …… 392
作 …… 393
佛 …… 393
含 …… 393
免 …… 393
言 …… 393
冷 …… 393
沙 …… 393
沖 …… 393
沈 …… 393
宋 …… 393
初 …… 393
改 …… 393
妙 …… 393
邵 …… 393

八畫

青 …… 393
長 …… 393
耶 …… 393
范 …… 393
杫 …… 393
析 …… 393
來 …… 393
松 …… 393
杭 …… 393
東 …… 393
兩 …… 393
非 …… 393
虎 …… 393
尚 …… 393

昌 …… 393
昇 …… 393
明 …… 393
易 …… 393
知 …… 393
岳 …… 394
兒 …… 394
佩 …… 394
金 …… 394
念 …… 394
周 …… 394
匋 …… 394
京 …… 394
店 …… 394
怪 …… 394
法 …… 394
河 …… 394
注 …… 394
定 …… 394
宛 …… 394
孟 …… 394

九畫

春 …… 394
珍 …… 394
荊 …… 394
草 …… 394
荀 …… 394
胡 …… 394
南 …… 394
查 …… 394
相 …… 394
要 …… 394
畏 …… 394
幽 …… 394
看 …… 394
重 …… 394
便 …… 395
保 …… 395
俗 …… 395
皇 …… 395
待 …… 395
胗 …… 395
脉 …… 395
胎 …… 395
勉 …… 395
急 …… 395
訂 …… 395
度 …… 395
音 …… 395
美 …… 395
洞 …… 395
陝 …… 395
飛 …… 395
紅 …… 395
約 …… 395
紀 …… 395

十畫

馬 …… 395
泰 …… 395
華 …… 395
莊 …… 395
真 …… 395
桃 …… 395
校 …… 395
晉 …… 395
時 …… 395
晏 …… 395
秘 …… 395
借 …… 395
烏 …… 395
高 …… 395
郭 …… 395
唐 …… 395
朔 …… 396
浙 …… 396
消 …… 397
海 …… 397
家 …… 397

容 …… 397
袖 …… 397
冥 …… 397
書 …… 397
陳 …… 397
陰 …… 397
陶 …… 397
娱 …… 397
通 …… 397
能 …… 397
孫 …… 397
紞 …… 397

十一畫

理 …… 397
現 …… 397
聊 …… 397
黄 …… 397
梅 …… 397
奢 …… 397
盛 …… 397
雪 …… 397
推 …… 397
救 …… 397
晨 …… 397
眼 …… 397
晚 …… 397
國 …… 397
崑 …… 397
圈 …… 397
笠 …… 397
第 …… 397
船 …… 398
魚 …… 398
麻 …… 398
康 …… 398
章 …… 398
商 …… 398
惜 …… 398
清 …… 398
淞 …… 399
淮 …… 399
梁 …… 399
涵 …… 399
寄 …… 399
啟 …… 399
張 …… 399
習 …… 399
貫 …… 399

十二畫

絜 …… 399
琵 …… 399
琴 …… 399
越 …… 399
博 …… 399
喜 …… 399
散 …… 399
萬 …… 399
董 …… 399
揚 …… 399
紫 …… 399
虚 …… 399
最 …… 399
開 …… 399
景 …… 399
喉 …… 399
無 …… 399
程 …… 399
筆 …… 399
傅 …… 399
集 …… 399
傍 …… 399
御 …… 399
復 …… 399
鈔 …… 400
欽 …… 400
鈞 …… 400
舜 …… 400
然 …… 400

評 …… 400
診 …… 400
註 …… 400
詞 …… 400
痧 …… 400
痛 …… 400
惲 …… 400
尊 …… 400
道 …… 400
曾 …… 400
馮 …… 400
湖 …… 400
湘 …… 400
湯 …… 400
渡 …… 400
寒 …… 400
窗 …… 400
畫 …… 400
賀 …… 400
統 …… 400

十三畫

聖 …… 400
蓮 …… 400
蒹 …… 400
禁 …… 400
楚 …… 400
楊 …… 401
楹 …… 401
酬 …… 401
碎 …… 401
雷 …… 401
當 …… 401
暖 …… 401
傳 …… 401
傷 …… 401
會 …… 401
愛 …… 401
頌 …… 401
詩 …… 401
詳 …… 401
廉 …… 401
痳 …… 401
瘍 …… 401
新 …… 401
資 …… 402
窸 …… 402
經 …… 402
彙 …… 402

十四畫

趙 …… 402
嘉 …… 402
蔡 …… 402
歌 …… 402
爾 …… 402
摘 …… 402
對 …… 402
鳴 …… 402
圖 …… 402
種 …… 402
箋 …… 402
管 …… 402
銅 …… 402
銀 …… 402
疑 …… 402
說 …… 402
廣 …… 402
齊 …… 402
精 …… 402
鄭 …… 403
榮 …… 403
漢 …… 403
滿 …… 403
肇 …… 403
隨 …… 403
鄧 …… 403
綱 …… 403

十五畫

璇 …… 403
增 …… 403
樊 …… 404
醉 …… 404
遼 …… 404
賦 …… 404
閱 …… 404
影 …… 404
墨 …… 404
稽 …… 404
衛 …… 404
劍 …… 404
劉 …… 404
諸 …… 404
諏 …… 404
論 …… 404
調 …… 404
廟 …… 404
瘡 …… 404
慶 …… 404
養 …… 404
潛 …… 404
潘 …… 404
寫 …… 404
履 …… 404
彈 …… 404
選 …… 404
豫 …… 404
樂 …… 404

十六畫

燕 …… 404
薛 …… 404
薈 …… 404
翰 …… 404
醒 …… 404
勵 …… 404
歷 …… 404
曉 …… 405
戰 …… 405
積 …… 405
學 …… 405
鍊 …… 405
歙 …… 405
館 …… 405
龍 …… 405
閻 …… 405
避 …… 405

十七畫

舊 …… 405
韓 …… 405
隸 …… 405
檉 …… 405
臨 …… 405
霜 …… 405
蟋 …… 405
魏 …… 405
應 …… 405
鴻 …… 405
盪 …… 405
濟 …… 405
禮 …… 405

十八畫

藥 …… 405
醫 …… 405
蟫 …… 405
鵝 …… 405
顏 …… 405
雜 …… 405

十九畫

難 …… 406
蘇 …… 406

璽 …… 406
嚴 …… 406
羅 …… 406
譚 …… 406
韻 …… 406
繪 …… 406
繡 …… 406

二十畫

蘭 …… 406
覺 …… 406
護 …… 406
響 …… 406

二十一畫

顧 …… 406
續 …… 406

二十二畫

聽 …… 406
讀 …… 406

二十三畫

蠲 …… 406
變 …… 407

二十四畫

觀 …… 407
靈 …… 407
蠶 …… 407
衢 …… 407

其他

□ …… 407

《衢州市博物館民國時期傳統裝幀書籍普查登記目録》
書名筆畫索引

一畫

一笠菴北詞廣正譜十八卷…………………… 50
乙丑重編飲冰室文集樣本一卷……………… 87
乙卯年通書一卷…………………………… 51

二畫

二十史朔閏表一卷………………………… 39
二十四史附考證…………………………… 30
二十四史附考證…………………………… 31
二十四史附考證…………………………… 31
二十四史附考證…………………………… 31
二十四史附考證…………………………… 31
二十四史附考證…………………………… 84
十八家詩鈔二十八卷首一卷……………… 58
十八家詩鈔二十八卷首一卷……………… 61
十三經證異七十九卷首一卷……………… 28
十六國宮詞二卷…………………………… 54
十藥神書註解一卷………………………… 87
卜筮正宗十四卷…………………………… 49
八德須知二集八卷………………………… 44
八德須知四集□□卷……………………… 45
人生要務不分卷…………………………… 69
了凡四訓一卷……………………………… 68
了虛先生文集不分卷……………………… 26

三畫

三刊鸞書□□卷…………………………… 50
三通序三卷………………………………… 54
三國志六十五卷…………………………… 30
三國志摭華二卷…………………………… 32
三聖律解一卷……………………………… 42
三聖經靈驗圖註不分卷…………………… 42
三蘇文集四十四卷………………………… 73
三蘇策論十二卷…………………………… 88
工學精義一卷……………………………… 68
大元帥訓軍士詞不分卷…………………… 41
大六壬大全十三卷………………………… 49
大字足本繡像英烈全傳四卷八十回……… 91
大字斷句湯頭歌訣一卷…………………… 89
大事記四卷………………………………… 45
大德重校聖濟總錄二百卷………………… 91
大還閣琴譜六卷…………………………… 32
上下三教一卷……………………………… 67
上海掌故叢書第一集……………………… 20
[山東濟陽]濟陽江氏仙塘族戊辰春吉續修家乘八卷…………………………… 35
千金翼方三十卷…………………………… 67
千頃堂書局木版書籍目錄一卷…………… 83
[光緒]己丑科會試闈墨一卷 ………… 85
小三吾亭外集……………………………… 15
小倉山房詩集三十七卷補遺二卷文集三十五卷外集八卷………………………… 59
小學金石論叢五卷補遺一卷……………… 28
小學金石論叢五卷補遺一卷……………… 40
小學集註六卷……………………………… 90
小學歷史不分卷…………………………… 84
子書三十二種……………………………… 43
子書三十二種……………………………… 68
子書三十二種……………………………… 68
子書三十二種……………………………… 68
子書四十八種……………………………… 27

四畫

王壬秋尺牘一卷…………………………… 44
王氏醫案續編八卷………………………… 58

王煙客山水冊一卷……………………………… 17
天玉經外傳一卷………………………………… 21
天目山游記一卷詩一卷和詩一卷金華北
山游記一卷……………………………………… 43
天馬山房叢箸六種……………………………… 72
天許畫稿不分卷………………………………… 47
天祿琳琅叢書第一集十五種…………………… 24
天網恢恢白話錄一卷…………………………… 43
元史譯文證補三十卷…………………………… 40
元明樂府套數舉略三卷………………………… 13
元明雜劇二十七種……………………………… 50
元詩紀事四十五卷……………………………… 28
元詩紀事四十五卷……………………………… 52
廿四史約編八卷首一卷………………………… 39
廿四史約編八卷首一卷………………………… 76
五峰書院志八卷首一卷………………………… 27
五種遺規………………………………………… 84
不匱室詩鈔八卷詩餘一卷……………………… 60
太上玄靈北斗本命延生真經一卷……………… 67
太上感應篇圖說八卷首一卷…………………… 68
太上慈悲九幽拔罪法懺二卷…………………… 66
太上靈寶斛食燄口真科一卷…………………… 67
太平天國詔諭不分卷…………………………… 41
太平廣記五百卷目錄十卷……………………… 16
太素脈圖經一卷………………………………… 82
切韻指掌圖一卷………………………………… 30
止齋先生文集□□卷…………………………… 63
日用萬事全書十八編…………………………… 85
日用酬世大觀…………………………………… 90
日知錄集釋三十二卷栞誤二卷續栞誤二
卷………………………………………………… 30
日知錄集釋三十二卷栞誤二卷續栞誤二
卷………………………………………………… 86
中元丁亥通書一卷中元戊子農曆一卷……… 50
中西音樂源流一卷……………………………… 51
中西痘科合璧十二卷…………………………… 33
中華民國四年乙卯陰曆陽曆合纂二十四
節氣時刻表一卷……………………………… 47
中華民國現行新刑律二卷……………………… 27
中華民國學生明白如話尺牘□□卷………… 48
中華字典十二集三十六卷檢字一卷辨似
一卷等韻一卷補遺一卷備考一卷……… 77
中華高等小學歷史教科書不分卷…………… 72
中華新字典初編十二卷……………………… 77
中華新字典初編十二卷……………………… 77
中華新字典初編十二卷檢字一卷………… 77
中華新字典初編十二卷續編十二卷檢字
一卷…………………………………………… 77
中國文學指南二卷…………………………… 25
中國版畫史圖錄四卷………………………… 17
中國書店廉價書目一卷……………………… 81
中國接骨圖說一卷…………………………… 32
中國最新仕商尺牘教科書二卷……………… 49
中庸密旨外傳一卷…………………………… 41
中等新論說文範四卷………………………… 86
內府藏器箸錄表二卷附錄一卷 …………… 7
毛詩二十卷音義三卷………………………… 21
仇池筆記二卷………………………………… 34
仇池筆記二卷………………………………… 41
今字解剖不分卷附補遺一篇………………… 28
分類尺牘大觀不分卷………………………… 47
分類尺牘淵海不分卷………………………… 48
分類尺牘觀海十二卷………………………… 47
分類四六尺牘三十卷………………………… 46
分類音註實用新尺牘八卷…………………… 48
分類註釋通俗簡易尺牘不分卷……………… 46
分類廣註交際尺牘大觀不分卷……………… 48
分類廣註聊齋誌異十卷……………………… 70
分類廣註閱微草堂筆記五卷………………… 70
分類應酬文匯□□卷………………………… 44
公孫龍子注一卷校勘記一卷篇目攷一卷
附錄一卷……………………………………… 20
丹方神效不分卷……………………………… 15
丹溪朱氏脈因證治二卷……………………… 84
六才子西廂文一卷…………………………… 69
六也曲譜……………………………………… 53
六科準繩……………………………………… 80
六書通十卷首一卷…………………………… 10
六書解例不分卷……………………………… 28
六朝文絜四卷………………………………… 23
六朝文絜箋注十二卷………………………… 73
六朝文絜箋注十二卷………………………… 77

六經方証通解……………………………… 61
文公家禮儀節八卷………………………… 33
文心雕龍十卷……………………………… 51
文心雕龍十卷……………………………… 51
文心雕龍十卷……………………………… 79
文心雕龍十卷……………………………… 88
文字蒙求四卷……………………………… 58
文字源流攷一卷…………………………… 52
文昌帝君陰隲文廣義節錄二卷…………… 50
文信國公全集十八卷……………………… 64
文選六十卷………………………………… 24
文選六十卷………………………………… 62
文選六十卷………………………………… 63
文選考異十卷……………………………… 24
文選考異十卷……………………………… 62
文選考異十卷……………………………… 63
文學研究法四卷…………………………… 51
方言十三卷………………………………… 27
方望溪先生[苞]年譜一卷附錄一卷 …… 36
方望溪先生集外文補遺二卷……………… 36
方藥選要二卷……………………………… 41
尺木堂綱鑑易知錄二十卷………………… 90
尺木堂綱鑑易知錄九十二卷……………… 73
尺木堂綱鑑易知錄九十二卷明鑑易知錄
十五卷………………………………… 32
尺木堂綱鑑易知錄九十二卷明鑑易知錄
十五卷………………………………… 32
尺木堂綱鑑易知錄九十二卷明鑑易知錄
十五卷………………………………… 74
尺木堂綱鑑易知錄九十二卷明鑑易知錄
十五卷………………………………… 74
尺木堂綱鑑易知錄九十二卷明鑑易知錄
十五卷………………………………… 74
尺木堂綱鑑易知錄九十二卷明鑑易知錄
十五卷………………………………… 85
尺木堂綱鑑易知錄九十二卷明鑑易知錄
十五卷………………………………… 88
尺牘句解初集□□卷……………………… 47
孔氏南宗考略二卷………………………… 10
孔氏南宗考略二卷………………………… 10
孔氏南宗考略二卷………………………… 10
孔氏家語十卷……………………………… 58
孔氏家語十卷……………………………… 79
水滸記二卷………………………………… 89

五畫

玉茗堂南柯記二卷四十四齣……………… 14
玉臺新詠十卷……………………………… 23
玉臺新詠十卷……………………………… 57
玉歷至寳鈔勸世一卷……………………… 42
玉歷至寳鈔勸世一卷……………………… 42
玉谿生詩詳註六卷首一卷………………… 61
玉谿生詩詳註六卷首一卷………………… 79
未定初稿一卷……………………………… 90
正草隸篆四體大字典十二集二十四卷部
首檢查表一卷難字檢查表一卷………… 52
正草隸篆名人楹聯大觀四卷……………… 52
正續一切經音義提要十卷………………… 25
世界叢談新說林八卷……………………… 69
古今文綜不分卷…………………………… 56
古今格言四卷……………………………… 79
古今書刻二卷……………………………… 22
古今圖書集成考證二十四卷……………… 14
古文快筆貫通解三卷……………………… 78
古文筆法百篇二十卷……………………… 77
古文筆法百篇八卷………………………… 57
古文選一卷………………………………… 57
古文辭類纂七十四卷……………………… 24
古文辭類纂評註七十四卷………………… 72
古文觀止十二卷…………………………… 74
古文觀止十二卷…………………………… 74
古文觀止十二卷…………………………… 89
古文觀止十二卷…………………………… 89
古文觀止十二卷…………………………… 89
古吳童氏重校醫宗必讀十卷……………… 60
古吳童氏重校醫宗必讀十卷……………… 86
古兵符考畧殘稾一卷 …………………… 7
古泉叢話三卷……………………………… 23
古泉叢話三卷……………………………… 52
古唐詩合解十二卷古詩四卷……………… 89
古書流通處書目一卷……………………… 23

古書流通處書目一卷…………………………23
古詩源十四卷……………………………57
古詩源十四卷……………………………89
古鑑閣藏夏峋嶁碑集聯搨本一卷…………47
本草萬方鍼線八卷藥品總目一卷…………79
本草綱目五十二卷瀕湖脉學一卷奇經八
脉攷一卷脉訣攷證一卷……………………79
本草綱目拾遺十卷…………………………79
本經逢原四卷……………………………34
左文襄公家書二卷…………………………22
左傳擷華二卷……………………………22
石谷老年擬古冊一卷………………………19
石谷洞庭秋色圖長卷一卷…………………17
石林先生兩鎮建康紀年略一卷……………65
石林居士建康集八卷補遺一卷……………65
石鼓釋文十卷……………………………81
北史朔閏表一卷…………………………39
北曲拾遺一卷……………………………14
北宋拓蘇書豐樂亭記一卷…………………18
北宋墓誌錄文不分卷………………………25
北齊書五十卷……………………………30
北魏鄭文公碑一卷…………………………45
甲乙山房詩鈔一卷…………………………56
由淺入深二卷……………………………68
史記一百三十卷…………………………31
史記菁華錄六卷…………………………38
史記菁華錄六卷…………………………76
史記菁華錄六卷…………………………76
史記菁華錄六卷…………………………76
史記菁華錄六卷…………………………76
史記精華八卷……………………………38
史通削繁四卷……………………………76
史諱舉例八卷……………………………39
四庫全書珍本初集二百三十種 ……………8
四庫全書珍本初集二百三十種 ……………8
四庫全書珍本初集二百三十種 ……………8
四庫全書珍本初集二百三十種 ……………9
四庫全書珍本初集二百三十種 ……………9
四庫全書珍本初集二百三十種 ……………9
四庫全書珍本初集二百三十種 ……………9
四庫全書珍本初集二百三十種……………10
四庫全書珍本初集二百三十種……………11
四庫全書珍本初集二百三十種……………11
四庫全書珍本初集二百三十種……………11
四庫全書珍本初集二百三十種……………11
四庫全書珍本初集二百三十種……………11
四庫全書珍本初集二百三十種……………12
四庫全書珍本初集二百三十種……………13
四庫全書珍本初集二百三十種……………16
四庫全書珍本初集二百三十種……………17
四庫全書珍本初集二百三十種……………18
四庫全書珍本初集二百三十種……………19
四庫全書珍本初集二百三十種……………20
四庫全書珍本初集二百三十種……………54
四部備要 ……………………………………8
四部備要……………………………………11
四部備要……………………………………22
四部備要……………………………………25
四部備要……………………………………32
四部備要……………………………………33
四部備要……………………………………41
四部備要……………………………………57
四部備要……………………………………57
四部備要……………………………………63
四部精華一百二十五種……………………72
四部叢刊 ……………………………………8
四部叢刊……………………………………12
四部叢刊……………………………………15
四部叢刊……………………………………21
四部叢刊……………………………………21
四部叢刊……………………………………24
四部叢刊……………………………………63
四部叢刊……………………………………64
四部叢刊三編七十一種 ……………………8
四部叢刊三編七十一種 ……………………9
四部叢刊三編七十一種……………………11
四部叢刊三編七十一種……………………12
四部叢刊三編七十一種……………………13
四部叢刊三編七十一種……………………16
四部叢刊三編七十一種……………………20
四部叢刊目錄一卷…………………………83
四部叢刊書錄一卷…………………………83

四部叢刊續編七十七種 …………………… 8
四部叢刊續編七十七種 …………………… 9
四部叢刊續編七十七種…………………… 10
四部叢刊續編七十七種…………………… 10
四部叢刊續編七十七種…………………… 11
四部叢刊續編七十七種…………………… 13
四部叢刊續編七十七種…………………… 15
四部叢刊續編七十七種…………………… 21
四部叢刊續編七十七種…………………… 32
四部叢刊續編七十七種…………………… 53
四部叢刊續編輯印緣起發行簡章目錄附
　定單一卷…………………………… 22
四書白話註解………………………… 75
四書味根錄三十九卷………………… 83
四書集註十九卷……………………… 75
四書集註十九卷……………………… 75
四書集註十九卷……………………… 75
四書集註十九卷……………………… 75
四書補註備旨十卷…………………… 81
四書讀本十九卷……………………… 74
四書讀本十九卷……………………… 75
四書讀本十九卷……………………… 75
白石道人逸事一卷逸事補遺一卷………… 32
白石道人詩集二卷詩說一卷集外詩一卷
　附錄一卷附錄補遺一卷……………… 32
白石道人詩詞評論一卷補遺一卷………… 32
白社畫冊第一集不分卷………………… 16
白香山年譜一卷……………………… 57
白香山年譜一卷……………………… 63
白香山年譜舊本一卷………………… 57
白香山年譜舊本一卷………………… 63
白香山詩長慶集二十卷後集十七卷別集
　一卷補遺二卷……………………… 57
白香山詩長慶集二十卷後集十七卷別集
　一卷補遺二卷……………………… 63
白香山詩後集十七卷別集一卷補遺二卷
　…………………………………… 63
白香詞譜一卷………………………… 52
白香詞譜一卷………………………… 53
白香詞譜一卷晚翠軒詞韻一卷………… 54
白香詞譜箋四卷……………………… 33
白香詞譜箋四卷……………………… 54
白話信範本不分卷…………………… 44
外科大成四卷………………………… 82
外科正宗十二卷……………………… 34
外科抄本不分卷……………………… 14
外科鈔本不分卷……………………… 14
玄空淺說一卷………………………… 50
半隱廬草書千字文一卷……………… 16
永慕園叢書六種……………………… 23
永樂大典戲文三種…………………… 15
司馬溫公尺牘二卷…………………… 49
民立畫報不分卷……………………… 51
民國二十年春季新舊書目錄不分卷……… 81
加批三蘇策論十二卷………………… 88
加批時病論八卷……………………… 41
加評溫病條辨六卷首一卷…………… 55
幼科三種……………………………… 85
幼科便覽不分卷……………………… 15
幼科醫學指南四卷…………………… 79
幼科雜病心法要訣二卷……………… 15

六畫

寺橋寄廬雜著五卷 …………………… 7
寺橋寄廬雜著五卷…………………… 25
老子道德經二卷……………………… 68
老學庵筆記十卷……………………… 34
老學庵筆記十卷……………………… 40
地理大成山法全書十九卷首二卷……… 48
地理五訣八卷………………………… 48
地理六法大全二集六卷……………… 48
地理穴星圖不分卷…………………… 21
地理披肝露胆一卷…………………… 21
地理雪心賦一卷……………………… 21
地學二卷……………………………… 49
地藏菩薩本願經三卷靈感錄一卷靈感近
　聞錄一卷…………………………… 69
共和國教科書新國文八冊不分卷……… 86
芝田錢譜不分卷……………………… 45
[嘉慶]西安縣志四十八卷首一卷 ……… 60
西軒後集一卷………………………… 60

西清續鑑乙編二十卷…………………………… 20
西廂記曲譜不分卷……………………………… 39
西諦景印元明本散曲…………………………… 79
百一廬金石叢書十種…………………………… 24
百大家評註史記十卷…………………………… 30
百大家評註史記十卷…………………………… 30
百大家評註史記十卷…………………………… 53
百大家評註韓文菁華錄四卷…………………… 87
百子全書………………………………………… 32
百子全書………………………………………… 87
百衲本二十四史………………………………… 10
百衲本二十四史………………………………… 32
百衲本二十四史預約樣本一卷………………… 22
百家評註老子道德經二卷……………………… 68
百梅集一卷……………………………………… 17
百爵齋叢刊十四種……………………………… 16
有正味齋駢體文(有正味齋駢體文箋註)
二十四卷首一卷……………………………… 42
存素堂古今體詩四卷…………………………… 16
夷門廣牘一百七種……………………………… 16
攷正白香詞譜三卷附錄一卷…………………… 80
光緒金華縣志十六卷首一卷附咸同間金
華殉難人姓名錄一卷………………………… 27
光緒金華縣志十六卷首一卷附咸同間金
華殉難人姓名錄一卷………………………… 27
光緒浦江縣志十五卷首一卷…………………… 27
曲譜一卷………………………………………… 56
曲譜一卷………………………………………… 56
曲譜十二卷首一卷末一卷……………………… 45
曲譜不分卷……………………………………… 14
朱子讀書法四卷………………………………… 31
朱柏廬先生治家格言(朱子家訓)一卷 … 42
朱淑真斷腸詩集十卷補遺一卷後集七卷
斷腸詞一卷…………………………………… 60
竹素山房詩集三卷補遺一卷…………………… 26
竹素山房詩集附錄一卷………………………… 26
后山詩十二卷…………………………………… 64
全唐詩話續編二卷……………………………… 56
各國政治藝學簡要錄二卷……………………… 41
名人書畫第十二集不分卷……………………… 17
名醫類案十二卷………………………………… 67
交際大全八章…………………………………… 44
江村銷夏錄三卷………………………………… 51
安樂鄉人詩四卷詩續一卷七十後詩一卷
藥夢詞二卷詞續一卷七十後詞一卷…… 24
[安徽休寧]汪氏世守譜十卷首一卷 …… 37
[民國]安徽通志稿一百五十七卷 ……… 42
[安徽績溪]大谷程氏集義堂支譜二卷 … 35
[安徽績溪]大谷程氏集義堂支譜二卷 … 35
[安徽績溪]大谷程氏集義堂支譜二卷 … 35
收圓醒迷錄二卷………………………………… 42

七畫

赤壁賦一卷……………………………………… 53
孝女曹娥碑二種………………………………… 18
志頤堂詩文集文篇三卷詩十二卷題跋文
二卷…………………………………………… 64
邯鄲記二卷三十齣……………………………… 26
芥子園畫傳初集六卷二集九卷三集六卷
……………………………………………… 52
芥子園畫傳初集六卷二集九卷三集六卷
……………………………………………… 78
杜詩詳註二十五卷首一卷附編二卷……… 65
李太白文集三十卷……………………………… 61
李北海葉有道碑一卷…………………………… 45
李長吉集四卷外卷一卷………………………… 62
李長吉集四卷外卷一卷………………………… 64
李長吉詩集四卷外集一卷……………………… 65
李晴江墨蘭畫冊一卷…………………………… 19
李翰林集十卷…………………………………… 63
批點燕子箋記二卷四十二齣…………………… 73
呂五宗祠誌不分卷……………………………… 35
吹萬集一卷……………………………………… 54
吳友如畫寶十三集……………………………… 46
吳伯滔山水冊不分卷…………………………… 17
吳歷山水畫冊一卷……………………………… 19
牡丹亭二卷……………………………………… 26
牡丹亭二卷五十五齣…………………………… 26
秀才約語二卷…………………………………… 23
何子貞臨黃庭經一卷…………………………… 81
何氏醫學叢書三種……………………………… 65

作文百法三卷……………………………51
佛教研究法四篇…………………………69
佛教問答一卷……………………………69
佛說無常經一卷…………………………69
佛學大辭典不分卷通檢一卷疇隱居士自
訂年譜一卷………………………………69
佛學大辭典不分卷通檢一卷疇隱居士自
訂年譜一卷………………………………72
佛學叢書□□種…………………………18
佛學叢書□□種…………………………83
含英咀華不分卷…………………………73
免刼指南一卷……………………………50
言文一貫古文觀止十二卷………………74
言文對照分類詳註秋水軒尺牘四卷………49
言文對照分類詳註雪鴻軒尺牘四卷………85
言文對照古文評註讀本十二卷……………77
言文對照古文釋義新編八卷………………87
言文對照古文觀止十二卷…………………74
言文對照普通新尺牘十八卷附錄一卷……46
言文對照廣註四書讀本……………………75
冷廬醫話五卷……………………………85
沙山春人物扇集畫譜一卷…………………46
沖虛至德真經八卷…………………………20
沈氏玄空學六卷……………………………50
宋人小說二十八種…………………………50
宋本廣韻校札一卷…………………………30
宋本廣韻校札一卷…………………………58
宋本廣韻校札一卷…………………………58
宋拓王帖三種不分卷………………………18
宋拓魯峻碑及碑陰二卷……………………47
宋拓顏平原東方畫贊二卷…………………16
宋拓顏平原東方畫贊不分卷………………46
宋拓顏書清遠道士詩一卷…………………47
宋書一百卷…………………………………31
宋會要不分卷………………………………10
宋詩鈔初集…………………………………59
宋簽判龍川陳先生文鈔□□卷……………90
初拓董美人墓誌一卷………………………19
初學指南尺牘□□卷………………………46
初學論說文範四卷…………………………86
初學論說文範四卷…………………………87
初學論說文範四卷…………………………88
改良新編曆書不分卷………………………47
改訂建德鄉土地理課本二卷………………83
妙法蓮華經觀世音菩薩普門品一卷………19
邵氏痘科活幼書二卷………………………81

八畫

青樓夢六十四回……………………………53
長生殿二卷…………………………………26
耶穌將再來一卷……………………………68
范香溪先生[浚]年譜不分卷 ………………8
枉伸寶懺一卷………………………………69
析餘雜議一卷………………………………88
來青閣書莊減價書目一卷…………………81
來薰閣書目不分卷…………………………81
松聲琴韻集不分卷…………………………24
松聲琴韻集不分卷…………………………31
杭州抱經堂書局第十四期舊書目錄不分
卷……………………………………………84
東坡和陶合箋四卷…………………………57
東周列國全志八卷一百八回………………71
東垣十書附二種……………………………56
東垣十書附二種……………………………60
東海漁歌四卷補遺一卷……………………12
東萊博議四卷………………………………65
東萊博議四卷………………………………75
東萊博議四卷………………………………75
東萊博議四卷………………………………75
東游集不分卷………………………………20
兩浙佚金佚石集存一卷……………………23
非非室集外詩二卷…………………………62
虎口餘生傳奇四卷四十四齣………………26
尚友錄二十二卷補遺一卷…………………35
[民國]昌化縣志十八卷首一卷 …………27
昌黎先生集四十卷外集十卷遺文一卷……59
昇平署月令承應戲不分卷…………………12
明清名人尺牘墨寶第一集六卷第二集六
卷第三集六卷………………………………24
易藏叢書六種………………………………41
知不足齋叢書一百九十五種………………34

岳忠武奏草真蹟一卷…………………… 19
兒童看圖識字百日通不分卷………………… 84
佩文詩韻釋要五卷……………………… 28
佩文齋廣羣芳譜一百卷目錄二卷………… 34
金文續編十四卷附錄一卷采用秦器銘文
一卷檢字一卷…………………………… 81
金石書錄目十卷附方志中金石志目一卷
金石叢書目一卷………………………… 22
金石萃編未刻稿三卷……………………… 23
金華洞人物古蹟記一卷…………………… 27
金華洞天行紀一卷………………………… 27
金華游錄注一卷…………………………… 27
金剛般若波羅蜜經一卷…………………… 19
金陵梵刹志五十三卷……………………… 12
金匱要略淺註十卷………………………… 64
金匱要略淺註十卷………………………… 89
金匱翼八卷………………………………… 67
金儒秘法一卷……………………………… 50
念八翻傳奇二卷二十八齣………………… 26
周易古義七卷 …………………………… 7
周易參同契集韻三卷……………………… 27
周易講義十卷 …………………………… 7
周易講義十卷……………………………… 20
周易講義十卷……………………………… 78
周書五十卷………………………………… 30
匋齋藏印初集不分卷二集不分卷………… 53
京調大觀不分卷…………………………… 90
店背李氏族譜不分卷……………………… 34
怪病奇治一卷……………………………… 57
法規大全不分卷…………………………… 28
河南方氏宗譜四卷………………………… 36
注音實用新尺牘四卷……………………… 44
注解傷寒論十卷…………………………… 34
注解傷寒論十卷…………………………… 85
定武蘭亭王沇本不分卷…………………… 18
宛鄰書屋古詩錄十二卷…………………… 52
孟子字義疏證三卷………………………… 26

九畫

春吟回文一卷……………………………… 84
春秋左傳五十卷…………………………… 23
春秋左傳五十卷…………………………… 74
春秋左傳五十卷…………………………… 78
春秋左傳五十卷…………………………… 80
春秋左傳句解六卷………………………… 78
珍珠囊指掌補遺藥性賦四卷……………… 91
荊釵記曲譜四卷…………………………… 53
草字彙十二卷附補………………………… 30
荀子二十卷………………………………… 31
荀子二十卷………………………………… 33
荀子性善證三卷…………………………… 31
荀子校勘補遺一卷………………………… 31
荀子校勘補遺一卷………………………… 33
荀子集解二十卷首一卷…………………… 31
荀子集解二十卷首一卷…………………… 41
荀子集解二十卷首一卷…………………… 79
胡文忠公遺集八十六卷首一卷…………… 88
南柯記二卷五十五齣……………………… 51
南洋公學新國文四卷……………………… 78
南華真經評註十卷………………………… 68
南唐澄心堂拓右軍父子四人法帖一卷…… 19
南雅堂醫案八卷…………………………… 80
南雅堂醫書全集(陳修園醫書)七十種 … 60
查士標畫冊一卷…………………………… 19
相宗綱要不分卷…………………………… 83
要理問答四卷……………………………… 69
畏廬三集一卷……………………………… 65
畏廬文集一卷……………………………… 65
畏廬續集一卷……………………………… 16
幽燕集一卷………………………………… 17
看破世界一卷……………………………… 43
重刊人子須知資孝地理心學統宗三十九
卷…………………………………………… 48
重刊宋本十三經注疏……………………… 25
重刊湖海新聞夷堅續志前集二卷後集二
卷補遺一卷……………………………… 16
重刊增益詞林摘艷十卷…………………… 10
重印總稅務司赫德籌餉節略一卷………… 27
重建吳清山汪氏墓祠徵信錄四卷………… 37
[民國]重修浙江通志初稿不分卷 ……… 27
重訂唐詩別裁集二十卷…………………… 89

重校埋劒記二卷三十六齣…………………… 13
重校舊本湯頭歌訣一卷經絡歌訣一卷…… 55
重校舊本湯頭歌訣二卷…………………… 85
重詳定刑統三十卷………………………… 11
便易經驗集一卷…………………………… 63
保生碎事一卷……………………………… 67
保生碎事一卷……………………………… 79
俗曲不分卷………………………………… 81
皇朝文鑑一百五十卷……………………… 40
皇朝經世文新增續編一百二十卷………… 72
待正軒賦不分卷…………………………… 54
待時軒叢刊六種…………………………… 24
胗脈秘訣不分卷…………………………… 15
脉訣附方一卷……………………………… 13
胎產心法三卷……………………………… 79
勉勵會簡義一卷…………………………… 68
急救經驗良方一卷………………………… 87
訂補明醫指掌十卷………………………… 61
度曲須知二卷……………………………… 54
度曲須知二卷……………………………… 54
度曲須知二卷……………………………… 55
音註小倉山房尺牘八卷…………………… 45
音註小倉山房尺牘八卷…………………… 45
美人千態詩一卷詞一卷…………………… 58
洞天奥旨十六卷…………………………… 57
洞主仙師白喉治法忌表抉微一卷………… 55
洞冥記十卷三十八回……………………… 67
陜西金石志三十卷補遺二卷……………… 23
陜西藝文志七卷…………………………… 23
飛影閣叢畫不分卷………………………… 46
紅豆曲二卷………………………………… 14
紅榴書屋詩草一卷………………………… 59
紅樓復夢十六卷一百回…………………… 87
紅樓夢散套不分卷………………………… 39
紅隱盦琴鈔不分卷………………………… 39
紅隱盦琴譜不分卷………………………… 39
紅隱盦琴譜不分卷………………………… 39
約翰福音不分卷…………………………… 69
紀元編三卷………………………………… 39

十畫

馬可傳福音書一卷………………………… 69
泰和宜山會語合刻二卷附錄一卷………… 41
泰和會語一卷附錄一卷…………………… 41
華南新業特刊第一集五卷………………… 18
莊子十卷…………………………………… 66
莊子集解八卷……………………………… 68
真類傷寒要論四卷 ……………………… 7
桃花吟一卷四色石一卷…………………… 53
校正尚友錄統編二十四卷………………… 36
校正瀕湖脈學一卷………………………… 59
校正瀕湖脈學一卷………………………… 67
晉王珣伯遠帖墨迹一卷…………………… 18
晉王羲之快雪時晴帖墨迹一卷…………… 19
晉王獻之中秋帖墨迹一卷………………… 18
時症論治不分卷…………………………… 15
時論不分卷………………………………… 41
時類不分卷………………………………… 53
晏子春秋音義二卷………………………… 32
晏子春秋校勘二卷………………………… 32
晏子[嬰]春秋七卷 ……………………… 32
秘本蟋蟀譜一卷…………………………… 45
秘本蘭蕙譜四卷…………………………… 45
借澆集一卷………………………………… 50
[乾隆]烏青鎮志十二卷 ………………… 44
[乾隆]烏青鎮志十二卷 ………………… 44
高子節要十四卷…………………………… 25
高等小學幾何畫教科書一卷……………… 66
高等小學論說文範四卷…………………… 86
高等小學論說文範四卷…………………… 88
高僧傳初集節要二卷二集節要二卷三集節要二卷…………………………………… 25
郭氏弈葉吟一卷…………………………… 64
唐女郎魚玄機詩一卷……………………… 53
唐女郎魚玄機詩一卷……………………… 61
唐女郎魚玄機詩不分卷…………………… 60
唐六如先生文韻一卷……………………… 69
唐宋十大家全集…………………………… 88
唐宋十大家全集…………………………… 88

唐宋八家文讀本三十卷…………………… 56
唐宋八家文讀本三十卷首一卷…………… 81
唐黃先生文集□□卷…………………… 88
唐詩三百首註疏六卷…………………… 56
唐詩三百首註疏六卷…………………… 89
唐詩合選詳解八卷……………………… 52
唐釋懷素千字文一卷…………………… 16
朔方備乘六十八卷首十二卷…………… 76
[浙江永康]王氏宗譜十二卷 …………… 38
[浙江永康]永康李氏總祠主錄八卷 …… 33
[浙江永康]雙泉何氏特祠宗譜□□卷 … 38
[浙江江山]東坑倉黃氏宗譜三卷 ……… 35
[浙江江山]須江郎峰魁潭祝氏宗譜五十六卷首一卷………………………… 82
[浙江江山]嘉湖姜氏宗譜□□卷 ……… 38
浙江孝節錄初集二卷…………………… 35
[浙江武義]武川西徐宗譜□□卷 ……… 37
[浙江武義]周氏宗譜 …………………… 36
[浙江金華]赤松方氏宗譜□□卷 ……… 36
[浙江金華]金華東塘黃氏宗譜十二卷 … 38
[浙江金華]金華鮑氏宗譜□□卷 ……… 38
[浙江金華]蓮塘張氏枝譜提綱□□卷 … 37
[浙江金華]薌溪曹氏宗譜四卷 ………… 37
[浙江金華]薌溪曹氏宗譜四卷 ………… 38
[浙江金華]履湖莊氏宗譜□□卷 ……… 37
[浙江金華]龍山張氏宗譜□□卷 ……… 25
[浙江建德]河南方氏宗譜四卷 ………… 37
浙江省民國五年度省地方歲出入預算書二卷…………………………………… 29
浙江省民國六年度省地方歲出入預算書二卷…………………………………… 29
浙江省民國六年度省地方歲出入預算書二卷…………………………………… 29
浙江省民國六年度省地方歲出入預算書二卷…………………………………… 29
浙江省參議會文牘三卷………………… 29
浙江省議會第一屆常年會議事錄不分卷……………………………………… 29
浙江省議會第一屆第二年第二次臨時會質問書不分卷………………………… 29
浙江省議會第二屆常年會文牘四卷附編一卷…………………………………… 29
浙江省議會第二屆常年會決議案四卷…… 29
浙江省議會第二屆常年會質問書不分卷……………………………………… 29
浙江省議會第二屆第一次臨時會文牘四卷附編一卷…………………………… 29
[浙江富陽]富春孔氏宗譜四卷 ………… 7
[民國]浙江新志三卷 ………………… 10
浙江圖書館觀覽類書目補編三卷………… 22
[浙江龍游]清塘江氏宗譜□□卷 ……… 36
[浙江蘭溪]龍門李氏宗譜□□卷 ……… 82
[浙江蘭溪]蘭溪鄭氏族譜二十卷首一卷……………………………………… 37
[浙江衢州]三衢朱氏宗譜二卷 ………… 7
[浙江衢州]文林朱氏宗譜四卷 ………… 38
[浙江衢州]文林朱氏宗譜四卷 ………… 38
[浙江衢州]生塘徐氏宗譜四卷 ………… 36
[浙江衢州]西河徐氏宗譜二十二卷首一卷…………………………………… 82
[浙江衢州]延陵吳氏宗譜三卷 ………… 82
[浙江衢州]吳氏宗譜二卷首一卷 ……… 35
[浙江衢州]吳氏宗譜二卷首一卷 ……… 38
[浙江衢州]谷口鄭氏宗譜二十四卷首一卷…………………………………… 53
[浙江衢州]宏農楊氏宗譜三卷 ………… 37
[浙江衢州]宏農楊氏宗譜三卷 ………… 37
[浙江衢州]東坑倉黃氏宗譜三卷 ……… 35
[浙江衢州]東坑倉楊氏宗譜三卷 ……… 37
[浙江衢州]南州徐氏宗譜十二卷附四卷……………………………………… 37
[浙江衢州]盈川朱氏宗譜四卷 ………… 38
[浙江衢州]盈川朱氏宗譜四卷 ………… 38
[浙江衢州]桐洲俞氏宗譜四卷 ………… 34
[浙江衢州]清河張氏宗譜三卷 ………… 35
[浙江衢州]清河張氏宗譜三卷 ………… 37
[浙江衢州]萬川陳氏宗譜不分卷 ……… 36
[浙江衢州]銅峯杜氏宗譜不分卷 ……… 36
[浙江衢州]銅峯杜族世譜不分卷 ……… 36
[浙江衢州]銅峯杜族世譜不分卷 ……… 37
[浙江衢州]銅峯杜族世譜不分卷 ……… 58
[浙江衢州]銅峯杜族世譜不分卷 ……… 60

［浙江衢州］劉氏宗譜不分卷 ………… 35
［浙江衢州］劉氏宗譜不分卷 ………… 35
［浙江衢州］衢西邱氏宗譜不分卷 ……… 37
［浙江衢縣］大谷程氏世榮堂紀事新編四
　卷……………………………………… 37
消夏閑記摘抄三卷……………………… 17
消夏閑記摘抄三卷……………………… 63
消閒錄一卷……………………………… 90
海寧王靜安先生遺書四十三種一百四卷 … 14
［民國］海寧州志稿四十一卷首一卷末一
　卷附志餘一卷藝文志補遺一卷………… 55
海樵子一卷……………………………… 68
家信抄本一卷…………………………… 48
家訓二卷………………………………… 45
家譜鈔本一卷…………………………… 90
容甫先生遺詩五卷補遺一卷附錄一卷…… 61
袖珍古書讀本三十種…………………… 31
冥陽斛一卷……………………………… 67
書目答問五卷別錄一卷國朝箸述諸家姓
　名略一卷……………………………… 28
書經集傳六卷…………………………… 89
陳書三十六卷…………………………… 30
陰大赦科儀□□卷……………………… 66
陰分輝科儀□□卷……………………… 66
陰符經一卷……………………………… 68
陰隲文詩箋一卷………………………… 42
陰隲文詩箋一卷………………………… 42
陰隲文詩箋一卷………………………… 42
陶情樂府四卷拾遺一卷………………… 53
陶詩彙評四卷東坡和陶合箋四卷……… 57
陶靖節桃花源記一卷…………………… 81
娛萱室小品六十種……………………… 42
通俗傷寒論十二卷……………………… 61
通學齋書目第二期一卷………………… 22
通鑑紀事本末二百三十九卷…………… 62
通鑑釋文辯誤十二卷…………………… 84
能斷金剛般若波羅蜜多經一卷………… 18
孫大總統書牘二卷……………………… 39
孫子兵法章句訓義十三卷……………… 34
孫岳響應討吳電不分卷………………… 90
孫真人備急千金要方三十卷…………… 65
紞如鼓一卷……………………………… 51

十一畫

理窟九卷………………………………… 85
現代禮書不分卷………………………… 90
現行中華法規大全不分卷……………… 28
聊齋志異評註十六卷…………………… 71
聊齋志異新評十六卷…………………… 71
聊齋志異圖詠□□卷…………………… 71
黃山谷行書詩帖真蹟一卷……………… 19
黃山谷全集三十九卷…………………… 21
黃海臥遊集一卷………………………… 17
梅氏驗方新編七卷……………………… 65
梅花夢傳奇二卷………………………… 12
梅花詩一卷……………………………… 22
奢摩他室曲叢…………………………… 13
奢摩他室曲叢…………………………… 54
盛世危言六卷…………………………… 83
盛明雜劇二集卅種三十卷 ……………… 9
盛明雜劇卅種三十卷 …………………… 9
雪鴻軒尺牘二卷………………………… 49
推背圖不分卷…………………………… 50
救世靈丹四卷…………………………… 43
晨風廬學會記錄二卷…………………… 39
眼科精華錄一卷………………………… 60
晚翠軒詞韻一卷………………………… 28
晚翠軒詞韻一卷………………………… 52
國立暨南大學叢書……………………… 39
國民適用普通新尺牘六卷……………… 46
國音學講義一卷………………………… 84
國清高僧傳一卷附寒山子詩一卷……… 84
國朝文錄八十二卷……………………… 77
崑曲粹存初集不分卷…………………… 53
圈點詳註十八家詩鈔二十八卷………… 80
笠翁一家言全集十六卷………………… 59
笠翁一家言全集十六卷………………… 63
笠翁一家言全集十六卷………………… 63
第一才子書十六卷一百二十回………… 71
第一才子書十六卷一百二十回………… 72
第一才子書十六卷一百二十回………… 72

第一才子書十六卷一百二十回首一卷…… 71
第一才子書六十卷一百二十回首一卷…… 58
第一才子書繡像三國志演義六十卷一百二十回首一卷………………………… 72
船山詩草二十卷……………………… 63
船山遺書六十六種附一種…………… 24
船山遺書六十六種附一種…………… 34
魚集考異一卷………………………… 61
麻姑仙壇記三種不分卷………………16
康南海文集彙編八卷………………… 87
康熙字典十二集十二卷總目一卷檢字一卷辨似一卷等韻一卷補遺一卷備考一卷…………………………………… 73
康熙字典十二集十二卷總目一卷檢字一卷辨似一卷等韻一卷補遺一卷備考一卷…………………………………… 73
康熙字典十二集十二卷總目一卷檢字一卷辨似一卷等韻一卷補遺一卷備考一卷…………………………………… 80
康熙字典十二集三十六卷總目一卷檢字一卷辨似一卷等韻一卷補遺一卷備考一卷 ……………………………………9
康熙字典十二集三十六卷總目一卷檢字一卷辨似一卷等韻一卷補遺一卷備考一卷………………………………… 10
康熙字典十二集三十六卷總目一卷檢字一卷辨似一卷等韻一卷補遺一卷備考一卷………………………………… 73
康熙字典十二集三十六卷總目一卷檢字一卷辨似一卷等韻一卷補遺一卷備考一卷………………………………… 74
康熙字典十二集三十六卷總目一卷檢字一卷辨似一卷等韻一卷補遺一卷備考一卷………………………………… 74
康熙字典十二集三十六卷總目一卷檢字一卷辨似一卷等韻一卷補遺一卷備考一卷………………………………… 78
康熙字典十二集三十六卷總目一卷檢字一卷辨似一卷等韻一卷補遺一卷備考一卷………………………………… 80
康熙字典十二集三十六卷總目一卷檢字一卷辨似一卷等韻一卷補遺一卷備考一卷………………………………… 80
康熙字典十二集三十六卷總目一卷檢字一卷辨似一卷等韻一卷補遺一卷備考一卷………………………………… 80
康熙字典十二集三十六卷總目一卷檢字一卷辨似一卷等韻一卷補遺一卷備考一卷………………………………… 80
康熙字典十二集三十六卷總目一卷檢字一卷辨似一卷等韻一卷補遺一卷備考一卷………………………………… 80
康熙字典十二集三十六卷總目一卷檢字一卷辨似一卷等韻一卷補遺一卷備考一卷………………………………… 80
康熙字典十二集三十六卷總目一卷檢字一卷辨似一卷等韻一卷補遺一卷備考一卷………………………………… 82
章太炎尺牘一卷……………………… 43
章氏叢書十三種……………………… 24
章氏叢書十三種……………………… 40
章氏叢書十三種……………………… 64
章氏叢書十三種……………………… 67
商業日用尺牘四卷…………………… 48
商業進步尺牘六卷首一卷…………… 48
惜抱軒全集七種……………………… 63
清人雜劇二集二十一種……………… 15
清史列傳八十卷……………………… 36
清史列傳八十卷……………………… 40
清史通俗演義十卷一百回…………… 70
清史綱要十四卷……………………… 39
清代文字獄檔九輯…………………… 40
清代史論十六卷……………………… 72
清代名人軼事十六卷………………… 42
清代燕都梨園史料…………………… 12
清初六家畫冊一卷…………………… 18
清季外交史料六種…………………… 11
清宮秘藏南田墨戲冊一卷…………… 17
清道人遺集二卷佚稿一卷攟遺一卷附錄一卷………………………………… 65
清詩三百首二卷……………………… 76
清源二卷……………………………… 50

清儒學案二百八卷…………………………… 40
淞雲詩草一卷……………………………… 64
淮南鴻烈集解二十一卷…………………… 72
梁氏筆記三種二十七卷…………………… 42
梁任公文集彙編六卷續集一卷…………… 73
涵芬樓祕笈五十一種 ……………………… 8
涵芬樓祕笈五十一種……………………… 21
涵芬樓祕笈五十一種……………………… 36
寄傲山房熟課纂輯禮記全文備旨十一卷
……………………………………………… 21
啟蒙正路一卷……………………………… 43
啟蒙正路一卷……………………………… 43
張仲景金匱要畧論註二十四卷…………… 85
張仲景傷寒論原文淺註六卷……………… 65
張江陵書牘六卷…………………………… 49
張季子九錄附一種………………………… 21
張季子九錄附一種………………………… 21
習之先生文集二卷………………………… 63
貫華堂選批唐才子詩集七言律八卷……… 79

十二畫

絜齋毛詩經筵講義四卷…………………… 25
琵琶記四卷附錄一卷……………………… 12
琴瑟合譜三卷……………………………… 39
琴瑟新譜四卷首一卷……………………… 11
琴學二卷…………………………………… 11
琴鏡九卷首一卷續四卷補三卷…………… 11
琴譜一卷…………………………………… 26
琴譜不分卷………………………………… 39
越國汪公祠墓志續刊二卷………………… 37
越縵堂日記補不分卷(清咸豐四年三月
十四日至同治二年三月三十日) ……… 20
博古齋書目一卷…………………………… 24
喜咏軒叢書三十四種……………………… 40
散曲叢刊十五種…………………………… 10
散曲叢刊十五種…………………………… 13
萬氏婦人科三卷首一卷附達生編二卷…… 82
董香光山水冊一卷………………………… 19
揚風扢雅不分卷…………………………… 75
紫釵記二卷五十三齣……………………… 26
紫陽課藝合選不分卷……………………… 85
虛字折中四卷……………………………… 29
虛字韻藪一卷……………………………… 29
最初拓禮器碑及碑陰不分卷……………… 47
最初精拓爨龍顔碑不分卷………………… 47
最新分類尺牘大觀不分卷………………… 49
最新詳註分類尺牘全書不分卷…………… 48
開化叢書 …………………………………… 7
開皇蘭亭序一卷…………………………… 47
景印元明善本叢書十種…………………… 14
景印元明善本叢書十種…………………… 15
景印元明善本叢書十種…………………… 20
景印元明善本叢書十種…………………… 24
景印元明善本叢書十種…………………… 39
景岳全書六十四卷………………………… 33
喉科鈔本不分卷…………………………… 15
無上玉皇心印妙經一卷…………………… 67
程北山先生[俱]年譜四卷附錄二卷 ……… 8
筆花醫鏡四卷……………………………… 66
筆花醫鏡四卷……………………………… 86
筆記小說大觀二百二十二種……………… 26
筆記小說大觀二百二十二種……………… 38
傅氏眼科審視瑤函六卷首一卷…………… 76
傅氏眼科審視瑤函六卷首一卷…………… 82
傅青主男科二卷女科二卷產後編二卷…… 64
集成曲譜金集八卷聲集八卷玉集八卷振
集八卷…………………………………… 15
集成曲譜金集八卷聲集八卷玉集八卷振
集八卷…………………………………… 54
集成曲譜金集八卷聲集八卷玉集八卷振
集八卷…………………………………… 54
集成曲譜金集八卷聲集八卷玉集八卷振
集八卷…………………………………… 56
傍秋亭雜記二卷敬業堂集補遺一卷……… 52
御批資治通鑑綱目五十九卷……………… 88
御刻三希堂石渠寶笈法帖不分卷………… 50
御撰資治通鑑綱目三編六卷……………… 88
御纂醫宗金鑑九十卷首一卷……………… 33
御纂醫宗金鑑九十卷首一卷……………… 54
御纂醫宗金鑑九十卷首一卷……………… 86
復式學級國文教授案不分卷……………… 88

復性書院擬先刻諸書簡目一卷附諸子會歸總目並序一卷…………………………21
復性書院擬先刻諸書簡目五卷……………29
復性書院叢刊二十七種 ……………………7
復性書院叢刊二十七種 ……………………8
復性書院叢刊二十七種……………………20
復性書院叢刊二十七種……………………20
復性書院叢刊二十七種……………………23
復性書院叢刊二十七種……………………26
復性書院叢刊二十七種……………………26
復性書院叢刊二十七種……………………27
復性書院叢刊二十七種……………………31
復性書院叢刊二十七種……………………31
復性書院叢刊二十七種……………………35
復性書院叢刊二十七種……………………66
復性書院簡章一卷……………………………28
鈔詩一卷………………………………………56
欽定古今圖書集成一萬卷目錄四十卷……14
欽定四庫全書簡明目錄二十卷……………58
欽定協紀辨方書三十六卷…………………49
鈞天樂二卷三十二齣………………………26
舜水遺書四種附錄一卷……………………25
舜水遺書四種附錄一卷……………………66
舜若多齋吟草不分卷………………………25
然脂餘韻六卷…………………………………51
評校音注古文辭類纂七十四卷……………58
評校音注古文辭類纂七十四卷……………73
評註古文讀本六卷……………………………78
評註昭明文選十五卷首一卷葉星衛附註一卷………………………………………………24
評註昭明文選十五卷首一卷葉星衛附註一卷………………………………………………56
評註昭明文選十五卷首一卷葉星衛附註一卷………………………………………………59
評註昭明文選十五卷首一卷葉星衛附註一卷………………………………………………62
評註唐宋八家古文三十卷…………………56
評註諸子菁華錄十八種十八卷……………31
評註諸子菁華錄十八種十八卷……………33
評註論說軌範初集二卷二集三卷…………86
評選船山史論二卷…………………………83
評點春秋綱目左傳句解彙雋六卷…………22
診家樞要一卷………………………………61
註釋小倉山房文集三十五卷………………62
註釋宋元明詩三百首六卷…………………52
詞謔四卷……………………………………55
痧證二卷……………………………………82
痛史二十一種附九種………………………40
惲王山水合冊一卷…………………………17
尊聞閣詩選初集不分卷……………………84
道古堂詩集二十六卷………………………62
道古堂詩集四十六卷………………………62
道字易學一卷………………………………68
道園學古錄五十卷…………………………45
道藏舉要目錄一卷…………………………68
曾文正公家書十卷…………………………45
曾文正公家書十卷…………………………45
曾文正公詩集一卷文集三卷………………58
馮氏樂書……………………………………10
湖北洋務局編譯科圖書價目一卷…………29
湘綺樓書牘八卷……………………………50
湯頭歌訣及雜症不分卷……………………54
渡世歸真續集一卷…………………………43
寒松閣談藝瑣錄六卷………………………52
寒柯堂詩四卷 ………………………………9
寒柯堂詩四卷 ………………………………9
寒柯堂避寇詩草三卷 ………………………9
窗稿不分卷…………………………………52
畫譜不分卷…………………………………46
賀柬一卷……………………………………47
統計學二卷…………………………………51

十三畫

聖教鑒略三卷………………………………68
聖朝鼎盛萬年清八集七十六回……………83
聖歎評註繪圖增批第六才子西廂記八卷………………………………………………70
蓮西詩集四卷………………………………59
蒹葭樓叢書…………………………………66
禁壇科儀□□卷……………………………66
楚辭十七卷…………………………………61

楚辭集註八卷後語六卷辯證二卷………… 61
楊夫人曲三卷……………………………… 53
楊誠齋先生[萬里]年譜二卷 ……………… 8
楹聯彙編八卷……………………………… 81
楹聯叢話十二卷楹聯續話四卷…………… 88
酬世文庫□□卷…………………………… 44
酬世文辭不分卷…………………………… 44
酬紅記一卷………………………………… 73
碎金牌一卷………………………………… 51
雷公炮製藥性解六卷……………………… 34
雷公炮製藥性解六卷……………………… 55
雷公炮製藥性解六卷……………………… 57
雷公炮製藥性賦解十卷…………………… 33
雷公炮製藥性賦解十卷…………………… 64
當代名人之結晶品應酬文辭類纂十二卷
………………………………………………44
當代名人書林一卷………………………… 19
暖紅室彙刻傳奇…………………………… 33
暖紅室彙刻傳奇…………………………… 40
傳眞社三種曲……………………………… 14
傷寒雜病論義疏十六卷…………………… 60
會文堂精校重增繪圖幼學故事瓊林四卷
首一卷…………………………………… 85
會琴實紀六卷首一卷……………………… 12
愛蓮居士詩鈔四卷………………………… 59
頌主聖歌不分卷…………………………… 69
詩抄不分卷………………………………… 13
詩法折衷一卷……………………………… 26
詩集□□卷附錄一卷……………………… 60
詩經集傳八卷……………………………… 90
詩歌雜鈔不分卷…………………………… 75
詩緝三十六卷……………………………… 25
詩緝校記一卷……………………………… 25
詩韻合璧五卷……………………………… 29
詩韻□□卷………………………………… 90
詳註分類尺牘集成六卷…………………… 48
詳註校正三蘇文集………………………… 84
詳註聊齋志異圖詠十六卷………………… 70
詳註聊齋志異圖詠十六卷………………… 70
詳註經史百家雜鈔二十六卷……………… 42
詳註經史百家雜鈔二十六卷……………… 62
廉州倣雲林山水冊一卷…………………… 17
痲科活幼全書四卷首一卷………………… 81
瘍科醫案平議二卷………………………… 55
新文選四卷………………………………… 77
新方言十一卷嶺外三州語一卷…………… 27
新刊地理五經書解義郭璞葬經一卷……… 67
新刊賣油郎四卷九十六回………………… 83
新式標點四書白話註解十九卷…………… 25
新式標點繪圖孟子白話註解不分卷……… 75
新字典十二卷拾遺一卷檢字一卷附錄一
卷勘誤一卷補編一卷…………………… 76
新刻小學千家詩人生必讀二卷…………… 84
新刻太医院正王叔和脈訣辨真四卷……… 14
新刻石函平沙玉尺經全書真機六卷……… 67
新刻法筆驚天雷八卷……………………… 43
新刻校正音釋詞家便覽蕭曹遺筆四卷…… 52
新定九宮大成南北詞宮譜八十一卷閏一
卷總目三卷……………………………… 13
新訂四書補註備旨十卷…………………… 75
新訂四書補註備旨十卷…………………… 82
新著四言脈訣不分卷……………………… 14
新唯識論一卷……………………………… 69
新唯識論語體文本三卷…………………… 72
新註四書白話解說三十六卷……………… 86
新增繪圖幼學故事瓊林四卷……………… 78
新增繪圖幼學故事瓊林四卷……………… 78
新增繪圖幼學故事瓊林四卷……………… 78
新增繪圖幼學故事瓊林四卷……………… 78
新增繪圖幼學故事瓊林四卷……………… 85
新增繪圖幼學故事瓊林四卷首一卷……… 85
新撰詳註分類尺牘大全不分卷…………… 26
新撰詳註分類尺牘大全不分卷最新應酬
實用文件不分卷………………………… 46
新選小題穿楊一卷………………………… 90
新編女科指掌五卷………………………… 34
新編女科指掌五卷………………………… 61
新編中華字典十二集十二卷總目一卷檢
字一卷辨似一卷補遺一卷……………… 76
新編中華字典十二集十二卷總目一卷檢
字一卷辨似一卷補遺一卷……………… 77
新編楊曾地理家傳心法捷訣一貫堪輿八

卷…………………………………………… 48
新編繪圖五龍十八俠初集□□卷………… 82
新輯尺牘合璧□□卷……………………… 48
新輯秋水軒尺牘二卷……………………… 49
新輯海公小紅袍四卷四十二回…………… 82
新纂兒科診斷學八卷……………………… 84
新鐫古今大雅南宮詞紀六卷……………… 15
新鐫校正詳註分類百子金丹全書十卷…… 72
新鐫象吉備要通書二十九卷……………… 87
新鐫碎玉剖秘地理不求人五卷…………… 48
新鐫曆法合節總覽鰲頭通書大全十卷…… 49
新鐫曆法便覽象吉備要通書大全二十九卷…………………………………………… 49
新鐫曆法便覽象吉備要通書大全二十九卷…………………………………………… 90
新體言文對照白話註解秋水軒尺牘二卷…………………………………………… 49
新體廣註小倉山房尺牘八卷……………… 45
新體廣註小倉山房尺牘八卷……………… 46
新體廣註古文觀止十二卷………………… 74
新體廣註唐詩三百首讀本六卷…………… 76
新體廣註雪鴻軒尺牘二卷………………… 43
資治通鑑二百九十四卷…………………… 84
愙齋集古錄二十六卷……………………… 23
經學通論五卷……………………………… 51
經驗良方二卷……………………………… 67
彙刻傳劇三十種附錄十四種附刻六種別行一種…………………………………… 12
彙纂元譜南曲九宮正始不分卷…………… 15

十四畫

趙文敏書度人經真跡一卷………………… 18
趙清獻公集十卷目錄二卷………………… 26
趙撝叔梅石畫法冊一卷…………………… 19
嘉道六家絕句六卷………………………… 57
蔡氏古文評註補正全集十卷……………… 77
歌曲百法一卷……………………………… 56
爾雅翼三十二卷…………………………… 78
摘抄药本不分卷…………………………… 15
摘唐詩題目一卷…………………………… 29
對夫妙術婦女智囊十卷…………………… 45
對句謎語不分卷…………………………… 46
對牀夜語五卷……………………………… 25
鳴鳳山房文集四卷………………………… 87
圖註八十一難經辨真四卷………………… 13
圖註脉訣辨真四卷………………………… 13
種痘新書十二卷…………………………… 33
箋注劍南詩鈔六卷………………………… 59
箋註隨園詩話十六卷補遺十卷…………… 55
箋釋昭明尺牘雕龍一卷…………………… 43
管子二十四卷……………………………… 53
銅版四書集註……………………………… 75
銅旗輯譜一卷……………………………… 51
銀海精微一卷……………………………… 32
疑雨集四卷………………………………… 62
疑雨集註四卷……………………………… 79
疑雲集四卷………………………………… 76
說文匡鄦不分卷…………………………… 28
說文部目分韵一卷………………………… 30
說文通檢十四卷首一卷末一卷…………… 28
說文通檢十四卷首一卷末一卷…………… 30
說文解字十五卷標目一卷………………… 28
說文解字十五卷標目一卷………………… 30
說文解字十五卷標目一卷………………… 59
說文解字注十五卷附六書音均表五卷…… 30
說文解字注匡謬八卷……………………… 30
說苑二十卷………………………………… 34
說郛一百卷………………………………… 17
說庫一百七十種…………………………… 70
廣仁善堂紀寔編一卷……………………… 38
廣仁善堂紀寔編一卷……………………… 38
廣成集十七卷……………………………… 64
廣註寫信必讀不分卷……………………… 44
廣緝詞隱先生增定南九宮詞譜二十六卷…………………………………………… 50
廣韻五卷…………………………………… 30
廣韻五卷…………………………………… 58
廣韻五卷…………………………………… 58
齊東野語二十卷…………………………… 40
精刊諸名家評點龔定盦全集□□卷……… 22
精印道書十二種…………………………… 42

精訂綱鑑廿四史通俗衍義六卷四十四回首一卷…… 70
精神錄不分卷…… 43
精校大字足本曾文正公家書十卷…… 45
精校六也曲譜不分卷…… 54
精校四書讀本十九卷…… 73
精校評註古文觀止十二卷…… 74
精選廣註姚氏古文辭類纂不分卷…… 72
鄭板橋全集六卷…… 64
鄭板橋全集六卷…… 65
鄭冢古器圖考十二卷…… 23
榮哀錄一卷…… 45
漢石經唐人寫經暨諸名人跋遺蹟不分卷 …… 18
漢書評注一百卷…… 30
漢書評注一百卷…… 62
漢書評注一百卷…… 78
漢碑額不分卷…… 47
漢魏六朝女子文選二卷…… 23
漢魏叢書三十八種…… 24
漢鐫古帝王像一卷…… 19
滿語譯音一卷附清文虛字一卷…… 22
肇論中吳集解三卷…… 19
隨園食單一卷…… 45
隨園詩話十六卷補遺十卷…… 51
隨園詩話十六卷補遺十卷…… 61
隨園續同人集詩文類四卷…… 89
鄧石如篆正合璧一卷…… 81
綱鑑總論二卷…… 72

十五畫

璇璣碎錦春吟回文合刻…… 22
增批古文觀止十二卷…… 89
增批繪像第六才子書八卷…… 69
增訂晚翠軒詞韻一卷…… 80
增訂醫宗金鑑九十卷首一卷…… 79
增訂醫宗金鑑九十卷首一卷…… 79
增評加批金玉緣圖說一百二十卷…… 83
增評加批金玉緣圖說一百二十卷首一卷…… 54
增評童氏醫方集解二十三卷…… 86
增評醫方集解二十三卷增補本草備要八卷重校舊本湯頭歌訣一卷…… 60
增註秋水軒尺牘四卷…… 49
增註隨園女弟子詩選六卷…… 60
增補五方元音四卷…… 30
增補本草備要八卷…… 33
增補本草備要八卷…… 33
增補本草備要八卷…… 59
增補本草備要八卷…… 64
增補事類統編九十三卷…… 79
增補事類統編九十三卷首一卷…… 69
增補秘傳痘疹玉髓金鏡錄真本四卷首一卷…… 34
增補萬寶全書二十卷…… 90
增補虛字註釋一卷…… 75
增補虛字註釋一卷…… 75
增補虛字註釋一卷…… 75
增補智囊補二十八卷…… 70
增補痘疹玉髓金鏡錄二卷…… 55
增補童氏本草備要八卷…… 33
增補醫方一盤珠十卷…… 66
增像小五義傳二十五卷一百二十四回…… 71
增像小五義傳二十五卷一百二十四回…… 87
增像全圖三國演義十六卷一百二十回…… 72
增像全圖三國演義十六卷首一卷一百二十回…… 71
增像全圖三國演義十六卷首一卷一百二十回…… 71
增像全圖三國演義八卷一百二十回…… 71
增像全圖東周列國志二十七卷一百八回…… 71
增像全圖東周列國志二十七卷首一卷…… 32
增像全圖東周列國志□□卷…… 71
增像全圖東周列國志□□卷…… 71
增詳加批金玉緣圖說一百二十卷…… 87
增廣尺牘句解初集二卷…… 44
增廣尺牘句解初集二卷末一卷…… 46
增廣尺牘句解□□卷…… 47
增廣商務尺牘最新□□卷…… 47
增廣策學總纂大全□□卷…… 71

增廣評註古文新選五卷附作文材料一卷 ………… 77
增廣詳註月令粹編二十四卷圖說一卷 …… 85
增廣詳註月令粹編二十四卷圖說一卷 …… 86
增選尺牘初桄二卷 …… 49
增輯陳修園醫書七十種 …… 65
樊山集七言艷詩鈔十卷 …… 64
樊榭山房集外詩三卷 …… 65
樊榭山房續集□□卷 …… 63
樊樊山尺牘一卷 …… 44
醉墨軒畫稿四卷 …… 46
醉墨軒畫稿四卷 …… 46
遼詩紀事十二卷 …… 52
遼詩紀事十二卷 …… 54
遼詩紀事十二卷 …… 55
賦學正鵠集釋四卷 …… 90
閱微草堂筆記二十四卷 …… 70
閱微草堂筆記二十四卷 …… 70
影印古本醫學叢書十種 …… 14
影印古本醫學叢書十種 …… 87
墨子十五卷 …… 16
墨子十五卷目一卷篇目考一卷 …… 41
墨子校注十五卷附錄四卷 …… 40
墨子閒詁十五卷目錄一卷附錄一卷後語二卷 …… 20
墨子閒詁十五卷目錄一卷附錄一卷後語二卷 …… 21
墨餘瑣記三卷 …… 25
稽神錄六卷拾遺一卷補遺一卷 …… 17
衛生談話一卷附錄一卷 …… 56
劍南詩鈔六卷 …… 61
劉申叔先生遺書七十四種 …… 14
諸子文粹六十二卷續編十卷 …… 12
諸子文粹六十二卷續編十卷 …… 33
諸暨詩英十一卷續編七卷 …… 25
諏吉通書不分卷 …… 47
論海四種 …… 58
論語正義二十四卷 …… 58
論語集解不分卷 …… 69
論說範本四卷 …… 44
調經論不分卷 …… 12
廟堂碑唐本不分卷 …… 18
瘡瘍經驗全書六卷 …… 57
慶元條法事類八十卷附開禧重修尚書吏部侍郎右選格二卷 …… 40
養生保命錄一卷 …… 22
潛龍讀書表十二卷 …… 43
潛齋醫書五種 …… 62
潛齋醫書五種 …… 64
潛齋醫書五種 …… 65
潛齋醫學叢書十四種 …… 62
潛齋醫學叢書十四種 …… 82
潘星齋山水冊一卷 …… 18
寫信必讀十卷 …… 44
寫信必讀十卷 …… 47
履園叢話二十四卷 …… 88
彈青集二卷外集一卷 …… 13
選印宛委別藏四十種 …… 8
選印宛委別藏四十種 …… 9
選印宛委別藏四十種 …… 12
選印宛委別藏四十種 …… 13
豫章帥宗德先生四書真稿不分卷 …… 90
樂府傳聲一卷 …… 82
樂府詩集一百卷目錄二卷 …… 76
樂譜隨錄□□卷 …… 10

十六畫

燕山外史註釋八卷 …… 70
薛濤詩一卷 …… 61
薈蕞編□□卷 …… 70
翰海十二卷 …… 90
醒世金鍾一卷 …… 41
勵耘書屋叢刻八種 …… 21
歷史感應統記四卷 …… 39
歷代史畧歌論註十二卷 …… 83
歷代名人小簡續編二卷 …… 43
歷代名人草字彙一卷 …… 29
歷代名人書札續編二卷 …… 49
歷代書畫真跡不分卷 …… 16
歷代循吏傳八卷 …… 76

歷代畫史彙傳七十二卷首一卷附錄二卷 …………………………………………… 50
歷代畫史彙傳七十二卷首一卷附錄二卷 …………………………………………… 52
歷代傷寒書目考一卷………………………… 61
歷代詩文評註讀本…………………………… 56
歷代詩文評註讀本…………………………… 57
歷代詩文評註讀本…………………………… 73
歷代詩文評註讀本…………………………… 77
歷代詩文評註讀本…………………………… 83
曉珠詞四卷附惠如長短句一卷…………… 55
戰國策詳註三十三卷………………………… 76
積古齋鐘鼎彝器款識十卷…………………… 28
學案小識十四卷首一卷末一卷…………… 40
學壽堂詩說十一卷…………………………… 21
錬度副本科儀一卷…………………………… 66
[民國]歙縣志十六卷 …………………… 81
館課詩存一卷………………………………… 61
[民國]龍游縣志四十卷首一卷末一卷 … 44
[民國]龍游縣志四十卷首一卷末一卷 … 58
[民國]龍游縣志四十卷首一卷末一卷 … 84
[民國]龍游縣志初稿不分卷 ……………… 10
[民國]龍游縣志初稿不分卷 ……………… 44
閻立本畫列帝圖一卷………………………… 18
避寇集一卷附芳杜詞賸一卷……………… 66

十七畫

舊拓張猛龍碑一卷…………………………… 20
舊拓漢楊伯起碑一卷………………………… 20
韓文研究法一卷柳文研究法一卷………… 52
韓文研究法一卷柳文研究法一卷………… 52
韓非子二十卷………………………………… 13
韓昌黎先生文集三十卷外集文編十卷遺文一卷……………………………………… 59
隸字彙十卷…………………………………… 55
檉園雨露記四卷……………………………… 66
臨場一助不分卷……………………………… 78
臨證指南醫案八卷…………………………… 89
霜厓三劇……………………………………… 12
霜厓三劇……………………………………… 40
蟋蟀實驗畧說一卷…………………………… 45
魏叔子文集□□卷…………………………… 83
應氏總祠主譜□□卷………………………… 36
鴻寶齋攷正字彙二卷………………………… 77
盪氣迴腸曲三卷外集一卷………………… 53
濟陰綱目十四卷……………………………… 67
濟陰綱目十四卷……………………………… 79
禮記註疏校勘記□□卷…………………… 21
禮記增訂旁訓六卷…………………………… 87

十八畫

藥盦醫學叢書………………………………… 56
藥盦醫學叢書………………………………… 57
醫方摘抄不分卷……………………………… 15
醫宗說約六卷………………………………… 34
醫宗說約六卷………………………………… 57
醫家四要四卷………………………………… 41
醫家四要四卷………………………………… 41
醫家四要四卷………………………………… 60
醫案類錄一卷………………………………… 59
醫貫砭二卷蘭臺規範八卷慎疾芻言一卷 …………………………………………… 59
醫經理解九卷首一卷………………………… 39
醫經溯洄集一卷……………………………… 33
醫學心悟六卷………………………………… 67
醫學心悟六卷………………………………… 87
醫學南針二集不分卷………………………… 62
醫學南針二集不分卷………………………… 66
醫學南針不分卷……………………………… 62
醫學指歸二卷首一卷附奇經八脈歌一卷 …………………………………………… 59
醫學記誦編一卷……………………………… 55
醫藥叢書第一集六種………………………… 24
醫壘元戎不分卷海藏瘢論萃英不分卷…… 33
蟫隱廬舊本書目第十九期一卷…………… 23
鵝幻彙編十二卷……………………………… 16
顏李叢書三十二種…………………………… 31
雜症不分卷…………………………………… 14
雜症不分卷…………………………………… 14

十九畫

難經彙注箋正三卷首一卷…………………… 61
蘇文忠公詩集五十卷目錄二卷……………… 62
蘇東坡詩書一卷……………………………… 18
蘇書金剛經一卷……………………………… 68
璽印姓氏徵二卷 …………………………… 7
嚴陵張九儀地理穿山透地真傳一卷……… 67
羅傳烈通書不分卷…………………………… 46
羅經不分卷…………………………………… 67
羅經解定四卷附羅經問答一卷…………… 49
譚友夏批點想當然傳奇二卷三十八齣…… 15
韻法直圖一卷………………………………… 26
韻學驪珠二卷………………………………… 27
繪芳錄八卷八十回…………………………… 87
繪像第七才子琵琶記六卷………………… 85
繪圖三公奇案二十卷……………………… 83
繪圖四書正文七卷…………………………… 75
繪圖老殘遊記四卷二十章………………… 69
繪圖孝義真蹟珠塔緣四卷二十四回……… 82
繪圖孝義真蹟珠塔緣四卷二十四回……… 83
繪圖東周列國志八卷一百二十回………… 55
繪圖草木春秋四卷三十二回……………… 86
繪圖後紅樓夢六卷三十回附刻詩二卷二
　回…………………………………………… 87
繪圖綴白裘十二集四十八卷……………… 51
繪圖綴白裘十二集四十八卷……………… 73
繪圖綴白裘十二集四十八卷……………… 73
繪圖增批古文觀止十二卷………………… 89
繪圖增批古文觀止十二卷………………… 89
繪圖增像第五才子書水滸全傳十卷七十
　回…………………………………………… 86
繪圖增像第五才子書水滸全傳□□卷七
　十回………………………………………… 70
繪圖增像第五才子書水滸全傳□□卷七
　十回………………………………………… 70
繡像三國演義續編十二卷………………… 84
繡像全圖三國志演義六十卷一百二十回
　首一卷……………………………………… 71
繡像征東全傳四卷四十二回……………… 84
繡像後三國演義西晉四卷東晉八卷……… 71
繡像繪圖天雨花二十卷六十回…………… 81

二十畫

蘭亭志四卷附錄近人題詠一卷…………… 43
蘭蕙小史三卷附一卷……………………… 17
覺牖鸞書初編□□卷……………………… 50
護法論一卷…………………………………… 69
響月文通古佛功過格一卷………………… 42

二十一畫

顧氏家集十種………………………………… 43
顧曲塵談二卷………………………………… 55
顧橫波夫人蘭竹卷一卷…………………… 17
續古文辭類纂三十四卷…………………… 56
續名醫類案三十六卷……………………… 66
續修浙江通志採訪稿一卷………………… 44

二十二畫

聽香讀畫軒文鈔一卷詩鈔一卷詞鈔一卷
　聯語彙錄一卷……………………………… 65
讀史方輿紀要一百三十卷………………… 88
讀朱稽時錄二十二卷……………………… 67
讀呂氏春秋記一卷………………………… 23
讀書雜志八十二卷餘編二卷……………… 32
讀書雜志八十二卷餘編二卷……………… 41
讀書雜志八十二卷餘編二卷……………… 80
讀書雜鈔不分卷…………………………… 84
讀陰符經一卷附後論一卷………………… 20
讀通鑑論十六卷附宋論十五卷…………… 28
讀通鑑論十六卷附宋論十五卷…………… 53
讀通鑑論十六卷附宋論十五卷…………… 63
讀參同契三卷……………………………… 20
讀經範本精義□□卷……………………… 31

二十三畫

躅戲齋詩前集二卷………………………… 66

蠲戲齋詩編年集八卷避寇集一卷芳杜詞賸一卷…… 66
變徵定位考二卷…… 13

二十四畫

觀聚方要補十卷…… 13
觀聚方要補十卷…… 32
靈峰小識不分卷…… 60
靈璅閣詩二卷附孫言草一卷…… 64
靈樞經合纂十卷…… 86
蠶學大意不分卷…… 90
[民國]衢縣志三十卷首一卷 …… 7
[民國]衢縣志三十卷首一卷 …… 7
[民國]衢縣志三十卷首一卷 …… 7
[民國]衢縣志三十卷首一卷 …… 7
[民國]衢縣志三十卷首一卷 …… 7
[民國]衢縣志三十卷首一卷 …… 7
[民國]衢縣志三十卷首一卷 …… 56
[民國]衢縣志三十卷首一卷 …… 58

其他

[□□]古麗坊林氏宗譜□□卷 …… 36
[□□]延陵吳氏宗譜四卷 …… 35
[□□]范陽鄒氏宗譜□□卷 …… 36
[□□]東坑倉林氏宗譜三卷 …… 35
[□□]東坑倉林氏宗譜三卷 …… 36
[□□]豐谿大石周氏宗譜不分卷 …… 82

《江山市圖書館民國時期傳統裝幀書籍普查登記目録》書名筆畫字頭索引

十畫

浙 411

《江山市圖書館民國時期傳統裝幀書籍普查登記目録》
書名筆畫索引

十畫

[浙江江山]邑前毛氏宗譜九十六卷 …… 97

《常山縣圖書館民國時期傳統裝幀書籍普查登記目録》

書名筆畫字頭索引

二畫

二 …… 415

三畫

三 …… 415
大 …… 415

四畫

文 …… 415
尺 …… 415
孔 …… 415

五畫

正 …… 415
世 …… 415
古 …… 415
四 …… 415

六畫

刑 …… 415
共 …… 415
百 …… 415
朱 …… 415
名 …… 415

七畫

呂 …… 415
宋 …… 415

八畫

青 …… 415
長 …… 415
東 …… 415
兩 …… 415
易 …… 415
金 …… 415
孟 …… 415

九畫

春 …… 415
柳 …… 415
香 …… 415
重 …… 416
修 …… 416

十畫

袁 …… 416
校 …… 416
高 …… 416
浙 …… 416
容 …… 416
書 …… 416
陳 …… 416
陶 …… 416
孫 …… 416

十一畫

涵 …… 416
寄 …… 416

十二畫

葉 …… 416
揚 …… 416
最 …… 416
評 …… 416
曾 …… 416
湘 …… 416

十三畫

愚 …… 416
傷 …… 416
腳 …… 416
詳 …… 416

十四畫

駁 …… 416
說 …… 416
塵 …… 416
漢 …… 416
隨 …… 416

十五畫

增 …… 416
樊 …… 416

十六畫

霍 …… 416
龍 …… 416
避 …… 416

十八畫

歸 …… 416

十九畫

曝 …… 416
繪 …… 417

二十一畫

續 …… 417

二十二畫

讀 …… 417

《常山縣圖書館民國時期傳統裝幀書籍普查登記目録》

書名筆畫索引

二畫

二十四史附考證 …… 105
二十四史附考證 …… 105
二十四史附考證 …… 105
二十四孝圖説一卷 …… 106

三畫

三借廬筆談十二卷 …… 107
大乘同性經二卷 …… 105
大德重校聖濟總錄二百卷 …… 106

四畫

文字源流攷一卷 …… 106
文選六十卷 …… 106
文選考異十卷 …… 106
文學研究法四卷 …… 108
尺木堂綱鑑易知錄九十二卷明鑑易知錄十五卷 …… 108
孔氏家語十卷 …… 109

五畫

正草隸篆四體大字典十二集二十四卷部首檢查表一卷難字檢查表一卷 …… 106
正草隸篆名人楹聯大觀四卷 …… 106
世界叢談新説林八卷 …… 106
古文觀止十二卷 …… 106
四部備要 …… 105
四部備要 …… 110

六畫

刑法草案二卷民事訴訟律二卷商律草案一卷民律二卷 …… 110
共和論一卷 …… 107
百子全書 …… 105
百衲本二十四史 …… 105
朱竹垞先生[彝尊]年譜一卷 …… 106
名山藏副本初集二卷贈言集一卷 …… 109

七畫

呂東萊書牘一卷 …… 106
宋人小説二十八種 …… 109
宋人小説二十八種 …… 109

八畫

青箱雜記十卷 …… 109
長真閣集七卷詩餘一卷 …… 107
東遊草一卷 …… 105
兩般秋雨盦隨筆八卷 …… 108
易經八卷 …… 108
金石萃編一百六十卷 …… 105
金石萃編補正四卷 …… 105
金石續編二十一卷首一卷 …… 105
金科輯要閨範篇三卷 …… 109
孟子集註七卷 …… 108

九畫

春秋緯史集傳四十卷 …… 105
柳選四家醫案 …… 109
香祖筆記十二卷 …… 107

重訂驗方新編十八卷 …………………… 107
修訂公文書程式分類詳解十五卷 ……… 106

十畫

袁了凡王鳳洲綱鑑合編三十九卷首一卷 …………………………………………… 109
校正尚友錄統編二十四卷 ……………… 110
高書大楷一卷 ………………………… 109
浙江省議會民國十一年第一二次臨時會質問書不分卷 ………………………… 105
容齋隨筆十六卷續筆十六卷三筆十六卷四筆十六卷五筆十卷首一卷 ………… 106
書集傳六卷 …………………………… 108
書經增訂旁訓四卷 …………………… 107
陳眉公金聖嘆才子尺牘四卷 ………… 106
陶淵明文集十卷 ……………………… 108
孫真人備急千金要方三十卷 ………… 107

十一畫

涵芬樓祕笈十集 ……………………… 108
涵芬樓祕笈五十一種 ………………… 107
涵芬樓祕笈五十一種 ………………… 108
涵芬樓祕笈五十一種 ………………… 108
寄園寄所寄十二卷 …………………… 108

十二畫

葉天士女科診治秘方四卷 …………… 107
揚州畫舫錄十八卷 …………………… 107
最新詳解公文程式大全十二卷 ……… 107
評選船山史論二卷 …………………… 109
曾文正公全集十六種 ………………… 105
湘綺樓詩集十四卷 …………………… 105

十三畫

愚谷公遺稿二卷 ……………………… 107
傷醫大全四十卷 ……………………… 110
腳氣集一卷 …………………………… 109
詳注聊齋志異圖咏十六卷 …………… 106

十四畫

駁案新編三十二卷 …………………… 106
說文通檢十四卷首一卷末一卷 ……… 107
說文解字注十五卷附六書音均表五卷 … 107
說文解字注匡謬八卷 ………………… 107
說畧不分卷 …………………………… 108
塵史三卷 ……………………………… 109
漢魏六朝百三名家集一百十八卷 …… 105
隨園全集□□種 ……………………… 105

十五畫

增批蘇黃尺牘合編五卷 ……………… 107
增評加批金玉緣圖說十六卷一百二十回 ………………………………………… 106
增像全圖三國志演義第一才子書□□卷一百二十回 …………………………… 108
增廣詩韻全璧五卷 …………………… 109
樊山全集 ……………………………… 105
樊山集二十四卷續集三十二卷批判十五卷公牘三卷二家詞鈔五卷二家詠古詩一卷二家試帖二卷 ……………………… 107

十六畫

霍渭涯家訓不分卷 …………………… 109
[萬曆]龍游縣志十卷首一卷 ………… 109
[民國]龍游縣志初稿不分卷龍游縣志四十卷首一卷末一卷 ………………… 108
避暑錄話二卷 ………………………… 107

十八畫

歸田錄二卷補遺一卷 ………………… 109

十九畫

曝書亭集詩註二十二卷 ……………… 106

繪圖增像西遊記一百回 …………………… 109
繪圖增像第五才子書水滸全傳八卷七十回首一卷 …………………………………… 106

二十一畫

續古文辭類纂三十四卷 …………………… 108

二十二畫

讀通鑑論十六卷附宋論十五卷 ………… 108

《開化縣圖書館民國時期傳統裝幀書籍普查登記目録》
書名筆畫字頭索引

二畫

十 …… 423

三畫

三 …… 423
女 …… 423
子 …… 423

四畫

王 …… 423
五 …… 423
太 …… 423
日 …… 423
中 …… 423
毛 …… 423
今 …… 423
分 …… 423
文 …… 423
尺 …… 423
孔 …… 423

五畫

玉 …… 423
巧 …… 423
古 …… 423
本 …… 423
史 …… 423
四 …… 423
白 …… 423
外 …… 423

六畫

百 …… 424
成 …… 424
弜 …… 424
同 …… 424
朱 …… 424
仲 …… 424
自 …… 424
名 …… 424
字 …… 424

七畫

芥 …… 424
杜 …… 424
李 …… 424
吳 …… 424
何 …… 424
作 …… 424
言 …… 424

八畫

林 …… 424
東 …… 424
昌 …… 424
明 …… 424
兒 …… 424
金 …… 424
夜 …… 424

九畫

春 …… 424
珍 …… 424
故 …… 424
南 …… 424
柳 …… 424
亭 …… 424
音 …… 424
洞 …… 424
神 …… 424
祕 …… 424
眉 …… 424
飛 …… 425

十畫

素 …… 425
莊 …… 425
校 …… 425
徐 …… 425
翁 …… 425
脈 …… 425
記 …… 425
高 …… 425
病 …… 425
唐 …… 425
通 …… 425
孫 …… 425

十一畫

聊 …… 425
黄 …… 425
曹 …… 425
問 …… 425
國 …… 425
船 …… 425
笠 …… 425
康 …… 425

十二畫

董 …… 425
鼎 …… 425
閑 …… 425
短 …… 425
筆 …… 425
御 …… 425
欽 …… 425
評 …… 425
註 …… 425
詞 …… 425
痛 …… 425
曾 …… 425

十三畫

聖 …… 425
夢 …… 425
楚 …… 425
雷 …… 425
當 …… 426
鼠 …… 426
傷 …… 426
詩 …… 426
詳 …… 426
新 …… 426
溫 …… 426

十四畫

爾 …… 426
銀 …… 426
精 …… 426
漢 …… 426
漁 …… 426
隨 …… 426

十五畫

增 …… 426

樊 …… 426
墨 …… 426
潛 …… 426

十六畫

歷 …… 426
學 …… 427
辨 …… 427
閻 …… 427

十七畫

韓 …… 427
臨 …… 427

十八畫

瓊 …… 427
藥 …… 427
醫 …… 427
斷 …… 427

十九畫

難 …… 427
類 …… 427
繪 …… 427

二十一畫

續 …… 427

二十二畫

讀 …… 427

二十四畫

靈 …… 427

《開化縣圖書館民國時期傳統裝幀書籍普查登記目録》
書名筆畫索引

二畫

十大名家家書十卷 …… 118
十大名家家書十種十卷 …… 118

三畫

三蘇文集四十四卷 …… 120
女科秘訣大全五卷 …… 122
子史精華一百六十卷 …… 119
子書三十二種 …… 118

四畫

王羲之斷碑集句不分卷 …… 129
五種遺規 …… 117
太平天國文鈔一卷詩鈔一卷聯語鈔一卷附録一卷 …… 117
日用必備交際大觀十卷 …… 126
日用必備交際大觀十卷 …… 126
中華新字典二十四卷 …… 130
中國繪畫史一卷 …… 122
毛詩説六卷詩藴二卷 …… 119
今古奇觀四十卷 …… 126
分類廣註曾文正公五種八卷 …… 121
分類廣註曾文正公五種八卷 …… 132
分類廣註曾文正公五種八卷 …… 132
文心雕龍十卷 …… 129
尺木堂綱鑑易知録九十二卷明鑑易知録十五卷 …… 125
孔氏家語十卷 …… 118

五畫

玉臺新詠十卷 …… 125
巧對續録二卷 …… 131
古今文綜不分卷 …… 121
古今格言四卷 …… 119
古今楹聯類纂十二卷附慶弔雜件備覽二卷 …… 119
古今説部叢書二百七十二種 …… 126
本草正義三卷 …… 124
本草萬方鍼線八卷 …… 131
本草綱目五十二卷圖三卷瀕湖脉學一卷奇經八脉攷一卷脉訣攷證一卷 …… 131
本草綱目拾遺十卷 …… 131
史記菁華録六卷 …… 131
四史四百十五卷 …… 132
四庫未收書目提要五卷 …… 132
四部備要 …… 117
四部備要 …… 120
四部備要 …… 126
四部備要 …… 127
四部精華一百二十五種 …… 130
四部叢刊 …… 117
四部叢刊 …… 117
四部叢刊 …… 120
四部叢刊 …… 132
四部叢刊續編七十七種 …… 117
四雪草堂重修通俗隋唐演義八卷一百回 …… 128
白香詞譜箋四卷 …… 118
白喉吹藥方不分卷 …… 131
外科大成四卷 …… 130
外科正宗十二卷 …… 129
外科正宗十二卷 …… 129

六畫

百衲本二十四史 …… 117
成方便讀四卷 …… 121
攷正白香詞譜三卷附錄一卷 …… 118
同仁堂藥目一卷 …… 129
朱子校昌黎先生集傳一卷 …… 118
朱子校昌黎先生集傳一卷 …… 120
朱氏說文通訓定聲序注一卷 …… 126
朱淑真斷腸詩集十卷補遺一卷後集七卷斷腸詞一卷 …… 131
仲景全書五種 …… 121
仲景全書五種 …… 131
自修讀本廣註綱鑑總論四卷 …… 131
名醫方論四卷 …… 122
字帖不分卷 …… 128
字帖不分卷 …… 128

七畫

芥子園畫傳二集九卷 …… 132
芥子園畫傳初集六卷 …… 132
芥子園畫傳初集六卷二集九卷三集六卷 …… 130
杜詩鏡銓二十卷附諸家論杜一卷杜工部年譜一卷 …… 127
李太白文集三十卷 …… 120
吳三桂演義四卷四十回 …… 130
何氏醫學叢書三種 …… 129
作文法四卷 …… 122
言文一貫虛字使用法不分卷 …… 117
言文一貫虛字使用法不分卷 …… 128
言文對照古文觀止十二卷 …… 121

八畫

林和靖先生詩集四卷附錄一卷 …… 117
東華續錄一百二十卷(乾隆朝) …… 119
東華續錄五十卷(嘉慶朝) …… 119
東華續錄六十卷(道光朝) …… 119
昌黎先生集四十卷外集十卷遺文一卷 …… 118
昌黎先生集四十卷外集十卷遺文一卷 …… 120
明季稗史初編十六種二十七卷 …… 118
明季稗史續編六種六卷 …… 118
兒科易知不分卷 …… 129
金石萃編一百六十卷 …… 119
金石萃編補正四卷 …… 119
金石續編二十一卷首一卷 …… 119
金匱心典三卷 …… 127
夜雨秋燈錄初集四卷續集四卷三集四卷 …… 117

九畫

春秋左傳五十卷 …… 119
春秋左傳五十卷 …… 119
春秋左傳句解六卷 …… 119
春秋左傳句解六卷 …… 119
春秋左傳句解六卷 …… 126
珍珠囊指掌補遺藥性賦四卷 …… 130
珍珠囊指掌補遺藥性賦四卷 …… 130
故宮書畫集四十五集 …… 128
南華真經解四卷 …… 120
南雅堂金匱要略方歌一卷 …… 118
柳選四家醫案 …… 127
亭林詩集五卷文集六卷餘集一卷 …… 118
亭林詩集五卷文集六卷餘集一卷 …… 123
亭林詩集五卷文集六卷餘集一卷 …… 127
音註小倉山房尺牘八卷 …… 118
音註小倉山房尺牘八卷 …… 121
音註小倉山房尺牘八卷 …… 125
音註小倉山房尺牘八卷 …… 130
音註蘇東坡文四卷 …… 121
音註蘇東坡詩一卷 …… 132
洞主仙師白喉治法忌表抉微不分卷 …… 131
神農本草經百種錄一卷 …… 123
神農本草經百種錄一卷 …… 123
神農本草經百種錄一卷醫貫砭二卷 …… 131
祕本瘍科選粹八卷 …… 123
祕本瘍科選粹八卷 …… 132
眉公才子尺牘四卷 …… 121

飛影閣叢畫不分卷 …………………… 125

十畫

素問靈樞類纂約註三卷 …………………… 126
莊子集解八卷 …………………… 120
校正圖註八十一難經四卷 …………………… 129
校正圖註脈訣四卷 …………………… 128
校正圖註脈訣四卷 …………………… 131
徐靈胎先生醫書十六種 …………………… 126
徐靈胎先生醫書十六種 …………………… 131
徐靈胎醫書三十二種 …………………… 130
翁松禪墨蹟十集 …………………… 125
脈學正義□□卷 …………………… 125
記事文百法四卷 …………………… 121
高書小楷一卷 …………………… 125
病理學講義一卷 …………………… 131
唐人萬首絕句選七卷 …………………… 128
唐人說薈(唐代叢書)一百六十四種 …… 130
通俗傷寒論十二卷 …………………… 118
通俗傷寒論十二卷 …………………… 122
通俗傷寒論十二卷 …………………… 124
通俗傷寒論十二卷 …………………… 124
孫真人備急千金要方三十卷 …………………… 130

十一畫

聊齋志異新評十六卷 …………………… 129
黃氏醫書八種八十卷 …………………… 127
曹集銓評十卷逸文一卷 …………………… 120
問齋醫桉五卷 …………………… 123
國醫百家□□種 …………………… 124
國醫百家□□種 …………………… 124
船山遺書六十六種附一種 …………………… 121
船山遺書六十六種附一種 …………………… 130
笠翁對韻二卷詩品詳註一卷 …………………… 126
康熙字典十二集三十六卷檢字一卷辨似一卷等韻一卷補遺一卷備考一卷 …… 120
康熙字典十二集三十六卷檢字一卷辨似一卷等韻一卷補遺一卷備考一卷 …… 123
康熙字典十二集三十六卷總目一卷檢字一卷辨似一卷等韻一卷補遺一卷備考一卷 …………………… 117
康熙字典十二集三十六卷總目一卷檢字一卷辨似一卷等韻一卷補遺一卷備考一卷 …………………… 120

十二畫

董氏小兒方論疏解一卷 …………………… 125
鼎鍥幼幼集成六卷 …………………… 123
鼎鍥趙田了凡袁先生編纂古本歷史大方綱鑑補三十九卷首一卷 …………………… 128
鼎鍥趙田了凡袁先生編纂古本歷史大方綱鑑補三十九卷首一卷 …………………… 128
閑邪公家傳一卷 …………………… 128
短篇文選三卷 …………………… 119
筆花醫鏡四卷 …………………… 123
御撰資治通鑑綱目三編二十卷 …………………… 128
御撰資治通鑑綱目三編二十卷 …………………… 128
御纂醫宗金鑑九十卷首一卷 …………………… 119
御纂醫宗金鑑九十卷首一卷 …………………… 129
欽定四庫全書簡明目錄二十卷 …………………… 132
評校音註古文辭類纂七十四卷 …………………… 129
評註古文讀本六卷 …………………… 130
評註諸子菁華錄十八種十八卷 …………………… 132
評註駢文筆法百篇不分卷 …………………… 128
註釋宋元明詩三百首六卷 …………………… 127
註釋唐詩三百首六卷 …………………… 124
詞律二十卷 …………………… 121
詞律拾遺八卷 …………………… 120
詞律補遺一卷 …………………… 120
痛史二十一種附九種 …………………… 127
曾文正公大事記四卷榮哀錄一卷 ……… 127
曾文正公家書十卷家訓二卷 …………………… 127

十三畫

聖嘆才子尺牘四卷 …………………… 121
夢禪室詩集十三卷 …………………… 121
楚辭章句十七卷 …………………… 119
雷公炮製藥性解六卷 …………………… 130

雷公炮製藥性解六卷 …………………… 130
當代全國名醫驗案類編十四卷 ………… 119
當代全國名醫驗案類編十四卷 ………… 122
當代全國名醫驗案類編續編二十六卷 … 117
鼠疫抉微四卷 …………………………… 122
傷寒說意十卷首一卷 …………………… 123
詩法易簡錄十四卷錄餘緒論一卷 ……… 122
詩經白話註解八卷 ……………………… 122
詩經白話註解八卷 ……………………… 122
詳註聊齋志異圖詠十六卷 ……………… 128
詳註曾文正公八種 ……………………… 131
詳註閱微草堂筆記二十四卷 …………… 123
詳註閱微草堂筆記二十四卷 …………… 123
新式水滸演義四卷 ……………………… 127
新式標點四書白話註解十九卷 ………… 121
新式標點四書白話註解十九卷 ………… 129
新式標點四書白話解說二十九卷 ……… 120
新式標點書經白話文六卷 ……………… 122
新校正經脈俞穴記誦編二卷 …………… 124
新校正經脈俞穴記誦編二卷 …………… 124
新註詩經白話解八卷 …………………… 122
新增幼學瓊林白話句解四卷 …………… 122
新編評注李鴻章判牘菁華一卷 ………… 127
新編評注曾國荃判牘菁華一卷 ………… 127
新編評注曾國藩判牘菁華一卷 ………… 127
新編繪圖續集金臺平陽傳四卷 ………… 132
新編繡像四續金臺傳四卷 ……………… 132
新輯尺牘合璧四卷 ……………………… 128
新輯校正纂圖元亨療馬集六卷附圖像水
　黃牛經大全二卷駝經一卷 …………… 131
新輯楹聯大觀八卷 ……………………… 131
新輯繪圖全續彭公案四集四卷八十一回
　…………………………………………… 125
新鐫五言千家詩箋註二卷 ……………… 126
新鐫笑林廣記四卷 ……………………… 127
新體廣註唐詩三百首讀本六卷 ………… 129
溫飛卿詩集七卷別集一卷集外詩一卷附
　錄諸家詩評一卷 ……………………… 117
溫病條辨六卷首一卷 …………………… 126
溫熱經緯五卷 …………………………… 123
溫熱經緯五卷 …………………………… 123
溫熱經緯五卷 …………………………… 124
溫熱經緯五卷 …………………………… 126

十四畫

爾雅音圖三卷 …………………………… 132
銀海精微二卷 …………………………… 130
精訂綱鑑廿四史通俗衍義六卷四十四回
　首一卷 ………………………………… 127
漢書評注一百卷 ………………………… 118
漁洋山人精華錄箋注十二卷補一卷附錄
　一卷年譜一卷 ………………………… 120
隨園詩話十六卷補遺十卷 ……………… 126

十五畫

增批溫熱經緯四卷 ……………………… 124
增訂晚翠軒詞韻一卷 …………………… 118
增補本草備要八卷 ……………………… 125
增補本草備要八卷 ……………………… 126
增補重訂千家詩註解二卷 ……………… 126
增像全圖三國志演義十六卷一百二十回
　…………………………………………… 132
樊山判牘四卷 …………………………… 131
墨子十五卷目一卷篇目考一卷 ………… 126
潛齋醫學叢書十四種 …………………… 121
潛齋醫學叢書十四種 …………………… 121

十六畫

歷代名人家書不分卷 …………………… 126
歷代名儒傳八卷 ………………………… 117
歷代傷寒書目考一卷 …………………… 118
歷代傷寒書目考一卷 …………………… 122
歷代傷寒書目考一卷 …………………… 124
歷代傷寒書目考一卷 …………………… 124
歷代詩文評註讀本 ……………………… 117
歷代詩文評註讀本 ……………………… 119
歷代詩文評註讀本 ……………………… 120
歷代詩文評註讀本 ……………………… 122
歷代題畫詩類絕句鈔二卷 ……………… 122

歷代鐘鼎彝器欵識法帖二十卷 ………… 118
歷代鐘鼎彝器欵識法帖二十卷 ………… 132
學統五十六卷 ……………………………… 125
學統五十六卷 ……………………………… 129
辨證錄十四卷 ……………………………… 131
閻氏小兒方論疏解一卷 ………………… 125

十七畫

韓集點勘四卷 ……………………………… 118
韓集點勘四卷 ……………………………… 120
臨證指南醫案八卷 ……………………… 123

十八畫

瓊宮五帝內思上法不分卷 ……………… 128
藥用植物圖考六卷 ……………………… 124
藥劑學講義一卷 ………………………… 124
醫宗金鑑九十卷首一卷 ………………… 129
醫家名論選讀四卷 ……………………… 125
醫論稿一卷 ……………………………… 125
醫學源流論二卷 ………………………… 123
醫學源流論二卷 ………………………… 124
醫藥叢書十一種 ………………………… 130
斷碑帖不分卷 …………………………… 128

十九畫

難經本義箋三卷首一卷 ………………… 124
難經本義箋三卷首一卷 ………………… 125
類證治裁八卷首一卷 …………………… 127
繪圖幼學白話句解四卷 ………………… 122
繪圖幼學白話句解四卷 ………………… 122
繪圖草木春秋四卷三十二回 …………… 126
繪圖紅樓夢十卷一百二十回 …………… 130
繪圖針灸易學二卷附七十二翻全圖一卷 …………………………………… 123

二十一畫

續夷堅志四卷 …………………………… 125

二十二畫

讀書堂杜工部文集註解二卷 …………… 127
讀通鑑論十六卷附宋論十五卷 ………… 121

二十四畫

靈素生理新論三卷 ……………………… 124

《舟山市圖書館民國時期傳統裝幀書籍普查登記目録》
書名筆畫字頭索引

三畫

大 …… 431

五畫

四 …… 431
白 …… 431

六畫

百 …… 431

八畫

岱 …… 431
定 …… 431

九畫

訂 …… 431

十畫

校 …… 431

十二畫

黄 …… 431
評 …… 431
普 …… 431

十四畫

精 …… 431

十五畫

增 …… 431

十九畫

繡 …… 431

二十四畫

觀 …… 431

《舟山市圖書館民國時期傳統裝幀書籍普查登記目録》

書名筆畫索引

三畫

大方廣佛華嚴經入不思議解脱境界普賢行願品三十二卷 …… 139

五畫

四明叢書 …… 139
四部備要 …… 139
四部備要 …… 139
白華山人詩書畫真蹟彙編不分卷 …… 140

六畫

百朋集一卷 …… 139

八畫

[民國]岱山鎮志二十卷首一卷 …… 139
[民國]定海縣志不分卷 …… 139

九畫

訂正增廣酬世寶笈不分卷 …… 139

十畫

校碑隨筆不分卷 …… 139
校碑隨筆六卷續二卷 …… 139

十二畫

黄雉山樵山水遺跡一卷 …… 140
評註圖像水滸傳三十五卷七十回首一卷 …… 139
普陀洛迦山志十二卷 …… 139

十四畫

精訂綱鑑廿四史通俗衍義六卷四十四回首一卷 …… 139

十五畫

增像全圖三國演義十六卷一百二十回 … 139

十九畫

繡像西漢演義四卷一百回 …… 139

二十四畫

觀世音菩薩本迹感應頌四卷首一卷金剛經功德頌一卷 …… 139

《舟山博物館民國時期傳統裝幀書籍普查登記目録》
書名筆畫字頭索引

二畫

九 …………………………………………… 435

三畫

大 …………………………………………… 435

四畫

天 …………………………………………… 435

五畫

四 …………………………………………… 435

六畫

成 …………………………………………… 435

七畫

佛 …………………………………………… 435
初 …………………………………………… 435

八畫

明 …………………………………………… 435
法 …………………………………………… 435

九畫

春 …………………………………………… 435

十畫

峨 …………………………………………… 435

十一畫

清 …………………………………………… 435

十二畫

惠 …………………………………………… 435
虚 …………………………………………… 435
御 …………………………………………… 435

十三畫

新 …………………………………………… 435

十五畫

增 …………………………………………… 435

二十一畫

續 …………………………………………… 435

《舟山博物館民國時期傳統裝幀書籍普查登記目録》
書名筆畫索引

二畫

九華山志八卷首一卷 …… 147

三畫

大方廣佛華嚴經□□卷 …… 147
大方廣佛華嚴經疏鈔會本二百二十卷 …… 147
大乘起信論講義二卷 …… 148
大乘莊嚴經論十卷 …… 147
大藏經總目不分卷 …… 147

四畫

天童寺續志一卷 …… 147

五畫

四部叢刊 …… 148
四書白話註解 …… 148

六畫

成唯識論掌中樞要八卷 …… 147

七畫

佛說長阿含經二十二卷 …… 147
初學檢韻袖珍一卷 …… 148

八畫

明明子論語集解義疏二十二卷 …… 147
[嘉慶]法華鄉志八卷 …… 147

九畫

春秋左傳五十卷 …… 148

十畫

峨眉山志八卷首一卷 …… 147
峨眉山誌十二卷 …… 147

十一畫

清涼山志八卷首一卷 …… 147

十二畫

惠翰珍存不分卷 …… 147
虛字韻藪一卷 …… 147
御批歷史資治綱鑑三十九卷 …… 147
御撰資治通鑑明紀綱目三編十卷 …… 148

十三畫

新體廣註古文觀止十二卷 …… 147

十五畫

增補醫林狀元壽世保元十集十卷 …… 148
增補繪圖鍼灸大成十二卷 …… 148
增廣詩韻全璧五卷 …… 147

二十一畫

續藏經目錄不分卷 …… 148

《麗水市圖書館民國時期傳統裝幀書籍普查登記目録》

書名筆畫字頭索引

三畫

工 ………… 439
大 ………… 439
女 ………… 439

四畫

天 ………… 439
日 ………… 439
中 ………… 439
六 ………… 439
文 ………… 439
方 ………… 439

五畫

古 ………… 439
四 ………… 439
白 ………… 439
印 ………… 439
永 ………… 439
幼 ………… 439

六畫

老 ………… 439
地 ………… 439
共 ………… 439
百 ………… 439
因 ………… 439
任 ………… 439
名 ………… 439
米 ………… 439
江 ………… 439

七畫

形 ………… 439
李 ………… 439
求 ………… 439
佛 ………… 439
言 ………… 439
初 ………… 439

八畫

青 ………… 439
東 ………… 440
明 ………… 440
易 ………… 440
命 ………… 440
治 ………… 440

九畫

珍 ………… 440
南 ………… 440
重 ………… 440
胎 ………… 440
洞 ………… 440

十畫

袁 ………… 440
校 ………… 440
訓 ………… 440
唐 ………… 440
浙 ………… 440

陳 …… 440

十一畫

國 …… 440
章 …… 440
陽 …… 440

十二畫

堪 …… 440
董 …… 440
鼎 …… 440
筆 …… 440
集 …… 440
御 …… 440
註 …… 440
曾 …… 440

十三畫

鄞 …… 440
楹 …… 440
雷 …… 440
當 …… 440
詩 …… 440
詳 …… 440
新 …… 440
慈 …… 441
資 …… 441
溫 …… 441

十四畫

種 …… 441
銅 …… 441
隨 …… 441

十五畫

增 …… 441
樊 …… 441
影 …… 441
衛 …… 441
潤 …… 441

十六畫

歷 …… 441
儒 …… 441
龍 …… 441

十七畫

謝 …… 441

十八畫

醫 …… 441

十九畫

蘇 …… 441
麗 …… 441
羅 …… 441
繪 …… 441

二十畫

蘭 …… 441

二十三畫

驗 …… 441

《麗水市圖書館民國時期傳統裝幀書籍普查登記目録》
書名筆畫索引

三畫

工商學徒白話尺牘二卷 …… 159
大川漫草四卷 …… 159
大川漫草四卷 …… 161
大六壬指南五卷 …… 158
女子古文觀止六卷 …… 155
女子古文觀止六卷 …… 159

四畫

天下郡國利病書輯要十八卷 …… 156
日知錄集釋三十二卷之餘四卷栞誤二卷續栞誤二卷 …… 155
日知錄集釋三十二卷之餘四卷栞誤二卷續栞誤二卷 …… 155
中西痘科合璧十二卷 …… 161
六壬神課金口訣三卷 …… 158
六朝碑精華十種 …… 160
文選六十卷 …… 156
文選考異十卷 …… 156
方正學先生遜志齋全集二十四卷首一卷 …… 156

五畫

古今文綜不分卷 …… 163
古今格言四卷 …… 156
古今逸史五十五種二百二十七卷 …… 163
古文家別集類案四卷 …… 163
古吳童氏重校醫宗必讀十卷 …… 161
古唐詩合解十二卷 …… 162
古唐詩合解十二卷古詩箋注四卷 …… 160
四書反身錄八卷 …… 156
四書集註十九卷 …… 159
白喉全生集一卷 …… 158
印光法師文鈔四卷附錄一卷 …… 155
永樂大典戲文三種 …… 162
幼科三種 …… 156

六畫

老學庵筆記二卷 …… 157
地理四秘全書十二種 …… 155
共和新尺牘四卷 …… 160
百子金丹十卷 …… 158
因果史鑒四卷首一卷 …… 159
任兆麟述記三卷 …… 158
名人真蹟大楷法帖精華 …… 160
米南宮十七帖一卷 …… 161
[江西修水]劉氏宗譜不分卷 …… 160
[江西修水]劉氏族譜□□卷 …… 160

七畫

形意拳譜五綱七言論不分卷 …… 162
李申耆手札不分卷 …… 161
求恕齋叢書三十一種 …… 163
佛學叢書 …… 157
言文對照高小論說新範□□卷 …… 159
言文對照新制應用文範二卷 …… 160
言文對照廣注四書讀本十九卷 …… 162
初等白話尺牘不分卷 …… 157

八畫

青溪文集十二卷續編八卷 …… 163
青溪文集附編三卷 …… 163
青溪文集附錄一卷 …… 163

東萊先生古文關鍵四卷 …………………… 155
明密碼電報書不分卷 ………………………… 161
易義別識二卷 ………………………………… 155
命理探原八卷補遺一卷 …………………… 155
治家格言繹義二卷首一卷 ………………… 156

九畫

珍珠囊指掌補遺藥性賦四卷 …………… 162
珍珠囊指掌補遺藥性賦四卷 …………… 162
南雅堂醫書全集(陳修園醫書) ………… 158
南雅堂醫書全集(陳修園醫書) ………… 162
南雅堂醫書全集(陳修園醫書)七十二種 ……………………………………………… 156
南雅堂醫書全集(陳修園醫書)七十二種 ……………………………………………… 161
重修浙江通志初稿體例綱要及目錄一卷 ……………………………………………… 160
重校十三經不貳字不分卷 ……………… 155
重校舊本湯頭歌訣一卷附經絡歌訣一卷 ……………………………………………… 159
胎產秘書三卷附保嬰要訣一卷經驗各方一卷 ………………………………… 157
洞主仙師白喉治法忌表抉微一卷附錄三不可要訣一卷 ……………………… 161
洞冥記十卷三十八回 …………………… 158

十畫

袁王加批綱鑑彙纂三十九卷首一卷 …… 156
校刊明道本韋氏解國語札記一卷 ……… 162
校正圖註脈訣四卷 ……………………… 156
訓女寶箴三卷附本一卷 ………………… 159
唐詩三百首註疏六卷 …………………… 156
[浙江麗水]太原郡王氏宗譜三卷 ……… 160
[浙江麗水]平昌郡管氏宗譜三卷 ……… 160
[浙江麗水]松陽郡賴氏宗譜三卷 ……… 160
[浙江麗水]河澗郡俞氏宗譜三卷 ……… 160
[浙江麗水]河澗郡俞氏宗譜三卷 ……… 160
陳修園醫書四十八種 …………………… 158

十一畫

國語二十一卷 …………………………… 162
國語明道本考異四卷 …………………… 162
章氏叢書十三種 ………………………… 163
陽宅大全十卷 …………………………… 157
陽宅大全十卷 …………………………… 159

十二畫

堪輿闢謬傳真二卷 ……………………… 156
董其昌眞蹟不分卷 ……………………… 160
鼎鍥幼幼集成六卷 ……………………… 161
筆花醫鏡四卷 …………………………… 159
集成曲譜金集八卷聲集八卷玉集八卷振集八卷 ……………………………… 163
御批歷代通鑑輯覽一百二十卷 ………… 162
御製救國四維經(上皇大天尊救國四維經)不分卷 ……………………………… 155
御纂醫宗金鑑九十卷首一卷 …………… 158
御纂醫宗金鑑九十卷首一卷 …………… 159
註釋小倉山房文集三十五卷 …………… 155
曾文正公文集三卷詩集三卷 …………… 163
曾文正公家書六種彙刊 ………………… 155

十三畫

[民國]鄞縣通志六志五十一編附圖一函 ……………………………………………… 163
楹聯叢話十二卷楹聯續話四卷 ………… 157
雷公炮製藥性解六卷 …………………… 162
雷公炮製藥性解六卷 …………………… 162
當代名家酬世文庫二十六卷目錄一卷 … 159
詩法入門四卷首一卷 …………………… 155
詳註閱微草堂筆記二十四卷 …………… 156
新文精華五卷 …………………………… 162
新古文辭類纂六十卷首一卷 …………… 163
新訂四書補註備旨十卷 ………………… 159
新增改良繪圖幼學瓊林四卷首一卷 …… 161
新增改良繪圖幼學瓊林四卷首一卷 …… 162

新輯楹聯大成三卷 …… 158
新鐫曆法便覽象吉備要通書二十九卷 …… 159
新鐫曆法便覽象吉備要通書大全二十九卷 …… 161
新體廣註古文觀止十二卷 …… 157
新體廣註古文觀止十二卷 …… 161
新體廣註雪鴻軒尺牘二卷 …… 157
慈心寶筏一卷 …… 156
資治明紀綱目二十卷附明紀綱目三編一卷 …… 156
溫病條辨六卷首一卷 …… 158

十四畫

種痘新書十二卷 …… 157
銅版四書集註 …… 158
銅版四書集註 …… 162
隨園詩話十六卷補遺十卷 …… 157

十五畫

增評醫方集解二十三卷本草備要八卷 …… 161
增評醫方集解二十三卷本草備要八卷 …… 161
增評醫方集解二十三卷本草備要八卷 …… 161
增註字類標韻六卷 …… 158
增補醫林狀元壽世保元十集十卷 …… 157
增廣智囊補二十八卷 …… 160
樊山公牘四卷 …… 159
樊山公牘四卷 …… 159
影印足本芥子園畫譜三集□□卷 …… 162
衛生便覽四卷 …… 157
衛濟餘編通天曉五卷 …… 162
潤德堂叢書 …… 155

十六畫

歷代循吏傳八卷 …… 158
歷代詩文評註讀本 …… 156
儒門圖說不分卷 …… 158
儒門圖說不分卷 …… 158
龍文鞭影初集二卷 …… 157
龍文鞭影初集二卷 …… 157

十七畫

謝氏地理書二種附錄不分卷 …… 156

十八畫

醫方集解本草備要合編 …… 159
醫學心悟六卷 …… 155

十九畫

蘇東坡書大字法帖一卷 …… 160
[民國]麗水縣志十四卷 …… 155
羅經解定四卷附羅經問答一卷 …… 156
繪圖女四書白話解四卷 …… 157
繪圖水滸傳八卷九十回 …… 161
繪圖史鑑節要便讀七卷 …… 158
繪圖萬花樓傳六卷六十八回 …… 162
繪圖增像第五才子書水滸全傳十卷七十回 …… 160

二十畫

蘭雪堂叢書 …… 163

二十三畫

驗方新編十八卷 …… 157

《龍泉市圖書館民國時期傳統裝幀書籍普查登記目録》
書名筆畫字頭索引

二畫

十 …… 447
入 …… 447

三畫

三 …… 447
大 …… 447
千 …… 447
女 …… 447
小 …… 447

四畫

元 …… 447
五 …… 447
不 …… 447
太 …… 447
日 …… 447
中 …… 447
今 …… 447
分 …… 447
六 …… 447
文 …… 447
心 …… 447
尺 …… 447
引 …… 447

五畫

玉 …… 447
古 …… 448
本 …… 448
石 …… 448
北 …… 448
四 …… 448
仕 …… 448
白 …… 448
印 …… 448
包 …… 448
玄 …… 448
永 …… 448
民 …… 448
加 …… 448

六畫

地 …… 448
西 …… 448
朱 …… 448
自 …… 448
全 …… 448
各 …… 448
名 …… 448
宅 …… 448
字 …… 448

七畫

戒 …… 448
孝 …… 448
芥 …… 448
批 …… 449
足 …… 449
別 …… 449
佛 …… 449
近 …… 449
孚 …… 449

言 …… 449
冷 …… 449
宋 …… 449
初 …… 449
改 …… 449

八畫

杭 …… 449
東 …… 449
兩 …… 449
拓 …… 449
昌 …… 449
明 …… 449
金 …… 449
法 …… 449
注 …… 449
治 …… 449

九畫

春 …… 449
草 …… 449
荀 …… 449
南 …… 449
柳 …… 449
括 …… 449
迴 …… 449
重 …… 449
訂 …… 449
音 …… 449
洞 …… 449
神 …… 449
陞 …… 449

十畫

馬 …… 449
莊 …… 449
校 …… 449
倣 …… 450
徐 …… 450
唐 …… 450
浙 …… 450
海 …… 450
書 …… 450
陳 …… 450
陶 …… 450
孫 …… 450

十一畫

現 …… 450
乾 …… 450
梅 …… 450
國 …… 450
第 …… 450
康 …… 450
商 …… 450
清 …… 450
張 …… 450

十二畫

雁 …… 450
雲 …… 450
虛 …… 451
最 …… 451
鼎 …… 451
景 …… 451
御 …… 451
欽 …… 451
評 …… 451
註 …… 451
普 …… 451
遂 …… 451
寒 …… 451

十三畫

夢 …… 451
蒲 …… 451

棵 …… 451
楹 …… 451
感 …… 451
虞 …… 451
當 …… 451
暗 …… 451
� …… 451
試 …… 451
詩 …… 451
詳 …… 451
新 …… 451
福 …… 452
經 …… 452

十四畫

趙 …… 452
嘉 …… 452
摘 …… 452
對 …… 452
管 …… 452
銅 …… 452
說 …… 452
精 …… 452
鄭 …… 452
漢 …… 452
滿 …… 452
隨 …… 452
鄧 …… 452
綱 …… 452

十五畫

增 …… 452
醉 …… 453
影 …… 453
篆 …… 453
劉 …… 453
諸 …… 453
論 …… 453
瘡 …… 453
養 …… 453
寫 …… 453
編 …… 453

十六畫

薛 …… 453
歷 …… 453
戰 …… 453
還 …… 453
學 …… 453
龍 …… 453

十七畫

聲 …… 453
韓 …… 453
戲 …… 453
鍾 …… 453
禮 …… 453

十八畫

顏 …… 453
雜 …… 453

十九畫

勸 …… 453
辭 …… 453
類 …… 453
繪 …… 453
繡 …… 454

二十畫

蘭 …… 454
寶 …… 454

二十一畫

續 …… 454

二十二畫

讀 …………………………………………… 454

二十四畫

觀 …………………………………………… 454

其他

□ …………………………………………… 454

《龍泉市圖書館民國時期傳統裝幀書籍普查登記目録》

書名筆畫索引

二畫

十八家詩鈔二十八卷首一卷 …… 183
十八家詩鈔二十八卷首一卷 …… 184
入地眼全書十卷 …… 195

三畫

三因極一病源論粹十八卷 …… 192
大字足本繡像全圖三國志演義十七卷首一卷一百二十回 …… 178
大佛頂如來密因修證了義諸菩薩萬行首楞嚴經綱要一卷 …… 190
大乘妙法蓮華經妙音菩薩品一卷 …… 190
大蒙山施食儀軌一卷 …… 198
大學秘解不分卷 …… 175
千手千眼觀世音菩薩大悲心陀羅尼經箋注一卷 …… 183
千字文字帖一卷 …… 187
千家詩一卷 …… 199
千家詩一卷 …… 199
女聊齋誌異四卷 …… 194
小倉山房詩選四卷補選一卷 …… 171

四畫

元靖碑一卷 …… 199
五公天閣妙經一卷大聖五公菩薩演說末刼經一卷 …… 190
不可録不分卷 …… 175
太乙神鍼方一卷 …… 198
太上寶筏圖說八卷 …… 175
太醫院增補青囊藥性賦直解十卷 …… 196
日用必備交際大觀十卷 …… 186
中西對照三元甲子新萬年曆三卷續三元甲子新萬年曆一卷新鐫增補時憲臺曆袖裏璇璣星命須知一卷三元甲子年改一卷家庭適用新帖全書一卷中西對照百二十年國曆全書二卷坿録一卷 …… 199
中華民國新刑律集解二卷 …… 183
中國史事□□卷 …… 186
中國繪畫史一卷 …… 191
中等新論說文範四卷 …… 196
今字解剖不分卷附補遺一篇 …… 191
分類白話句解新式普通尺牘六卷 …… 185
分類廣註聊齋誌異十卷 …… 179
六法大觀畫譜不分卷 …… 174
文昌帝君丹桂籍不分卷 …… 175
文昌帝君遏欲文不分卷 …… 175
心理學二十八章 …… 193
尺木堂綱鑑易知録九十二卷明鑑易知録十五卷 …… 185
引痘略一卷 …… 193

五畫

玉定金科例誅輯要十卷首一卷末一卷特宥輯要十卷首一卷末一卷例賞輯要十卷首一卷末一卷 …… 189
玉歷至寶鈔勸世一卷附經驗神效良方一卷 …… 193
玉歷至寶鈔勸世一卷附經驗神效良方一卷 …… 193
玉歷至寶鈔勸世一卷附經驗神效良方一卷 …… 193
玉歷至寶鈔勸世一卷附經驗神效良方一卷 …… 193
玉歷至寶鈔勸世一卷附經驗神效良方一卷 …… 194

玉歷至寶鈔勸世一卷附經驗神效良方一卷 …… 194
玉歷鈔傳報應附經驗良方不分卷 …… 190
古今說部叢書十集二百七十二種 …… 185
古今說部叢書十集二百七十二種 …… 185
古文筆法二十卷 …… 197
古文筆法二十卷 …… 197
古文觀止十二卷 …… 183
古文觀止十二卷 …… 184
古文觀止十二卷 …… 187
古唐詩合解十二卷 …… 173
古唐詩合解十二卷 …… 173
古唐詩合解十二卷古詩四卷 …… 173
古唐詩合解十二卷古詩四卷 …… 173
古唐詩合解十二卷古詩四卷 …… 173
古唐詩合解十二卷古詩四卷 …… 197
古詞詳解□□卷 …… 199
古詩合解四卷 …… 173
古詩評註讀本三卷附教授法一卷 …… 187
古詩評註讀本三卷附教授法一卷 …… 187
本草萬方鍼線八卷 …… 192
本草備要八卷 …… 196
本草綱目五十二卷脈訣攷證一卷瀕湖脈學一卷奇經八脈攷一卷 …… 192
本草綱目拾遺十卷 …… 192
石香祕錄一卷 …… 171
北魏鄭文公碑不分卷 …… 197
四部備要 …… 198
四書正文 …… 172
四書正文 …… 172
四書正文 …… 172
四書正文 …… 173
四書正文七卷 …… 172
四書合講十九卷 …… 196
四書集註十九卷 …… 172
四書集註十九卷 …… 190
四書讀本十九卷 …… 172
四憶堂詩集六卷遺稿一卷 …… 171
仕商便覽日用酬世大觀不分卷 …… 185
白話勸孝文不分卷 …… 175
印光大師文鈔選讀二卷 …… 193
包公出世貍貓換太子演義八卷八十回 …… 179
玄靈玉皇經一卷 …… 195
永嘉詩人祠堂叢刻十四種 …… 184
民族小說繡像洪秀全演義四集八卷五十四回 …… 180
加批輯註東萊博議四卷 …… 186

六畫

地理大成五種 …… 193
地藏菩薩本願經三卷附地藏菩薩像靈驗記一卷 …… 190
西湖最盛字帖一卷 …… 199
朱子校昌黎先生集傳一卷 …… 184
自修適用詩韻合璧大全五卷 …… 174
自書告身帖一卷 …… 188
全唐詩九百卷目錄十二卷 …… 199
各國政治□□卷 …… 176
名賢手札八卷 …… 185
宅風水不分卷 …… 197
字學舉隅一卷 …… 195

七畫

戒殺放生惜字勸孝戒賭等文十一篇 …… 175
孝經白話解說一卷 …… 176
芥子園畫傳二集九卷 …… 182
芥子園畫傳二集九卷 …… 182
芥子園畫傳二集九卷 …… 184
芥子園畫傳二集九卷 …… 184
芥子園畫傳二集九卷 …… 190
芥子園畫傳三集六卷 …… 175
芥子園畫傳三集六卷 …… 182
芥子園畫傳三集六卷 …… 182
芥子園畫傳三集六卷 …… 184
芥子園畫傳三集六卷 …… 189
芥子園畫傳初集六卷 …… 175
芥子園畫傳初集六卷 …… 182
芥子園畫傳初集六卷 …… 182
芥子園畫傳初集六卷 …… 184
芥子園畫傳初集六卷 …… 184

芥子園畫傳初集六卷 …………………… 190
批評東萊博議四卷增補虛字註釋總目一卷 …………………… 186
批評東萊博議四卷增補虛字註釋總目一卷 …………………… 186
批點註解白話孟子讀本七卷年譜一卷 … 172
批點註解白話論語讀本十卷 ………… 172
足本大字劉公案全傳四卷 …………… 177
別善惡不分卷 ………………………… 175
佛祖般若心印經一卷 ………………… 190
佛經不分卷 …………………………… 196
佛說無量壽經二卷 …………………… 195
近代六十名家畫傳一卷桐陰復志一卷 … 174
孚佑帝君純陽祖師演說三生石一卷 …… 171
言文對照古文評註十二卷 …………… 186
言文對照古文評註讀本十二卷 ……… 186
言文對照古文釋義新編八卷 ………… 176
言文對照古文釋義新編八卷 ………… 176
言文對照評註東萊博議四卷 ………… 186
言文對照寫信必讀□□卷 …………… 182
冷廬醫話五卷 ………………………… 192
宋元明詩評註讀本六卷 ……………… 175
宋六十名家詞 ………………………… 198
初拓鄭文公碑不分卷 ………………… 191
初拓鄭文公碑不分卷 ………………… 191
初等毛筆習畫指南四卷 ……………… 175
初學論說文範四卷 …………………… 184
改良包公案陳世美不認前妻二卷 …… 179
改良鍾伯敬先生訂補千家詩圖注二卷 … 174
改良繪圖今古奇觀六卷 ……………… 196
改良繪圖解人頤廣集二卷 …………… 171

八畫

杭州福神觀記一卷 …………………… 199
東坡和陶合箋四卷 …………………… 182
東周列國志二十七卷一百八回 ……… 198
東萊先生古文關鍵四卷 ……………… 185
兩朝御批通鑑輯覽一百二十卷 ……… 185
拓本唐代碑帖精華十二種 …………… 189
昌黎先生集四十卷外集十卷遺文一卷 … 184
明拓張猛龍碑不分卷 ………………… 196
金剛經傳燈真解一卷 ………………… 190
金聖歎全集八卷 ……………………… 186
法學通論不分卷 ……………………… 183
注音字母四書白話句解十九卷 ……… 182
治家格言繹義二卷 …………………… 186

九畫

春秋左傳五十卷 ……………………… 187
春秋左傳句解六卷 …………………… 187
草字彙十二卷附補 …………………… 191
荀子二十卷首一卷 …………………… 182
南渡錄四卷附傳一卷 ………………… 183
柳公權玄秘塔不分卷 ………………… 189
括蒼叢書第一集八種 ………………… 195
迴龍師尊普度語錄二卷 ……………… 190
重刊人子須知資孝地理心學統宗八卷首一卷 …………………… 193
重刊補註洗冤錄集證五卷 …………… 171
重刻十殿報應例案不分卷 …………… 183
重刻女二十四孝圖說并詩不分卷 …… 176
重訂古文釋義新編八卷 ……………… 176
重訂古文釋義新編八卷 ……………… 176
重訂古文釋義新編八卷 ……………… 176
重訂暗室燈二卷 ……………………… 173
重增繪圖幼學故事瓊林四卷首一卷 …… 181
訂正東醫寶鑑二十三卷目錄二卷 …… 192
音釋坐花誌果八卷 …………………… 175
洞冥記十卷 …………………………… 173
洞冥記十卷三十八回 ………………… 175
神農本草經百種錄三品三卷 ………… 198
陞官圖序幕不分卷 …………………… 198

十畫

馬駘百將畫譜二卷 …………………… 173
馬駘畫寶十五種二十四卷 …………… 175
莊子十卷 ……………………………… 188
校正攷正字彙二卷 …………………… 191
校正圖註八十一難經四卷 …………… 172

校正圖註八十一難經四卷 …………………… 172
校正圖註八十一難經四卷 …………………… 196
校正圖註脈訣四卷 ………………………… 171
校正圖註脈訣四卷 ………………………… 172
校正圖註脈訣四卷 ………………………… 196
校正瀕湖脈學一卷奇經八脈攷一卷 …… 196
倣照禪宗之靜坐法一卷附錄一卷 ……… 190
徐靈胎先生醫書十六種 …………………… 191
唐人八家詩四十二卷 ……………………… 171
唐宋詩概論二卷 …………………………… 185
唐詩三百首註疏六卷 ……………………… 173
唐詩三百首註疏六卷 ……………………… 173
浙紹奎照樓新增繪圖幼學故事瓊林四卷
首一卷 ………………………………………… 181
海上名人畫譜六卷 ………………………… 175
海上書畫名家年鑑一卷 …………………… 174
書集傳六卷 ………………………………… 188
書經體註六卷 ……………………………… 188
陳修園醫書四十八種 ……………………… 198
陳修園醫書全集六十種 …………………… 192
陶詩彙評四卷東坡和陶合箋四卷 ……… 171
陶濬宣字帖一卷 …………………………… 188
孫真人備急千金要方三十卷 …………… 192

十一畫

現代十大家詩鈔 …………………………… 183
乾隆遊江南第八集七十六回 …………… 194
梅花詩書法不分卷 ………………………… 197
國民適用通俗對聯新編二卷 …………… 182
第一才子書十六卷一百二十回 ………… 178
第一才子書十六卷一百二十回 ………… 180
第一才子書六十卷一百二十回 ………… 178
第一才子書六十卷一百二十回 ………… 180
第一才子書六十卷一百二十回首一卷 … 180
第一才子書□□卷一百二十回 ………… 180
第一才子書繡像三國志演義六十卷一百
二十回 ………………………………………… 178
康南海梁任公文集合刻不分卷 ………… 183
康南海梁任公文集合刻不分卷 ………… 183
康熙字典十二集三十六卷檢字一卷辨似
一卷等韻一卷備考一卷補遺一卷 …… 189
康熙字典十二集三十六卷檢字一卷辨似
一卷等韻一卷備考一卷補遺一卷 …… 192
康熙字典十二集三十六卷檢字一卷辨似
一卷等韻一卷補遺一卷備考一卷 …… 192
康熙字典十二集三十六卷總目一卷檢字
一卷辨似一卷等韻一卷備考一卷補遺
一卷 ………………………………………… 188
康熙字典十二集三十六卷總目一卷檢字
一卷辨似一卷等韻一卷備考一卷補遺
一卷 ………………………………………… 189
康熙字典十二集三十六卷總目一卷檢字
一卷辨似一卷等韻一卷備考一卷補遺
一卷 ………………………………………… 189
康熙字典十二集三十六卷總目一卷檢字
一卷辨似一卷等韻一卷備考一卷補遺
一卷 ………………………………………… 189
康熙字典十二集三十六卷總目一卷檢字
一卷辨似一卷等韻一卷備考一卷補遺
一卷 ………………………………………… 192
康熙字典十二集三十六卷總目一卷檢字
一卷辨似一卷等韻一卷備考一卷補遺
一卷 ………………………………………… 194
康熙字典十二集三十六卷總目一卷檢字
一卷辨似一卷等韻一卷備考一卷補遺
一卷 ………………………………………… 197
康熙字典十二集三十六卷總目一卷檢字
一卷辨似一卷等韻一卷補遺一卷備考
一卷 ………………………………………… 189
商君書五卷 ………………………………… 188
清史通俗演義十卷一百回 ……………… 179
張文襄公百字文一卷 ……………………… 199
張裕釗書習字帖一帖 ……………………… 199

十二畫

雁山鴻爪三卷 ……………………………… 171
雲林別墅新集酧世錦囊採輯新聯四集二
卷 …………………………………………… 186
雲林別墅新輯酧世錦囊書啟合編初集八
卷 …………………………………………… 197

虚字韻藪一卷 …………………………… 174
最新繪圖幼學雜字一卷 ………………… 192
鼎鍥幼幼集成六卷 ……………………… 171
鼎鍥幼幼集成六卷 ……………………… 171
鼎鍥幼幼集成六卷 ……………………… 171
景岳全書六十四卷 ……………………… 193
御批歷代通鑑輯覽一百二十卷 ………… 184
御批歷代通鑑輯覽一百二十卷 ………… 186
御註孝經不分卷 ………………………… 175
御纂醫宗金鑑九十卷首一卷 …………… 172
欽定協紀辨方書三十六卷 ……………… 193
評注圖像五才子書三十五卷七十回首一
　卷 ……………………………………… 179
評注圖像水滸傳三十五卷七十回首一卷
　………………………………………… 180
評注圖像水滸傳三十五卷七十回首一卷
　………………………………………… 180
評校音注古文辭類纂七十四卷 ………… 186
評註古文讀本六卷 ……………………… 187
評註圖像水滸傳三十五卷七十回 ……… 179
評點春秋綱目左傳句解彙雋六卷 ……… 188
評點綱鑑易知錄九十二卷尺木堂明鑑易
　知錄十五卷 …………………………… 184
註釋唐詩三百首六卷 …………………… 173
註釋繪圖字文一卷 ……………………… 191
註釋嚶求集四卷 ………………………… 187
普濟靈丹四卷 …………………………… 195
遂昌贊濟壇鸞書附唱道真言二卷 ……… 190
寒柯堂詩四卷 …………………………… 196

十三畫

夢東禪師遺集三卷 ……………………… 190
蒲留仙文一卷 …………………………… 186
楳嶺百鳥畫譜三卷 ……………………… 172
楹聯彙編八卷 …………………………… 183
感應篇不分卷 …………………………… 175
虞山汪鳳書先生輓畫不分卷 …………… 190
當代百家酬世文庫二十六卷 …………… 185
暗室燈二卷 ……………………………… 175
筠州黃蘗山斷際禪師傳心法要二卷 …… 195
試律時宜□□卷 ………………………… 174
詩經集傳八卷 …………………………… 188
詩經集傳八卷 …………………………… 188
詩經集傳八卷 …………………………… 188
詩韻合璧五卷 …………………………… 174
詩韻合璧五卷 …………………………… 174
詩韻集成五卷附詞林典腋一卷 ………… 174
詳註分類楹聯集成四卷 ………………… 198
詳註聊齋志異圖詠十六卷 ……………… 171
詳註聊齋志異圖詠十六卷 ……………… 179
詳註聊齋志異圖詠十六卷 ……………… 180
詳註聊齋志異圖詠十六卷 ……………… 180
詳註聊齋志異圖詠十六卷 ……………… 199
新刊再續彭公案□□卷□□回 ………… 177
新刊繡像全圖施公案後傳六卷一百回 … 179
新刊繡像評講濟公傳八卷二百四十回 … 179
新刊繡像評講濟公傳八卷二百四十回 … 179
新式標點四書白話解說二十九卷 ……… 188
新式標點四書白話解說二十九卷 ……… 189
新式標點言文對照幼學故事瓊林四卷首
　一卷 …………………………………… 181
新式標點書經白話文六卷 ……………… 188
新刑律集解二卷 ………………………… 183
新字典十二卷拾遺一卷檢字一卷附錄一
　卷勘誤一卷補編一卷 ………………… 191
新字典十二卷拾遺一卷檢字一卷附錄一
　卷勘誤一卷補編一卷 ………………… 193
新刻京臺公餘勝覽國色天香十卷 ……… 182
新刻法家蕭曹兩造雪案鳴冤律四卷 …… 171
新刻柳纒金看燈包公錯斷顏傘差全傳一
　卷 ……………………………………… 198
新刻增補時憲臺曆袖裏璇機星命須知一
　卷 ……………………………………… 193
新訂四書補註備旨十卷 ………………… 182
新華大字典十二卷補遺十二卷總目一卷
　檢字表一卷補遺總目一卷 …………… 191
新註四書白話解說三十六卷 …………… 172
新註四書白話解說三十六卷 …………… 183
新註四書白話解說三十六卷 …………… 189
新註詩經白話解八卷 …………………… 188
新說西游記圖像□□回 ………………… 197

新增幼學故事瓊林四卷 …………………… 181
新增繪圖幼學故事瓊林四卷 …………… 181
新增繪圖幼學故事瓊林四卷 …………… 181
新增繪圖幼學故事瓊林四卷 …………… 181
新增繪圖幼學故事瓊林四卷首一卷 …… 181
新增繪圖幼學故事瓊林四卷首一卷 …… 181
新增繪圖幼學故事瓊林四卷首一卷 …… 181
新增繪圖幼學故事瓊林四卷首一卷 …… 181
新增繪圖幼學故事瓊林四卷首一卷 …… 181
新增繪圖致富全書解夢全圖附押花會方法大全不分卷 …………………… 190
新編中華字典十二集十二卷總目一卷檢字一卷辨似一卷補遺一卷 …………… 196
新編分類秋水軒句解尺牘四卷 ………… 198
新編分類飲冰室文集全編二十卷 ……… 183
新編評註刀筆菁華四種 ………………… 183
新輯分類雪鴻軒句解尺牘四卷 ………… 188
新輯楹聯大觀八卷 ……………………… 182
新輯繪圖彭公案正集四卷一百回 ……… 177
新輯繪圖彭公案四集四卷八十一回 …… 177
新輯繪圖彭公案初集四卷一百回 ……… 177
新鐫工師雕斲正式魯班木經匠家鏡四卷首一卷 ……………………………… 173
新鐫增補時憲臺曆袖裏璇璣星命須知一卷 ……………………………………… 196
新鐫曆法便覽象吉備要通書二十九卷 … 195
新鐫曆法便覽象吉備要通書二十九卷 … 196
福幼編一卷 ……………………………… 198
經史百家簡編二卷 ……………………… 174
經驗各種秘方輯要不分卷 ……………… 193
經驗奇方一卷 …………………………… 198

十四畫

趙充國頌帖一卷 ………………………… 187
趙孟頫楷書習字帖不分卷 ……………… 191
嘉業堂叢書五十七種 …………………… 185
摘錄隨園詩話不分卷 …………………… 197
對夫妙術婦女智囊十卷 ………………… 186
管子二十四卷 …………………………… 182
銅版四書集註 …………………………… 172
銅版四書集註 …………………………… 188
說文解字十五卷標目一卷 ……………… 191
精校重增繪圖幼學故事瓊林四卷首一卷 ……………………………………… 181
精校評註古文觀止十二卷 ……………… 187
鄭板橋全集六卷 ………………………… 188
漢碑大觀八集 …………………………… 190
漢碑範八卷 ……………………………… 189
滿清稗史十六種附二種 ………………… 185
隨園女弟子詩選六卷 …………………… 173
隨園集外詩四卷 ………………………… 173
隨園詩話十六卷 ………………………… 172
鄧石如篆書心經不分卷 ………………… 189
綱鑑易知錄九十二卷明鑑易知錄十五卷 ……………………………………… 185
綱鑑擇語十卷 …………………………… 185
綱鑑總論二卷 …………………………… 184

十五畫

增批溫熱經緯四卷 ……………………… 191
增訂洪氏一盤珠全集十卷 ……………… 198
增訂諏吉便覽□□卷 …………………… 197
增訂繪圖精忠說岳全傳八卷八十回 …… 178
增訂繪圖精忠說岳全傳八卷八十回 …… 178
增訂繪圖精忠說岳全傳八卷八十回 …… 179
增評加批金玉緣圖說一百二十卷首一卷一百二十回 ………………………… 180
增評補圖石頭記一百二十卷 …………… 180
增評補圖石頭記十六卷首一卷一百二十回 ……………………………………… 197
增補大生要旨五卷 ……………………… 193
增補本草備要八卷 ……………………… 192
增補本草備要八卷 ……………………… 192
增補本草備要八卷 ……………………… 196
增補幼幼集成六卷 ……………………… 197
增補事類統編九十三卷首一卷 ………… 187
增補重訂千家詩註解二卷 ……………… 174
增補重訂千家詩註解二卷 ……………… 174
增補重編葉天士醫案四卷 ……………… 198
增補食物秘書一卷 ……………………… 198

增補虛字備考註釋六卷 …………………… 186
增補齊省堂全圖儒林外史六卷六十回 … 179
增補醫方一盤珠全集十卷 ………………… 195
增像小五義全傳六卷一百二十四回 …… 194
增像全圖三國志演義第一才子書□□卷
一百二十回 ……………………………… 178
增像全圖三國演義十六卷一百二十回 … 195
增像全圖三國演義八卷一百二十回 …… 178
增像全圖三國演義八卷一百二十回 …… 178
增像全圖三國演義□□卷一百二十回 … 178
增像全圖加批西遊記八卷一百回 ……… 177
增像全圖東周列國志□□卷一百八回 … 177
增像續小五義六卷一百二十四回 ……… 194
增廣玉匣記通書二卷 …………………… 195
增廣玉匣記通書二卷 …………………… 195
增廣評註古文新選五卷附作文材料一卷
……………………………………………… 186
醉墨軒畫稿四卷 ………………………… 175
影印名人手札真蹟大全十二種 ………… 191
篆文孝經一卷 …………………………… 176
劉奶奶長庚全部福書一卷 ……………… 199
諸子文粹六十二卷續編十卷 …………… 184
論學續編不分卷 ………………………… 183
瘡瘍經驗全書六卷 ……………………… 191
養生鏡一卷附經驗靈藥說明書一卷 …… 196
養真集二卷 ……………………………… 195
寫信必讀十卷 …………………………… 186
編註醫學入門內集八卷首一卷 ………… 195

十六畫

薛立齋醫案全集二十四種 ……………… 172
薛立齋醫案全集二十四種 ……………… 192
歷史小說繡像繪圖校正南宋志飛龍傳四
卷五十回 ………………………………… 176
歷代名人家書不分卷 …………………… 183
歷代通鑑輯覽一百二十卷 ……………… 198
歷代國號歌一卷歷代帝都攷一卷歷代輿
地沿革考一卷直省形勝郡邑攷一卷潘
氏總論一卷 ……………………………… 198
歷代詩文評註讀本 ……………………… 176
歷代詩文評註讀本 ……………………… 176
歷代詩文評註讀本 ……………………… 176
歷代詩文評註讀本 ……………………… 176
戰國策補註三十三卷 …………………… 188
戰國策補註三十三卷 …………………… 197
還鄉直指不分卷 ………………………… 182
學戲百法不分卷 ………………………… 199
龍文鞭影二集二卷 ……………………… 194
龍文鞭影二集二卷 ……………………… 194
龍文鞭影四卷 …………………………… 193
龍鳳配再生緣十二卷七十四回 ………… 194

十七畫

聲律啟蒙撮要□□卷 …………………… 174
韓文起十二卷 …………………………… 187
韓集點勘四卷 …………………………… 184
戲畫大觀□□卷 ………………………… 199
鍾伯敬先生訂補千家詩圖註二卷 ……… 174
鍾伯敬先生訂補千家詩圖註二卷 ……… 174
禮器漢碑不分卷 ………………………… 196

十八畫

顏真卿字帖一卷 ………………………… 187
雜碎錄不分卷 …………………………… 197
雜劇叢編不分卷 ………………………… 199

十九畫

勸孝歌不分卷 …………………………… 175
辭源十二卷檢字一卷附錄一卷 ………… 195
辭源續編十二集十二卷檢字一卷附錄一
卷 ………………………………………… 195
類集湯散詩不分卷 ……………………… 197
繪圖一萬字文一卷 ……………………… 191
繪圖九續施公案清列傳四卷四十回 …… 196
繪圖千字文一卷 ………………………… 192
繪圖小列國志一百八回 ………………… 177
繪圖小放牛一卷 ………………………… 198
繪圖四書正文七卷 ……………………… 172

繪圖西漢演義四卷一百回 ………………… 194
繪圖西漢演義四卷一百回 ………………… 194
繪圖呂蒙正破窰點元記不分卷 ………… 198
繪圖英雄奇緣傳十卷五十七回 ………… 176
繪圖東漢演義四卷六十四回 …………… 194
繪圖封神演義八卷一百回 ……………… 177
繪圖封神演義八卷一百回 ……………… 177
繪圖封神演義八卷一百回 ……………… 178
繪圖封神演義八卷一百回 ……………… 178
繪圖封神演義八卷一百回 ……………… 199
繪圖第一情書聽月樓全傳四卷二十回 … 176
繪圖淺說註百家姓不分卷 ……………… 174
繪圖萬花樓傳六卷六十八回 …………… 176
繪圖董永賣身張七姐下凡織錦槐蔭記全本一卷 …………………………… 198
繪圖註釋神童詩不分卷 ………………… 193
繪圖詳註聊齋志異十六卷 ……………… 180
繪圖新編第五續至第十續洪秀全六集二十四卷一百二十回 ………………… 180
繪圖說岳全傳八卷八十回 ……………… 178
繪圖增註百家姓不分卷 ………………… 174
繪圖增像第五才子書水滸全傳十卷七十回 ………………………………… 179
繪圖增像第五才子書水滸全傳八卷七十回 ………………………………… 180
繪圖增像第五才子書水滸全傳□□卷七十回 ………………………………… 179
繪圖雙鳳奇緣四卷八十回 ……………… 194
繡像全圖封神演義八卷一百回 ………… 177
繡像東漢演義十卷一百二十六回 ……… 194
繡像封神演義八卷一百回 ……………… 199
繡像洪秀全演義十集三十二卷一百七十四回 ………………………………… 181
繡像第六才子書六卷首一卷 …………… 177
繡像評演接續後部濟公傳八卷一百二十回 ………………………………… 179
繡像說唐征西全傳六卷九十回 ………… 177
繡像繪圖宋岳武穆公全傳八卷八十回 … 178
繡像繪圖長生殿傳奇四卷 ……………… 177
繡像繪圖乾隆巡幸江南記八卷七十五回 ……………………………………… 194
繡像繪圖乾隆巡幸江南記八卷七十五回 ……………………………………… 194
繡像繪圖說唐全傳□□卷□□回 ……… 177
繡像鐵冠圖四卷五十回 ………………… 177

二十畫

蘭亭十三跋字帖一卷 …………………… 187
寶鑑編一卷 ……………………………… 171

二十一畫

續三十五舉一卷 ………………………… 191
續增洗冤錄辨正一卷附刊檢驗合參一卷洗冤錄解一卷 …………………… 171

二十二畫

讀孟子記一卷 …………………………… 172

二十四畫

觀自在菩薩親著心經傳燈真解一卷 …… 190

其他

□□于府君墓誌銘不分卷 ……………… 197
□□字帖一卷 …………………………… 187
□□字帖一卷 …………………………… 187
□□字帖一卷 …………………………… 187
□□臨爭座位帖一卷 …………………… 199

《青田縣圖書館民國時期傳統裝幀書籍普查登記目録》
書名筆畫字頭索引

五畫

四 …… 457

十畫

浙 …… 457

《青田縣圖書館民國時期傳統裝幀書籍普查登記目録》
書名筆畫索引

五畫

四部叢刊 …………………………………… 207

十畫

［浙江青田］潁川陳氏宗譜九卷 ………… 207

《縉雲縣圖書館民國時期傳統裝幀書籍普查登記目録》

書名筆畫字頭索引

二畫

二 …… 465
十 …… 465
七 …… 465
卜 …… 465
八 …… 465
入 …… 465

三畫

三 …… 465
大 …… 465
上 …… 465
巾 …… 465
山 …… 465
千 …… 465
个 …… 465
小 …… 465
子 …… 465

四畫

王 …… 465
天 …… 466
元 …… 466
木 …… 466
五 …… 466
太 …… 466
友 …… 466
日 …… 466
中 …… 466
內 …… 466
介 …… 466
分 …… 466
公 …… 466
丹 …… 466
六 …… 466
文 …… 466
心 …… 466
尺 …… 466

五畫

玉 …… 466
正 …… 467
古 …… 467
本 …… 467
左 …… 467
石 …… 467
平 …… 467
北 …… 467
史 …… 467
四 …… 467
仙 …… 467
白 …… 467
冬 …… 467
包 …… 467
永 …… 467
民 …… 467
加 …… 467
幼 …… 467

六畫

刑 …… 468
老 …… 468
地 …… 468
共 …… 468

再 …………………………………… 468
西 …………………………………… 468
百 …………………………………… 468
列 …………………………………… 468
光 …………………………………… 468
曲 …………………………………… 468
同 …………………………………… 468
朱 …………………………………… 468
仲 …………………………………… 468
全 …………………………………… 468
名 …………………………………… 468
汲 …………………………………… 468
安 …………………………………… 468
字 …………………………………… 468
收 …………………………………… 468

七畫

戒 …………………………………… 468
花 …………………………………… 468
杜 …………………………………… 468
批 …………………………………… 468
求 …………………………………… 468
男 …………………………………… 468
呂 …………………………………… 468
吳 …………………………………… 468
何 …………………………………… 468
身 …………………………………… 468
佛 …………………………………… 468
近 …………………………………… 469
劬 …………………………………… 469
言 …………………………………… 469
沙 …………………………………… 469
泛 …………………………………… 469
宋 …………………………………… 469
初 …………………………………… 469
改 …………………………………… 469
阿 …………………………………… 469

八畫

奉 …………………………………… 469
青 …………………………………… 469
長 …………………………………… 469
幸 …………………………………… 469
苦 …………………………………… 469
林 …………………………………… 469
杭 …………………………………… 469
東 …………………………………… 469
昌 …………………………………… 469
明 …………………………………… 469
忠 …………………………………… 469
佰 …………………………………… 469
佩 …………………………………… 469
金 …………………………………… 469
周 …………………………………… 469
庚 …………………………………… 469
河 …………………………………… 469
注 …………………………………… 470
治 …………………………………… 470
定 …………………………………… 470
居 …………………………………… 470

九畫

春 …………………………………… 470
珍 …………………………………… 470
荀 …………………………………… 470
胡 …………………………………… 470
茹 …………………………………… 470
南 …………………………………… 470
柳 …………………………………… 470
砂 …………………………………… 470
耐 …………………………………… 470
括 …………………………………… 470
星 …………………………………… 470
毗 …………………………………… 470
看 …………………………………… 470
重 …………………………………… 470
侯 …………………………………… 470
後 …………………………………… 470
風 …………………………………… 470
哀 …………………………………… 470

亭 ………………………………………… 470
音 ………………………………………… 470
洞 ………………………………………… 470
為 ………………………………………… 470
眉 ………………………………………… 470
姚 ………………………………………… 470

十畫

馬 ………………………………………… 470
珠 ………………………………………… 470
袁 ………………………………………… 470
莊 ………………………………………… 470
格 ………………………………………… 470
校 ………………………………………… 470
秣 ………………………………………… 470
徐 ………………………………………… 470
般 ………………………………………… 470
針 ………………………………………… 471
翁 ………………………………………… 471
留 ………………………………………… 471
訓 ………………………………………… 471
高 ………………………………………… 471
唐 ………………………………………… 471
浙 ………………………………………… 471
海 ………………………………………… 471
書 ………………………………………… 471
陸 ………………………………………… 471
陳 ………………………………………… 471
陶 ………………………………………… 471

十一畫

教 ………………………………………… 471
培 ………………………………………… 471
聊 ………………………………………… 471
黄 ………………………………………… 471
菓 ………………………………………… 471
菜 ………………………………………… 471
菊 ………………………………………… 471
菰 ………………………………………… 471
梅 ………………………………………… 471
梓 ………………………………………… 471
敕 ………………………………………… 471
救 ………………………………………… 471
晨 ………………………………………… 471
晚 ………………………………………… 471
唱 ………………………………………… 471
國 ………………………………………… 471
崇 ………………………………………… 471
梨 ………………………………………… 471
第 ………………………………………… 471
敏 ………………………………………… 471
船 ………………………………………… 471
庸 ………………………………………… 471
康 ………………………………………… 471
章 ………………………………………… 472
清 ………………………………………… 472
淨 ………………………………………… 472
梁 ………………………………………… 472
涵 ………………………………………… 472
啟 ………………………………………… 472
張 ………………………………………… 472
陽 ………………………………………… 472
婦 ………………………………………… 472

十二畫

堪 ………………………………………… 472
彭 ………………………………………… 472
達 ………………………………………… 472
葉 ………………………………………… 472
散 ………………………………………… 472
萬 ………………………………………… 472
董 ………………………………………… 472
敬 ………………………………………… 472
雁 ………………………………………… 472
紫 ………………………………………… 472
虚 ………………………………………… 472
最 ………………………………………… 472
鼎 ………………………………………… 472
間 ………………………………………… 472

景 ………………………………………… 472
衆 ………………………………………… 472
御 ………………………………………… 472
復 ………………………………………… 472
舒 ………………………………………… 473
欽 ………………………………………… 473
飲 ………………………………………… 473
評 ………………………………………… 473
註 ………………………………………… 473
詠 ………………………………………… 473
詞 ………………………………………… 473
痛 ………………………………………… 473
道 ………………………………………… 473
曾 ………………………………………… 473
淵 ………………………………………… 473
寒 ………………………………………… 473
補 ………………………………………… 473
畫 ………………………………………… 473
遐 ………………………………………… 473

十三畫

聖 ………………………………………… 473
蓮 ………………………………………… 473
蒔 ………………………………………… 473
蒙 ………………………………………… 473
楚 ………………………………………… 473
楊 ………………………………………… 473
楹 ………………………………………… 473
雷 ………………………………………… 473
當 ………………………………………… 473
暗 ………………………………………… 473
鉤 ………………………………………… 473
愛 ………………………………………… 473
飴 ………………………………………… 473
試 ………………………………………… 473
詩 ………………………………………… 473
詳 ………………………………………… 473
新 ………………………………………… 474
資 ………………………………………… 474
溫 ………………………………………… 474
滄 ………………………………………… 474
褚 ………………………………………… 474
群 ………………………………………… 474
經 ………………………………………… 474
綉 ………………………………………… 474
彙 ………………………………………… 474

十四畫

嘉 ………………………………………… 474
壽 ………………………………………… 475
監 ………………………………………… 475
爾 ………………………………………… 475
嗚 ………………………………………… 475
圖 ………………………………………… 475
箋 ………………………………………… 475
銅 ………………………………………… 475
疑 ………………………………………… 475
說 ………………………………………… 475
瘉 ………………………………………… 475
齊 ………………………………………… 475
精 ………………………………………… 475
漢 ………………………………………… 475
漱 ………………………………………… 475
滮 ………………………………………… 475
隨 ………………………………………… 475
綱 ………………………………………… 475

十五畫

墩 ………………………………………… 475
增 ………………………………………… 475
樊 ………………………………………… 476
歐 ………………………………………… 476
醉 ………………………………………… 476
遼 ………………………………………… 476
影 ………………………………………… 476
墨 ………………………………………… 476
稼 ………………………………………… 476
篆 ………………………………………… 476
劍 ………………………………………… 476

膠 …… 476
魯 …… 476
劉 …… 476
諸 …… 476
課 …… 476
論 …… 476
養 …… 476
潘 …… 476
寫 …… 476
選 …… 476
編 …… 476

十六畫

燕 …… 476
醒 …… 476
歷 …… 476
戰 …… 476
學 …… 476
儒 …… 476
錢 …… 476
龍 …… 476
縉 …… 476

十七畫

韓 …… 476
隸 …… 476
臨 …… 476
鍼 …… 476
謝 …… 476
應 …… 476
鴻 …… 477
禮 …… 477
總 …… 477

十八畫

瓊 …… 477
藥 …… 477
醫 …… 477
叢 …… 477
雙 …… 477
歸 …… 477

十九畫

勸 …… 477
警 …… 477
關 …… 477
蠅 …… 477
羅 …… 477
籀 …… 477
譚 …… 477
廬 …… 477
瀛 …… 477
繪 …… 477
繡 …… 477

二十畫

黨 …… 478
釋 …… 478

二十二畫

讀 …… 478

二十四畫

觀 …… 478
靈 …… 478

《縉雲縣圖書館民國時期傳統裝幀書籍普查登記目録》

書名筆畫索引

二畫

二十四史附考證 …… 218
二十四史附考證 …… 218
二十四史附考證 …… 222
二十四史輯要六十四卷附二十四史總目一卷二十四史四庫提要一卷 …… 222
二十四孝圖說不分卷 …… 259
二課合解七卷首一卷 …… 229
十八家詩鈔二十八卷首一卷 …… 235
十八家詩鈔二十八卷首一卷 …… 247
十善業道經節要一卷見聞錄一卷 …… 262
七子詩選十四卷 …… 233
七佛讃唄伽陀等不分卷 …… 230
卜筮正宗十四卷 …… 261
八字覺圓一卷 …… 263
八家四六文註八卷首一卷 …… 237
八家四六文註八卷首一卷 …… 238
八家四六文補註一卷 …… 237
八家四六文補註一卷 …… 238
八德須知二集八卷 …… 227
八德須知二集白話本不分卷 …… 227
入地眼全書十卷 …… 227
入地眼全書十卷 …… 260
入地眼全書十卷 …… 261

三畫

三因極一病源論粹十八卷 …… 224
三官經註解一卷 …… 267
三國志六十五卷 …… 216
三聖經不分卷 …… 264
三聖經不分卷 …… 264
三蘇文集四十四卷 …… 236
大士救產真言不分卷 …… 256
大元帥訓軍士詞不分卷 …… 263
大六壬尋原四集九卷 …… 226
大方廣佛華嚴經淨行品一卷 …… 228
大方廣佛華嚴經普賢行願品一卷 …… 262
大字精校圈點注釋三十六子全書 …… 245
大佛頂首楞嚴經卷第六四種決定清淨明誨一卷 …… 228
大學古本質言一卷 …… 215
上孟一卷 …… 264
上海掌故叢書第一集 …… 220
巾幗鬚眉傳四卷 …… 259
山洋指迷原本四卷 …… 263
山曉閣選唐大家柳柳州全集四卷 …… 230
千字文一卷 …… 263
千首宋人絕句十卷 …… 236
个山遺集七卷 …… 233
个山遺集七卷 …… 233
小山詞一卷 …… 238
小山詞校記一卷 …… 238
小五義六卷一百二十四回 …… 254
小倉山房文集三十五卷 …… 233
小倉山房文集三十五卷 …… 254
小倉山房詩集三十七卷補遺二卷 …… 254
小說叢書 …… 239
小學作文入門三集四卷 …… 250
小題森寶不分卷 …… 258
子書二十八種 …… 226
子書三十二種 …… 224

四畫

王文成公全書三十八卷 …… 220
王次回疑雨集註四卷 …… 231
王次回疑雨集註四卷 …… 231

王荊公唐百家詩選二十卷 …………… 236
王臨川全集二十四卷 …………………… 231
天台山方外志三十卷 …………………… 223
元文類簡編二卷 ………………………… 236
元次山集十卷拾遺一卷拾遺補一卷 …… 230
木鐸千聲十六卷首一卷附錄一卷 ……… 252
五朝詩別裁集 …………………………… 238
太上玄靈北斗本命延生尊經一卷 ……… 264
太上老君說常清淨經一卷附大乘金剛經
　論語一卷 ……………………………… 261
太上感應篇引證句解一卷 ……………… 227
太上感應篇引證句解一卷 ……………… 229
太上感應篇引證句解一卷 ……………… 230
太上寶筏圖說八卷 ……………………… 229
太上寶筏圖說八卷 ……………………… 230
太平天國文鈔一卷詩鈔一卷聯語鈔一卷
　附錄三卷 ……………………………… 237
友林乙藁一卷 …………………………… 235
日用百事通一卷 ………………………… 264
日用酬世大觀 …………………………… 254
日知錄集釋三十二卷之餘四卷栞誤二卷
　續栞誤二卷 …………………………… 225
日知錄集釋三十二卷首一卷栞誤二卷續
　栞誤二卷 ……………………………… 242
日知錄集釋三十二卷首一卷栞誤二卷續
　栞誤二卷 ……………………………… 242
中西痘科合璧十二卷 …………………… 261
中西匯通醫書五種 ……………………… 261
中華民國三十九年陰陽合曆通書不分卷
　……………………………………… 259
中華民國暫行新刑律二卷 ……………… 263
中華字典十二集三十六卷備考一卷補遺
　一卷 …………………………………… 218
中華字典十二集三十六卷備考一卷補遺
　一卷 …………………………………… 255
中華字典十二集三十六卷檢字一卷辨似
　一卷等韻一卷 ………………………… 217
中國立憲之豫備不分卷 ………………… 267
中國須用耶穌基督論一卷 ……………… 229
中庸章句一卷 …………………………… 215
中興淨宗印光大師行業記不分卷 ……… 227
中醫藥方抄本不分卷 …………………… 265
內外科備考方不分卷 …………………… 265
介眉彙編三卷 …………………………… 222
分類詳註曾文正公治家全書六種二十卷
　……………………………………… 222
分類詳註曾文正公治家全書六種二十卷
　……………………………………… 222
分類詳註曾文正公治家全書六種二十卷
　……………………………………… 241
分類詳註曾文正公治家全書六種二十卷
　……………………………………… 241
分類廣註交際尺牘大觀不分卷 ………… 238
分類廣註聊齋誌異十卷 ………………… 244
分類辭源十二集 ………………………… 216
公羊家哲學不分卷 ……………………… 215
丹溪心法附餘二十四卷首一卷 ………… 226
六十種曲一百二十卷 …………………… 238
六如居士全集四種 ……………………… 232
六書解例不分卷 ………………………… 216
六朝碑精華十種 ………………………… 260
文心雕龍十卷 …………………………… 238
文心雕龍十卷 …………………………… 254
文字形義學不分卷 ……………………… 216
文字通詮八卷 …………………………… 216
文字源流攷一卷 ………………………… 218
文帝呂祖戒淫文一卷 …………………… 262
心史叢刊十四種 ………………………… 219
心悅一卷 ………………………………… 264
心傳韻語五卷 …………………………… 230
尺木堂綱鑑易知錄九十二卷明紀十五卷
　……………………………………… 223

五畫

玉定金科例誅輯要十卷首一卷末一卷特
　宥輯要十卷首一卷末一卷例賞輯要十
　卷首一卷末一卷 ……………………… 225
玉皇上帝洪慈救劫經不分卷 …………… 257
玉皇寶懺朝禮儀文□□卷 ……………… 267
玉歷至寶鈔勸世一卷附經驗神效良方一
　卷 ……………………………………… 228

玉歷至寶鈔勸世一卷附經驗神效良方一卷 …… 229
玉歷至寶鈔勸世一卷附經驗神效良方一卷 …… 229
玉歷至寶鈔勸世文不分卷 …… 263
正本雙珠鳳奇緣寶卷二卷 …… 249
正草隸篆四體大字典十二卷 …… 218
正草隸篆名人楹聯大觀不分卷 …… 218
古今文綜不分卷 …… 237
古今格言四卷 …… 241
古今楹聯類纂十二卷附慶弔雜件備覽二卷 …… 244
古文筆法二十卷首一卷 …… 252
古文辭類纂七十四卷 …… 235
古文觀止十二卷 …… 237
古文觀止十二卷 …… 240
古文觀止十二卷 …… 240
古文觀止十二卷 …… 242
古文觀止十二卷 …… 245
古文觀止十二卷 …… 249
古文觀止十二卷 …… 249
古文觀止十二卷 …… 249
古文觀止十二卷 …… 249
古本醫學叢刊二種 …… 224
古唐詩合解十二卷古詩四卷 …… 242
古唐詩合解十二卷古詩四卷 …… 242
古唐詩合解十二卷古詩四卷 …… 243
古書疑義舉例七卷 …… 225
古詩源十四卷 …… 248
古籀彙編十四卷檢字一卷 …… 217
古辭令學二卷 …… 219
本草綱目五十二卷 …… 225
左傳菁華錄二十四卷 …… 217
石遺室詩話三十二卷 …… 240
平等閣筆記二卷 …… 225
北曲拾遺一卷 …… 238
史迻二卷 …… 222
史記菁華錄六卷 …… 256
史記菁華錄六卷 …… 256
史鑑節要□□卷 …… 263
史鑑節要便讀六卷 …… 263
四分律比丘戒相表記不分卷 …… 231
四庫未收書目提要五卷 …… 222
四庫未收書目提要五卷 …… 222
四庫全書書目表四卷 …… 222
四庫全書總目未收書目索引四卷 …… 222
四部備要 …… 215
四部備要 …… 216
四部備要 …… 219
四部備要 …… 220
四部備要 …… 223
四部備要 …… 231
四部備要 …… 232
四部備要 …… 240
四部叢刊 …… 215
四部叢刊 …… 219
四部叢刊續編七十七種 …… 231
四書正文 …… 257
四書白話註解 …… 215
四書合講十九卷 …… 218
四書集註十九卷 …… 257
四書論文抄本不分卷 …… 264
四雪草堂重訂通俗隋唐演義八卷一百回 …… 243
四雪草堂重訂通俗隋唐演義八卷一百回 …… 250
四偏頭經不分卷 …… 265
仙居叢書第一集十二種 …… 240
白衣神咒一卷 …… 262
白香山年譜一卷 …… 235
白香山年譜舊本一卷 …… 235
白香山詩長慶集二十卷後集十七卷別集一卷補遺二卷 …… 235
冬花遺集五卷 …… 233
包安吳家書臨帖兩種合冊一卷 …… 255
永邑地理三字經一卷 …… 267
民事訴訟案例不分卷 …… 265
民國新萬事不求人不分卷 …… 263
民國縉雲縣續志稿十六卷首一卷 …… 221
民眾便覽日用酬世大觀十種 …… 246
加評溫病條辨六卷首一卷 …… 224
幼幼集成六卷 …… 262

幼科三種 …………………………………… 261
幼科鐵鏡二卷 ……………………………… 261

六畫

刑事訴訟法大意一卷 ……………………… 223
老子道德經二卷 …………………………… 223
老子道德經二卷 …………………………… 223
老子校勘記一卷 …………………………… 223
老殘游記四卷二十章 ……………………… 253
地理正宗三字經抄本一卷 ………………… 267
地理正義鉛彈子砂水要訣七卷 …………… 226
地理辨正疏六卷首一卷 …………………… 263
共和書局斆正字彙二卷 …………………… 257
共和書局斆正字彙二卷 …………………… 257
共和國民入門新尺牘二卷首一卷 ………… 247
共和國教科書新地理六冊不分卷 ………… 263
共和國教科書新修身乙種不分卷 ………… 263
共和國教科書新理科六冊不分卷 ………… 264
共和國教科書新國文八冊不分卷 ………… 264
共和新戲曲不分卷 ………………………… 260
再續新唐詩一百二首二卷 ………………… 241
西堂雜組一集八卷二集八卷三集八卷 … 232
百子全書 …………………………………… 226
列子八卷 …………………………………… 255
列子八卷 …………………………………… 258
光緒條約一百十七卷 ……………………… 221
曲江書屋新訂批註左傳快讀十八卷首一
　卷 ………………………………………… 215
同治條約二十三卷 ………………………… 221
同善社白話問答一卷 ……………………… 264
朱子校昌黎先生集傳一卷 ………………… 231
朱淑真斷腸詩集十卷補遺一卷後集七卷
　斷腸詞一卷 ……………………………… 231
仲景全書五种 ……………………………… 226
全史宮詞二十卷 …………………………… 233
全國小學國文成績學生新文庫甲編十九
　卷 ………………………………………… 254
全國學生國文成績文庫甲編二十卷乙編
　二十卷 …………………………………… 251
全國學校成績新時代國文大觀乙編四卷
　…………………………………………… 251
全國學校國文精華錄六卷 ………………… 256
名山藏副本初集二卷贈言集一卷 ………… 221
名家選定詩文讀本 ………………………… 231
汲古閣景鈔南宋六十家小集 ……………… 235
安士全書四種 ……………………………… 228
安徽叢書二十五種 ………………………… 219
字典十二集三十六卷總目一卷檢字一卷
　辨似一卷等韻一卷補遺一卷備考一卷
　…………………………………………… 258
收圓醒迷錄二卷 …………………………… 267

七畫

戒殺放生文一卷 …………………………… 262
花月痕全書十六卷五十二回 ……………… 246
杜工部草堂詩年譜二卷 …………………… 233
杜工部草堂詩話二卷 ……………………… 233
杜工部草堂詩箋四十卷外集一卷 ………… 233
杜詩精華不分卷 …………………………… 241
杜詩鏡銓二十卷附諸家論杜一卷杜工部
　年譜一卷 ………………………………… 231
批本隨園詩話十六卷補遺十卷附錄一卷
　…………………………………………… 243
批評東萊博議四卷增補虛字註釋總目一
　卷 ………………………………………… 248
求我山人雜著六卷首一卷 ………………… 234
男女交合秘要新論一卷 …………………… 267
呂祖年譜海山奇遇七卷 …………………… 234
呂晚村先生文集八卷附錄一卷 …………… 215
吳三桂演義四卷四十回 …………………… 248
何仙姑寶卷二卷 …………………………… 262
何紹基前後赤壁賦不分卷 ………………… 252
身世金丹一卷 ……………………………… 229
身世金丹一卷 ……………………………… 229
佛門法眷經咒不分卷 ……………………… 267
佛門課藝規儀日常用書不分卷 …………… 265
佛教初學課本一卷 ………………………… 230
佛教初學課本一卷 ………………………… 260
佛教初學課本一卷 ………………………… 262

佛說十善業道經一卷 …………………… 262
佛說阿彌陀經一卷 ……………………… 228
佛學叢書□□種 ………………………… 229
近人絕句三百首不分卷 ………………… 235
劬勞詩一卷 ……………………………… 264
言文對照分類詳解雪鴻軒尺牘四卷 …… 237
言文對照古文評註讀本十二卷 ………… 240
言文對照古文評註讀本十二卷 ………… 244
言文對照古文觀止十二卷 ……………… 249
言文對照左傳評註讀本二卷 …………… 256
言文對照史記評註讀本三卷 …………… 222
言文對照史記評註讀本三卷 …………… 222
言文對照初等作文新範四卷 …………… 253
言文對照初等作文新範四卷 …………… 253
言文對照唐著寫信必讀不分卷 ………… 247
言文對照最新寫信必讀不分卷 ………… 251
言文對照廣注四書讀本十九卷 ………… 217
言文對照廣注四書讀本十九卷 ………… 218
言文對照廣注四書讀本十九卷 ………… 258
沙麻明辨不分卷 ………………………… 224
沙彌律儀要略一卷 ……………………… 230
泛梗集八卷 ……………………………… 233
宋人小說二十八種 ……………………… 225
宋王忠文公文集五十卷目錄一卷 ……… 237
宋元明文評註讀本不分卷 ……………… 252
宋元明文評註讀本不分卷 ……………… 252
宋元明文評註讀本不分卷 ……………… 252
宋拓褚河南雁塔聖教序不分卷 ………… 254
宋岳鄂王文集三卷 ……………………… 219
宋岳鄂王[飛]年譜六卷首一卷末一卷
……………………………………………… 219
初級國文讀本八冊 ……………………… 267
初唐四傑文集二十一卷 ………………… 235
初學論說文範四卷 ……………………… 253
初學論說文範四卷 ……………………… 253
改良今古奇觀六卷四十回 ……………… 249
改良繪圖解人頤廣集二卷 ……………… 244
改良繪圖解人頤廣集二卷 ……………… 249
改良繪圖解人頤廣集八卷 ……………… 245
改良繪圖解人頤廣集八卷 ……………… 249
阿Q正傳九章 …………………………… 244
阿彌陀經一卷 …………………………… 229
阿彌陀經白話解釋二卷附修行方法一卷
……………………………………………… 228

八畫

奉真壇聖班科一卷 ……………………… 266
青年修養錄十八編 ……………………… 242
長興詞存六卷 …………………………… 238
幸草亭詩鈔二卷 ………………………… 233
苦情小說有夫之婦不分卷 ……………… 244
林和靖詩集四卷拾遺一卷附錄一卷 …… 232
林和靖詩集四卷拾遺一卷附錄一卷 …… 232
[光緒]杭州府志一百七十八卷首八卷
……………………………………………… 221
杭州府志校勘記十六卷 ………………… 221
東坡樂府箋三卷 ………………………… 238
東周列國全志八卷一百八回 …………… 247
東周列國全志八卷一百八回 …………… 251
東周列國志二十七卷一百八回 ………… 251
東洋火災記一卷 ………………………… 257
東萊博議四卷 …………………………… 247
東萊博議四卷 …………………………… 257
東萊博議四卷 …………………………… 257
昌黎先生集四十卷外集十卷遺文一卷 … 231
明文在簡編四卷 ………………………… 237
明季南略十八卷 ………………………… 220
明道要言不分卷 ………………………… 230
忠孝節義二度梅全傳四卷四十回 ……… 252
佰生詩後三卷 …………………………… 232
佩文齋廣羣芳譜一百卷目錄二卷 ……… 223
金剛般若波羅密經一卷 ………………… 265
金剛般若波羅蜜經一卷 ………………… 229
金剛經誦本 ……………………………… 228
金匱心典讀本三卷 ……………………… 225
周易本義四卷圖說一卷 ………………… 256
周易本義四卷圖說一卷 ………………… 256
庚申集一卷 ……………………………… 237
河東先生文集六卷 ……………………… 231
河南開封府花枷良願龍圖寶卷全集二卷
……………………………………………… 252

注音字母四書白話句解十九卷 ………… 243
治印雜說不分卷 ……………………………… 223
治河說略十卷 ………………………………… 215
治家格言繹義二卷 ………………………… 259
定盦年譜藁本一卷 ………………………… 234
定盦年譜藁本一卷 ………………………… 234
居士參禪簡錄不分卷 ……………………… 228

九畫

春秋左傳句解六卷 ………………………… 260
珍珠囊指掌補遺藥性賦四卷 …………… 224
珍珠囊指掌補遺藥性賦四卷 …………… 227
珍珠囊指掌補遺藥性賦四卷 …………… 258
荀子二十卷 ………………………………… 228
荀子校勘補遺一卷 ………………………… 228
胡正惠公遺集二卷 ………………………… 241
茹經堂文集三編八卷 ……………………… 237
南田山志十四卷首一卷 …………………… 221
南史紀豔詩四卷 …………………………… 234
南枝集三卷 ………………………………… 234
南洋公學新國文四卷 ……………………… 251
南華真經解六卷 …………………………… 230
南遊志傳四卷十八回 ……………………… 248
柳體大楷玄秘塔碑精華一卷 …………… 255
砂法要訣一卷 ……………………………… 267
耐冷譚十六卷 ……………………………… 238
括蒼叢書第一集八種 ……………………… 225
括蒼叢書第一集八種第二集十二種 …… 240
星評要訣一卷校正百年經一卷 ………… 263
毗尼日用切要一卷 ………………………… 230
看破世界一卷 ……………………………… 229
看破世界一卷 ……………………………… 230
重刊五百家註音辯昌黎先生文集四十卷 ……………………………………………… 219
重刊五百家註音辯昌黎先生文集四十卷 ……………………………………………… 238
重修浙江通志初稿田賦三卷 …………… 221
重訂暗室燈二卷 …………………………… 229
重訂暗室燈二卷 …………………………… 260
重訂增補陶朱公致富全書六卷 ………… 256
重訂讀本救劫真經神呪不分卷 ………… 229
重訂讀本救劫真經神呪不分卷 ………… 229
重訂驗方新編十八卷 ……………………… 224
重校舊本湯頭歌訣一卷 …………………… 226
重校舊本湯頭歌訣一卷附經絡歌訣一卷 ……………………………………………… 262
侯魏汪三家文合鈔 ………………………… 240
侯魏汪三家文合鈔四卷 …………………… 241
後漢書一百二十卷 ………………………… 217
風水一書□□卷 …………………………… 265
哀思錄初編七卷二編四卷三編四卷 …… 219
哀思錄初編七卷二編四卷三編四卷 …… 219
哀思錄初編七卷二編四卷三編四卷 …… 219
亭林遺書二十二種附三種 ……………… 228
音注吳梅村詩二卷 ………………………… 243
音註王摩詰孟浩然詩二卷 ……………… 242
音註歸震川文一卷 ………………………… 241
洞冥記十卷三十八回 ……………………… 228
洞冥記十卷三十八回 ……………………… 228
為學不分卷 ………………………………… 264
眉公才子尺牘四卷 ………………………… 240
眉公才子尺牘四卷 ………………………… 251
姚氏清朝文錄簡編六卷 …………………… 236

十畫

馬石田文集十五卷附錄一卷 …………… 231
珠玉詞一卷補遺一卷 ……………………… 238
珠玉詞校記一卷 …………………………… 238
袁了凡先生四訓一卷 ……………………… 228
袁王加批綱鑑彙纂三十九卷首一卷 …… 220
莊子淺說四卷 ……………………………… 227
莊子集釋十卷 ……………………………… 223
格言精粹一卷 ……………………………… 245
校訂定盦全集十卷 ………………………… 234
校訂定盦全集十卷 ………………………… 234
校碑隨筆六卷續二卷 ……………………… 215
秣陵集六卷金陵歷代紀年事表一卷圖考一卷 ……………………………………… 232
徐靈胎醫書三十二種 ……………………… 225
般若波羅蜜多心經一卷 …………………… 229

般若波羅蜜多心經一卷 …………………… 256
般若菠羅蜜多心經直解一卷 ……………… 229
針灸問對二卷 ………………………………… 261
翁仲仁先生原本幼科七種大全 ………… 227
留青別集□□卷 …………………………… 243
留餘堂賦草一卷 …………………………… 241
訓女寶箴三卷附本一卷 ………………… 226
高等小學論說文範四卷 ………………… 252
高等小學論說文範四卷 ………………… 253
高等小學論說文範四卷 ………………… 253
高麗好大王碑□□卷 ……………………… 265
唐人八家詩四十二卷 ……………………… 235
唐人萬首絕句選七卷 ……………………… 236
唐五代詞不分卷附校記一卷 …………… 237
唐文評註讀本二卷 ………………………… 241
唐宋八家文讀本三十卷 ………………… 235
唐絕句選十二卷 …………………………… 236
唐詩紀事八十一卷 ………………………… 231
浙江孝節錄初集二卷 ……………………… 226
浙江省議會第一屆常年會文牘不分卷 … 248
浙江省議會第一屆第二年常會質問書不
　分卷 ………………………………………… 248
[浙江縉雲]五雲黃氏宗譜六卷 ………… 267
[浙江縉雲]古楚郡葉氏宗譜六卷 ……… 267
[浙江縉雲]沛國朱氏宗譜十二卷 ……… 267
[浙江縉雲]義陽朱氏家譜九卷 ………… 266
[浙江縉雲]鄭二世祖祭簿不分卷 ……… 264
海昌勝蹟志八卷補綴一卷 ……………… 219
書林紀事四卷 ……………………………… 242
陸湖遺集三卷 ……………………………… 232
陳修園醫書七十種 ………………………… 224
陳修園醫書六十種 ………………………… 224
陳修園醫書四十八種 ……………………… 260
陳檢討四六二十卷 ………………………… 233
陶菴詩稿不分卷 …………………………… 234
陶菴詩稿不分卷 …………………………… 247
陶菴詩稿不分卷 …………………………… 247
陶菴詩稿續刊不分卷 ……………………… 247
陶菴詩稿續刊不分卷 ……………………… 247

十一畫

教育學講義九章 …………………………… 264
培風樓詩存一卷 …………………………… 234
聊齋文集二卷 ……………………………… 259
聊齋志異新評十六卷 ……………………… 246
聊齋志異新評十六卷 ……………………… 248
黃太史精華録六卷 ………………………… 231
黃自元正氣歌一卷 ………………………… 255
黃岡二處士集三種三十五卷 …………… 234
黃庭經(黃庭內外景科儀)一卷 ………… 230
菓子儀簿一卷 ……………………………… 264
菜根譚前集一卷後集一卷 ……………… 250
菊花百詠一卷 ……………………………… 232
菰中隨筆一卷 ……………………………… 223
梅溪王忠文公[十朋]年譜一卷 ………… 237
梓潼帝君陰隲文註證新編四卷 ………… 227
敕建天台山國清講寺戒壇同戒錄一卷 … 228
救急經驗良方一卷 ………………………… 262
晨風廬叢刊十八種 ………………………… 221
晚唐詩選八卷 ……………………………… 236
唱經堂杜詩解四卷 ………………………… 251
國文不分卷 ………………………………… 264
國語詳注二十一卷 ………………………… 219
崇雅堂文稿四卷 …………………………… 234
崇雅堂叢書十四種 ………………………… 215
崇雅堂叢書十四種 ………………………… 221
崇雅堂叢書十四種 ………………………… 236
梨洲遺著彙刊(梨洲遺箸彙刊)二十七種
　續補三種 …………………………………… 240
第一才子書十六卷一百二十回 ………… 247
第一才子書六十卷一百二十回首一卷 … 250
敏齋醫書抄本不分卷 ……………………… 264
船山遺書六十六種附一種 ……………… 240
庸盦筆記六卷 ……………………………… 258
康熙字典十二集三十六卷檢字一卷辨似
　一卷等韻一卷備考一卷補遺一卷 …… 217
康熙字典十二集三十六卷檢字一卷辨似
　一卷等韻一卷補遺一卷備考一卷 …… 217
康熙字典十二集三十六卷檢字一卷辨似

一卷等韻一卷補遺一卷備考一卷 …… 218
康熙字典十二集三十六卷檢字一卷辨似一卷等韻一卷補遺一卷備考一卷 …… 218
康熙字典十二集三十六卷檢字一卷辨似一卷等韻一卷補遺一卷備考一卷 …… 255
康熙字典十二集三十六卷總目一卷檢字一卷辨似一卷等韻一卷備考一卷補遺一卷 …… 217
康熙字典十二集三十六卷總目一卷檢字一卷辨似一卷等韻一卷備考一卷補遺一卷 …… 217
康熙字典十二集三十六卷總目一卷檢字一卷辨似一卷等韻一卷備考一卷補遺一卷 …… 217
康熙字典十二集三十六卷總目一卷檢字一卷辨似一卷等韻一卷備考一卷補遺一卷 …… 218
康熙字典十二集三十六卷總目一卷檢字一卷辨似一卷等韻一卷備考一卷補遺一卷 …… 218
康熙字典十二集三十六卷總目一卷檢字一卷辨似一卷等韻一卷補遺一卷備考一卷 …… 217
康熙字典十二集三十六卷總目一卷檢字一卷辨似一卷等韻一卷補遺一卷備考一卷 …… 218
康熙字典十二集三十六卷總目一卷檢字一卷辨似一卷等韻一卷補遺一卷備考一卷 …… 258
康熙雍正乾隆條約四卷 …… 221
章氏叢書十三種 …… 240
清人說薈初集二十種二集二十種 …… 225
清史列傳八十卷 …… 220
清代文字獄檔九輯 …… 220
清代禁燬書目四種四卷 …… 222
清建國別記一卷 …… 218
清宮歷史演義十四卷一百二十回 …… 249
清詩話四十三種 …… 239
清詩話四十三種 …… 239
淨土五經六卷 …… 228
淨土五經六卷 …… 228
淨心神咒不分卷 …… 266
梁山伯寶卷二卷 …… 267
梁任公臨王聖教序枯樹賦不分卷 …… 254
涵芬樓叢書五種 …… 239
啟悟集一卷 …… 264
張三丰先生全集八卷 …… 233
張三丰祖師無根樹詞註解一卷 …… 233
張文忠公文集十一卷詩集六卷 …… 232
張文襄公詩集四卷 …… 234
張文襄公詩集四卷 …… 234
陽宅三要四卷 …… 227
婦人良方六卷 …… 261

十二畫

堪輿撮要一卷 …… 266
彭公案全傳四卷 …… 260
達摩寶傳二卷 …… 229
葉氏女科證治四卷 …… 226
散曲叢刊十五種 …… 238
萬佛尊經不分卷 …… 265
董其昌眞蹟不分卷 …… 252
敬竈全書不分卷 …… 229
雁後合鈔五卷 …… 235
紫竹山房遺稿一卷 …… 234
虛字韻藪一卷 …… 216
虛字韻藪一卷 …… 220
最新分類尺牘大觀不分卷 …… 254
最新高等小學理科教科書四冊 …… 251
最新楹聯叢話十九卷 …… 238
鼎鍥幼幼集成六卷 …… 225
鼎鍥趙田了凡袁先生編纂古本歷史大方綱鑑補三十九卷首一卷 …… 222
問道指南一卷 …… 262
景岳全書六十四卷 …… 260
衆喜粗言五卷 …… 242
御撰資治通鑑綱目三編二十卷 …… 222
御纂醫宗金鑑九十卷首一卷 …… 224
御纂醫宗金鑑九十卷首一卷 …… 227
御覽書苑菁華二十卷 …… 224
復庵先生集十卷附錄一卷 …… 234

舒瑞岐先生周甲雲林集錦不分卷 ……… 266
舒瑞岐先生周甲雲林集錦不分卷 ……… 266
舒瑞岐先生周甲雲林集錦不分卷 ……… 267
舒瑞岐先生周甲雲林集錦不分卷 ……… 267
欽定四庫全書總目二百卷首一卷 ……… 222
欽定四庫全書簡明目錄二十卷 ……… 222
欽定協紀辨方書三十六卷 ……… 227
欽定協紀辨方書三十六卷 ……… 259
欽定協紀辨方書三十六卷 ……… 260
飲冰室全集四十八卷 ……… 239
飲虹簃所刻曲三十種 ……… 239
評註論說軌範二集三卷 ……… 253
評點春秋綱目左傳句解彙雋六卷 ……… 254
評點春秋綱目左傳句解彙雋六卷 ……… 256
註釋唐詩三百首六卷 ……… 236
註釋唐詩三百首六卷 ……… 243
註釋唐詩三百首六卷 ……… 266
註釋疑雲集四卷 ……… 232
詠史記事一卷 ……… 244
詠懷堂詩集四卷外集二卷丙子詩一卷戊寅詩一卷辛巳詩二卷 ……… 232
詠懷堂詩補遺一卷 ……… 244
詞林正韻三卷發凡一卷 ……… 216
痛史二十一種附九種 ……… 218
道光條約八卷 ……… 221
道岸慈航不分卷 ……… 230
曾文正公大事記三卷榮哀錄一卷 ……… 247
曾文正公大事記三卷榮哀錄一卷 ……… 247
曾文正公全集十六種 ……… 222
曾文正公家書十卷家訓二卷 ……… 247
曾文正公家書十卷家訓二卷 ……… 247
曾文正公家書四種 ……… 234
淵鑑類函四百五十卷目録四卷 ……… 226
寒柯堂詩四卷 ……… 236
補讀室詩稿十卷 ……… 234
畫史彙稿文徵明二卷 ……… 234
遐庵詩稿一卷 ……… 233

十三畫

聖嘆才子尺牘四卷 ……… 240
聖嘆才子尺牘四卷 ……… 251
蓮池大師西方發願文簡註一卷 ……… 228
蒔薰精舍叢著 ……… 225
蒔薰精舍叢著 ……… 225
蒙學四字韻文一卷 ……… 265
楚辭章句十七卷 ……… 230
楊見山白鶴道人序一卷 ……… 255
楹聯彙編八卷 ……… 259
楹聯叢話十二卷續話四卷 ……… 238
雷公炮製藥性解六卷 ……… 224
雷公炮製藥性解六卷 ……… 227
雷公炮製藥性解六卷 ……… 258
雷公炮製藥性解六卷 ……… 260
雷公炮製藥性賦解十卷 ……… 226
當代八家文鈔 ……… 233
當代百家酬世文庫二十六卷 ……… 244
暗室燈二卷 ……… 263
鉤心集詩草一卷 ……… 242
愛蓮居士詩鈔四卷 ……… 266
飴山詩集二十卷 ……… 232
試律大成□□卷 ……… 243
詩史閣壬癸詩存六卷補遺一卷 ……… 237
詩法入門四卷首一卷 ……… 242
詩經集傳八卷 ……… 215
詩經集傳八卷 ……… 256
詩經體注大全合參五卷 ……… 217
詩簿一卷 ……… 266
詩韻合璧五卷 ……… 216
詩韻合璧五卷 ……… 220
詩韻集成五卷 ……… 245
詩韻集成五卷 ……… 257
詩韻集成五卷 ……… 258
詩韻集成五卷 ……… 258
詩韻集成五卷 ……… 258
詳訂古文評註全集八卷 ……… 249
詳註分類咏物詩選八卷 ……… 235
詳註六朝文絜八卷 ……… 236
詳註聊齋志異圖詠十六卷 ……… 244
詳註聊齋志異圖詠十六卷 ……… 248
詳註聊齋志異圖詠十六卷 ……… 249
詳註聊齋誌異圖詠十六卷 ……… 244

新刊註釋素問玄機原病式二卷素問病機氣宜保命集三卷 …… 224
新印許真君玉匣記增補諸家選擇日用通書二卷 …… 222
新出八劍七俠十六義平蠻演義後傳四卷六十回 …… 259
新式白話信範本七卷 …… 251
新刻正德遊龍寶卷全集一卷 …… 259
新刻洛陽橋寶卷全集一卷 …… 262
新刻校正音釋詞家便覽蕭曹遺筆四卷 … 247
新刻萬法歸宗五卷 …… 263
新刻繡像走馬春秋四卷十六回 …… 245
新訂王氏羅經透解二卷首一卷 …… 263
新訂四書補註備旨十卷 …… 256
新訂崇正闢謬通書十四卷 …… 261
新婚賦一卷 …… 266
新註四書白話解說三十六卷 …… 216
新註四書白話解說三十六卷 …… 216
新註四書白話解說三十六卷 …… 217
新註四書白話解說三十六卷 …… 256
新楹聯類編八卷 …… 237
新楹聯類編八卷 …… 246
新楹聯類編八卷 …… 246
新楹聯類編八卷 …… 246
新齊諧五卷續新齊諧三卷 …… 249
新增繪圖幼學故事瓊林四卷首一卷 …… 226
新增繪圖幼學故事瓊林四卷首一卷 …… 226
新增繪圖幼學故事瓊林四卷首一卷 …… 226
新增繪圖幼學故事瓊林四卷首一卷 …… 259
新撰女子尺牘二卷 …… 252
新選詳註國文讀本六卷 …… 251
新編五字經一卷 …… 268
新編中華國文教科書八卷 …… 257
新編華英尺牘合璧二卷 …… 247
新編雷峰塔奇傳五卷 …… 247
新編繡像王華買父四卷 …… 245
新輯尺牘合璧四卷 …… 241
新輯再續彭公案三集四卷八十回 …… 252
新輯特別改良最新時調離集一卷 …… 260
新輯繪圖全續彭公案四集四卷八十一回 …… 253
新輯續彭公案四卷八十回 …… 252
新鐫象吉備要通書二十九卷 …… 261
新鐫象吉備要通書二十九卷 …… 261
新鐫象吉備要通書二十九卷 …… 261
新鐫許真君玉匣記增補諸家二卷 …… 262
新鐫增補時憲臺曆袖裏璇璣星命須知一卷欽定萬年書一卷 …… 259
新鐫曆法便覽象吉備要通書二十九卷 … 261
新鐫曆法便覽象吉備要通書大全二十九卷 …… 227
新鐫曆法便覽象吉備要通書大全二十九卷 …… 261
新鐫曆法便覽象吉備要通書大全二十九卷 …… 261
新體廣註東萊博議四卷 …… 247
新體廣註雪鴻軒尺牘二卷 …… 253
資治明紀綱目二十卷附明紀綱目三編一卷 …… 220
溫病條辨六卷首一卷 …… 224
滄螺集六卷 …… 232
褚遂良書兒寬贊一卷 …… 255
褚遂良聖教序不分卷 …… 246
褚遂良聖教序不分卷 …… 246
褚遂良聖教序不分卷 …… 246
褚遂良聖教序不分卷 …… 246
褚遂良聖教序不分卷 …… 246
褚遂良聖教序不分卷 …… 246
群英表行集不分卷 …… 266
群英表行集不分卷 …… 266
群英集會不分卷 …… 266
群英集會不分卷 …… 266
經史百家簡編二卷 …… 246
經傳釋詞十卷 …… 215
經濟餘編通天曉五卷 …… 261
經簿一卷 …… 265
經驗靈藥說明書一卷 …… 259
綉像第十才子駐春園四卷二十四回 …… 259
彙錄善書不分卷 …… 257

十四畫

嘉慶一統志表二十卷 …… 220

壽世保元一卷 …………………………… 262
監本四書 ………………………………… 257
爾雅三卷 ………………………………… 216
鳴鳳山房文集四卷 ……………………… 266
鳴鳳山房文集四卷 ……………………… 266
鳴鳳山房文集續編四卷 ………………… 265
鳴鳳山房文集續編四卷 ………………… 266
鳴鳳山房文集續編四卷 ………………… 266
圖像新撰大鬧四門喬四卷四十回 ……… 255
箋注劍南詩鈔六卷 ……………………… 251
箋註隨園詩話十六卷補遺十卷 ………… 239
銅版四書集註 …………………………… 267
疑思問一卷 ……………………………… 264
說文古籀補十四卷補遺一卷附錄一卷 … 216
說文通檢十四卷首一卷末一卷 ………… 216
說文通檢十四卷首一卷末一卷 ………… 257
說文解字十五卷標目一卷 ……………… 216
說文解字十五卷標目一卷 ……………… 257
說文解字十五卷標目一卷 ……………… 257
說文解字注十五卷附六書音均表五卷 … 257
說文解字注匡謬八卷 …………………… 257
說文解字通釋四十卷 …………………… 216
說苑二十卷 ……………………………… 223
說郛一百卷 ……………………………… 225
瘉壄堂詩集二卷 ………………………… 233
齊物論釋一卷 …………………………… 223
精選評註五朝詩學津梁十二卷 ………… 242
精選楹聯新編二卷 ……………………… 246
精選廣註姚氏古文辭類纂不分卷 ……… 235
精選廣註姚氏古文辭類纂不分卷 ……… 235
精選廣註黎氏古文辭類纂不分卷 ……… 235
漢華山廟碑一卷 ………………………… 255
漢學師承記八卷經師經義目錄一卷宋學
淵源記二卷附記一卷 ………………… 218
漢魏叢書三十八種 ……………………… 240
漱玉詞一卷 ……………………………… 231
滮湖遺老續集四卷 ……………………… 233
隨園全集□□種 ………………………… 251
隨園詩話十六卷補遺十卷 ……………… 239
隨園詩話十六卷補遺十卷 ……………… 243
隨園詩話十六卷補遺十卷 ……………… 243
隨園詩話十六卷補遺十卷 ……………… 243
隨園詩話十六卷補遺十卷 ……………… 243
隨園詩話十六卷補遺十卷 ……………… 243
隨園詩話十六卷補遺十卷 ……………… 243
隨園詩話十六卷補遺十卷 ……………… 245
綱鑑易知錄九十二卷明鑑易知錄十五卷
……………………………………… 215
綱鑑易知錄九十二卷明鑑易知錄十五卷
……………………………………… 220
綱鑑易知錄九十二卷明鑑易知錄十五卷
……………………………………… 259

十五畫

墩煌出圖六祖壇經一卷 ………………… 230
增修補註歷代通鑑輯覽一百四十卷 …… 220
增註隨園女弟子詩選六卷 ……………… 233
增補本草備要八卷 ……………………… 260
增補本草備要八卷 ……………………… 260
增補攷正字彙一卷 ……………………… 247
增補東陽史要補四卷 …………………… 250
增補重訂千家詩註解一卷 ……………… 249
增補重訂千家詩註解一卷 ……………… 267
增補齊省堂全圖儒林外史六卷六十回 … 245
增補鋼鑑總論二卷 ……………………… 258
增補繪圖鍼灸大成十二卷 ……………… 227
增像全圖三國演義十六卷一百二十回 … 253
增像全圖三國演義十六卷一百二十回 … 253
增像全圖三國演義十六卷一百二十回 … 253
增像全圖三國演義十六卷首一卷 ……… 244
增像全圖東周列國志二十七卷首一卷一
百八回 ……………………………… 244
增像全圖東周列國志八卷一百八回 …… 251
增像第六才子書五卷首一卷 …………… 245
增廣尺牘句解初集二卷首一卷增補音郡
音義百家姓不分卷 …………………… 241
增廣玉匣記通書二卷 …………………… 227
增廣玉匣記通書二卷 …………………… 262
增廣玉匣記通書二卷 …………………… 263
增廣印光法師文鈔四卷首一卷 ………… 228
增選正續小題文府□□卷 ……………… 241

樊諫議集附録乙集一卷 …………………… 237
樊諫議集附録丙集一卷 …………………… 237
歐陽文忠公近體樂府三卷 ………………… 238
歐陽文忠近體樂府校記一卷 ……………… 238
歐陽詢皇甫君碑一卷 ……………………… 245
歐陽詢皇甫君碑一卷 ……………………… 245
歐陽詢皇甫君碑一卷 ……………………… 245
歐陽詢皇甫君碑一卷 ……………………… 246
歐陽詢皇甫君碑一卷 ……………………… 246
歐陽詢皇甫君碑一卷 ……………………… 246
醉翁亭記一卷 ……………………………… 255
遼詩紀事十二卷 …………………………… 239
影印名人手札真蹟大全十二種 …………… 242
墨子十五卷目一卷篇目考一卷 …………… 260
稼軒長短句十二卷補遺一卷 ……………… 237
篆法指南二集 ……………………………… 225
劍南詩鈔六卷 ……………………………… 231
劍南詩鈔六卷 ……………………………… 232
膠澳志十二卷附圖 ………………………… 219
魯案中日聯合委員會會議錄二部不分卷
……………………………………………… 255
劉文成公[基]年譜稿二卷 ……………… 220
劉文成公[基]年譜稿二卷 ……………… 220
劉文成公[基]年譜稿二卷 ……………… 220
諸葛亮招親二十回 ………………………… 249
課子隨筆六卷 ……………………………… 223
論語時訓不分卷 …………………………… 244
論說大觀六十二卷 ………………………… 242
論說範本四卷 ……………………………… 253
養生保命錄一卷 …………………………… 227
潘齡臯書胡大川詩一卷 …………………… 256
寫信必讀十卷 ……………………………… 263
選印宛委別藏四十種 ……………………… 240
編輯雜病心法要訣一卷 …………………… 265

十六畫

燕山外史註釋八卷 ………………………… 245
燕子龕遺詩一卷 …………………………… 237
醒世俚言一卷 ……………………………… 264
醒世篇三十二則一卷 ……………………… 262
歷代名人小簡二卷 ………………………… 240
歷代名人小簡續編二卷 …………………… 252
歷代孝子彙編八卷 ………………………… 250
歷代孝子彙編補錄一卷 …………………… 250
歷代循吏傳八卷 …………………………… 251
歷代畫史彙傳二十四卷首一卷附錄一卷
……………………………………………… 225
歷代詩文評註讀本 ………………………… 236
歷代詩文評註讀本 ………………………… 241
歷代詩文評註讀本 ………………………… 241
歷代詩文評註讀本 ………………………… 241
歷代詩文評註讀本 ………………………… 242
歷代詩文評註讀本 ………………………… 252
歷代詩文評註讀本 ………………………… 254
歷代詩話二十七種五十七卷考索一卷 … 239
歷代詩話續編二十九種 …………………… 239
歷代題畫詩類絕句鈔二卷 ………………… 236
戰國策詳註三十三卷 ……………………… 219
學生便用尺牘四卷 ………………………… 252
學生詞語解釋不分卷 ……………………… 265
學校四禮合纂八卷 ………………………… 245
學案小識十四卷首一卷末一卷 …………… 219
學統五十六卷 ……………………………… 224
儒門語要六卷 ……………………………… 224
錢氏小兒藥證直訣三卷附方一卷 ……… 265
[民國]龍游縣志四十卷首一卷末一卷
……………………………………………… 221
縉邑民俗道家發事之書不分卷 ………… 265
縉雲文徵二十卷補編一卷 ………………… 223
縉雲文徵二十卷補編一卷 ………………… 239

十七畫

韓文公論佛骨表糾謬一卷 ………………… 232
韓詩外傳十卷 ……………………………… 215
隸篇十五卷續十五卷再續十五卷 ……… 258
臨證指南醫案一卷 ………………………… 264
臨證指南醫案八卷 ………………………… 260
鍼心寶卷一卷 ……………………………… 262
謝利恆先生全書(謝氏全書) …………… 224
應有聯抄本不分卷 ………………………… 265

鴻寶齋攷正字彙二卷 …………………… 258
禮云禮云不分卷 ……………………………… 267
總理奉安實錄不分卷 ……………………… 239
總理奉安實錄不分卷 ……………………… 239

十八畫

瓊臺詩集二卷 ………………………………… 234
藥性賦一卷 …………………………………… 265
藥性類抄本不分卷 ………………………… 265
醫宗金鑑九十卷首一卷 …………………… 226
醫藥方歌不分卷 …………………………… 265
叢臺集四卷首一卷 ………………………… 219
雙龍紀勝四卷首一卷 ……………………… 221
歸田錄二卷補遺一卷 ……………………… 239
歸田錄二卷補遺一卷 ……………………… 239

十九畫

勸惺賢良不分卷 …………………………… 259
勸惺賢良不分卷 …………………………… 259
警察要旨一卷 ……………………………… 223
關帝明聖真經一卷附應驗靈籤一卷 …… 228
關聖帝君解冤真經一卷 …………………… 230
蠅麈酬唱集八卷補遺一卷 ……………… 237
羅狀元修道真言不分卷 ………………… 230
籀廎述林十卷 ……………………………… 223
譚祖安先生手寫詩冊五卷 ……………… 235
廬山志十二卷首一卷 ……………………… 221
廬山志副刊六種附圖一卷 ……………… 221
廬山記五卷 ………………………………… 221
瀛奎律髓刊誤四十九卷 ………………… 236
繪圖二才子俠義風月傳□□卷 ………… 251
繪圖三公奇案二卷 ………………………… 255
繪圖山海經十八卷 ………………………… 244
繪圖目蓮救母三世寶卷三卷 …………… 229
繪圖四書正文七卷 ………………………… 257
繪圖包公奇案十卷 ………………………… 259
繪圖西漢演義四卷一百回 ……………… 254
繪圖足本鏡花緣十二卷一百回 ………… 250
繪圖英雄奇緣傳十卷五十七回 ………… 255
繪圖典故列女全傳四卷 ………………… 253
繪圖岳飛全傳六卷五十二回 …………… 248
繪圖封神榜全傳□□卷 ………………… 250
繪圖封神演義八卷一百回 ……………… 243
繪圖封神演義八卷一百回 ……………… 250
繪圖封神演義八卷一百回 ……………… 250
繪圖封神演義八卷一百回 ……………… 250
繪圖封神演義□□卷一百回 …………… 250
繪圖紅樓夢十卷一百二十回 …………… 244
繪圖清史演義八卷六十四回 …………… 254
繪圖評註聊齋誌異十二卷 ……………… 248
繪圖增批古文觀止十二卷 ……………… 245
繪圖增像第五才子書水滸全傳八卷七十回首一卷 ……………… 254
繪圖增像第五才子書水滸全傳□□卷七十回 ……………… 256
繪圖歷朝通俗演義十一種 ……………… 250
繪圖歷朝通俗演義十一種 ……………… 258
繪圖歷朝通俗演義十一種 ……………… 258
繪圖諧鐸十二卷 …………………………… 245
繡像七劍十三俠三集□□卷一百八十回 ……………… 248
繡像永慶昇平前傳四卷九十七回 ……… 248
繡像西漢演義四卷一百回 ……………… 248
繡像西漢演義四卷一百回 ……………… 254
繡像全圖荆襄快談錄十二卷 …………… 260
繡像征東全傳四卷四十二回 …………… 255
繡像京本雲合奇踪玉茗英烈全傳十卷八十回 ……………… 258
繡像封神演義八卷一百回 ……………… 243
繡像封神演義八卷一百回 ……………… 250
繡像南唐演義薛家將十卷一百回 ……… 255
繡像後七國志樂田爭雄演義四卷 ……… 249
繡像後三國演義西晉四卷東晉六卷 …… 253
繡像雅調唱口八美姻緣二集□□卷 …… 262
繡像說唐征西六卷九十回 ……………… 255
繡像說唐征西全傳六卷九十回 ………… 259
繡像繪圖西晉演義四卷 ………………… 248
繡像繪圖花月痕十六卷五十二回 ……… 245
繡像繪圖花月痕十六卷五十二回 ……… 253
繡像繪圖後西遊記四卷四十回 ………… 248

繡像繪圖乾隆巡幸江南記八卷七十五回 ………… 250
繡像繪圖隋唐演義八卷一百回 ………… 250
繡像繪圖儒林外史六卷六十回 ………… 254

二十畫

黨童軍軍訓講義一卷十三章 ………… 264
釋名病釋一卷 ………… 224
釋迦世尊成道記略一卷 ………… 262

二十二畫

讀書堂杜工部文集註解二卷 ………… 231
讀通鑑論十六卷附宋論十五卷 ………… 215
讀通鑑論十六卷附宋論十五卷 ………… 220

二十四畫

觀山文稿十卷首一卷 ………… 236
觀世音菩薩普門品一卷 ………… 257
靈寶畢法三卷 ………… 233

《遂昌縣圖書館民國時期傳統裝幀書籍普查登記目録》
書名筆畫字頭索引

二畫

十 …… 483
人 …… 483

三畫

三 …… 483
大 …… 483
上 …… 483
丸 …… 483
女 …… 483

四畫

王 …… 483
天 …… 483
元 …… 483
五 …… 483
太 …… 483
日 …… 483
中 …… 483
分 …… 483
丹 …… 483
六 …… 483
文 …… 483
尺 …… 483
引 …… 484
水 …… 484

五畫

玉 …… 484
古 …… 484
本 …… 484
左 …… 484
戊 …… 484
史 …… 484
四 …… 484
白 …… 484
印 …… 484
外 …… 484
永 …… 484
民 …… 484
加 …… 484

六畫

考 …… 484
共 …… 484
百 …… 484
列 …… 484
攷 …… 484
朱 …… 484
竹 …… 484
任 …… 484
全 …… 484
名 …… 484
交 …… 484
安 …… 484
收 …… 484

七畫

戒 …… 484
赤 …… 484
孝 …… 484
杜 …… 484
李 …… 485

甫 ………………………………………… 485
作 ………………………………………… 485
佛 ………………………………………… 485
近 ………………………………………… 485
言 ………………………………………… 485
宋 ………………………………………… 485
局 ………………………………………… 485

八畫

長 ………………………………………… 485
范 ………………………………………… 485
林 ………………………………………… 485
松 ………………………………………… 485
東 ………………………………………… 485
昌 ………………………………………… 485
明 ………………………………………… 485
岳 ………………………………………… 485
金 ………………………………………… 485
周 ………………………………………… 485
祈 ………………………………………… 485
孟 ………………………………………… 485

九畫

春 ………………………………………… 485
珍 ………………………………………… 485
南 ………………………………………… 485
括 ………………………………………… 485
指 ………………………………………… 485
迴 ………………………………………… 485
看 ………………………………………… 485
重 ………………………………………… 485
皇 ………………………………………… 485
後 ………………………………………… 485
脉 ………………………………………… 485
音 ………………………………………… 485
洪 ………………………………………… 485
退 ………………………………………… 485

十畫

秦 ………………………………………… 486
格 ………………………………………… 486
校 ………………………………………… 486
時 ………………………………………… 486
財 ………………………………………… 486
晏 ………………………………………… 486
徐 ………………………………………… 486
高 ………………………………………… 486
病 ………………………………………… 486
唐 ………………………………………… 486
悟 ………………………………………… 486
浙 ………………………………………… 486
海 ………………………………………… 486
書 ………………………………………… 486
陳 ………………………………………… 486
陶 ………………………………………… 486

十一畫

教 ………………………………………… 486
培 ………………………………………… 486
黃 ………………………………………… 486
推 ………………………………………… 486
救 ………………………………………… 486
常 ………………………………………… 486
崇 ………………………………………… 486
笠 ………………………………………… 486
船 ………………………………………… 486
庸 ………………………………………… 486
康 ………………………………………… 486
章 ………………………………………… 486
清 ………………………………………… 486
涵 ………………………………………… 486
張 ………………………………………… 486
陽 ………………………………………… 486
婦 ………………………………………… 486
習 ………………………………………… 486

十二畫

琴 ………………………………………… 486
達 ………………………………………… 487
盧 ………………………………………… 487
鼎 ………………………………………… 487
傅 ………………………………………… 487
御 ………………………………………… 487
欽 ………………………………………… 487
評 ………………………………………… 487
註 ………………………………………… 487
惺 ………………………………………… 487
道 ………………………………………… 487
曾 ………………………………………… 487
滋 ………………………………………… 487
補 ………………………………………… 487

十三畫

勤 ………………………………………… 487
楚 ………………………………………… 487
雷 ………………………………………… 487
傷 ………………………………………… 487
詩 ………………………………………… 487
詳 ………………………………………… 487
新 ………………………………………… 487
溫 ………………………………………… 488
福 ………………………………………… 488
殿 ………………………………………… 488

十四畫

瑤 ………………………………………… 488
嘉 ………………………………………… 488
種 ………………………………………… 488
箬 ………………………………………… 488
銅 ………………………………………… 488
說 ………………………………………… 488
瘍 ………………………………………… 488
鄭 ………………………………………… 488
漁 ………………………………………… 488
隨 ………………………………………… 488
綱 ………………………………………… 488

十五畫

增 ………………………………………… 488
樊 ………………………………………… 488
震 ………………………………………… 488
墨 ………………………………………… 488
篆 ………………………………………… 488
魯 ………………………………………… 488
諸 ………………………………………… 488
論 ………………………………………… 488
養 ………………………………………… 488
潛 ………………………………………… 488
潘 ………………………………………… 488

十六畫

燕 ………………………………………… 488
醒 ………………………………………… 488
歷 ………………………………………… 488
霓 ………………………………………… 488

十七畫

韓 ………………………………………… 489
魏 ………………………………………… 489
鍼 ………………………………………… 489
濕 ………………………………………… 489
濟 ………………………………………… 489

十八畫

醫 ………………………………………… 489
顏 ………………………………………… 489

十九畫

勸 ………………………………………… 489

麗 …………………………………………… 489
贊 …………………………………………… 489
鏡 …………………………………………… 489
譚 …………………………………………… 489
繪 …………………………………………… 489
繡 …………………………………………… 489

二十一畫

續 …………………………………………… 489

二十二畫

讀 …………………………………………… 489

二十四畫

靈 …………………………………………… 489

《遂昌縣圖書館民國時期傳統裝幀書籍普查登記目録》
書名筆畫索引

二畫

十八家詩鈔二十八卷首一卷 ………… 279
十药神書注解一卷 ………… 291
人道大義錄不分卷 ………… 290
人道大義錄不分卷 ………… 291
人道大義錄不分卷 ………… 291
人境廬詩草箋注十一卷補遺一卷 ………… 282

三畫

三才堂保和編一卷 ………… 292
三國志六十五卷 ………… 283
三聖經感應靈驗圖註一卷 ………… 297
三蘇文集四十四卷 ………… 279
大中大夫鄭蒼濂先生奏議一卷 ………… 275
大中大夫鄭蒼濂先生奏議一卷 ………… 275
大中大夫鄭蒼濂先生奏議一卷 ………… 276
大中大夫鄭蒼濂先生奏議一卷 ………… 276
大中大夫鄭蒼濂先生奏議一卷 ………… 276
大中大夫鄭蒼濂先生奏議一卷 ………… 276
大中大夫鄭蒼濂先生奏議一卷 ………… 276
大中大夫鄭蒼濂先生奏議一卷 ………… 276
大中大夫鄭蒼濂先生奏議一卷 ………… 276
大中大夫鄭蒼濂先生奏議一卷 ………… 276
大中大夫鄭蒼濂先生奏議一卷 ………… 276
大中大夫鄭蒼濂先生奏議一卷 ………… 276
大中大夫鄭蒼濂先生奏議一卷 ………… 276
大中大夫鄭蒼濂先生奏議一卷 ………… 277
大乘起信論講義二卷 ………… 290
大學衍義講授二卷 ………… 281
大學秘解一卷 ………… 296
大學秘解一卷 ………… 296
上下古今談前編四卷 ………… 297
丸散膏丹自製法不分卷 ………… 287
女子古文觀止六卷 ………… 278
女子修身教科書教授法八卷 ………… 295
女子國文教科書教授法八卷 ………… 295

四畫

王文成公全書三十八卷 ………… 275
天化錄二卷 ………… 291
元雜劇 ………… 292
五種遺規 ………… 297
太上寶筏圖說八卷 ………… 298
日用必備交際大觀十卷 ………… 295
中華新字典初編十二卷續編十二卷檢字一卷 ………… 294
中華新字典初編十二卷續編十二卷檢字一卷 ………… 294
分類辭源三十卷 ………… 294
丹溪心法附餘二十四卷首一卷 ………… 286
六大辭源 ………… 295
六才子西廂文一卷 ………… 298
六也曲譜 ………… 276
六子全書 ………… 285
六如居士全集四種 ………… 282
六如居士全集四種 ………… 282
六科準繩 ………… 287
六科準繩 ………… 294
文心雕龍十卷 ………… 275
文心雕龍十卷 ………… 277
文心雕龍補注十卷 ………… 282
文心雕龍補注十卷 ………… 296
文選六十卷 ………… 275
文選考異十卷 ………… 275
尺木堂綱鑑易知錄九十二卷明鑑易知錄十五卷 ………… 283

引痘略一卷 …………………………… 288
引痘略一卷 …………………………… 289
水心先生文集二十九卷 ………………… 282

五畫

玉生香傳奇四種曲 ……………………… 278
玉獅堂傳奇十種 ………………………… 279
玉歷至寶鈔勸世八章附經驗神效良方 … 296
玉谿生詩詳註六卷首一卷 …………… 279
古文辭類纂選本十卷 ………………… 298
古文觀止十二卷 ………………………… 277
古文觀止十二卷 ………………………… 278
古文觀止十二卷 ………………………… 278
古文觀止十二卷 ………………………… 278
古文觀止十二卷 ………………………… 278
古文觀止十二卷 ………………………… 278
古文觀止十二卷 ………………………… 279
古文觀止十二卷 ………………………… 279
古文觀止十二卷 ………………………… 282
古文觀止十二卷 ………………………… 282
古文觀止十二卷 ………………………… 283
古吳童氏重校醫宗必讀十卷 ………… 288
古吳童氏重校醫宗必讀十卷 ………… 288
本草從新十八卷 ………………………… 288
本草從新十八卷 ………………………… 288
本草從新十八卷 ………………………… 288
本草萬方鍼線八卷 …………………… 285
本草萬方鍼線八卷 …………………… 285
本草萬方鍼線八卷 …………………… 286
本草綱目五十二卷圖一卷瀕湖脉學一卷
　奇經八脉攷一卷脉訣攷證一卷 ……… 286
本草綱目五十二卷圖三卷奇經八脈攷二
　卷 ……………………………………… 285
本草綱目五十二卷圖三卷奇經八脈攷二
　卷 ……………………………………… 285
本草綱目拾遺十卷 …………………… 285
本草綱目拾遺十卷 …………………… 285
本草綱目拾遺十卷 …………………… 286
左傳史論二卷 ………………………… 284
戊戌六君子遺集九種 ………………… 275
史記一百三十卷 ……………………… 283
四部備要 ……………………………… 280
四部備要 ……………………………… 294
四部叢刊 ……………………………… 285
四書集註十九卷 ……………………… 281
白龍山人畫選一卷 …………………… 293
印光法師文鈔七卷附錄一卷 ………… 291
外科精義二卷 ………………………… 287
永命真經一卷 ………………………… 297
永嘉膺符鎮水利商榷書一卷 ………… 293
民國九年份辦理舊處屬災振徵信錄不分
　卷 ……………………………………… 293
加批時病論八卷 ……………………… 287

六畫

考正詞韻二卷攷正白香詞譜一卷 ……… 281
共和國教科書新修身八卷 …………… 297
百子全書 ……………………………… 285
百尺樓叢書八卷 ……………………… 292
列女傳八卷 …………………………… 284
列子八卷 ……………………………… 286
攷正白香詞譜三卷附考正詞韻一卷 …… 298
朱子校昌黎先生集傳一卷 …………… 275
竹林女科證治四卷 …………………… 289
任渭長先生畫傳四種(任渭長四種) …… 284
全圖驗方新編一卷 …………………… 287
名山藏副本初集二卷贈言集一卷 ……… 285
交際大全不分卷 ……………………… 295
安樂銘不分卷 ………………………… 296
收圓醒迷錄二卷 ……………………… 292

七畫

戒煙善後策一卷 ……………………… 291
戒煙說理 ……………………………… 289
赤溪文稿三卷詩稿三卷 ……………… 277
赤溪存草六卷 ………………………… 275
孝經白話解說一卷 …………………… 281
杜詩鏡銓二十卷附諸家論杜一卷杜工部
　年譜一卷 ……………………………… 275

李長吉集四卷外卷一卷 …………………… 275
李笠翁十種曲 ……………………………… 276
李笠翁十種曲 ……………………………… 280
李鴻章書錢公墓志一卷 …………………… 293
甫田集三十六卷 …………………………… 282
作文秘訣不分卷 …………………………… 296
佛說無量壽經二卷 ………………………… 291
佛學叢書口口種 …………………………… 291
近思錄集注十四卷考訂朱子世家一卷 … 285
近思錄集說十四卷 ………………………… 285
言文一貫古文觀止十二卷 ………………… 279
言文對照評註作文新範四卷 ……………… 296
宋元明文評註讀本二卷 …………………… 295
宋元明文評註讀本不分卷 ………………… 278
局方發揮一卷 ……………………………… 291

八畫

長沙方歌括六卷首一卷 …………………… 291
范文正公集十二卷補編四卷年譜一卷年譜補遺一卷鄱陽遺事錄一卷義莊規矩一卷遺蹟一卷褒賢集五卷言行拾遺事錄四卷 ………………………………… 277
林子遺書一卷 ……………………………… 277
[民國]松陽縣志十四卷首一卷末一卷 ………………………………………… 292
東坡志林五卷 ……………………………… 290
昌黎先生集四十卷外集十卷遺文一卷 … 275
明史論 ……………………………………… 284
明清六才子文六卷 ………………………… 293
明道易經十二卷 …………………………… 281
岳忠武王文集八卷附錄一卷 ……………… 282
金剛般若波羅蜜經一卷 …………………… 290
金書小楷一卷 ……………………………… 293
金聖歎全集八卷 …………………………… 282
金匱要略淺註十卷 ………………………… 291
金匱要略淺註十卷 ………………………… 292
周易四卷 …………………………………… 281
祈夢秘書一卷 ……………………………… 296
孟子講義二卷 ……………………………… 281

九畫

春季始業新國文八卷 ……………………… 297
春秋左傳五十卷 …………………………… 280
春秋左傳五十卷 …………………………… 280
春秋左傳句解六卷 ………………………… 280
春秋左傳句解六卷 ………………………… 280
春秋左傳句解六卷 ………………………… 281
春秋左傳句解六卷 ………………………… 281
春暉叢書二種 ……………………………… 277
珍珠囊指掌補遺藥性賦四卷 ……………… 286
珍珠囊指掌補遺藥性賦四卷 ……………… 286
南田山志十四卷首一卷 …………………… 285
南田山志十四卷首一卷 …………………… 293
南華真經評註十卷 ………………………… 290
南野堂筆記十二卷 ………………………… 279
括蒼叢書第二集十二種 …………………… 292
括蒼叢書第二集十二種 …………………… 292
指迷金箴一卷 ……………………………… 298
指迷金箴一卷 ……………………………… 298
指迷金箴一卷 ……………………………… 298
指迷金箴一卷 ……………………………… 298
迴龍師尊普度語錄二卷 …………………… 290
迴龍師尊普度語錄二卷 …………………… 290
看破世界一卷 ……………………………… 297
重訂古文釋義新編八卷 …………………… 294
重訂驗方新編十八卷 ……………………… 288
重訂驗方新編十八卷 ……………………… 288
重訂驗方新編十八卷 ……………………… 288
重訂驗方新編十八卷 ……………………… 288
重校舊本湯頭歌訣一卷 …………………… 295
皇朝經世文編一百二十卷姓名總目二卷 ………………………………………… 284
後漢書一百二十卷 ………………………… 283
脉訣一卷 …………………………………… 291
音註小倉山房尺牘八卷 …………………… 278
洪容齋筆記七十四卷首一卷 ……………… 285
退醒廬筆記二卷 …………………………… 276

十畫

秦漢三國文評註讀本二卷 …………………… 295
格致餘論一卷局方發揮一卷 ………………… 287
校正圖註八十一難經四卷 …………………… 292
校正圖註八十一難經四卷 …………………… 292
校正圖註脈訣四卷 ………………………… 292
校正圖註脈訣四卷 ………………………… 292
校正瀕湖脈學一卷奇經八脈考一卷 …… 292
校正瀕湖脈學一卷奇經八脈考一卷 …… 292
時病論八卷 ………………………………… 288
財政部核定浙江省統捐捐率不分卷 …… 293
晏子春秋音義二卷 ………………………… 284
晏子春秋校勘二卷 ………………………… 284
晏子[嬰]春秋七卷 ……………………… 284
徐靈胎先生醫書十六種 …………………… 288
高等小學論說文範四卷 …………………… 295
高等小學論說文範四卷 …………………… 295
病理學讀本二卷 …………………………… 290
唐人說薈一百六十四種 …………………… 289
唐六如先生文韻一卷 ……………………… 298
唐文評註讀本二卷 ………………………… 279
唐文評註讀本二卷 ………………………… 295
唐代叢書(唐人說薈) …………………… 289
唐宋明清四朝詩話六卷 …………………… 275
悟性窮原一卷 ……………………………… 297
浙江孝節錄初集二卷 ……………………… 285
海上名人畫譜六卷 ………………………… 292
海藏癍論萃英一卷 ………………………… 291
書集傳六卷 ………………………………… 281
書經集傳八卷 ……………………………… 294
書經集傳六卷 ……………………………… 281
陳修園醫書 ………………………………… 291
陳修園醫書 ………………………………… 291
陶淵明文集十卷 …………………………… 277

十一畫

教科適用文選精華二卷 …………………… 295
教科適用漢書精華八卷 …………………… 294
培根書屋詩草九卷 ………………………… 277
黃公度先生[遵憲]年譜一卷 …………… 282
黃帝內經素問遺篇一卷 …………………… 286
推拿廣意二卷 ……………………………… 289
救迷良方 …………………………………… 288
救時金丹四卷 ……………………………… 297
救時金丹四卷 ……………………………… 297
救時金丹四卷 ……………………………… 297
常識文範四卷 ……………………………… 296
崇雅堂叢書十四種 ………………………… 277
崇雅堂叢書十四種 ………………………… 294
笠翁一家言全集十六卷 …………………… 279
笠翁一家言全集十六卷 …………………… 282
船山遺書六十六種附一種 ………………… 280
船山遺書六十六種附一種 ………………… 294
庸言一卷 …………………………………… 290
庸言一卷 …………………………………… 290
庸言一卷 …………………………………… 290
庸言一卷 …………………………………… 290
庸言一卷 …………………………………… 290
庸言一卷 …………………………………… 290
庸言一卷 …………………………………… 290
庸言一卷 …………………………………… 290
庸言一卷 …………………………………… 290
庸言一卷 …………………………………… 290
康熙字典十二集三十六卷等韻一卷檢字
　一卷辨似一卷備考一卷補遺一卷 …… 294
章太炎文鈔五卷 …………………………… 282
清詩評註讀本七卷 ………………………… 295
涵芬樓祕笈五十一種 ……………………… 286
張仲景傷寒論原文淺註六卷 ……………… 291
陽宅三要四卷 ……………………………… 289
陽宅三要四卷 ……………………………… 289
婦科雜證 …………………………………… 289
婦科雜證一卷 ……………………………… 288
婦科雜證一卷 ……………………………… 289
習之先生文集二卷 ………………………… 277

十二畫

琴學入門二卷 ……………………………… 291

達生編 …………………………………… 289
達生編一卷 ………………………………… 288
達生編一卷 ………………………………… 288
達生編一卷 ………………………………… 289
虛字韻藪一卷 ……………………………… 281
虛字韻藪一卷 ……………………………… 283
虛字韻藪一卷 ……………………………… 283
鼎鍥趙田了凡袁先生編纂古本歷史大方
綱鑑補三十九卷首一卷 ………………… 284
傅青主男科二卷女科二卷產後編二卷 … 288
御撰資治通鑑綱目三編二十卷 ………… 284
御纂醫宗金鑑九十卷首一卷 …………… 286
御纂醫宗金鑑九十卷首一卷 …………… 286
御纂醫宗金鑑九十卷首一卷 …………… 287
御纂醫宗金鑑九十卷首一卷 …………… 287
欽定協紀辨方書三十六卷 ……………… 284
評註昭明文選十五卷首一卷葉星衛附註
一卷 ……………………………………… 279
評註唐宋八家古文三十卷 ……………… 277
評註諸子菁華錄 …………………………… 295
評選古詩源十四卷 ………………………… 279
註釋唐詩三百首六卷 ……………………… 294
惺莽焚餘槀一卷 …………………………… 276
道書十二種 ………………………………… 296
道德說一卷 ………………………………… 293
曾文正公詩集一卷文集三卷 …………… 279
曾南豐文集四卷 …………………………… 275
滋蕙堂靈飛經一卷 ………………………… 293
補史記一卷 ………………………………… 283
補注黃帝內經素問二十四卷靈樞十二卷
…………………………………………… 286

十三畫

勤輔壇三刊鸞書□□卷 ………………… 292
勤輔壇三刊鸞書□□卷 ………………… 292
勤輔壇四刊鸞書五卷 …………………… 292
楚辭集注八卷首一卷 …………………… 275
楚辭集註八卷後語六卷辯證二卷 ……… 275
雷公炮製藥性解六卷 …………………… 286
雷公炮製藥性解六卷 …………………… 286
傷寒醫訣串解六卷傷寒真方歌括六卷 … 291
詩法入門四卷首一卷 …………………… 296
詩話二卷 …………………………………… 282
詩經集傳八卷 ……………………………… 280
詩經集傳八卷 ……………………………… 280
詩經集傳八卷 ……………………………… 280
詩經集傳八卷 ……………………………… 280
詩經集傳八卷 ……………………………… 280
詩經集傳八卷 ……………………………… 280
詩經集傳八卷 ……………………………… 280
詩經集傳八卷 ……………………………… 294
詩韻合璧五卷 ……………………………… 281
詩韻合璧五卷 ……………………………… 283
詩韻合璧五卷 ……………………………… 283
詳訂古文評註全集十卷 ………………… 282
詳註鄭板橋全集不分卷 ………………… 275
新刊萬病回春八卷 ………………………… 289
新制中華高等小學地理教授書九卷 …… 296
新制中華高等小學修身教科書九卷 …… 296
新制中華高等小學理科教科書九卷 …… 296
新制中華高等小學國文教科書九卷 …… 297
新制中華高等小學農業教科書六卷 …… 297
新制中華高等小學歷史教科書九卷 …… 296
新註四書白話解說三十六卷 …………… 281
新註道德經白話解說二卷 ……………… 290
新註道德經白話解說二卷 ……………… 290
新撰白話註解千家詩四卷笠翁韻對一卷
詩品詳註一卷 ………………………… 294
新編女科指掌五卷 ………………………… 289
新編中華字典十二集十二卷總目一卷檢
字一卷辨似一卷補遺一卷 …………… 294
新編詩韻全璧五卷初學檢韻一卷 ……… 283
新鐫象吉備要通書二十九卷 …………… 298
新鐫曆法便覽象吉備要通書大全二十九
卷 ………………………………………… 289
新鐫曆法便覽象吉備要通書大全二十九
卷 ………………………………………… 289
新鐫曆法便覽象吉備要通書大全二十九
卷 ………………………………………… 289
新鐫曆法便覽象吉備要通書大全二十九
卷 ………………………………………… 289

新體廣註小倉山房尺牘八卷 …………… 282
新體廣註古文觀止十二卷 ……………… 282
新體廣註東萊博議四卷 ………………… 298
溫病條辨六卷首一卷 …………………… 295
福幼編一卷遂生編一卷廣生編一卷 …… 287
殿版四書集註十九卷 …………………… 281

十四畫

瑤華閣詩草一卷詞鈔一卷詞補遺一卷 … 275
嘉應黄先生[遵憲]墓誌銘一卷 ………… 282
種福堂公選良方四卷 …………………… 292
箬溪藝人徵畧四卷附録一卷 …………… 284
銅版四書集註 …………………………… 281
銅版四書集註 …………………………… 281
說文解字十五卷標目一卷 ……………… 280
瘍醫大全四十卷 ………………………… 287
瘍醫大全四十卷 ………………………… 288
鄭板橋書城隍廟記一卷 ………………… 293
漁家樂帖一卷 …………………………… 293
隨園三十六種 …………………………… 279
隨園女弟子詩選六卷 …………………… 278
隨園全集三十八種 ……………………… 276
隨園詩話十六卷補遺十卷 ……………… 282
綱鑑易知録九十二卷明鑑易知録十五卷 ……………………………………… 283
綱鑑易知録九十二卷明鑑易知録十五卷 ……………………………………… 283

十五畫

增批古文觀止十二卷 …………………… 277
增批古文觀止十二卷 …………………… 278
增批古文觀止十二卷 …………………… 278
增批古文觀止十二卷 …………………… 279
增批繪像第六才子書八卷 ……………… 298
增注類證活人書二十二卷 ……………… 291
增修補註歷代通鑑輯覽一百四十卷 …… 283
增修補註歷代通鑑輯覽一百四十卷 …… 283
增評醫方集解二十三卷本草備要八卷 … 288
增評醫方集解二十三卷增補本草備要八卷重校舊本湯頭歌訣一卷 ……………… 287
增評醫方集解二十三卷增補本草備要八卷重校舊本湯頭歌訣一卷 ……………… 287
增補重編葉天士醫案四卷 ……………… 297
增補食物秘書一卷 ……………………… 291
增補醫方一盤珠全集十卷 ……………… 289
增像全圖東周列國志二十七卷一百八回 ……………………………………… 285
增廣好生録六卷 ………………………… 296
樊山判牘四卷 …………………………… 284
樊山判牘續編四卷 ……………………… 284
樊山政書二十卷 ………………………… 284
樊山詩鈔六卷文鈔四卷 ………………… 277
樊山詩鈔六卷文鈔四卷 ………………… 295
震川先生集三十卷别集十卷附録一卷 … 277
震川先生集三十卷别集十卷附録一卷 … 297
墨子十五卷目一卷篇目考一卷 ………… 285
篆刻鍼度八卷 …………………………… 285
魯詠安先生[滌平]榮哀録二輯 ………… 285
諸子文粹六十二卷續編十卷 …………… 289
諸子文粹六十二卷續編十卷 …………… 297
論孟準音學一卷 ………………………… 293
養生保命録一卷 ………………………… 296
潛龍讀書表十二卷 ……………………… 281
潘公免災救難寶卷三卷 ………………… 298

十六畫

燕山外史註釋八卷 ……………………… 298
醒世詞一卷 ……………………………… 293
歷代史論十二卷附宋史論三卷元史論一卷 ……………………………………… 284
歷代名臣言行録二十四卷 ……………… 284
歷代詩文評註讀本 ……………………… 276
歷代詩文評註讀本 ……………………… 277
歷代詩文評註讀本 ……………………… 278
歷代詩文評註讀本 ……………………… 279
歷代詩文評註讀本 ……………………… 279
歷代鐘鼎彝器欵識二十卷 ……………… 281
霓裳譜詠騰清不分卷 …………………… 292

十七畫

韓集點勘四卷 …………………………… 275
韓湘巖先生[錫胙]年譜二卷附錄一卷 …………………………………… 284
魏墓誌三種合冊不分卷 …………………… 293
鍼灸甲乙經十二卷 ………………………… 287
濕熱條辨一卷 ……………………………… 291
濟陰綱目十四卷 …………………………… 286

十八畫

醫門法律六卷尚論篇四卷首一卷後篇四卷寓意草一卷 ………………………… 286
醫宗金鑑九十卷首一卷 …………………… 286
醫案三十一條一卷 ………………………… 291
醫學心悟六卷 ……………………………… 287
醫學心悟六卷 ……………………………… 287
醫學心悟六卷 ……………………………… 287
醫學心悟六卷 ……………………………… 287
醫學南針十卷 ……………………………… 295
醫學從眾錄八卷 …………………………… 291
顏真卿竹山連句不分卷 …………………… 293

十九畫

勸世白話文不分卷 ………………………… 291
[民國]麗水縣志十四卷 …………………… 293
贊濟壇首刊鸞書二卷 ……………………… 298
贊濟壇首刊鸞書二卷 ……………………… 298
鏡蓉詩鈔一卷 ……………………………… 276
譚延闓大楷枯樹賦一卷 …………………… 293
繪圖典故列女全傳四卷 …………………… 284
繪圖典故列女全傳四卷 …………………… 284
繪圖綴白裘十二集四十八卷 ……………… 298
繡像七劍十三俠三集十二卷 ……………… 298

二十一畫

續古文觀止六卷 …………………………… 278
續金華叢書六十種 ………………………… 286

二十二畫

讀史論畧一卷 ……………………………… 284
讀書堂杜工部文集註解二卷 ……………… 275

二十四畫

靈峯先生集十一卷 ………………………… 278
靈峯先生集十一卷 ………………………… 278

《松陽縣圖書館民國時期傳統裝幀書籍普查登記目録》

書名筆畫字頭索引

六畫

朱 …………………………………………… 493

八畫

松 …………………………………………… 493
昌 …………………………………………… 493

十七畫

韓 …………………………………………… 493

《松陽縣圖書館民國時期傳統裝幀書籍普查登記目録》
書名筆畫索引

六畫

朱子校昌黎先生集傳一卷 ………………… 303

八畫

[民國]松陽縣志十四卷首一卷末一卷 … 303

昌黎先生集四十卷外集十卷遺文一卷 … 303

十七畫

韓集點勘四卷 ……………………………… 303

《雲和縣圖書館民國時期傳統裝幀書籍普查登記目録》

書名筆畫字頭索引

一畫

乙 …… 501

二畫

十 …… 501
七 …… 501
卜 …… 501
八 …… 501
人 …… 501
入 …… 501
九 …… 501

三畫

三 …… 501
大 …… 501
才 …… 501
上 …… 501
山 …… 501
千 …… 501
女 …… 502
小 …… 502

四畫

夫 …… 502
天 …… 502
元 …… 502
五 …… 502
不 …… 502
太 …… 502
尤 …… 502
少 …… 502
中 …… 502
内 …… 502
手 …… 502
分 …… 502
月 …… 502
六 …… 502
文 …… 502
火 …… 502
心 …… 502
尺 …… 502

五畫

玉 …… 502
未 …… 503
功 …… 503
世 …… 503
古 …… 503
本 …… 503
丙 …… 503
左 …… 503
布 …… 503
戊 …… 503
打 …… 503
甲 …… 503
史 …… 503
四 …… 503
仙 …… 503
白 …… 503
玄 …… 503
民 …… 503
出 …… 504
召 …… 504
幼 …… 504

六畫

吉 …… 504
老 …… 504
地 …… 504
共 …… 504
西 …… 504
百 …… 504
列 …… 504
扞 …… 504
攷 …… 504
早 …… 504
曲 …… 504
吕 …… 504
回 …… 504
朱 …… 504
伏 …… 504
全 …… 504
各 …… 504
名 …… 504
江 …… 504
收 …… 504
羽 …… 504

七畫

戒 …… 504
赤 …… 504
孝 …… 504
花 …… 504
抗 …… 504
吴 …… 504
刪 …… 504
利 …… 504
秀 …… 504
佛 …… 504
近 …… 504
孚 …… 504
言 …… 505
判 …… 505
灶 …… 505
弟 …… 505
宋 …… 505
良 …… 505
初 …… 505
改 …… 505

八畫

武 …… 505
青 …… 505
昔 …… 505
茅 …… 505
東 …… 505
郁 …… 505
拔 …… 505
和 …… 505
兒 …… 505
往 …… 505
金 …… 505
肥 …… 505
周 …… 505
京 …… 505
放 …… 505
況 …… 505
注 …… 505
治 …… 505
房 …… 505
祈 …… 505
孟 …… 505

九畫

契 …… 505
春 …… 506
珍 …… 506
封 …… 506
政 …… 506
南 …… 506
相 …… 506
勑 …… 506

貞 …… 506
星 …… 506
哪 …… 506
拜 …… 506
看 …… 506
重 …… 506
修 …… 506
信 …… 506
皇 …… 506
勉 …… 506
訂 …… 506
度 …… 506
送 …… 506
首 …… 506
宣 …… 506
眉 …… 506

十畫

馬 …… 506
秦 …… 506
起 …… 506
真 …… 506
桃 …… 506
格 …… 506
校 …… 506
破 …… 506
時 …… 506
晏 …… 507
造 …… 507
借 …… 507
師 …… 507
訓 …… 507
記 …… 507
高 …… 507
病 …… 507
唐 …… 507
朔 …… 507
浙 …… 507
流 …… 507
家 …… 507
冥 …… 507
書 …… 507
陳 …… 507
通 …… 508
能 …… 508
孫 …… 508
納 …… 508

十一畫

理 …… 508
赦 …… 508
梱 …… 508
斬 …… 508
掃 …… 508
救 …… 508
唱 …… 508
國 …… 508
帳 …… 508
崇 …… 508
第 …… 508
做 …… 508
貨 …… 508
船 …… 508
釣 …… 508
週 …… 508
庸 …… 508
康 …… 508
清 …… 508
淺 …… 508
淮 …… 508
梁 …… 508
張 …… 508
陽 …… 508

十二畫

博 …… 508
達 …… 508
葉 …… 508
萬 …… 509

敬 …… 509
揀 …… 509
虛 …… 509
最 …… 509
鼎 …… 509
開 …… 509
景 …… 509
貴 …… 509
無 …… 509
短 …… 509
策 …… 509
筆 …… 509
傅 …… 509
集 …… 509
遁 …… 509
御 …… 509
欽 …… 509
貂 …… 509
飲 …… 509
評 …… 509
註 …… 509
痘 …… 509
普 …… 509
道 …… 509
曾 …… 509
湘 …… 509
補 …… 509
賀 …… 509
結 …… 509
統 …… 509

十三畫

肆 …… 509
填 …… 509
聖 …… 509
禁 …… 510
楚 …… 510
雷 …… 510
傳 …… 510
傷 …… 510
會 …… 510
詩 …… 510
誠 …… 510
詳 …… 510
新 …… 510
義 …… 511
煉 …… 511
福 …… 511
經 …… 511

十四畫

壽 …… 511
蔡 …… 511
對 …… 511
圖 …… 511
種 …… 511
箋 …… 511
銅 …… 511
說 …… 511
廣 …… 511
遮 …… 511
精 …… 511
漢 …… 511
實 …… 511
隨 …… 511
鄧 …… 511

十五畫

賣 …… 511
增 …… 511
豬 …… 512
撮 …… 512
墨 …… 512
請 …… 512
諸 …… 512
課 …… 512
論 …… 512
廟 …… 512
養 …… 512

寫 …… 512

十六畫

醒 …… 512
歷 …… 512
戰 …… 512
還 …… 512
默 …… 512
積 …… 512
儒 …… 512
鍊 …… 512
諱 …… 512
磨 …… 512
龍 …… 512
縛 …… 512

十七畫

聯 …… 512
韓 …… 512
點 …… 512
謝 …… 512
濟 …… 512
繡 …… 512

十八畫

藥 …… 513
醫 …… 513
雙 …… 513
鎮 …… 513
鎖 …… 513
雜 …… 513
離 …… 513
斷 …… 513

十九畫

勸 …… 513
羅 …… 513
鏡 …… 513
廬 …… 513
繪 …… 513
繡 …… 513

二十畫

酆 …… 513
闡 …… 513
竇 …… 513
繼 …… 513
竈 …… 513

二十二畫

讀 …… 513

二十三畫

籤 …… 513
變 …… 513

二十四畫

觀 …… 514
靈 …… 514

二十七畫

鸕 …… 514

其他

□ …… 514

《雲和縣圖書館民國時期傳統裝幀書籍普查登記目録》

書名筆畫索引

一畫

乙丑年通書一卷 …………………… 354

二畫

十干化運例一卷 …………………… 357
十王表一卷 …………………… 315
七言雜字一卷 …………………… 359
七序施解書一卷 …………………… 315
七政勝歷一卷 …………………… 359
卜居一卷 …………………… 359
八击唵呸一卷 …………………… 348
八字書一卷 …………………… 347
八字歌一卷 …………………… 345
八卦取象歌 …………………… 354
八掛書一卷 …………………… 359
八德須知二集八卷 …………………… 335
八德須知二集八卷 …………………… 335
八德須知二集八卷 …………………… 335
人道大義錄不分卷 …………………… 335
入地眼全書十卷 …………………… 339
九陽關註解一卷 …………………… 311
九經書一卷 …………………… 317
九經書一卷 …………………… 356
九經書一卷 …………………… 357

三畫

三大聖經不分卷 …………………… 335
三大聖經不分卷 …………………… 335
三字經一卷 …………………… 336
三字經一卷 …………………… 336
三字經一卷 …………………… 356
三戒經二卷 …………………… 347
三官寶經一卷 …………………… 313
三界法書一卷 …………………… 354
三界醮設諸天願科一卷 …………………… 313
三聖感應經三卷 …………………… 334
三聖經三卷 …………………… 335
三聖經三卷 …………………… 335
三聖經靈驗圖註不分卷 …………………… 334
三聖經靈驗圖註不分卷 …………………… 334
三聖經靈驗圖註不分卷 …………………… 334
三聖經靈驗圖註不分卷 …………………… 334
三聖經靈驗圖註不分卷 …………………… 334
三聖經靈驗圖註不分卷 …………………… 334
三聖經靈驗圖註不分卷 …………………… 334
三緣會四卷 …………………… 354
三蘇文集四十四卷 …………………… 342
三蘇文集四十四卷 …………………… 342
三蘇文集四十四卷 …………………… 342
三讓正科一卷 …………………… 316
大字校正白文四書 …………………… 324
大佛頂如來密因修證了義諸菩薩萬行首楞嚴經直指十卷 …………………… 347
大佛頂首楞嚴經正脈疏四十卷 …………………… 342
大操兵用盡一卷 …………………… 359
大學一卷 …………………… 361
才調集選三卷 …………………… 345
上大人一卷 …………………… 358
上大人一卷 …………………… 358
上吉一卷 …………………… 358
上卷甲子歌一卷 …………………… 316
山形圖式一卷 …………………… 360
山歌一卷 …………………… 355
山歌本明第二十號一卷 …………………… 357
千字文一卷 …………………… 357
千字文一卷 …………………… 360

千家書一卷 …… 358
千家詩書一卷 …… 325
女子小學高等小學校用女子新國文六卷 …… 349
女子國文教科書八卷 …… 350
小倉山房文集三十五卷 …… 332
小倉山房詩集三十七卷補遺二卷 …… 332

四畫

夫人醮科一卷 …… 356
天干五合一卷 …… 355
天文一卷 …… 360
天文時景地理人倫章一卷 …… 347
天官賜福一卷 …… 357
天師懺科書一卷 …… 312
天師懺科一卷 …… 316
天道冥存一卷 …… 359
天緣經一卷 …… 313
元帥斬妖一卷 …… 348
五公經一卷 …… 361
五星福書一卷 …… 358
五顯會簿一卷 …… 360
不遠千里而來一卷 …… 359
太乙金華宗旨不分卷 …… 348
太乙金華宗旨不分卷 …… 348
太上三五都功經籙一卷 …… 356
太上玄靈北斗本命延生妙經一卷 …… 341
太上玄靈北斗本命延生妙經一卷 …… 341
太上玄靈北斗本命延生妙經一卷 …… 341
太上玄靈北斗本命延生妙經一卷 …… 341
太上玄靈北斗本命延生妙經一卷 …… 341
太上祈□水宮科一卷 …… 317
尤西堂全集二十六種 …… 325
少年適用分類新體尺牘八卷 …… 340
少年適用分類新體尺牘八卷 …… 340
中西輿地三字經一卷 …… 358
中華民國十一年通書一卷 …… 354
中華民國十二年通書一卷 …… 354
中華民國八年通書一卷 …… 354
中華民國三十六年歲在丁亥農曆通書一卷 …… 351
中華民國三年通書一卷 …… 354
中華民國五年陰陽合曆通書一卷 …… 354
中華民國四年歲次乙卯時憲書一卷 …… 346
中華普通學生尺牘二卷 …… 352
中國寓言四卷 …… 337
中等新論說文範四卷 …… 333
中等新論說文範四卷 …… 333
中學參同一卷 …… 341
內經知要講義四卷 …… 338
手工圖様一卷 …… 362
手工講義一卷 …… 362
手抄通書一卷 …… 327
分書一卷 …… 357
分關草薄一卷 …… 355
分類文明尺牘四卷 …… 351
分類詳註新式尺牘大全十二卷 …… 328
分類辭源十二集 …… 327
月半人丁簿一卷 …… 358
六字經一卷 …… 339
六字經一卷 …… 339
六字經一卷 …… 360
六字經一卷 …… 361
六如居士全集四種 …… 311
六書通十卷 …… 332
文心雕龍十卷 …… 325
文昌帝君戒淫寶訓一卷 …… 344
文昌帝君戒淫寶訓一卷 …… 345
文昌帝君孝經一卷 …… 347
文昌帝君陰隲文一卷 …… 346
文昌帝君陰隲文一卷 …… 346
文昌帝君陰隲文一卷 …… 346
文堂科書一卷 …… 313
火醮誠意一卷 …… 314
心經口氣增註一卷 …… 339
尺木堂綱鑑易知錄九十二卷明鑑易知錄十五卷 …… 338
尺牘撮要一卷 …… 357

五畫

玉定金科例誅輯要十卷首一卷末一卷特

宥輯要十卷首一卷末一卷例賞輯要十
卷首一卷末一卷 …………………… 320
玉定金科例誅輯要十卷首一卷末一卷特
宥輯要十卷首一卷末一卷例賞輯要十
卷首一卷末一卷 …………………… 320
玉樞六根血湖懺科一卷 ………………… 313
玉歷至寶鈔勸世一卷附經驗神效良方一
卷 ………………………………………… 335
未晚樓文存四卷別卷一卷續存三卷別卷
一卷 ……………………………………… 333
功德超亡通用一卷 ……………………… 359
世界知識新文庫十四卷 ………………… 329
古文辭類纂評註七十四卷 ……………… 326
古文辭類纂評註七十四卷 ……………… 326
古文觀止一卷 …………………………… 360
古文觀止十二卷 ………………………… 325
古文觀止十二卷 ………………………… 325
古文觀止十二卷 ………………………… 325
古唐詩合解十二卷古詩四卷 …………… 346
古唐詩合解十二卷古詩四卷 …………… 346
古傳天文一卷 …………………………… 356
古傳天文一卷 …………………………… 357
古詩評註讀本三卷附教授法一卷 ……… 325
本草備要四卷 …………………………… 332
本草綱目五十二卷 ……………………… 328
本靖玄帝進壇醮科一卷 ………………… 316
丙子年星度月表一卷 …………………… 350
左宗棠真墨蹟一卷 ……………………… 346
左傳不分卷 ……………………………… 353
左傳菁華錄二十四卷 …………………… 312
布線衣裳一卷 …………………………… 359
布線衣裳一卷 …………………………… 361
戊子年通書一卷 ………………………… 353
打入門一卷 ……………………………… 314
打九樓法書一卷 ………………………… 312
打金鐘法書一卷 ………………………… 313
甲子乙丑海中金一卷 …………………… 360
史鑑節要二卷 …………………………… 343
史鑑節要便讀六卷 ……………………… 343
四部備要 ………………………………… 311
四書正文 ………………………………… 322
四書正文 ………………………………… 322
四書正文 ………………………………… 322
四書正文 ………………………………… 322
四書正文 ………………………………… 322
四書正文 ………………………………… 322
四書正文 ………………………………… 322
四書正文 ………………………………… 322
四書正文 ………………………………… 324
四書正文 ………………………………… 324
四書正文 ………………………………… 352
四書正文七卷 …………………………… 322
四書正文七卷 …………………………… 322
四書正文七卷 …………………………… 322
四書正文七卷 …………………………… 322
四書正文七卷 …………………………… 322
四書正文七卷 …………………………… 322
四書正文七卷 …………………………… 322
四書正文七卷 …………………………… 322
四書正文七卷 …………………………… 322
四書正文大學一卷 ……………………… 324
四書白文 ………………………………… 324
四書白文 ………………………………… 324
四書白話註解 …………………………… 321
四書白話解 ……………………………… 321
四書便讀十九卷 ………………………… 324
四書說約一卷 …………………………… 324
四雪草堂重訂通俗隋唐演義八卷一百回
………………………………………… 341
仙佛真言不分卷 ………………………… 332
仙佛真言不分卷 ………………………… 332
仙佛真言不分卷 ………………………… 332
白香山詩長慶集二十卷後集十七卷別集
一卷補遺二卷 …………………………… 338
白話商業尺牘二卷 ……………………… 349
白話學生尺牘二卷 ……………………… 349
玄靈玉皇經一卷 ………………………… 338
民國十九年關稅短期庫券條例不分卷 … 354
民國史要論不分卷 ……………………… 352
民國志十四卷 …………………………… 355
民國暫行民律草案不分卷 ……………… 354
民間歌本一卷 …………………………… 357

民間歌謠一卷 …………………………… 357
民間藥方一卷 …………………………… 361
出日山歌一卷 …………………………… 357
出行夫人家有時辰喜大吉一卷 ………… 347
召神虎白一卷 …………………………… 316
幼幼集成六卷 …………………………… 336

六畫

吉祥醮科一卷 …………………………… 314
老子道德經二卷 ………………………… 311
地理五訣八卷 …………………………… 331
地理五訣八卷 …………………………… 333
地理鉛彈子七卷 ………………………… 334
地獄寶經一卷 …………………………… 314
共和國教科書新修身教授法六冊不分卷
………………………………………… 348
共和國教科書新修身教授法六冊不分卷
………………………………………… 348
共和國教科書新國文八冊不分卷 ……… 348
共和國教科書新國文八冊不分卷 ……… 348
共和新尺牘四卷 ………………………… 348
共和新尺牘四卷 ………………………… 351
西□七政天官五星二卷 ………………… 357
百草良方一卷 …………………………… 361
列女傳八卷 ……………………………… 353
扞牢獄法書一卷 ………………………… 316
攷正白香詞譜三卷附錄一卷 …………… 352
攷正字彙二卷 …………………………… 327
攷正字彙二卷 …………………………… 327
攷正字彙二卷 …………………………… 327
攷正字彙二卷 …………………………… 327
早朝科一卷 ……………………………… 313
早朝科一卷 ……………………………… 315
曲江書屋新訂批註左傳快讀十八卷首一
卷 ……………………………………… 346
曲譜一卷 ………………………………… 358
吕祖全書三十三卷 ……………………… 343
回天寶懺八卷首一卷 …………………… 311
回春編一卷 ……………………………… 352
回鄉語錄一卷 …………………………… 351
回龍閣一卷 ……………………………… 356
朱夫子治家格言一卷 …………………… 360
伏以一卷 ………………………………… 327
伏龍安土宅謝土真科一卷 ……………… 317
全家福壽一卷 …………………………… 354
全國學生成績新文庫甲編十九卷乙編初
集二十卷二集二十卷 ………………… 336
全國學生成績新文庫甲編十九卷乙編初
集二十卷二集二十卷 ………………… 336
全國學生國文成績文庫甲編二十卷乙編
二十卷 ………………………………… 343
各項表章式一卷 ………………………… 315
名賢手札八種 …………………………… 353
江湖口訣一卷 …………………………… 348
收文簿一卷 ……………………………… 361
收捉軍令法放收魂收兵全部一卷 ……… 315
收瘟敕水一卷 …………………………… 358
羽化鍊度法書一卷 ……………………… 348

七畫

戒殺放生文一卷 ………………………… 351
戒淫格言挽世舟一卷附病忌要覽一卷 … 350
戒淫格言挽世舟一卷附病忌要覽一卷 … 352
赤仁章硃書一卷 ………………………… 347
孝經一卷附二十四孝圖說一卷 ………… 335
孝經白話解說一卷 ……………………… 335
孝經白話解說一卷 ……………………… 335
花鼓歌書一卷 …………………………… 360
抗日救國叢刊一卷 ……………………… 362
吳愙齋先生篆書銅柱銘一卷 …………… 326
删亭文集二卷續集二卷 ………………… 326
利厚名揚一卷 …………………………… 358
秀山中一人高臥一卷 …………………… 362
佛祖般若心印經一卷 …………………… 344
佛祖般若心印經一卷 …………………… 345
佛教問答一卷 …………………………… 340
佛說解寃往生經不分卷 ………………… 347
近代文評註讀本三卷 …………………… 325
近思錄集注十四卷考訂朱子世家一卷 … 351
孚佑帝君純陽祖師演說三生石一卷 …… 335

言文對照女子新尺牘二卷 …………………… 350
言文對照中學新文範二卷 …………………… 352
言文對照古文評註讀本十二卷 ………… 326
言文對照史記評註讀本三卷 …………… 326
言文對照初等作文新範四卷 …………… 344
言文對照高等作文新範三卷 …………… 343
言文對照國語評註讀本二卷 …………… 326
言文對照商業新尺牘二卷 …………………… 333
言文對照商業新尺牘二卷 …………………… 350
言文對照評註高等小學論說文範四卷 … 337
言文對照普通尺牘範本二卷 …………… 352
言文對照普通新尺牘十八卷附錄一卷 … 329
言文對照廣注四書讀本十九卷 ………… 324
言文對照廣註寫信必讀十卷 …………… 352
言文對照廣註寫信必讀不分卷 ………… 338
言文對照漢書評註讀本二卷 …………… 326
判決錄不分卷 ……………………………… 351
灶醮誠意一卷 ……………………………… 313
灶醮誠意一卷 ……………………………… 314
灶醮誠意一卷 ……………………………… 355
弟子規一卷 ………………………………… 344
宋元人說部書 ……………………………… 326
宋書一百卷 ………………………………… 352
良瑚公次子錫壽公支一卷 ………………… 362
良瑞公五子錫傳公支一卷錫章公支一卷
……………………………………………… 362
初採歌人一卷 ……………………………… 355
初開一卷 …………………………………… 357
初開一卷 …………………………………… 358
初開書一卷 ………………………………… 356
初學適用論說精華四卷 …………………… 344
初學論說文範四卷 ………………………… 337
初學論說文範四卷 ………………………… 337
初學論說文範四卷 ………………………… 337
初學論說文範四卷 ………………………… 338
初學論說必讀四卷 ………………………… 339
改良繪圖註釋字文一卷 …………………… 355

八畫

武教通兵變臺科一卷 ……………………… 315
武聖帝君救劫破迷諭一卷 ………………… 339
武聖帝君救劫破迷諭一卷 ………………… 350
青玄赦書一卷 ……………………………… 315
昔時賢文一卷 ……………………………… 336
昔時賢文一卷 ……………………………… 356
昔時賢文一卷 ……………………………… 359
茅山真君得道傳初集四卷 ………………… 334
東方招神入位一卷 ………………………… 347
郁離子一卷 ………………………………… 359
拔傷表三十六告式生王預修表一卷 …… 313
拔傷科一卷 ………………………………… 317
和釋科式一卷 ……………………………… 361
兒女英雄傳評話八卷四十回 ……………… 336
往生集三卷附一卷 ………………………… 333
金石萃編一百六十卷 ……………………… 327
金石萃編補正四卷 ………………………… 327
金石續編二十一卷首一卷 ………………… 327
金剛般若波羅蜜經一卷 …………………… 342
金剛經傳燈真解一卷 ……………………… 344
金剛經傳燈真解一卷 ……………………… 345
肥皂製作用書一卷 ………………………… 356
周易本義四卷圖說一卷 …………………… 321
周易四卷 …………………………………… 320
京遊小草不分卷 …………………………… 353
放生會章程不分卷 ………………………… 334
放生會章程不分卷 ………………………… 334
況聖語一卷 ………………………………… 313
注音字母四書白話句解十九卷 ………… 321
治癲化鞭詩煉洪磚科一卷 ………………… 361
房邪師法一卷 ……………………………… 360
祈雨吊樓醮科一卷 ………………………… 313
祈雨醮科一卷 ……………………………… 315
祈門醮一卷 ………………………………… 313
祈禳過關科書一卷 ………………………… 315
孟子年譜一卷 ……………………………… 324
孟薑女一卷 ………………………………… 357
孟薑女一卷 ………………………………… 360

九畫

契書一卷 …………………………………… 356

契簿一卷 …… 356
春季始業新國文八卷 …… 329
春季始業新國文八卷 …… 330
春季始業新國文八卷 …… 330
春季始業新國文八卷 …… 330
春秋左傳五十卷 …… 312
春秋左傳句解六卷 …… 329
春秋左傳句解六卷 …… 329
春秋地名辯異三卷附錄一卷 …… 362
珍珠塔一卷 …… 359
珍珠囊指掌補遺藥性賦四卷 …… 339
封條神諱簿一卷 …… 314
政商學界新尺牘四卷 …… 343
南華真經解四卷 …… 342
南雅堂醫書外集二十七種 …… 335
相命相墓一卷 …… 362
相命書一卷 …… 354
相書一卷 …… 347
勅水畫符掃瘋法書一卷 …… 316
貞吉堂通書一卷 …… 354
星辰寶懺一卷 …… 313
星命萬年曆一卷附星命須知一卷 …… 340
星命萬年曆一卷附星命須知一卷 …… 340
星命萬年曆一卷附星命須知一卷 …… 340
星命萬年曆一卷附星命須知一卷 …… 340
星命萬年曆一卷附星命須知一卷 …… 340
星命萬年曆一卷附星命須知一卷 …… 340
星命萬年曆一卷附星命須知一卷 …… 340
星命萬年曆一卷附星命須知一卷 …… 340
星命萬年曆一卷附星命須知一卷 …… 340
星命萬年曆一卷附星命須知一卷 …… 340
哪吒落山一卷 …… 362
拜帖傳進侯伯府一卷 …… 361
看怪書一卷 …… 312
重訂古文釋義新編八卷 …… 345
重訂古文釋義新編八卷 …… 345
重訂古文釋義新編八卷 …… 350
重校舊本湯頭歌訣一卷 …… 351
重校舊本湯頭歌訣一卷 …… 351
重增幼學故事瓊林四卷首一卷 …… 331
重增繪圖幼學故事瓊林四卷首一卷 …… 338
重鐫官板地理天機會元三十五卷 …… 334
修身一卷 …… 353
修訂浙江全省輿圖並水陸道里記不分卷 …… 327
信書一卷 …… 356
皇朝經世文新增續編一百二十卷 …… 344
勉學一卷 …… 358
訂正東醫寶鑑二十三卷目錄二卷 …… 328
度星疏式一卷 …… 313
度星疏式一卷 …… 314
度星疏式一卷 …… 358
度關金書法科一卷 …… 314
度關醮科一卷 …… 359
送星白虎科一卷 …… 316
送星醮科一卷 …… 316
首夜關燈科一卷 …… 313
宣陽柏頌彙編一卷 …… 354
眉公才子尺牘四卷 …… 311
眉公才子尺牘四卷 …… 311
眉公才子尺牘四卷 …… 311

十畫

馬佛醮科式一卷 …… 315
秦叔美一卷 …… 361
起老啟殿一段等經文一卷 …… 355
起落馬醮科一卷 …… 316
真草隸篆四體千字文不分卷 …… 347
真經録一卷 …… 344
桃花扇二卷四十齣 …… 336
桃花源記一卷 …… 361
格言彙錄一卷 …… 359
格定水口法一卷 …… 358
校正星命萬年書一卷 …… 349
校正圖註八十一難經四卷 …… 336
校正圖註八十一難經四卷 …… 337
校正圖註脈訣四卷 …… 336
校正瀕湖脈學一卷奇經八脈考一卷 …… 336
破迷語錄一卷 …… 335
破獄法書一卷 …… 314
時病論八卷 …… 344

晏子春秋音義二卷 …… 331
晏子春秋校勘二卷 …… 331
晏子[嬰]春秋七卷 …… 331
造觧尤科本一卷 …… 313
借天兵科書一卷 …… 314
借天兵書一卷 …… 315
借兵表式一卷 …… 316
師爺唱歌一段一卷 …… 361
訓女寶箴三卷附錄一卷 …… 339
記帳一卷 …… 358
記帳行用並契式一卷 …… 361
記帳要訣一卷 …… 360
記帳總簿一卷 …… 355
高等小學論說文範四卷 …… 337
高等小學論說文範四卷 …… 337
高等小學論說文範四卷 …… 337
高等小學論說文範四卷 …… 337
病機沙篆二卷 …… 342
唐詩三百首註疏六卷 …… 327
唐詩三百首註疏六卷 …… 327
唐語林八卷附校勘記一卷 …… 326
朔方備乘六十八卷首十二卷 …… 352
[浙江青田]會稽夏氏宗譜不分卷 …… 319
[浙江雲和]下邳郡余氏宗譜五卷 …… 318
[浙江雲和]木垟王氏宗譜一卷 …… 319
[浙江雲和]木垟王氏宗譜一卷 …… 319
[浙江雲和]木垟王氏宗譜一卷 …… 319
[浙江雲和]木垟劉氏宗譜不分卷 …… 317
[浙江雲和]太原王氏宗譜二卷首一卷末一卷 …… 319
[浙江雲和]太原王氏宗譜二卷首一卷末一卷 …… 320
[浙江雲和]太原王氏宗譜□□卷 …… 319
[浙江雲和]太原郡王氏宗譜二卷 …… 319
[浙江雲和]太原郡王氏宗譜二卷 …… 319
[浙江雲和]北溪王氏宗譜二卷首一卷末一卷 …… 319
[浙江雲和]武威郡石氏宗譜不分卷 …… 318
[浙江雲和]南陽郡葉氏宗譜二卷 …… 317
[浙江雲和]南陽葉氏宗譜十二卷首一卷末一卷 …… 318
[浙江雲和]南陽葉氏宗譜十卷首一卷末一卷 …… 317
[浙江雲和]南陽葉氏宗譜十卷首一卷末一卷 …… 317
[浙江雲和]陳氏宗譜不分卷 …… 318
[浙江雲和]清河張氏宗譜一卷 …… 319
[浙江雲和]雲和江氏宗譜□□卷 …… 318
[浙江雲和]雲章葉氏宗譜六卷 …… 318
[浙江雲和]湯侯門夏氏宗譜二卷 …… 319
[浙江雲和]湯侯門顏氏宗譜□□卷 …… 318
[浙江雲和]鄭氏宗譜不分卷 …… 318
[浙江雲和]龍門徐氏宗譜不分卷 …… 318
[浙江雲和浦潭]隴西李氏宗譜一卷 …… 320
[浙江景寧]山棗坑劉氏宗譜不分卷 …… 317
[浙江景寧]毛氏宗譜一卷 …… 320
[浙江景寧]汝南周氏宗譜一卷 …… 319
[浙江景寧]汝南周氏宗譜不分卷 …… 319
[浙江景寧]林氏宗譜一卷 …… 318
[浙江景寧]林氏宗譜一卷 …… 318
[浙江景寧]林氏宗譜不分卷 …… 320
[浙江景寧]重修韋氏家乘□□卷 …… 319
[浙江景寧]梅氏宗譜六卷 …… 319
[浙江景寧]梅氏宗譜六卷 …… 319
[浙江景寧]隆川林氏宗譜一卷 …… 354
[浙江景寧]隆川林氏宗譜一卷 …… 354
[浙江景寧]隆川林氏宗譜二卷 …… 318
[浙江景寧]隆川林氏宗譜三卷 …… 318
[浙江景寧]隆川林氏宗譜三卷 …… 318
[浙江景寧]隆川林氏宗譜不分卷 …… 318
[浙江景寧]隆川林氏宗譜不分卷 …… 318
[浙江景寧]隆川舒公林氏房譜一卷 …… 355
[浙江景寧]景寧湯氏宗譜□□卷 …… 318
[浙江景寧大漈]彭氏宗譜六卷首一卷 …… 319
流霞醮科一卷 …… 312
家常通用一卷 …… 355
冥府第六宮至冥府第十宮一卷 …… 347
書法指南二卷 …… 349
書經集傳六卷 …… 321
陳修園七十種醫書 …… 362
陳修園先生醫書新增五十二種 …… 321

通書一卷 …… 352
通書便覽一卷 …… 361
能制九良星一卷 …… 361
孫氏宗譜□□卷 …… 362
孫真人海上仙方一卷 …… 343
納卦翻卦九星一卷 …… 355

十一畫

理科筆記一卷 …… 356
赦罪寶懺一卷 …… 349
赦罪寶懺一卷 …… 352
梱龍記書一卷 …… 360
斬長蛇法書一卷 …… 314
斬鐵蛇書一卷 …… 354
掃風科書不分卷 …… 351
掃風書一卷 …… 316
救劫度人舟一卷 …… 344
唱經堂杜詩解四卷 …… 350
國文不分卷 …… 339
國文筆記一卷 …… 358
國文講義一卷 …… 353
國史概論四卷 …… 339
國朝名人書札二卷 …… 345
國語□□卷 …… 360
帳簿一卷 …… 355
帳簿一卷呪曰一卷 …… 362
崇雅堂叢書十四種 …… 320
崇雅堂叢書十四種 …… 320
第一才子書十六卷一百二十回 …… 311
做陰一本不分卷 …… 348
做解結科一卷 …… 313
貨物應用一卷 …… 357
貨物應用一卷 …… 361
船山遺書六十六種附一種 …… 327
釣樓妙法一卷 …… 317
週年瞻禮不分卷 …… 354
庸言一卷 …… 362
康熙字典十二集三十六卷檢字一卷辨似一卷等韻一卷備考一卷補遺一卷 …… 328
康熙字典十二集三十六卷檢字一卷辨似一卷等韻一卷備考一卷補遺一卷 …… 329
康熙字典十二集三十六卷檢字一卷辨似一卷等韻一卷補遺一卷備考一卷 …… 328
康熙字典十二集三十六卷總目一卷檢字一卷辨似一卷等韻一卷備考一卷補遺一卷 …… 328
康熙字典十二集三十六卷總目一卷檢字一卷辨似一卷等韻一卷備考一卷補遺一卷 …… 328
康熙字典十二集三十六卷總目一卷檢字一卷辨似一卷等韻一卷備考一卷補遺一卷 …… 328
康熙字典十二集三十六卷總目一卷檢字一卷辨似一卷等韻一卷補遺一卷備考一卷 …… 328
康熙字典十二集三十六卷總目一卷檢字一卷辨似一卷等韻一卷補遺一卷備考一卷 …… 328
康熙字典十二集三十六卷總目一卷檢字一卷辨似一卷等韻一卷補遺一卷備考一卷 …… 329
清文評註讀本四卷 …… 325
清文評註讀本四卷 …… 325
清夜鐘一卷 …… 351
淺語醒人三卷 …… 344
淮南鴻烈集解二十一卷 …… 349
梁山伯與祝英台一卷 …… 355
張三丰先生全集八卷 …… 334
張三丰祖師無根樹詞註解一卷 …… 334
張仲景傷寒論原文淺註六卷 …… 336
張仲景傷寒論原文淺註六卷 …… 336
陽宅三要四卷 …… 339
陽宅三要四卷 …… 350

十二畫

博古齋書目第十五期一卷 …… 353
達生編二卷 …… 337
達生編二卷 …… 337
達生編不分卷 …… 337
葉閣老家訓六字直言不分卷 …… 339

萬事不求人五卷 …………………………… 355
敬竈全書不分卷 …………………………… 341
揀選時文一卷 ……………………………… 347
虛字韻藪一卷 ……………………………… 362
最上一乘慧命經不分卷 ………………… 338
最新改良繪圖日用雜字一卷 …………… 342
最新改良繪圖日用雜字一卷 …………… 342
最新改良繪圖日用雜字一卷 …………… 342
最新改良繪圖日用雜字一卷 …………… 342
最新改良繪圖日用雜字一卷 …………… 342
最新改良繪圖日用雜字一卷 …………… 342
最新改良繪圖日用雜字一卷 …………… 342
最新改良繪圖日用雜字一卷 …………… 342
最新改良繪圖日用雜字一卷 …………… 342
最新改良繪圖日用雜字一卷 …………… 343
最新改良繪圖日用雜字一卷 …………… 343
最新改良繪圖日用雜字一卷 …………… 343
最新改良繪圖日用雜字一卷 …………… 343
最新詳解公文程式大全十二卷 ………… 343
最新應用女子尺牘教科書二卷 ………… 349
最新應用女子尺牘教科書二卷 ………… 349
最新應用尺牘教科書四卷 ……………… 343
最新應酬實用文件不分卷 ……………… 346
鼎鍥幼幼集成六卷 ………………………… 336
開赦書一卷開赦科後預修祝壽語一卷 … 314
開燈關燈起煞關召魂碟式一卷 ………… 315
[民國]景寧縣續志十七卷首一卷 ……… 311
[民國]景寧縣續志十七卷首一卷 ……… 311
貴人登天門時一卷 ………………………… 347
無錫國學專修館文集二編四卷 ………… 312
無錫國學專修館文集初編四卷 ………… 312
短篇文選三卷 ……………………………… 326
策論選要十二卷 …………………………… 338
筆算數學二卷 ……………………………… 350
筆算數學詳草二卷 ………………………… 350
傅氏眼科審視瑤函六卷首一卷 ………… 335
傅青主男科二卷傅青主女科二卷 ……… 353
集魏誌字黃興先生傳略一卷 …………… 348
遁香爐科一卷 ……………………………… 317
御註孝經一卷 ……………………………… 345
御註孝經一卷 ……………………………… 345
御註孝經一卷 ……………………………… 345
御纂醫宗金鑑九十卷首一卷 …………… 320
御纂醫宗金鑑九十卷首一卷 …………… 320
欽定協紀辨方書三十六卷 ……………… 334
欽定羅經透解二卷首一卷 ……………… 311
貂嬋拜月一卷雲頭送子一卷 …………… 355
貂蟬拜月一卷東吳招親一卷 …………… 355
飲冰室全集四十八卷 ……………………… 327
飲冰室全集四十八卷 ……………………… 327
評註白話文範本一卷 ……………………… 352
評註昭明文選十五卷首一卷葉星衢附註
　一卷 ……………………………………… 325
評註諸子菁華錄十八種十八卷 ………… 349
評註論說軌範二集三卷 ………………… 351
評註蘇黃尺牘合纂五卷 ………………… 345
註解淺釋初學尺牘指南不分卷 ………… 350
痘科正卷二卷 ……………………………… 333
痘科正卷二卷 ……………………………… 333
痘科正卷□□卷 …………………………… 360
普通適用通俗白話尺牘二卷 …………… 333
普通應用白話尺牘二卷 ………………… 347
道法秘想金書一卷 ………………………… 314
道書一卷 …………………………………… 327
道書一卷 …………………………………… 347
道書一卷 …………………………………… 347
道書一卷 …………………………………… 347
道書一卷 …………………………………… 348
曾文正公家書□□卷 ……………………… 311
曾南豐文集四卷 …………………………… 328
湘綺樓書牘八卷 …………………………… 325
補羅經總論抄本不分卷 ………………… 342
賀書一卷 …………………………………… 327
結髮夫妻陳氏女一卷 ……………………… 356
統覽功德章一卷 …………………………… 312

十三畫

肆言雜字一卷 ……………………………… 357
填庫誠意雜覽式一卷 ……………………… 354
聖嘆才子尺牘四卷 ………………………… 311
聖嘆才子尺牘四卷 ………………………… 311

聖嘆才子尺牘四卷 …… 311
聖樓入三師科一卷 …… 356
禁煙必讀不分卷 …… 341
楚辭十七卷 …… 324
楚辭十七卷 …… 325
雷公炮製藥性解六卷 …… 339
雷祖玉樞靈祖破膽經一卷 …… 317
雷輯短篇文選一卷 …… 356
傳宗敢言不分卷 …… 348
傷疏式一卷 …… 355
會文堂精校重增繪圖幼學故事瓊林四卷首一卷 …… 330
詩法入門四卷首一卷 …… 353
詩經集傳八卷 …… 320
詩經集傳八卷 …… 320
詩經集傳八卷 …… 320
詩韻合璧五卷 …… 344
詩韻合璧五卷 …… 344
詩韻合璧五卷 …… 362
誠意家先簿一卷 …… 316
誠意簿一卷 …… 314
誠意簿一卷 …… 314
誠意簿一卷 …… 315
詳註分類咏物詩選八卷 …… 351
詳註聊齋志異圖詠十六卷 …… 321
詳註聊齋志異圖詠十六卷 …… 321
詳註聊齋志異圖詠十六卷 …… 321
詳註聊齋志異圖詠十六卷 …… 321
詳註聊齋志異圖詠十六卷 …… 351
新中華國語讀本八卷 …… 350
新文精華五卷 …… 345
新主義教員用書前期小學三民主義課本教學法八卷 …… 343
新主義常識課本八卷 …… 340
新主義常識課本八卷 …… 340
新式活用尺牘秘訣大全四卷 …… 352
新式高等小學地理教科書六卷 …… 338
新式高等小學修身教科書六卷 …… 348
新式高等小學理科教科書六卷 …… 338
新式高等小學國文教科書六卷 …… 346
新式高等小學國文教科書六卷 …… 346
新式高等小學農業教科書四卷 …… 345
新式高等小學歷史教科書六卷 …… 344
新式高等小學歷史教科書六卷 …… 344
新式國民學校國文教授書八卷 …… 345
新式標點四書白話註解十九卷 …… 321
新式標點四書白話註解十九卷 …… 321
新式標點四書白話註解十九卷 …… 321
新字典十二卷拾遺一卷檢字一卷附錄一卷勘誤一卷補編一卷 …… 329
新字典十二卷拾遺一卷檢字一卷附錄一卷勘誤一卷補編一卷 …… 329
新制初中手工講義不分卷 …… 358
新制初等小學修身教科書十二卷 …… 351
新制初等小學國文教科書十二卷 …… 346
新刻訓蒙增廣賢文一卷 …… 360
新刻葉臺山先生纂集六字直言不分卷 …… 339
新刻萬法歸宗五卷 …… 341
新刻說唱柳孝文全本二卷 …… 356
新法公民一卷 …… 358
新法地理一卷 …… 358
新故考一卷 …… 359
新訂王氏羅經透解二卷首一卷 …… 341
新訂四書補註備旨十卷 …… 324
新時代忠告一卷 …… 351
新國民國文教科書八卷 …… 347
新萬事不求人一卷 …… 354
新註四書白話解說三十六卷 …… 323
新註四書白話解說三十六卷 …… 324
新註四書白話解說三十六卷 …… 324
新註四書白話解說三十六卷 …… 324
新註道德經白話解說二卷 …… 341
新註詩經白話解八卷 …… 320
新楹聯類編八卷 …… 345
新增民國對聯滙海十四卷 …… 341
新增繪圖幼學故事瓊林四卷首一卷 …… 330
新增繪圖幼學故事瓊林四卷首一卷 …… 330
新增繪圖幼學故事瓊林四卷首一卷 …… 330
新增繪圖幼學故事瓊林四卷首一卷 …… 330
新增繪圖幼學故事瓊林四卷首一卷 …… 330
新增繪圖幼學故事瓊林四卷首一卷 …… 330
新增繪圖幼學故事瓊林四卷首一卷 …… 330

新增繪圖幼學故事瓊林四卷首一卷 …… 330
新增繪圖幼學故事瓊林四卷首一卷 …… 330
新增繪圖幼學故事瓊林四卷首一卷 …… 330
新增繪圖幼學故事瓊林四卷首一卷 …… 330
新增繪圖幼學故事瓊林四卷首一卷 …… 331
新增繪圖幼學故事瓊林四卷首一卷 …… 331
新增繪圖幼學故事瓊林四卷首一卷 …… 331
新增繪圖幼學故事瓊林四卷首一卷 …… 331
新增繪圖萬寶全書續編五卷 …………… 345
新撰詳註分類尺牘大全不分卷 ………… 353
新撰詳註分類尺牘大全不分卷 ………… 353
新編分類尺牘大全十四卷 ……………… 347
新編時調大觀新曲六集一卷 …………… 344
新編評註刀筆菁華四種 ………………… 328
新輯尺牘合璧四卷 ……………………… 333
新輯尺牘合璧四卷 ……………………… 333
新輯尺牘合璧四卷 ……………………… 333
新輯特別改良最新時調大觀四集一卷 … 344
新鐫象吉備要通書二十九卷 …………… 332
新鐫象吉備要通書二十九卷 …………… 332
新鐫曆法便覽象吉備要通書二十九卷 … 331
新鐫曆法便覽象吉備要通書二十九卷 … 332
新鐫曆法便覽象吉備要通書二十九卷 … 332
新鐫曆法便覽象吉備要通書二十九卷 … 332
新鐫曆法便覽象吉備要通書大全二十九卷 …………………………………… 331
新鐫曆法便覽象吉備要通書大全二十九卷 …………………………………… 331
新鐫曆法便覽象吉備要通書大全二十九卷 …………………………………… 331
新鐫曆法便覽象吉備要通書大全二十九卷 …………………………………… 332
新體廣註小倉山房尺牘八卷 …………… 333
新體廣註秋水軒尺牘二卷 ……………… 343
新體廣註雪鴻軒尺牘二卷 ……………… 353
義房分鬮一卷 …………………………… 358
煉度羽化文書式一卷 …………………… 317
福生日吉一卷 …………………………… 355
福自天來一卷 …………………………… 360
福壽書一卷 ……………………………… 361
經簿一卷 ………………………………… 357

十四畫

壽林日求一卷 ………………………………… 312
蔡氏古文評註補正全集十卷 ……………… 342
對珠環一卷 …………………………………… 358
對聯集一卷 …………………………………… 359
圖註八十一難經四卷 ……………………… 337
種痘新書十二卷 …………………………… 337
箋注提要有正味齋駢體文二十四卷 …… 338
銅版四書集註 ……………………………… 323
銅版四書集註 ……………………………… 323
銅版四書集註 ……………………………… 323
銅版精印四書集註 ………………………… 324
銅牌石開五公經書不分卷 ………………… 334
說文通檢十四卷首一卷末一卷 …………… 312
說文提要一卷 ……………………………… 312
說文解字十五卷標目一卷 ………………… 312
說文解字三十二卷 ………………………… 312
說文解字□□卷 …………………………… 312
廣註分類新華尺牘彙海十二卷 …………… 346
廣註書翰文自修讀本四卷首一卷 ………… 340
遮身法書一卷 ……………………………… 315
精校重增繪圖幼學故事瓊林四卷首一卷 ……………………………………… 331
精校重增繪圖幼學故事瓊林四卷首一卷 ……………………………………… 331
精選楹聯新編二卷 ………………………… 346
漢碑範八卷 ………………………………… 321
實用國文教科書八卷 ……………………… 350
隨息居重訂霍亂論四卷 …………………… 339
鄧石如篆書十五種 ………………………… 320

十五畫

賣花記一卷 ………………………………… 360
增修訴狀程式大全六卷 …………………… 348
增訂中華法令彙纂二十二卷 ……………… 340
增訂晚翠軒詞韻一卷 ……………………… 352
增訂繪圖精忠說岳全傳八卷八十回 …… 346
增評加批金玉緣圖說一百二十卷首一卷

一百二十回 …………………………… 341
增評醫方集解二十三卷本草備要八卷 … 332
增註寫信必讀十卷 ……………………… 338
增註寫信必讀十卷 ……………………… 338
增補幼幼集成六卷 ……………………… 336
增補地理直指原真三卷首一卷 ………… 329
增補萬全玉匣記二卷 …………………… 334
增補萬寶全書二十卷 …………………… 345
增補萬寶全書二十卷續編五卷 ………… 345
增補臨證指南醫案八卷 ………………… 326
增補臨證指南醫案八卷 ………………… 326
增補醫林狀元壽世保元十集十卷 ……… 343
增補蘇批孟子二卷 ……………………… 324
增像全圖三國演義十六卷一百二十回 … 329
增像全圖三國演義十六卷一百二十回 … 329
增像全圖加批西遊記八卷一百回 ……… 333
增像全圖東漢演義四卷六十四回 ……… 311
增經敬竈全書不分卷 …………………… 337
增廣一卷 ………………………………… 357
增廣一卷 ………………………………… 357
增廣尺牘句解初集三卷末一卷二集三卷
末一卷 …………………………………… 349
增廣尺牘句解初集三卷末一卷二集三卷
末一卷 …………………………………… 349
增篆字典十二集三十六卷檢字一卷等韻
一卷補遺一卷備考一卷 ………………… 329
豬牛瘴收瘟剝瘴設醮玄科一卷 ………… 348
撮要賬目一卷 …………………………… 356
撮要賬目一卷 …………………………… 361
撮集華文一卷 …………………………… 353
墨子閒詁十五卷目錄一卷附錄一卷後語
二卷 ……………………………………… 332
請佛書一卷 ……………………………… 327
請卦書一卷 ……………………………… 312
請神佛一卷 ……………………………… 314
諸佛寶誥一卷天文雜字一卷 …………… 361
諸咒簿一卷 ……………………………… 327
諸品表式一卷 …………………………… 315
諸品醮科一卷 …………………………… 312
諸親友惠賜□儀登記一卷 ……………… 360
課藝一卷 ………………………………… 356
論說新編二集四卷 ……………………… 349
論說摘錄一卷 …………………………… 359
論說範本四卷 …………………………… 349
廟瘟日兇一卷 …………………………… 360
養正必讀書一卷 ………………………… 341
寫真秘訣一卷 …………………………… 359

十六畫

醒世淺言一卷 …………………………… 352
歷代名臣言行錄二十四卷 ……………… 326
歷代名臣言行錄二十四卷 ……………… 326
歷代言行□□卷 ………………………… 356
歷代詩文評註讀本 ……………………… 325
歷代詩文評註讀本 ……………………… 326
歷朝統系年紀表一卷 …………………… 357
戰聖法書一卷 …………………………… 314
戰國策補註三十三卷 …………………… 349
還願過齋神一卷 ………………………… 361
默想細法金書一卷 ……………………… 314
積古齋鐘鼎彝器款識十卷 ……………… 326
積善堂堂志□□卷積善堂正宗譜□□卷
……………………………………………… 362
積善堂堂志□□卷積善堂正宗譜□□卷
……………………………………………… 362
儒門圖說不分卷 ………………………… 336
鍊度表一卷 ……………………………… 315
諱字收瘟斷妖符科一卷 ………………… 315
磨盾集不分卷 …………………………… 331
龍文鞭影初集二卷 ……………………… 338
縛神童科一卷 …………………………… 313

十七畫

聯詩一卷 ………………………………… 356
韓文起十二卷 …………………………… 328
點指化病秘訣一卷 ……………………… 355
謝火醮科一卷 …………………………… 316
濟陰綱目十四卷 ………………………… 333
繡像說唐征西全傳六卷 ………………… 353

十八畫

藥性書一卷 …… 360
醫門棒喝二種 …… 328
醫宗金鑑九十卷首一卷 …… 321
醫書一卷 …… 361
醫學心悟六卷 …… 337
醫學從眾錄八卷 …… 335
雙修漸法述記不分卷 …… 350
雙鯉堂易明尺牘句解初集五卷 …… 348
鎮妖符式一卷 …… 317
鎖黃泉秘法一卷 …… 317
雜項法書一卷 …… 317
雜項便用金書一卷 …… 316
雜項便覽一卷 …… 347
雜錄一卷 …… 353
離床懺科一卷 …… 315
斷機教子一卷 …… 359

十九畫

勸世文書一卷 …… 359
勸世俚言一卷 …… 350
勸世格言一卷附靈驗救饑方一卷 …… 344
勸告國民愛國一卷 …… 349
勸告國民愛國一卷 …… 353
羅經解定四卷附羅經問答一卷 …… 341
鏡蓉詩鈔一卷 …… 350
廬山正教坐靖合炁存神書一卷 …… 314
繪圖七俠五義全傳六卷一百二十回 …… 339
繪圖小五義全傳六卷一百二十四回 …… 339
繪圖正音一萬字文不分卷 …… 355
繪圖四書正文七卷 …… 323
繪圖四書正文七卷 …… 323
繪圖四書正文七卷 …… 323
繪圖四書正文七卷 …… 323
繪圖四書正文七卷 …… 323
繪圖四書正文七卷 …… 323
繪圖四書正文七卷 …… 323
繪圖四書正文七卷 …… 323
繪圖四書正文七卷 …… 323
繪圖四書正文七卷 …… 323
繪圖四書正文七卷 …… 323
繪圖四書正文七卷 …… 323
繪圖四書正文七卷 …… 323
繪圖四書正文七卷 …… 323
繪圖四書讀本七卷 …… 321
繪圖四書讀本七卷 …… 322
繪圖加批西遊記八卷一百回 …… 333
繪圖西漢演義四卷一百回 …… 350
繪圖草木春秋四卷三十二回 …… 331
繪圖草木春秋演義四卷 …… 356
繪圖蒙學造句實在易不分卷 …… 349
繪圖增注歷史三字經不分卷 …… 336
繪圖增注歷史修正三字經不分卷 …… 336
繡像三國演義續編十二卷 …… 329
繡像五女興唐全傳四卷四十回 …… 346
繡像東周列國志二十七卷一百八回 …… 325
繡像後三國演義西晉四卷東晉八卷 …… 329
繡像繪圖兒女英雄傳八卷四十回 …… 335
繡像鐵冠圖四卷五十回 …… 351
繡像續小五義六卷一百二十四回 …… 339

二十畫

酆都呪一卷 …… 357
闡道要言一卷 …… 352
寶誥便誦一卷三尼醫世陀羅尼一卷 …… 353
繼成堂洪潮和通書不分卷 …… 353
竈王菩薩本願經一卷太上演說救劫消災靈感竈王懺一卷 …… 351

二十二畫

讀通鑑綱目劄記二十卷末一卷 …… 340
讀通鑑論三十卷末一卷 …… 344

二十三畫

籤書一卷 …… 359
變殿踏壇法書一卷 …… 314

二十四畫

觀自在菩薩親著心經傳燈真解一卷 …… 344
觀自在菩薩親著心經傳燈真解一卷 …… 345
觀音心經真解一卷 …… 352
觀音懺一卷 …… 357
靈素提要淺註十二卷 …… 341
靈寶大衍燈卷四十九願科一卷 …… 316
靈寶申發科一卷 …… 316
靈寶仙壇一卷 …… 360
靈寶地獄懺一卷 …… 317
靈寶延生收妖玄科一卷 …… 316
靈寶延生度關法科一卷 …… 312
靈寶血湖燈科一卷 …… 317
靈寶血湖懺一卷 …… 313
靈寶祈赦科一卷 …… 315
靈寶畢法三卷 …… 334
靈寶通衢上堂變煉科一卷 …… 315
靈寶滌穢建壇玄科一卷 …… 316
靈寶諸品符圖一卷 …… 312

二十七畫

鸕赤仙蹤二集 …… 311

其他

□宮星辰醮科一卷 …… 358

《慶元縣圖書館民國時期傳統裝幀書籍普查登記目録》
書名筆畫字頭索引

二畫

二 ······ 517
十 ······ 517

三畫

大 ······ 517

四畫

元 ······ 517
日 ······ 517
中 ······ 517
壬 ······ 517
方 ······ 517
心 ······ 517

五畫

玉 ······ 517
古 ······ 517
左 ······ 517
四 ······ 517
印 ······ 517
台 ······ 517

七畫

孝 ······ 517
批 ······ 517
刪 ······ 517
佛 ······ 517
近 ······ 517
汪 ······ 517
沈 ······ 517
宋 ······ 517
改 ······ 517

八畫

東 ······ 518
明 ······ 518
金 ······ 518
注 ······ 518

九畫

春 ······ 518
珍 ······ 518
南 ······ 518
畏 ······ 518
香 ······ 518
重 ······ 518
俗 ······ 518
美 ······ 518

十畫

莊 ······ 518
財 ······ 518
造 ······ 518
徐 ······ 518
般 ······ 518
唐 ······ 518
浙 ······ 518
宮 ······ 518
通 ······ 518

十一畫

黄 …… 518
常 …… 518
晦 …… 518
國 …… 518
崇 …… 518
章 …… 518
望 …… 518
涵 …… 518
張 …… 518

十二畫

無 …… 518
備 …… 518
御 …… 518
評 …… 518
痛 …… 518
道 …… 518
寒 …… 518

十三畫

勤 …… 519
雷 …… 519
當 …… 519
傷 …… 519
詩 …… 519
新 …… 519

十四畫

兢 …… 519
圖 …… 519
銀 …… 519
説 …… 519
漪 …… 519
隨 …… 519

十五畫

增 …… 519
論 …… 519
編 …… 519

十六畫

横 …… 519
歷 …… 519
戰 …… 519
錢 …… 519

十七畫

藏 …… 519
韓 …… 519
禮 …… 519
總 …… 519

十八畫

雙 …… 519

二十畫

蘭 …… 519

二十二畫

讀 …… 519

二十四畫

靈 …… 519

《慶元縣圖書館民國時期傳統裝幀書籍普查登記目録》
書名筆畫索引

二畫

二十四史附考證 …… 372
二十四史附考證 …… 373
二十四史附考證 …… 374
十八家詩鈔二十八卷首一卷 …… 369

三畫

大隱居士集二卷 …… 369

四畫

元曲選一百種一百卷 …… 372
元曲選一百種一百卷 …… 376
日知錄校記一卷目次校記一卷 …… 377
中西醫判二卷 …… 376
壬子文瀾閣所存書目五卷 …… 372
方望溪文鈔六卷首一卷 …… 370
方望溪先生[苞]年譜一卷附錄一卷 …… 371
心史叢刊十六種 …… 372
心經貫義一卷 …… 376

五畫

玉梨魂不分卷 …… 376
古今尺牘大觀下編不分卷 …… 369
古今尺牘大觀上編不分卷 …… 369
古今尺牘大觀中編不分卷 …… 369
古今尺牘大觀中編不分卷 …… 375
古今格言四卷 …… 375
古今詩話探奇二卷 …… 372
古文觀止十二卷 …… 372
古吳童氏重校醫宗必讀十卷 …… 376
左孟莊騷精華錄二卷 …… 372
左傳菁華錄二十四卷 …… 369
四部備要 …… 372
四部叢刊 …… 369
四書恒解十四卷 …… 369
四書恒解十四卷 …… 370
四憶堂詩集六卷遺稿一卷 …… 371
印光法師文鈔四卷附錄一卷 …… 374
台州經籍志四十卷 …… 373

七畫

孝經白話解說一卷 …… 371
批評東萊博議四卷增補虛字註釋總目一卷 …… 374
刪亭文集二卷續集二卷 …… 369
刪亭文集二卷續集二卷 …… 373
佛爾雅八卷 …… 371
佛爾雅八卷 …… 377
近世文選四卷 …… 371
汪穰卿先生[康年]年譜一卷 …… 370
汪穰卿遺著八卷 …… 370
沈寄簃先生遺書甲編二種乙編四種 …… 374
宋人集 …… 369
宋人集 …… 369
宋人集 …… 371
宋人集 …… 376
宋元明文評註讀本不分卷 …… 373
宋詩鈔初集 …… 372
宋詩鈔初集 …… 373
宋詩鈔補八十六卷 …… 373
改良紙料之種種比較不分卷 …… 377